铁道企业管理创新成果 2023

（上册）

《铁道企业管理创新成果 2023》编委会　编

中国铁道出版社有限公司

北　京

图书在版编目（CIP）数据

铁道企业管理创新成果. 2023：上、下册/《铁道企业管理创新成果 2023》编委会编. --北京：中国铁道出版社有限公司，2024. 9. --ISBN 978-7-113-31437-8

Ⅰ. F532. 6

中国国家版本馆 CIP 数据核字第 2024H437T0 号

书　　名：**铁道企业管理创新成果 2023**
TIEDAO QIYE GUANLI CHUANGXIN CHENGGUO 2023

作　　者：《铁道企业管理创新成果 2023》编委会

责任编辑：奚　源　　　　　编辑部电话：（010）51873005
封面设计：郑春鹏
责任校对：刘　畅
责任印制：赵星辰

出版发行：中国铁道出版社有限公司（100054，北京市西城区右安门西街 8 号）
网　　址：http：//www. tdpress. com
印　　刷：三河市宏盛印务有限公司
版　　次：2024 年 9 月第 1 版　　2024 年 9 月第 1 次印刷
开　　本：880 mm×1 230 mm　1/32　**印张**：24　**字数**：645 千
书　　号：ISBN 978-7-113-31437-8
定　　价：120.00 元（上、下册）

《铁道企业管理创新成果 2023》编委会

前　言

　　2023 年，铁道企协坚持以习近平新时代中国特色社会主义思想为指导，根据中企联的部署要求，紧密结合铁路工作实际，积极组织会员单位开展了第三十届全国和铁道企业管理现代化创新成果的推荐、申报及评审工作，铁路企业文化优秀成果、铁路企业管理优秀论文和调研报告的评审工作，继续开展了全国优秀质量管理小组、全国质量信得过班组及全国铁道行业优秀质量管理小组、全国铁道行业质量信得过班组的推荐评审工作，取得了显著成效。

　　铁道企业有 5 项成果获得国家级企业管理现代化创新成果二等奖；有 31 个会员单位申报了 119 项铁道企业管理创新成果，经评定，获得等次的 117 项，其中，一等 42 项、二等 54 项、三等 21 项；共有 43 个单位获铁道企业文化优秀成果，其中特等 15 项、一等 16 项、二等 12 项；共征集论文 235 篇，评出优秀论文 229 篇，其中，一等 36 篇、二等 163 篇、三等 30 篇；征集合资铁路论文共 34 篇，评出优秀论文 28 篇，其中，一等 5 篇、二等 15 篇、三等 8 篇；征集调研报告 178 篇，评选出优

1

秀调研报告 130 篇，其中，一等 48 篇、二等 52 篇、三等 30 篇。组织推荐铁路企业 5 个小组评为"全国优秀质量管理小组"；10 个班组评为"全国质量信得过班组"；25 个小组评为"全国铁道行业优胜质量管理小组"；480 个小组评为"全国铁道行业优秀质量管理小组"；23 个班组评为"全国铁道行业优胜质量信得过班组"；31 个班组评为"全国铁道行业优秀质量信得过班组"；5 个单位获"年度铁道行业质量管理工作优秀组织奖"；34 人获"年度铁道行业质量管理工作优秀推进者"；106 个客货运输窗口单位评为"全路客货运输窗口用户满意单位"。

这些成果涉及铁路企业管理诸多方面，内容丰富，思路清晰，观点鲜明，具有较强的创新性和实践性，对提升企业管理水平，推进铁路创新发展，具有参考借鉴价值。

为展示上述成果，我们编辑出版了《铁道企业管理创新成果 2023（上、下册）》，分别选录了国家级及全国铁道企业管理现代化创新成果、全国铁道企业文化优秀成果、企业管理优秀论文、优秀调研报告。

编辑出版本书，旨在供铁道企业各会员单位和各级管理者参考与借鉴，以促进成果的应用与转化。本书是多年来铁道企业管理创新实践纪录的延续，希望它能成为深受铁道企业各会员单位干部职工欢迎的一本书。

本书在编辑过程中，对一些文章内容作了删改，不妥之处，敬请原谅。

编　者
2024 年 5 月

目　　录

（上　　册）

第一篇　全国企业管理现代化创新成果

（铁道企业获奖项目）

第二篇　铁道企业管理现代化创新成果

（下　册）

第三篇　铁道企业文化优秀成果

4

第四篇　铁道企业管理优秀论文

第五篇　铁道企业管理优秀调研报告

第一篇 全国企业管理现代化创新成果

（铁道企业获奖项目）

融合中欧铁路法规规范的匈塞铁路贝诺段
项目建设管理

中国铁路国际有限公司

中国铁路国际有限公司(以下简称中国铁路国际)是中国国家铁路集团有限公司(以下简称国铁集团)为开展国际铁路合作而设立的全资子公司,于2014年成立,注册资金12亿元,现为49.7亿元。作为国铁集团开展国际铁路合作的经营平台,中国铁路国际主要负责牵头组织中国国内铁路相关企业开展国际铁路项目合作,按市场化运作方式开展国际铁路项目技术咨询、工程承包、装备制造、铁路运营及维护等业务。

一、融合中欧铁路法规规范的匈塞铁路贝诺段项目建设管理背景

(一)落实"一带一路"倡议的需要

为落实"一带一路"倡议,中国铁路大力实施创新驱动发展战略,不断提升铁路建设自主创新能力,在高速铁路建设方面,构建了覆盖科技研发、勘察设计、工程建造、高速动车、牵引供电、运营管理、安全保障等成套高速铁路技术体系,实现从追赶到领跑的跨越,已具备了更加深入融进国际化铁路建设的优势,具备了走出国门、走进欧洲高价值链端与欧洲铁路标准规范对接、融合的国际适应能力,具备了将具有中国自主产权的中国装备带进欧洲、为推动世界铁路发展开辟新空间的自信与从容。

(二)实现匈塞铁路建设目标的需要

匈塞铁路是中国和中东欧国家合作的旗舰项目,采用欧洲铁路技术标准(以下简称欧标)和欧盟铁路互联互通技术规范进行设计、采购和施工。为了高效满足中国、匈牙利、塞尔维亚三国的合作协议,落实"一带一路"铁路建设的政治任务,中国铁路国际承接匈塞铁路的建设任务,开始谋划进行贝旧段项目建设,2021年1月22日,应塞方强烈要求,中国铁路国际—中交股份联营体与塞方以贝旧段商务合同附件的方式签署了旧诺段通信信号工程合同。

(三)适应复杂建设环境和突破难题的需要

匈塞铁路作为中国铁路走进欧洲的首个项目,也是中国铁路技术标准和装备与欧盟铁路互联互通技术规范对接的首个项目,推进过程中面临不同于国内铁路建设项目的复杂环境和组织推进难题。例如,法律法规与国内差异大、政治经济及安全舆论环境复杂、外部协调难度大、建设资源匮乏、中国元素入欧难度极大等困难亟待解决。

二、融合中欧铁路法规规范的匈塞铁路贝诺段项目建设管理主要做法

(一)搭建实施平台,构建建设团队

为有序推进匈塞铁路塞段项目,实现依法合规、通过欧盟认证、实现中国元素入欧及树立中国铁路品牌等核心目标,同时团结带领更多中国铁路企业进入欧洲,中国铁路国际牵头搭建了项目实施平台,组建了建设团队。

1. 注册塞分公司,搭建实施平台

依据塞尔维亚相关法律,所有在塞执行项目的企业必须在当地成立机构并须取得合法资质。为此,率先在塞尔维亚注册分公司,聘请当地有资质的工程师,申报并取得必要专业资质,获得当地合法身份,在短时间内设计并树起了"中国铁路"的统一大旗,及时搭建完成项目建设管理实施平台,为中国铁路扎根、深耕欧洲市场,带动更多中国企业入欧打下坚实基础。

2. 厘清各方关系,组建实施团队

项目涉及的单位众多,关系纷杂。塞方参与部门及单位主要有交通部(融资方)、国家铁路局(DeBo 认证机构)、国家技术审查

委员会、劳工局、环保局、统计局等;铁路基础设施公司(业主或投资方)、塞铁高铁项目管理中心、塞铁技术验收委员会、第三方技术验收委员会等;NoBo认证机构、AsBo认证机构、监理机构等;认证咨询公司、职业健康与安全咨询公司、律师事务所、会计师事务所、保险公司等;当地设计单位、分包商和供应商。

中方参建团队主要有中国铁路国际—中交股份联营体:设计单位、施工单位、物资代理、物资集成商等。

在厘清各方关系,各参建企业成立当地机构并获取必要资质后,中国铁路国际将其统筹协调、紧密结合充实于项目建设管理实施平台,逐步构建并优化项目组织管理结构,形成了适应当地建设法规、满足当地铁路项目建设需要及合同义务执行的建设管理组织结构,即总承包商、中方参建单位、专业实施作业队或当地分包三级组织管理模式,组建形成体系化、集团化建设团队。

(二)守法合规经营,畅通沟通渠道

1.研习当地法规,强化风险防控

为迅速熟悉和掌握当地政策、法律法规及欧盟铁路互联互通技术规范,规避法律风险,一是聘请律师事务所提供法律咨询服务;二是利用塞籍员工熟悉当地建设法规的优势,充分发挥当地员工作用,规避项目风险;三是聘请当地国家技术审查委员会主席、欧盟认证专家和咨询机构、安全咨询公司开展培训,加速中方员工掌握相关法律法规和技术标准;四是广泛收集、关注塞尔维亚法律法规修订相关信息,组织进行对比分析,及时规避风险。

2.畅通沟通渠道,改善外部环境

为高效解决一系列制约现场进度的外部因素,建立了中塞政府层面例会机制,与塞总统办、交通部和业主例会机制,与监理周会议机制,与认证和动态测试机构会议机制,联营体项目部内部例会机制,协调解决项目各方、地方政府、当地企业等层面问题,并聘请了资深协调顾问担任组长,专职与地方政府、企业等就征地、拆迁等问题开展协调工作,定期全线平推,全面梳理存在的问题,协调解决相关问题。

3.开展经营开发,讲策略见成效

从合同和技术文件入手,不断寻找创效点。一是深挖细掘商务合同条款及各阶段设计资料,梳理满足合同变更条件及可争取合同变更的工程项目,对比工程范围变化情况,多层面分析查找新增、变更点,并翔实编制新增、变更判据;二是针对项目实施过程中发生的现场实际与业主需求不符、业主需求变化等导致的变更项,积极与业主、监理磋商,并通过与业主签署合同附件实现商务拓展;三是针对合同中责任定义模糊的工作项目,与业主开展商务谈判,争取由业主承担相关责任;四是基于合同价格表里程碑计价方式导致已完成工程得不到及时计价的问题,积极向塞方成功争取按照完工百分比开展计价,加速了资金回笼,保障了项目资金链。

从向塞方推介方案入手,积极创造变更点。鉴于较多业主需求不系统、不完善的情况,结合国内高铁建设、运营经验,从优化施工组织、提升线路整体功能、改善线路运营效率、提高铁路服务水平等方面,主动向塞方提出合理化建议。一是针对《商务合同》中规定的"分六个施工单元,一侧运营、一侧施工、换侧施工"的整体施工组织方案,开展施工组织优化,变为"分两个施工单元,一侧运营、一侧施工、换侧施工",提高施工效率的同时也极大减少了过渡工程及相关成本;二是从加速旧诺段通信信号工程推进、统一信号系统制式、方便运营维护等方面向塞方极力推介中国通信信号设备,促成旧诺段通信信号新增工程合同的签署,不但扩大了整体合同额,也实现了匈塞铁路塞段全线采用中国通信信号设备的重要成果。

从商务协商的策略入手,稳把谈判主动权。新增、变更工程的商务协商,必须认真谋划、制定策略、步步为营,才能把握谈判主动权,争取最大权益。在与塞方商务协商的过程中,一是争取新增定性,对有望争取新增的工程,细致筹备、编制有力技术支撑文件,先争取对新增工程的定性;二是争取新增定价,以类似新增工程有利价格为谈判基础,统筹变化、影响因素,与业主谈判确定新增工程定价依据、原则;三是争取新增抓大放小,主抓体量及金额较大的

6

新增项目,让步体量及金额较小的新增项目;四是巧施谈判压力,深入剖析、挖掘业主及监理对初步报价的审查意见,找出有利依据,再次商务磋商时报价不降反增,施加商务谈判压力。

4.融入铁路规划,适时跟进项目

在全力组织推进现有项目建设的同时,注重思考企业在塞后续发展,对塞方铁路网改造规划高度关注、密切跟踪,积极与塞方高层、驻塞大使馆保持良好沟通,根据国际形势和塞方需求对塞尔维亚的铁路网进行了规划研究,组织了塞交通部、国家铁路局及基础设施公司、客货运公司举行路网规划推介会,以便中国企业适时跟进相关重点项目。

(三)坚持装备输出,提升中国占比

1.设计先行、源头控制,把握设计方案的中方主导权

由于塞尔维亚近 30 年未有过大型铁路建设项目,当地设计院无高铁设计经验,较多设计理念已难以适应高速铁路发展要求,存在设计适用性的技术难题,为把握设计方案主导权,助推中国方案入欧,从以下几个方面开展了工作:

争取设计主导权。组织中国设计单位聘用当地设计师并取得当地设计资质,由中方设计师牵头组织塞方设计师开展设计文件编制,实现中塞设计理念融合的同时,有效提升了设计话语权。

力推中国技术方案。一是组织系统研究欧标及欧盟铁路互联互通技术规范、塞尔维亚标准,寻找中国铁路技术标准与之的契合点,同时积极与业主和监理对接、灌输先进理念,使塞方逐步认可中方的设计理念和技术方案,为中国技术装备入欧奠定基础;二是基于在中国成熟应用的 CTCS-3 列控、CTC 调度集中、CSM 信号集中监测等系统的设计理念、技术标准和方案,结合欧标、业主需求等,开展自主创新研发设计,创造性完成与欧标兼容及当地国家规范深度融合的 ETCS-L2 级自主化列控系统、CTC 调度集中及CSM 信号集中监测系统,为中国高铁通信信号尖端技术装备走进欧洲创造了条件;三是基于中国高速铁路接触网、变电工程设计标准,结合欧标及业主需求,对中国高铁接触网、变电相关设计文件

进行了成果转化,为国产接触网、变电设备进入欧洲创造了条件;四是结合匈塞铁路线路技术特点和塞方实际运营需求,协助中车组织中塞设计师联合设计了一款长途高速动车组。

2. 交流互鉴、认证排障,把握中国装备的入欧主动权

欧洲主流供货商(西门子、庞巴迪、阿尔斯通等)产品对业主的运营组织管理、安全理念、设备认知等影响较大,中国技术装备被逐渐认可、开展互通性认证的每一步,都充满着不确定性与艰辛。

坚持交流互信,逐步赢得认可信任。一是为增进塞方铁路建设专家对中国高铁建造、装备、维护等技术的全面了解,增进互信,邀请塞方政府和业主专家赴中国参观交流,让塞方全方位了解中国高铁建造、装备、维护的标准化、信息化、智能化技术管理水平;二是投资搭建首个海外 ETCS-L2 系统实验室,开展子系统功能、系统间接口和与欧洲其他信号厂商设备的互联互通测试,并为业主运营维护人员提供技术培训,让塞方技术人员能够操作中国通信信号技术装备;三是协助塞方编制通信信号系统用户需求,通过与塞方技术人员长达两年的技术对接,解决了硬件平台和应用软件的自主化可控问题,最终用先进的理念、专业的技术使塞方信服,形成令塞方满意的 6 册用户需求;四是在轨道精调期间,针对塞方分包商多遍精调未达标的现实情况,指导塞方技术人员制定专项精调方案,并组织其开展轨道精调,加速了验收通过。

坚持产品输出,开展中国装备认证。一是重视对中方参建单位思想及经营理念引导,转变中国企业"走出来"追求短期内实现利润最大化的经营理念,树立着眼长远效益的品牌经营理念;二是组织对国内相关物资设备入欧符合性进行全面调查,对认证证书已过期的物资进行证书更新,对未获得证书的物资加速开展认证,并对参建单位物资设备采购方案进行严格把关,督促优先从中国进口符合欧盟标准的物资设备,力推中国物资设备入欧;三是招标专业认证咨询机构,聘请认证专家,组织成立认证技术团队,指导中方参建单位或供应商通过选择最优认证模式、开展理论计算及仿真模拟等方式,加速推进认证工作,把控中国装备入欧主动权;

四是针对塞方聘请的认证机构对中国产品认证故意设置的障碍，发扬斗争精神，组织中方认证团队据理力争，最终赢得塞方对中国装备认证过程的认可；五是在组织对中国产品认证的同时，对中塞产品配套匹配程度进行研究，优先集成塞内厂家生产的设备、零部件，助力塞技术装备取得欧盟互通性认证证书，带动塞尔维亚国内相关产业的发展，为塞尔维亚部分产品进入欧盟其他国家排除了障碍。

（四）围绕工期目标，推进项目建设

1. 加强对分包商的督导，从队伍组织上保障工程进度

当地分包商的履约能力、信誉普遍较差，为在施工队伍组织上保障工程进度，必须做好如下工作：一是在当地分包商的选择上，严格审查其资质证明、关键人员简历、机械设备清单、健康安全及质量方案、完税证明、工作业绩等系列书面材料，综合考虑分包商的报价、资金能力、技术力量、履约能力、信誉等，选择较为可靠的当地分包商；二是与分包商在合同阶段即明确工作界面、动态计划并作为合同附件，有效预防当地分包商工作效率低下、动辄进行商务索赔的风险；三是积极协调业主、塞交通部以及塞方政府高层定期约谈当地分包商，督促其增配施工资源，并采取延长工作时间、倒班等措施加快实施进度；四是针对当地分包商工程进度滞后，在约谈后仍无效果的情况，果断切割其分包合同，并选调其他分包或从国内调集专业队伍代替其执行；五是针对当地分包商无大型轨道施工机械的难题，提前调查、谋划，在周边国家自行租赁大型轨道施工机械，加速轨道的调整进度。

2. 强化对供应链的筹措，从物资采购上保障工程进度

针对当地供应商生产供应、履约能力不足、大型机械设备缺少的现实情况，为保障物资稳定供应，防止采购渠道、物流链断裂等情况出现，一是通过多渠道开展物资生产厂家调研，拓宽物资来源渠道；二是根据各类物资不同的采购周期，科学筹划采购计划，设立安全库存，并对库存实行动态管理；三是对于大宗物资、关键物资安排专人驻场催发，实时掌握物资生产、发货、进场信息，如对于

道岔等关键性设备,派员对生产、装载、运输、卸载、存储、安装等全过程跟踪;四是针对关键物资制定应急供应及运输保障措施,对国内及塞方当地物流运输资源进行整合,在项目关键物资供应紧张时,保障应急运力及调度能力;五是在大型机械、装备保障上,提早谋划开展调研,特别是当地紧缺的大型铺轨及捣稳设备、道砟运输列车、长轨装卸设备、桥梁移动模架、跨河施工便梁等,尽早确定来源。

3. 加强监督体系的建设,从安全质量上保障工程进度

当地《职业健康与安全法》《环境保护法》《消防法》《废物处理法》《铁路法》"临时和流动施工现场职业安全与健康法令"等对施工人员的资质、岗位风险评估、职业健康、地下水、噪声、土壤及空气的监测、工地环境、消防、现场组织、施工人员培训等均提出一系列与国内不同的要求,为依法合规、安全推动项目建设,一是聘请当地安全咨询公司及具备当地资质的安全工程师,成立由中塞双方安全专职人员组成属地化安全管理团队,专职负责安全、职业健康、环水保等工作,健全安全管理体系,并有针对性地开展与当地政府监督检查管理机构沟通协调;二是依据相关法规要求建立与塞政府工程监管部门、业主职业健康与安全部门、安全咨询公司层面的三级培训机制,即施工准备阶段联系塞政府工程监管部门开展相关法规培训,进场前邀请业主开展营业线施工安全培训,施工过程定期组织安全咨询公司对参建员工开展培训;三是与当地警察建立直接联络机制,一旦发现哑弹或治安问题,及时排除危险。

4. 提高问题解决的效率,从协调渠道上保障工程进度

塞尔维亚政府、企业的工作习惯、方式与国内差别较大,协调效率很低。为解决一系列制约现场进度的外部因素,保障项目平稳有序推进,除建立基本的沟通机制外,还与国内、塞方高层争取到了沟通机会,升级了沟通渠道和问题协调维度,提升了问题解决效率,营造了较好的外部环境。例如,不但在业主、监理、认证和动态测试机构、地方政府、当地企业等层面建立了基本的沟通机制,

还积极争取到了中塞政府层面的例会机制、与塞交通部及塞总统办等较高层面的沟通渠道,加速了棘手、久拖不下问题的解决效率。

(五)筹划验收测试,获取使用许可

欧标、欧盟铁路互通性技术规范及塞尔维亚《技术规则》对静、动态验收测试有着较为严格、细致的要求,项目静态验收后,须由欧盟第三方测试机构进行动态验收测试,其测试标准和方案均按照欧洲标准进行,通过测试后国家铁路局予以颁发项目使用许可。

1. 积极进行测试筹备,把握测试的主导权

一方面认真研究欧盟第三方测试机构动态测试方案,制订内部测试大纲及测试计划,并与测试机构就测试内容及方案深入研讨,稳定动态测试方案;另一方面鉴于欧洲多数车载设备供应商对中方车载和地面设备兼容性测试(列车控制系统分为车载和地面两部分)不予配合的障碍,与塞方及相关企业展开多轮激烈谈判,并自行租赁测试车辆完成预测试,为通过正式动态测试奠定基础。

2. 认真做好安全保障,加强测试过程沟通

一是编制《安全风险识别评估表》,明确业主、承包商、测试机构安全责任,并对全体测试人员进行测试安全教育;二是采取三重安全保障措施,组织安全咨询公司进行安全风险识别,确定重点防护区域,并现场核查落实情况,聘请安保公司在全线防护薄弱点进行全时间段、全方位驻点盯控,组织中方管理人员全线巡查,发现安全隐患及时处理;三是测试过程中与业主、监理、测试机构召开日例会,分析测试过程中发现的问题并及时组织整改。

3. 建立文件管理机制,确保获得使用许可

塞方《建设与规划法》等法律法规对竣工技术文件、使用许可报批等的规定与国内差异较大,技术文件的种类繁多且量很大。为及时规范做好技术文件的梳理、存档、提报工作,以便顺利获得使用许可,组织中塞工程师对建设法规进行深入研究,搭建了技术文件组织结构,建立了竣工文件收集、编制、更新、云上传、定期梳理和校核等工作机制,制定了技术文件归档组织结构先定位再分

类、同一专业统一文档结构并结合实际合理调整、分批次整理扫描上传、设计变更及其支撑性文件专人负责的系统化编制、管理原则,高效、系统地梳理开工以来的所有技术文件,最终顺利通过第三方技术验收委员会的审查,一次性取得了使用许可。

4. 围绕保障平稳运营,持续帮扶运营维护

贝诺段项目开通运营后,旅客发送量短时期内就突破百万人次,为确保塞方运营、维护、操作人员正确操作和维护各子系统,中方在合同外继续调派专业技术人员,对业主的运营、维护、操作人员进行为期逾一年的跟踪指导,协助进行了百余次应急处理,还完成了各类节假日的运营保障工作。

三、主动融合中欧铁路标准法规的匈塞铁路贝诺段项目建设管理效果

匈塞铁路贝诺段高铁的如期建成及开通运营,旅行时间由 90 分钟压缩至约 30 分钟,极大地方便了当地人民的交通出行和地区交流,提高了当地铁路行业影响力和服务口碑,树立了"中国铁路"在欧洲大陆的品牌。

(一)实现贝诺项目工程建设的目标

经过全体建设者的不懈努力,2022 年 2 月,DBST(德铁测试机构)完成了匈塞铁路贝诺段项目动态测试,2022 年 3 月 19 日,贝诺段项目在塞尔维亚总统和匈牙利总理的见证下正式开通运营,标志着匈塞铁路取得重大进展,也是中东欧地区开通运营的第一条高速铁路。

(二)实现欧盟铁路技术认证的目标

依据《商务合同》,贝诺段项目须在欧洲相关法律法规框架下,建成符合欧标及欧盟铁路互联互通技术规范的高速铁路,通过欧洲第三方安全评估、验收测试、互通性认证,并最终取得欧盟铁路互联互通认证证书。通过开展欧盟铁路互联互通认证工作,对中国铁路企业如何遵守欧洲铁路市场规则并证明符合性,形成了可复制、可推广、可借鉴的经验做法。

（三）实现中塞两国互利共赢的目标

贝诺段项目推进过程中,中塞双方不断增强互信、扩大合作,签署了百余项、近 1 亿美元新增及变更工程;同时,中国通信信号、电力及电气化技术装备得到批量应用,中国元素占比超 50％,实现了中塞双方互利共赢的同时,也实现了中国元素最大占比,为中国高铁全产业链走进欧美高价值链端奠定基础。

（成果创造人:鞠国江　高　峰　周　鑫　齐丰然　宋　剑
　　　　　　段　伟　杨冠岭　李刚钰　张小华　宋　伟
　　　　　　邓　可　刘菁蕊）

国有建筑企业体系化人才效能提升管理

中铁六局集团有限公司

中铁六局集团有限公司(以下简称中铁六局)是世界500强企业中国中铁股份有限公司(以下简称中国中铁)的全资子公司,总部位于北京,注册资本金22亿元,是一家能够提供建筑全产业链一揽子综合服务的大型现代化建筑集团。中铁六局拥有铁路工程、建筑工程、公路工程施工总承包特级资质,多领域施工总承包、专业承包等各类资质共133项。下设15家子(分)公司,共有职工13 800余人,在建项目450余项,年施工生产能力450亿元以上。

一、国有建筑企业体系化人才效能提升管理背景

(一)推动企业实现转型升级与提质增效的需要

受市场需求、政府监管、技术发展等诸多因素影响,粗放型模式、追求高速增长、"量"的扩张已经不再适合企业现实需要。2020年初,35岁及以下人员占比不足35%,50岁及以上人员占比超过25%,一定程度出现"青黄不接"的现象;全日制本科占比不足35%,高级职称占比不足15%,人才知识水平偏低、年龄老化、高素质人才短缺。在面对市场新变化、新需求的调整时,需要提升人才效能来激发管理效能,提高核心竞争力,使企业更好地适应市场变化,最终推动企业转型升级与提质增效。

(二)持续提升企业人才队伍建设效能的需要

国企"三项制度"改革深入推进,企业正处在优化人才队伍结构、转换增长动能的攻关期,人力资源投入产出效率水平偏低,2020年营业收入不到280亿元、人均营业收入不足240万元、人事费用率超过8%,各项关键指标在与中国中铁基建板块对标分

析中均处于平均水平之下,同层级人员薪酬收入差距较小,平均主义和大锅饭现象比较普遍,未能建立该高则高、该低则低的调控机制,导致员工积极性不高,人均效能偏低,其根本原因是员工整体素质与企业高质量发展不匹配,需要不断缩小员工能力与卓越绩效间的差距,进而推动对人才资源的整体性挖掘。

（三）满足员工职业生存和发展需求的需要

社会发展、技术突破对各类员工的素质提出了更高要求,员工如不能适应和胜任新形势、新任务,可能面临被淘汰的危险。2020 年以来共引进高校毕业生 2 872 人,占总引进人数的 86%,全部为"95 后",具有追求自我价值、偏好多样化、注重工作平衡等突出特点,对企业也提出了更高的管理要求。因此,需要通过多种管理举措协同激发全体员工自主学习、崇尚技术、岗位成才的积极性,拓展职业发展空间,实现企业和员工双赢。

二、国有建筑企业体系化人才效能提升管理主要做法

（一）完善人才工作顶层设计,树立人才效能提升目标

1. 分解发展战略,树立各类人才提升目标

根据总体发展战略,结合现状,中铁六局制定了《公司人才发展"十四五"规划》,提出"十四五"末人才数量、结构、素质、效能、机制等五方面建设目标。重点实现经营管理人才达到 400 人以上,累计选拔 40 岁及以下子(分)公司班子正职占 50%以上;队伍专业化、身份职业化、管理契约化、薪酬市场化、素质过硬的优秀职业项目经理达到 20%以上;工程技术与数字化能力兼备的专家达到 50 人以上;铁路、城轨、市政等支柱型,水利及环保、"新基建"等储备型,投资、国际、运营等成长型及其他通用型专业人才比例达到 6:2:1:1;政治坚定、作风过硬、素质优良的党群人才达到 800 人以上;技艺精湛、善于解决现场难题、核心工种齐全的高技能人才突破 500 人;逐步实现由职能管理向价值管理转变,确保劳产率、人事费用率、人工成本利润率等指标连年改善。实现业务战略与人才战略高度同步、深度契合,使人才效能提升工程的战略目标更为明确。

2. 深化三项制度改革，建立市场化人才管理机制

印发三项制度改革专项推进方案，明确总目标和三年阶段目标，建立任务清单，形成时间表和路线图，确保改革目标如期实现，着力建立市场化人才管理机制，打破员工"进入国企就有铁饭碗"的思想惯性，重点在"能下能出能减"上下功夫。一是实现管理人员"能下"。通过强化考核结果运用，完善领导人员末位淘汰机制，对连续排名末位的坚决予以调整。二是实现员工"能出"。建立全员绩效考核体系，明确一般管理人员退出条件，通过业绩考核、清理非在岗等方式，畅通退出渠道。三是实现收入"能增能减"。建立了"集团公司、子（分）公司、项目部"三级工资总额预算管理体系，突出利润总额增幅和贡献度指标。对于各层级管理机构，明确绩效考核指标，据考核结果拉开收入差距，实现收入能增能减。

3. 摸清人力资源现状，促进目标层层落实

成立专项工作组，通过问卷调查、人才盘点、专项巡查等方式摸清现有人才底数和队伍结构，重点针对子（分）公司施工难度大、政策执行难的各类偏远地区项目进行人才盘点访谈，回收问卷3 600余份，一对一访谈700余人，充分了解基层现状，结合实际将人才培养总体目标分解到单位、部门、岗位，纳入各级组织考核目标，通过强化考核、明确目标、压实责任，促进人才规划各项举措真正落地。

4. 健全人才制度体系，推进各级单位齐抓共管

相继出台《人才引进及员工调动》《高校毕业生"十年期"人才培养》《大力培养使用优秀年轻干部》《项目部薪酬管理》等各类制度共34项，提出针对性培养、系统化保障的相关措施，"选、用、育、留"各项机制更加健全。在公司层面，通过系统会、专题会向所属单位负责人、人力资源部门负责人及广大职工宣贯"十四五"人才规划和各项制度，引导全局在人才工作上提高政治站位，形成工作合力；在子（分）公司层面，建立党政主要负责人亲自负责、群团组织密切配合、业务系统共同负责、协同联动的责任包保机制；在基层项目部层面，要求项目部领导班子、五部两室负责人齐抓共管、

层层落实,促进制度在基层落地。

(二)建立素质模型和岗位规范,明确人才效能提升标准

1.构建岗位素质模型,明确不同层次人才效能提升标准

一是构建通用岗位胜任力模型。以岗位素质要求为基准,明确各个层级、岗位的职责任务、工作标准、任职条件等,将部门职责和岗位胜任要求进行深度分解,形成包含价值导向、知识技能、意识态度、经验、行为特质等 5 个主维度 15 个子维度的通用胜任力模型。二是构建项目关键岗位胜任力模型。从 11 家工程公司挑选 120 名骨干组成评审小组,采用头脑风暴法对项目经理、书记、总工、副经理及五部两室负责人等 12 个项目关键岗位的岗位职责、任职要求等进行反复研讨,构建核心胜任力、专业胜任力、领导力共计 3 个主维度 12 个子维度的项目关键岗位胜任力模型。三是构建中层管理人员胜任力模型。与中国人民大学合作,在全公司范围内选取有代表性的数百名中层干部,通过测评、访谈、考试、观察等方法,对受访者给出的维度排序情况进行赋值及计分,结合工程类企业中层干部效能要求的基本特征,最终形成团队管理力、战略思维、资源整合、抗压能力、决策能力、学习能力、执行力、目标管理共计 8 个主维度 24 个子维度的胜任力模型,建立了中层管理人员选拔、培养和使用标准。

2.开展岗位分析与评估,建立岗位任职资格规范

一是做好工作分析。以胜任力模型为基准,明确各个层级、岗位的职责任务、工作标准、任职条件等内容,并将部门职责和岗位进行深度分解,使不同类型岗位权责利对等,强化岗位意识,提升组织运行效率。二是做好岗位评估。进一步完善岗位说明书,通过科学规划、合理设计、明确职责,确保将企业的目标转化为每个岗位的目标和责任,并为工作评价、人员招聘、绩效考核、培训开发及薪酬管理提供依据。

(三)优化人才队伍结构,筑牢人才效能提升根基

1.精简"冗余机构",推动组织管理效能提升

一是本部机构改革向"精简高效"发力。通过"硬件重塑"推行

大部制整合,将业务相近、职能重叠的部门合并或合署办公,重新确立本部岗位设置及定员标准,机构从 29 个减至 23 个,总定员压减 20.21%。通过"软件更新"优化管理关系,调整优化 6 个职能归属,压缩管理链条,明晰集团公司抓系统建设,三级公司抓项目管理的职能定位。二是派出机构改革向"整合优化"发力。通过整合,重新优化管辖范围,明确定员标准和职能定位,区域项目管理稽查队由 8 个优化为 5 个,定员压减 37.25%;区域经营指挥部由 8 个优化为"5+1"个,定员压减 46.94%。三是优化所属单位除项目部以外的机构及人员配置。2022 年对专业化子(分)公司、非职能性的附属机构等进行梳理和优化,压减"财政人口",附属机构较年初减少 10 个,压减 109 人,充实到项目一线。四是持续优化项目机构和定员管理。按照从业人员全口径管理、两层级三阶段核定项目定员的原则,为项目做好全周期定员配置和人均营业收入目标策划。通过大力推进组织变革,促进组织释放效能。

2. 推行"汰劣机制",清理低效冗余劳动资源

一是清理非在岗人员。依法依规清理辞职未办理手续、久假不归、长期旷工等人员,共 103 人。二是员工退出。依据胜任力模型,通过业务考试、绩效考核等多种措施对在岗员工进行能力评判,落实考核责任,强化结果运用,合理拉开收入差距,对岗位胜任力差的人员进行培训、换岗或依法依规解除劳动关系,共计退出 183 人。三是管理人员退出。两级公司共 135 名经理层成员全部签订聘任协议书、年度经营业绩责任书,对与胜任力素质模型要求差距过大的人员,严格根据考核结果实施解聘或岗位调整及薪酬兑现,做好管理人员"下"的管理,2020 年以来共免职 6 人、"改非"74 人,38 人退出子(分)公司领导班子岗位。四是用工总量调控。出台《用工总量调控管理办法》,坚持用工总量与生产规模相匹配,根据各单位实际下达年度用工总量调控计划,及时压减不合法、不合规的用工。

3. 强化"人才储备",做好人才梯队建设

一是建立集团公司级、子(分)公司级后备人才库。将干部考察、职称评审、技能大赛、评先评优工作中发现的人才纳入后备人

才库;累计选拔 40 岁及以下子(分)公司领导班子正职占比 50%以上、每年提拔 35 岁及以下子(分)公司班子副职占比 20%、每年提拔 30 岁及以下子(分)公司项目部班子正职占比 20%。二是建立长期培养储备机制。将毕业"十年期"划分为见习期、成长期、成才期,严格落实各阶段发展目标和培养措施,到相应岗位进行锻炼,持续加强优秀年轻干部培养使用。三是推行关键岗位储备机制。通过在大型项目配备总经、总会、副总工,有计划、有重点地让年轻干部历练成长;实施项目"见习副经理"制度,领导班子中可超配 1~2 名毕业 3~5 年的干部为"项目见习副经理"。2020 年以来配备项目总经、总会、副总工、见习副经理共 245 人,一大批优秀后备人才迅速脱颖而出。

4. 构筑"才智高地",创新高素质人才引进机制

一是精准校招,提升质量。针对综合素养高、专业知识扎实的"双一流"高校毕业生,采取线上线下相结合,分组划片、灵活组队的方式开展校园招聘,大力推行重点院校"包保"制度,2020 年以来"双一流"高校毕业生接收比例连续稳步递增。二是精准社招,匹配需求。紧扣人才效能提升要求,提高引进条件、规范引进程序、提升引进质量,重点为投资运营、科技创新、新兴业态等领域迫切需要且相对紧缺的,或个人掌握核心技术、重要竞争资源的重要人才开通绿色通道,实行"一人一策"重点引进。三是精准转录,破格取用。每年定期举办测量、试验、盾构等技能大赛 5~8 种,从劳务人员中选拔技术精湛、业务过硬的高技能人才参加公司组织的集训和比赛,取得名次的劳务人员给予精神、物质奖励,满足公司转录条件的将按相关程序破格转录为正式员工;鼓励劳务人员踊跃报名考取一级建造师等相关执业资格证书,并给予一定的奖励和补贴,同时破格转录为正式员工,进一步提升员工归属感和认同感。

(四)改进关键人才培养模式,拓宽人才效能提升通道

1. 推进项目管理层人才职业化培养

一是加快推进项目经理职业化建设。依据各单位产值、新签

合同额、新建项目数量等,下达各年度职业项目经理建设目标,要求各单位项目经理通过考取一级建造师等项目关键证书持证上岗,督促各单位通过市场化选聘、内部公开选拔、"揭榜挂帅"竞聘上岗等方式选拔新任项目经理。三年来,已选聘职业项目经理49人,占比20%。二是加大项目"铁三角"、安全总监专业队伍建设力度。印发《商务人才队伍建设实施方案》,明确"铁三角"任职标准和培养目标,要求各层级全面配备安全总监,提薪酬、给待遇,有计划、分步骤地提高项目安全总监注册安全工程师资格证书持证上岗率。

2. 强化重点岗位人才复合培养

一是健全"横向交流"通道。鼓励部分有综合潜质的专业技术、管理人才,通过多岗位横向交流,在单位内部进行轮岗,让年轻干部在不同领域、层次、岗位上不断丰富阅历,焕发新的活力。二是健全"纵向互通"通道。鼓励各公司结合实际,选择有潜力的项目领导班子、部门负责人到机关各部门进行短期轮岗,通过循环交流大幅提高项目各部门人员的任职能力,有序安排机关各部门人员纵向交流到项目部任职。三是健全行政与党群岗交叉任职通道。把优秀的经营管理技术干部任用到党群工作岗位培养锻炼,把党群系统优秀干部聘用到行政管理岗位培养锻炼,给予复合型发展的机会,进一步增强重点人才综合效能。四是健全市场营销人才发展通道。印发《职业营销经理管理办法》,刚性运用业绩考核结果,开展高级职业营销经理评选,对连续两年业绩低于考核底线的坚决予以免职,激发市场营销人才干事创业动力。

3. 加强技能操作型人才实战培养

一是以赛促训,以训促学。每年定期举办全公司技能大赛5～8个,扩展技能竞赛选拔的广度和深度,强化层层"培训—竞赛—培训"的选拔机制,培养技能型、实用性人才,壮大技能人才队伍。二是创建大师工作室。依托子(分)公司条件,优选技能领军人才创办技能大师工作室。近三年创建股份公司级技能大师工作室1个,局级技能大师工作室3个,子(分)公司级技能大师工作室

2个,提高技能人才实战能力。三是成果推广应用,将大师工作室作为技术创新孵化器,不断探索和实践,逐步建立项目立项、成果收集、宣传奖励、推广应用机制,充分发挥工作室在解决生产难题、技术攻关、成果推广、培养人才等方面的作用。

4. 实行专家智囊型人才选拔培养

一是拓宽专业通道。修订专家制度,在专业上补齐短板,除工程技术外,增设工程经济、财务审计等专业,健全专家队伍激励机制,充分发挥专家智囊和引领作用。二是改进选拔制度,改变“重评选轻使用”的现状,从搭建建言献策平台、优化专家选拔机制等7个方面出发,最终选拔各层级工程技术专家及后备人才176人,充实壮大专家队伍。三是激励作用发挥。认真落实专家导师带徒机制,组织各级专家签订带徒协议,真正发挥传帮带作用,依托中铁六局重点难点工程项目,组建以专家为带头人、技术骨干人才为主要参与者的科研团队,开展技术研究与攻关活动,加快技术骨干成长成才,培养一批业务能力强、知识面广、综合素质高的专家人才。

（五）构建全员培训体系,巩固人才效能提升成效

1. 打造培训云平台,推行线上线下混合式培训

为实现员工学习网络化、信息化、便捷化、智能化,2020年中铁六局着手搭建网络教育培训平台,本着资源共建共享、数据互联互通的原则,开发建设在线学习平台,积极开发在线课程,丰富学习内容,改进升级模块功能。大力开展线上学习、考试等培训学习活动,积极推广以线上培训为主、“线上＋线下”相结合的混合式培训,“云学堂”的推广和使用提高了员工平均受训时长,增加了各级培训组织频次,有效化解了施工企业现场培训的工学矛盾,“云学堂”上线三年来,共开发并上传课程6 549门,开通激活职工账号13 531个,累计培训52 868人次,累计发布考试活动4 677场,参加考试395 185人次,营造了全员参与、全员学习的良好氛围。

2. 利用平台优势分类分层开展自主培训

针对人才效能提升过程中不同层级提出的学习需求及出现的

新问题,对"云学堂"进行全面针对性改版和升级,成立工程技术、党建、商务、财会、项目管理、职业技能等十大管理学院,以及考试中心和认证中心两大功能中心,为子(分)公司单独设置功能分区和权限,尽最大可能满足员工自主培训需求。平台优化并归集了课程体系,更新多种类、高质量外部课程的同时,做好内部课程开发。针对不同层次管理人员不定时发布相应学习任务,使大家逐渐养成利用平台学习的习惯,激励员工进行自主培训,真正把"要我学"变成"我要学",养成自主学习习惯。

3. 推进项目关键岗位培训认证上岗

根据岗位任职资格、条件和胜任力要求,联合各子(分)公司及业务系统精心开发,分岗位、分系统上线关键岗位认证课程,以此进行专业培训;把理论知识考试与工作能力考评相结合,对项目关键岗位人员及其后备人员任职资格进行综合认证,合格后颁发三年有效的"上岗证",持证上岗,未限期取证人员按要求降职或调离。从推行项目关键岗位持证上岗以来,共组织 7 097 人次认证培训,已有 4 062 人次持证,大幅提高项目关键岗位履职水平,形成了业务系统及子(分)公司发现培养人员的重要平台。

4. 开展核心管理岗位重点班次培训

为分类分层实施关键岗位人才效能提升,建立了集团总部、子(分)公司、项目部三级教育培训管理体系,坚持分级管理、分层实施。公司总部作为一级机构,是三级教育培训体系的中枢和核心,围绕全局重点工作,统筹中铁六局领导及全局中层领导干部、各业务系统骨干、项目经理、项目书记、项目关键岗位人员、执业资格取证、技能比武等重点班次培训。所属子(分)公司作为二级机构,是三级教育培训体系的纽带和桥梁,除了完成中铁六局下达的各项培训任务外,还负责重点组织本公司机关管理人员、项目管理人员、专业技术人员的各类重点班次培训。基层项目部作为三级机构,是三级教育培训体系的末端,负责重点组织好项目管理人员、技术人员、技能操作人员、劳务人员等培训,主要任务是抓好安全教育、关键施工工艺、质量控制及技能提升方面的重点班次培训。

5. 推行"导师带徒"工作机制

一是建立新员工"双导师带徒"机制,建立专业导师负责专业技术指导、职业导师负责思想动态和职业发展的"双导师带徒"机制,期限为三年。二是建立"技能带徒"机制。充分发挥高端技能人才的带动作用,通过落实师徒协议,建立优秀师徒奖励制度,明确培训内容、形式、责任等,促进"导师带徒"活动取得实效。三是推行"专家带徒"机制,在两级公司推行"专家带徒"机制,在三年任期内,由专家本人提出徒弟人选,签订"导师带徒"协议,要求不同层级专家在任期内培养 1～2 名具备专家参评条件的徒弟,有梯次地培养各类专家后备人才和专业骨干。2020 年以来三类人才导师带徒率达到 100％,通过"定点帮扶"充分激发员工学习主动性。

(六)创新双向激励机制,保持人才效能提升动力

1. 建立以业绩和效率为导向的分配机制

按照"以岗位职责为基础,关键业绩为指标"原则,持续优化中铁六局各层级薪酬分配体系,突出综合绩效差异,合理拉开收入差距。中铁六局层面,指导各子(分)公司制定贴合自身实际的绩效考核和薪酬管理制度,客观评价员工工作业绩,发挥绩效考核的导向和激励作用。子(分)公司层面,以各单位年度业绩考核结果为基础,突出综合绩效差异,合理拉开各单位负责人收入差距,实施正向激励,实现领导班子收入能增能减。项目部层面,以项目规模、人均营业收入为基础,全面推进项目从业人员用工总量管理,将项目用工总量调控在定员范围内,切实提高项目劳动效率和效益。推进项目一般员工绩效考核体系建设,以重点任务落实情况实施季度考核,以部门责任成本预算为基础实施年度绩效考核。考核结果同项目部工资总额分配、个人收入水平紧密挂钩,实现一般员工按绩效和贡献取酬。

2. 鼓励"能者多劳、多劳多得"的薪酬激励模式

一是试行项目模拟股权。落实"利益共享、风险共担"、激励与约束并存的管理导向,鼓励短平快项目实施模拟股权分红,激发员工主观能动性和工作热情。以天津公司天钢项目为试点,完成

16％的目标利润率,实现超额利润 57 万元,全部用于项目员工股权分红,员工收入较同类项目明显提高,责任意识、成本意识极大增强,实现项目滚动开发 7 500 万元。二是推行工资总额包干管理。通过在全局范围内探索实行工资总额承包,坚持"多贡献多得、少贡献少得、不贡献不得"的原则,在北京公司新开项目推行工资总额包干管理,太原公司新开项目推行固定部分包干、绩效部分浮动的机制,进一步调动员工积极性和主动性。三是引入跟投模式。将核心员工利益与项目效益捆绑在一起,聚焦项目实现精准激励,最终实现风险共担、利益共享,通过不断创新项目激励方式,鼓励广大职工能者多劳、多劳多得,充分把自身的能力展示出来,推动企业高质发展。

三、国有建筑企业体系化人才效能提升管理效果

（一）建成人才效能提升工作体系,企业人才队伍结构持续优化

自 2020 年实施人才效能提升管理以来,人员与岗位之间匹配度越来越高,人才效能提升机制已基本建成且运行效果良好。中层领导人员平均年龄由 47 岁降至 45 岁,40 岁及以下中层占总人数的 19％;所属子(分)公司中层(正副科级)平均年龄 38 岁降至 36 岁,40 岁及以下占比 61％,年龄结构持续优化;近三年共引进 2 872 人,其中高校毕业生 2 537 人,主专业率 85％,"双一流"毕业生占比由 2020 年的 4％增长到 2023 年的 24％。

（二）人才效能与企业发展更加匹配,企业效率效用大幅提升

企业营业收入、人均营业收入、人工成本利润率等多项指标保持稳步增长,其中,营业收入同比增长 16.79％;人均营业收入同比增长 13.14％;人事费用率逐步递减,由 2020 年的 8.2％降低到 2022 年的 6.3％。通过持续开展人才效能提升管理,企业快速实现转型升级,人才效能与企业发展更加匹配,实现从依靠人员数量向依靠人才素质和能力的根本转变。

（三）员工职业发展空间有效拓展,夯实企业高质量发展根基

近三年来,全局提拔领导干部 108 人,各子(分)公司三、四级

人才库储备 364 人，项目见习副经理、副总工程师等后备人才245 人，有效拓展了员工职业发展空间。目前公司工程技术专家达 176 人，近三年创建了 3 个技能大师工作室（含 1 个股份公司级），增加了 30 个员工创新工作室，同比增长了 172.7%，高技能人才不断涌现。优秀技能人才脱颖而出，先后在中国中铁技能大赛（国家二类）中取得了盾构大赛、试验工大赛团体第一名，试验工、测量工大赛团体第二名，3 名青年员工被评为中国中铁青年岗位技术标兵，21 名青年员工被评为中国中铁青年岗位技术能手。

（成果创造人：龙燕强　汤鋆铭　徐　涛　李伟民　徐　静
　　　　　　　裴　涛　张　笑　赵金鹏　杨兰钧　雷静波
　　　　　　　雷　辉　宋大伟）

国有施工企业以可持续健康发展为目标的"心廉"文化体系建设

中铁五局集团有限公司

中铁五局集团有限公司（以下简称中铁五局）是世界500强企业中国中铁股份有限公司骨干成员企业，始建于1950年，企业主要从事国内外建筑工程投资、设计、施工及运营管理，拥有铁路、建筑、公路、市政工程等7项施工总承包特级资质。中铁五局现有员工2.1万人，下辖18个子（分）公司，年施工生产能力1 000亿元人民币以上。中铁五局自成立以来，先后参加中国境内170余条铁路、320余条公路及各地城市轨道、水利水电、市政公用、房屋建筑、机场码头、地下管廊等项目的建设，是中国基础设施建设的重要力量。

一、国有施工企业以可持续健康发展为目标的"心廉"文化体系建设背景

（一）清除企业管理痼疾，构建良好发展环境的需要

国有施工企业在以往传统的管理模式下，由于体制不健全、机制不完善、执行力不强，企业内部存在靠企吃企、利益输送、关联交易、设租寻租等问题。对制度无法根治的问题，就需要运用企业文化来"心治"，而中铁五局"心廉"文化正是治疗"贪腐私欲之心"的一剂良方。通过推进企业"心廉"文化体系建设，筑牢员工拒腐防变的思想堤坝，有效清除深植于企业的"顽瘴痼疾"，从而为企业的可持续健康发展构建良好的发展环境。

（二）实施"文化强企"战略，助推企业可持续发展的需要

纵观国内外具有世界影响力的知名企业可以发现，其都拥有

26

各自不同的企业文化。有效的企业文化是企业可持续发展的基石,是企业"基业长青"的法宝。中铁五局在推进企业廉洁文化建设的实践中,从2012年"修德律己、立廉兴企"廉洁理念的提出,到2018年"五心倡廉"活动的推广,再到2022年"心廉"文化体系的成熟完善,"廉动力"潜移默化地渗透到企业管理的各个环节,逐步被企业员工认可、接纳、传承和弘扬,"心廉"文化逐步成为助推企业可持续健康发展的新动力。

(三)净化员工心灵,实现队伍风气持续向好的需要

在世界多极化、经济全球化和科技进步日新月异的新形势下,企业员工如果不注重加强自身修为,不常擦拭内心"浮尘",就容易受到腐朽文化的侵蚀,出现理想丧失、信念动摇、心灵扭曲,继而产生"官僚主义、形式主义、享乐主义、奢靡之风"等"四风"问题。推进"心廉"文化体系建设,在企业上下深入传播廉洁文化理念,使之逐步成为全体员工的统一共识和行为准则,才能使企业员工正心修身、恪尽职守,在企业营造良好的干事创业氛围,汇聚蓬勃向上的正能量。

二、国有施工企业以可持续健康发展为目标的"心廉"文化体系 建设主要做法

(一)立足企业实际,确立"心廉"文化体系建设总体思路

经过多年的管理实践,中铁五局确定把"心廉"文化作为中国中铁"开路先锋"文化的子文化进行全面系统深化建设,对"心廉"文化体系建设的总体目标、建设原则、主要路径进行系统设计。

1. 确立"心廉"文化体系建设的总体目标

中铁五局通过持续推进企业"心廉"文化体系建设,以廉润心、以文化人,从而将廉洁文化转化为根植于全体员工内心的尚廉修养、思廉善念和守廉自觉,形成了企业"心廉腐止、腐止业兴"的"心廉"文化体系建设总体目标,使"心廉"内化为员工的思维方式和价值追求,转化为员工干事创业的道德操守,从而保障了企业的可持续健康发展。

2.确立"心廉"文化体系建设的主要原则

一是坚持继承发展、守正创新原则。"心廉"文化坚持在传承和弘扬中华传统廉洁文化、赓续和拓展中国中铁"开路先锋"文化的基础上,在企业发展的实践中实现了不断创新和发展。二是坚持标本兼治、心治为本原则。在规范管理、严格约束、强化惩防的同时,更加注重通过精神凝聚、价值引导和正向激励,使廉洁成为员工源自内心的价值理念。三是坚持文化治企、文化强企原则。始终坚持将助推企业治理效能提升、实现企业可持续健康发展作为"心廉"文化体系建设的出发点和落脚点。

3.确立"心廉"文化体系建设的主要路径

一是建立完善中铁五局"心廉"文化理念体系,形成全体员工共同认可并遵守的价值追求和行为准则;二是建立公平合理的正向激励机制,形成企业健康向上的价值导向,激发员工"不想腐"的自觉;三是健全完善行之有效的惩防约束机制,强化权力约束,严肃惩戒纠偏,达到"不敢腐"和"不能腐"的效果;四是多途径、常态化开展宣传教育,使员工在耳濡目染中不断接受文化熏陶,最终实现全体员工"心廉腐止",为企业可持续健康发展营造风清气正的生态环境。

(二)建立理念体系,丰富"心廉"文化内涵

中铁五局"心廉"文化理念体系主要包括愿景、价值观、行为准则和核心抓手四个方面的内容。

1."心廉"文化愿景

中铁五局"心廉"文化愿景通过"双洁""三护""四优"建设,实现企业"心廉腐止、腐止业兴"。一是心灵纯洁、行为廉洁为"双洁"。"心灵纯洁"即企业员工要保持高尚的品德,守住做人的底线;"行为廉洁"即领导干部不断增强法纪意识和拒腐防变的自觉性,努力形成"廉洁勤政、廉政勤俭""以廉为荣、以贪为耻"的良好风尚。二是维护企业、保护自己、爱护他人为"三护"。"维护企业"即促进企业规范运行、廉政建设、健康经营;"保护自己"即做到不违规、不违纪,廉洁奉公、恪尽职守;"爱护他人"即拒绝他人腐败就

是对他人的爱护。三是工程优质、干部优秀、作风优良、效益优先为"四优"。"工程优质"即主体工程零缺陷,一次验收合格率100%,争创省优、国优;"干部优秀"即廉洁勤政、创造业绩的模范作用突出;"作风优良"即通过心廉文化的润泽,使全体人员在实践中反映具有中铁五局特色和品格的整体精神风貌;"效益优先"即弘扬盈利光荣、亏损可耻理念,实现项目效益最大化。

2."心廉"文化价值观

中铁五局"心廉"文化价值观即"净心养性、廉信合一、业兴人和",其之间是相互联系、层层递进的关系。净心养性是基础,廉信合一是要求,业兴人和是目的。

"净心养性"即始终保持心灵的纯净和宁静,不受贪欲、私心、名利等干扰,加强自身修养,心以清净、心纯生廉,提高拒腐防变的能力。"廉信合一"即廉洁与信念、信心、信誉是相辅相成、密不可分的,既要以廉洁树立信念、信心、信誉,也要通过信念、信心、信誉促进廉洁行为。将心廉理念、准则、工作方法融入日常工作中,融入日常行为中,融入家风建设,使员工理想信念更加坚定,对企业发展更有信心,使企业更有信誉,同时自我坚定的信念、对企业的信心和信誉又促进自我更加廉洁。"业兴人和"即通过对"心廉"的知行合一,有力促进企风向上向善、干部作风不断好转、干群关系更加和谐,从而营造风清气正、气正心齐、心齐业兴的良好环境。

3."心廉"文化行为准则

中铁五局"心廉"文化重在规范领导干部、职工群众和机关人员的行为准则。一是领导干部要清廉务实、修身齐家。"清廉"即严格遵守党纪国法,时刻把企业和职工利益放在首位;"务实"即对事业高度负责、注重实效、不务虚功,把企业各项决策、各项工作落到实处;"修身"即领导部用廉洁、道德、法纪来修炼,培养浩然正气,打造"金刚不坏之身";"齐家"即保持"家风"纯朴,家风正,则作风优、政风纯。二是职工群众要恪尽职守、忠诚担当。"恪尽职守"是干事创业的基本要求,也是职业道德的基本精神;"忠诚担当"是职责要求,企业职工群众只有拧紧思想和行动"总开关",才能端正心性、健康成长、成就事业。三是机关人员要廉洁奉公、高效服务。"廉洁奉公"即保持艰苦朴素、公而忘私的光荣传统，守纪律、讲规矩，不贪图享受、不计较个人得失；"高效服务"即服务客户、基层、职工要时间高效、质量优异、态度端正。

4."心廉"文化核心抓手

中铁五局"心廉"文化包含监督、执纪、问责、教育、从业、用权、作风和执行八个板块的核心抓手，每个板块各由子理念、使命、准则和态度四个方面的内容组成。一是监督。监督理念即让接受监督成为一种习惯；监督使命即让权力正确地运行；监督准则即依法、公开、公正、全面、全程；监督态度即严谨、公正、客观。二是执纪。执纪理念即严管就是厚爱；执纪使命即惩前毖后、治病救人；执纪准则即严格执纪、宽严相济、公正公开；执纪态度即零容忍、零懈怠。三是问责。问责理念即失责必问、问责必严；问责使命即捍卫法规法纪、维护企业利益；问责准则即严管和厚爱结合，激励和约束并重；问责态度即依规依纪、实事求是。四是教育，教育理念即让廉洁成为一种共识和习惯；教育使命即警钟长鸣、防微杜渐；教育准则即内容积极向上、职工喜闻乐见；教育态度即教育耐心、理念入心。五是从业。从业理念即肯干事、干成事；从业使命即幸福五局、廉洁五局；从业准则即敦本务实、追求精品；从业态度即爱岗敬业、守正创新。六是用权。用权理念即公私分明、克己奉公；用权使命即为民用权、为公用权；用权准则即秉公用权；用权态度即公私分明。七是作风。作风理念即荣耻分明、风清气正；作风使命即让工作落地、为群众服务；作风准则即主动作为、务实实干、严谨细致、忠诚干净；作风态度即树善学善思之风、树担当作为之风。八是执行。执行理念即令行禁止、快速高效；执行使命即勇担当、强作为、当先锋；执行准则即不推诿、不扯皮、不拖延；执行态度即严谨、公正、客观。

（三）坚持心治为本，健全"心廉"文化激励机制

近年来，中铁五局通过建立差异化薪酬分配机制和专项考核机制，严肃考核、刚性兑现，使企业员工的劳动和付出得到充分回

报,有效消除贪腐杂念;通过建立以德为先的用人机制、树立"重实干、重业绩"的用人导向,通过认真践行"三个区分开来"、建立健全激励担当作为的容错纠错机制,充分调动员工干事创业的热情和动力,激发员工"不想腐"的自觉。

1. 建立差异化薪酬分配机制

中铁五局通过建立差异化薪酬机制、优化绩效考核机制和严格考核兑现,实现员工收入高低与岗位业绩密切关联,彻底解决以往"干多干少一个样、干好干坏一个样"的收入分配"大锅饭"问题,使全体员工明白"贪腐一块钱,企业必将损失十块钱,但其中通过考核至少有两块钱是员工个人的损失"的道理,有效建立了员工"不想腐"的屏障。一是建立差异化薪酬机制。中铁五局针对生产性公司、房地产公司、多元单位、酒店等不同子(分)公司的类别和特点,建立差异化考核分配体系,分类实行年度和任期经营业绩考核,根据考核结果确定单位主要负责人绩效薪酬标准;对区域指挥部和经营性分公司实行营销业绩考核,根据考核结果确定主要负责人年度绩效薪酬及奖励;对局、子(分)公司两级经理层成员和非经理层成员实行年度、任期经营业绩考核,差异化确定绩效薪酬标准;对局、子(分)公司两级本部员工实行季度和年度绩效考核,根据企业新签合同额、营业收入、安全质量及员工本人工作质效确定绩效薪酬标准。对项目部实行绩效薪酬总额包干制,由项目部按照"总额包干,自主分配"的原则,实行内部考核分配。同时,对项目部推行全额风险抵押、模拟股权和全员风险抵押三种新型项目经济承包模式,在岗薪制和年薪制基础上实行超额利润分成。通过对不同群体、不同组织建立差异化薪酬制度,实现职工收入由"大一统"向以业绩为导向的区别化、差异化转变。二是建立专项考核机制。以强化全过程、全员、全要素、全环节、全产业链"价值创造、降本增效"为目标,以构建层级纵向穿透和系统部门横向融合工作机制为导向,系统建立专项考核制度办法,主要包括现金流自平衡、二次经营、项目履约、安全质量、重要节点等专项考核,分别设立专项奖励。三是严肃考核和刚性兑现。2018 年以来,中铁五局对 639 个完工项目进行超额利润目标考核,其中超额完成利润指标项目 222 个,考核奖励 24 731 万元;基本完成利润指标项目 417 个,包括考核奖励项目 79 个,奖励 7 409 万元;考核罚款项目 187 个,处罚 4 461 万元;考核不奖不罚项目 151 个。

2. 建立以德为先的用人机制

近年来,中铁五局彻底革除以往"论资排辈"的用人陋习,坚持"德才兼备、以德为先"的用人原则,大力选拔敢于负责、勇于担当、善于作为、实绩突出的干部。例如,重用为企业做出突出成绩的干部,将评为局"十大优秀项目经理"的人员列为重点人选优先推荐考察。大力选拔在高海拔、高寒、重难点项目、海外地区作出突出贡献的干部。同时,进一步严把领导干部选用的廉洁审查关。中铁五局通过建立领导干部廉洁档案,对企业副科级以上领导干部实行廉洁档案管理,将廉洁档案作为干部推荐、选拔、任用及考核评价、业绩评定和评先评优的重要依据,对廉洁问题实行"一票否决"制,树立"业绩为重、廉洁为本"的用人导向。

3. 建立尽责担当的容错纠错机制

中铁五局认真践行"三个区分开来",坚持把执纪问责与大胆保护干部相结合,对查实问题的责任归属严细区分,杜绝"一刀切"式的大范围追责问责,对存在个人违规违纪问题的给予严肃惩处,对一心为公、无意过失的给予宽容和理解,从而有效保护了企业员工的工作热情。同时,为鼓励企业经营管理人员担当作为、干事创业,建立健全容错纠错机制,宽容在经营投资中的偏差和失误,激发企业的改革创新活力,服务企业高质量发展,中铁五局制定《经营投资免责事项清单及实施办法》,从开展投资业务、深化企业改革、实施创新驱动发展战略等 9 个方面,明确单位和个人在工作中履职尽责、规范作为、担当进取,但受客观条件限制未能实现预期目标或出现失误和偏差,依规依纪依法免予追究责任或从轻、减轻追究责任的事项清单。

(四)着力行为约束,健全"心廉"文化惩防机制

中铁五局通过做到"四个精准",把好关键岗位廉洁关口;通过

健全完善监督体系,构建大监督工作新格局;通过严肃惩戒纠偏,营造风清气正文化氛围,实现"不敢腐"和"不能腐"的效果。

1. 加强风险防控

人、财、工、机、物等权力、资源聚集的岗位是廉洁问题易发多发的关键点,为有效防范关键岗位廉洁风险,堵塞管理漏洞,中铁五局以打造"廉洁五局"为目标,以"简单、实用、高效"为原则,做到了关键岗位廉洁风险防控"四个精准"。一是精准查找关键岗位人员廉洁风险点。要求局、子(分)公司和项目部关键岗位人员,重点聚焦近年来易发多发的共性问题,每年年初全面梳理、深入查找自身岗位存在的廉洁风险。二是精准梳理重点职能部门监督清单。由局和子(分)公司两级重点职能部门根据重点管控事项和相关红线、底线管理要求,全面梳理职能监督工作清单,制定切实有效的防控措施。三是精准压实防控责任。要求局和子(分)公司两级重点职能部门紧紧围绕分包管理、验工结算、物资设备采购与管理、财务管理、招标管理和选人用人等关键环节,精准施策,层层压实防控责任。四是精准进行问题处置。由重点职能部门负责督促问题的整改闭合,形成监督问题整改验收单备查,各级纪检组织负责履行再监督职责,不定期对重点职能部门开展相关工作情况抽查,督促职能部门落实好防控责任。

2. 强化过程监督

近年来,为最大限度发挥监督合力,中铁五局积极探索监督工作新方式,通过健全完善监督体系,构建大监督工作新格局,为进一步提升企业治理效能提供有力保障。一是"多维式"打造监督平台。制定《中铁五局构建大监督工作格局实施办法》,在明确各监督主体相关工作职能的基础上,建立纪检、巡察、审计、群众、舆论、职能及外部监督各主体之间协调推动、资源整合、计划共商、信息互通及成果共用等五项工作机制,实现监督工作优势互补、信息互通、协同互通。同时,为更好发挥职能部门及企业员工的监督作用,鼓励全体员工在日常工作及专项活动中切实维护企业利益,防止并最大限度挽回企业经济损失,中铁五局制定《挽回经济损失奖励办法》，对挽损有功人员给予奖励，形成更加有效的监督合力。二是"沉浸式"营造监督氛围。通过扎实推进"心廉驿站"建设、开展"吾心倡廉"活动、印发"心廉"文化系列丛书，有效增强员工主动接受监督的自觉。三是"推磨式"解决监督顽疾。对屡改屡犯的"顽瘴痼疾"，通过经常性开展排查整顿，反复"打磨"，直至彻底清除。四是"穿透式"强化监督力度。中铁五局通过转变以往"一阵风"式的传统监督方式，建立事前预防、事中纠偏、事后追责的全方位、全过程"穿透式"监督新模式，显著提升监督工作质效，在监督方式上，做到穿透企业治理全链条，穿透项目管理全周期。在监督要求上，做到穿透现象看本质，穿透人心强震慑。

3. 严肃惩戒纠偏

中铁五局通过建立健全纪律审查相关制度，严格执行纪律，强化精准问责，从而厚植"心廉"文化体系建设沃土，营造风清气正文化氛围。一是健全纪律审查制度。出台《问题线索管理、案件审查报告实施办法》《纪律审查工作实施细则》，建立"过程送审、办结终审"的审核制度，对问题线索处置、定性量纪提出更加严格的时限和质量要求，确保执纪质量和效率。二是严格执行纪律。一方面对违纪人员严肃追责，近年来共立案 185 件，给予党纪处分 90 人次，政纪处分 168 人次。同时在过程中注重将法纪教育贯穿其中，使"不想腐"的思想自觉进一步提高。另一方面严格实施"一案双查"，对问题严重、多发的组织负责人进行严肃问责，"问责一人，警醒一片"的效果明显。三是精准追责问责，始终保持严的主基调，坚持有案必查、办案必严、量纪必准，追责问责过程中充分考虑错误性质、情节后果和主观态度等因素，做到定性准确、量纪恰当，充分体现纪律的严肃性与公正性。四是建立案件即时通报制度，对具有典型性和代表性的案件，在办理完结后及时警示通报，做到以案明纪、以案为鉴、以案促改、以案促治，为"心廉"文化体系建设"培土施肥"。

（五）注重修身正心，强化"心廉"文化的保障举措

中铁五局在"心廉"文化体系建设的实践中，通过持续深入推

34

进"疏心""润心""警心"三大工程建设,使企业员工在耳濡目染中接受"心廉"文化的熏陶,在潜移默化中得到心灵的洗礼,逐步营造人人思廉倡廉的浓厚氛围。

1. 建设心廉驿站,实施疏心工程

中铁五局结合工程项目点多线长、人员高度分散的实际和现场人员违规违纪问题易发多发的特点,在项目部创新开展"心廉驿站"建设,实施"疏心"工程,帮助企业员工答疑解惑、疏导负面情绪。一是明确建设总体要求。对重难点工程项目或项目规模10亿元以上、工期2年以上、员工总数200人以上的工程项目,应建立"心廉驿站"。二是明确"心廉驿站"应与项目管理同部署、同规划、同实施。三是明确"心廉驿站"建设实施主体。由项目党工委牵头、纪工委具体负责组织实施。四是统一"心廉驿站"建设主要内容及标准。项目"心廉驿站"在面积及规模方面应满足20名以上员工同时观摩学习,在内容及功能设置方面应包含书刊阅览、画册展示、影像播放、专题授课及"心廉"咨询等五项"廉洁元素"。

2. 丰富宣传载体,实施润心工程

中铁五局在传统集中宣教的基础上,通过"四个结合"不断创新宣教工作新载体、新方式和新途径,使廉洁教育工作取得新实效。一是集中宣教与促膝深谈相结合。中铁五局将"心廉"文化纳入各单位组织集中培训教育的"必修课",通过组织员工现身说法分享廉洁故事和心廉学习感悟,提升全体员工对"心廉"文化的认知。二是线下园地与线上阵地相结合。中铁五局通过在工程项目中打造"育廉园地""防微园""育廉长廊",使员工在寓教于乐中涵养"心廉",同时利用互联网平台高效、便捷的优势,创新建立以实时传播企业"心廉"文化为主要内容的"吾心倡廉"微信公众号,开辟宣教月工作动态、心廉专栏和学习园地等板块,实时分享企业"心廉"文化建设成果。在中铁五局网站设立廉洁文化建设专栏、制作《廉洁文化建设简报》,实时报道廉政建设工作动态。三是创新形式与丰富载体相结合。通过常态化开展以"公约明廉、驿站保廉、主题宣廉、图文说廉、家庭促廉、歌曲唱廉、长廊涵廉"等为主要内容的"吾心倡廉"活动；编制廉洁书画、制作廉洁教育微视频、举办"心廉"文化建设成果巡回展等多种新形式，为企业员工"启智润心"打造丰富的教育载体。

3.开展警示教育，实施警心工程

中铁五局围绕项目管理中出现的问题和风险点，利用警示教育，精准发力、系统发力，打造"心廉"新阵地。一是高位谋划推动。每年年初和年中召开党风廉政工作暨警示教育大会，深入分析企业当前党风廉政建设新形势、新特点，结合企业实际进行工作部署。二是开展现场警示教育。2018年以来，中铁五局各级单位组织企业员工参观廉政教育基地200余次。三是组织观看警示片。2020年以来，中铁五局结合企业案例先后拍摄《正风肃纪永远在路上》等警示教育片5部，用身边事、身边人警示教育全体员工，用鲜活的反面案例引导员工知敬畏、存戒惧、守底线。

三、国有施工企业以可持续健康发展为目标的"心廉"文化体系建设效果

（一）"心廉"致腐止，文化氛围更加健康团结

随着"心廉"文化的发展完善，其不断融入企业文化、融入中心工作、融入深化改革、融入员工日常，企业良好的文化氛围逐渐形成。一是企业文化更加丰富强劲。"心廉"文化进一步丰富了"开路先锋"精神文化，成了企业文化的重要组成部分。二是领导团队更加勤勉团结。领导团队的大局意识、协作精神、决策能力和服务水平不断提升，头雁作用逐渐凸显，员工对领导团队每年的满意度测评分达90分以上。三是干事氛围更加健康向上。通过严把选人用人政治关、品行关、作风关、能力关、廉洁关，树立"优秀者优先、有为者有位"的鲜明选人用人导向。

（二）"心廉"助业兴，企业发展更有质量效益

通过"心廉"文化建设，权力不敢任性，被关进制度笼子，进一步堵塞了管理漏洞，防范和化解了企业风险，保障了企业发展持续健康、蹄疾步稳。一是完善了内控制度。近两年企业在"心廉"文

化活动中,积极堵塞管理漏洞,促成了风险管理长效机制,立、改、废内控管理制度共 122 项,形成科学高效便捷的工作机制 37 项,有效提升了现代企业治理能力和治理水平。二是强化了工作执行。企业重大决策部署和制定完善的制度是在"心廉"文化影响驱动下,员工共同意愿的集中体现,得到了员工普遍认同和严格遵守,有效防止了制度执行中打折扣、搞变通、政策和制度效果层层衰减的情况。三是防范了经营风险。近两年,在"心廉"建设中开展亏损项目治理及各专项治理,为企业挽回大量损失。同时,员工自发自觉发挥"心廉"主观能动性,有效避免企业成本增加,推动企业管理水平优化和管理方式改善,提高了企业效益。

(三)"心廉"促人和,员工面貌焕发精神活力

通过推进"心廉"文化建设,企业员工不断在"心廉"文化中正心修为,"心廉"文化逐步融入中铁五局人的"血液",成为全体员工的价值追求和行为准则,员工也实实在在从"心廉"中得到实惠。一是自觉做好奉公正己。"心廉"文化使员工廉洁自律,规范化行为,自觉抵制不道德、不廉洁的行为。二是生活作风健康清爽。讲阔气、比排场等奢靡享乐之风被有效遏制,打牌赌博等低级趣味被阅读、健身等文明新风所取代,离酒桌、牌桌远了,离家人和健康更近了。三是个人收入稳步增长。员工主动从利人利企的角度去干工作,加大了彼此的关心与协作,员工的工作质量和效率显著提升,员工也实现了从中受益。

(成果创造人:张建强 蒲青松 田 波 赵 昕 姜永中
林锦祥 骆高发 唐亚国 罗 丽 龚小标
熊锦阳 陈 明)

高铁"四电"工程基于三维仿真模型的可视化施工管理

中铁建电气化局集团南方工程公司

中铁建电气化局集团南方工程有限公司(以下简称南方工程公司)是中国高速铁路"四电"系统集成领军企业——中国铁建电气化局集团有限公司的全资子公司,总部位于武汉,企业注册资本2亿元,前身为1969年组建的中国人民解放军铁道兵第三通信信号工程营。南方工程公司主要从事铁路"四电"(通信、信号、电力、牵引供电)和城市轨道交通、公路交通、机电设备、输变电、新能源、智慧城市和信息化技术等工程建设,拥有国内、外各类大中型电气化施工设备及精密仪器仪表、机械运输、检测试验设备,年施工生产能力40亿元以上。南方工程公司先后荣获"全国五一劳动奖状""全国优秀施工企业""中央企业先进集体""全国用户满意施工企业""全国质量效益型先进施工企业"等10余项国家级荣誉称号。

一、高铁"四电"工程基于三维仿真模型的可视化施工管理背景

(一)突破高铁"四电"工程传统施工方式痛点的现实需要

传统管理模式的书面技术交底,始终存在设计意图和细节工艺要求难以直观表达出来的问题,致使施工过程中达不到要求的现象较多,造成人力、物力、财力的极大浪费,施工效率难以提高;传统的施工材料计划依据平面图靠经验估算,精准度很差,造成施工中的材料浪费很大;传统"四电"施工模式下的安装工艺大同小异,没有独特亮点,难以形成"人无我有,人有我新"的竞争力,制约企业高质量发展。

(二)顺应智能高铁发展趋势的需要

智能高铁是一个覆盖全生命周期、涵盖众多业务、集成各类专

业技术的复杂巨系统,建设运营管理难度极大,为此提出了面向全生命周期、综合效能最优的"以全生命周期管理为主轴线、以全业务要素为基本面"的"模数驱动、轴面协同"建设管理思想,以模数驱动为轴面协同目标实现提供支撑,通过线路、桥梁、车站、通信、信号、供电等多专业、多粒度三维仿真模型和规划设计、工程建设、调度指挥、运营服务、安全监控等海量大数据的融合应用,实现全生命周期、全业务要素协同,达到智能高铁系统的整体运营效能最优。但其在铁路"四电"工程施工管理中目前暂无正向应用。随着中国铁路信息化建设进程的不断推进,经公司深入调研、论证,三维仿真模型可视化技术在高铁"四电"工程施工中的技术路线、建模工具、管理系统、人员素质初步具备试点应用的可行性。

(三)推动企业高质量发展的需要

为进一步推进公司对标世界一流管理提升行动,高铁"四电"工程基于三维仿真模型的可视化施工管理是南方工程公司对标世界一流的战略性举措,也是重要抓手。南方工程公司进行深入研究交流,及时评估分析,持续动态优化,意在把对标评价贯穿价值创造行动全过程。三维仿真模型可视化技术作为南方工程公司建立精细化管理和流程再造的重要手段,给公司的业务变革带来机遇和重要价值,可进一步提高公司的核心竞争力,提升公司在高铁"四电"施工行业的市场影响力和市场占有率,实现具有较强国际竞争力的国有企业的战略目标。

二、高铁"四电"工程基于三维仿真模型的可视化施工管理主要做法

(一)明确战略定位,锚定"四电"工程施工管理效能提升目标

以公司"数智铁建"的愿景为指引,根据国务院国资委启动股份公司对标一流管理提升专项行动的部署,按照"1236"数字化转型思路(通过打造"数字铁建、智慧铁建",实现中国铁建数字化转型"一个目标";实施畅通工程和升级工程"两大工程";做好理念更新、动能变革、发展跨越"三篇文章";坚持务实简约、价值导向、创

新引领、统筹共建、协同合作、安全可控"六项原则")和"123456"全过程、全要素管控体系(1是指以合同管理为中心;2是指管理好"量"和"价";3是指抓好投标策划、项目上场策划和人为风险之外的管控策划;4是指的是生产计划会、物资核销会、成本分析会、资金分配会;5是指施工所需的人、机、料、法、环五要素;6则是抓好预测、计划、控制、核算、分析和考核等全过程闭环管理),明确高铁"四电"施工管理效能提升工作的战略地位,以三维仿真模型可视化技术为抓手,推行高铁"四电"施工管理效率提升规划"点、线、面"三步走,优化顶层设计,为高铁"四电"施工管理效率提升指引方向。

1. 深入调研,确保目标精准

为解决高铁"四电"管理效能提升缓慢的难点和痛点问题,南方工程公司从实际出发,制定了详细的高铁"四电"管理效能提升专项调研方案,深入一线调研,在调研范围选取上,重点关注工期紧、专业多、与站前单位交叉施工多的项目。经过对调研报告分析整理,分别从施工效率、施工工艺质量、成本控制等多方面找到高铁"四电"管理效能不高的问题症结,并提出针对性解决对策。

2. 分解规划,确保各阶段落地实施

为解决传统高铁"四电"施工管理中二维图纸抽象化、技术交底传达不到位、施工材料大量浪费等问题,应对吴中城际项目站前工作进度滞后、留给项目的可用工期十分紧张、按传统施工步骤施工存在无法按期完工的风险以及施工工艺无法完成业主定下的"超越宝兰"的实际困难,经过公司领导层的研究讨论后,决定以吴中城际项目为试点,将三维仿真模型可视化技术在项目上进行探索实施。

(二)深化体制机制改革,筑牢基于三维仿真模型可视化应用的"四电"施工管理工作机制

1. 理念引领,管理思维革新

敢于率先打破常规思维,突破传统管理模式的束缚,率先将三维仿真模型可视化技术在高铁"四电"工程施工中进行创新应用,开创了高铁"四电"工程施工应用三维仿真模型可视化技术引导施

工管理的先例。

2.试点引路,管理模式创新

2018年,南方工程公司在吴忠至中卫城际铁路2号中继站设备安装过程中,应用三维仿真模型可视化技术,将传统按图施工模式创新为先三维建模后施工的管理模式。传统的高铁"四电"施工管理模式为审图→现场测量→根据设计及现场测量编制材料计划→针对性施工组织设计→书面交底→安装作业,工艺陈旧,费时费工,布线差错率较高。应用三维仿真模型可视化技术后,彻底打破了传统模式。技术人员先用建模软件按照设计和现场实测数据以及细部策划方案,用1:1的比例进行三维仿真建模,然后通过可视化交底后,技术工人按照三维仿真模型数据现场还原施工,将高科技手段融入施工过程。

3.职责调整,管理架构重塑

2018年,三维仿真模型可视化技术变革高铁"四电"施工管理试点成功后,在公司总部及时增设了信息化管理部,负责公司范围内的三维仿真模型可视化技术推广实施与管理工作。同时规定,在公司范围内,凡是能实施三维仿真技术引导施工的项目,必须成立三维仿真技术应用领导小组,组长必须由总工程师或项目经理兼任,三维仿真技术应用人员隶属工程技术部,根据需要配置若干三维仿真操作专员,由公司信息化管理部动态派遣。

4.梯队建设,人才培养稳步提升

信息化管理部定期有组织、有计划地安排三维仿真模型可视化技术工程师进行内部培训或委外培训,包括相关领域规范、编码体系、建模技能等方面的学习与培训。每年利用项目实施三维仿真技术,分档次不断进行培训,从而使会三维仿真建模的人员越来越多,其建模水平也越来越高。截至当前,共计培训500余人次。

5.奖惩分明,团队建设求真务实

为加强三维仿真模型可视化技术工程师队伍建设,信息化管理部要重视引进、内部挖掘培养一批懂三维仿真模型可视化应用的人才。一是从其他单位三维仿真模型可视化技术应用中心引进成熟的三维仿真模型可视化技术工程师。二是从专业分公司调配一批热爱三维仿真模型可视化技术、懂专业技术的工程师充实队伍。三是每年定向招聘专业对口的大学生和技校生，内部加以培养。信息化管理部根据三维仿真模型可视化技术工程师的资质能力进行公平、公正、公开评价，结合日常工作态度等情况初步筛查，完成三维仿真模型可视化技术工程师定级管理。三维仿真模型可视化技术工程师考核实行综合评分，考核打分与绩效挂钩。

（三）完善相关职能、标准和流程，为三维仿真模型可视化应用奠定基础

1. 构建统一机构职能标准

南方工程公司健全信息化管理机构，由信息化管理部、现场三维仿真模型可视化应用小组、项目部组成。一是成立信息化管理部，负责统筹安排公司三维仿真建造项目年度计划、编制相关标准及企业族库、项目推广与应用、组织培训、课题开发、人才培养及梯队建设等工作。二是成立现场三维仿真模型可视化应用小组，职责包括接受信息化管理部委派，服从信息化管理部统一调配，负责现场三维仿真模型可视化技术应用工作及三维仿真模型可视化应用人员的具体管理、实施等。三是项目部（公司其他相关业务部门），是三维仿真模型可视化应用工作的重要组成机构，职责包括服从信息化管理部及现场三维仿真模型可视化应用小组的指令，做好相关技术、工艺、安全、质量、进度、组织、管理、资源、预算、场地、物资等资料的提供，按照方案做好实施、应用，确保达到预期效果。

2. 构建统一实施应用标准

根据公司业态，对项目进行分类分级，大致分为 14 种典型项目，不同项目根据不同应用目标、业主三维仿真可视化模型技术应用需求、应用目标类别等因素，确定应用范围和应用深度。应用目标类别包括 A 类、B 类、C 类。典型应用范围包括"全标段房建，变电、电力、接触网首件""全标段机电专业""建筑、结构、装饰、给排水、暖通、电气、人防专业"等。类型应用深度包括Ⅰ级应用点、Ⅱ级应用点、Ⅲ级应用点以及模型细度级别。模型细度级别包括

LOD350 及以上、LOD400 及以上、LOD500。编制了 11 份三维仿真模型可视化技术应用点推荐表，共 500 余条应用点，以及典型项目的三维仿真模型可视化技术应用点案例合集。

3. 构建统一管理流程标准

南方工程公司根据试点和推广后的经验，总结出了一套完备的管理流程标准。参照 BSI（british standards institution，英国标准协会）国际标准和中国 BIM 应用标准，统筹各相关方和各施工阶段特点，制定包含建设方、施工方、设备供应方、工程设计方、工程监理方、造价咨询方的统一流程标准。

4. 构建统一人员职能标准

南方工程公司制定了统一的人员分类分级和职能标准，主要人员类别分为公司总部三维仿真模型可视化技术管理人员、项目三维仿真模型可视化技术应用管理及实施人员，共分 8 级，分别是综合管理、一级、二级、三级、四级、五级 BIM 工程师、技术工人、专业技术人员。不同级别人员对应不同职责，主要包含人才培养、模型管理、信息管理、应用管理、进度管理、综合协调管理、模型交付管理、数据协同及存储系统和构件库管理系统运维等职能。

（四）开展三维仿真模型可视化技术应用创新，大幅提升施工效能

1. 结合"四电"工程特点构建和推广应用三维仿真模型

2018 年，为保证三维仿真模型可视化技术在试点项目顺利实施，南方工程公司经过调研后，为每位三维仿真模型可视化技术工程师配置了搭载专业图形显卡的高性能移动工作站，用于三维仿真建模、渲染、动画及视频剪辑制作。将传统二维纸质交底，通过三维仿真建模，并按施工交底的工序进行分解，制作成交底培训动画发送给相应的施工作业人员，便于随时便捷查看交底作业内容，提高交底执行力。

2018 年底，经历试点项目的三维仿真模型可视化技术应用后，三维仿真模型可视化技术在高铁"四电"施工中的优势逐渐显现，南方工程公司决定在全公司范围内进行三维仿真模型可视化技术的推广。经公司研究决定，开始组建三维仿真构件模型信息

库,同时在三维仿真建模工具上实现由小规模单机软件向中国铁路总公司推荐的主流、大规模建模软件的过渡。

2019年,南方工程公司在蒙华铁路、衢宁铁路、商合杭高铁及杭州地铁6号线等多个项目进行三维仿真模型可视化技术实施工作,实现多专业同时在线建模的模式。此种模式变革,将建模周期大大缩短,建模效率有效提升。同时,2019年底,南方工程公司三维仿真构件模型信息库组建完成,项目前期在本地电脑端积累的大量族文件,按照专业及铁路BIM联盟的编码标准,进行分类上传,实现了族库的在线调阅,避免了族文件的重复建模问题。2021年底,南方工程公司三维仿真模型管理平台搭建完成,三维仿真模型由本地管理转为在线管理,方便公司实时调阅、查看项目基于三维仿真模型可视化技术的形象进展。

2. 基于三维仿真模型,开展"四电"工程施工方法创新

一是改进挡砟墙钻孔方法。传统挡砟墙钻孔方法是采用普通的冲击钻进行钻孔,速度慢,孔位把握不精确,出口处会出现掉块问题,操作过程存在安全风险。项目实施过程中,南方工程公司组织技术人员研发了一种挡砟墙钻孔机,该钻孔机重量轻、可折叠,安装、卸载、搬运方便,固定方式简单、稳固,出口处不会掉块,成孔效率提高一倍以上,车辆通过时,可快速翻折,消除安全风险。

二是提升信号机柱安装合格率。传统施工管理模式下,信号机柱安装得是否竖直,全靠工人经验。南方工程公司利用三维仿真模型可视化技术,通过三维建模辅助,研发了一种信号机柱校正装置,该校正装置包含3个水平仪,通过将其装夹至信号机柱上,便可轻松辅助信号机柱安装,保证信号机柱竖直度符合要求,使该项工作的返工率大大降低,提升了信号机柱安装合格率。

三是提升高柱信号机安装效率。铁路高柱信号机安装高度一般为5.2～7.2米,安装高度较高,且信号机较重,安装时通常需要吊车配合,费用高且安装效率低。南方工程公司通过三维建模辅助,研发了一种可拆卸的高柱信号机吊装工具,信号机安装完成后,再取下顶部的吊装工具。原本烦琐、需要吊车辅助施工的工

作,通过该工具便可轻松完成,提升工效的同时,有效降低了成本。

(五)深挖三维仿真模型可视化技术潜在优势,改变"四电"工程施工管理方式

1.方案评审,模型先行

2020年,南方工程公司平遥云数据中心建设在即,但数据机房走廊综合管线施工方案无法确定,导致现场施工进展缓慢。由于特殊时期无法召开施工方案现场评审会,经公司研究决定,组织基于三维仿真模型可视化技术的线上评审会。由公司三维仿真团队负责按照设计图纸,完成数据机走廊公共区域的综合管线三维仿真建模,随后组织设计、施工及管理单位,召开线上评审会,通过三维仿真模型演示,发现了设计图纸中存在的问题,并形成记录,确定最终施工方案,保证了项目按工期顺利完工。

2.设备定制,优化柜内布局

传统模式中,设备招标完成后,厂家提供定型产品,在现场施工时,常因柜内布局不合理,线缆引入口预留位置不对,给施工、维护维修带来极大难度,且工艺不美观。在试点项目,通过三维仿真模型可视化技术,提前对设备机柜进行三维建模,优化线缆下线口,调整机柜柜内布局,导出机柜图纸,由设备厂家按图纸进行定制生产。定制的设备机柜提供了工艺提升的基础。

3.物料有计划,精准管控

传统施工现场的线缆等材料全靠经验估算,造成完工后仓库剩料堆积如山、资源极大浪费以及经济损失。在物料摆放方面,利用三维仿真模型可视化技术进行提前规划,分区分层,再进行物资编号,通过仓库三维模型检索,快速便捷地从成千上万种材料中迅速查找到需要使用的材料,提高了物资管理的效率。

4.信息集成,加快施工进度

在平遥云数据中心项目,由于平遥云数据中心机房走廊公共区域采用无吊顶模式,因此必须保证现场施工的整齐、美观。根据走廊区域的各专业图纸进行三维建模,通过不断优化,最终形成复合规范、可现场实施的三维管综模型,随后出具基于三维仿真模型

的管综图纸及管综支吊架节点图,加快现场施工进度,有效提高了施工功效。

5. 进度实时模拟,施工组织动态调整

传统高铁"四电"施工过程中,站前单位的工作滞后,施工进度无法形象化展示,使得与土建单位的很多"四电"接口工作错过最佳介入时机,后期需要花很大物力、财力完成相关工作。在三维仿真模型可视化技术推广过程中,在建项目大胆尝试,建立全线三维模型(含站前单位),并加载至三维仿真模型管理平台。通过控制模型是否显现,来形象显示土建施工单位的施工进展,辅助项目管理层进行决策,保证"四电"接口工作介入时间的精准把控,实现降本增效。同时,在三维仿真模型管理平台的深度赋能下,将模型与合同相关信息绑定,形成了基于三维仿真平台的施工进度考核和验工计价工作。

6. 工艺沉淀,降低工匠断层风险

传统人才培养主要靠导师带徒、专业历练等方法,但随着老一辈技术工人逐渐退休,中国高铁"四电"工程技术人才数量正在经历大的下跌。三维仿真模型可视化技术的应用,让一流的高铁"四电"工程施工工艺、施工方法实现数字化、可视化,形成企业的宝贵财富,同时也降低了工匠断层风险。

三、高铁"四电"工程基于三维仿真模型的可视化施工管理效果

(一)成功探索了"四电"工程数字化施工新模式

三维仿真模型可视化技术的应用,解决了传统"四电"施工中的各种困境,通过三维可视化工序交底,现场施工人员按照1:1的比例还原现场,实现了缆线布放层次化、施工交底可视化、施工方案前置化、材料计划精准化、安装布线预配化、工程进度追踪化、效率效益提升化、维护维修便捷化的最初设想。在施工质量方面,基于三维仿真模型可视化技术的室内设备安装布线,实现了零差错的目标,室内外模拟实验联调联试一次通过。三维仿真模型可视化技术的加持,为南方工程公司承建的昌景黄高铁项目赢来了召开全路现场会的机会。

46

（二）为用户运营维护带来便利

从试点项目开始，南方工程公司即嵌入二维码技术，对设备的厂家信息、机柜施工单位、设备安装时间、维护时间以及各类线缆的用途信息进行高度集成，便于后期维护。通过三维仿真可视化管理平台，设备运营维护单位可轻松查看项目三维建筑信息模型，各类机柜、设备模型均关联了设备安装时间、设备厂家，以及检修维护时间等重要的运营维护数据，各种缆线具有唯一径路走向，可实现便捷查询。

（三）显著提升了"四电"工程施工效能

提高了安装效率，降低了人工成本。传统施工方法室内缆线布放时，交叉、扭纹、错误现象不可避免，容易出现返工。应用三维仿真模型可视化技术建立三维模型引导施工，与传统施工模式相比，安装工效提高50%以上，在提高工效的同时，也提高了设备安装合格率，杜绝了返工等情况。

精准材料计划管理，减少材料浪费。"四电"设备安装缆线用量非常大，其中信号缆线用量最大，中继站、车站各种缆线少则几百条，多则过万条。采用三维仿真模型可视化技术建立三维模型后，每一根缆线两端配线预留可以精确到20厘米至50厘米，因此每根缆线两端共计可减少浪费3米左右，同比降低浪费75%左右。

三维仿真模型可视化技术应用成效显著、全面推广。南方工程公司基于三维仿真模型的可视化施工管理模式，在10多个项目落地实施，取得良好效果，获得建设单位好评，已成为公司以及全集团公司在项目管理中的规定动作。高铁"四电"工程基于三维仿真模型的可视化施工管理应用与推广，给公司的业务变革带来机遇和重要价值，同时也进一步提高了公司在铁路"四电"行业及新兴产业中的核心竞争力。

（成果创造人：熊秋龙　朱学辉　唐　阳　李大建　许　雄
　　　　　　周炳学　洪宗浩　杜　伟　周小毛　刘　帅
　　　　　　刘维生　陈　涛）

工程设计企业有效贯通治理与经营管理的分类分级制度体系建设

中国铁路设计集团有限公司

中国铁路设计集团有限公司(以下简称中国铁设),是中国国家铁路集团有限公司所属企业,前身为铁道第三勘察设计院集团有限公司(铁三院),成立于 1953 年,总部位于天津,是以铁路、城市轨道交通、公路等工程勘察、设计、咨询、监理、工程总承包、产品产业化业务为主的大型企业集团,具有工程设计综合资质甲级证书。中国铁设注册资本 6.6 亿元,现有员工 4 900 余人,2022 年实现营业收入 413 亿元,实现利润总额 23.9 亿元,位居 2022 年ENR 全球工程设计公司 150 强第 39 位。企业综合实力位居行业前列,是国家首批认定的高新技术企业。建有城市轨道交通数字化建设与测评技术国家工程实验室、轨道交通勘察设计国家地方联合工程实验室、博士后科研工作站等研发平台,获批国家企业技术中心,在高速铁路、城市轨道交通、重载铁路、综合交通枢纽、磁悬浮等领域具有核心竞争力。

一、工程设计企业有效贯通治理与经营管理的分类分级制度体系建设背景

(一)落实国有企业改革发展的要求

2020 年 6 月,中央全面深化改革委员会审议通过了《国企改革三年行动方案(2020—2022 年)》提出系列重点任务,公司治理方面要完善中国特色现代企业制度,坚持"两个一以贯之",形成科学有效的公司治理机制,推动党建工作与企业的生产经营深度融合,管理机制方面要激发国有企业活力,健全市场化经营机制,加

48

大正向激励力度,提高经营效率。对标改革要求,中国铁设还存在治理主体职权不清晰、决策事项清单不稳定、议事规则不细化等问题,需要深化细化改革措施,开展公司治理和经营管理制度体系的优化完善工作,提升公司治理水平,激发经营管理活力。

(二)实现企业高质量发展的需要

我国经济已由高速增长转向高质量发展。加快完善公司治理机制,优化经营管理机制,是实现高质量发展的软实力。经过梳理分析,公司治理方面,中国铁设党建入章后配套治理机制尚需进一步完善,需要细化各治理主体的权责,优化议事规则,做好衔接授权,提升治理效能;经营管理方面,长期以铁路勘察设计为基础建立的体制机制弊端频现,制度建设缺乏系统规划,数量繁多且分类分级不清晰,管理分散且不规范,需要以支撑多元战略和实现高质量发展为导向,优化制度体系,开展制度重塑。

(三)服务支撑企业多元发展战略的需要

"十三五"期间,中国铁设业务多元化发展,业务体量和营业收入大幅提升,从 2016 年不足 100 亿元至 2020 年突破 300 亿元。为适应新发展,中国铁设提出了"一个目标,两个手段,三个方向,四类业务,五大区域,面向世界"的总体经营方针。按照战略部署,为实现"十四五"做强做优做大多元业务的目标,中国铁设对组织机构、生产模式等进行了调整,管理体制发生较大变化。然而,在运行机制方面,多数基于传统勘察设计业务建立的制度难以满足外部市场需要,亟待健全法人治理机制,建立分类分级经营管理制度体系,加强中国特色现代企业制度建设。

二、工程设计企业有效贯通治理与经营管理的分类分级制度体系建设主要做法

(一)坚持问题导向和战略导向,统筹谋划分类分级制度体系建设思路和制度图谱

1. 调研梳理公司制度文件,为谋划分类分级制度建设奠定基础

中国铁设全面梳理了集团公司层制度共计 600 余项。为进一

步了解制度运行现状,在全公司范围内开展问卷调查,收集不同层级职工、不同类别单位对制度现状的第一手评价信息,共收回有效问卷 1 239 份,结果显示参与人员分布比较合理、样本有效性较好。对制度充分性、有效性、适宜性、驱动性及先进性和执行情况的调查结果基本上呈"二八"分布,说明现有制度基本可靠,但仍有20%的优化空间,应进一步开展制度立、改、废和体系完善工作。调查反馈应按照两级管控原则,坚持责权利统一、人财物协调的理念,进一步厘清集团与各生产单位的职责,推动市场、生产经营与技术创新"三位一体",保障年度经营目标和长期战略目标的实现。

2. 以企业新发展战略为导向,明确分类分级制度体系建设框架

按照供给侧结构性改革增加有效制度供给的指导思路,建立了制度体系优化工作框架,对照新旧战略差异点,确定制度优化目标,坚持目标导向和问题导向,深入开展基础准备,筹划任务路径。在目标方面,服务战略安排,明确制度体系优化工作以支撑多元化业务高质量发展为目标;在基础准备方面,结合国有企业特点和中国铁设业务实际,开展公司治理体系和治理能力现代化研究,实施制度体系调研梳理,指导制度体系优化工作;在任务路径方面,按照合规原则,以《中华人民共和国公司法》为准则,从公司治理机制、顶层决策机制和经营执行机制三个层面开展制度体系优化。策划"1+N+X"制度体系,其中 1 为章程及议事规则,作为公司治理机制,主要任务是通过优化章程及相关议事规则,界定主体权责;N 为基本管理制度,作为顶层决策机制,主要任务是明确制度清单,衔接股东会等治理主体与经理层的授权经营;X 为具体规章,作为经营执行机制,主要任务是构建分类分级体系,服务多元化和高质量发展战略目标。

3. 发布"1+N+X"制度图谱

中国铁设发布公司制度图谱,明确按照"1+N+X"方案构建制度体系,并确定各分类分级的原则与内涵。在具体规章分类方面,按照管理要素和业务类别为 11 个一级分类,分别为法人治理、战略规划管理、人力资源管理、财务管理、资产管理、科技管理、生

产经营管理、质量环境职业健康安全管理、法律事务管理、审计和风险管理、综合管理。各一级分类下细化建立若干二级分类,如财务管理一级分类下设置会计核算、资金管理、收入管理、成本费用管理等二级分类,人力资源管理一级分类下设置组织机构、人员招录使用退出、干部选拔及管理、员工培养、员工福利、用工管理、工资管理、绩效考核等二级分类。在具体规章分级方面,按照规章制度的内容分为一级、二级、三级及以下具体规章。

(二)完善公司治理制度,构建公司基本管理制度清单

1. 坚持"两个一以贯之"完善公司治理制度

在完善公司治理体系方面,以章程修订为首要任务,贯彻中央关于中央企业在完善公司治理中加强党的领导的意见,在党建入章的基础上,坚持"两个一以贯之",进一步开展集团公司和子公司两级章程修订,从组织上、制度上、机制上确保党委的领导地位,同时结合外部董事占多数等新要求,持续优化公司治理体系。制定、修订股东会、董事会、监事会、经理层议事规则和董事会专门委员会工作细则,修订"三重一大"实施细则,明晰党委会与董事会、经理层对重大生产经营事项的决策机制,优化党委会前置研究事项清单,建立董事会授权经理层事项清单,明晰治理主体职责,优化议事工作流程。

对于子公司治理,中国铁设有效推动、指导子公司开展章程修订,结合实际情况分类施策,明确设置党支部子公司的重大事项先行研究工作机制,对于力量较强的支部,依托支部联席会议进行先行研究,对于力量较弱的支部,由上级党委对重大决策事项进行先行研究,进一步明确党组织在公司治理中的法定地位,推动党的领导与公司治理深度融合。通过章程直接明确董事长、副董事长由中国铁设集团公司直接委派确定,简化工作流程,提升治理效率。

在外部董事制度建设方面,建立服务中国铁设本级外部董事工作机制,充分考虑外部董事来源多、分散广的特点,开发董事会议案审议线上系统,提升履职效率。加强子公司外部董事队伍建设,组织培训交流,制定、修订《派出专职外部董事实施细则》《委派

股东代表和派出董事、监事管理办法》《派出董事履职评价细则(试行)》,优化完善派出专职外部董事管理和评价机制,提升外部董事履职效能。

2. 明确董事会职权,构建基本管理制度清单

研究总结关于公司"基本管理制度"界定标准,明确了基本管理制度的确定原则,制定基本管理制度清单。基本管理制度以紧扣董事会职权,围绕法律和公司章程赋予董事会"定战略、作决策、防风险"的定位,将其工作重点放在发展战略、经营导向、投融资等重大事项论证决策、总体风险防控方面,突出导向性、原则性管控,更好地从战略和全局角度履行管理职权。具体包括战略规划管理办法、经营计划管理办法、投融资管理办法、机构设置管理办法、资产处置管理办法、财务管理办法、安全管理办法等。除董事会管控的重大工作外,尽量减少对具体经营管理的干预,以赋予经营层足够的权限和空间,发挥经理层主观能动性和创新性。完成清单后,以维护股东权益为出发点,明晰董事会和经理层的决策权为落脚点,编制《生产经营计划管理办法》《投融资管理办法》《资产处置管理办法》等基本管理制度,对章程中未明确的"经营计划""投资""资产处置"等概念,结合实际进行定义,明确董事会对经理层实施相关工作的原则要求。

(三)构建经营管理具体规章层级关系,优化完善具体规章制度

1. 构建经营管理具体规章层级关系

通过梳理有效制度,在分类的基础上按照分级理念,以统领与细分、全面与局部、原则与操作为思路,建立具体规章的上下位关联关系,完善各分类制度的分级关系。中国铁设确定了具体规章层级的设置原则,明确一级是同一管理要素或业务的统领性制度,二级是规范性或操作性制度,三级及以下是更为细化的操作性制度。在此原则上,以分类为基础逐一对照具体规章内容确定层级。未按照分级原则搭建的制度列入优化目录清单,通过拆分、合并或新设重构该分类下的具体规章清单。

以股权管理为例,原制度中仅 2 项具体规章,未体现分类分层

原则。通过统筹谋划建立了分类分层的股权管理制度体系。其中,《股权管理办法》为股权管理工作的总纲,按照投资、持有期、处置管理的不同阶段,细化全过程股权管理制度,投资阶段建立了《股权投资实施细则》,持有期阶段建立了《子公司股权管理实施细则》《参股公司股权管理实施细则》和《委派股东代表派出董事监事管理办法》,处置阶段建立了《股权对外转让招商实施细则》,同时在《委派股东代表派出董事监事管理办法》下建立《派出专职外部董事实施细则》和《派出董事监事履职评价细则》等制度。

2. 构建支撑新发展战略的经营管理制度

中国铁设秉持"按照业务类别分业务搭建生产体系和按照管理要素全业务搭建职能体系"的原则优化经营管理具体规章。制定《市场开发和生产经营管理办法》作为生产业务维度统领性制度,在市场开发方面明确职责分工、目标管理、信息管理、开发流程、客户管理的要求;在生产经营方面明确职责分工、计划管理、资源管理、项目组织的要求,并确定合同管理、安全质量管理、风险管理等工作的原则要求。在此基础上,制定顶层通用制度《合同管理办法》《采购管理办法》等,按照多元业务分别制定基础类、工程类、产品类等业务的综合性管理办法。

鉴于工程总承包业务近年来快速发展,中国铁设紧紧抓住总包业务与传统勘察设计业务的区别,制定《工程总承包综合管理办法》并在其框架下完善细化总包业务经营管理具体规章体系。在市场开发方面,针对总包业务市场开发周期长、前期投资决策影响大等特点,按照"市场、生产、技术"三位一体的原则,建立复合型经营人才超前深度介入和多专业融合的市场开发机制;在勘察设计生产组织和技术管理方面,以服务客户需求、强化设计深度、保障设计质量、加快出图效率为导向,制定专门针对总包业务的生产组织办法、变更设计办法、技术管理办法等制度,全面保障和提升总包业务的勘察设计质量;在人力资源方面,针对人员需求缺口大、人才来源多样化、从业意愿不强的特点,差异化制定总包项目机构设置、人才引进、人员调转与激励考核等制度,加快人才队伍建设;

在施工管理方面,深入分析能力短板,建立培训交流机制,制定总包业务进度、费用和安全质量管理制度,提升施工管理能力;在财务、科研、法务等方面均建立了具体规章,保障业务风险可控,健康发展。

3. 对照内部控制规范和指引完善内控制度

对照财政部发布的《企业内部控制基本规范》和《企业内部控制应用指引》,从组织架构、发展战略、人力资源等18项管理要素出发,将现有制度与各管理要素涉及的相关内容进行全面对照,发现制度空白、制定填补方案。基于内控管理制度的对照分析,中国铁设从战略、财务、人力资源、资产、质量安全环境、法律事务、审计风险、行政保障等方面,优化完善具体规章。战略方面,修订战略规划管理办法,规范战略规划管理,充分发挥战略规划引领作用,提高战略规划的科学性和执行力;财务方面,制定全面预算管理办法,补充会计档案管理办法,修订收入确认管理办法,建立以预算管理为导向的管理工作机制,优化资源配置,加强风险管控,有效组织和协调公司生产经营活动;人力资源管理方面,按照适应多元业务需求目标,对组织机构、薪酬考核、人才队伍建设等制度进行修订;法律事务方面,修订法律事务管理办法,明确工作内容,进一步细化制定、修订了重大决策法律论证办法、案件纠纷管理办法、领导人员旁听庭审制度、外聘人员管理办法等具体规章,有效防范法律风险;质量安全环境管理方面,除完善质量安全环境管理的具体规章外,重点研究并整合了ISO管理体系制度文件。考虑现有质量安全环境三体系标准化文件相对独立,部分体系文件与生产经营制度存在交叉重叠,研究了质量安全环境管理体系与具体规章的整合方案,将三大体系的《质量环境职业健康安全管理手册》纳入具体规章,35项程序文件组织整合、修订或废止后,根据要素或业务相关性,分别纳入具体规章的各分类,其中与"质量环境职业健康安全"体系认证相关的通用性规定纳入"质量环境职业健康安全管理"分类下的"体系通用制度",其他程序文件分别纳入其余分类。

（四）建章立制和建设信息系统，提升制度体系运行效能

1. 修订《制度管理办法》

在分类分级制度体系的基础上，为固化并规范制度管理工作，中国铁设对《制度管理办法》进行修订。在建立分级体系前，部分制度的审批主体在分管经理、总经理或总经理办公会的界定上以主观判断为主，偶尔还存在审批层级低的制度将审批层级高的制度废止的情况。《制度管理办法》重点明确了具体规章的分级审批主体和权限，避免下位制度废止上位制度。将"1＋N＋X"制度体系纳入制度管理办法，优化制度范围表述，完善董事会、经理层和相关部门的制度管理职责，明确制度归口管理部门和主办部门的职责分工，细化完善制度起草、审查、发布、监督等要求。

2. 建设制度管理信息化平台

为提升制度公开化水平，保证制度及时、有效更新，中国铁设按照两步走的方式搭建制度信息管理平台：第一步通过门户系统以清单方式分类发布所有管理制度；第二步建立制度分类分级及与公文管理系统动态关联关系，搭建规范、清晰的分类分级制度管理信息系统。信息系统按照"1＋N＋X"架构设置分类分级编码，建立树状结构体系，明确制度在架构中的层级定位，同时在主分类的基础上引入职能类与业务线两个辅分类，查询管理要素或业务板块均可以实现相关制度的汇总呈现，便于管理者和使用人全面掌握制度覆盖范围。同时，系统简洁展示了各项具体规章的分类分级关联关系，使得制度在图谱中所处定位明确，制度间逻辑关系与上下位关系清晰可视。打通公文发布系统与制度系统的传输通道，建立数据互联，通过在公文发起阶段填报制度各项属性，明确其在图谱中的分类分级定位，以及关联制度建设计划、废止清单，实现制度公文审批后自动推送至制度管理信息系统，即时更新制度图谱。

三、工程设计企业有效贯通治理与经营管理的分类分级制度体系建设效果

（一）有效提升了企业经营管理效能

制度体系建立后，经过有效运行，企业经营管理效能逐年提

升,全员劳动生产率近三年来年均复合增长率达到 10.6%,企业净资产收益率连续 3 年保持 20%的高水平指标,在复杂国际国内市场环境的冲击下,利润总额近三年来实现高水平增长,年均复合增长率为 12%。总体而言,经营管理机制的系统性、协调性、规范性、计划性进一步提升,制度支撑企业高质量发展的作用得到更加有效发挥,企业经营管理效能得到有效提升。

(二)有效支撑了企业发展战略实施

近 3 年来,中国铁设全面开展具体规章立改废工作,填补多元业务的制度不足,2020 年至 2022 年分别制定、修订了 73 项、79 项、114 项具体规章,特别是在工程总承包、海外业务拓展过程中,跨业务领域、职能类别的综合性管理制度及分层树状制度体系填补了空白,对支撑中国铁设战略拓展、管控风险发挥了至关重要的作用。工程总承包和海外业务收入已由十年前的占比 10%发展为 2022 年的占比 85%以上,成为中国铁设跨越式发展的主要增长点。

(成果创造人:方天滨　张利国　张春明　李广厚　孙衍福

　　　　　李　杰　焦文涛　陈　珂　侯经文　李　刚

　　　孙建发　张　鑫)

第二篇 铁道企业管理现代化创新成果

基于关联法则＋差异化管理的业绩评价体系

中国铁路北京局集团有限公司企法部

中国铁路北京局集团有限公司是以客货运输为主的特大型国有企业，管辖范围覆盖京津冀全域及山东、河南、山西省部分地区。集团公司现有干部职工 172 663 人，下设单位 111 个，管辖范围内共有正线 222 条，营业里程 9 354 公里。集团公司年货物发送量 35 000 万吨，旅客发送量 34 000 万人次，运输收入 750 亿元。

一、基于关联法则＋差异化管理的业绩评价体系的实施背景

（一）集团公司提升经营质量实现经营目标的现实需要

在集团公司市场化发展模式下，如何更加有效地承接国铁集团《铁路局集团公司负责人经营业绩考核办法》下达的考核目标和考核责任，高质量完成年度盈亏目标，是摆在经营发展道路上的第一道关卡。集团公司必须全面分析所属各单位、各部门的工作性质，有效将各类考核指标细化分解落实好，构建一套考核重点突出、考核指标明晰、考核评价科学的业绩评价体系，强化各单位、各部门的考核责任，充分调动各单位、各部门保安全生产的积极性，努力提高增运增收的主动性，达到提升集团公司经营质量，实现年度经营目标的效果。

（二）集团公司构建现代化公司治理体系的客观要求

集团公司承担安全生产、市场经营、队伍建设和资产保值增值的主体责任，是自主经营、自负盈亏、自我发展、自我约束的铁路运输企业。集团公司原有的基于计划和生产的考核，存在系统性差、过于偏重结果、考核指标以生产计划指标为主、对效益类和经营性指标考量不足等问题，已不能完全适应集团公司市场化发展模式

的需要,迫切需要集团公司按照市场化发展定位构建新的业绩评价体系。按照现代化公司治理体系的要求,在清晰界定各层级职责的基础上,构建一套相互关联支持,体现各治理主体作用的业绩评价体系是实现集团公司高质量发展的客观要求。

(三)集团公司构建现代企业制度体系的必然选择

按照党中央、国务院关于深化国有企业改革、加强国有企业党建的一系列重大部署,集团公司改制后要加快建立现代企业制度。科学、规范的业绩评价制度体系是构建现代企业制度的重要基础。按照这一制度体系的设计要求,集团公司结合国铁集团的有关要求,把构建集团公司业绩评价体系作为突破口,通过引入关联分析法则,实施差异化管理,对不同性质的单位和部门实施精准考核,正是深入学习研究现代企业制度理论的重要成果,是加快构建符合现代企业制度考核体系的必然选择。

二、基于关联法则＋差异化管理的业绩评价体系的主要做法

(一)确立明晰的业绩评价体系设计思路

主要围绕三个目标:一是突出正向激励。结合集团公司实际,业绩评价体系中相关办法从指标设置、分值权重到考评标准、结果运用都要集中体现正向激励的考核思想。通过加大奖励基数,提高超预算指标的加分力度,实施同比考核增分措施,最大限度鼓励各单位提升经营效益。二是强化结果考核。业绩评价体系是以年度结果性指标为主,以生产、效率等过程控制指标为辅,实现过程控制与结果考核的有效衔接。重点是对各单位全年安全、生产、经营、管理等各项工作的整体评价,侧重安全和经营结果的考核。三是体现全面覆盖。经营业绩考核体系涵盖 70 个运输单位、13 个所属单位、12 家直属非运输企业、5 家建设项目管理机构、11 家合资铁路公司,采取一体化考核模式,实现了考核单位的全覆盖。考核对象包括各单位、各部门领导班子正副职,考核对象实现全覆盖。具体指标上,将国铁集团下达集团公司的运输总收入、总换算周转量、旅客发送量、货物发送量等各项指标对标分劈到各单位、

各部门,全面纳入考核,形成合力共为,共保集团公司经营结果的局面。

(二)建立差异化的业绩评价制度体系

随着集团公司市场化改革的持续深入,运输站段、非运输企业承担的业务性质区分度越来越大,需要根据所属单位性质设置不同考核重点,实施差异化考核,有效提升考核的针对性。将集团公司所属单位(部门)细分为运输站段、非运输企业、建设项目管理单位、机关部门及建设期合资公司、运营期合资公司共 6 个考核单元,制定"4+2"业绩评价制度体系。4,即四个考核办法,《集团公司所属运输单位经营业绩考核办法》《集团公司直属非运输企业经营业绩考核办法》《建设项目管理单位业绩考核办法》《集团公司机关处室经营业绩考核办法》。2,即两个指导意见,《控股建设期合资铁路公司经营业绩考核工作指导意见》《控股运营期合资铁路公司经营业绩考核工作指导意见》。形成了对管内单位、合资公司全覆盖的差异化管理的考核制度体系。

(三)厘清各考核单元间的关联关系

运输站段、非运输企业、建设项目管理单位、机关部门及建设期合资公司、运营期合资公司 6 个考核单元建立四种关联关系,即支持、联挂、联责、关联。通过建立考核单元之间的关联关系,明晰了各考核单元业务的处理原则,确保考核责任的有效落实。比如,非运输企业的经营工作离不开运输站段和机关部门的支持,业绩评价体就将非运输企业与运输站段、机关部门之间建立支持关系,对应设立支持项目清单,确保支持措施落地。机关部门与基层单位之间建立联挂考核关系,确保机关部门专业管理责任落实。

(四)准确设定各考核单元指标的关联系数

所谓关联系数就是查找存在于考核对象集合和考核指标集合之间的频繁模式、关联性、相关性或因果关系,发现大量数据集中的关联关系或关联系数,从而描述了一个部门或一个单位考核指标设置规律和分配模式。在具体操作过程中,主要是结合集团公司运输生产经营现状,按照客运单位和部门、货运单位和部门、辅助生产单位和部门、非运输业单位和部门、建设单位和部门五大类构建指标关联系数透视表，直观体现指标与被考核对象的关联关系。

（五）确立一体化考核指标的设计原则

业绩评价体系能够发挥出最大的效用，其基础就是考核指标设计。各考核单元指标设计采取了差异化基础上的一体化统筹。必保守住底线指标。进一步强化集团公司安全稳定的考核，将安全指标视为底线指标，将违反重大财经纪律、违反廉洁从业规定等视为红线指标。这两类考核指标事关集团公司安全稳定和整体发展，严格按照考核标准，从严从重考核，绝不手软，最大限度地激发各单位对安全稳定工作的敬畏之心，共保集团公司的安全稳定大局。坚持强化主观指标，对于通过主观努力能够控制，真正反映本单位工作量和经营结果的运输收入、客运量、货发量等生产经营指标，区别设置增减分的评分标准，对于超额完成计划的加大增分力度。新增设备单位的故障件数同比考核，鼓励各单位努力提高设备质量。对于各运输站段的财务收支结果、直属非运输企业的利润总额，采取梯次累加的考核方式，有效调动各单位挖潜提效的积极性。着力弱化客观指标。对于非主观控制的关联性、辅助性指标（比如，车务站段的货运量、普通包裹发送量，设备单位的通过总重吨公里等指标），按照双挂双考的原则，依然纳入考核，但不作为反映本单位整体经营结果的决定性指标，减少考核分值，达到既激励各单位通力配合共保集团公司经营结果，又能真实反映本单位经营情况的目标。

（六）运用关键指标模型设计指标结构

依据关联分析法则确定的各类关联系数，为确保考核指标能够充分体现各单位的贡献率，我们对考核指标类整合汇总优化，重新确定了各类指标的基础构成和考核基础分值。考核指标分否决指标、安全指标、管理指标、监控指标、生产经营指标、效益指标六大类。否决指标不设基础分，实施一票否决；安全指标包括行车安全、旅客安全、人身安全、路外伤亡等项目；管理指标包括财经纪律、法律事务、土地房产、服务质量、护路综治、信息技术、劳动工资、职工培训、节能环保等项目;监控指标包括党建工作、"三重一大"、廉洁从业、维护稳定等项目;生产经营指标包括客货运量及与各单位工作紧密关联的任务及效率等项目;效益指标包括运输收入、运输成本、其他业务利润等项目。结合业绩评价办法中考核指标具体项点,运用企业关键绩效指标原理,把集团公司的安全经营目标分解为可操作、可落实的考核指标,并赋予合理的考核等级及计算方法,设置科学的 KPI 系数,明晰各类单位和部门的考核责任,提升考核的针对性和精准性。

(七)强力推行一企一策精准考核标准

集团公司所属 6 个考核单元中,非运输企业的各公司业务性质差距最大,用统一的考核标准实施一体化考核,很难达到理想的考核结果。集团公司结合非运输企业行业特点,设计了"1+12"一企一策业绩评价模式。即 12 家公司设置统一的效益指标评价标准;分 12 家公司设置个性化的经营指标,真正实现一企一策针对性考核评价,考核评价的科学性有效提升。

(八)实施多维度的考核评价标准

考核评价标准的科学与否决定了最终考核结果科学性。基于关联法则+差异化管理的业绩评价体系在对各运输站段承担的工作任务性质和工作量设置个性化的评价指标,充分体现联责考核的同时,又进一步完善评价标准。对运输站段的客货运量、运输收入、运输营业收入等指标全面实施与年度预算对比、与上年实际同比的双基点考核模式;新增分系统横向综合排序考核,根据年度经营质量综合绩效评价排名,实施增减分考核,标准为系统单位总数 6 个及以下的,年度经营质量综合绩效评价前两名分别+2 分、+1 分,后两名分别-1 分、-2 分,每进(退)步 1 名±1 分,以±5 分为限;系统单位总数 6 个以上的,年度经营质量综合绩效评价前三名分别+3 分、+2 分、+1 分,后三名分别-1 分、-2 分、-3 分,每进(退)步 1 名±1 分,以±5 分为限。建立起纵向同比、横向排比、预算对比多维度评分标准,突出考核重点,强化正向激励,提升考核科学性。对非运输企业的综合创效考核设置考核条件,当净资产收益率同比>1 时,

63

综合创效按 1.0 考核系数加分,当净资产收益率同比≤1 时,综合创效按 0.9 考核系数加分,管理非运输企业逐步提高企业经营质量。

(九)实行专项经营业绩评价激励制度

在设计好考核结构、联挂规则及考核指标的基础上,集团公司进一步完善经营业绩评价激励制度,实行经营业绩考核收入与考核结果得分紧密联挂,单位经营质量的好坏直接决定了经营业绩考核收入的多少。根据经营业绩考核综合得分(T)及当年经营业绩评价收入基数(B)确定经营业绩评价收入(P)。经营业绩评价体系采取一体化综合评分制,基础分为 100 分,根据安全、管理、监控、生产经营、效益各项指标完成情况实行加减分或"一票否决",最后评定出经营业绩评价综合得分。

(十)建立完备的评价结果考核机制

一是建立指标调整机制。业绩评价指标一经确定,一般不予调整。遇有下列情况之一且对经营结果产生重大影响时,由相关单位或集团公司相关部门提出调整申请,经集团公司专题研究批准后调整:特大自然灾害等不可抗力影响;运输生产布局重大调整;市场发生重大变化;国铁集团、集团公司运力资源配置重大变化;新线交付运营或经集团公司认定的重大车流调整;其他对经营结果产生重大影响的事项。二是实施追溯制度。对年度考核结果兑现后,发现以前年度存在虚列或少列收支、虚增(虚减)利润(亏损)且情节严重、严重违规经营造成重大经济损失,落实党建工作责任制不力,存在党的领导、党的建设弱化、淡化、虚化、边缘化等比较突出的问题,或存在"三重一大"决策不落实、重大决策失误、不执行上级重大决策以及其他严重违纪违法问题,造成重大影响的,取消发生年度的考核成绩,责令缴还相应经营业绩考核收入,追究问题发生时在任负责人责任。对以前年度发生的问题采取挽救措施不力、造成重大损失的,要同时追究现任负责人责任。三是建立评价结果运用机制。经营业绩考核结果,作为评价各被考核人员年度工作情况的重要内容。当年考核结果低于 60 分,在分析原因、明确责任的基础上,对应负主要责任的被考核人员给予诫勉

64

谈话;连续两年低于 60 分且无重大客观原因的,根据具体情况,对党政正职和其他负有责任的单位负责人采取岗位调整、免职、降职等组织处理措施。

三、基于关联法则＋差异化管理的业绩评价体系的实施效果

（一）为集团公司市场化发展提供了有力支持

集团公司利用两年左右时间构建并实施的基于关联法则＋差异化管理的业绩评价体系,通过引入关联系数分析法则,确定各项考核指标在不同性质单位的关联系数,动态调整考核评分标准及增减分额度,体现精准考核、精准施策,大幅提升了考核效果。在导向集团公司承担市场主体责任,激发各单位按照市场化发展模式,努力增运增收方面起到了积极作用。基本适应了集团公司作为经营型企业和市场主体"自主经营、自负盈亏、自我发展、自我约束"的需要,有力促进了集团公司各项经营目标的实现。该体系得到国铁集团的肯定与认可,为国铁集团和兄弟单位构建经营业绩考核体系提供了先导性实践和成功样板。

（二）有效激发了所属单位的经营活力

集团公司业绩评价体系实施后,进一步明确了各部门的经营责任、管理责任,明确了各单位的安全生产、市场经营、队伍建设和资产保值增值等方面的职责,覆盖范围更为广泛,指标关联度更高,指向性更强,彻底解决了原来各单位盲目打乱仗的考核模式,使集团公司各单位用更少的支出、更少的工作量,取得了比较好的经营效益和经营结果,有效提升了集团公司的管理效率和管理质量。各单位普遍认为,考核办法立足集团公司实际,着眼未来发展,充分体现了科学、合理、简约、易用的特点,实现了安全与效益并重,过程与结果并行,激励与约束结合的考核理念,对激励各单位提升经营管理活力起到积极作用。通过实施关联法则＋差异化管理的业绩评价体系,各单位、各部门对照年度考核结果纷纷开展横向比贡献、纵向比成绩的活动,形成了比学赶超的良好氛围。通过实施全方位的过程控制,进一步规范了所属单位的经营行为,有

效防控了经营风险,全面提升了集团公司的经营管理水平,集团公司多项考核指标同比大幅提升,连续两年经营业绩考核得分结果位于全路前列。

(三)有效促进了集团公司经营结果的持续向好

基于关联法则＋差异化管理的业绩评价体系实施时期,集团公司各单位依托业绩评价办法,攻坚克难,努力克服外部环境变化等严峻挑战,客运坚持算账开车,货运全力增运增收,非运输持续提质创效,各部门、各单位强力节支降耗,各项经营重点工作稳中有进。特别是 2022 年度集团公司旅客发送量为 9 641.4 万人,全路排名第 5,超预算 393.4 万人;货物发送量为 36 558.7 万吨,全路排名第 2,同比增加 483 万吨。运输总收入累计完成 428.5 亿元,全路排名第 6。打破非运输企业收入分配"天花板",市场化、专业化、规模化、集约化经营格局基本形成,实现综合创效 19.56 亿元。安全基础建设持续加强,杜绝了铁路交通一般 A 类及以上责任事故,没有发生高铁和客车一般 C 类及以上责任行车事故。行车设备故障同比减少 15％,外部环境影响行车安全问题同比减少 20％,实现了安全年。这些经营结果的实现充分体现了关联法则＋差异化管理的业绩评价体系的效能,为集团公司高质量发展打下了坚实的基础。

(成果创造人:杨羽泷　李　超　张　翼　韩力宏　刘　儒　
　　　　　于笑洋　张海洋　郭贵军　刘　楠　王建丛　
　　　何维鑫　白毅松)

66

货运职工虚拟仿真实训考核评价管理

中国铁路郑州局集团有限公司货运部

中国铁路郑州局集团有限公司于 2017 年 11 月 19 日挂牌成立,前身为郑州铁路局,管辖线路跨河南、山西、山东、陕西、湖北、安徽六省。截至 2022 年 12 月 31 日,集团公司货运营业里程 2 776 千米,货运营业站 156 个,货运干部职工 3 619 人,另有装卸业务承包企业和劳务派遣工 2 795 人,现有货运员、货运调度员、货装值班员、货运检查员、货检值班员、电动起重机司机、装卸司机等 7 个工种,在用专用线(专用铁路)551 条,拥有各类装卸机械 691 台,其中门式起重机 34 台、正面吊 4 台、装载机 154 台、内燃叉车 166 台、电动叉车 28 台、皮带机 289 台、卸车机 2 台、抓(扒)料机 8 台、汽车吊 6 台。2022 年,全局发送货物 18 160 万吨,日均装车 8 137 车,日均卸车 7 791 车,货物运费收入 228.6 亿元。其中,集装箱运输完成 1 970 万吨,中欧、中亚班列到发完成 1 345 列。商品小汽车完成 17.8 万台,冷链运输完成 3.68 万吨。2022 年全局铁路专用线(专用铁路)货物发到量 30 295 万吨,占全局总发到量 88.4%,其中发运量 15 848 万吨,占全局发运量的 87.4%。

一、货运职工虚拟仿真实训考核评价管理的背景

(一)职工素质整体不高

在铁路运输系统,规章文电最多的就属货运系统。除国铁集团基本的十几本单行本规章以外,仅货运有效文电就多达四百多个。一个作业环节可能涉及多本规章和文电,而现场的货运职工有半数是由行车、客运等岗位转岗来的,文化程度偏低,年龄偏大,并且货运系统人员补充非常少。据统计,近十年来,实际补充到货

运岗位的高职高专生不到 200 人，货运岗位一直在减员，部分中间站货运岗位减员 50％以上，多数中间站货运岗位人员平均年龄在 50 岁以上，有的平均年龄甚至达到 55 岁以上，人员断档非常严重。2022 年集团公司为货运系统新分配高职高专生 76 人，但实际情况仍然有很多高职高专生被调整到行车岗位。例如，集团公司 2022 年长治北车站分配 25 名高职高专生从事货运工作，但是定职时全部转到行车岗位，车站从行车岗位又调整一部分老职工到货运岗位。新转岗的大龄职工很难对规章进行全面掌握，稍有不慎就会发生违章行为，甚至造成严重的安全隐患或问题。职工的业务素质难以适应当前安全形势的需要，由此对货物运输安全带来较大风险。

（二）培训制约因素较多

目前，管内 156 个货运营业站，其中 130 多个货运营业站都没有专用的货运实训场地，学员的培训基本都依托现有的作业场地进行实作培训，培训时间受季节、天气、现场作业环境和繁忙程度等诸多因素影响。尤其是一些应急处置演练，往往一个小场景的实作演练就需要有空闲的货场场地、线路、车辆，组织实训人员、陪练人员、教练人员演练时常流于形式，不但浪费了大量的人力、物力、财力，也很难达到预期实训效果。目前的铁路货运作业诸多应用系统，不能随意操作加载数据，造成培训过程中无法实际使用这些系统，只能通过系统操作界面的图片来向职工讲解系统的操作过程，不能完全执行程序，并且不能根据实训需要设置各种演练场景，培训方式僵化，往往流于形式，达不到应用效果，为现场作业埋下安全隐患。近年来，随着信息科学技术的迅猛发展，应用 3D 虚拟仿真技术对货运岗位进行实作培训成为可能，但是受职工培训经费使用政策限制，仿真设备和模拟设备一直无法采购和使用。致使货运安全生产管理存在一系列问题，无法通过职工培训，使职工素质适应现代物流的生产需要。

（三）培训效果不够理想

长时间以来，铁路货运人员的培训，大部分采用理论教学方式进行,一般由职教人员采用一支粉笔、一块黑板、一本教科书、一个PPT课件等传统教学方式,学员通过课堂听讲课,课后背规章,反复做相关习题,加深巩固知识,教员通过考试来鉴定学员对知识的掌握程度。理论教学时,教员时常感觉很多知识点无法用语言教授出来,往往一个简单的场景需要老师收集非常多的教学资料,学员听得也是一知半解,教员更是教得累,培训效果不理想。一些货运场景单凭教员的口头宣讲或者演练,学员想象或者体会不到现场真实场景,缺乏整个流程处置的能力,造成学员学习积极性不高。日常考核采用传统做题、线路演练、模型操作的形式,不能模拟现场真实的场景和环境,实训效果差,职工学习兴趣不大,疲于应付。

(四)培训师资相对不足

铁路货运培训一直有师父带徒弟的传统,新职人员或者转岗人员通过拜师的方式来学习技能,通过师父的传帮带,能够使学员快速地掌握操作技能,完成岗位作业任务,通过言传身教,掌握各种规章制度、安全管理制度。但徒弟技能水平的高低很大程度上取决于师父业务能力的高低,一些师父日常习惯也会给新职学员造成影响,如错误的操作方式,容易造成安全隐患的习惯性动作行为等。在各集团公司减员增效的大背景下,现场作业人员的现场工作量越来越繁重,货运人员安全压力不断增大,师父没有过多精力带徒弟,一些货场出于安全等各方面考虑,不允许非作业人员进入现场,这就给师父带徒弟的传统培训形式带来了更多不便。货运培训需要专业的培训讲师,演练时需要其他工种的配合,而实际情况是各站段培训讲师非常紧张,现场也没有更多的人员进行现场作业配合演练。教练人员在考核时主观性较大,整体上缺乏统一的标准,一个教练员往往要考核很多学员,劳动强度非常大。

(五)考评形式不够完善

长期以来,铁路货运职工培训手段单一,实作培训一直采用答卷形式,缺乏一个科学高效的考核平台,无法达到现场培训的实际效果。现有实作培训缺乏对培训结果的综合评价,缺少对职工作业难点和薄弱环节的整体分析,很难实现对培训效果的量化考核,考核评价体系不完备,无法保障培训的完整性。近几年,郑州局集团公司大力实施"5020"培训方式,每个工种出 50 道应知应会理论题(采取一问一答形式)和 220 道机考试题(分单选、多选、判断),同时要求制作 20 个实作项目微课视频,要求职工人人会背会练,并纳入每月的星级职工评定。但从现场调研的情况来看,90%以上货运营业站由于没有场地和设备,现场实际操作过程中,还是让职工背诵实作鉴定表,无法起到实作培训的效果。

二、货运职工虚拟仿真实训考核评价管理的主要做法

(一)深入调研,明晰工作思路

1. 全面调查,摸清底数

货运部专门下发通知,对管内 156 个货运营业站基本信息进行调查,对货运职工人数、货场设备、办公房屋、货运装卸培训场地条件等进行统计调查,摸清底数,为制定培训基地建设方案提供基础数据。

2. 细致分析,确定方案

根据调查掌握的真实数据,结合国铁集团、集团公司关于运输站段技能培训基地标准有关要求,为规范和推进集团公司货运职工技能培训基地建设,满足职工实物化、实景式、实作性培训需求,货运部制定《货运系统 2020—2021 年车间实训室(演练场)建设实施方案》(郑货安函〔2020〕10 号)。明确推进集团公司货运系统站段、车间实训室和演练场建设应当遵循的原则:一是整体规划、分步实施原则;二是实际、实用、实效原则;三是高标定位、逐步达标原则;四是资源共享、勤俭节约原则。总体目标:2020—2021 年,集团公司管内一等站货运(货检)车间实训室建成 20 个,装卸演练场建成 9 个。

3. 明确标准,两级推进

要求各货运站段既要坚持建设原则,还要结合本站实际。在建设站段级实训室方面,原则上,可在站段机关所在地或同时具备

吃、住、训条件的一等站,建设站段级实训基地。在建设货运(货检)车间级实训室方面,原则上,各站段应与科研机构、生产厂家广泛开展合作探索,在车间实训室配置不同比例的车型教学模具,配套安装虚拟仿真装车、卸车、货检作业实训考评系统,配置电脑操作台和显示屏,建立与现场岗位技能相匹配的、功能完善的实物化、实景式、仿真式技能培训实训室。二等站根据车站业务办理特点、人员数量、货运工作量,可比照一等站车间实训室标准建设。

(二)精心布局,构建货运实训全流程模块

针对目前铁路货运教学培训过程中存在的问题,运用虚拟现实技术,开发铁路货运相关作业实训考评平台,仿真货运岗位作业场景,对货运岗位作业人员进行标准化实训及自动考核评价,实现职工自主练习、自我纠正不良作业行为。与货运仿真实训考核管理评价系统生产厂家对接,提出货运装车、卸车、货检作业流程项目开发需求,重点构建三大模块。

1.构建货物装车、卸车作业流程模块

铁路货物装、卸车作业实训考评系统以虚拟仿真建模的形式搭建一个典型的综合性尽端式货场,能够办理整车货物和集装箱货物发到作业。系统模拟仿真常用的平车、棚车、集装箱专用车、敞车、平集两用车,用来装、卸包装件货物、集装箱货物、散堆装货物、笨重大货物的整个作业流程。货运员以角色扮演的形式,在整个作业场景中完成装、卸车作业任务,实现标准化实训、自动化考评。每种作业场景案例均被分为接收装(卸)车计划、接车对位、安设防护信号、空(重)车检查、装车前准备会、装车作业、撤除防护信号、装车后总结会、取车作业9个流程模块。整个流程实训也可分单个模块实训,货运员可根据自身薄弱环节进行针对性练习。

2.构建货检作业流程模块

站段对货检人员的培训以理论教学考试为主,货检作业所面临的现场情况千差万别,只依靠以往照片和视频学习,很难解决现场问题。虚拟仿真货检作业实训考评系统解决货检培训中出现的这些问题,系统利用虚拟仿真技术搭建典型的货检站,具备上下行正线、2 条非到发线、2 条牵出线、3 条货检作业线及站内辅助环境,各种典型的货运车辆、相应的运输货物。系统分为货检作业和(货物)车交接检查两个模块。货检作业模拟仿真的是货检员的作业过程,侧重流程的培训和考核;(货物)车交接检查是将不同车辆、不同货物、不同检查项目组成多种单一实训模块进行,用于货检员专项演练和考核货检作业中的核心环节(车交接检查),利于货检员进行专项学习,注重核心作业的重难点。系统的一大亮点就是能够利用教师专用机,预设货检的各种检查项目并在虚拟仿真场景中呈现,货检员在场景中对预设的各种问题进行检查,系统根据货检人员检查项目的对错自动评判。

3. 构建货物装载加固作业流程模块

货运站在办理超限货物的过程中,需要按照货物的形状尺寸,标画关键点进行计算,确定货物的超限等级,确定适用的车辆,制定货物的装载加固方案。利用虚拟仿真技术对货物装载方案进行模拟,建立各种货物的基础数据模型,通过后台程序设计,选取货物各关键点进行计算,获得货物的超限等级,选取车辆,进行货物装载加固过程的情景模拟。这有助于学员直观掌握不同情况下的货物装载加固环节,提高货物装载加固的效率,保证货物的安全运输。

(三)试点先行,稳步推进实施

首先在郑州车务段管内圃田、开封、许昌车站货运车间建立试点,引入货运仿真实训考核评价管理设备,货运部加强现场指导,稳定推进实施。

1. 强化跟进指导

开封车站 2017 年建成货运实训室,当时仅有各种货车模型和部分装载加固材料教具。前期建设的开封货运实训室在培训中职工对货车车辆模型和装载加固材料只能看看,可操作的项目只有绳结拴结方法的练习,实训范围很有局限,货运实训室在落实标准化作业流程演练方面的培训效果不太理想。2020 年集团公司货运部制定下发《货运系统 2020—2021 年车间实训室(演练场)建设实施方案》,郑州车务段通过前期调研,与货运虚拟仿真实训考核评价系统生产厂家联系,分别在圃田、开封、许昌车站货运车间引入货运仿真装车、卸车实训考核评价系统,弥补了这方面的缺憾。货运部对车站引入的 3D 虚拟仿真实施和推进情况及时跟进,帮助指导,确保项目有序推进。

2.注重宣传引导

通过对圃田、开封、许昌车站货运车间货运虚拟仿真装车实训考核评价系统的运用和管理,不断验证系统的稳定性和可操作性,通过与厂家对接,不断改进系统模块与作业指导书的匹配度。同时,货运部加强宣传引导,不断拓展系统使用范围。

(1)通过货运系统月度对话会,让郑州车务段介绍货运虚拟仿真装车实训考核评价系统推进过程中形成的先进经验做法。

(2)督促各站段到管理比较好的圃田、开封车站学习取经,抓好本单位货运仿真装车实训考核评价系统的推广运用。

3.示范分步推进

通过试点推进、帮助指导和宣传引导,调动各单位推进货运虚拟仿真装车实训考核评价系统的积极性。管内洛阳车站、商丘车站、安李公司、安阳综合段、焦作车务段分别把此项工作提上议事日程。货运部又及时跟进,指导各单位抓好货运实训室选点,落实实训室建设地点、建设面积、配套设备、实训模块等具体要求,指导各站段分步推进实施。在此期间,洛阳车站在把货运虚拟仿真装车、卸车作业引入后,第一个把虚拟仿真货检作业实训考核评价系统引入,为管内 8 个货检车站提供范例,商丘车站也紧跟其后,建成集装车、卸车、货检为一体的站段级货运实训室。

(四)抢抓时机,全面推进上台阶

2022 年 4 月 26 日,郑州局集团公司下发《集团有限公司职工教育培训经费管理办法》(郑铁财〔2022〕89 号),明确各单位(部门)使用职工教育培训经费购置固定资产,实行规模和项目清单管理,使货运系统大力推进货运虚拟仿真实训考核评价系统运用进入"快车道"。

1. 更新规划,清单式实施

按照集团公司统一部署,货运部对重点项目和一般项目,提前与站段货运科、职教科对接沟通协调,对职工教育培训经费购置固定资产项目重新进行规划,列出项目清单,把重点项目纳入"使用集团公司集中管理职工教育培训经费购置固定资产计划建议表",把一般项目纳入"使用单位自留职工教育培训经费购置固定资产计划建议表",使用集团公司集中资金的,由货运部统一招标采购;使用站段自留资金的,由站段按照决策程序自行招标采购。2022 年,使用集团公司集中资金由货运部统一招标采购项目 9 个,使用站段自留资金购置项目 8 个,均顺利通过一次招标成功并推进实施到位。2023 年,使用集团公司集中资金由货运部统一招标采购项目 7 个,使用站段自留资金购置项目 3 个。

2. 分类指导,滚动式推进

对于集团公司货运部和站段两级实施的项目,实施分类指导、滚动式推进。

(1)对项目推进领导重视、方案科学、措施有力、效果明显的单位,通过日常电话沟通、现场帮助指导、深入调查研究等形式,及时指导站段收集汇兑存在的问题、总结好的经验做法,及时交流心得体会。

(2)对项目推进领导不重视、方案不科学、措施不到位、效果不明显的单位,给予一个月工作改进过渡期,对单位主管领导给予工作警示,同时给予正确的指导和帮促,要求主动与先进单位对接,学习好的经验做法,及时跟上先进步伐。通过分类指导,抓先进、带后进,实现全局工作滚动式提高。

3. 把控重点,个性化帮促

针对部分中间站领导不重视,具体负责人员总是强调现场职工年龄偏大、工作难推进等客观因素,工作拖拖拉拉、不见起色等问题,货运部指派主管职教的安全科全体人员,重点指导帮促后进站段。例如,洛阳车站洛阳东车间职工年龄偏大,职工对推进货运虚拟仿真项目有抵触情绪,货运部专门召开职工座谈会,听取职工意见和建议,帮助制订职工学习计划,明确大学生、年轻职工、45 岁以下青年职工先学先练,然后带动 46~55 岁职工过渡 1~3 个月,55 岁以上职工自主选择现场实训或 3D 仿真两种实训考核方式,通过分阶段推进,使各年龄段职工从排斥慢慢变成接受货运虚拟仿真实训考核方式。2022 年 4 月份,中铁特货公司郑州分公司 38 名大学生在洛阳东现场实作培训一个月,全部利用货运虚拟仿真实作练习,受到大学生的普遍欢迎,取得非常好的实训效果。

(五)解决问题,持续提升系统管理

1. 有效分析问题

在货运仿真实施考核评价系统推进过程中,由于单位与单位之间专业管理方式不同,大站与小站作业性质不同,对货运仿真实施考核评价系统的要求存在一定的差异。为此,专门建立微信工作群,把各站段货运专业职教管理干部、车间兼职教师和业务骨干、生产厂家研发人员拉入工作群,针对系统运用过程中存在的问题,在微信工作群内进行工作交流,对小问题直接通过工作群拿出解决办法,对较大的问题,由站段职教管理干部收集汇总,通过邮件发货运部集中研究解决。

2. 及时协调对接

针对存在的问题,货运部协调生产厂家专门制作货运仿真考核评价系统操作手册,为每个中间站培训 1~3 名业务骨干,由业务骨干担任培训师。针对存在的专业规章和技术方面的问题,货运部专门召集生产厂家、各站段兼职培训师、货运部各专业主管工程师召开技术研讨会,对业务技术性较强的问题,由专业工程师提出解决方案。对有关站段专业管理的个性化问题,要求生产厂家技术人员对系统进行改进,实现一个站段一个管理方式,一个车站(车间)一个考核标准。同时,货运部协调集团公司职工培训部,把货运虚拟仿真实训考核评价系统纳入集团公司职工培训考核管理平台,与星级职工评定一体化考核。

3. 满足个性需求

针对部分站段提出的个性化需求,货运部及时跟进,共同探讨可行性。例如,洛阳车务段和安阳综合段针对管内作业特点,提出在实训室增加虚拟仿真装载加固方案实训系统;焦作车务段针对危险货物办理站实训需求,提出在留庄站建设集危险货物装车作业、卸车作业、应急演练、消防救援和安全警示 VR 体验为一体的危险货物实训考核评价系统;郑州北站是集团公司管内唯一的路网性货检站,提出建设货检出发虚拟仿真实训和货检到达虚拟仿真实训考核评价系统。货运部与厂家进行对接,研究项目开发的可行性,提出项目开发业务需求。

(六)总结完善,建立健全配套制度体系

1.建立实训管理制度

一是建立基础管理制度。建立《货运(货检)实训设备管理及使用维护制度》,明确实训室设备用管修、卫生、消防等管理制度,建立相关人员岗位责任制,明确上墙揭挂内容。二是建立实训学习制度。要求站段下达月度培训学习计划时,把货运虚拟实训仿真学习计划一并纳入,实训室必须建立学习台账,明确每月学习内容,统计学习考试考核成绩,建立学习视频档案,每月要总结分析培训学习情况。三是建立工作考核制度。对培训学习人员建立奖惩制度,对车间具体管理人员和车间及以上领导人员建立考核制度,形成抓工作落实的合力。

2.明确实训考核标准

考虑到不同车站工作推进力度和工作质量不同,不同职工年龄结构和知识结构也不同,要求各站段不搞一刀切,指导管内相关车站,结合实际认真研究,广泛征求职工意见,制定过渡阶段灵活有效切合实际的考核标准。一是对每周、每月学习时长、学习频次、学习模块内容,由站段、车间研究确定,严格按照标准落实。二是各单位根据职工年龄结构,合理确定实训考核模块用时长度标准,经职工普遍同意后执行。三是总结分析一个过渡阶段不同年龄结构和知识结构职工,在一个模块实训考核全流程的平均时间,制定一个合理的时长考核标准,经过大家认同把考核标准固化下来。

3. 充分运用考核结果

为确保鉴定公平公正,考试、鉴定实行视频全录制、全检索,建立"5〇20"培训挂钩奖惩机制,将实训鉴定考核成绩纳入星级职工评定荣誉加分项。依据考核结果拉开收入分配档次,在评先评优、班组长选聘、进人才库、管理岗位招聘等方面予以倾斜,并广泛开展授星仪式、岗区展示、星光大道等有形化展示,全面增强职工自豪感和获得感。通过"技能竞赛、职工收入、评先评优,个人成长"四个挂钩,有效激发职工敬业爱岗、争星晋位的积极性。

4. 不断优化仿真模块

目前,国铁集团大力推行货运作业管控平台,郑州局作为试点局,正在全面推行此项工作。货运作业管控平台把原有的分散的子系统统一整合,为货运安全生产、货运组织、运输服务等提供了强大的技术支持。目前,试点车站已经进入仿真测试阶段,根据货运管理平台的工作进度,货运虚拟仿真实训考核评价系统将及时跟进,积极主动向课题组申请,导入货运管控作业平台运行环境仿真作业数据,逐步完善虚拟仿真培训模块,填补货票电子化培训空白。

三、货运职工虚拟仿真实训考核评价管理的效果

(一)节省了培训成本

虚拟仿真实训系统应用后,无须实作考核教练指导和其他人员的配合,无须到现场动用相应的器具实作演练,不用管理人员专门组织协调大量人员来布置考场和考核,职工随到随学、随练随考核,节约了职工时间及住宿产生的费用,节省了大量的人力、物力、财力。据统计,每个货运营业站每月组织一次实作考核鉴定至少减少工作人员和配合职工 5 人,目前,已经使用虚拟仿真实训系统的货运营业站有 30 个,每月组织一次实作考核鉴定可减少工作人员和配合职工 150 人次,大大节约了实作培训成本。

(二)理顺了干群关系

以往车站组织职工实作考核鉴定,总要考虑是否影响客观、公

正、公平,是否影响职工情绪,是否会影响安全生产,考核评价完成后职工说情多,这些人为因素给车站管理干部带来很大压力。虚拟仿真实训考核系统应用后,评价考核全过程通过电脑系统自动评分,生成考试成绩不可更改,杜绝了以往职工练习过程偷懒、考试前后托关系,管理人员评分不公平、职工有意见等产生的一系列问题,有效减轻了管理人员压力,化解了职工的不满情绪。

(三)减少了现场干扰

运用货运虚拟仿真实训考核评价管理,不需要车站布置场地、调用车辆等,在室内就可以完成整个实作鉴定程序,避免了干扰货场装车秩序和影响车站运输效率。例如,开封车站,以前在现场组织一次实作鉴定,占用股道一条,影响20辆装卸车作业,增加了960个小时,虚拟仿真实训考核系统应用后,这些问题都全部得到解决。

(四)规范了作业行为

货运虚拟仿真实训考核评价管理平台已在22个货运营业站推广使用,已成为各级管理人员抓职工实训的有效手段,使管理人员从组织实作鉴定中解脱出来,把更多的精力投入到安全管理中。通过货运虚拟仿真实训考核评价管理,有效扭转了以往职工简化作业程序的不良行为习惯,成为货运职工落实标准化作业的共同遵循和自觉行动,使货运职工的实作技能水平和应急处置能力得到显著提高。

(五)保证了货物运输

一是货运安全持续稳定,2022年上半年在全路货运系统专业管理评价考核中位列第一名。二是职工队伍素质显著提升。在集团公司组织的2022年四次季度理论抽考和两次半年实作抽考中,货运系统职工理论和实作考试平均成绩均在97分以上。三是货物运输创造历史最好成绩。2022年,创造了单日装车、单月装车、上半年装车三个历史最高纪录,全年发送货物18 160万吨,同比增加714万吨;货物运费收入228.6亿元,同比增加13.8亿元。四是货运服务质量得到全面提升。全面实施新版95306系统升级,电子运单使用比例达到99.9%。对外,实现了客户从用户注册、证书申请、运单提报流转、费用支付、领货理赔、专用线交接等业务网上办理,提高了客户满意度;对内,基本建成货运集中办理作业体系,实现人员集中、业务集中、管理集中,做到货运生产组织有章可循,服务质量持续可控。

(成果创造人:马锡忠　李亚军　李保成　郭涛平　王占伟
　　　　　　耿利军　姜少坤　王向阳　曲　阳　崔发生
　　　　　　王炳深)

基于"五有"闭环管理的干部
作风护航工程建设

党委组织部(人事部)

乌鲁木齐局集团公司位于全国铁路网西北末端,地处丝绸之路经济带核心区,成立于 1958 年 10 月 25 日,主要承担新疆全境、进出疆客货运输和我国与哈萨克斯坦等中亚、欧洲国家陆路物资运输任务。全集团运营里程 9 092.1 公里,其中,国铁 4 905.6 公里、复线铁路 3 324.4 公里、电气化铁路 3 916.6 公里、高速铁路 845.4 公里。共有车站 315 个,其中普速车站 298 个(含高普混场乌鲁木齐、哈密,高普分场乌鲁木齐南 3 个站),高铁车站 20 个。机关职能机构 26 个、生产机构 2 个、附属机构 27 个、运输站段 43 个、直属单位 6 个、非运输企业 7 个、控股合资公司 7 个、铁路建设项目管理机构 7 个,集团公司所属党委 65 个。

党委组织部(人事部)主要职能是在集团公司党委领导下,负责干部选拔任用、干部监督管理、人才培养培训、专业职务评聘、毕业生招录、党组织建设、党员队伍建设、党费管理和党内表彰、干部人事档案管理等组织人事相关工作。

一、基于"五有"闭环管理的干部作风护航工程建设的背景

(一)开展基于"五有"闭环管理的干部作风护航工程建设是践行"两个维护"、捍卫"两个确立"的具体表现

"作风不实是我们最大的敌人""一分部署、九分落实""干部作风的好坏,影响到党群、干群关系,影响党同人民群众的血肉联系""对干部要求严一点,是党和人民事业发展的必然要求,也是我们

80

改进作风、管理队伍的基本着眼点",阐明了加强干部作风建设、督促各级干部狠抓工作落实的极端重要性,为新时代从严抓好干部作风转变、从实推进各项工作落实指明了方向。

党委组织部(人事部)立足职能职责,对标对表习近平总书记关于干部作风建设的重要论述和国铁集团党组、集团公司党委的有关要求,以"有部署、有落实、有检查、有反馈、有考核"的"五有"闭环管理为重点,从严抓好干部作风转变、促进集团公司各项重点工作落实是践行"两个维护"、捍卫"两个确立"的具体体现。

(二)开展基于"五有"闭环管理的干部作风护航工程建设是整治当前突出问题的迫切需要

通过深刻反思分析集团公司近年来发生的各类安全生产典型事故教训发现,究其背后的深层次原因,无论是现场客货运输问题、设备质量问题,还是劳动安全问题、队伍稳定问题,均不同程度暴露出来各级干部,甚至是领导干部,责任落实不力、推进节奏慢、落实效果差等一系列干部作风不严不实的突出问题,已经成为影响和制约集团公司高质量发展的主要因素,进一步加强干部作风建设,推动突出问题得到整治尤为迫切。如何在找准摸透干部作风突出问题的基础上,采取有力有效措施,不断转变各级干部尤其是领导干部履职作风,强化形成担当承责、紧盯现场、狠抓落实的工作氛围,是摆在党委组织部(人事部)面前的首要课题。

(三)开展基于"五有"闭环管理的干部作风护航工程建设是实现高质量发展的必然要求

当前,国家内外经济形势发生重大变化,新疆经济社会快速发展,新疆铁路网不断优化完善,客货运量大幅提升,集团公司在疆内的影响力进一步增强。面对新形势新挑战新机遇,集团公司党委提出了"有部署、有落实、有检查、有反馈、有考核"的闭环管理要求,以此进一步加强干部作风护航工程建设,把从严抓实干部作风贯穿到集团公司各项工作的全过程、各方面,坚持真管真严、敢管敢严、长管长严,用过硬的作风凝聚高质量发展的合力,确保集团公司年度各项任务目标顺利实现。

二、基于"五有"闭环管理的干部作风护航工程建设的主要做法

（一）在推进上优先"三个着力"，搭建干部作风监督体系

党委组织部（人事部）将加强干部作风建设作为当前和今后一个时期的重要工作来抓，在优先做好"三个着力"上下功夫，努力构建形成了有制度、有渠道、有联动的常态长效干部作风监督检查体系，有效避免了抓干部作风建设"阶段化""走形式"等问题。

1. 着力完善制度

坚持以党的创新理论武装头脑、指导实践、推动工作，在深入学习领会习近平总书记关于强化作风建设、从严管理监督干部、狠抓落实等重要论述的基础上，充分结合集团公司安全生产经营实际，制定印发《关于强化干部作风 狠抓工作落实的实施意见》，明确了9项工作内容、8条具体措施，将抓干部作风建设制度化，并首次提出了"有部署、有落实、有检查、有反馈、有考核"的"五有"闭环管理要求，以此推动各级干部做到全链条管理和全过程盯控，促进各项工作高质量落实。制定下发《关于进一步明确干部作风责任倒查工作要求的通知》，围绕落实"五有"管理要求中存在的突出问题，进一步明确了干部作风责任倒查的具体内容和主要形式，健全完善了干部作风常态化监督检查体系，形成了以制度管理促作风转变的长效机制。

2. 着力畅通渠道

探索"组织＋群众"的干部作风监督形式，建立完善电话、信访和网络"三位一体"的干部作风监督平台，开通干部作风监督电话，设立干部作风问题举报邮箱，引导广大职工群众和旅客货主积极参与到干部作风监督的全过程、各方面，推动作风问题更多"浮出水面"。分别于年初和年底，组织各单位干部职工，聚焦安全生产和岗位履职，对本单位领导人员开展两轮次作风问卷调查，从正反两个方面，广泛征求意见建议，收集突出问题，逐项分析、对症下药、抓实整改。高度重视针对领导人员作风问题的信访举报，做到及时调查核实，及时回应反馈，2023年以来，共计调查职工信访举

报问题24件。

3. 着力上下联动

聚焦工作推进过程中容易出现的"上热下冷、层层衰减"等突出问题，党委组织部（人事部）指导所属单位党委同步制定完善了"强化干部作风、狠抓工作落实"的具体措施，建立了常态化的干部作风监督检查和责任倒查等制度，并在各类检查考核中广泛了解所属单位推进落实的质量和效果，对发现的干部作风突出问题追责考核"下手过轻、点到为止"的单位，及时给予提醒督促，从严从实抓好科职及以下管理人员履职作风，切实形成"上下联动、等压传递、同频共振"的干部作风督查有力氛围。

（二）在履职上坚持"三个聚焦"，以查代促推动工作落实

坚持以履职情况看问题、以发现问题促履职，围绕安全、生产、经营、建设等重点工作开展干部作风督查时，坚持把握"三个聚焦"，以具体履职成效检验领导人员工作作风，及时发现问题、解决问题，推动工作落实。

1. 聚焦重点任务

始终将领导人员是否不折不扣贯彻落实上级党组织工作部署，是否将讲政治从外部要求转化为内在主动，最终落实在实际行动上作为作风督查的首要任务，紧密围绕"一带一路"、疆煤外运、铁路建设、安全生产等党中央决策部署、国铁集团党组安排的阶段性重点工作、专项活动，同步开展专项督查，着重在工作推进过程中督促领导人员发挥头雁作用。近年来，党委组织部（人事部）先后在"五个确保、五个见实效"等重点任务中，开展了领导人员履职作风专项督查，共计通报考核领导人员541人次，有力推动了各项重点工作高质量落实。

2. 聚焦关键时段

抓干部作风要突出管住关键人、管在关键处，结合铁路安全生产运输的行业特点，坚持把节假日期间各级干部履职落责情况作为检验干部作风的关键时刻，每逢春节、劳动节、清明节、古尔邦节等重大节日，会同纪委分别成立多个检查组，织密"作风检查网"，

聚焦各级干部值班值守、落实节日期间工作部署等情况,深入边远地区、运输生产一线,采取直插现场、夜查、添乘、电话抽查等多种方式对集团公司管内各地区站段进行全覆盖干部履职作风现场检查,保证每日至少2个检查组在现场,持续释放节日期间严抓干部作风的信号,督促各级干部紧盯重点部位、关键环节,确保了各项安全管控措施落实到位,维护了良好的运输生产秩序。2023年以来,节日期间共派出检查组47个,检查各级干部1 143人次,现场发现并纠正问题113个。

3. 聚焦履职表现

严格落实岗位职责是对干部最基本的要求,党委组织部(人事部)坚持把落实岗位职责作为作风督查的重点,围绕集团公司年度、月度重点工作安排推进落实情况,新修订、制定的规章制度贯彻执行情况,领导人员添乘、夜查、发现问题等量化任务完成情况,检查领导人员在安排部署、推进落实、现场指导、动态反馈和考核问责等各环节的履职作风。同时,充分运用信息化手段,在集团公司OA平台探索建立了领导人员月度写实模块,推行"月初计划、月中落实、月末写实",并坚持常态化了解分析履职情况,及时发现问题纠偏,督促领导人员充分结合岗位职责,主动思考研究工作,确保责任落实。

(三)在督查上突出"三个重点",贯通到底督促责任落地

干部作风督查不能仅停留于发现"干没干、有没有"的表面问题,更重要的是坚持以点及面、以下看上、由浅入深,解决"好不好、实不实"的深层次质量问题,要在常态督查的基础上,着重突出"三个重点",从而全面提升督查质量,促进责任落实。

1. 重点整治"机关灯下黑"

切实转变以往出了问题找单位责任、查现场原因等做法,坚持眼睛向内、追溯源头,将目光聚焦在系统专业管理责任落实上,看集团公司工作要求是否在各系统得到安排落实,管理制度标准是否贴合现场实际、有无漏项和结合部问题;通过检查所属单位干部作风,倒查机关部室是否合理安排部署工作,是否深入现场指导检

查、协调处理疑难隐患,是否对现场突出问题举一反三,深入分析整改,推动工作落实,切实解决"中梗阻""灯下黑"等突出问题,有力提升了机关部室专业管理责任落实。

2.重点关注边远异地车间

充分结合集团公司身处西北边陲,营业里程近一万公里,管辖地域广、跨度大等实际,牢牢抓住管理上存在"舍远求近"的不均衡问题,紧盯边远异地车间班组,坚持"发通知、不打招呼、不听汇报、不用陪同接待、直奔基层、直插现场",主动深入距离站段所在地300公里以上的和田、伊宁、准东、柳园等边远地区开展干部作风检查,重点发现和解决了一批领导人员包保责任不落实、异地车间"无人管"、实际困难不解决等突出问题,有效促进了生产一线管理质量提升,确保管理责任等压力传导到"神经末梢"。

3.重点解决长期惯性问题

抓干部作风不能只是就事论事,仅盯着点上的问题无异于"亡羊补牢",党委组织部(人事部)坚持边检查、边分析、边总结、边提升,通过"检查一个单位,反思一个系统,纠治一类问题",将某一单位长期存在的突出问题作为系统内各单位的检查重点,对照查找普遍性和同类性问题,切实发现和解决了系统内"看惯了、干惯了、习惯了"等不良作风,真正做到标本兼治、根除顽疾。

(四)在倒查上注重"三个加强",持续盯控促进问题整改

问题在现场,源头在管理,任何问题背后都存在不同程度的干部作风问题,党委组织部(人事部)坚持将安全问题作为作风问题的"提示牌",针对发生典型安全生产事故、设备故障、短期内问题较多、安全形势不稳的单位,注重"三个加强"开展干部作风责任倒查和跟踪复查,帮助找准问题,促进干部作风转变。

1.加强"全过程"倒查追溯

针对现场已造成后果的典型问题,由党委组织部(人事部)牵头,机关各专业部室、安监室等有关部室参与,从各自专业职能角度对问题发生的全过程进行一次"全面平扫",共同开展"把脉会诊",重点聚焦领导人员履职担当作为,围绕是否第一时间组织学

习传达；是否研究制定本单位工作方案措施；是否认真落实岗位职责和管理责任；是否按照岗位职责和包保联系点分工深入现场检查指导，积极协调解决问题；是否动态掌握工作进度；是否坚持严抓严管严考核等落实"五有"闭环管理的情况，查清"不落实的事"，找准"不落实的人"。党委组织部（人事部）先后围绕乌鲁木齐工务段2·1、乌鲁木齐通信段6·18等典型事故，重点项目推进滞后等不落实问题开展了15次干部作风责任倒查，分别给予通报批评、诫勉或企业纪律处分。

2. 加强"领导层"原因分析

习近平总书记强调"从严管理的要求能不能落到实处，领导机关和领导干部带头非常重要。"要抓住"关键少数"以上率下，形成一级带一级、一级抓一级的示范效应。针对以往各单位领导班子在开展查摆原因分析时，欠缺眼睛向内精神，只查科职及以下干部、不查领导层的问题，党委组织部（人事部）注重聚焦问题表现深入分析领导人员履职，着重查找领导人员落实"五有"闭环管理不到位，推进工作只安排部署、不跟踪检查；领导人员之间配合协作不到位，结合部工作长期失管失察；领导人员个人量化任务不完成、现场检查发书质量不高等突出问题，深入分析并追究相关领导人员责任，不断改进和提升领导人员责任意识，切实形成以上率下、逐级落实的工作氛围。

3. 加强"跟踪式"复查验证

立足边倒查、边帮促，巩固规范工作，真正达到通过抓干部作风，既促进工作落实又提升工作质量的目的，党委组织部（人事部）对典型问题责任单位的整改落实情况紧盯不放，在开展倒查后的半个月内再开展一次复查印证，持续加强对倒查问题整改情况的跟踪问效，有效推动了问题真整改、作风真转变。2023年以来，先后对乌鲁木齐工务段违章作业问题、新疆新铁房地产集团有限公司火情问题开展复查验证，督促管理质量提升。

（五）在效果上落实"三个必须"，从严从实重塑干部作风

干部作风问题是"弹性问题"，抓一抓就好转，严一严就有成

效,松一松就反弹,绝不能有任何松口气、歇歇脚、送人情的想法。必须要坚持常抓长管、敢管敢严,以持之以恒、动真碰硬的精神,在求实问效上下功夫,不折不扣贯彻落实好"三个必须",促进干部作风得到真正转变。

1. 必须常抓长管

要始终将抓干部作风当作一场"马拉松",以钉钉子的精神,一环紧着一环拧,一锤接着一锤敲,党委组织部(人事部)探索建立了"每周重点督查、每月常态督查、每季覆盖督查、突出问题责任倒查"的有效形式,并坚持每月下发《干部作风督查通报》,将作风督查的长效机制持之以恒落实下去、形成常态,让各级干部看到集团公司党委抓干部作风的决心,切实提高认识,主动履职尽责。

2. 必须点名通报

干部作风问题归根到底是思想问题,绝对不能蜻蜓点水、隔靴搔痒,只有敢于"点名字、驳面子",才能真正击中痛处,形成警醒。党委组织部(人事部)紧紧盯住领导班子和领导人员这一"关键少数",对发现的问题深入分析管理责任,按照"谁主管谁负责"的原则,坚持在月度例会等公开场合点名道姓予以通报,真正做到让领导人员"红脸出汗",让各级干部受到震慑。

3. 必须严肃问责

"没有考核的管理是无效的管理",必须要坚持有问题必考核、有问题必追责,对一般性问题纳入干部安全绩效和单位安全质量一体化考核,对严重问题综合运用组织处理和党纪、企业纪律处分严肃问责,真正实现"破积弊、除痼疾、立规矩、扬正气",切实塑造真抓实干的工作作风。2023 年以来,因工作作风问题问责领导人员 35 人,其中免职 1 人、企业纪律处分 5 人、提醒 1 人、函询 2 人、诫勉 26 人。

三、基于"五有"闭环管理的干部作风护航工程建设的效果

通过加强干部作风护航工程建设,常态化、多形式开展干部履职作风督查,切实打造了各级干部,尤其是领导干部,担当承责、紧盯现场、狠抓落实的工作作风,有力推进了"有部署、有落实、有检

查、有反馈、有考核"的闭环管理,为集团公司安全生产经营任务顺利完成,持续高质量发展,提供了坚强的作风保障。

（一）各级干部抓工作落实的政治站位持续提高

各级干部胸怀"国之大者",坚决做到"两个维护",从讲政治、讲大局的高度思考和推动落实集团公司各项工作,确保了中欧班列、电煤保供等党中央各项决策部署和国铁集团党组各项重点工作安排按期、高质量落实落地。

（二）各级干部抓工作落实的主动意识不断增强

各级干部不等不靠、勇于担当,深入一线趋于常态,服务一线用心用力。在集团公司保障运输生产的主战场、货运增运增收大会战、攻坚战和铁路重点建设项目施工现场,冲在前、干在先,充分发挥了示范引领作用,为集团公司高质量发展提供了坚强的干部作风保障,干部队伍风气呈现了可喜变化。

（三）各级干部抓工作落实的质量效果显著提升

通过各级干部的不懈努力,集团公司中欧班列开行、口岸过货量连创历史新高,增速保持全国口岸第一;积极实施"以货补客",全年货运量逆势增长,集装箱运输占比全路排名第一;和若铁路顺利开通运营,乌将二线改造按期兑现,疆内铁路"环起来"取得重大进展,集团公司高质量发展取得了一系列新突破。

（成果创造人：宋丽宝　黄文江　张　磊　张洪江　谭肆伟
　　　　　赵安德龙　王　悦）

高质量创新人才矩阵体系构建

中国铁路哈尔滨局集团有限公司人事部（党委组织部）

中国铁路哈尔滨局集团有限公司（以下简称哈尔滨局集团公司）隶属于中国国家铁路集团有限公司，是国有铁路运输企业。哈尔滨局集团公司位于全国路网东北端，其前身可追溯至中东铁路（1898 年修建、1903 年投入运营），1946 年 12 月 12 日哈尔滨铁路局成立，被誉为"共和国铁路长子"。全局管辖范围覆盖黑龙江全省，兼跨内蒙古自治区呼伦贝尔市，全年管内最高气温 41.6 ℃（泰来），极端最低气温 −58 ℃（根河），年均气温 −3～3 ℃，年均降水 400～650 毫米。管辖线路有干线、支线和联络线 107 条，营业里程 8 493.674 公里，其中黑龙江省内 6 479.296 公里，内蒙古自治区内 1 986.939 公里，吉林省内 27.439 公里；单线 4 713.817 公里，复线 3 779.857 公里，复线率 44.5％；电气化 3 291.177 公里，电气化率 38.7％；高铁 1 401.132 公里，高铁率 16.5％。管内线路总延展长度 16 814.526 公里。全局经 7 个分界口（京哈高速的双城北站、京哈线的兰棱站、拉滨线的五常站、平齐线的泰来站、通让线的太阳升站、图佳线的鹿道站、伊阿线的阿尔山北站）与沈阳局集团公司邻接，经满洲里口岸、绥芬河口岸和同江口岸分别与俄罗斯后贝加尔铁路、远东铁路接轨。集团公司下设 53 个运输站段、12 个非运输一级企业，干部职工 14 万余人。近年来，哈尔滨局集团公司坚持以习近平新时代中国特色社会主义思想为指导，聚焦率先实现铁路现代化，勇当服务和支撑中国式现代化"火车头"的战略目标，通过构建高质量创新人才矩阵体系，实现了人才培养流程再造和创新，助推了企业高质量发展。

一、高质量创新人才矩阵体系构建的背景

（一）构建高质量创新人才矩阵体系，是实施"人才强企"的战略需要

近年来，哈尔滨局集团公司党委、集团公司高度重视人才工作，按照党中央、国铁集团党组的要求，不断创新人才工作机制，拓展人才成长平台，优化人才成长环境，人才对企业发展的基础性、战略性、决定性作用不断增强。但是从发展的眼光来看，随着铁路新技术、新装备以及各种智能化、信息化、数字化手段的广泛应用，集约化生产的深入推进，"三位一体"安全保障体系的不断完善，哈尔滨局集团公司要实现高质量发展，无论是制度创新、技术创新、管理创新，还是战略创新、价值创新、文化创新，都必须拥有一批高素质的创新人才队伍作为支撑。哈尔滨局集团公司的人才队伍的总量与结构、素质与能力、专业与需求还难以完全适应发展的需要，尤其是掌握关键技术、在专业领域独当一面、具有较强影响力的"大咖"式的领军型人才还比较匮乏。为此，哈尔滨局集团公司创建高质量创新人才矩阵体系，就是要进一步丰富人才队伍建设的有效载体，把项目研究、课题攻关等活动作为培养人才、锻炼队伍的有效途径，围绕管理创新、科研创新、技术创新，充分发挥"百千万人才"等高层次人才的辐射引领作用，精准培育及常态储备人才，解决专业队伍结构不合理、专业化水平不高、本领不适应等问题，进而为集团公司高质量发展，培育开发和储备一支数量充足、结构合理、专业精湛的高层次人才队伍。建立高质量创新人才矩阵体系，是哈尔滨局集团公司加强人才队伍建设的一个创新，是一项重要的战略举措，对集团公司打造人尽其才、人才辈出的良好人才发展生态，助推集团公司实现高质量发展，具有重要的现实意义。

（二）构建高质量创新人才矩阵体系，是破解难题引领发展的内在要求

构建高质量创新人才矩阵体系的最终目的就是要进一步凝聚力量、集中兵力、攥紧拳头，发挥人才团队的集体智慧，围绕中心工

作和重点任务,对生产经营的难点、重点开展集中攻关,切实解决发展过程中的问题,确保现实安全持续稳定和各项工作任务的完成,从某种意义上来说,构建高质量创新人才矩阵体系,是破解生产经营难点、重点问题,促进企业发展的内在要求。同时,构建高质量创新人才矩阵体系,不仅有利于培养和造就适应发展战略需要、梯次层级分明、年龄结构合理、专业配套的人才队伍,助力企业由传统经济体制向以市场为导向、深具弹性的公司体制转变,实现高质量发展,而且有利于迅速回应市场变化,增强市场主体地位,当好经济社会发展的"开路先锋"和"先行官",对于促进哈尔滨集团公司在建设交通强国中彰显责任与担当具有重要的现实意义。

(三)构建高质量创新人才矩阵体系,是培养储备接续人才的重要措施

哈尔滨局集团公司高度重视人才工作,不断优化人才成长环境,在人才队伍建设方面取得很好的成效。但从发展的角度来看,还难以完全适应铁路高质量发展的需要。一是缺少权威性、专家型的技术干部,与高素质专业化干部队伍的标准还存有一定的差距。二是缺少将项目与实际工作有机结合的培养平台。对于人才与项目对接,积极支持人才组建团队,承担科技创新、管理创新、重大课题攻关、重点工程建设任务等,在选题立项、科研管理、人财物配置方面给予团队政策倾斜,并充分发挥"人才团队"培育下级人才的作用等方面,还缺乏主动意识和长远谋划,缺少深入思考和顶层设计,措施还不够有力,效果还不够明显。三是人才环境还有待于进一步优化。部分人才处于被培养的被动地位,很难根据自身特点成长和发展,难以展示自己的能力。构建高质量创新人才矩阵体系,就是充分发挥高层次人才团队的示范引领和辐射带动作用,创新和丰富人才队伍建设载体,把项目研究、课题攻关等活动作为培养人才、锻炼队伍和确保项目"落地"的有效途径,通过项目不断提升现场人员的使用应用技能;用现场人员准确对接项目,提升项目的针对性、实用性,最大限度地促进项目转化,实现高质量发展、长远发展,培育、开发和储备一支数量充足、德才兼备、结构合理的人才队伍。

二、高质量创新人才矩阵体系构建的主要做法

（一）坚持事业为上，统筹组织"广泛聚才"

1.顶层设计，规划分析

"十年树木、百年树人"。针对铁路发展战略调整、体制机制改革、生产力布局优化，以及新技术新设备批量投入运用等实际，组织开展了多次全局大规模的人才工作专项调研，摸清人才队伍结构、能力素质、后备力量等底数，分系统分层级对未来发展趋势、新增工作量、动态自然减员等人才供需情况进行预测分析，对人才队伍建设整体框架结构进行顶层设计，先后研究制定了《骨干人才管理办法（试行）》《集团公司党委关于建立人才孵化站的指导意见（试行）》《中国铁路哈尔滨局集团有限公司加强专业技术人才队伍建设的实施意见》等制度办法，分系统、分专业、分层次，重点培养"三个方面、两个群体"的千名左右"本土"储备人才，为做好人才培养工作提供了科学依据、遵行方向和方法路径。

2.加强组织，构建体系

坚持党管人才原则，健全组织机构，明确责任分工，制定不同层次、不同类别的创新人才培养计划，建立上下贯通、相互衔接的人才工作体系，形成工作合力。在集团公司党委领导下，成立集团公司"人才工作领导小组"负责统筹协调和宏观指导，研究目标任务的分解落实，建立监督、评估、考核机制，加强指导、督促和检查。组织人事部门承负牵头抓总责任，注重调查研究，积极研究谋划，创新工作机制，加强对各单位创新人才队伍建设的督导检查和分类指导，抓好各个环节的推进落实，及时了解和掌握各单位的问题和困难，积极协调，创造条件，构建有利于人才培养的良好环境。发挥机关专业部门作用，把创新人才队伍建设作为本系统人才培养工作的重要内容，放在落实全局重点工作的战略布局中统筹谋划，同部署、同推进、同落实。各单位党政正职亲自挂帅，把创新人才队伍建设纳入单位党建工作重点内容，建立健全工作领导小组，抓好统筹规划、组织协调、推进落实及考核评估等工作，扶持成长

成才,支持干事创业,解决后顾之忧,激励担当作为。

3.统筹牵动,建立矩阵

人事部(党委组织部)牵头抓总,16个专业领域牵头部门分工负责,所属单位协调联动,采取民主推选、组织考察、集体研究的方式,发动干部职工广泛参与,连续3年推荐选拔创新骨干人才893名正副处级领导岗位储备人才、345名百千万人才、465名优秀青年专业技术人才、511名千人工程科技创新拔尖人才、273名操作技能人才、213名具有发展潜力的大学生综合素质拔尖人才,为集团公司人才培养打造了"蓄水池"。在此过程中,所属各单位遵循阳光透明、公开择优的原则,严密程序,严格过程,选拔出的人选能力较强、业绩突出、群众基础好,形成了公开透明的人才选拔导向。

(二)突出业绩导向,公正择优"深度识才"

1."荐才"坚持群众公认和专家认可

一是民主推荐。采取个人申报与单位推荐提名相结合的方式,通过宣传发动、摸底调查,把符合基本条件的人员分专业方向造册,组织单位开展民主推荐。二是专家举荐。省部级及以上专业称号获得者以及主管专业技术的领导人员可以单独或联名推荐人选。三是专家评议。申报人所在单位成立5人专家小组,对人选的资历条件、成果、业绩等进行审核排序,研究提出单位建议人选。集团公司领域牵头部门分专业成立专家评议组,对人选的专业水平、业务能力和工作业绩等进行评议,提出领域建议人选。这种公开透明的选拔方式和客观公正的评价机制,杜绝了人才选拔的平均化、福利化,为优秀人才脱颖而出创造了条件。

2."评才"突出专业能力和业绩导向

组织各推荐单位成立人才推荐考评小组,注重打破学历、身份、资历等限制,通过民主测评、考察谈话等方式,对通过资格审核的初步人选进行定量和定性测评考核,着重考核人选的专业能力、业绩贡献和政治素养等,考核结果为优秀的人员,在征求纪检部门意见后,经单位党委班子集体研究,推荐上报集团公司。集团公司人才工作领导小组从评审专家库中选取专家组成评委会,择优遴选政治素质好、业务能力强、实绩突出的人才,经集团公司党委会研究,确定人才人选。

3."析才"探索建立深度的识人机制

为更好、更全面地了解掌握人才的专业素养和成长需求,研究制定了包括性格特点、兴趣爱好、专业特长、工作能力、素质短板、主要优缺点等自然概况,以及个人发展意愿、综合培养方向、培训计划和措施等 10 个方面内容的《人才电子考察档案》,组织用人单位进行谈心谈话、沟通交流,了解培养对象个人发展意愿、职业生涯愿景,弄清楚人选"想干什么";对人选的能力素质、专业专长、性格特点、兴趣爱好等进行全面深入的分析,看潜质、看潜力,找优势、找差距,让个人意愿与组织鉴别相结合,研究确定人选的发展方向、培养方向,弄清楚人选"能干什么",为其量身打造个性化的培养方案提供了遵循。

(三)遵循以需定培,多措并举"靶向育才"

1.实施"一人一案"的"个性化"培养措施

依据"人才识别电子考察档案",围绕企业发展所需,组织各用人单位,对照人才的培养方向、培养目标,查找人选在专业知识、专业能力、综合素质方面的差距与不足,研究怎么弥补、怎样补强,哪些需要个人努力,哪些需要组织上创造条件,有目的、有计划、有步骤地为其量身打造个性化的综合培养方案,建立了统一的"人才信息库",并做好动态跟踪和督导检查,促进其成长成熟。

2.实施"七个一批"的"广泛性"培养措施

坚持集团公司党委统筹领导,机关部门和所属单位分工负责、协调联动,针对不同系统、不同层面的"人才",实施了院校深造一批,提升专业理论水平;厂家送培一批,学习工艺原理,熟悉生产流程,提升解决生产疑难问题能力;党校培训一批,着力提高党性修养和政策理论水平;换岗锻炼一批,补足经历阅历,丰富管理经验;重点历练一批,组织参与高铁建设、电气化施工等重点项目提前介入工作,提升科学管理、技术创新和协调配合能力;安排一批人才参与重点科研开发项目、技术攻关课题,提升专业能力;有计划地组织一批人才到边远地区、急难险重任务等岗位,进行重点考验和磨炼等"七个一批"培养措施。截至目前,集团公司创新骨干人才人均至少得到2项培养措施的覆盖。

3.实施"政治首位"的"引领性"培养措施

研究制定了《集团公司及所属单位党委联系服务专家工作方案》和"专家联系服务卡",建立了"服务专家工作微信工作群"。集团公司党委领导班子成员每人联系2名"百千万人才"专家,所属单位班子成员结合本单位实际联系本单位创新骨干人才,每半年采取定期走访慰问、面对面谈心等多种方式至少联系1次专家,并运用电话、电子邮件、微信等多种方式与专家保持经常性联系,及时将中央、国铁集团和集团公司的重大决策、重要会议、重大活动向专家通报,对专家关注的重大规划、重要计划、政策文件进行宣传解读,增强政治认同,凝聚专家共识,坚定发展信心,汇聚智慧力量。集团公司所属单位、机关部门的主要领导每半年与人才进行一次谈心,组织开展座谈,了解和收集意见建议,掌握工作生活等情况,及时帮助解决各种困难,把各级各类人才团结凝聚到目标任务中,效果明显。

(四)激发创新活力,管使并重"科学用才"

1.以用为本,发挥作用

坚持人才与项目对接,积极支持创新骨干人才组建团队,承担科技创新、管理创新、重大课题攻关、重点工程建设任务等,在选题立项、科研管理、人财物配置方面给予团队政策倾斜,并充分发挥培育下级人才的作用。三年来,哈尔滨局集团公司的创新骨干人才承担重点科研项目、重点工程或重点工作734个,修订标准535个,联系培养下级人才787人,专业工作获奖137个,作用得到有效发挥。同时,研究探索实施以"百千万人才"为牵动,采取建立"人才孵化站"的形式,进一步加大"项目+人才+团队"的人才培养步伐,组建了攻关团队70个,团队成员605人。

2.定期考核,动态管理

研究制定了包括工作业绩、科研获奖、团队组建、人才培养等6个维度11个考核项点的《年度考核量化评分表》。各领域牵头部门结合用人单位提出的初步考核意见和日常掌握的情况,研究提出专业考核评定意见；人事部（党委组织部）审核汇总，综合个人自评、工作单位和领域牵头部门考核意见，在征求纪检部门意见后，经集团公司人才工作领导组研究确认。对考核为不称职的，取消其相应称号，停发其津贴待遇；对考核为良好、合格的，分别按80％和60％支付津贴。如上一年度"百千万人才"考核中，考核结果为优秀的占31.3％；良好的占61.6％；合格18人占5.3％；按照规定取消称号6人，占1.8％。这些实打实的考核，实现了人才能进能出、能上能下，让当选的人有压力，未当选的有动力，形成了看水平、讲能力、比贡献的良好氛围。

3.服务保障，营造环境

一是落实技术津贴制度。依据年度考核结果，对任期内创新骨干人才每人发放3 600元至9 600元的技术津贴。二是提高福利待遇。对当选为"百千万人才"的非副高级职称人员，实行"绿色通道"，享受"副高级职务"岗位工资待遇；每年优先安排健康疗养和体检，45岁及以上每年安排一次体检，45周岁以下每两年安排一次体检。三是加大宣传力度。通过各类新闻媒体，大力宣传创新骨干人才的先进事迹和突出贡献，营造良好的人才工作氛围，为广大专业技术人员提供了学习的榜样和赶超的目标，激励广大专业技术人员努力攻关。

三、高质量创新人才矩阵体系构建的效果

（一）创新人才队伍的矩阵和架构形成规模

截至目前，集团公司干部职工总量为147 122人。其中，管理和专业技术人员定员18 435人，现员17 103人；操作技能人员现员130 019人。在干部职工队伍中，领导人才队伍1 133人，管理人才队伍中正副科职5 903人、班组长9 398人，专业人才队伍中管理和专业技术人员6 664人，科技人才队伍中管理和专业技术人员8 063人，经营人才队伍中管理和专业技术人员1 731人、操作技能岗位人员7 417人，主要行车工种的高级工、技师、高级技师等高技能人才29 478人。集团公司管理和专业技术人员中已

聘任职称的 15 246 人,其中正高级职称 88 人、副高级职称 2 301 人、中级职称 6 057 人、初级职称 6 832 人,主要行车工种中已聘任高级技师 2 315 人、技师 4 294 人、高级工 22 869 人,比例为 8∶14∶78。现有铁路"百千万人才"工程专业带头人 17 人、专业拔尖人才 345 人、铁路工匠 11 人、全路首席技师 4 人;哈铁工匠 55 人、集团公司首席技师 112 人;集团公司"千人工程"中管理人才(含优秀年轻干部)929 人、专业技术和科技创新人才 511 人、45 岁以下优秀青年专业技术人才 465 人、大学生综合素质拔尖人才 213 人、操作技能人才 273 人。

(二)创新人才队伍的素质和结构持续优化

一是年龄结构得到改善。随着人员退休、毕业生引进,以及从临时岗位管理等政策的实施,一批年轻力量被充实到关键和重要岗位,"老龄化"增速过快的问题得到了一定的控制,管理和专业技术人员中 45 岁及以下人员占总量的 35.4%,主要行车工种高技能人才中,45 岁及以下占比达 54.8%。二是学历结构得到提升。

通过企校联合办学、鼓励自主参加学历教育等举措,为提升学历提供了渠道和政策支持。尤其近年来,集团公司人员补充的主渠道调整为接收高职及以上院校毕业生,管理和专业技术人员中大专以上学历的人数达到 16 401 人,占管理和专业技术人员总量的 95.9%,较 3 年前提升了 1.8 个百分点;高技能人才中大中专及以上学历占比达 50.7%,一些单位还储备了少部分研究生等高学历人才。三是素质结构得到强化。通过推行"干部专业化能力提升计划""千人工程""优秀年轻干部培养""赛马式职称评审",以及"七个一批""九种路径"等一系列培养措施,后备力量正在逐步充实,高中级职称人数占比由 3 年前的 27.1%提升至 49.2%,提升了 22.1 个百分点;主要行车工种高技能人才占操作技能人员总量的 22.7%。目前,集团公司有中共党员 57 336 人,占干部职工队伍总量的 38.9%。其中,管理和专业技术人员中现有中共党员 14 215 人,占管理和专业技术人员总量的 83.1%。

（三）创新人才队伍的作用和地位不断提升

随着铁路体制改革的不断深入，以及铁路技术的飞速发展，新技术、新设备大量投入运用，集团公司党委、集团公司根据中共中央《关于深化人才发展体制机制改革的意见》和国铁集团党组部署要求，先后研究制定并实施了《中国铁路哈尔滨局集团有限公司骨干人才管理办法（试行）》《哈尔滨局集团公司及所属单位党委联系服务专家工作方案》《中国铁路哈尔滨局集团有限公司加强专业技术人才队伍建设的实施意见》等一系列人才队伍建设的制度和办法，为人才成长和作用发挥提供了强有力的工作遵循和制度保障。同时，集团公司始终坚持任人唯贤的选人用人导向，不断调整人才工作策略，主动创新工作方法，积极适应改革发展的需要，将"毕业生定职""提职提级""工聘干"等权限下放给了所属单位，增强了基层选人用人的自主权和灵活度。各单位能够充分运用政策赋予的权力，积极推进人事制度改革，促进了选人、用人和管人的统一。

面对来自安全、生产、经营、稳定等多重压力，各级各类人才表现出了较为强烈的事业心和责任感，秉持和发扬哈铁人"特别能吃苦、特别能战斗、特别能奉献"的光荣传统和作风，在安全管理、运输生产、经营创效、后勤保障、思想教育、队伍稳定、服务职工群众等方面有效发挥了作用。集团公司创新骨干人才近三年来承担重点科研项目、重点工程或重点工作734个，修订标准535个，联系培养下级人才787人，发表论文242篇，专业工作获奖137个，累计节约成本700余万元，创收4900余万元。

（成果创造人：叶　龙　刘宇辉　白振中　张　君　朱　麟
　　　　　　李晓虹　吴　鸿）

98

新媒体时代共青团话语体系
传播方式的实践路径

中国铁路太原局集团有限公司团委

中国铁路太原局集团有限公司成立于 2005 年 3 月,是由中国国家铁路集团有限公司出资的一人有限责任公司,是全国铁路货运量最大、重载技术最先进、唯一运输主业整体改制上市的局集团公司,是大秦铁路股份有限公司的控股股东和铁路出资人代表,国家 5A 级综合服务型物流企业。主要负责山西省内(除阳泉、晋城、长治外)国家铁路的运营和建设工作,担负着山西省的客货运输任务和京津冀蒙陕等省市区的部分货运任务。现有职工近 10 万人,总营业里程 5 346 公里,年货物发送量 7.7 亿吨,年旅客发送量 3 164.2 万人,2022 年营业收入 8 852 214.40 万元,在全国铁路网和山西省综合交通运输体系中占比突出、举足轻重。太原局集团公司设有完整的共青团组织体系,截至 2023 年 6 月,全局共有 35 岁以下青工 28 263 人,青年约占全局职工总数的 30.1%,所辖基层团组织共有 549 个。近年来,太原局集团公司获全国五一劳动奖状、全国模范劳动关系和谐企业、全国模范职工之家、山西省功勋企业等荣誉称号。

一、新媒体时代共青团话语体系传播方式实践路径的实施背景

国有企业共青团作为党领导的国有企业先进青年的群团组织,必须要为企业改革发展和党的事业凝聚最广泛的青年力量。微信公众号因其闭合性即时通信带来的庞大用户量与高活跃度,成为国有企业媒介信息传播的优选渠道,更是维护好共青团工作话语权的必然路径。在信息爆炸和算法读心的当下,青年成为"注

意力"争夺的核心群体,面向青年人群的精准传播,成为影响青年形成正确世界观、人生观和价值观的关键因素。团属新媒体导向不鲜明、管理机制不健全、传播内容吸引力不足、宣传人才培养不接续、舆论引导不及时等问题,都会造成青年工作思想阵地失守、共青团话语体系传播"梗阻"、团属媒体窗口作用弱化等不良影响,直接影响共青团整体工作的质量和效果。面临新形势下的共青团宣传工作,把网络新媒体建设作为青年工作的重要阵地,对发挥团属新媒体强阵地、建队伍、发声音作用具有重要意义。

二、新媒体时代共青团话语体系传播方式实践路径的主要做法

"太铁青年"微信公众号(以下称"太铁青年")开通于 2014 年,现有用户 34 261 人,以"太铁青年"微信公众号运维青全工作室(以下简称青全新媒体工作室)为载体,积极打造让青年想得起、找得到、靠得住的线上共青团组织。

(一)顺应时代潮流,丰富共青团话语体系传播方式的基本方法

1.引领青春风尚,传播受众主体"聚焦青年"

青年群体,朝气蓬勃,求新求变,要想引领好他们,团属新媒体必须走在青年前列。"太铁青年"将团属新媒体定位为团员青年知心人、领学人的角色。通过"学、讲、玩、聚"的方式凝聚青年。关注青年热点,宣传时代思想,聚焦中心任务,将核心价值观用青年语二次"打包"传播。回归团员青年日常的工作生活场景,去除纯粹的"官方式"播报,让团属媒体焕发出青春本色。

2.把握青春脉搏,叙事话语议题"聚焦成长"

"太铁青年"坚持"内容为王"的运营思路,打破传统"我出什么青年看什么"的模式,变"青年想看什么我推什么"的"粉丝"模式,积极挖掘在企业高质量发展和青年成长成才关系中,与青年息息相关的思想引领切入点、宣传教育契合点和服务青年着力点。通过制作"有趣有用有温度"的青年新媒体作品,实现从需求到引领的转化,以润物无声的方式传递正能量。

3. 迸发青春能量，舆论引导场域"聚焦群团"

共青团是联结青年的群团组织，"太铁青年"舆论引导工作必须立足青年、面向青年、服务青年，所有的舆论引导的方法和技巧需要扎根于青年聚集的各大青年社群。青年在哪里，共青团的思想引领就要延伸到哪里，拓展空间、占据阵地、树立旗帜、形成合力，在二次元、后现代、新人类的舆论场响亮发声。

4. 做好青春护航，发挥组织优势"聚焦服务"

"太铁青年"突出服务功能，围绕学习成长、职业规划、身心健康、婚恋交友等青年关心关切热点，以文字、图片、音视频等形式，推送多样性、互动性专属图文。通过"青年之问"答疑解惑；创新线上线下互动的O2O模式，引导青年找到组织、融入组织，使"太铁青年"成为青年不可或缺的交流工具和生活助手，增强青年对团组织的归属感，进而提升共青团话语传播力。

（二）贴合媒介生态，创新共青团话语体系传播方式的运营机制

1. 明确平台定位传播内容的核心价值

传播是人类通过符号和媒介交流信息以期发生相应变化的活动。团属新媒体不仅肩负着政治宣传的重要使命，也是党群联系的重要纽带。太原局集团公司团委根据全媒体时代青年群体是重要输出口这一特性，坚持"强化政治属性、适应青年特点、贴合媒体生态"工作理念，以共青团符合团徽为主体设计"太铁青年"logo，通过全面分析和深入研究群团工作视角下青年与新媒体的社会关系，进一步明确平台定位，即面向太原局集团公司团员青年，将平台打造成为共青团线上资讯发布、优秀作品推送、青年成长成才、回应青年热点关切的矩阵媒体，展示太铁青春风采，用青年喜欢的方式传播主流声音。

2. 加大工作机制传播架构的管理赋能

"太铁青年"始终坚持党管宣传、党管意识形态，确保党的意志和主张贯彻到共青团宣传工作各方面和全过程。

（1）强化组织引领。"太铁青年"将网络新媒体宣传工作置于全局共青团工作大局中思考谋划，构建了由团委书记总负责、团委

副书记具体负责,团委宣传部抓运营、站段级团委积极参与的共青团"大宣传"格局。成立的青全新媒体工作室,配备兼职人员负责新媒体平台的内容建设和运行维护。按照"谁主管谁负责、谁发布谁负责"原则,明确责任主体,制定《太铁共青团网络新媒体工作管理办法》等制度办法,加强审核监管,规范工作程序,完善考评考核,发挥正向激励作用。

(2)明确工作流程。"太铁青年"明确了"值班编辑、逐级审核、专人发布、备案追责"信息发布流程,坚持每日 18:00—21:00 推送图文。团委宣传部运维人员主要负责平台的整体规划、安全监控、日常运营和编辑团队管理。平台设长期运营者 5 名,集团公司团委选派政治坚定、经验丰富的太铁青全责编担任,负责日常编辑排版、后台信息维护、留言回复等工作。每日公众号图文推送内容由太铁青全责编、团委宣传部运维人员、团委副书记逐级审核推文后发布。集团公司团委定期对"太铁青年"的上稿情况、微信指数、后台数据等进行分析通报。

(3)优化栏目配置。"太铁青年"根据青年以"圈"群分,以"趣"类聚特点,确保每周每天推送的栏目多样化、内容破"圈"化。截至 2023 年 7 月,"太铁青年"共开设合集标签 35 个,发布 1 359 条推文信息。工作日日均推送 2~3 条,双休日日均推送 1~2 条。推送组合为"固定栏目+非固定栏目",头条首选思想引领类、中心工作类、新闻信息类、资源指南类等图文,二条或三条搭配文化传播类、业余生活类、知识普及类、故事分享类等图文,保持公众号平台高活跃度,有效增加青年用户黏性。

3.强化传播队伍话语能力的人才支撑

"太铁青年"分三级建立平台运维团队,各级之间可上可下、交叉流动。太铁青全编辑采取自愿退出+考评激励+年度"换血"方式,保持团队青年工作的积极性和创作激情。

(1)搭建组织架构。一级为太铁青全责编,属核心团队,人数一般不超 10 人。二级为太铁青全小编,属职能团队,总人数 50 人左右,分设公众号和视频号组长各 1 名,由青全新媒体工作室编辑竞聘产生。三级为新媒体专长青年联盟自组织,属外围团队,人数若干,设会长1名、副会长2名,由集团公司团委协管,太铁青全责编主管。

(2)明晰职能分工。太铁青全责编主要负责组建创作小组,担任创作小组组长,收集、整理、编辑素材;做好专题信息选题策划、报送选题方案;完成平台日常维护和留言回复。太铁青全小编分为文案编辑组和影音技术组。文案编辑组主要负责原创作品选题、策划以及文案撰写;负责集团公司团委各类主题活动新闻采写;负责包装文案及影音组报送素材,与影音技术组配合形成宣传成品。影音技术组负责对音视频素材包装创作;解决平台转发、后期合成遇到的技术问题;完成集团公司各类主题活动的摄影摄像及后期处理工作。新媒体专长青年联盟侧重青年政策动向、时政热点等"外宣化"产品创作,为"太铁青年"带来新视角、新视野。

(3)创新管理方式。"太铁青年"每年招录新媒体创作能力突出的新入路青年、新媒体专长优秀青年进入青全新媒体工作室。试用期间以师带徒形式,对新人工作能力进行综合评价,试用合格后依据个人特长分配至相应工作组别。一级太铁青全责编和二级太铁青全小编实行聘任制,局团委颁发聘书。依据积分和日常表现,评选年度"突出贡献小编""优秀小编""我最喜爱的太铁青年编辑",并择优推报全国铁道团委和集团公司优秀共青团员、优秀共青团干部等荣誉,提供推荐培训、挂职锻炼等机会。

(三)阐释青年话题,构建共青团话语体系传播方式的多元维度

1.打造贴近吸引青年的话题产品

"太铁青年"坚持"青年在网络空间的哪里聚集,共青团网络宣传引导就拓展到哪里",创作推出了一批导向正、质量好、人气高的网络话题产品。

(1)传播语态的青年化阐释。"太铁青年"力戒官本位思想,让公众号接地气、聚人气。"太铁青年"并不避讳成为"标题党",通过标题增强语言风格,迎合青年口味。例如,发布的"春运立功竞赛|以雪为令,为鏖战风雪的太铁青年打call!""太铁青年小编'大乱

斗'|快来pick你心中才华横溢的幕后推手""开工第一天|动图脱兔表情包,快来收图!!""健康|太铁青年的'多巴胺'时刻!"等文章标题,"搞事情?大动作?铁路红色资源推介直播""春运路上乘风破浪的'小姐姐'和披荆斩棘的'小哥哥'""领证第二天,他们继续'北上南下'""夏日炎炎有你太甜"等短视频标题,符合青年审美,达到"博人眼球"的宣传效果。

(2)内容表达的归属感体验。内容引领关注,扩大自己的青年粉丝数量,是团属新媒体的生存根基。"太铁青年"利用大数据分析青年阅读喜好、内容需求、阅读时间,发现互动感强、参与度高的推文更受青年喜爱。例如,在平台发布的"Pick你的最爱|2022年集团公司'美丽铁路'文创产品设计大赛投票通道正式开启",让青年成为线上评审,该推文阅读量13 534。数据分析显示,高阅读量推文主要集中在青春建功、志愿服务、突击奉献、交友联谊、专长青年联盟等青年有参与感、获得感的主题推文,达到引领、凝聚青年作用。

(3)排版设计的年轻态呈现。形成一套符合青年审美的编辑排版思路,对团属新媒体平台吸引青年阅读、优化用户体验、打造品牌形象至关重要。"太铁青年"对字号、颜色、文内间距等排版风格会根据内容进行个性化设计。比如,标题的创作在形式上突出排版风格,"【】"中多填入关键字词,突出重点;"「」"增加质感,运用在特定场景和内容;"|"用于表达层次,"搜狗花漾字"以图代文、简洁形象。作为3秒内抓住青年眼球的配图,太铁青年以"强相关性、高清美观、吸引注意、避免侵权"为原则,设计的专业插图、文艺插图、固定头图等多样式配图,为文章增色添彩。同时,针对性增加SVG、H5等交互特效,让文章可看可玩,互动性十足。

2.唱响引领凝聚青年的话题旋律。"太铁青年"是以中国铁路太原局集团有限公司为认证主体,团委主办的官方公众号平台,自带浓厚的政治功能和国企色彩。

(1)"青"字品牌释放引领效应。"太铁青年"以"青"字号品牌为依托,通过新媒体传播方式发挥团组织引领作用。菜单设计方

104

面,在方便用户点击、展示亮点特色、最能带来点击量的公众号主界面上设置"引领青年""凝聚青年"菜单。在一级菜单下,将青年思想引领品牌菜单设置为二级菜单。比如,"党旗下的太铁青年""团干部充电""太铁青年奋斗历程""青马公开课""青声"等,开门见山突出太铁共青团政治属性。通过思政理论青年化阐释、元素化解析、分众化传播,将党团科学理论解析为青年日用而不觉、蕴含着基本立场观点方法的"微元素"。有"五个十佳青年标兵"的海报集锦和优秀事迹、太铁青年奋斗历程 VR 云展厅、"闪光的青春"奋斗故事、青声"走心"美文音频,面向青年把故事讲生动、把逻辑讲明白、把理论讲透彻。

(2)先进典型激励青年创优。青年理论武装工作既要走到青年身边,更要走进青年心里。通过"青年讲给青年听,让青年引领青年"的朋辈教育方式和"时代导向+时下故事+创新表达"浸润宣讲模式。近年来,将全国优秀共青团干部、铁路青年五四奖章、"五个十佳青年标兵"等 300 多个全国级、全路级、省部级等先进团组织和个人,制作成优秀事迹、成长故事、经验分享等图文、音视频产品。这些青年先进典型自带"流量",在青年中产生正向共鸣。同时,针对青年"痛点"问题、最关心的问题,策划"青年之问"专栏。结合青年思想和成长规律,共开发思政类合集专栏 7 个、微课20 个,线上宣讲35 场次,覆盖青年 7 万余人次,青年典型文章302 篇,累计阅读 18 万人次。

(3)青全队伍熔铸理想信念。"太铁青年"坚持团媒姓党,太铁青全编辑作为宣传产品的生产者、加工者,其思想政治素养在公众号运营中起到关键作用。编辑队伍方面,集团公司团委注重对太铁青全编辑政治理论功底的打磨。通过实习锻炼、专题授课、脱产培训等,加深其对党的路线、方针、政策的理解把握,自觉运用政治思维看待稿件、评估内容。同时,提升编辑对党政风的审美能力和编辑技巧,比如,"红色+黄色"经典配色、党政类图文字号控制在15~17、重点文字"条目+解读"清晰阐释等,营造思想政治宣传引领的浓厚氛围。宣讲队伍方面,青马讲师作为具备忠诚政治品格和扎实理论功底的线上理论骨干,通过打造青马微课、公开课等网络产品,促进青马讲师发挥线上"点亮一盏灯,照亮一大片"作用。

3. 搭建关心服务青年的话题家园

"太铁青年"引导青年由"新粉"变成"真爱粉",由"关注阅读"变为"使用习惯",打造青年线上聚集的话题家园。

(1)提升青年用户体验。针对新关注公众号的青年群体,"太铁青年"利用公众号"自动回复"功能,当他们向后台发送消息时,后台回复欢迎词及基本简介,有助于帮助"新粉"快速了解公众号并留下好的第一印象。关键词回复侧重满足特定查询需求的青年群体,通过分析后台消息的高频提问词,生成相应高频词汇。比如,青年向后台发送"联谊""投票""技能竞赛""青春与法"等关键词,后台自动回复匹配图文进行解答,有效降低沟通和人工管理成本。同时,太铁青全编辑根据后台提问,耐心解答青年诉求,同步做好公众号平台策划运维工作,化身太铁青年的"AI好友"。

(2)强化硬核内容品质。"太铁青年"多视角、全方位呈现共青团、青年、国有企业等各类时代元素,着力强化内容的权威性、原创性和趣味性。在现有的 35 个合集标签中,有青春建功主题的"暑运日记""青春建功保安全"等合集,青春筑梦主题的"太铁青年奋斗图志""喜迎二十大、永远跟党走、奋进新征程"等合集,青春创优主题的"闪光的青春""团干部学讲做考"等合集,青春关爱主题的"激扬青春 缘在太铁""今天也想遇见你"等合集,青春提速主题的"振兴杯青年职业技能竞赛""青创杯获奖项目展示"等合集,用新媒体语言讲好太铁青年奋斗故事。围绕安全生产、经营创效、铁路建设、改革创新等,大力宣传太铁共青团贯彻落实党的二十大、团十九大精神的新举措新成果,宣传具有标志性意义、历史性成就的共青团事件、人物、文化,充分展示太铁青年在当好党的助手和后备军的精神风貌。

(3)聚焦热点交互联动。"太铁青年"拓展青年工作圈、生活圈、社交圈。太原铁路青年之家通过公众号发布活动信息,实现线上预告、报名,组织青年开展线下登山、读书分享等活动;通过将片

106

区、基层单位"激扬青春 缘在太铁"青年交友联谊活动的信息预告、报名进行二维码转化,提高信息传播效率;周末开通的"今年也想遇见你"专栏成为"出圈"爆款,一经推出深受铁路单身青年喜爱,让"太铁青年"成为线上"月老",实现线上线下一线牵。同时,在公众号菜单首页设置"服务青年"一级菜单,增加"青年之问"专栏,将青年的所思所想、意见建议传递给青年,成为他们敞开心扉、倾心诉说的"心灵树洞"。结合线下青年思想动态分析站点收集信息,有针对性地做好减压调适、心理咨询、危机干预等线下服务。

(四)激发联动效能,拓展共青团话语体系传播方式的渠道载体

1.文化宣教是共青团话语体系重要的传播功能

文化自信,是更基础、更广泛、更深厚的自信。"太铁青年"正在以一种新的文化传播方式,不断丰富新媒体视角下太铁共青团的文化内涵。

(1)专长青年联盟注入文化新活力。专长青年联盟是在太原局集团公司团委领导下,由热爱支持文艺的团员青年个人自愿组成的团体组织,是联系、引领、服务青年的桥梁纽带,是推进集团公司企业文化建设中的骨干力量。目前,共有书法篆刻、新媒体、声乐、绘画等专长青年92名。专长青年联盟作为线上共青团文化产品创作的重要载体,在管理体制、队伍建设、考核评价等方面有着严格的政治素养和专业能力要求,创作更多有文化内涵、符合时代审美的宣传作品。专长青年联盟充分运用网络新媒体手段,以文艺作品为价值引导力、文化凝聚力、精神推动力,用情用力讲好太铁青年故事。同时,联合工会、作家协会、文联等部门举办文化活动,提升青年文化素养,以文化力量激励人心、鼓舞干劲。

(2)文化创意赋能打造媒体新产品。专长青年联盟自2022年底组建以来,共推出志愿服务、团情陪伴、青春普法等10类主题推文,创作了书法、绘画、篆刻、音频、SVG动画、音乐MV等300多个青年文化作品。其中,有太铁青年手绘、书法作品展,有迅速掀起投票热度的"2022年集团公司'美丽铁路'文创产品设计大赛作品投票通道开启""谁能收获太铁青年喜爱的'天下无毒'宣传海报

Top1"等文化作品展评活动,有互动推文"@太铁青年 辞旧岁 迎新春 送福利 快来抽取你的 2023 福卡!"的原创太铁青年工种形象IP,有青年参与留言交互式的"太铁青年给大家拜年啦,美好祝福和新年壁纸全部送上!"原创国潮壁纸,各类文艺作品让青年通过读图、读屏方式,满足青年信息、知识和文化需求。

（3）发挥群众优势打开交互新体验。"太铁青年"采用青年喜闻乐见的表单问卷、投票、答题、游戏、抽奖等互动模式,提高与青年粉丝的"亲密度",实现数字化营销。比如,"答题赢好礼! 一起来学民法典吧""【百日大练兵】工务系统青年安全业务知识答题赛正式上线!""@工务系统青年,你有一条青年安全业务知识答题测试版待接收!""双十二,彩蛋来啦! 重磅直播来袭,福利多多!""太铁青年小编纳新啦! 风里雨里官微等你"等推文,自带吸粉丝、吸流量特性,将"包装化"的文化产品在与青年职工互动的过程中实现了文化播种。

2.引发话题是共青团话语体系关键的传播手段

短视频短小便捷的传播形态,适应了快节奏下话题式、碎片化的信息消费场景。从 2021 年开始,视频号的人均使用时长及总视频播放量同比增长 1 倍以上。

（1）提升推文品牌声量。视频号同样是"太铁青年"引领青年思想的重要工具。比如,随手随拍的"动车乘务员小姐姐的春运"Vlog,以沉浸式体验感让受众青年更好了解铁路春运工作。同时,"太铁青年"短视频将文字、图像、音乐等各类元素有效融合,比如,"一起向未来"青年志愿者车站短视频,将春运、北京冬奥会、《一起向未来》主题曲、太原南站铁路场景、志愿服务等多种元素有效结合,展现出铁路青年和志愿者服务冬奥、助力春运,无私奉献、蓬勃朝气的精神面貌,视频一经发布受到青年的点赞关注,成为阅读量 2 万＋的高流量短视频作品。

（2）增强互动青年流量。"太铁青年"短视频平台建立了一种情感联结模式,成为青年新的社交场所。比如,高点赞"十一"作品"如果信念有颜色,那一定是中国红"短视频,将舞蹈、车站、中国红等元素,通过快闪、转场、航拍等网络化拍摄剪辑手法进行处理,在青年中引发共鸣。团员青年纷纷留言,"盛世华诞　繁荣昌盛""炫舞太铁精神,让我们太铁青年一起携手共进共创辉煌""祖国要腾飞,铁路须先行,谢谢你们,太铁青年"。青年用户通过点赞、留言转发等,提升青年参与度,营造"共诉心声,共话成长"浓厚氛围,开辟新的青年交流环境和社交场景。

(3)直播带动产品"销量"。"直播＋文创"的"美丽铁路"研学产品设计营销实战赛太原局集团公司复赛直播来袭!太铁青年"网红主播"带来 12 款研学、文创作品,充分结合山西红色文化和铁路特色,从研学中追寻红色足迹、重温红色记忆。精彩的直播推介会吸引 2 741 人共同在线观看,直播间的观众们连连点赞,收获 12.4 万次点赞。5 月 20 日直播的"缘在太铁　情定今生"集体婚礼,与 2 万太铁青年共同在线上见证了 50 对新人步入婚礼殿堂的幸福时刻,激励广大团员青年树立健康节俭、相爱互敬的恋爱观、婚姻观,吸引 5 万多名职工在线观看,收获 20.3 万点赞,以视频号为阵地传播青年声音。

3. 资源优化是共青团话语体系必备的传播基础

一支政治素质高、专业技能优的高素质媒体人才队伍,能够更好发挥平台的团属优势、技术优势、创新优势,让青年故事传播得更精彩。

(1)配强新媒体硬件设施设备。青全新媒体工作室拥有独立办公场所,内有办公桌、会议桌、荣誉展架、设备储放柜、风采展示墙等。配备了局域网及互联网电脑,适用于室内、室外拍摄的专业照相机,三脚架、云台、面光灯、LED 灯、直播镜等拍摄设备,麦克风、扬声器等录音设备,可满足不同形式的拍摄、编辑需求,以帮助太铁青全编辑完成宣传作品的创作编辑和后期处理。

(2)着力推动人才交流转型。"太铁青年"注重对全媒体人才培养,促进太铁青全小编向新媒体记者、编辑、管理人才转型。太铁青全责编团队打造"公众号主题策划及编辑经验分享""如何修图拯救那些随手拍""新媒体需掌握六项技巧"等线上精品小课。

同时,联合融媒体中心、《中国青年报》、《人民铁道》报等,打通传统媒体向新媒体人才培养通道,推动写作、评论、主持青年骨干到新媒体平台上施展拳脚;加强对优秀共青团干部、青马讲师、青马研习社骨干向新媒体宣传骨干转化,让他们成为青年喜爱的"主编""网红"。坚持太铁青全编辑到集团公司团委学习锻炼,新媒体业务骨干到共青团中央、全国铁道团委培养锻炼机制,让共青团宣传骨干成为团属新媒体领域的"斜杠青年"。

(3)打造网络舆论控制队伍。"太铁青年"始终将网络评论作为引导青年导向的舆论工具,按照政治素质好、熟悉网络工作、责任心强等要求,组建了一支100余人的青年网络文明志愿者队伍。这些志愿者主要以各站段熟悉网络操作的团委书记和青年为主,做到有名单、常发声、起作用。同时,培育文字表达能力强、分析问题深刻、有独特见解的青年"写手",发挥青年骨干"意见领袖"作用。通过他们引导青年思想、控制舆论导向,与青年网络文明志愿者队伍一道,把握舆论"制高点",唱响舆论主旋律。

三、新媒体时代共青团话语体系传播方式实践路径的实施效果

(一)工作业绩

"太铁青年"自运营以来,关注粉丝量从 1 300 余人增长到34 000 余人,涨粉 26 倍。累计编发图文消息 1 310 期,视频号信息发布 49 条。通过对比 2023 年和 2014 年运营数据发现,单篇阅读量平均提升 300% 以上,阅读量比例提升 270%,微力指数在集团公司排行榜中名列前茅。用户活跃度数据中,点赞率、留言率、收藏率、分享率分别提升 400%、330%、175%、82%。"太铁青年"整体运营水平和辐射带动效果显著提升。

(二)青工素质

2022 年在《中国青年报》、央视等省部级以上媒体刊发稿件240 余篇;4 名选手分获全路新闻写作总决赛第一、第三、第四、第十名;13 名青年纳入全路青年宣传骨干库,2 名青年被推荐到共青团中央、《中国青年报》实习锻炼;1 名选手获专业技能授课全路总

决赛第 8 名。青年思想引领类、学技练功类推文阅读量提升 30％、50％,单篇浏览量达 1 500＋,覆盖青年 15 万人次。

(三)品牌影响

有效提升"青"字号品牌知名度。有"爱路护路示范课"少年儿童铁路平安行动品牌,"党旗下的太铁青年"青年引领示范品牌,"青春与法同行"青年干部纪法普法品牌,"青马公开课"青马工程线上品牌,"专长青年联盟在行动"青年文化品牌,"青仝新媒体工作室'加油站'"青仝新媒体工作室品牌等。通过多视角、多元化传播方式,吸引更多太铁青年关注,大幅提升"太铁青年"品牌度和美誉度。

(成果创造人:安　民　闫佳妮　韩　涛　牛伟伟　薛瑞菲
　　　　　　袁　博　任彦菲　程哲琼)

党内品牌创建助力国铁企业中心工作

中国铁路广州局集团有限公司党校

中国铁路广州局集团有限公司成立于 2017 年 11 月,前身是广州铁路(集团)公司。截至 2023 年 6 月底,总资产 6 732 亿元。员工总数 14.67 万人(含其他从业人员)。现有党组织(含集团本级党委)4 726 个,党员 47 800 名。主要管辖广东、湖南、海南三省铁路,总营业里程 11 557 公里,全路排第 4 位。其中,时速 200 公里及以上铁路 5 488 公里,全路排第 2 位。集团公司机关设置行政职能管理机构 27 个,党群机构 8 个,行政附属机构 28 个,生产机构 2 个,派出机构 8 个;直属单位 15 个;下辖 65 个运输单位,以及 17 家一级非运输企业,29 家控股(参股)合资铁路公司。其中,控股的广深铁路股份有限公司是目前唯一一家在内地、香港两地挂牌上市的铁路运营股份制企业。

一、党内品牌创建助力国铁企业中心工作的背景

(一)党内品牌创建工作是促进党建工作与生产经营深度融合的创新举措

习近平总书记强调:"要推动党建工作与生产经营深度融合,把党建工作成效转化为企业发展优势"。这一重要论述,从根本上回答了国有企业党建工作与生产经营之间的关系。国铁企业作为国有企业的重要组成部分,必须坚持以习近平新时代中国特色社会主义思想为指导,创新党建工作模式,着力解决好党建工作与生产经营"两张皮"的问题。党内品牌建设,能有效地结合形势任务探索党建工作领域新的实践途径,其先进的理念、开阔的思路、成功的做法代表着党员的归属感、群众的信任度、组织的战斗力和

112

先进性,其独特的方式和丰富的内涵带来的时代感更强、特色更鲜明、成效更明显。因此,将党内品牌创建与企业生产经营深度融合,作为企业治理体系的重要组成部分,能有效提升基层党组织战斗堡垒作用、促进人才队伍培养、提升企业文化建设水平、夯实企业综合管理能力,是提升国铁企业高质量发展的一项强有力的、创新的举措。

(二)党内品牌创建工作是落实集团公司强局建设战略部署的有效途径

国铁集团党组提出构建"六个现代化体系",是当前和今后铁路发展的中心任务。集团公司作为尖兵先锋,制定强局建设方案并稳步推进就是对"六个现代化体系"的系统性承接,就是率先行动、走在前列的具体举措。集团公司"十个强局"中,建设、服务、科技、安全、运营、改革等六个强局分别对应"六个现代化体系"内容,而党建强局是强局建设整体工作的重要支撑和保障。集团公司在2021年第一次党代会上明确提出:"要认真落实新时代党的建设总要求和新时代党的组织路线,坚持'两个一以贯之',落实'三向''五化'思路举措,不断推进全面从严治党向基层延伸、向纵深发展,为集团公司在交通强国新征程中全方位走在前列、争当尖兵先锋提供坚强政治保证。"作为集团党建工作的重要抓手,加强党内品牌创建工作,不断丰富党内品牌集群特色,就能有效发挥党内品牌在集团公司安全、生产、经营、服务、建设等重点工作中的示范、引领和带动作用,为推动集团公司现代化强局建设、走在全路前列提供强大动力。

(三)党内品牌创建工作是推动集团公司党建工作科学化发展的重要手段

基层党建作为党建工作的基石,在实践中面临着诸多新情况、新问题,有些单位存在重业务、轻党建的问题,看不到党建工作对业务工作的促进作用,难以在工作中寻找到党建工作与生产经营的有效融合点,尚未有效形成合力,亟待党建工作模式的变革与创新。党内品牌作为党组织建设的一项重要内容,在坚持党建工作普遍性要求的同时,强化工作具体化、显性化和个性化的品牌性统筹规划,有助于提升基层党建工作质量、有助于提高党建工作的认知度和美誉度,是提升党建工作成果可量化与显性化的重要抓手。通过党内品牌建设和推广,把党建工作的"先进性"转化为"生产力",对提高党建工作科学化水平、优化基层党组织工作模式、夯实党组织堡垒阵地作用、发挥党员先锋模范作用具有重要意义。

二、党内品牌创建助力国铁企业中心工作的主要做法

近年来,集团公司党委将党内品牌创建作为一项系统工程,强化顶层设计,自上而下系统思考谋划和集中组织推进,在规划、培育、宣传、管理等诸多环节加以实践创新,围绕中心工作打造了一批贴近实际、特色鲜明、时代感强、内涵丰富、群众认可的党内品牌,走在了各集团公司的前列。

(一)抓好品牌规划,在增强政治领导力方面做到"有章有法"

1. 以理念创新为先导,突出前瞻性,强化政治引领保障

2017年底,集团公司党委在党建工作研讨会上首次提出坚持政治方向、坚持问题导向、坚持务实取向的"三向"思路,并在党建工作会议上进行部署;之后在 2018 年中领导干部会议上进一步提出标准化、规范化、品牌化、信息化、一体化的"五化"举措,党建工作"三向""五化"总体框架初步形成。5 年来,围绕践行这一思路举措,集团各级党组织在实践中不断探索深化、丰富内涵,推动了党建工作质量持续提升。总体来看,"三向""五化"思路举措,是集团公司党委落实党中央及国铁集团党组部署要求,推进全面从严治党的总抓手,体现了对标中央精神、融入广铁实际、尊重党建规律的有机统一。其中在品牌化建设过程中,集团公司党委始终坚持把围绕中心、服务大局作为基本定位,以"工作中孵化、任务中培育、分层次评审、全渠道推广"为理念,坚持用党的政治建设统领党内品牌创建工作,通过精心组织领导、加大统筹力度,引导各级党组织逐步树立品牌创建意识,将党内品牌创建深度融入站段车间的生产、经营各个环节,以服务铁路中心工作为着力点,以解决

现场难点问题为目的,形成了以点带面、以先进带一般,逐步带动、整体提升的良好氛围。

2. 以制度创新为根基,突出系统性,健全完善体系建设

集团公司党委坚持把制度创新放在重要位置,注重党内品牌制度体系的不断优化完善。注重顶层设计和科学谋划,2014 年铁路总公司印发《中国铁路党内品牌管理办法》后,集团公司党委制定下发了《集团公司党内品牌管理办法》。2022 年国铁集团修订管理办法后,集团公司党委结合工作实际对制度及时进行了修订,对党内品牌创建的基本原则、规划培育、评选认定等进行具体规范,并结合管理实际逐步修订完善党内品牌活动开展、考评考核等基本制度,制定了科学、务实、多元化、可操作的评审标准。在日常管理中注重系统性督导,加强对党组织品牌培育规划方案的指导,集团、站段、车间、班组各级党组织的重点党内品牌均已建立近期和中远期的发展规划、阶段性目标和具体执行措施,并能够根据中心工作和重点任务不断注入新的内涵,保持品牌活力。将党内品牌创建工作完成情况纳入所属各单位党委书记党建工作责任制年度重点工作任务清单,形成了党组织引领、业务部门共同指导推进的生动局面。同时,加强对重点党内品牌特色制度建立的指导。例如,指导株洲车辆段建立不同类型党支部规划培育、评选认定、动态管理等环节的工作标准,形成立标、学标、贯标、落标等 34 个具体环节操作指南的整套党内品牌管理体系。

3. 以集群创新为推动,突出整体性,激发品牌生机活力

集团公司党委始终坚持以改革创新精神推动党的建设,将党内品牌创建的新突破作为促进铁路运输、服务、建设等方面高质量的强力助推器。党内品牌创建初始阶段,集团公司党委对重点领域、重点系统、特色项目予以培育,丰富其内涵、夯实其基础、拓展其实践,取得了良好的效果;当前阶段,集团公司党委更加注重从党内品牌单项化到党内品牌集群化的创新,根据行业特色、地域特点和时代特征,按照"一省一主线"原则,广东省内单位以"服务粤港澳大湾区"为主线、湖南省内单位以"展现伟人故乡情怀"为主

线、海南省内单位以"促进海南自贸港建设"为主线分别进行打造；并打造集团管内具有"铁路红色基因"的党内品牌、运输站段标准化规范化建设的党内品牌、站区联合党支部建设的党内品牌、客运系统以"广铁 U 彩"为主品牌的客运站段服务类党内品牌、铁路建设系统党建联创共建的党内品牌等，形成了以集团党委"三向""五化"为总体牵引，三条主线、多个系统联动呼应的党内品牌集群。以打造党内优质品牌集群为抓手，将党内品牌建设渗透到安全生产、经营管理、队伍建设的全过程，用品牌标准的示范效应促进工作落实，有力地促进了各项工作的创新与发展。

（二）抓好品牌培育，在提升队伍战斗力方面做到"有形有效"

1. 落实以人为本理念，突出头雁领航

早期存在带头人主动性、创造性不足、作用发挥不佳、品牌影响力不够、人才匮乏、成员流动性大，技术保障欠缺以及工作合力欠缺等现实问题。为充分发挥党内品牌示范引领作用，扩大影响力，集团公司党委坚持以人为本理念，以政治素质作为首要标准，选好选优立场坚定、对党忠诚、能力突出、善于革新的党内品牌带头人，重点发挥带头人的"头雁"作用，做到优中选优，打造知名度高、示范性强的党内品牌。例如，娄底车务段杨卫华，35 年如一日坚守标准，作业"零违章""零违纪""零事故"，对应打造"杨卫华安全调车法"党内品牌；广州车辆段余明敬，带领技术团队有效解决集中动力列车常见塞拉门故障等难题，对应打造"余明敬动集车塞拉门三步检查法"党内品牌；娄底车务段赵美艳，建立的服务平台十余年来旅客访问量突破 490 万、浏览量超 1 300 万、网上预约服务 1.3 万人次，被新闻媒体称为"雷锋平台"，对应打造"美艳 880"服务平台党内品牌。在带头人的"头雁作用"下，党内品牌团队的凝聚力、执行力、战斗力不断增强，品牌的影响力、吸引力不断提升，成为吸纳人才、培养骨干、提升队伍战斗力的有力保障，形成了"头雁领飞，群雁齐追"的发展格局。

2. 做好成员成长规划，突出路径引航

早期存在成员缺乏成长规划、品牌发展与成长不匹配、人才孵化机制不健全等难题,为此集团公司党委围绕"创建载体、创建标准、作用发挥"等方面开展现场调研,进一步摸准实情。在调研中发现:个别品牌虽然叫得响、辐射力强,但成员比较固定,缺乏选拔、竞争退出机制,未能做到动态管理,不利于成员成长成才。集团公司党委以问题为导向,指导各单位制定近期、中长期发展规划,确保实现创建一个,带动一片,保证品牌创建科学合理、目标明确、步骤清晰、措施有力。一方面,以敬才、爱才为原则大力培育青年人才,积极指导各单位选拔优秀骨干加入品牌团队;另一方面,规划团队成员成长路径,科学绘制成长"路线图",建立成员成长档案,明确创建目标。例如,在团队成员政治身份方面,以年度为单位明确提交入党申请书、积极分子和预备党员人数作为创建目标;业务能力方面,以参加技术比武获奖人数、技能等级提升比例等作为创建目标等。通过对党内品牌工作的日常写实,以积分排名方式强化动态管理,做好团队成员的选拔和退出。例如,指导深圳站"迎春服务台"党内品牌建立团队成员选拔及流动机制,通过将新入职人员安排到党内品牌所在工作领域跟班学习,入党积极分子安排到党内品牌所在岗位实践锻炼,运用党内品牌实行岗位激励和动态管理,达到了锻炼队伍、提升能力的目的。

3.合理设计考评机制,突出激励护航

集团公司党委在培育党内品牌过程中合理运用激励机制以增强职工的获得感。以激励机制为抓手,完善优化激励机制指标,突出"针对性",根据专业不同、类型不同、岗位不同,分层级设计工作清单开展多元选择评价,提高考核评价的客观性与准确性。组织"上级评",定期由上级对下级的工作质量、工作能力以及工作责任心作出评价;组织"同事评",组织知情知悉的同事对考评对象的协作能力、心态情绪、工作作风进行评价,对工作业绩、完成效率、急难险重任务表现进行核实;组织"开门评",通过问卷调查、电话随访等形式深入工作一线、开展"民评民调",广泛收集考评对象服务态度、服务质量、工作效率、专业水平等方面的表现,促进党内品牌成员先进性与岗位贡献的有机契合。同时指导重点党内品牌运用党组织工作经费等进行物质激励,如指导株洲车辆段"安方方制动阀检修法"等党内品牌,合理运用提高奖金二次分配系数、优先发展党员等激励措施提高团队成员的积极性,在团队成员中差异化执行,分档次发放,形成竞争机制。在合理的激励机制作用下,基层党组织价值发挥更加突出、安全管理基础更加坚固、党内品牌活力更加凸显,团队绩效水平明显提高。

(三)抓好品牌宣传,在扩大品牌影响力方面做到"有声有色"

集团公司党委加大对党内品牌的公示、宣传和推广力度,在宣传的广度、频度、深度上下功夫,使党内品牌入眼、入耳、入心,不断扩大党内品牌的影响力,提升党内品牌的知名度。

1.线上与线下结合,扩大品牌宣传覆盖面

一方面,在抓好党内品牌宣传过程中,集团公司党委充分利用网络、报纸、电视等媒体传播速度快、覆盖面广的优势,以互联网等线上手段创新开展宣传,收到了良好效果。例如,在广州铁路企业号上,融媒体中心开设了"强局先锋路 党内品牌秀""喜迎党代会 党内品牌秀"等宣传专栏,刊登了《熠熠生辉!百强品牌彰显党员底色》《以优质品牌为抓手,让党建工作实起来强起来》等推文,集中宣传报道了娄底车务段"杨卫华安全调车法"、深圳站"迎春服务台"、株洲车站"党员'彩虹'服务等众多优秀党内品牌,通过互联网优势实现了广范围宣传。

另一方面,大力开展党内品牌阵地建设,指导窗口单位设置各服务类品牌的专门阵地,通过悬挂醒目标识、制作服务台等措施,全面做好有形化的宣传与展示。例如,深圳站的"U彩"爱心服务品牌,进一步强化与站区周边的衔接,共同设置站外U站和站内U彩爱心家园的特色服务平台,利用服务台魔方柱广告屏显示U彩标志、U彩的理念"U彩服务、温馨一路",使旅客进入候车厅就可以看到品牌的存在,提升品牌影响力,借助党内品牌阵地强化线下宣传效果。

2.路内与路外结合,全面提高品牌影响力

在抓好党内品牌的宣传工作中,集团公司党委不但注重对铁路干部职工的宣传推广,还重视做好对社会面的宣传,实现内聚合力、外树形象的作用。在对内宣传中,重点指导广州机务段崔连悦动车组"精细操纵法"党内品牌,不仅在党员活动室全天候播放精细操纵法,而且组织全车间开展"标准化大演练、大彩排"活动,通过制成光碟、编发段内简报、手机报等,组织全员学、集中学,鼓励全体职工学标贯标,充分扩大了党内品牌在干部职工中的影响力。在对外宣传中,集团公司党委鼓励各级党组织积极和当地政府、社会媒体对接,充分展示铁路系统党内品牌的魅力,树立铁路良好形象。例如,广九客运段"红木棉"乘务组党内品牌,配合广东省电视台参与《乘着高铁去北京》电视节目的拍摄,展现了广铁人的品牌服务标准;深圳站的"U彩"爱心服务品牌,构建起"U站+爱心服务窗+爱心问询台+'U彩'爱心家园+爱心接力"的"U彩"爱心服务链,无缝对接旅客的出行服务需求,达到了不仅在墙内开花,而且向站区周边、向更广阔的空间拓展的效果,成为展示特区高铁服务的窗口。

3. 个人与团队结合,实现宣传效益最大化

在宣传党内品牌过程中,不仅突出品牌创始人的先进事迹,还注重对品牌团队的宣传,抓好品牌团队精神的提炼,实现品牌理念深入人心,实现效益最大化的目的。例如,在集团公司党委的指导下,娄底车务段党委在抓好本段"杨卫华安全调车法"品牌的宣传过程中,围绕品牌创始人杨卫华总结的"杨卫华安全调车法"和24句"调车作业七字诀"进行大力推广,提高了全段调车作业标准化水平,及时防止和处置各类安全隐患110余起,杨卫华本人在4年间数次赴京出席重大活动、受到党和国家领导人的亲切接见,展示了新时代铁路人的先行风采,同时培养了一支调车专业队伍,通过大力宣传,杨卫华本人和其团队在全集团都有显著影响。

(四)抓好品牌管理,在夯实成效持久力方面做到"有惩有培"

一个树得起、喊得响、过得硬的党内品牌,除了自身必须具备良好的素质和不懈努力外,更需要组织的精心管理和培养,这是保持党内品牌生命力的重要保证。

1. 层级动态管理创新，优化考核管理机制

集团公司党委优化党内品牌管理层级，自低向高分别设置为站段级党建成果、站段级党内品牌、集团公司级党内品牌，明确各层级管理要求和达标标准，通过加强对逐级申报和程序规范认定的指导，建立了科学合理的评审机制，形成日常考核与年终考核相结合的评审模式。目前，集团公司是全路唯一实现党内品牌年度检查全覆盖的局集团公司。在党内品牌考核管理中，实施分级管理，不搞终身制，执行摘牌和退出制度，通过组织党建重点任务督导组每年对集团级及以上的党内品牌进行检查，严格按照"优秀""良好""合格""不合格"考核定等，对年度考核不合格的予以摘牌，对品牌所在单位因生产力布局调整或创建主体离开以致不能正常运行的实行退出，近年来摘牌或退出的品牌21个。同时还加强对基层单位对党内品牌设定打造升级目标、开展党内品牌全覆盖考核定等的指导督促，坚持好的"留下来"，差的坚决"摘牌"。

2. 品牌分类管理创新，契合发展需求导向

集团公司党委根据品牌类别划分，有针对性地引导重点党内品牌开展各项活动。在创建方式上，按升级打造类、重点定制类、长远培育类等进行分类创建；在创建过程中，不搞数量评价、追求质量取胜，不搞千人一面、鼓励百花齐放，不搞层层加码、追求实际实效。针对服务类别品牌，结合旅客货主等服务对象的需要，不断更新服务内容和服务方式。深圳站"U彩"爱心服务与社区、义工组织、公安、医院联合推出"5.26，我爱路""迎春花开雷锋日"等不同主题的特色活动；针对攻关团队品牌，注重围绕中心工作，不断提升团队的硬实力和实际效能。广州车务段黄永池党员突击队，从创建之初以防洪应急为主，转向站区全方位的应急突击攻坚，近两年重点加强了行车非正常情况应急演练，带动团队成员获得11个职业技能大赛奖项，在铁路沿线环境安全专项整治、消防安全专项整治等各项工作中发挥了重要引领作用。

3. 措施配套保障创新，发挥品牌长效效益

集团公司党委始终坚持品牌创建不是"终点"，发挥效益长效

化才是关键。为避免党内品牌先进性与时代要求相脱节,按照"一品牌一特色"的思路,确保打造的品牌既有自己出色的业绩和组织荣誉,又有独特的理念和工作方法,还有团队的工作口号和品牌承诺。同时,集团公司党委注重经费保障作用的发挥,加强对党组织工作经费(管理费用)和留用党费的使用指导,加大对党内品牌创建工作的投入支出,形成稳定的创建工作经费保障机制。集团公司党委正在完善集团党建信息管理系统中党内品牌模块功能,通过信息系统动态更新党内品牌基本信息,扩大相关党务工作者查询全集团品牌资料的范围,实现报送、查询资料电子化,为基层党务工作者提供工作指导和借鉴。

三、党内品牌创建助力国铁企业中心工作的实施效果

(一)为集团公司经营发展注入了原动力

客运系统打造以"广铁U彩"为主品牌的客运站段服务类党内品牌集群,目前北有长沙南站"湘遇长南·雷锋服务站"、南有广九客运段"4S特色服务法"等一批优质品牌。在品牌的引领下,客运运力配置不断优化,服务质量不断提升,2023年上半年集团公司客发、客收分别超2019年同期的0.6%、10.3%,各项指标多点开花、刷新纪录。机辆系统党内品牌通过技术创新推动节支降耗。广州车辆段"直供电党员技术攻关队"、怀化机务段"何双宁党员机车质量攻坚团队"推进车辆配件自主检修、机车大修创效,为机辆系统全年节支创效8.31亿元作出了突出贡献。集团建设系统落实党建联创共建的部署要求,携手各参建单位党委抓党建、强引领。深圳建设指挥部《"六个一"项目党建文化活动》成果在梅龙铁路、汕头站改联合党支部复制,在深汕、瑞梅铁路推广。

(二)为集团公司企业管理拓宽了新思路

在安全管理方面,广州动车段"张金发党员攻关队"等党内品牌,强化技防在关键场景、关键环节、关键岗位的智能应用,确保了本单位的安全稳定。截至2023年7月底,集团公司实现安全生产2 964天,设备故障同比下降12%。在"两化"建设方面,党内品牌

的创建有效地推动立标、学标、执标、达标在站区、班组、作业小组、岗位延伸,现场基本作业单元自控、互控能力不断提升。海口机辆轮渡段"海峡党员突击队"党内品牌不断推动职工标准化作业,成立一年以来安全完成动车组过海作业任务 58 组,党员"三无"率100%。在服务提质方面,以广州站"038"亲情服务队、株洲站党员"彩虹"服务为代表的窗口党内品牌不断提炼服务理念,完善服务流程标准,统筹推进大客站、商旅服务、"慢火车"等基础服务提质升级,营造了更加文明温馨的出行环境,得到了广大旅客的好评。

(三)为集团公司队伍建设提供了孵化池

集团公司各级党组织坚持在工作中锻炼队伍,在攻坚中发现人才,在品牌中提升素质,将思想政治工作与中心工作无缝衔接,做到打造一个品牌,建设一支队伍,推动一项工作。在提升队伍政治素质方面,以党的政治建设统领党内品牌创建,以创建党内品牌的实际行动传承铁路红色基因。2022 年娄底车务段 54 名新入路职工经过在党内品牌班组实习,有 38 人郑重向党组织递交了入党申请书。在提升队伍业务能力方面,党内品牌在集团公司培训、练兵、竞赛、评先、晋级"五位一体"职工技能机制和深化"三教"改革中发挥了重要作用。广州动车段"张金发党员攻关队"党内品牌积极开展技术攻关,成员技能水平得到大幅提升,团队 54 名队员已有 14 人走上中层管理岗位。在提升队伍作风形象方面,各单位党内品牌的党员主动亮出政治身份,向职工群众、旅客货主展示良好的铁路行业形象。深圳站"迎春服务台"党内品牌将服务粤港澳大湾区经济社会发展的理念融入队伍建设,培养铁路通、深圳通、粤语通、英语通等"四通"全能服务达人,持续打造业务水平强、服务技能高、协调能力好的骨干队伍,根据迎春花队员真实事迹拍摄的微电影《脚步》在新华网热播,赢得广泛好评。

(四)为集团公司文化建设开辟了新途径

集团公司党委注重把有区域特色、有文化底蕴、有群众基础的好经验、好做法、好典型作为培育对象,通过打造具有广铁特色的党内品牌集群，提升了集团公司文化软实力。一是铁路企业文化的载体不断丰富。坚持将党内品牌的创建过程和理念内涵融入集团公司文化强局建设，目前已有 20 余家单位创建出家园文化建设成果，依托安全优质标准线建设，各单位已建成文化阵地 500 余处。二是铁路企业文化的特色日趋鲜明。长沙机务段"毛泽东号"机车"三敬六精"整备作业法紧扣传承红色基因，在业务学习、检修作业、工具徽章、环境打造等方面设计具有红色基因特点的流程、动作、标识，检修的"毛泽东号"机车始终保持安全运行的纪录。三是铁路企业文化的影响持续扩大。长沙站加强路地合作，淬炼"雷锋精神""星火文化"品牌理念，与湖南雷锋纪念馆、中南大学等社区及高校共创共建打造"星火雷锋"党内品牌，有效传承和发扬了优秀传统文化。

（五）为集团公司党建引领找准了支撑点

集团公司党委坚持"三向""五化"的思路举措，所属各单位党委书记引路，行政领导支持，带领党员干部齐抓共干，以品牌化的无形资产实现提质增效、凝聚合力的有形价值，党建工作呈现出有声有色、有花有果的局面。一是党内品牌作用得到广泛认可。在全集团开展的问卷调查数据显示，94.9％的党委书记认为党内品牌"让党建工作有力地融入中心工作"，81.42％的行政负责人认为党内品牌"可以有效凝聚党员职工队伍"，87.88％的党支部书记认为党内品牌"可以更好地推进本单位的中心工作"。大家普遍认为，党内品牌创建得好的单位，其安全稳定、生产经营等任务也完成得好，两者呈现出显著的正相关性。二是党内品牌培育持续结出硕果。目前集团公司共有 15 个国铁级、107 个集团级、222 个站段级党内品牌，富有铁路特色、时代内涵、广泛影响力的集团公司党内品牌集群已逐步形成。2023 年 6 月 8 日集团公司发布党建"百优"活动，在集团级以上党内品牌中评选出 20 个 2022 年度优秀党内品牌，形成了有创新、有特色、可复制、可推广的鲜活案例，在各级党组织中掀起了学习基层党建工作实践经验的高潮。三是党内品牌基础不断深入人心。坚持集成载体，协同联动发力，将党内品牌创建与党员创岗建区相结合、与党内立项攻关相协调、与突击奉献活动相对接,不断扩大党内品牌示范、辐射和带动效应,为广大职工群众树立工作标杆和行为示范,使党内品牌成为一面鲜艳的旗帜,引领带动铁路高质量发展。

(成果创造人:孙成雄　邹　琳　邓　晖　关　硕　余琳珣

　　　　　刘尹政　迟少丽　向利华　莫之建)

基于5G＋技术的铁路安控云平台在铁路安全管理工作中的应用

中国铁路南昌局集团有限公司南昌供电段

南昌供电段是南昌局集团公司下属基层单位,段机关设在江西省南昌市西湖区,主营业务为铁路设施设备、铁路专用线维修;铁路建设工程施工;自有房屋、场地及设备设施租赁。管辖电气化铁路包括京九线、沪昆线、武九线、南昌枢纽西环线、吉衡线、赣韶线、兴泉线、昌九城际线、昌福线、赣瑞龙线、武九客专线、衢九线、京港高速线、沪昆高速线,其中高铁7条、普铁7条。非电气化铁路包括赣龙线、铜九线、张塘线、张建线、分文线、河下联络线6条线,均为普铁。铁路营业里程共计2 517.238公里。段管范围共有九江、庐山、向塘、南昌、赣州等5个电气化咽喉枢纽。段管人员情况:总定员1 665人,其中管理人员定员180人,生产定员1 485人。南昌供电段具有设备大、人员多、点散、线长等特点,是铁路运输的骨干。

一、基于5G＋技术的铁路安控云平台在铁路安全管理工作中的背景

（一）铁路安全事故的背景及分析

南昌供电段"1·31""10·13""12·7"人身伤害安全事故。

1.南昌供电段"1·31"铁路交通较大事故

【事故经过】

2010年1月31日21时19分,南昌供电段南昌供电车间昌北网工区工长任某,接到京九线乐化站21号接触网支柱倾斜故障的通知后,通知本工区作业人员赶往现场。工区作业人员乘接触

125

网作业车到达乐化站后,接触网工李某、吴某、于某(均为男,25岁)等4人,携带照明灯具和检修工具前往故障现场途中,在该线路路肩具备行走条件的情况下,违章沿京九线上行正线道心行走,21时56分行至京九线上行K1442+310处(北端岔区),1人发现来车跳下,李某、吴某、于某3人被后方驶来的2532次旅客列车以110 km/h碰撞,当场死亡。构成铁路交通较大事故。

【事故原因分析】

(1)南昌供电段接触网工李某、吴某、于某,在前往故障现场途中,在该线路路肩具备行走条件的情况下,违章行走道心。

(2)上道作业未按规定设置防护。

2.南昌供电段"10·13"铁路交通一般B类事故(B1)

【事故经过】

2021年10月13日11时55分,南昌供电段向塘供电车间丰城南电力工区电力线路工宋某完成245♯电杆隔离开关保养作业结束准备下杆,从横担西头转位去东头取左脚扣(左脚扣挂在东头上方双横担抱箍缝隙中),在转换位置过程中(从西头转东头),因违章解开腰带安全绳及防坠安全绳后,右脚脚扣突然脱落(左脚未戴脚扣),踩空身体失去重心,从7.5 m左右高电杆位置坠落至水泥地面。11时56分工长彭某拨打120急救电话,12时13分左右120急救车到达现场进行抢救(12时40分左右急救车到达丰城市人民医院),14时15分,丰城市人民医院宣布宋某经抢救无效后死亡。根据《铁路交通事故调查处理规则》第十三条规定,构成铁路交通一般B类事故(B1)。

【事故原因分析】

宋某违反《铁路电力安全工作规程》第五章第一节第79条"杆上作业应遵守下列规定:工作人员必须系好安全腰带,作业时安全腰带应系在电杆或牢固的构架上"和《关于公布供电专业安全红线保障措施的通知》(供安〔2021〕68号)第22条保障措施第4点"高空作业人员移位或高空转位作业时,应使用双安全绳,当高空作业人员移位时,两条安全绳交替使用,使作业人员始终在确保安全情

126

况下移动"的规定。在 245♯电杆高处(离地约 7.5 米)保养作业结束准备下杆,从横担西头转位去东头取左脚扣(左脚扣挂在东头上方双横担抱箍缝隙中),在转换位置过程中(从西头转东头),因违章解开腰带安全绳及防坠安全绳后,右脚脚扣突然脱落(左脚未戴脚扣),踩空身体失去重心造成高处坠落。宋某违章作业是导致该起事故发生的直接原因。

3.南昌供电段"12·7"铁路交通一般 B 类事故(B2)

【事故经过】

2021 年 12 月 7 日 21 时 45 分,我段九江供电车间九江网工区接触网工杨某在九江南至九江西Ⅰ场下行线作业接近结束时,工作领导人通知撤除接地线过程中,杨某在没有得到工作领导人许可,也未确认安全措施是否完备的情况下,独自登上 233♯支柱,因未按要求使用安全带,造成被感应电电击失手后发生高空坠落,构成铁路交通一般 B2 类事故(重伤 1 人)。

【事故原因分析】

(1)作业人员杨某违反《普速铁路接触网安全工作规则》第六章第四节 81 条"未装设接地线时,禁止攀登平台、车顶和支柱"和《关于公布供电专业安全红线保障措施的通知》(供安〔2021〕68 号)第 22 条保障措施第 4 点"高空作业人员移位或高空转位作业时,应使用双安全绳,当高空作业人员移位时,两条安全绳交替使用,使作业人员始终在确保安全情况下移动"的规定。临近作业结束,在没有得到工作领导人的许可,也没有确认安全措施是否完备的情况下,独自登上 233♯支柱,因未按规定使用安全带,造成被感应电电击失手后发生高空坠落,是导致事故的主要原因。

(2)工作领导人(地面监护)刘某违反了《普速铁路接触网安全工作规则》第三章第三节 28 条(四)"监督作业组成员的作业安全"的规定,工作领导人刘某未尽到监护职责,同时,在撤除接地线时未及时通知作业人员,是造成事故的重要原因。

(二)铁路安全事故的防范策略

吸取"1·31""10·13""12·7"人身伤害事故教训,为保障劳动安全,扎实开展"两违"安全专项整治等活动,同时提升技防手段。

1.深入开展"两违"专项整治

(1)加大了对《集团公司红线管理办法》《供电专业安全红线保障措施》等重要文电的宣传力度,"两违"专项整治工作效果逐步呈现,"两违"问题总量及 H 类、A 类、B 类问题均环比下降,为运输生产安全稳定提供了有力保障。

(2)进一步促进安全标准化规范化专业化建设,深化安全管理关口前移、超前防范,出台安全红线防碰措施,针对各类安全红线条款,逐条制定了防范措施。

(3)组织全段各车间班组记名学习,增强干部职工安全红线意识,强化现场作业管控,有效遏制严重违章,促进运输安全稳定。

(4)切实强化干部履职,转变作风、脚踏实地,求真务实抓安全,深入现场、车间班组·添乘、跟班盯控,盯作业、盯标准、盯岗位、盯问题,卡控现场风险,做到敢抓敢管、善抓善管。

(5)强化运输生产全过程责任追溯,促进安全主体责任落实,通过深入解剖职工违纪行为,倒追倒查干部管理责任。

2.运用科学技术手段保安全。

随着我国铁路事业迅猛发展,对于作业安全管理提出了更高的要求,建立一套统一的安全管理平台,对现场作业、应急和处置全过程进行覆盖盯控,全面实时管控现场安全情况是非常迫切的。"铁路智能安控云平台"顺应铁路信息化发展要求,以 5G+技术、物联网为基础,依托云计算、大数据、物联网和智能感知技术,构建"人防、物防、技防"三位一体安全管理体系,建立集作业管控、应急调度指挥、工机具管控、智能锁管控、设备周期检查、音视频集群对讲的高度智能化平台。以强化铁路信息基础建设,增强现场作业人员过程管控为重点,从而促进现场作业管理标准化、规范化建设,有效提高管理效率,降低安全风险,提升安全生产管理水平。

所谓"技防",就是通过现代科学技术手段进行安全防范,是人防、物防在技术手段上的补充和加强。科技是第一生产力，"技防"是安全防范最终的解决手段。要牢固树立"科技保安全"理念，坚持运用新的科技成果和技术应用，推动安全管控由"人控"向"机控"转变，补齐"人防""物防"短板，不断提升安全保障能力。

深化信息技术应用。以大数据应用为代表的当代信息技术的快速发展和广泛应用，颠覆性地改变了企业的管理手段。深化信息技术应用，集存、管理和利用好纷繁浩瀚的铁路安全信息数据，对指导日常生产、辅助安全决策起着非常关键和重要的作用。

优化技防资源配置。多年来，铁路在"技防"应用上从无到有，初步形成了多方位、多层次、多项目应用的发展格局。但必须看到，由于铁路早期"技防"建设缺乏整体规划，加之存在系统间壁垒，"技防"应用体系不够完善，资源重复投入，整体效率不高。对此，必须全面加强铁路"技防"建设的顶层设计，抓好总体规划，系统配置资源，统筹推进建设。木桶原理证明，局部最优不等于整体最优，要注重整合和协调现有"技防"设备设施作用，提高整体防控能力，发挥集聚效应，加强铁路"技防"标准化、规范化建设，完善铁路各项安全"技防"手段的技术标准、工艺规程和规章制度等，为"技防"体系的建设、维护和日常管理、使用提供技术依据，大力推进铁路"技防"资源的系统化、网络化、信息化管理，实现"技防"信息数据等资源的全员、全方位、全过程共享共用。智能安控平台可以加强铁路设备设施检测监测等"技防"手段的应用，实现铁路安全周期性、自动化安全诊断评估。重点优化防洪、劳动人身安全、信息传递沟通等科技防范手段，全面提升应对现场作业人员劳动人身安全的监控能力，构建远程监控技防体系。

二、基于5G＋技术的铁路安控云平台在铁路安全管理工作中的主要做法

目前，我国铁路现场作业管理体系是非常规范的，任务逐级派发，但最薄弱的环节是现场作业过程的管理。如何对现场作业人

员和作业过程做到可见、可管、可控,从而提高现场作业的安全性和工作效率,一直是困扰各级管理者的难题。各铁路局都在抓紧建设安全生产调度指挥系统,但大都没有覆盖现场维修作业的"最后一公里"(即作业现场),无法有效对工作质量及现场作业人员安全进行管理与卡控,容易出现工作疏漏,造成安全隐患。同时,现场作业指挥通信主要依靠模拟对讲机、移动电话,无法实时了解作业人员位置信息和现场图像,不能全面反映现场的作业状况,现场作业监控缺失。为了贯彻落实"安全第一、预防为主"的方针和加强施工现场安全标准化的管理,落实安全生产责任制,安全管理数字化转型,打造铁路智能建造是大势所趋。

（一）铁路安控云平台建设目标与设计原则

1. 建设目标

系统建设目标:为铁路现场作业提供信息化采集手段;实时获取现场作业执行过程和结果的实时多媒体信息;有效规范现场作业人员的工作行为;提供现场作业执行管理的多种督导手段,切实补充区间作业联系方法和预警方式,提供事后分析和查证的信息化依据,加强人身安全风险防范措施,提供设备管理的基础数据并进行数据分析、汇总和挖掘。概括起来,系统的建设目标就是管好人、管好物、管好过程、管好结果,推进管理规范化、现场作业标准化和设备质量标准化。

2. 设计原则

系统设计坚持以下六项原则:安全管理与现场管理相结合,重现场,保安全;流程督导与业务指导相结合,既要让作业人员知道怎么做,又要规范地做;与既有系统相结合,取长补短,不重复建设;重视用户体验,不仅能用,还要好用;移动互联网与物联网相结合,让物物相连、系统相连、人物相连;结合业务实践,让数据发挥价值。让技术服务于现场,服务于作业人员。让系统真正为现场服务,为生产安全服务。

130

（二）铁路安控云平台标准化运用

随着中国经济的不断发展，国民经济对于铁路的依赖程度越来越高。当前，全球范围内铁路服务需求的增加，给现有铁路安全管理方面，带来前所未有的压力。铁路作业具有点多线长、单兵作业、设置分散、接合部多等特点，安全风险源较多。针对以上风险，基于5G＋技术，利用互联网、物联网、人工智能等技术，建立铁路安控云平台系统，全面提升技防手段，广泛运用5G＋技术嵌入作业计划、作业门、上下道关键环节进行卡控，有效阻断劳动人身安全风险源，在确保人身安全方面做了一些积极探索。运用安控云平台全面提高技防手段，阻断风险源，控制"两违"。目的就是控制人的不安全行为，实现事前预警可视、事中实时可视、事后回溯可视。将标准化规范化的作业要求具体化、流程化，用5G＋技术来实现。提高企业安全生产管理体系和管理能力的现代化水平，促进安全生产管理的系统化、动态化、规范化。

1. 利用铁路安控云平台科学管控计划

结合的作业场景，形成一套闭环有效的作业方案及计划的审批和作业管控方案，包括日计划、周计划的申请、变更及审批、施工组织设计、天窗计划维护、作业方案、作业项目等，统一规范流程，有效提高计划上报审批流程的完整性、高效性、合理性。支持站段所有天窗单元、计划执行方案、项目等基础数据维护，可导入每日天窗计划，直接进行计划申请，选择计划需要的项目及作业方案。铁路局（处）、站段、车间（班组）各级领导进行计划审批。计划审批流程走完后，自动下发作业计划，自动识别各作业人员，正常进行作业流程执行及施工计划现场管控。

2. 利用铁路安控云平台精细化管理作业

结合现有作业模式，采用物联网架构，实现作业计划、人员及过程管控，特别是精细化智能化的铁路作业管理方法。

一是支持作业角色定制划分，支持将不同作业角色的作业内容细分为不同的作业步骤，满足不同角色作业人员根据作业步骤实时上报作业进程；支持作业计划及作业动态汇总统计，支持根据不同维度（时间、作业类型、作业人员等）呈现定制图形化报表，满足调度指挥中心与各级管理者及时查看每一作业实时情况。

二是根据不同作业管理要求（如超人员、时间、范围）及预警机制定制报警，支持报警方式自主灵活配置（如报警间隔、报警事件等），支持后台智能监控自动触发报警，这样一来大大降低了超作业范围作业的风险，满足调度管理平台实时管控要求。

三是铁路电子地图（K公里）与通用地图完美融合，更切合铁路使用，支持实时位置、起止时间、施工轨迹、地图标注、巡线速度、巡线路径等多维数据一目了然，支持多类型详细的地图标注，标注内容多样化，支持对点、线、面进行文本、图片、视频等多方位的详细标注，可结合作业监管、智能预警等，在一张地图上完成丰富的铁路管控场景。

四是记录作业过程操作流程，对整个作业过程进行透明化监督。增强施工人员的规范作业意识，有效提高工作效率。

3. 利用铁路安控云平台高效管理工机具

通过自动识别工机具上的电子标签，实现工机具准入准出即时核查，合理利用大数据＋人工智能核心技术，提高工机具日常管理的自动化水平。

一是针对作业工机具的特点，结合移动终端，设计基于射频识别技术和二维码技术的电子标签，有效解决了现有管理模式中存在的标识、记录工作烦琐低效的问题，实现对工器具进行全寿命周期的管理。

二是实现工机具信息的快速采集和存储，可实时查询工机具信息以了解其状态，提高了工机具日常管理的自动化水平，大幅提升了作业工机具使用、监督等各个环节的效率及可靠性。

三是将工机具清点结合到作业流程中，进出作业门自动化清点工机具，快速、高效完成工机具清点。进出工机具种类可直观比对是否有缺失，并根据提交的工机具进行自动比对报警。

四是研究工机具数据信息网络共享的方式,方便各级部门对其权限内的工机具信息进行准确、高效管理,有助于加强系统内相关单位的沟通和合作,简化工作流程。同时,通过数据加密,以及设置授权等级、控制访问权限的方式保护了数据的安全。

4. 利用铁路安控云平台精确管理智能电子锁

结合管理办法及新技术,将智能电子锁嵌入到标准流程中,形成新的作业闭环,通过结合调度命令号等,对人员进出作业通道门进行安全卡控,提升现场作业安全水平。通过门锁方案,杜绝现场违规进出通道门,减少沿线安全隐患。

一是通过结合智能终端及系统,可自动校验开锁计划内容匹配程度,使用蓝牙连接钥匙自动授权,钥匙的授权单位与开锁人单位一致、天窗时间内、通道门锁与上报计划通道门符合可以自动授权钥匙在天窗点内均可开锁。

二是通过指挥中心进行授权,可解决人员私自上下道行为,提高作业安全性。

三是需要临时授权开始则通过平台授权,自动下达授权命令,通过业务整合能实现自动开锁。

四是使用电子锁开锁,所有记录都能自动存储,可追溯到具体人员和时间节点以及开锁的锁具。

五是将传统申请及开锁流程嵌入安控云系统,便于集中管控。

六是可通过各种终端实时监看各类场景现场画面,进行实时视频监控,融合了各类终端,解决各单位多类安全平台使用烦琐问题,节约各平台各类对接时间,提高后期使用维护效率。

5. 利用铁路安控云平台高效监控施工现场

铁路智能安控云平台支持接入多种类型视频监控设备,包含移动布控球、智能记录仪、安全帽记录仪、摄像手电。覆盖品牌有海康威视、萤石云、大华、乐橙云、华德安,全方位监控现场作业情况。通过平台可实现局、站段、车间三级同时查阅同一台摄像头或记录仪实时及历史画面,大大提高管理效能。所有音视频内容可自动上传保存,在终端离线情况下可查阅历史回放。支持通过手持终端 App 实时调用作业终端、监控摄像头、视频记录仪等终端的视频画面。

三、基于 5G+技术的铁路安控云平台在铁路安全管理中的效果

（一）实现铁路安控云平台功能集成

基于智能物联网核心技术,融合和集成作业计划管控、作业方案及计划审批和管理、应急调度指挥、作业工机具管控、智能栅栏门管控等高度智能化功能集成于铁路安控云平台。实现了多部门协同工作和资源实时共享,降低企业成本,提高了企业效率。

（二）实现计划准确管理

铁路智能安控云平台支持导入供电系统计划模板,自动生成各类型正式作业日计划并以一图方式展示,平台着重强化作业计划的下发、认领、实施、监控的作用。通过铁路智能安控云平台下发日计划至作业人员的手持终端,实现作业计划下发、认领的一站式操作。避免因传统人工手动录入计划,导致计划内容错误而出现一系列问题,如超范围施工、超作业时间施工。平台投入使用后未出现人员超范围施工、超作业时间施工的情况。

（三）实现作业流程闭环管理

通过工机具识别技术与智能管理通道门锁,实现安控云作业流程闭环管理,对不同人员上道作业整个流程（从计划下发到作业结束）的精细化管控。基于 5G+技术的铁路安控云平台很大程度上规范了作业人员作业行为,保证了作业流程的标准化、规范化,保障了作业人员的安全,确保作业有序可控、接触网设备正常运营和检修计划按时实现,从而提高设备质量。平台投入使用后未出现人员违章违规进入线路的情况,未出现工器具忘带及遗留现场的情况。

（四）实现数据通信监测、实时视频监控

研发高精度定位动态监测、移动巡检与智能分析系统、高效稳

134

定远距离数据通信等技术。实现多终端多类型呈现模式的实时视频共享和多维度监督的融合通信方案。

可接入各类型终端，提供平台可接入性、可兼容性，扩展平台业务面，做到全方位的现场实时视频监控。杜绝了邻近营业线施工中施工单位未在施工时段违章施工的情况发生。

（成果创造人：杨　勇　陈龙福　邹　刚　吴剑锋　欧阳林
　　　　　　　万雅兮　徐　健　包　俊　谢　欣　谌文彬）

加强班组建设提升班组自控自治能力

中国铁路西安局集团有限公司安康车辆段

安康车辆段位于陕西省安康市汉滨区关庙镇,地处安康东站编组场西侧,隶属于中国铁路西安局集团有限公司,设行政职能机构9个;党群机构1个;生产经营机构7个;生产班组41个;现有职工852人。现有段修台位15个、预修台位12个,年生产能力5 000辆以上;厂修台位3个,年生产能力500辆以上;站修台位12个,年生产能力3 600辆。承担襄渝、阳安、西康线货车运用通过修、定期检修、临修,自备铁路货车检修,货车故障(事故)的调查、处理、救援,5T设备运用管理维修。管辖里程1 870公里,安全保证区段3 697公里。

安康车辆段坚持"精检细修、辆辆优质、达标创优、列列安全"的质量方针,坚持"以工艺保质量,以质量保安全,以安全保运输"的工作思路,不断进行技术改造,全面加强安全管理,货车检修质量和安全管控能力不断提高。

一、加强班组建设提升班组自控自治能力的实施背景

(一)加强基层班组建设是安全生产的迫切需要

安全生产是企业发展的重要保障,班组作为企业最基础的管理和工作单元,是企业实现安全生产的基础和关键。近年来,国际和国内各类安全事故层出不穷,就以铁路交通事故为例,既有印度列车脱轨相撞事故,也有白银"3·8"列车脱轨事故,各类事故不但造成了大量经济损失,也造成了人员伤亡,危害极大,产生的不良影响也久未消散。

以标准化规范化建设体系为支撑,强化基层班组建设,对于提高安全生产水平、降低事故风险以及促进企业可持续发展十分重

要也迫切需要。安全生产是企业发展的重要保障,对于保护职工生命安全、维护企业形象和提高生产效率具有重要意义。然而,在当前复杂多变的生产环境下,传统的安全管理模式已经无法满足企业安全生产的需求。因此,加强班组建设、推进班组自控自治成为实现安全生产的迫切需要。

(二)加强基层班组建设是提升质量的迫切需要

质量是企业的生命线,没有过硬的产品质量,企业将难以为继。在国铁集团机辆部季度发布的铁路货车造修质量、运用车故障发现率和典型故障反馈率通报中,安康车辆段成绩和排名不稳定,检修质量忽高忽低、时好时坏。安康车辆段始终把铁路货车检修质量作为企业生存和发展的根基,加强班组建设,提高职工作业质量,提升货车检修整体质量刻不容缓。

加强基层班组建设有助于提升产品质量。在传统的管理模式下,生产线上的问题需要通过上级主管和专业人员来解决,这样会导致问题的处理周期较长,容易造成质量问题的积累。而加强班组建设,推进班组自控自治,可以使班组成员更加积极主动地参与到质量控制中,及时发现和解决问题,提高产品质量的稳定性和可靠性。

(三)加强基层班组建设是精细管理的迫切需要

班组精细化管理需要建立清晰的工作流程和责任分工,明确每个班组成员的角色和职责。要制定明确的工作目标和绩效评估指标,通过定期评估和反馈来激励和指导班组成员的工作。要提供必要的培训和发展机会,以提升班组成员的技能和素质。最后,要建立良好的沟通机制,让班组成员之间能够顺畅地交流和协作。

铁路企业多存在点多线长的特点,班组多且分布广,平时工作量较大,工作任务繁重,基本以完成工作任务为主,对班组建设和管理存在不同程度的忽视,开展班组精细化管理也相对较少。造成部分班组安全管理不严,质量把控不细,最终产生安全事故或质量问题。加强班组建设是现代企业管理的一种重要方法,同时也是适用于铁路企业的一种重要管理方式。

二、加强班组建设提升班组自控自治能力的主要做法

（一）加强基层班组建设，完善标准是基础

没有规矩，不成方圆，规矩是一切行动的准则。在企业运行方面，标准是企业运行、职工作业的行动准则，要加强班组建设，首先要建立标准，明确标准，只有职工学习标准、掌握标准，才能在工作中落实标准。

1. 完善技术标准

一是完善规章制度。公布技术规章目录，清理废止及失效技术规章 31 份，结合新设备、新工艺、新变化，新增管理制度 8 份，修订管理制度 25 份。二是结合工装设备、工艺流程变化特点，持续验证修订作业指导书 1 274 份。三是修订完善 92 台车辆运行安全监控系统设备、480 台机械动力设备、200 台起重设备管理细化措施，优化 19 项工艺流程。四是深化两化建设。以标准化规范化建设为抓手，完善班组建设标准 41 份、岗位职责 68 份，梳理工作流程、形成图示 134 份，制定生产班组岗位说明书 154 份，汇总科室、车间、班组、岗位四个层级建设标准和评价标准 189 份，将标准化规范化建设与安全帮促检查、日常对规检查、干部包保检查有机结合，坚持月检查、季评价，结果挂钩绩效考核。

2. 修订管理标准

一是开展管理细则修订。组织各车间全面梳理交叉重叠、相互包含、互有冲突的制度，全面整合，确保一项事务对应一项制度。全面排查、修订与现场实际脱节的制度文件，车间管理人员带头深入班组调研，确保各类制度符合上级最新要求，吻合班组场生产实际。二是理清台账簿册。单位主要领导牵头，组织各科室集中研究，明确各班组台账数量和项目设置，专业科室指导车间班组就台账设置方式、地点进行规范。设计制作大小统一、样式精美的台账不干胶标签，确保台账活页夹内部标示整洁、美观、统一。组织业务科室与各车间逐一开展互检互查，检视和发现问题，及时做好整改。三是完善安全基础管理。确定年度安全重点工作，建立健全

138

41个班组、282个岗位的《全员安全生产职责》，制定安全治理体系架构及对应制度建设计划，梳理支撑制度286项，明确安全红线18条，促进安全管理全面规范。针对技术规章修订、设备设施更新、生产组织变化等情况，开展检修扩能提升、调车作业、季节性劳动安全等安全风险动态研判21次，修改风险管控措施213条，下发安全预警通知书3份，有效确保安全风险可控。

（二）加强基层班组建设，提高效率是关键

要加强班组建设，仍要大力解放和发展生产力，只有把职工从繁重的体力作业中解放出来，才能保持自控自治的精力，才能激发班组自控自治的活力。

1.完善基础设施

一是细定方案，优化厂房布局。以班组作业为中心，确立库房围绕着功能、工具是装备的源头、材料在流线中间的建设思路，新建厂房9 082平方米，打通库中隔墙，实现四库贯通，扩充作业空间，疏通交叉堵点，彻底解决了检修设施能力饱和、人工倒运频繁等问题。二是优化流线，保证生产顺畅。全面分析货车检修制约因素，实施要素重组，优化转向架、轮轴、钩缓检修流水线，建成轮对镟修碎屑、轴承地下传输线和3条轮对平移线，检修流程顺畅便捷。取消道岔4组，改变12条线路径路，增加段内存车能力30辆，调车钩数日均减幅25％。将料库搬到检修库内，建设材料配件、轮轴仓储立体库，智能化存储，辆份制配送，班组取送材料距离大大缩短。三是升级设备，提高效率质量。推进机进人退，用自动化装备代替班组职工进行危险性、重复性工作。配备退卸轴承码放机器人、制动梁机械手、AGV小车等智能工装，配备无线游标卡尺、智能力矩扳手，建成内制动、钩缓等信息化工位级系统，变人管为机控，配件自动抓取、自动选配，数据自动统计、自动上传，工艺落实更加精准。

2.加强信息化手段

一是建立安全生产管控平台。以各车间、科室业务为范围，对安全、生产、设备、人员、规章、经营、材料、台账等信息资源的全面采集,形成车辆数据资源池,在此基础上构建段"安全综合管控平台",通过对数据的挖掘与分析,综合研判安全、生产、经营的发展趋势,向车间班组进行推送落实与追踪验证,实现管理闭环。二是建立完善两级指挥中心系统。根据集团公司《信息化建设实施方案》和车辆部《车辆综合管理信息系统总体技术方案》,建设完善《段、车间两级生产指挥中心系统》,以大数据思维为理念,以"信息化、自动化、智能化"为发展方向,全面推动信息化建设,整合数据,建立平台,以检修作业全流程推动班组岗位按标作业。三是打破思维壁垒实现管理水平提档升级。积极联系高德地图公司,对管内沿线 67 个车站位置信息进行集成,帮助班组应急人员选择最优路线,值班人员可随时获取作业人员位置信息,做到应急有方、心中有数。

3.打造数字化能力

一是逐步实现数据资源共享。通过 Web Service、API、Socket、ETL、XML 等多种技术将不同层级、不同系统数据汇聚到一个数据平台,实现人力资源、物资信息、安全信息、设备信息、车辆信息、HMIS 信息等数据共享,同时打通自动测量、自动识别、辅助判定、AI 智能等数据采集设备与各工位级系统之间的业务链,逐步形成国铁集团、集团公司、段三级系统数据联动、智能化设备与信息化平台数据互通的共享平台,实现数字资源利用最大化。二是通过采用"三级库存、两级配送"物料管理模式和"必换件"辆份式配送模式,实现货车检修成本分类统计和辆单价精准核算,为班组单车维修成本分析提供帮助。

(三)加强基层班组建设,主动参与是重点

1.加快 5S 管理,我的班组我做主

一是制定 5S 管理目标。明确标准,制定实施细则,指导班组制定"5S 管理"推进目标、实施细则,规范标准,制订计划,责任到人。将"5S 管理"落实到每道工序、每个岗位、每台设备、每个工作办公区域、每位职工,杜绝盲区,不留死角。二是班组全员参与。组织班组全体职工共同参与"5S 管理",职工自己动手,开动脑筋,自己解决存在的问题,自己改变工作环境,提高工作效率。广泛利用合理化建议等方法,加强引导,充分发掘广大职工的智慧,不断创新、不断提高、不断深化"5S 管理"。三是强化督导评比。加强对班组"5S 管理"的督导,指导车间将 5S 纳入岗位责任制,定期考核、评比。将考核结果与一体化考核挂钩,以亮点展示、曝光台等"5S 管理"宣传栏及其他多种形式表彰先进、鞭策落后。班组内部建立考核、评比机制,形成一个帮、赶、超,积极向上的良好氛围,促进"5S 管理"的不断深化。

2. 激发职工创造活力,推动企业健康发展

一是开展建功立业竞赛活动。围绕企业生产经营中的重点、难点和薄弱环节,大力开展劳动竞赛、技术创新、发明创造、合理化建议等活动。以质量效益为核心,以创新升级为目标,以班组竞赛为重点,以评先树模为导向,以安全生产为保障,广泛组织开展多种形式的劳动竞赛活动,持续推进职工技术创新竞赛提质增效。二是推进质量管理小组建设。积极组织,有序推动 QC 小组活动,将 QC 小组活动作为自主、自愿的群众性活动纳入班组建设的工作任务,促进了该项工作的开展,不断激发职工的积极性和创造性,从而改进工作质量,提高企业经济效益。安康车辆段检修车间车体 QC 小组每年均开展 QC 小组集体活动,活动过程中组员们应用"头脑风暴法"、PDCA 活动步骤,集思广益,分工协作,按"计划、实施、检查、处理"工作程序,做到现状清楚、目标明确、对策具体、方法得当、措施落实、责任到人,并及时对成果检查、总结。通过大力发展 QC 小组建设,安康车辆段在班组质量管理中硕果累累,成效显著。

(四)加强基层班组建设,充分放权是需要

1. 完善绩效考核办法

完善班组岗位绩效考核,降低出勤权重,将出勤权重从 30% 调整为 20%,增大工作量计分占比,让出工又出力的职工得到更多实惠。鼓励减员增效,车间缺员部分按照 50% 的岗位系数增加结算工资,超员部分按照 50% 的岗位系数减少结算工资,激励多

干活、少要人。在岗位中增加发现问题计分标准,工作数量、工作质量两手一起抓。

2. 职工参与自主管理

发挥班组的团结凝聚作用,积极推行班组民主管理,赋予职工安全生产、班组奖罚、民主评议等方面的知情权、参与权、表达权、监督权。建立班务公开制度,涉及班组管理制度、分配制度及职工切身利益的重大问题,需经班组全体职工讨论通过后方可执行,做到班组管理公开透明、团结向上。对表现优异、工作突出的职工,以班组长提名、民管会投票选举的形式,选举综合能力强的职工担任班组工管员,为班组建设、安全生产贡献力量。

3. 注重制度管人管事

坚持以科学完善的制度标准为遵循,以简洁高效的管控流程为依托,以公平严格的监管考核为保障,合理分权放权,赋予容错空间,从责任分工、工作标准、岗位操作、劳动纪律、绩效考核等各个方面切实做到有规可依、有章可循。赋予班组长对现场作业的决策权、指挥权,负责对现场质量进行安全评估验收,在安全隐患没有排除或不具备安全生产条件时,班组长有权拒绝开工或停止生产,真正使严格的纪律、制度、标准内化于心、外化于行,成为班组成员的作业习惯和自觉遵循。

(五)加强基层班组建设,提升素质是目的

1. 完善培训设施

建设实训基地,优化培训设施,建成整车"声、光、电"制动系统和电、钳工实训室,配备练功车、5T 实训设备和车辆部件剖件,展示故障配件实物,把现场搬进课堂,变枯燥的理论授课为直观的动手操作,让职工在标准化实训过程中提高技能。

2. 严格日常培训

年度组织开展调图、防洪、防燃灭切、防暑降温、防寒过冬等季节性培训 16 期、4 821 人次,严格开展三新人员及"2+1"实习生岗前安全理论脱产培训 195 人次,组织开展 GYK、集控联锁、P70 型货车入段厂修等专业培训 1 250 人次,为段高质量发展提供了有力人员素质保障。

3. 突出技能培养

组织 6 批次 186 人参加技能等级认定,10 人通过了技师、高级技师考评,持证率达 99.85%。充分发挥邱洪玲创新工作室引领作用,承担集团公司科研课题 1 项,解决现场生产难题 9 项,完成车门拆装装置、承载鞍专用吊具改造等技术革新 11 项。3 名青工在集团公司车辆部货车及设备专业职业技能竞赛中获得全能名次,3 名职工在集团公司货车检车员职业技能竞赛中获得全能名次,3 名青工在国铁集团机辆系统职业技能竞赛中获得全路青年岗位技术能手荣誉称号。

三、加强班组建设提升班组自控自治能力的实施效果

(一)标准化规范化体系逐步完善

安康车辆段始终以"科学实用、简洁高效、融合统筹"为思路,聚焦推动标准化规范化建设高质量发展。修订完善了覆盖段、科室、车间、班组、岗位"五位一体"的标准体系。对每个层级的工作职责、工作标准、工作流程等内容进行明确和规范。在班组方面,以生产+管理两条线完善班组标准体系,生产上形成了以作业指导书、作业流程图、风险卡控表为基础的作业指南,管理上完善了标准建设、团队建设、文化建设、结果运用、反馈改进等项目,从生产和管理两方面入手,打造具有特色、行之有效的标准化规范化体系。

(二)安全基础牢固树立

2022 年召开防故表彰会 7 次,以重奖、快奖激发全员保安全的积极性。全段各班组共防止各类故障隐患 3 760 件,奖励 46 万元,防故件数同比增加 26.9%,其中国铁集团表扬通报 7 件,集团公司表扬通报 34 件,较上一年增加 41.38%。全年未发生 D 类及以上责任事故,安全基础得到新巩固,顺利实现安全生产十一周年。

(三)技术质量不断提高

加强新设备、新流线质量对规,结合季度"两率"通报,建立故

障趋势图,分析倾向性、关键性和突出性质量问题,对入库问题坚持周分析、月总结,典型质量问题持续跟踪、倒查工艺,从源头上予以解决。检修车间车体班组积极学习 QC 知识,运用 PDCA 工具,通过改进设备、调整工艺、制作工具等方式,大力提高货车"墙板、门板、地板"维修质量,2022 年四季度货车典型故障反馈率由全路排名 30 位左右提升至全路排名第 5 位。运用车间列检班组找准新、旧《运用货车典型故障发现率、反馈率统计规则》变化点,加强重点部位、关键部件的检查,调整 HMIS 临修车故障录入方法,2022 年二季度运用车故障发现率提升至全路排名第 8 位。动态监测设备车间长抓质量管理不放松,车间东站班组以优异成绩再获"全国质量信得过班组"称号。

(四)生产效益稳步提升

围绕集团公司提出的"精准扣车、快速修车、压减修时"举措,努力压缩厂、段修车在段停留时间,货车在段修时在 2022 年的基础上减少 4 小时,实现快检快修、快进快出,最大限度释放检修能力。组织安康站修挖潜提效,月均完成临修任务稳固在 900 辆以上,破损车检修能力提升 20%,有力保障了运输增量需求,段修台位利用率最高达到 2.6,临修台位利用率最高达到 3.6。

(五)业务技能持续提高

积极组织开展技术比武及岗位练兵活动,依托标准体系,推动班组主动开展、积极参与。参赛队员经过班组、车间层层选拔,段采取脱产培训与非脱产相结合的方式进行针对性培训,2022 年 45 人参加了集团公司技能竞赛,涉及 12 个班组六大工种,共有 6 人取得名次,其中 3 人获得全能第二名。加强技能人员储备,做好实习生技能认定培训,针对实习生非车辆专业较多、理论基础薄弱等问题,组织进行理论集中培训,取得较好效果,30 名实习生在鉴定中一次性全部通过。

(六)家园文化愈发浓厚

新建生活广场,建设千米柏油干道和健康步道,粉刷房屋墙面,种植草坪花卉,实施厕所改造,整治制动室、喷漆库等生产区域,升级改造运用车间房屋,围绕职工和班组重点需要优化基础设施,职场通透了,环境美丽了,自信越来越强,干劲越来越足。设备车间综合保障班组强化服务意识,做好生活综合楼各项设备设施的维护和清洁,打造综合楼更衣、洗浴、就餐、住宿、运动一条龙服务、一站式解决,赢得各生产班组职工交口称赞。食堂班组把好菜品质量关,菜品质量明显提升,2022年日均就餐人数832人次,较2021年同期日均增加200人次,增长56.37%。

(七)凝心聚力不断增强

关心关爱职工,常态化开展帮扶救助、困难职工慰问及互助医疗补助。举办首届"奋进杯"小品比赛,开展"趣动"线上大众体育活动,召开段检修扩能提升表彰大会文艺演出,为职工送上精神文化大餐。随着以提升班组自控自治能力的标准化规范化体系建设的不断推进,班组自控自治能力得到极大的提升和突破,以往班组职工等、靠、拖的思想和行为变成了主动思考、主动上手、积极参与,职工学习标准、执行标准的意识不断增强,工作中一大批优秀的年轻班组长逐渐走上舞台,展示了安康车辆段以标准化规范化建设体系强化基层班组建设的成果,也会带领班组职工继续加强班组能力建设,同安康车辆段一起不断成长和进步。

(成果创造人:汤　斌　吕志斌　李　勇　孙静雅　安文博

　　　　　石毓龙　杨吉林　孙存钱　沈怀海　王　尧)

关于加强援藏干部管理培养的创新与实践

中国铁路兰州局集团有限公司人事部（党委组织部）

中国铁路兰州局集团有限公司地处"一带一路"重要区段，是西部铁路重要枢纽，管内有兰新客专、宝兰高铁、银西高铁、银兰高铁、陇海、兰新、兰渝、兰青、包兰、宝中、干武、太中银、中川、天平、西平、敦煌、酒额17条干线和其他4条支线，接轨地方铁路4条，连接着甘、宁、青、新、蒙、陕、川等7省（区）。目前，全局管内营业里程6 520.2公里，其中普铁4 663公里、高铁1 857.2公里；管辖车站（线路所）333个，接轨专用线和专用铁路222条（其中专用铁路24条）。配属机车1 355台、客车车辆1 924辆、动车组87组。全局共运行旅客列车288对（高铁38对、动车112对、城际42.5对、普速95.5对），其中兰州局担当173.5对（高铁18对、动车61对、城际42.5对、普速52对）。

集团公司下设机关行政管理职能机构26个、党群工作机构8个、生产机构2个、附属机构25个、派出机构2个，基层单位58个。用工总人数78 281人，其中职工74 683人，党员26 369名。集团公司党委下设二级党委57个，党总支362个，党支部2 258个。

一、关于加强援藏干部管理培养的创新与实践的实施背景

2021年11月，国铁集团党组决定建立对口支援、挂职帮扶的工作机制，要求路内各单位各部门站在拥护"两个确立"、践行"两个维护"的政治高度，站在推动青藏公司乃至西部边疆铁路可持续高质量发展的战略全局，精心组织好挂职帮扶工作。兰州局集团公司党委积极响应国铁集团党组号召，在全局范围内择优遴选14名年轻干部参与对口支援、挂职帮扶青藏公司工作，帮扶地区包括

拉萨、林芝、山南等地,帮扶干部数、帮扶单位数在所有参与帮扶路局中均属最多。如此大规模在高海拔地区组织干部开展挂职帮扶在全局乃至全路都是首次。由于没有相对成熟的经验可以借鉴,如何管理和培养好这批援藏干部成为迫在眉睫的问题。

兰州局集团公司党委一方面坚持以人为本,积极解决集中动员、业务培训、津补贴发放等工作,保证援藏干部尽快适应并全身心投入高原工作;另一方面建立健全管理机制,搭建工作平台,教育引导援藏干部高质量完成国铁集团党组、集团公司党委各项目标任务。经党委会研究,先后制定下发《兰州局集团公司对口支援、挂职帮扶青藏公司工作实施方案》《兰州局对口支援、挂职帮扶青藏公司干部集中培训及保障工作方案》《兰州局对口支援、挂职帮扶青藏公司领队联络制度》等文件,明确组织机构、推进措施和具体要求,细化部门职责,策划开展"援藏为什么、在藏干什么、离藏留什么"主题实践活动,分阶段组织开展专题大讨论、课题攻关、结对帮扶等12项系列活动,同步建立挂职帮扶干部培养教育、考核评价和服务保障工作体系,教育引导援藏干部思想上入藏、感情上融藏、工作上助藏、生活上适藏,全面保障对口支援、挂职帮扶工作取得实实在在的效果,以坚决有力的实际行动把习近平总书记的重要指示批示精神和国铁集团党组的部署要求不折不扣落实到位。

二、关于加强援藏干部管理培养的创新与实践的主要做法

(一)建立健全援藏干部工作制度体系

1.研究建立管理机制

经请示国铁集团党组组织部(人事部、党风廉政室)同意,征求青藏公司党委意见,研究制定下发《兰州局集团公司对口支援、挂职帮扶青藏公司工作实施方案》,配套完善《挂职帮扶人员集中管理制度》《领队联络制度》《慰问服务工作措施》"三项制度",从制度层面建立由集团公司党委统一领导,人事部(党委组织部)牵头组织,各业务部门专业抓总,纪委、工会、团委、劳卫部、职培部、社保

部、宣传部等部门各司其职,派员单位、服务保障单位动态跟踪的组织领导和管理机制,逐项确定挂职帮扶干部具体工作责任,确保帮扶工作职责明确、目标清晰、操作规范、系统衔接。

2.择优遴选帮扶干部

按照国铁集团党组要求及青藏公司具体岗位需求,统筹确定派员单位,明确选派人员准入资格条件,采取干部自愿报名、站段党委审核、业务部门推荐、人事部门把关、集团公司党委研究确定等程序,突出政治素质、专业能力、作风形象、工作实绩、群众口碑,在经过健康体检、能力测试等环节层层筛选后,择优确定 14 名优秀年轻干部参与国铁集团第一批对口支援、挂职帮扶工作。按照不少于 1∶2 比例储备接续力量的原则,组织相关单位做好接续人员储备工作,确保对口支援、挂职帮扶工作常态化、高质量开展。对原单位产生的空缺岗位,依据干部管理权限进行及时选配,确保派出单位运输生产秩序不受影响。

3.抓实前期培训教育

提前 14 天组织挂职帮扶人员集中培训,紧扣工作需要,突出"应知应会",以理论教育、政策学习、业务培训、心理辅导等为重点,有针对性地安排习近平总书记关于西藏和干部工作的重要讲话精神、新时代党的治藏方略和宗教民族统战政策、高原高寒铁路建设运营管理机制、纪律监督要求、高原保健知识等培训课程,安排体能训练和健康检测,确保挂职帮扶人员全面做好思想意识、适应能力和专业素质方面的准备。采取召开动员大会、发出动员倡议、与挂职帮扶人员一对一交流座谈等形式,讲明形势任务,引导帮扶人员尽快完成角色转变,确保挂职帮扶人员上得去、留得住、干得好。举行欢送仪式,勉励挂职帮扶人员安心工作、锤炼本领、担当作为,进一步增强建功高原铁路的荣誉感、责任感和使命感。

(二)联合技术攻关做好专业队伍帮扶

1.畅通技术交流渠道

以挂职帮扶人员为纽带,找准青藏公司基础建设和基层管理方面的薄弱环节,集中全局专业优势资源,助推高原铁路运营管理水平全面提升。畅通与青藏公司之间的技术互动渠道，积极交流不同气候环境、地质结构、作业模式下的技术管理方法，有效促进两局之间互融、互促、共进。采取现场辅导、视频教学、"空中课堂"等方式，加大管理、技术支援和信息共享，组织跨局交流学习 7 次，建立测量、道岔维修、钢轨修理等专班教学，配合制作完成涉及施工、劳动安全、警示教育、应急处置、施工挂图等课件 320 多个，帮助提升高原铁路运营管理水平。充分运用兰州局基础建设和专业融合方面的实践经验，积极推动高原铁路管理科学化标准化规范化。推动将拉林线划归工务部高铁科管理，作业模式按照高铁管理，提高管理等级；针对拉萨基础设施段仍然沿用普速铁路传统生产任务下达模式的情况，通过引入高铁化轨控分析模式，逐步完成轨控分析和病害管理长效机制的建立。积极推进工电联调天窗作用融合管理、技术规章、长效文电和施工挂图"电子化"管理等模式，促进了管理理念的转变。

2. 注重解决实际问题

针对挂职帮扶人员日常工作中反馈的管理问题，通过组织召开专业会议、开展专业评价等方式，与受援单位干部职工共同分析原因、找准症结、提出对策，有效提高专业管理质量。组建段级钢轨打磨专家技术团队，开展"破桩法定位及整治曲线病害"等技术攻关，破解现场技术管理难题 46 个，夯实了现场安全管理基础。帮扶人员充分发挥自身专业特长，深入分析受援单位管理现状，帮助规范基础资料管理和现场作业组织流程，健全完善薄弱设备管理制度、桥路薄弱设备清单、无砟轨道Ⅲ级裂纹伤损台账等管理制度和作业清单，推进钢轨修理、钢轨探伤和设备检查分析专业管理能力提升。同时，组建标准化库房创建、标准化工区班组建设，有效提升了受援单位标准化规范化科室和车间建设水平。

3. 深入开展现场指导

充分运用兰州局基础建设和专业融合方面的实践经验，积极推动高原铁路管理科学化标准化规范化，真正将帮扶责任落实到一线，让帮扶效果体现在基层。选派钢轨探伤专家、"铁路工匠"黄涛为青藏公司工务系统 50 余名管理和专业技术人员实地授课；邀请青藏公司工务、车务系统干部到兰州局相关站段开展技术培训和教学观摩等交流活动 2 批次；协调青藏公司相关部门、站段专业管理人员到陇海线和兰新线交流大修换轨及移动气压焊作业、微型盾构法换填路基，以及组织胶冻结夹板拆除、岔枕螺旋道钉整修等技术，帮助提升现场标准化规范化作业水平。帮扶人员始终坚持目标导向和问题导向，针对受援单位日常工作中的管理问题，通过组织召开专业会议、开展专业评价等方式，与受援单位干部职工共同分析原因、找准症结、提出对策，有效提高了专业管理质量，为帮助受援单位构建人防、物防、技防"三位一体"安全保障体系作出了积极努力。

4. 加强相互挂职培养

做好青藏集团公司外派 2 批次 42 名优秀青年人才为期 3 个月的学习管理服务工作，通过组织召开青藏公司外派优秀青年人才交流锻炼动员部署会，制定《青藏集团公司外派人员学习锻炼工作实施方案》和"一人一策"锻炼培养计划，开展联谊结对座谈，签订师徒协议和互帮协议等，积极搭建相互学习、合力共为、干事创业平台。教育引导青藏公司挂职帮扶人员切实发挥自身专业特长和工作经验，找准提升专业技术管理切入点，健全完善安全管理制度和现场作业标准规范，促进"一体化"管理融合，帮助提升集团公司专业技术管理水平，全身心投入打赢春运、"五一"运输攻坚战，安全高效开展兰新线集中修等重点工作，让青藏公司优秀青年骨干学有所获、学有所用、学有所成。

（三）拓宽联系渠道做好援藏干部管理

1. 组织开展主题活动

紧密围绕挂职帮扶工作任务目标，综合援藏工作实际，制定印发《"援藏为什么、在藏干什么、离藏留什么"主题实践活动方案》，精心组织援藏干部开展主题实践活动。同时，成立由集团公司主要领导担任组长，领导班子其他成员任副组长，集团公司工会、团委以及各相关部室为成员的"援藏为什么、在藏干什么、离藏留什么"主题实践活动领导小组,强化日常组织管理,统筹推进主题实践活动各项任务,动态掌握主题实践活动开展情况、组织协调解决有关问题以及及时向国铁集团党组报告活动有关情况和需要协调支持的事项。配套探索建立挂职帮扶青藏公司干部分类培养教育、分类考核评价和综合服务保障工作体系,更好助推主题实践活动开展。

对照主题实践活动计划安排,采用视频会议方式,组织成员单位、派出单位及挂职帮扶干部认真学习领会开展主题实践活动的重要意义、目标任务和基本要求,提高思想认识,进一步明确职责分工,凝聚各方合力,着力营造开展主题实践活动的浓厚氛围。紧贴援藏岗位实际,突出"守初心、保安全、促管理、带队伍、长才干"五项重点内容,引导援藏干部深入思考"援藏为什么、在藏干什么、离藏留什么"。其间,援藏干部每月及时制订学习计划,利用工余自学、线上学习和参加受援单位培训等途径,定期组织学习党的最新政治理论和专业培训知识,凝聚共识,提升站位,增强工作本领,扎实做好援藏各项工作。积极深入现场、深入一线,广泛进行调查研究,找准受援单位加强安全专业技术管理的切入点,狠抓基础规章制度和基本作业标准的贯彻落实,严格现场作业管控,积极解决现场技术和管理问题,努力确保现实安全稳定。采取定向培养方式,与 126 名干部职工结成互帮对子,制订培养计划和目标,通过一起学习、一起钻研、一起工作,帮助培养了一批专业技术骨干。

2. 加强日常沟通联络

强化对口支援、挂职帮扶青藏公司干部管理,推动对口支援、挂职帮扶工作高效有序运行,根据国铁集团《关于建立对口支援挂职帮扶青藏公司工作机制的实施方案》具体要求,结合援藏工作实际,建立实施集团公司之间、部门与挂职帮扶人员之间、领队与队员之间的三项沟通联络机制,建立《与挂职帮扶人员联络写实表》和《挂职帮扶人员反馈问题表》,层层压实工作责任,对援藏干部做到政治上关心、待遇上关爱、生活上关怀,确保挂职帮扶工作始终有人管、有接续、有温度。

集团公司工会、团委、人事部（党委组织部）以及业务部门多次与挂职帮扶干部沟通联络，及时了解挂职干部身体状况、工作状态、思想动态和各方面诉求，积极反馈有关部门协调解决。严格落实《兰州局对口支援、挂职帮扶青藏公司领队联络制度》，以每月工作总结为契机，组织全体挂职帮扶干部进行业务交流，集中力量研究分析日常生产维修过程中的疑难项点，有效解决现场实际问题，着力提升个人专业素质。积极加强同青藏公司人事部（党委组织部）和相关业务部门沟通联系，动态掌握挂职帮扶干部工作情况，协调解决工作推进中的各类问题，并主动要求结合挂职帮扶干部所学所长，采取压担子、搭台子、铺路子的方式，进一步扩大工作范围，加重工作责任。

3. 搭建工作交流平台

集团公司与青藏公司党委，多措并举强化日常合作共赢，积极搭建优秀青年人才跨局培养锻炼平台，利用兰州局专业优势和特长，帮带青藏公司基层单位干部职工在兰州局现场一线火热实践中提升专业技术水平，提高综合素质。援藏以来，共计帮带青藏公司培养优秀青年人才165人次。日常注重与青藏公司宣传平台的互补互动，编辑刊发《援藏工作通讯》18期，通过"要闻动态""援藏履历""我在雪域高原""服务保障"等版块内容，及时传达国铁集团党组关于支援帮扶工作的部署要求，刊载集团公司各部门、相关单位履行跟踪管理、服务保障及专业技术支撑等责任的亮点做法，展示挂职帮扶人员奉献高原铁路的工作成效，有效发挥"助推器、展示台、观察站"作用，为集团公司党委掌握挂职帮扶人员现实表现提供第一手翔实资料。另外，深入挖掘挂职帮扶干部先进事迹和工作成效，在《人民铁道》报、《兰州铁道报》等媒体平台刊发《让青春在高原闪光》《在雪域高原上练就过硬本领》等新闻稿件和工作信息，进一步发挥模范带头作用，通过身边人、身边事教育引导并激励挂职帮扶干部圆满完成使命任务。

（四）落实援藏服务保障激励担当作为

1. 强化能力素质提升

组织挂职帮扶人员持续加强政治理论学习，不断锤炼信念坚定、对党忠诚的政治品格。教育引导挂职帮扶人员坚持干中学、学中干，在陌生环境中克服困难、积极适应、努力提升，认真学习青藏铁路多年冻土、盐壳线路等特色线路知识，深入了解无人站管理模式下的运输组织工作，熟悉掌握拉林线多种桥梁结构不同桥隧设备，不断丰富知识储备、开阔工作视野、磨砺意志品格。援藏以来，14 名帮扶干部累计下现场检查、跟班、添乘 1 500 余次，参与解决高原长大隧道大机打磨等疑难问题 97 个，发现解决现场安全隐患问题 1 200 余件。

坚持以挂职帮扶人员为纽带，总结集团公司工务、车务系统专业实践经验，紧贴援藏现场生产实际，分批次组织开展技术培训和教学观摩，邀请青藏公司工务系统主管副段长、技术科长、车间主任等管理人员，分两批次观摩学习兰州西、嘉峪关工务段线路管理、指挥中心建设及车间生产组织专业管理经验。积极交流不同气候环境、地质结构、作业模式下的技术管理方法，有效促进两局之间互融、互促、共进。联合青藏公司工务部、拉萨基础设施段，共同指导现场制定故障追踪模板、建立设备安全信息数据库，集中力量帮助青藏公司专业管理人员更新管理理念、提高管理水平。

2. 注重形成固化成果

"授人以鱼不如授人以渔"，组织挂职帮扶人员定期交流工作经验，注重总结提炼和学习交流，做好成果转化，务求取得实效。援藏以来，工务系统帮扶人员通过组建段级钢轨打磨专家技术团队，开展"破桩法定位及整治曲线病害""便携式螺栓涂油装置研发"等课题攻关，车务系统帮扶人员通过参与《站细》修订、完善规章制度，开展调车标准安全专项整治等方式，积极解决现场技术和管理问题。挂职帮扶人员克服高原缺氧和冬季严寒等困难，积极深入一线盯控检查，狠抓基础规章制度和基本作业标准的贯彻落实，认真研判关键作业、关键环节和关键时间段作业流程，通过强化现场作业纪律,加强施工安全培训,对薄弱设备实行分级管控,完善岗位对标写实,制作安全提示卡等途径,强化现场作业卡控。车务系统帮扶人员编制"一场景一流程"作业指导手册,围绕安全调度指挥中心应急处置信息流转、协调联系、远程指挥、精准盯控等环节制定处置流程,提高受援单位非正常情况下应急处置能力。

其间,形成了《拉萨车务段"四步走"抓实设备春检》《拉萨车务段"智慧化"推动施工挂图》等一批优秀理论文章,其中《"智慧化"推动施工挂图》工作成果被青藏公司推荐参加 2022 年铁道行业优秀质量管理小组评审。参与修订《无砟轨道防胀管理办法》《应急值守站管理办法》等规章制度 88 项、作业指导书 120 项、现场应急预案 44 项。

3. 突出专业骨干培养

严格落实"1+N"工作要求,根据个人专业方向和受援单位人员现状,14 名挂职帮扶人员以"1+N"方式,完成"师带徒"84 人,坚持"教在现场、练在日常"的思路,逐人确定培训目标,建立每半月一学、每月一实作、每月一交流的"三个一"学习机制,通过组织集中学习、开展理论授课、参加应急演练、现场跟班作业和开展青工上讲台等方式,帮助培养一批青年优秀人才,切实推动对口支援、挂职帮扶工作实现由"输血"向"造血"的转变。

援藏干部积极开展培训授课、专业辅导和现场帮教,组织跨局交流学习 7 次,建立测量、道岔维修、钢轨维修等专班教学,开展翼轨变截面涡流探伤实作培训、讲解"削峰填谷、平滑顺长"测量技巧要领,广泛制作涉及援藏岗位专业技术管理等课件。同时,通过开展背规比赛、现场轮训、编写岗位应知应会手册等形式,有力推动受援单位干部职工业务素质提升。通过制作课件、现场授课、解答问题等教学过程,促进青工业务水平、知识结构和综合素质改进提升,与青工共同完成的《"智慧化"推动施工挂图》《提高进路确认的准确性》成果分获青藏公司优秀质量管理成果一、二等奖,其中《"智慧化"推动施工挂图》被青藏公司推荐参加 2022 年铁道行业优秀质量管理小组评审。

154

4.落实服务保障机制

坚持每月进行一次电话联系、每月进行一次宣传报道、每季进行一次视频座谈、每半年进行一次入户慰问、每年进行一次健康体检、每年进行一次实地走访的"六个一"服务保障机制,严格落实国铁集团党组明确的工资补贴、乘坐飞机票报销等待遇要求,按照"一人一档"原则,详细掌握挂职帮扶人员、家庭成员、现挂职单位信息,畅通本人、家属与单位工会组织间沟通联系渠道,做到急事急办、急事急帮。为挂职帮扶人员定期配送《中国共产党人的红色基因——为人民服务》《年轻干部能力建设的"桥"和"船"》《解放西藏史》等涉及政治、哲学、历史、经济、管理和人文等多个方向的书籍,定期配送小药箱等生活用品,帮助挂职帮扶干部提升政治理论素养,丰富业余文化生活,保持身体健康。

将慰问挂职帮扶人员及家庭纳入集团公司"送温暖"计划,集团公司两级领导结合"两节"慰问、日常包保检查等时机,共计45次入户走访慰问挂职帮扶人员及家属,发放慰问金和慰问品。集团公司党委书记、董事长,总经理先后5次为挂职帮扶人员送去《致援藏干部的一封信》,勉励挂职帮扶人员牢记使命,攻坚克难,努力为青藏铁路公司高质量发展贡献力量。结合"夏送清凉、冬送温暖"活动,落实兰州局集团公司对口支援、挂职帮扶青藏公司工作实施方案要求,成立集团公司慰问调研组赴青藏公司实地慰问挂职帮扶人员,通过发放慰问卡、送去全家福和岗位走访、座谈交流等方式,向援藏干部传递组织关心关爱和家属祝愿祝福。

三、关于加强援藏干部管理培养的创新与实践的实施效果

(一)从制度层面规范了挂职人员的管理培养

通过制定下发《兰州局集团公司对口支援、挂职帮扶青藏公司工作实施方案》《青藏公司外派人员学习锻炼工作实施方案》,配套完善《挂职帮扶人员集中管理制度》《领队联络制度》《慰问服务工

作措施》"三项制度",明确组织机构、推进措施和具体要求,细化相关部门职责,制订培养锻炼计划,建立结对帮扶关系,为科学有序推进挂职帮扶和外派学习各项工作提供了制度支撑。挂职帮扶期间,在所有参与对口支援单位中首次组织开展"援藏为什么、在藏干什么、离藏留什么"主题实践活动,建立分类培养教育、分类考核评价和综合服务保障工作体系,初步构建起援藏干部育选管用全链条机制,为今后开展类似工作提供可复制的经验模式。

(二)援藏干部个人能力得到全面提升

自对口支援、挂职帮扶工作开展以来,援藏干部们贯彻落实习近平总书记关于援藏工作的重要讲话精神、新时代党的治藏方略、青藏铁路精神,不断锤炼信念坚定、对党忠诚的政治品格,自觉服从组织安排,以过硬的作风、顽强的意志、奋斗的姿态,在空气稀薄、寒冷缺氧的高海拔地区,弘扬"挑战极限、勇创一流"的青藏铁路精神,全力以赴投入到帮扶工作中,在艰苦的环境中磨砺了意志。坚持干中学、学中干,系统学习青藏铁路多年冻土、盐壳线路等特有线路知识,深入了解无人站管理模式下的运输组织工作,熟悉掌握了拉林线多种桥梁结构不同桥隧设备,极大地增加了知识储备、开阔了工作视野,在奉献高原铁路的生动实践中不断锤炼自我、提升本领、建功立业。

(三)帮助支援单位解决了一批实际问题

聚焦"守初心、保安全、促管理、带队伍、长才干"使命任务,挂职干部们深入一线车间班组开展调查研究,全面了解高原地区现场设备情况、人员状况,深入分析日常管理中的一些难点和堵点,大力推进高铁化轨控分析、工电联调天窗等成熟模式引入,参与解决高原长大隧道大机打磨等疑难问题 97 个,发现解决现场安全隐患问题 1 200 余件,组织修订《无砟轨道防胀管理办法》等规章制度 88 项、作业指导书 120 项、现场应急预案 44 项,主持及参与重点课题研究 9 个,发现并解决了一批制约现场安全的突出隐患,为确保挂职单位设备和人身安全持续稳定作出了显著成绩,为努力开创对口支援、挂职帮扶青藏公司工作新局面,高质量管好用好高原铁路、共同谱写服务国家战略和西部地方经济社会发展新篇章作出了积极贡献。

（成果创造人：潘竞福　王先卫　吕安心　丁福东　何春晖

马小刚　田　昊　王　刚　张三钧　魏　鹏

蔡宝军　刘　博）

国有施工企业以集约高效为目标的
项目组织管理

中铁五局集团有限公司

中铁五局集团有限公司是世界 500 强企业中国中铁股份有限公司骨干成员企业,始建于 1950 年,原为铁道部第五工程局,1999 年改制为中铁五局集团有限公司;下辖 18 个子(分)公司、8 个区域总部、33 个经营性分公司、20 个中国境外派驻机构。拥有 1 个高铁建造技术国家工程研究中心,3 个省级工程研究中心,11 个省级企业技术中心;1 个博士后科研工作站;2 个国家级技能大师工作室,3 个省级技能大师工作室,1 个设计院,1 个工程经济研究院;1 支国家隧道施工应急救援队,2 个国防交通物资储备库。公司先后荣获国家科学技术进步奖特等奖 1 项、一等奖 2 项,鲁班奖26 项,国家优质工程奖 57 项,全国用户满意工程 46 项,土木工程詹天佑奖 12 项,省部级科学技术奖 57 项,国际隧协(ITA)年度大奖 1 项。公司注册资本金 76.15 亿元人民币,总资产 568 亿元人民币。机械设备 8 720 台套,年施工生产能力 1 000 亿元人民币以上。

一、国有施工企业以集约高效为目标的项目组织管理的背景

(一)是适应建筑行业发展的需要

随着我国经济从高速增长阶段转向高质量发展阶段,建筑行业作为国民经济的支柱产业,首当其冲也进入了高质量发展的转型阶段,并迈入了存量时代,从而拉开了新一轮全要素全方位的市场竞争帷幕,行业集中度不断提升,施工企业迫切需要通过管理升级、产业转型,来突破发展的关键瓶颈。近年来,中铁五局虽大力

158

进行产品结构调整,走多元化发展道路,推动地铁、市政、水利水电以及国储林、水务环保等项目逐步成为企业发展的有力支撑,但面对建筑行业发展的新形势、新要求,且在大宗商品价格、人工成本等不断增加和同质化竞争日益激烈的大环境下,以往的项目组织管理模式明显乏力落后,致使近几年项目管理效果不理想,项目利润空间一再被压,严重阻碍了企业推进高质量发展的进程。因此,亟待对项目组织管理模式进行科学合理的创新,找到新的利润增长点,来提高企业整体效益效率,使得企业更好地适应建筑业的发展趋势。

(二)是适应企业规模扩张的需要

近年来,中铁五局发展规模扩张迅速,目前项目已有 541 个,2022 年新签合同额已突破 2 000 亿元,企业营业额达到 825 亿元,2023 年营业额达到 900 亿元,项目数量随着规模还会不断增加。但受到中国中铁股份有限公司对二级企业员工总量的管控政策,中铁五局职工人数一直保持约 2 万人的规模,职工人数未能随着企业发展规模呈正相关关系,企业管理资源、人力资源已不能很好地满足企业发展的需要,若要以现有 2 万职工来保证项目的高质量履约和企业规模不断扩张情况下的高效运营,就需要变革传统组织管理模式,来进一步发挥好项目组织的管理作用,激发出项目管理活力,促进项目集约高效,从而提升项目生产力,降低管理成本、提高产品质量、提高服务客户效率,推动项目实现阵地经营、滚动发展,为企业提供规模任务支撑。

(三)是提高项目管理水平的需要

中铁五局原先主要采用三级项目组织管理模式,即一个工程项目由局层级设立指挥部或经理部,承担施工任务的子(分)公司在自管段又设立项目部,项目部再下设工区或架子队,这种组织管理模式虽为企业在项目施工管理、质量监控等方面取得了一定的成果,但也暴露出一些突出的问题和管理的缺陷,主要体现在管理机构庞杂、管理人员冗余;管理层级复杂、管理职能交叉;资源利用效率低、难以形成整体效应。长此以往,项目管理必然越发粗放、管理团队野蛮生长、亏损项目越来越多。集约高效的项目组织管理模式就是根据工程项目特点、合同要求、区域集中度等具体情况,科学设置项目机构,明确管理模式和各管理层级的权责利,让项目轻装上阵、快速进场,尽快形成合力,实现项目效益最大化。

二、国有施工企业以集约高效为目标的项目组织管理的主要做法

中铁五局坚持"一切工作到项目"的理念,在深入调研、综合分析项目组织管理状况后,本着"积极稳妥、科学合理、大胆创新、逐步推进"的思路,针对各种工程项目的不同情况及特点,通过加强顶层设计、建立管理制度、明确职责关系等,构建了以直管、共管、托管、自管为主的四种项目组织管理类型。同时,为推进生产型子公司在重点地区的区域化、属地化发展,创新推进区域化项目群管理;为进一步理顺大型重难点项目管理体制机制,创新推进直管项目集中统一管理;为进一步压缩项目管理层级和管理费用,创新推进"代局指"管理模式。通过这一系列的举措,中铁五局项目组织管理呈现出了集约化、高效化、精细化的良好发展趋势,有效提升了企业经济效益和管理效率。

(一)结合自身资源,做好项目组织管理模式的顶层设计

1. 坚持问题导向,找寻突破思路

中铁五局坚持从问题中找解决问题的方法,针对近些年企业存在的自主经营、项目创效和经济质量运行不强等问题,通过对全局项目组织建设情况进行综合分析,找出了企业项目组织管理的瓶颈主要是"一矛盾四不足"。"一矛盾",即企业实现高质量发展的战略目标与现有项目管理效能偏低之间的矛盾;"四不足",即"项目管理效力发挥不足、项目组织扁平化不足、项目发展定位不足、项目运行机制不足",这些问题为推动项目组织模式创新提供了思路和方向。

2. 聚焦创新目标,明确重点任务

在创新过程中,中铁五局针对需要解决的项目组织管理模式问题,以目标为导向,重点明确了三个方面的创新任务,为下一步

创新工作打下了基础。一是明确创新目标。必须推进项目瘦身健体,进一步理顺局、子(分)公司、项目部之间的权责利关系,从而加强成本有效管控,提升项目经济效益。二是明确基本原则。坚持发展导向,推进项目组织管理模式更加市场化运行;坚持因项制宜,组织机构设置和管理模式确定要结合项目的实际情况;坚持效益优先,一切工作围绕项目整体效益提升而开展。三是明确核心内容。项目必须以"干项目""创信誉""盈利润""保市场"为工作方向,不断由以往传统的施工生产管理向项目经营管理转变,从而推动实现履约、创效和滚动的有机统一。

3. 突破管理藩篱,创新制度设计

中铁五局认真梳理既有的项目管理制度,列出经济责任考核、物资设备管理、项目机构管理、人才队伍建设、劳务队伍管理、竣工项目管理等 30 项重点项目管理制度清单,并立足当下企业项目管理突出问题和行业项目管理发展方向,对各项制度进行了研究,梳理出了现行项目管理中涉及组织模式的规定事项,在此基础上,经过多次调研和对标学习、征求各方意见后,制定了《中铁五局工程项目组织模式构建管理办法》《中铁五局区域化项目群管理指导意见》《中铁五局川藏铁路管理模式意见》等制度办法,创新突破原有的项目组织管理惯例,赋予了工程项目组织管理新的内涵。

4. 划分职责权限,建立责任矩阵

为更好地推动项目组织管理模式实施,中铁五局建立了各管理层级的责任矩阵。局层面负责出台政策,成立机构,配置资源,同时做好制度设计,检查指导工作;指挥部层面负责统筹调配项目资源,开展项目绩效考核,监督检查项目安全质量进度管理情况;子(分)公司层面负责组建项目部,抓好自管段的施工管理、资源配置、人才队伍建设等工作;项目层面负责组织好现场施工生产,抓好安全质量管控,严格执行指挥部或者子(分)公司资源统筹调配。责任矩阵建立后,新中标项目在前期筹划过程中,各方能够及时对号入座、高效履行职责。

(二)划分项目类型,构建项目组织管理模式分类监管体系

1. 明确项目组织管理模式类型及选用条件

中铁五局将工程项目组织管理模式按项目管理主体和项目部的构建方式不同,分为了直管、共管、托管、自管四种类型。一是对于中铁五局承揽的规模、难度、风险较大的,多个分公司参建的工程项目,一般采取直管模式,由中铁五局直接组建项目部,对工程实施组织管理,比如中铁五局川藏铁路项目、广绵项目等实行的是直管模式。二是对于中铁五局承揽的规模、难度、风险中等的,两个以上分公司参建且以一个分公司施工为主的工程项目,一般采取共管模式,由中铁五局与一个分公司组建项目部,对工程实施组织管理,如中铁五局成渝项目、南深铁路玉岑段站前项目等实行共管模式。三是对于中铁五局承揽的规模、难度、风险较小的,一个分公司承建的项目,一般采取托管模式,由中铁五局委托分公司组建项目部,对工程实施组织管理,如中铁五局京雄高速项目、兰太高速项目等实行托管模式。四是对于以子(分)公司资质中标的项目,一般采用自管模式,由子(分)公司组建项目部,对工程实施组织管理。

2. 明确项目组织机构的设置方式

一是直管项目部、共管项目部、托管项目部的组织机构设置均由中铁五局下达组织机构令,决定项目部定员定编和统筹安排人员配置。其中,共管项目部局层面原则上只选派指挥长或项目经理、总工程师、财务部长、商务部长,其他人员由主要参建公司配置;托管项目部由分公司负责项目部人员及各类资源配置。二是自管项目部的机构设置由子(分)公司下达项目组织机构令,决定部门设置、定员定编、人员安排。

3. 厘清项目组织管理模式的责权利关系

一是在主要职责方面。采用直管模式和共管模式的项目经理部或指挥部作为中铁五局的派出机构,代表中铁五局全面负责项目的施工经营管理,履行项目的组织、指挥、协调、控制、监督、服务职能;负责项目的安全、质量、信用评价、编制实施性施工组织设计

以及在项目实施过程中对重大技术方案变更和重大问题的处理等工作;负责完成业主下达的施工生产计划和中铁五局《年度考核目标责任书》下达的施工产值、二次经营、上缴资金、KPI等指标,并沟通协调外部关系。采用托管模式和自管模式项目部的职责权限由参建公司自行制定执行。二是在主要权限方面。采用直管模式和共管模式的项目部或指挥部对项目建设资金有分配权,对参建公司的项目部资金使用有监督权和检查权;对参建公司项目部的施组、施工方案有审核、审批、检查权;对参建公司项目部有综合考核和奖惩权,对局项目部或指挥部人员有考核奖惩权;对参建公司项目部落实局的各项管理要求有检查督促权。采用托管模式和自管模式项目部的权限由参建公司自行制定执行。三是在经济利益关系方面。采用直管模式和共管模式的项目部,由中铁五局对其下达红线成本预算指标,项目部按红线成本预算分劈到参建公司项目分部,并根据红线成本预算测算出的项目利润总额,由中铁五局与参建公司按约定比例进行分成。采用托管模式的项目,由中铁五局下达红线成本预算,收取一定比例的费用;子(分)公司以中铁五局资质中标承揽的工程项目,局不收取管理费用。采用自管模式的项目,由参建公司自行管理。

4. 建立项目组织管理模式的考核机制

一是对于直管模式项目部的考核,按照《中铁五局直属项目部绩效考核办法》,中铁五局与项目部签订《红线成本预算管理目标责任书》和《项目年度考核目标责任书》,由中铁五局对项目部进行红线成本预算管理和年度目标考核。二是对于共管模式项目部的考核,中铁五局对项目按照其管理职能划分每年下达考核目标,对项目实行年度绩效考核,考核结果将作为中铁五局派出到共管项目人员的绩效考核的参考依据;分公司根据本单位相关管理制度对项目部中自有管理人员进行考核。三是对于托管模式和自管模式项目部的考核,将完全由子(分)公司依据本单位相关制度进行考核兑现。

（三）以"区域的集约高效发展"为核心，创新推进区域化项目
　　群管理模式

中铁五局针对子公司近年来中标项目呈现的数量多合同小、区域性集中等特点，以直管、共管、托管、自管四种项目组织管理模式创新为基础，对一个区域内有多个项目的组织管理模式进行了再创新，研究出台了《项目群管理模式制度》，变革了传统的一个项目设立一个项目部的管理模式。

1.确定区域化项目群管理模式的原则

一是坚持生产经营一体化。深入贯彻"以现场保市场"的发展理念，围绕"经营开发"和"项目管理"两大中心任务推进区域化项目群管理工作。二是坚持成熟一个推进一个。中铁五局在经营开发过程中将同一区域的施工任务交由同一子公司负责施工，为子公司在本区域内推行区域化项目群管理创造条件。三是坚持集中统筹管理。充分发挥区域内项目相对集聚的优势，统筹管理区域内的经营开发及各项目的人、财、物、机、劳务队伍、公共关系、二次经营、经济合同、党群工作、后勤保障、项目收尾等工作。四是坚持充分放权。区域化项目群管理机构成立后，子公司将区域内经营开发和项目管理的决策中枢下移到相应的区域化项目群管理机构，列明授权事项清单，简化机关审批程序，从而提升管理效率。

2.制定区域化项目群管理机构设置方式

一是项目群管理机构可依托一个地级市或一个省建立，原则上不得跨省。邻近区域的项目，可根据公共关系、交通距离、便利程度、规模大小、工程难度等因素综合考虑是否划入项目群管理范围。二是根据实际情况，可将项目群管理机构命名为"××区域经理部""××片区指挥部""××事业部""××分公司"等，如中铁五局一公司沈阳片区指挥部、中铁五局华南公司东莞区域经理部的命名。三是项目群管理机构原则上依托区域内的大项目组建，内设机构根据区域内项目的实际情况和需要履行的统筹管理职能设置，人员尽量在所在的大项目高度兼职，防止形成"二机关"现象。四是除因经营开发需要可设立固定的办公和接待地点外，项目群

管理机构应随区域内项目的变动与区域内的大项目合署办公。

3. 建立区域化项目群管理机构的职责

中铁五局围绕"十四个统筹",明确了区域化项目群的职责。即统筹管理区域内的经营开发;统筹维护区域内的地方政府、项目业主、设计单位、监理单位等的公共关系;统筹管理区域内的财务资金;统筹管理区域内的管理人员;统筹管理区域内的劳务队伍;统筹管理区域内的物资设备;统筹管理区域内的经济合同;统筹管理区域内的临建工程;统筹管理区域内的二次经营;统筹管理区域内的经济活动分析;统筹管理区域内的施工生产,实现重要施组方案、施工进度、安全质量等的协同管理;统筹管理区域内的后勤保障;统筹管理区域内的收尾项目;统筹管理区域内的党群工作,做好区域内各项目的党建、工会、共青团和宣传工作,组织开展党群活动。

4. 明确区域化项目群管理主体的职能定位

一是子公司为战略制定与监管主体,对项目群的规划布局、长期发展进行策划,为项目群建设初期提供必要的政策和资源支持;健全完善基本制度,厘清公司、项目群管理机构、项目部各方的责权利,明确组织体系、薪酬分配、考核激励的基础体系和基本原则;选派项目群和辖区内项目的领导班子,并签订有关责任书,按照责任书和公司制度对班子成员进行阶段性考核。二是项目群管理机构为项目群的管理主体,按照公司的授权范围,在区域内履行经营开发和项目管理两大中心职能,落实公司对项目群的各项战略目标;在公司的制度框架下,细化、创新制定区域内的各项管理和考核制度,精简管理人员、提升管理效率,形成适合区域内本土发展的标准化、流程化、合理化管理体系。三是项目群内项目部为具体项目管理的责任主体,按照公司和项目群管理机构的制度规定和阶段性目标,通过履行施工现场的生产、安全、质量、技术、成本管理等主体责任,落实"以现场保市场"的创效创誉任务。

5. 建立区域化项目群机构的考核机制

一是对项目群管理机构领导班子的考核是参考经理层任期制

和契约化管理模式,以区域内年度的经营、生产、利润、资金上缴等目标为基础,签订任期及年度业绩责任书,按约定开展任期和年度考核。二是对项目群内项目部领导班子的考核是以项目的生产、成本、利润等目标为基础,签订责任书,由公司组织实施全额风险抵押、模拟股权、全员风险抵押承包等新的经济责任承包机制,后续再由公司会同项目群管理机构按约定对其开展预考核和清算考核。兼任项目职务的项目群管理机构领导班子成员,按约定权重同时参与项目群管理机构领导班子考核和项目部领导班子考核。三是对其他管理人员的考核从人员投入产出效率等方面着手,按"总额包干、自主分配"的原则,对员工进行差异化的绩效考核。四是设置专项考核,对急、难、险、重的经营开发、节点工期、二次经营等事项,制定覆盖相关参与人员的专项考核方案,进行专项激励。

近年来,中铁五局一公司、华南公司、六公司、机械化公司、建筑公司等子公司已按照中铁五局统一部署,围绕成立项目群的有关要求,均打造了切合自身发展实际的区域化项目群,为企业发展注入了新的动力和活力。例如,中铁五局六公司华东片区指挥部,以南京地铁1号线、2号线、6号线工程为主阵地,通过对项目高质量的履约和与当地资源的强强联手,向周边市县不断拓展延伸。截至2022年底,已中标项目9个,累计合同额约62亿元,2022年完成产值约13亿元,占六公司全年产值的28%,且在集约高效的项目群管理模式下,中标的每个项目都能快速进场,第一时间形成战斗力,有效提升了资源利用效率,减少了成本浪费,从而超额完成了公司年度下达的利润指标。

(四)以"加强成本管控"为主线,创新推进直管项目集中统一管理

中铁五局针对直管模式存在管理成本居高不下、各管理主体责权利不对等;项目部对管理人员、物资设备、劳务队伍等主要资源不能有效掌控,集中统一管理的作用未能充分发挥;各分部独立行事,不能形成集约管理优势等影响项目整体效益的问题,从成本管理、经济效益方面,对全局直管模式项目部进行了调研,对原直管模式针对性进行了优化,从而有效加强了直管项目部的管理集

166

中,提升了项目管理水平,促进了项目成本管控。

1. 确定直管项目集中统一管理的推行范围

中铁五局对具有施工难度大周期长、环境复杂、政治性强、对国家经济社会影响大、合同金额超 50 亿元的大型或者合同金额超 100 亿元的特大型项目在充分论证后,原则上推行直管项目集中统一管理模式,比如川藏铁路项目采用该种模式,由中铁五局组建项目经理部,各参建公司组建项目分部,项目分部完全在项目经理部的统一领导下开展自管段的施工生产。

2. 明确直管项目集中统一管理的推行原则

一是坚持精干高效的原则。项目经理部直管分部,分部直管班组。项目经理部人员相对配齐配强,项目分部重点配置现场施工生产、安全质量管控、直接成本管控等力量。二是坚持权责明确的原则。项目经理部主要负责宏观成本管控,同时充分发挥好资源要素集中管理和重点工作统一管理职能。项目分部主要负责现场进度、安全质量、劳务队伍管控、物资消耗管控、机械设备使用效率提升等微观成本管控职能。三是坚持集中统一的原则。项目经理部对主要制度和考核体系、管理人员定员定编、整体施组方案、主要物资及机械设备购置、劳务分包模式和限价、后勤保障、二次经营、财务资金以及党建等 9 个方面的工作进行集中统一管理。

3. 确立直管项目集中统一管理的机构设置

一是项目经理部可设置工程部、安全质量环保部、物资设备部、财务部、商务部、综合部、征拆部、后勤保障部、中心试验室共 8 部 1 室,并配齐配强相关人员;项目经理部同步组建党组织和群团组织;部门负责人及以上人员从中铁五局各单位择优调入或助勤,其余人员采取助勤的方式从各子(分)公司抽调。二是项目分部围绕现场施工生产组织管理、安全质量环保管理、现场成本管控等职能进行部室设置和人员配备,一般推行大部制,人员相对精简。分部具体机构设置和人员定员定编由项目经理部统一标准,各参建公司具体安排。各分部经理兼任项目经理部副经理,参与项目部重大事项决策。分部同步设立党组织和群团组织,接受项目部和参建公司的双重领导。

4.强化直管项目集中统一管理的职能职责

一是中铁五局履行明确项目定位及目标、配齐配强项目各类人员、制定符合项目特点的全局统一的基本薪酬标准、审定实施性施组、协助制订各种设备、劳务、物资、试验整体实施计划、开展科技攻关和研发、明确主要物资集采方案及管理制度、组织测算项目真实责任成本、合理确定对参建公司的责任成本分包单价、指导开展二次经营等管理职能。二是项目经理部履行制定相对统一的制度、考核体系和定员定编标准、统一开展施工组织策划、集采主要物资及机械设备、确定劳务分包模式和限价、开展财务管理、安排后勤保障、组织二次经营、制定党建工作方案等主体责任。三是参建公司履行组建分部、管理资源配置和安全质量环保、责任成本管控等主体责任。四是项目分部履行现场施工生产、安全质量环保、责任成本管控等直接责任。

5.加强直管项目集中统一管理的成本管控

一是厘清成本管控责任。项目经理部主要负责宏观成本管控,同时对主要物资采购、主要机械设备及配件采购、财务资金等要素进行集中管理,对施组编制及动态优化、分包模式和限价、二次经营等重点工作进行统一管理。项目分部主要负责现场进度、安全质量、劳务队伍管控、物资消耗管控、机械设备使用效率提升等微观成本管控。二是建立责任成本考核体系。建立中铁五局、项目经理部、参建公司、项目分部四个层级的责任成本考核体系,分层级开展责任成本核算与考核。中铁五局根据责任成本测算情况及二次经营预期目标与直管项目部签订内部经济责任承包合同,作为考核项目经理部管理绩效的重要依据;项目经理部按照实事求是及市场化的原则与项目分部签订内部责任成本承包合同,作为项目经理部和参建公司在过程中考核分部管理绩效的重要依据;项目部产生的利润,中铁五局与参建公司按一定比例分成,责任成本范围内的亏损由参建公司承担,责任成本之外的亏损由中

168

铁五局承担；参建公司以责任成本为基础，建立对自管分部的经济责任考核奖罚体系，强化对成本的过程管控。

中铁五局川藏铁路工程是推进直管项目集中统一管理模式的试点项目，通过这一模式的推行，进一步压紧压实了中铁五局川藏指挥部和两个分部的职责。自2021年进场以来，川藏指挥部不断转变原来管理方式带来的影响，快速适应直管项目集中统一管理模式，集中统一抓实施工组织、技术攻关、科技创新、安全质量环保、物资集采、资金管理、大机配套、绿色施工、智慧工地建设、党建群团等工作，推动项目整体集中高效运行，实现了项目节点目标和完成了中铁五局下达的任务指标。

（五）以"提升项目管理效能"为目标，创新推进"代局指"模式

近年来以中铁五局资质中标的项目数量越来越多，直管和共管模式在运行过程中存在着管理层级多、管理关系复杂等明显的特征，再加上建筑材料和人力的成本不断攀升，若依旧对中铁五局资质中标项目根据项目特点大范围实行直管或共管模式，将在一定程度上阻碍参建公司的作用发挥、影响项目经济效益。为此，中铁五局创新了"代局指"的项目新模式，通过大力推行"代局指"项目组织管理模式，有效提升了项目管理效能。

1. 构建"代局指"管理模式的总体思路

为最大限度降低和化解内部矛盾、提高管理效率、释放生产能力，更好实现项目创造最佳经济效益、社会信誉和培养人才的根本目标，中铁五局以托管模式为基，赋予了"代行局指挥部"（简称"代局指"）的含义，明确以中铁五局资质中标的项目，除有特殊情况的大型或者特大型项目外（如川藏铁路、渝昆铁路），其他项目原则上全部推行"代局指"模式，即一个项目最多由一个公司或者两个公司负责建设，在项目进场前，中铁五局就要明确并委托一个参建公司组建项目经理部代表其履行局指职责。

2. 创新"代局指"模式项目的组建形式

根据企业战略、工程项目特点、施工能力等情况，中铁五局将"代局指"模式组建形式分为两种：一是"项目经理部＋工区（架子

队)"形式。对于难度中等、工期较短的项目,则委托一个分公司组建项目经理部代行局指,并根据管段特点,合理设置项目工区或架子队,配齐配强管理人员,项目经理部代表中铁五局处理各方面关系,全权负责项目建设。二是"项目经理部+项目分部"形式。对于难度较大、工期较长、专业要求较高的项目,中铁五局将标段一分为二,由两个公司负责建设,再根据参建公司承建合同、专业实力等方面进行评估后,委托其中一个公司组建项目经理部代行局指,另一个公司组建项目分部。项目经理部对外代表中铁五局处理对外关系,并对整个项目的安全质量、财务等进行监管,项目分部履行分部责任;两个参建公司对本标段内工程的安全、质量、工期、效益全权负责。在明确项目组织模式后,中铁五局将统一下达"代局指"的机构令和定员定编,其中"代局指"领导班子一般由代行局指的项目经理部和项目分部的领导班子组成,总量一般不超过 5 人,"代局指"项目经理部项目经理担任指挥长,其他人员根据需要配置。

3. 强化"代局指"模式项目的管理职能

一是根据中铁五局授权,全面履行施工合同,并依据项目前期策划,结合项目现场需要,对项目的施工组织形式、资源配置等提出建议或调整方案。二是根据有关规定,制定考核办法,对项目部管理人员及协作队伍进行考核。三是负责中标工程项目的组织、协调、指挥、监督、检查等工作,组织完成中铁五局、受托公司下达的目标。四是代表中铁五局协调与建设单位、设计、监理、地方政府等有关部门的关系。五是负责组织向建设单位进行验工计价、变更设计、合同索赔和工程价款的结算、清算。六是定期向受托公司提报季度、年度生产建议计划,组织项目经济活动分析等。对于两个公司参建的项目,项目分别受"代局指"和隶属公司的双重领导,隶属公司负有自管段建设的主体责任。七是明确参建各方施工任务,在项目中标后,中铁五局将会下发《明确项目施工任务安排通知》。通过这种管理方式,既满足了项目要求,对外有项目经理部代行局指,对内有两个参建公司各司其职,能够高效助阵项目

170

建设,从而推进项目提质增效。

4. 明晰"代局指"模式项目的经济关系

一是中铁五局与受托公司之间的利益分配,执行中铁五局相关制度。二是受托公司与"代局指"之间的经费核定、考核兑现、收入分配等,由受托公司确定。三是"代局指"项目部与参建项目分部之间的验工计价分劈、资金拨付等,执行中铁五局和参建公司相关制度。

中铁五局是责任成本预算编制的管控层,负责制定责任成本编制原则、编制依据、编制方法。参建公司是责任成本预算编制的主责层,负责会同项目经理部和项目分部测算、编制责任成本预算,下达责任成本目标。"代局指"项目部是责任成本预算编制的监督层,负责对参建公司拟下达的责任成本预算进行统一平衡、把关,确保项目整体责任成本预算满足要求。

5. 建立"代局指"模式项目的考核机制

中铁五局建立两级联动的考核评价机制。一是中铁五局对"代局指"项目部下达项目利润目标、经费预算、资金集中度、安全质量环保、信用评价等指标,组织对"代局指"项目的总体考核评价,考核结果作为对受托公司管理能力的一种认定,并依据考核结果通过验工计价的形式对受托公司进行奖励,对考核不合格的,取消受托公司再次设立代局指管理项目的权利。二是参建公司对项目部或项目分部依据中铁五局下达的项目责任成本,核定各管段的责任成本并下达考核指标,再根据本单位考核管理相关制度,自行完成考核评价,考核结果作为自管项目绩效薪酬和超额利润兑现的依据。

当前,"代局指"模式已在中铁五局广泛实行,有近 90% 以上的中铁五局资质中标项目均运用"代局指"模式,且随着近几年企业经营任务承揽越来越多,"代局指"模式管理高效、成本较低、效益较好的优势越来越凸显,现已成为中铁五局项目组织管理的主流模式之一。

三、国有施工企业以集约高效为目标的项目组织管理的效果

(一)提升了企业的项目管理能力

通过项目组织管理模式的创新和科学运用,有效提升了中铁五局的项目管理能力,推动了重点工程项目的高质量履约。其中,郑万、湖杭、和若等 10 多条铁路项目如期开通,得到建设单位高度评价;渝昆、成兰、广汕等铁路项目,广州、深圳、南京等地铁项目,滇中引水、广绵高速等重点项目有序推进;格芒、玉楚等投资建设项目顺利转入运营期;西渝、成渝中线等一批新上铁路项目快速进场,安全质量环保工作平稳可控。超过 80% 的项目在不断加强资金预算、债务筹划和风险预警的情况下,项目的资金运行得到显著提升,能够实现资金自平衡的目标。2021 年以来,荣获了国际隧协年度大奖 1 项,鲁班奖和詹天佑奖 6 项,全国实施用户满意工程奖 11 项,国家级优质工程奖 14 项、安标工地 2 项,全国公路水运建设"平安工程"4 项,牛栏江项目齐集"鲁班奖、国优金奖、大禹奖"三料桂冠,6 项工程入选"2022 中国新时代 100 大建筑",擦亮了中铁五局建造的工程品牌。

(二)增强了企业的市场竞争实力

近五年来,中铁五局新签合同额从 2018 年的 837 亿元增长到 2022 年的 2 075 亿元,增长 1 238 亿元,增长 148%;营业额从 2018 年的 480 亿元增加到 2022 年的 825 亿元,增长 345 亿元,增长 72%。核心产区和富油区块产出明显提高,多家子(分)公司自主承揽超过 100 亿元,华南区域、西南区域经营承揽突破 200 亿元,不断刷新历史纪录。

(三)实现了较好的经济效益和社会效益

2022 年降低有息负债约 68 亿元,净利润较 2021 年提升约 2.5 亿元;各项目的平均标后测算利润率提升到 5% 的水平,多个先天不足的项目在后天实现扭亏,源头质量好的项目在竣工后实现超额利润,尤其是在以往的铁路项目普遍没有盈利的情况下,中铁五局坚持守正创新,运用项目组织管理新模式扭转了"谈铁必

亏"的局面,一大批新上铁路项目实现良好开局,为企业现金流作出了巨大贡献,为持续强力推进项目组织管理新模式创造了极大的信心。同时,中铁五局积极履行社会责任、注重企业形象,近年来多次荣获"全国守合同重信用单位""全国优秀施工企业""全国建筑业科技进步与技术创新先进企业""全国文明单位"、全国"工人先锋号"、全国"五一劳动奖状",全国建筑业 AAA 级信用企业等称号,企业的社会认可度和影响力不断提升。

(成果创造人:龚小标　刘　勇　李光跃　曾　红　王钦照
　　　　　　陈　明　申志远)

以"四坚持·四融合"推进基层
纪检工作高质量发展

中国铁路武汉局集团有限公司融媒体中心纪委

武汉局集团公司融媒体中心成立于 2018 年 12 月,是武汉局集团公司融媒体宣传产品策划、制作、发布、传播的生产单位,主要担负武汉局集团公司面向全局和面向社会开设的武汉铁道报、武铁电视台、集团公司办公网、"掌上武铁"融媒体手机平台、"武汉铁路"官微等各媒体平台的建设、管理、运维工作,全媒体各平台覆盖受众达 233 万人。其中武汉铁道报为内部刊物,每周出刊 2 期,报型为彩色四开四版,发行数为 1 万份,免费发行至集团公司各部门各单位。武铁电视台自办《武铁新闻》节目每周播出 2 期,通过地方有线电视网络传输。"掌上武铁"融媒体手机平台已覆盖全局所有干部职工,定期推送重点新闻报道。

自成立以来,融媒体中心始终坚持党管宣传、党管意识形态、党管媒体阵地,树立"思想＋艺术＋技术"的发展理念,形成"技术内容双轮驱动"的发展态势,积极展示武铁形象,传播武铁声音,推动媒体融合向纵深发展,为集团公司高质量发展营造良好舆论环境。负责运营的媒体平台先后 2 次获全路"最佳铁路网络平台"荣誉称号。

一、以"四坚持·四融合"推进基层纪检工作高质量发展实施背景

(一)推进基层纪检工作高质量发展是落实全面从严治党的必然要求

习近平总书记在党的二十大报告中,对坚定不移推进全面从严治党作出决策部署,强调"全党必须牢记,全面从严治党永远在路上,党的自我革命永远在路上"。总书记在二十届中央纪委二次全会上,再次对推进全面从严治党作出战略部署,用"六个如何始终"深入阐释"大党必须解决的独有难题",强调"把全面从严治党作为党的长期战略、永恒课题,始终坚持问题导向,保持战略定力,发扬彻底的自我革命精神,永远吹冲锋号,把严的基调、严的措施、严的氛围长期坚持下去,把党的伟大自我革命进行到底"。融媒体中心纪委作为国有企业基层纪检组织,是党推进全面从严治党、开展党风廉政建设和反腐败斗争的专门力量,承担着确保党的意识形态阵地绝对安全的使命任务,必须要站在深刻领悟"两个确立"的决定性意义、坚决做到"两个维护"的政治高度,深入学习领会习近平总书记关于全面从严治党重要论述,深刻体会党中央推进自我革命、立志千秋伟业的战略考量,切实增强全面从严治党永远在路上的政治自觉,坚决扛起政治责任,推动融媒体中心党风廉政建设和反腐败工作不断取得新进步。

(二)推进基层纪检工作高质量发展是服务中心工作的重要保障

国铁集团工作会议向全路发出了勇当服务和支撑中国式现代化的"火车头"的号召,明确了构建"六个现代化体系"的目标和今后一个时期推动铁路高质量发展的重点任务。集团公司对标对表,提出了深入实施"三大发展战略"、纵深推进"八大工程"、努力在率先实现铁路现代化征程中创新实干、当好先锋,部署了十个方面重点任务。作为国铁企业专业媒体,有责任有义务把国铁集团党组、集团公司党委的声音和要求宣传好、传达好,发挥媒体优势广泛开展形势任务宣传,讲好铁路故事,唱响主旋律,凝聚各方智慧和共识。在这一过程中,必须要求中心纪委发挥监督执纪作用,加大政治监督力度,做深做实日常监督,推动融媒体中心党委各项工作安排,特别是贯彻落实党中央决策部署的各项措施落实落细、见到实效,为集团公司高质量发展提供坚强舆论保障。

(三)推进基层纪检工作高质量发展是勇于自我革命的现实需要

党的十八大以来,铁路全面从严治党取得明显成效,但面临的形势依然严峻复杂,一些重点领域、关键岗位腐败问题易发多发,不收敛不收手现象依然存在,减存量、遏增量任务依然繁重。作为国有企业基层纪检组织,必须要认识到,腐败尚未根绝,反腐败永无止境,腐败和反腐败较量仍在继续;必须要认识到,现阶段基层纪检工作中不同程度存在政治监督离走深走实还有差距、日常监督离全面精准还有差距、纠"四风"树新风离新时代新要求还有差距、"三不"一体推进还有差距、"后半篇文章"效果释放还有差距、纪检队伍建设水平还有差距等一系列问题,必须要坚持以严的基调正风肃纪反腐,持续整治问题,巩固风清气正政治生态,把党的伟大自我革命进行到底。

二、以"四坚持·四融合"推进基层纪检工作高质量发展主要做法

(一)坚持以学铸魂,推动纪检工作与思想建设深度融合

中心纪委坚持以学铸魂,通过各种形式做好学习贯彻习近平新时代中国特色社会主义思想的深化、内化、转化工作,从思想上正本清源、固本培元,筑牢信仰之基、补足精神之钙、把稳思想之舵,始终团结在以习近平同志为核心的党中央周围,确保中心干部职工始终听党话、永远跟党走。

1. 聚焦思想引领,坚定理想信念

坚持把深入学习贯彻习近平新时代中国特色社会主义思想作为首要政治任务,结合纪检队伍教育整顿工作,组织专兼职纪检干部认真学习习近平总书记关于党风廉政建设和反腐败斗争的重要论述,引导专兼职纪检干部感悟伟大思想的真理力量、实践力量。以上率下领学促学,示范带动中心领导班子、党员干部通过党委中心组学习、"三会一课"集中学习、主题党日活动等形式,用好"学习强国""掌上武铁""融媒云党课"等平台,实行"每日一原文""每周一微课""每月一测试",推动理论学习融入日常、形成习惯,引导党员干部把学习成果转化为对远大理想和奋斗目标的清醒认知和执着追求,进一步坚定对马克思主义的信仰、对中国特色社会主义的信念、对实现中华民族伟大复兴中国梦的信心。

2. 聚焦党性锻炼,筑牢对党忠诚

坚持把对党忠诚体现在确保意识形态阵地安全的实际行动上,监督督促中心党委认真落实"第一议题"制度,落实《融媒体中心深入贯彻习近平总书记重要指示批示精神大事要事分工》,发挥把方向、管大局、保落实的领导作用,推动党的主张和重大决策转化为融媒体中心的思路举措、制度规定和决策决定。结合集团公司战略部署,提出"做集团公司'三大发展战略''八大工程'的记录者、参与者、建设者"的使命任务,确立"思想+艺术+技术"的全媒体工作理念,明确"移动优先、一体发展、全员转型"的融合思路,从机制保障、内容生产、推广传播、技术支撑、人才培养五个方面出台了一系列顶层制度,积极探索新形势下铁路媒体高质量发展路径,监督督促党员干部把党性锻炼体现在每一次采访活动中,把融媒体中心的智慧、力量、干劲凝聚到宣传党中央、国铁集团党组、集团公司党委的精神、要求、部署上,督促制定《融媒体中心内部平台采编审校差错管理及经济考核办法(试行)》,把意识形态工作纳入日常新闻采编考核管理,监督督促党员干部认真执行稿件"三审三校"制度,开展"二次纠错"行动,杜绝发生报道事故和引发负面舆情的报道,稳住舆论阵地"压舱石"。

3. 聚焦人民至上,站稳人民立场

坚持以人民为中心的发展思想,利用日常谈话、廉政党课等形式,教育党员干部在新闻采编实践中始终同职工群众同呼吸、共命运、心连心,用好《问在实处》《本报评论员》等舆论武器,着力解决职工群众的现实问题,在舆论战场把惠民生、暖民心、顺民意的工作做到干部职工、旅客货主心坎上。围绕铁路建设、客货运输、经营管理、党的建设等主题,教育引导党员干部既从面上宣传,让干部职工、旅客货主了解集团公司总体部署,又从点上推出深度报道,推广交流经验,还要深入一线挖掘凡人善举、能工巧匠,着力讲好武汉铁路满足人民群众美好生活需要的新举措,展示武汉铁路服务大局的政治担当。

（二）坚持以学增智，推动纪检工作与政治建设深度融合

中心纪委坚持以学增智，从党的科学理论中悟规律、明方向、学方法、增智慧，把马克思主义看家本领学到手，学会用马克思主义的实践观、群众观、发展观、矛盾观来分析国铁企业媒体改革发展面临的实际问题，从政治上审视问题、研究问题、解决问题，确保各项事业始终沿着正确的方向前进。

1. 紧盯国之大者，推进政治监督具体化

中心纪委始终心系"国之大者"，坚持从党和人民的立场、党和国家工作大局出发想问题、作决策、办事情。一是树立政治监督意识。通过学习研讨，教育引导专兼职纪检干部不能狭隘地认为政治监督仅仅是对具体人和事的监督、对廉洁行为的监督，把对各级组织、党员干部是否遵守政治纪律、政治规矩作为政治监督的首要任务，善于从政治视角去审视、分析问题，着力发现和纠正政治偏差。二是把握政治监督根本任务。教育引导专兼职纪检干部充分认识到各类管党治党问题，从本质上来看都是政治问题，都是"四个意识"不强、对党不忠诚不老实的问题，要求专兼职纪检干部在日常监督过程中，坚决同各种违背党的原则、违反党规党纪和国家法律法规、破坏党的团结统一、损害党的领导的现象、问题以及有关的人和事作坚决斗争，督促全体党员干部增强政治自觉，把"两个维护"落实在具体工作实践之中。三是细化政治监督具体内容。把学习贯彻习近平总书记对铁路工作的重要指示批示精神，贯彻落实党中央、国铁集团党组、集团公司党委和融媒体中心党政重点工作要求，作为政治监督的具体要求，形成《融媒体中心纪委月度政治监督清单》，按照"选题立项、清单实施、过程把控、晾单评晒"4个步骤，通过立项式监督、项目化管理、精准化推动，不断提升监督质效。

2. 紧盯"关键少数"，推进政治监督精准化

"关键少数"是党的事业的组织者、推动者和落实者，对广大普通党员干部具有很强的带动引领作用。中心纪委通过监督"关键少数"到管住"绝大多数"，持续制约权力运行。一是强化"关键少

数"示范作用。深入贯彻《中共中央关于加强对"一把手"和领导班子监督的意见》，坚决落实党中央"五个强化"要求，加强对"一把手"和领导班子落实全面从严治党主体责任、贯彻执行民主集中制、依规依法履职用权、廉洁自律等情况的监督，引导严以修身、严于律己，发挥"头雁效应"；推动"两个责任"由党委、纪委主要负责同志延伸到其他党委班子成员，发挥以上率下引领作用，形成一级抓一级、层层抓落实格局。二是强化"关键少数"领导作用。中心纪委经常性开展廉政谈话，增强近距离监督实效，督促"一把手"把领班子、带队伍体现在日常管理监督中，通过咬耳扯袖、红脸出汗，使党员干部时时感受纪律约束。三是强化"关键少数"能力建设。中心纪委定期组织开展"关键少数"的"一岗双责"专题研讨，强化管党治党意识和能力，严格落实"管业务就要管队伍，管队伍就要管廉政"的责任要求，加强日常监督紧盯"关键少数"，让他们习惯在受监督和约束的环境中工作生活，时刻保持清正廉洁的政治本色。

3. 紧盯关键领域，推进政治监督常态化

中心纪委坚持问题导向，强化"抓系统、系统抓"责任，督促责任部门盯住廉政风险高、问题易发多发的重点领域和关键环节，对新闻采访、零小工程、物资采购等领域的风险防控情况定期分析研究，加强制度流程、实施过程的监督，提升政治监督实效。一是坚持整改闭环。对监督发现的问题，及时下发整改通知书，督促整改闭环，落实整改评估和整改问责，推动边督边改、立行立改、全面整改。二是坚持问题导向，由表及里分析原因，找准问题产生的根源，注重"关后门"与"开前门"并举，既强调禁止性又明确可行性，完善制度流程，堵塞管理漏洞，实现治标治本。三是坚持通报问题与明示方法并举，在通报问题的同时，一并公布监督检查项目的规范性操作流程，让管理者明确以后如何规范该领域管理、职工群众知道监督什么，从而让干部感受到监督、习惯被监督，让群众知道监督、参与监督。

（三）坚持以学正风，推动纪检工作与机制建设深度融合

中心纪委坚持以优良党风带动政风建设，推动思想作风、工作作风全面过硬，涵养求真务实、清正廉洁的新风正气，一体推进"三不腐"机制建设，把工作抓实、基础打实、步子迈实，力戒形式主义、官僚主义，以好的作风振奋精神、树立形象、汇聚力量、激发斗志。

1. 狠抓制度落实，守好"不敢腐"的纪律底线

加强治理体系建设，督促修订《融媒体中心领导班子工作机制》、党委会工作细则和议事规则，以监督强化党委前置把关，先后对 83 次党委会研究决策的 135 项经营管理重要事项严格监督，确保依法决策、科学决策。压实"两个责任"，将党风廉政建设责任纳入各层级党组织委员抓党建责任清单，每年制定下发党风廉政建设重点工作责任清单和纪委重点工作任务清单，组织主要领导、分管领导、部门负责人三方共同签订年度党风廉政建设责任书，落实好月报告、季度分析会等制度，推进"三不腐"机制主体责任与监督责任同向发力。督促出台《融媒体中心关于深入贯彻〈中共中央政治局贯彻落实中央八项规定实施细则〉的落实措施》，明确领导班子、中层及党员三级具体落实措施，以良好的作风带动工作落实。推进纪律监督、业务监督贯通协同，发挥好群众监督、民主监督、舆论监督的合力作用，先后开展专项监督、明察暗访 39 次，对 4 个制度执行不严的情形下发整改建议通知书，确保各项制度措施落实到位。

2. 狠抓机制建设，扎紧"不能腐"的篱笆围栏

坚持"制度＋科技＋阳光"，组织各部门认真开展廉政风险点排查工作，对经营管理过程中的 7 大类 41 项廉政风险制定针对性整治措施，形成覆盖中心领导班子、部门、岗位的三级《融媒体中心岗位廉政风险点及防控措施汇编》，配套出台《融媒体中心合同管理办法》《融媒体中心绩效考核办法（试行）》《〈人民铁道〉报、〈武汉铁道〉报发行管理办法（试行）》等 10 余项制度机制，严格按程序、按制度办事，有效防范权力滥用，杜绝不廉洁行为。

3. 狠抓警示教育，筑牢"不想腐"的思想堤坝

严抓党章党规党纪、党风廉政建设和反腐败工作形势任务教

育,将新党章、廉洁自律准则、纪律处分条例等纳入党委中心组学习、党支部"三会一课"和干部培训必学内容。针对记者编辑下现场采访容易发生不廉洁行为的风险点,开展常态化党员违纪违法廉政警示教育 25 场次、外出采访廉政提醒谈话 269 人次,引导广大党员干部在新闻采编过程中不抽"人情烟"、不吃"人情饭"、不发"人情稿",增强廉洁自律意识和纪律规矩意识。加强元旦、春节等重要节点廉政提醒和新任职廉政谈话、廉政考试,用好集团公司纪委下发的典型案例通报、廉政党课等方式,以案明纪、以案说法。

（四）坚持以学促干,推动纪检工作与媒体发展深度融合

中心纪委坚持将纪检工作同贯彻落实党中央决策部署结合起来,同推动媒体融合发展结合起来,坚持目标导向和问题导向,激励广大党员干部将务实作风和奋斗精神转化为攻坚克难、干事创业的实际行动。

1.培育廉洁文化,构建清廉媒体阵地

发挥舆论宣传优势,把廉洁文化建设融入媒体宣传工作,营造崇廉拒腐良好氛围。一是找准定位,压实廉洁文化建设媒体责任。把廉洁文化建设纳入党风廉政建设和反腐败工作布局进行谋划,与集团公司纪委办公室、站段融媒体工作室建立廉洁文化建设统筹协调机制,立足媒体阵地确立"武融清韵"传播品牌,跨部门跨单位选拔漫画、视听制作、写作等 4 个类别 50 余名创作型人才,采取项目制方式推动落实,全程跟进指导,确保优秀创意精准落地,形成廉洁文化大宣传格局。二是立体呈现,形成廉洁文化广泛覆盖。以融媒体中心"两微一报一台一网"宣传矩阵为中心,整合 49 个基层单位新媒体平台,常态化开设廉洁理论专刊,征集展示干部职工对加强党风廉政建设和反腐败斗争的理论文章,彰显廉洁学术研究的生命力和感召力。在《武汉铁道报》（文艺副刊),开设《我的家风故事》专栏,创作推广大量廉洁主题的家风故事,传递了积极向上向善的正能量。开设《廉洁书法展》《廉洁绘画展》《廉洁摄影展》栏目,打造了一批具有武铁辨识度、唱得响、传得开、立得住的优秀廉洁文艺精品。三是创新形式,扩大廉洁文化沉浸效应。围绕廉

洁主题精心构思，开设"武廉君"纪法微课堂，相继推出《给领导送礼，都是人情往来吗?》《同事间请客吃饭属于违纪吗?》等系列微视频，以情景再现＋案例解释的方式宣传党纪条规，一经推出深受广大干部职工追捧，网友称其策划好、立意好、效果好。发挥漫画人才优势，配合完成集团公司廉政口袋书漫画创作，制作《"武莲君"过"廉"节》系列表情包，用"小武"和"小莲"两个可爱的卡通形象，展示《不忘初心》《过廉节》《不收红包》《廉政你我他》《请吃我们不约》等10余幅动漫作品，受到干部职工特别是青年职工的普遍欢迎，破解了廉洁文化的传播难题。

2. 培育争先文化，促进党员担当作为

瞄准不断增强"脚力、眼力、脑力、笔力"的政治要求，督促出台《融媒体中心专业带头人、技术拔尖人才评选管理办法》，发扬"自找苦吃"的精神，大力倡导"吃脑力的苦、吃体力的苦、吃寂寞的苦、吃钻研的苦"工作作风，常态化组织党员开展"铁凤跑现场"主题实践活动，开展党员纸媒"六个好"、电视节目"三个最佳"和新媒体"五个最"评选，建立党员人民铁道作品公示制度和全媒体记者写实制度，激发了广大党员在新闻宣传主战场发挥先锋模范作用。同时，认真开展"每月之星"评选，严格每季"党员先锋岗"评选，大力推进"支部＋采编""党建＋宣传"的组合模式，在重大主题宣传中，按照"兴趣化组合、跨媒介协作、项目制施工"组建党员突击队，充分发挥党员团队协作的"乘数"效应。自中心成立以来，先后有14件作品获铁路正能量"五个一百"优秀网络作品，76件作品在人民铁道新媒体平台获10万＋点击，在路内外唱响了武铁好声音，充分发挥了"一名党员一面旗帜"作用。

3. 培育融合文化，助力推动全媒传播

发挥监督检查作用，聚焦媒体融合难题出思路、谋出路，督促业务部门把"掌上武铁"融媒体手机平台作为文化强局的重要功能平台来规划建设，主动拥抱互联网，探索"好感传播"，相继推出"声音里的武铁""美术里的武铁""小乙海采到一线"等呈现形式，用流量把职工团结在国铁集团党组、集团公司党委的领导下，用"思想＋艺术＋技术"的方式当好党群政群纽带。发挥专兼职纪检干部带头作用,加强宣传产品"阅转评赞"闭环管理,督促出台《关于进一步加强宣传作品阅、转、评、赞工作的通知》,加大两级重点宣传产品"阅转评赞"工作力度,"武汉铁路"微信公众号"微力指数"有了较大提升。督促业务部门每周利用在线抽查和现场检查的形式,检查基层站段"阅转评赞"工作落实情况、两级官微关注情况以及两报发行情况,将检查结果纳入全局党建工作考评和经营业绩考核,压紧压实基层传播责任。

三、以"四坚持·四融合"推进基层纪检工作高质量发展实施效果

（一）风清气正氛围日益浓厚

中心纪委认真学习贯彻落实习近平总书记关于党风廉政建设和反腐败斗争重要论述,深刻领悟"两个确立"的决定性意义,增强"四个意识"、坚定"四个自信"、做到"两个维护",在知重负重中校准监督执纪职责,敢于斗争、善于斗争,坚定不移推动正风肃纪反腐向纵深发展。自中心成立以来,未收到反映党员干部不廉洁行为的信访举报,未发生党员违反党纪法规情形,风清气正、海晏河清的政治氛围日益浓厚,先后3次获集团公司"落实党风廉政建设责任制优秀单位"荣誉称号。

（二）监督治理效能不断完善

中心纪委始终保持不敢腐、不能腐、不想腐一体推进的强大政治定力,把握精髓要义,把准内在逻辑,打通内在联系,主动顺应干部职工对美好生活的新期盼、对正风肃纪反腐的新诉求,把解决党员干部自身存在的问题与维护职工利益、回应职工关切统一起来,围绕重点领域和关键环节善思善谋、善作善成,推动形成了一大批符合现代企业媒体发展要求、具有新时代特征的制度机制,不断厚植党执政的群众基础,巩固了反腐败斗争压倒性胜利。自中心成立以来,干部职工年度对中心政治生态满意率达98%以上。

（三）助力媒体发展更加有力

中心纪委始终围绕媒体建设监督到位不缺位,配合有序不越

位,针对媒体宣传质量不高、媒体融合水平不够、全媒体人才建设推进缓慢等影响长远发展的短板弱项,通过狠抓作风建设进一步提振了党员干部干事创业的热情和活力,一个个有力举措,一次次精准监督,疏"堵点"、消"痛点"、解"难点",为打造全路一流融媒体中心持续赋能。近年来,融媒体中心紧扣集团公司"三大发展战略""八大工程"重大部署,围绕运输生产、铁路建设、经营管理、党的建设、典型培树等重点,推出了一大批有分量、有影响力的深度报道、系列特稿、特别栏目,为武铁高质量发展凝心聚力,有力发挥了记录者、参与者、建设者作用。

(成果创造人:何君萍　靳　涛　赵帅民　陈　涛)

"铁路＋多式联运"提升华中地区
能源供应保障能力

中国铁路武汉局集团有限公司襄州运营维修段

中国铁路武汉局集团有限公司襄州运营维修段成立于 2019 年 9 月,主要担当国家"北煤南运"大通道浩吉铁路河南、湖北、湖南、江西段 852 公里设备设施养护维修和运输组织工作。管理运营区段辐射 4 省 9 市 26 县(区),管辖 49 个车站。全段现员 1 001 人,平均年龄 32 岁,其中本科及以上学历 178 人,中级及以上职称 69 人,技师及高级技师 56 人。主要有工务、电务、供电、车务、房建 5 个专业。段内组织机构为"段—车间(中心站)—班组"三级管理,设有 11 个科室、8 个车间、6 个中心站,共有生产班组 65 个。管辖运营的浩吉铁路在"豫、鄂、湘、赣"地区分别与焦柳线、汉丹线、京广线、沪昆线、京九线互通,在江陵与长江"黄金水道"交汇,并与汉江、洞庭湖等水运航道相交,运能辐射荆州、武汉、岳阳、九江等 10 余个重要港口和华中地区主要大中城市。截至 2023 年 7 月底,实现安全生产 1 420 天,发运煤炭 2.2 亿吨,先后获国铁集团"标杆站段""铁路防汛救灾先进集体",全国铁路总工会"火车头奖杯"、湖北省"普铁整治先进集体"等荣誉。

一、"铁路＋多式联运"提升华中地区能源供应保障能力的实施背景

(一)"铁路＋多式联运"是服务支撑国家重大战略发展的"新引擎"

无论是国家供给侧结构调整,还是长江经济带发展等战略的稳步推进,都对能源供需提出了更高要求。没建浩吉铁路之前,华中地区能源供应为"由大秦铁路—到秦皇岛转海运—再经由长江

185

转航运",北方的能源到达华中地区辗转行程近 6 000 公里,平均耗时近 18 天。浩吉铁路开通运营后,改变了华中地区的能源运输格局,煤炭从"蒙陕甘宁"能源主产地出发,经由 1 835 公里的浩吉铁路运输,可实现"豫鄂湘赣"一日达,在一定程度上缓解了华中地区能源保供压力。但华中地区的电力、化工、冶金等能源需求大户,并非都在浩吉铁路沿线,迫切需要以"铁路＋多式联运"模式,通过"铁路＋铁路专用线、铁路＋水运、铁路＋公路"运输等灵活组合方式,将浩吉铁路同能源下游企业有机串联起来,打通煤炭"供应商"与"采购商"间的最后一公里,实现能源运输无缝衔接,筑牢华中地区能源安全底线,以能源高效快捷运输助力国家经济社会发展。

(二)"铁路＋多式联运"是推动节能减排助力双碳目标的"新突破"

党的二十大报告指出:"积极稳妥推进碳达峰碳中和。"铁路作为绿色低碳的交通运输方式,对加快建设交通强国、助力交通行业实现碳达峰有着重要作用。调查数据显示,目前在全球交通运输部门碳排放数据中,70%来自道路车辆,我国交通行业碳排放占比28%,铁路每多运 1 亿吨,碳排放就会减少 270 万吨。浩吉铁路作为国家"北煤南运"重要通道,远期规划为年运输量 2 亿吨,每年可实现碳减排 540 万吨,但现阶段相关集疏运体系不完备,实际运输量还无法达到设计指标要求,迫切需要"铁路＋多式联运",推进浩吉铁路与沿线大型物流园、工矿企业、港区物流链向智能化、信息化、标准化迈进,让数据多跑路,客户少跑腿,以方便、快捷的"一站式"服务提升浩吉铁路吸引力,进而提升浩吉铁路运输的市场份额,最大化发挥浩吉铁路大运量、高能效、低排放的运输优势。

(三)"铁路＋多式联运"是加速推进建设交通强国进程的"新动能"

铁路运输是国民经济基础性、战略性、先导性产业,也是重要服务性行业,是服务构建新发展格局的重要支撑,根据交通强国建设要求,到 2035 年,中国将基本建成"人民满意、保障有力、世界前列"的交通强国,实现"人享其行、物享其流"。随着路网不断完善,特别是浩吉铁路开通后,对缓解运能紧张,加速沿线经济发展、改善社会民生,起到积极的推动作用。浩吉铁路开通以来,煤炭发运量由开通初期的500万吨跃升至9 000万吨,浩吉铁路能源大通道作用更加凸显,但浩吉铁路作为骨干通道,在"豫鄂湘赣"4省26县(区)疏运体系建设还不够完备,尤其需要"铁路＋多式联运",通过加紧推进沿线货场、专用线等疏运体系建设,打造"长藤结瓜"模式的疏运体系,将运能转化为推动沿线经济发展的新动能,让浩吉铁路惠及更多城市、更多企业、更多人民,以运输服务供给质量更加优质、高效,推动铁路建设交通强国进程。

二、"铁路＋多式联运"提升华中地区能源供应保障能力的主要做法

(一)疏运建设,织密联运网络,为"铁路＋多式联运"打通堵点节点

1.加速疏运体系建设进程

深入排查浩吉铁路"豫、鄂、湘、赣"26县(区)内电力、化工、冶金、煤港等大型用煤企业情况,掌握用煤供应渠道,重点对江陵、松木桥、坪田等23个与大型用煤企业关联站场,加强车站与关联企业联系对接,优化疏运专用线货场设计方案,推进项目立案,跟进工程建设进度。截至2023年7月底,已相继建成襄州北货场、荆门国际内陆港、江陵电厂、江陵煤港、华鲁恒升、平江电厂、分宜电厂7条货场专用线,极大提升浩吉本线货物疏运能力。紧盯浩吉线与焦柳线交会的荆门北站,与京广线交会的坪田站、海家屋线路所,与沪昆线交会的新余西站,与京九线交会的樟山线路所,以及与襄北枢纽交会的襄州北站,加大联络线建设养修力度,优化交界口车站运输组织,提升路网整体效能,推动"铁路＋多式联运"转运高效快捷。

2.加速配套设施升级步伐

紧盯国铁集团"联网、补网、强链"项目推进,结合华中地区能源供需持续上涨需要,紧盯制约货运上量的堵点、节点,深入查找站场设备状况、运输组织方案等与"铁路＋多式联运"不匹配的情

况,加速配套设施升级补强工作。紧盯襄州北站承担浩吉线万吨列车分解、空车大列组合调车作业及机车换挂、列检、货检、列尾摘挂等技术作业任务股道紧张实际,启动襄州北站站改方案,站改后襄州北站股道将由 19 条增加至 28 条,并增加平行径路 3 条、机待线 2 条。结合襄州北至坪田段部分车站站线长度有限,无法满足编组 100 辆的万吨列车开行条件,启动襄州北至坪田段部分车站延长到发线升级改造,并在坪田站增加 2 条到发线,改造完成后,万吨列车将实现从原产地直达湖南岳阳坪田,极大提升运输效率,为"铁路＋多式联运"压缩时间。

3. 加速货场线路共建共享

全力发挥"铁路＋多式联运"运输模式,在打造货场线路共建共享上下功夫,深入摸排沿线货场、专用线到货、卸车需求,在满足列车到、发、装、卸需求的条件下,鼓励多企业按照市场化原则共建共享共用铁路专用线。通过协调江陵电厂、华鲁恒升共用一段专用线,最大化实现节约用地、缩短建设工期、节约建设资金,累计节约建设成本近 2 亿元,并实现提前半年投产。鼓励企业施行专用线代运营代维护模式,修订完善专用线代运营代维护收费计费办法并向社会公开,规范线路使用、运输服务收费项目和标准,明确清算规则,规范专用线价格行为,建立适应市场变化的运价灵活动态调整机制,增强铁路专用线运输市场竞争能力。以专业管理提升专用线养护运营质量,推动"铁路＋多式联运"实现可持续发展。

(二)站企一体,提升服务品质,为"铁路＋多式联运"塑造发展优势

1. 以市场导向吸引优质客户

对沿线电厂、煤港、化工、冶金等企业进行摸排调查,了解企业用煤供需。摸排货运增长点,按地区、行业、门类整理完善潜在客户和大宗客户有关信息,建档立案,坚持"一企一策",提供个性化精准服务,争取潜在客户选择"铁路＋多式联运"方式,深入摸排铁路与公路、铁路与船舶接驳运输价格和货物流向,就运输费用、装卸流程、运输路线与客户磋商,提出降低物流成本的最优方案,帮

助客户一车一车核算成本,一列一列核算效益,做到有一车、运一车、保一车,吸引更多潜在客户、留住大宗稳定客户、发展零散优质客户,组织发运客户签订《煤炭中长期合同和大宗物资运输协议》,紧盯合同履约兑现,实现效益最大化、合作共赢。

2. 以品牌打造提升服务品质

紧盯江陵站"铁路+水运"、掇刀站"铁路+公路"等多式联运方式,打造"江铁联运""公铁联运"服务品牌,固化"发货、运输、转运、卸车"一站式服务模式,统筹协调"铁路、专用线、公路、水路"运力资源,根据不同运输方式,制订相应衔接计划,通过"铁路货运票据综合应用管理系统""铁路运输集成平台"实时盯控段管内货运站在途、到车、卸车、待卸车情况,将相关信息及时向下游承运商、货主进行反馈,提醒下游承运商和货主提前排出接续运输计划和做好卸车人员、机具准备,有效解决以往不同承运商间流转手续烦琐、沟通成本高、信息数据不共享问题,最大化压缩中间环节,以优质品牌打造提升服务品质,为做强"铁路+多式联运"营造发展优势。

3. 以快卸快运提升效率效益

按照"以卸保畅"原则,加强与管内电厂、煤港等企业的沟通对接,重点做好站江陵站水铁联运、掇刀站公铁联运的接洽对接,组织专班到最大卸车站、专用线调研,对卸车作业组织进行跟班写实,就卸车组织各环节衔接是否流畅、卸车各工种配合是否紧密、卸车作业安全措施是否落实到位进行全面盯控,梳理影响卸车效率的突出问题,制定《专用线卸车组织办法》,明确日班计划、作业组织、技术标准、协调制度、应急处置等要求,煤港、电厂卸车组织不断优化,做到快卸快排,实现卸车组织环节流程化、规范化,列车中转时长大为缩短,最大限度消除积压,日均卸车达 1 100 辆,较开通初期增长 10 倍。

(三)高效运输,优化运输组织,为"铁路+多式联运"释放增运
    空间

1. 以高效组织畅通枢纽节点

充分发挥襄州北站"心脏"枢纽功能,通过密切关注电煤列车,

特别是万吨列车的运行情况,持续加强与调度、机务、列检等部门协调联系,动态优化运输组织,确保电煤列车快到快接;列车到达后,在组织接续机车换挂的同时,同步安排列检、货检、列尾作业人员对列车进行检查作业,确保列车各项性能良好,做到快编快开。与此同时,持续优化万吨列车分解、空车大列组合作业环节,形成并固化"续行接车""反向开车"等26项高效运输组织方法,实现了"1分钟动车、3分钟压红、5分钟出清",极大提升接发车效率,日均办理车1.6万辆,同比增长220%。

2. 以提速运营实现多拉快跑

自2019年9月开通运营以来,浩吉铁路全线运营时速均为80公里,2023年以来,华中地区煤炭需求量持续上涨,特别是处在浩吉铁路神经末梢的新余西中心站,图定交口列车增至38列,较2022年同期增加20列,全线已呈现出满图运营状态。为进一步挖潜提效,缓解华中地区能源保供压力,同时也为浩吉线货运增量3 000万吨拓展空间,自2023年5月17日起,将浩吉铁路襄州北至坪田间列车运营时速提升至90公里,提速后,从襄州北到"湘赣"地区的列车旅时较此前压缩1小时。同时进一步优化管内江陵电厂、荆州煤港等"用电大户"万吨列车开行方案,固化运行车次、运行时分、车体供应和机车使用方案,最大化提升运输能力,实现电煤多拉快跑。

3. 以大进大出推动敞口交接

主动对接国铁集团、武汉局、西安局、广州局、南昌局调度所,组织开展"构林南红旗局界口"联建联创活动,就提升浩吉线运输能力进行深入探讨,签署《"联创红旗分界口"任务书》,协商解决促进浩吉货运上量和分界口交接等运输生产中的突出问题,制定可行性建议方案,全力挖掘运输组织、施工安排、机车运用、列车解编等16个环节方面的潜力,确保路网高效畅通。构林南口图定列车从开通初期的10列增至160列,日均接入重车80列,同比增长700%;日均交出空车76列,同比增长660%,浩吉线货运大通道作用愈发凸显。

（四）高效管理，夯实安全基础，为"铁路＋多式联运"健全制度
体系

1. 自上而下搭建层次清晰的体系架构

结合国铁集团和集团公司安全体系建设要求，搭建以6个子
体系、35项运作机制为基础的安全治理体系，形成"1＋10＋47＋
N"金字塔式的安全体系架构，厘清"4321"的逻辑关系。结合综合
段实际，制定并公布《襄州运营维修段安全质量专项奖励考核办
法》，强化专业管理，明确安全科监督检查责任，专业中心专业安全
管理责任，车间、中心站安全生产主体责任，将安全体系工程定位
为实现段标准化规范化的重要途径和主要方法，分段、科室、车间
（车站）三个层级，各有侧重、层层递进、逐步延伸。段强调纲领性，
科室强调专业性，车间（车站）强调操作性，做到分工清晰、责任明
确，实现管理有章可循、作业有章可依。

2. 系统梳理建立权责分明的责任清单

用"三个"清单建体系、管理流程体系、诊断评价体系，不断强
化安全体系的"建用管"。以制度清单强管理，确定219个体系支
撑文件，保留原文167个、修订完善41个、新建补充12个、整合建
立9个、无效废止2个，确保制度的规范性和权威性。以问题清单
控关键，排查各类问题59个，按轻重缓急归纳，明确牵头领导、责
任部门、整改期限，全面补强短板弱项。以责任清单抓落实，梳理
各部门履职项点255个，着力解决"想不到""管不好"的问题，实现
管理向基层延伸，突出专业性和指导性，做到细之又细，实现守土
有责、守土担责、守土尽责。

3. 纵深推进构建科学健全的安全体系

坚定不移贯彻总体国家安全观和大安全观，开展习近平总书
记关于安全生产重要指示批示精神专题教育，做到讲政治、讲原
则、讲方法、讲奉献，确保政治责任、安全责任和管理责任紧密衔
接。建立涵盖铁路安全体系工程10个子体系、47个模块、219个
规章构成的安全体系工程运用管理平台，实现安全管理体系化、体
系管理流程化、流程管理数据化、安全数据结构化、信息处理自动

化、功能模块关联化,有效保障施工安全、作业安全、劳动安全等安全关键。

(五)精检细修,打造优质设备,为"铁路十多式联运"营造良好环境

1. 精准排查分级设备管控

精准排查管内"工务、电务、供电"设备技术条件、各区段行车对数及万吨重载列车运行需要,将管内设备划分为重载、一级、二级、三级管理,根据线路设备等级,对检查周期、监测指标和检测阈值进行动态优化,修订完善《设备维修管理制度》,线路、信号、接触网等设备实行"运行、检测、维修"分开修和集中修组织模式,变配电所实行"值班值守无人化、巡检保养本地化、试验检修专业化"组织模式;电力实行"一年一条线、两年一周期"修程,实现设备分级分类管理。

2. 精细检测掌控设备状态

运用 3C、4C、5C、6C 检测装置,持续对接触网主导电回路及弓网关系进行动态监测;运用电务管家对信号设备进行实时监测;运用轨道小车对钢轨数据进行全面监测。综合利用动态、静态检查手段,运用在线监测监控系统,强化对设备的监测、诊断、分析,对监测诊断分析的异常信息、设备运行的不良状态进行精确检查,依据缺陷的等级、性质及数量,所有缺陷按标准定性定级入库,有针对性地下达重点病害整治计划,分类分级组织车间和专修队开展精确维修,以精细检测为设备精确维修划重点,确保干一处保一处,杜绝过度修和无效作业。

3. 精确维修提升设备质量

以贯彻"22431"施工管理理念为基础,全面优化一体化生产组织,实施跨区段、跨车间多专业规模化区域化集中作业,多专业天窗综合利用率达 100%。推进修程修制改革,动态优化检查周期,根据轻重缓急安排分工计划,推进单线防断监控、所亭辅助监控系统、防洪天沟等技改项目,通过系统研判、精准投入不断提升设备质量基础,围绕"施工十维修"模式提高大天窗利用率,集中修将2136 条重点维修项目纳入施工天窗同步组织,共用率达 100%,效

192

率提升 22%。持续推进精改、精测、精捣、精磨,固化"换枕＋精捣、配砟＋整形、大列＋气压"焊接作业组织模式,正线品质不断提升,线路质量位居全路第一方阵前列。

三、"铁路＋多式联运"提升华中地区能源供应保障能力的效果

(一)运输效益持续增长

2019 年运量 500 万吨、2020 年运量 2 200 万吨、2021 年运量 5 100 万吨,2022 年运量 9 000 万吨,截至 2023 年 7 月底,累计开行煤炭列车突破 4.2 万列,发运煤炭 2.2 亿吨。2023 年以来,日均办理车达 1.4 万辆,日均煤炭发运量达 29 万吨,较 2022 年同期增长 30%,浩吉铁路承运华中地区的煤炭增长 17 倍。先后开通平江电厂专用线、荆门内陆港货场、华鲁恒升专用线等 7 条卸车专用线,提升运能 1 800 万吨,同比增长 30.4%。日卸车保持在 1 100 辆,高峰时突破 1 300 辆,较 2022 年同期增长 40%。卸车效率的提升,也加速了空车的回流,列车停留时长大幅缩减,降至 2.7 小时,远低于武汉局集团公司规定的 5.3 小时。

(二)安全生产持续稳定

实现安全生产 1 420 天,连续 3 年被武汉局集团公司评为"安全生产先进单位"。成功应对 19 轮强降雨,实现全年防洪安全,被国铁集团表彰"铁路防汛救灾先进单位"。充分发挥"双段长"工作机制作用,完成 4 省、9 市、26 县(区)铁路沿线环境安全综合治理,开展联合巡查 600 余次,为设备运行创造良好外部环境,被湖北省评为"普铁整治先进集体"。被湖北省政府国资委评定为"文明单位"。先后获国铁集团"标杆站段"、全国铁道行业"企业文化优秀成果一等奖"、全国铁路总工会"火车头奖杯",武汉局集团公司"先进基层党委""落实党风廉政建设责任制优秀单位""安全优质示范段""标准化规范化建设单位"等荣誉。

(三)节能减排成效显著

贯彻"22431"施工管理理念,天窗利用率提高到 98.8%,平均劳动生产率由 78% 提升至 96%,设备优良率保持在 100%,线路

质量位居全路第一方阵前列,浩吉铁路承运比重提升近60%。发挥"北煤南运"大通道煤炭兜底保障作用,动态研判供、需、运和应急保供需求,延伸与之相匹配服务链,优先保障清洁煤供应运输,华中地区能源可用天数保持在20天以上。把握"宜车则车、宜箱则箱"原则,差异化安排敞车装载集装箱运输,有效减少转运环节煤炭损耗,煤炭损耗下降到0.02%。合理使用煤炭抑尘、防冻液喷淋设施设备,减少运输过程中扬尘污染,以科技力量推动节能减排60%。构建以浩吉铁路为骨干、铁路专用线、船舶航运等运输方式紧密衔接的绿色低碳物流网络,最大化减少交通能源和污染物排放,累计减少碳排放453.6万吨。

(成果创造人:易　欣　袁中华　赵　杰　梁小全　王顺强
　　　　　　杨植尧　全广学　徐　锐　吕能学　付　俊
　　　　　　陈典胜　彭正权)

基于"工商融合"的隧道混凝土管理创效体系构建

中铁六局集团有限公司

中铁六局是世界 500 强企业中国中铁股份有限公司的全资子公司,总部位于北京,注册资本金 22 亿元,是一家能够提供建筑全产业链一揽子综合服务的大型现代化建筑集团。公司拥有铁路工程、建筑工程、公路工程施工总承包特级资质,多领域施工总承包、专业承包等各类资质共 133 项。下设 15 家子(分)公司,共有职工 13 800 余人,在建项目 440 余项,年施工生产能力 450 亿元以上。

一、基于"工商融合"的隧道混凝土管理创效体系构建的背景

(一)适应隧道施工行业发展的迫切需求

根据国家"十四五"规划,我国基础设施建设特别是铁路、公路、水利的投资政策正在逐步向西北、西南、东北等山区、高原地区倾斜。城市交通由地上转为地下,老旧公路、铁路的改造由绕行向改直转变,隧道已经成为通过山区、高原的主要方式,在全线投资中的占比也越来越大。与此同时,建筑市场同质化竞争加剧,隧道业绩作为承揽隧道项目的门槛越来越高,像以往大小企业都能分"一杯羹"的市场环境一去不返。身为特大型交通建设集团,要想进一步提升市场份额,提升长大干线工程的建设能力,就需要提升隧道建设的管理水平。因此,构建基于"工商融合"的隧道混凝土管理创效体系,提升隧道混凝土管控能力和盈利能力,是应对同质化竞争、适应行业发展的迫切需要。

(二)打造企业自身精益管控的现实需求

近几年,中铁六局承揽了大量隧道工程项目,截至 2022 年底

在建隧道项目 70 座、总长度 167.73 km。据初步估算，由于现场管理粗放，企业每年因隧洞超挖超耗带来的损失至少在 5 000 万元，严重侵蚀了企业的效益，对企业高质量发展已经造成"伤筋动骨"的影响。积极落实国资委关于"国有企业聚焦重点攻坚项目和重大薄弱环节，突出精益性、系统性改革"的政策要求，解决好当前重点项目隧道的成本问题，尤其是隧道混凝土管理创效问题是当前的重点工作，有利于提升企业核心竞争力。因此，在管理思路和政策体系上创新，锚定技术、商务两项最基础、最根本的系统要素，敢于突破现有体系框架和瓶颈制约，实施隧道项目攻坚，构建基于"工商融合"的隧道混凝土管理创效体系，是企业实现精益管控的现实需求。

（三）满足隧道项目提质增效的内在需求

工程项目是施工企业生存发展的基石、创造效益的源泉、决胜市场的关键。通过对近年来的项目经济活动进行分析，统计对比发现：同行业同类别有隧道施工的项目实际利润率比无隧道施工的项目利润率低 8% 左右，项目人员的平均绩效收入比产值规模相同的同类别项目低 6% 左右。隧道项目效益的流失降低了项目管理积极性，造成项目管理人才流失，已经严重影响了隧道项目的正常运转。因此，构建基于"工商融合"的隧道混凝土管理创效体系，提升整体项目创效率，是隧道项目提质增效的内在需求。

二、基于"工商融合"的隧道混凝土管理创效体系构建的主要做法

（一）树立"工商融合"的管理导向

中铁六局贯彻国资委关于国企改革要聚焦重点攻坚项目和重大薄弱环节的政策，顺应行业新趋势、契合企业本质需求，建立了隧道混凝土"工商融合"管理体系。其中，"工"泛指工程管理，以工程为对象的管理，即通过计划、组织、人事、领导和控制等职能，设计和保持一种良好的环境，在工程组织中高效率地完成既定的工程任务，包含进度、技术、物资、机械、现场、组织等涉及工程各方面的管理工作；"商"是将商务思维贯穿于经营开发、项目履约、分包

196

分供、风险防控、考核兑现等全过程全环节,企业各层级、各系统按照职责分工协同联动,对项目进行高效策划、组织、协调、控制,实现"功能指标业主满意,成本效益企业满意"的活动过程;"工商融合"强调工程管理和商务管理跨专业、跨系统的知识和技能贯通,打破传统的系统藩篱,以合同履约为前提,以经济效益为目标,强化生产、商务两条线交织并行,以最优的管理模式、最佳的体制机制、最强的管理措施,实现项目综合收益最大化。确定"工商融合"的管理导向,是隧道混凝土管理创效体系构建的先决条件。

（二）构建隧道项目扁平穿透管理模式

1. 优化隧道管理层级的职能定位

一是优化系统分工。中铁六局针对隧道混凝土现场管控"重视施工管理,忽视效益管控",工程人员"懂技术不精成本",商务人员"懂成本不精技术"的实际情况,结合工程、商务系统由两位领导分管的现状,推动形成系统管控合力,从系统领导分工上进行调整和优化,明确集团公司工程管理和商务管理由一名副总经理（总经济师）统管,各子分公司参照执行。从源头上解决了以往"工""商"融合度不高、工作重心不重合、时间不同频的问题。二是优化层级职能。针对隧道混凝土管控职能不明确问题,重新优化集团公司、子（分）公司、项目部、班组等四个管理层级的关系,明确每个层级的管理职能职责。集团公司聚焦"监管＋平台",引领隧道政策、科技支撑,负责与行业及造价部门沟通,争取参与行业课题研究及标准的制定,参与隧道造价政策及标准的调整;建立工料机各类资源平台,负责局重点隧道的监管,强化各系统对隧道的监管和帮扶。子（分）公司聚焦"管理＋考核",制定审批专项施工方案,配置各类资源要素,优化施工队伍,加强项目全过程的指导和帮扶,开展检查与考核,促进管理提升。项目部聚焦"责任＋落实",负责施工方案、管理措施的执行和转化,为实操性技术安全交底,专业指导监督现场作业,全程做好技术经济服务。班组聚焦"执行＋优化",负责严格执行各项方案、交底、措施,负责现场安全质量管理,查找各项工艺参数与现场的差异、将问题上报并主动参与优化。三是突出现场关键岗位职责。确保关键管理岗位对隧道混凝土创效进行双向管控,明确项目总工程师负责向方案要效益,负责组织隧道混凝土创效方案的制定、技术创效的开展;明确商务经理负责向大商务管理要效益,负责制定隧道混凝土经济管控方案,组织开展商务创效工作,总工和商务经理共同负责效益提升日常管理及具体考核工作;明确施工专项副经理带班制度,亲自组织各种策划、方案、措施的执行,每日对方案交底的执行情况进行现场巡检,尤其是对爆破周边眼钻孔、装药、开挖进尺等关键工序的巡检。

2. 成立隧道项目管理创效提升专班

近年来,中铁六局由高速发展逐步转型为高质量发展,以规模数量取胜转变为以质量效益取胜。针对隧道超挖超耗难题,传统的质量管理 QC 小组开展的攻关活动不能够达到超挖超耗的标本兼治,更不能完全满足项目提质增效的需求。为此,在隧道施工日常管理上,中铁六局各层级成立以系统“一把手”为组长,以隧道“工”“商”骨干为主要成员的管理创效专班,解决隧道管理层级定位、职能职责、构架模式、运行机制、途径方法等管理问题,确立了项目效益管理的组织保障。

3. 组建隧道项目扁平管理架构

以往隧道项目施工采用“设置大局指”“项目部下设多分部”“一个主体项目部带若干个专业化分公司”的组织模式,存在着管理层级多、管理指令衰减、管理相互掣肘,造成管理成本高、效率低下。中铁六局组织“工”“商”专家专项调研、复盘分析,充分研究新的政策形势要求,对项目组织架构进行了扁平瘦身。一是取消实体局指挥部。优化为一个子(分)公司代局指,全面履行局管理职能,精简管理人员数量。二是成立区域项目部。针对规模不大、区域相对集中的多个项目,实施一套领导班子、管理多个项目,减少了实体项目部的设置,提高了资源共享的集中度。三是取消项目部下设的管理“夹层”。摒弃原来主体项目和专业化分公司同时管理的架子队模式,对搅拌站、机械施工、钢构工程等实行项目部直管或劳务分包,避免专业化分公司和项目部双重领导、相互牵制、推诿扯皮等问题。四是减少工区设置。针对行业特点、工程规模,根据大量的项目管理复盘及经济价值理论分析,确定了合同额5亿元(含)以下的项目,不设工区,按照"项目部—班组"的模式管控;合同额5亿元以上按"项目部—工区—班组"的模式管理,按照现场实际情况,合理划分及控制工区数量,提升了"工""商"管理工作效率和工作质量,减少了隧道施工的非生产性支出。

4. 创立穿透式班组化管理模式

以往隧道施工以专业分包为主的模式,项目部只能管到分包企业法人和现场负责人,现场负责人管班组长,班组长管理工人。这种模式存在管理指令层层传达、逐层衰减,各责任主体出发点不同,存在极大的不确定性和安全质量、维稳等风险,如开挖班组往往追求开挖进度,忽略了光爆效果和喷浆材料的浪费,二衬班组需要对光爆效果不好的进行二次爆破或超挖填充,打乱了工序的流水作业时间、增加了隧道混凝土的效益流失。中铁六局选定了天陇铁路项目为实践载体,进行隧道施工穿透式班组化管理实践,并全面推广。穿透式管理班组,就是要打破项目管理者和班组操作人员之间的壁垒,形成管理层和操作层之间在经济上分开、安全质量责任同体、进度效益考核互为关联,责权利高度统一、高度融合的新型班组。一是实现目标穿透。把隧道管理创效混凝土损耗率、生产进度、企业定额等各项目标分解到专业化班组,并进行宣贯和交底,达到人人头上有指标。二是实现人员穿透。把工区长或专业工程师、安质检人员与班组纳入穿透式管理体系,让班组作业人员贯彻落实企业的管理理念,规范作业操作规程,科学施工创效,实现"项目部穿透管控"。三是实现责任穿透。将纳入穿透式管理体系中的管理人员和班组人员,按照职责分工、定性定量指标分解,签订全员责任状。四是实现绩效考核穿透。班组长实行内部承包责任制,"开展班组考核和工区长或专业工程师、安质检人员管理KPI双重考核",穿透管理人员实行KPI绑定考核,既充分发挥了班组长经济创效的积极性,又发挥了下沉至穿透班组管理人员的"技术服务帮扶＋经济约束考核"的双重作用,有利于对现场各工序衔接管理。相较于劳务分包、扩大劳务分包、专业分包,其安全质量进度最为可控、效益最有保障。

(三)重塑效益导向的管理制度体系

1. 构建项目"1＋6＋N"的制度集群

在全企业推行大商务管理的背景下,针对以往隧道施工管理的制度多、散、乱、平级无层次、没有核心等问题,明确了隧道项目管理建立三个层级"1＋6＋N"的制度集群体系。一是以项目大商务管理暨项目管理效益提升制度为第一层级纲领性、核心制度,解决制度目标导向性不强的问题;二是以项目技术及施工管理、商务管理、物资设备管理、安质环保管理、财务管理、综合管理等6个系统文件为第二层级管理制度支撑,强化系统管控问题;三是以6个系统文件为基础,制定的N个管理细则或管理措施为第三个层级管理要求抓手,灵活解决实际操作层的问题,如《项目工程数量管控实施细则》是对第二层级中的"技术与施工管理"制度的细化,强化了技术应用和数量管控的效果。这三个层级的制度群,完善了项目效益管理制度体系,为项目管理目标的实现、管理效能的提升和项目效益的提增提供了制度保障。

2. 实施隧道效益提升"一对一"专项方案

为了推进隧道项目管理创效更深更实、更具有着力点,组织每个隧道施工项目部因地制宜、结合自身实际情况制定《隧道工程项目效益提升"一对一"专项方案》。一是明确了隧道"一对一"专项方案利润率提升不低于0.6％的基准目标,并设置了收入计价率、方案优化率、分包集采降本等10～20项专项模块化的定量指标,多维度衡量隧道效益情况。二是围绕定量指标,制定了项目的一次经营、二次经营、验工计价、技术管理、施工组织、物资设备管理、财务管理、双清管理、安全质量环保管理、科创管理等各方面具体措施,明确时间节点、责任部门和关键责任人,促进了"工""商"融合的科学考核兑现措施以及配套的双向激励机制出台,反向监控验证"一对一"专项方案的实施落地。

3.设立工商一体负面管控清单

通过各隧道施工实践经验,从隧道开挖支护、隧道衬砌、隧道附属三个方面,制定"7+5+4"无效成本清单,推广使用"工""商"双管控措施。一是7个隧道开挖支护负面清单:从开挖方法、锚杆布设、支护注浆、火工品布置、拱架搭设、进尺控制、变形监控方面进行"工"的管控;从循环时间、喷射混凝土量、运输成本等方面进行"商"的管控。二是5个隧道衬砌负面清单:从台车定位、止水和防水封闭、机械振捣、二次冲顶、仰拱清理方面行"工"的管控;从钢筋及混凝土主材和辅材、衬砌厚度等方面进行"商"的管控。三是4个隧道附属负面清单:一体式模板定位,排水畅通,预留洞室布设、路面线型等方面进行"工"的管控;从主附属同步、隧道交叉施工影响、路面一次成形等方面进行"商"的管控。"工商一体"的负面清单全面推行,被视为隧道工程技术红线和商务禁令管控的一项关键性改革,打破了原有负面清单只侧重于施工技术管理的局限性,从各系统检查及管控反馈情况看,负面清单的实施,对隧道工序作业起到了刚性约束作用,尤其是对隧道混凝土管控明显,对于"双超"问题有明显的禁令和违令处罚的震慑作用。

(四)创建隧道项目效益提升的"三超前三融合"工作机制

1.推行隧道项目管理的"三超前"介入机制

施工图设计参数是隧道施工效益的第一源头,中铁六局树立大商务"早介入"思维,组织项目"铁三角"项目经理、总工、商务经理全程参与标前工作,为隧道效益目标落地和措施实施贯通穿透提供前提保障,解决了以往"揽干分离"、责任不清的问题。一是在设计阶段"工""商"早超前介入。在出施工图前,掌握勘察的第一手地质资料,提前锁定围岩的设计参数及等级;研究施工图预算,掌握定额组价规则,合理合规对开挖方式、围岩级别消耗、二次搬运等从专业角度提高组价水平。二是在投标阶段超前综合研判谨慎决策。针对隧道专业性强、风险因素多,做实标前成本测算,全面综合研判隧道项目利润情况,严守"不投亏损标"的红线原则,尤其是确保隧道混凝土综合单价不亏损,力争隧道混凝土数量和单价均有富余。三是在项目实施阶段超前发挥项目"铁三角"作用。分析设计图与造价"差""错""漏""碰",根据现场调查的情况,和设计沟通影响隧道混凝土的开挖及支护方案、衬砌类型等从源头上增收;实施超前地质预报和现场揭示地质相结合,参照企业定额消耗量,按不同结构及围岩类别拟定合理的混凝土损耗系数;减少成本投入,优化非结构措施以及临时工程、建立隧道总成本构成结构图等。据统计隧道效益70%以上的利润主要集中在超前筹划的措施中,超前介入机制的建立,从根本上解决隧道项目亏损问题。

2. 建立隧道预控管理的"两策划"融合机制

针对隧道项目的预控管理,中铁六局对新中标项目开展"两策划"创效工作,即项目管理策划和商务策划。项目管理策划强化的是以合同履约为前提、突出的是生产组织贯通主线,商务策划强化的是以价值创造为前提、突出的是经济目标贯通主线。按照项目规模分级,集团公司负责新中标10亿元以上项目、新业务领域项目、新管理模式项目的项目"两策划",子(分)公司组织其他项目的"两策划"。项目管理策划和商务策划通过目标融合、刚性要求融合来达到相互通联。一是项目策划和商务策划同步实施。按照"时间轴"工作机制,将项目管理策划和商务管理策划周期高度匹配,工作组人员高度重合。二是施工方案转化为成本管理实效。坚持项目策划中的"双优化",强化方案经济比选,促进生产创效的过程控制能力,将"方案决定成本"的理念转化为管理实效。三是资源配置要达到综合成本最低。坚持"资源先行、快速推进"的生产节奏,同时要以生产要素最优配置和最大效用为前提,组织生产推进,实现商务策划中的经济效益。四是安全质量风险要达到费用投入最合理、管控最有力。强化过程管控,工序把关和验收,主体与附属同步施工等控制性措施,用项目策划中"管"的链条约束源头风险,根治质量问题,降低商务策划中克缺成本。五是实施收尾阶段专项策划。做好三次经营工作,速收尾、快结算、锁定成本,落实收入,将项目策划和商务策划的过程成果颗粒归仓。隧道预控管理的"两策划"融合,最终形成了每个隧道项目工程量总控、一二次经营、盈利点、亏损点、失血点、风险点、机会点、安全风险源辨识的八项创效管控清单,将"两策划"融合贯穿始终,最终实现隧道项目的经济效益。

3. 构筑隧道关键环节的"两支撑"保障机制

针对隧道预留变形、爆破超挖、注浆加固等施工管理的关键环节,强化工程技术支撑和商务经济支撑的"两支撑"融合保障,促进了"两策划"目标的全面落地。

工商联动控制,精准预留变形。从经济效益来讲,预留越小、超挖越少成本就越节约;从技术标准上来说,预留越大、超挖越多保证应力释放、保证隧道净空的安全性越高。因此,在两极中选择最佳平衡点尤为重要。一是以超耗问题为导向。工程、商务系统通过对以往隧道混凝土超耗原因进行系统统计、分析,绘制各类原因对成本影响的线形图,发现预留变形量对衬砌混凝土的影响最为显著;绘制关于预留变形量与成本变量、进度变量的数理分析图,开展数理综合经济指标分析,查找最佳预留变形量。二是引用行业先进做法。引用西部中大建设集团等单位的隧道施工经验,消除企业在监测方法、监测频率、监测仪器等方面的差距,完善了中铁六局的隧道开挖预留变形量数据库,以获得精准超欠挖控制值,获得最佳的混凝土衬砌的厚度。通过以上主要方法,隧道预留变形量数据基本能比设计预留减小 5～10 cm,极大地提高工效、节约成本。

双控爆破超挖,降低综合成本。针对现场施工追求进尺速度,未严格按照交底方案进行施工,不采用炮泥封堵、少打眼、放大炮等问题,造成隧道混凝土过度损耗。因此,必须综合考虑施工方案和速度,做到统筹兼顾。一是科学选定爆破参数。建立以试爆来确定爆破参数的机制,建立布孔间距、孔深、孔径、角度、装药量等"三维五量"爆破参数库,并根据地质现场情况调整参数。二是做实关键工序。坚持炮泥封堵减损,将周边眼孔口 50 cm 范围采用炮泥封堵严密,现场副经理及工区长亲自检查、监督落实,减少爆破应力损失。三是数据复盘指引修正。针对每种地质每 10 个施工循环进行一次数据复盘,查找各类爆破参数与混凝土超耗的因果关系,商务部门及时与现场管理沟通,及时测算爆破参数与效益的线性关系,从而修正施工工艺。

系统测算加固,安全高效降本。隧道掌子面千变万化,经常碰到局部软弱围岩,及时采取科学的加固方案,综合降低隧道混凝土用料,在成本不变的情况下,综合降低加固成本。一是以收定支提效益。详细勘查现场,共同跟踪设计,优化设计方案,改变以往设计与现场差异较大问题,强化以"支出"少于"设计"加"变更设计补齐支出"的双控理念;现场方案必须考虑可便于施工、便于套用高指标单价,同时又不过分加大业主的综合指标,也便于变更设计通过,要兼顾施工、设计和业主的三方要求,从而达到少支出、多收入的经济效益目标。二是稳中求快降成本。加固方案要快速反应、以稳求快,在进度与直接成本的辩证统一中,找出最优的方案。根据试验成果,绝大部分项目采用了"小间距、短进尺"工艺。拱部间距由设计 40 cm 减小至 30 cm,每循环加密 5~8 根,纵向布设间距由设计 3 m 减小至 2 m 时,施工进度与成本投入最优。

4. **整合隧道过程管理的"两监控"预警机制**

突出目标导向,设定监控指标。以策划的管理目标为导向,对隧道施工过程管理制定多维度、多层级、相关联的技术指标和经济指标,通过策划"回头看"、日常检查、系统检查、联合督查、专项抽检等形式对项目施工组织、经济运行等两条主线实施全过程的动态监控,从施工组织进度、劳务费、材料费、机械使用费、间接费等方面,制定红色、橙色、黄色三个级别的 7 项监控预警指标,包括对隧道安全隐患、质量隐患、施工进度偏差、劳务单价、隧道利润率、人材机节超率、已完工未计量专项预警指标。集团公司负责对红色预警隧道项目督导整改落实,子(分)公司负责对橙色、黄色预警隧道项目督导整改落实,项目部强化偏差分析,制定整改措施。通过丰富经济运行指标监控预警,强化了项目经济指标偏差的及时纠偏。

突出问题导向,双向反馈纠偏。一是项目部及班组建立严格

204

的工序报检制度,设置专职质量安全检验员,细化每一个施工进尺、每一个工序循环、每个关键爆破点的自检、报检,及时发现问题、及时反馈,严禁上一道工序检验合格前进入下一道工序,严禁隐蔽工程带"病"隐蔽。二是子(分)公司建立定期检查通报机制,下达每条隧道混凝土的控制上限;通过各业务系统的联动检查,促使子(分)公司实现节超降耗工作的制度化、规范化和常态化管理。班组长于施工过程实时检查,对发现偏差或超标或违规现象直接制止,引导正确规范的施工。专职安质检员利用抽检、交接检等方式通报偏差数据。各级后台不定期在生产例会、商务简报等上通报子(分)公司隧道混凝土控制情况。充分融合现场监理、建设管理人员的旁站、平行监督、综合检查等外部力量,进行外部对标,促进消耗量的控制。三是中铁六局牵头组织开展现场写实和定额测定,申报国铁集团规划标准院隧道定额课题,组织专业人员对爆破施工、混凝土施工开展施工组织、工料机消耗等现场定额测定,及时总结成果,反馈给现场班组,促进各类工艺参数和方案方法的动态调整优化,提升经济效益。

(五)优选前沿"四新"技术助力效益提升

1.精选原材配比减少回弹率

隧道混凝土回弹量损失,在隧道初喷混凝土损失中占比往往高达40%左右。因此,为了减少隧道混凝土的回弹损失,从经济角度出发,必须从新材料上攻关,从优良的喷浆水平入手,从高效回收喷浆料下功夫。一是采用更经济的新型高效外加剂。以天陇铁路项目隧道喷射混凝土为例,采用专用增效增黏剂,提高喷射混凝土的和易性,使喷射混凝土的回弹率降至20%左右。技术商务人员在决策之前,使对方案的技术经济可行性进行了论证,在施工中对各项定额数据进行监测和统计。每方混凝土施工综合成本可降低30~50元。喷射混凝土初凝时间从7分30秒缩短至2分30秒,节约了每个周期30分钟,缩短了工序循环时间。通过对每循环初喷混凝土消耗数据进行分析,未使用专用增效增黏剂前初喷混凝土平均回弹率达31%,使用后平均回弹率降至10%,回弹率降低 21％。二是选择优良的喷浆手。虽然他们的工资较普通的喷浆工高 30％左右，但是能节约初喷循环时间 20％、提高了工效，优良的喷浆手能够降低混凝土回弹率 6％左右；同量节约了机械、工程用电及后台管理费等综合成本。三是安设混凝土快速回收装置，能利用回弹掉落 80％的初喷料，压减混凝土超耗。

2. 研改智能设备降低损耗率

一是全面整合全自动化断面监测仪、TMS 红色的激光设备、新型智能衬砌台车施工自动控制系统等施工精密装备，集成了台车浇筑状况、布料系统、振捣系统、压力监测、搭接监测系统、衬砌数据报表等功能，实现了衬砌浇筑过程中混凝土浇筑量、温度和压力检测，降低了工人劳动强度，节约隧道二衬混凝土，提高了衬砌施工质量。二是凭借整合上述精密装备，通过提升现场操作人员的施工水平，把开挖的超挖允许值降低 50％。原则上将二次衬砌模板台车半径扩大 5 cm 的措施优化至半径扩大 2.5 cm，对于施工能力较好的队伍甚至直接按照设计断面进行台车加工和使用。三是充分利用智能设备的稳固性。在隧道开挖和拱架安装施工过程中，同施工班组研发了隧道开挖和钢拱架安装机一体化作业台架，一体化的安装机，与断面契合性好，作业误差低、精度高，不但提高了劳动效率，降低了安全风险，减少因台架误差引起的混凝土超耗。四是充分利用智能设备的能动性。通过智能设备的运用，改变以往"预留沉降量一味用喷混凝土补平"的思维惯式，通过调整台车同步扩大，保证二衬厚度即可，解决了台车调整这个重要管理工序的责任心不强问题；同时要求台车就位验收必须由现场副经理确认验收合格方可浇筑，并实行二衬超厚二维码追究责任制。五是原则上在隧道口单独建设（洞口附近有混凝土搅拌站除外）湿喷站，单独供应湿喷混凝土，减少混凝土运输距离，确保混凝土的和易性及各项指标达标。

（六）突出效益主导的刚性层级考核

1. 优化考核指标赋能效益核心

围绕效益提升核心，突出考核权重占比。通过修订隧道施工管理各层级的绩效及考核管理办法,坚持"一切工作到项目"为导向,将管理工作重心下沉至隧道施工一线,组织多批次技术商务等专家为隧道项目提供全流程技术支持,优化了与隧道项目管理效益关系紧密的班组劳产率、混凝土等物资消耗率、主要设备生产效率、工程质量良品率、二次经营的"两额两率"、项目利润率六个方面的指标,强化了"工""商"等主责考核权重及分配,加大了全员对项目效益的关注度、重视程度,践行了各项工作以提升项目管理能力水平、效率效益为出发点、落脚点,抓绩效考核,发挥考核指挥棒作用。

2.抓实层级考核叠加管理效能

一是班组承包合同及考核。将安全质量、细部工期节点、每日进尺、混凝土消耗标准纳入承包合同或协议,特别是针对爆破控制的考核和奖惩,现场值班技术人员对爆破"布孔—钻孔—清孔—验孔—装药—爆破"的每道工序、爆破后的残眼率及爆破净空断面测量结果建立登记台账,进行现场施工工序验收和记录,坚决将验收合格作为承包费用结算及奖励费用计算的基本前提。二是强化安质检及现场盯控人员的考核。将"三检"的完成和质量纳入工作考核指标,细化一工序一验收、一炮眼一检查的考核节点,及时考核奖惩,同时强化质量及超耗分析及定责,加大责任追究力度并溯源追责。三是强化管控后台的考核兑现。建立隧道混凝土管理效益与各层级同利共享的考核兑现机制,管理后台按照年度或季度考核兑现机制;项目部按月度考核兑现机制。

(七)选树标杆培育工商人才

文化氛围、价值导向对管理团队的成长起着至关重要的作用,中铁六局积极革除以往项目管理存在的各种文化陋习和管理沉疴,厚植工商融合与价值创造的文化氛围。

1.群策群力选树行业标杆

一是强化内部交流。中铁六局组织在中国中铁内部先进单位、典型项目之间开展经验交流,包含从隧道临时工程规划到验交,从项目策划到绩效目标考核等全要素管理。二是重视外部引流。中铁六局鼓励各子(分)公司与中建相关项目在现场进行了多次大商务管理等全经济链条交流,充分挖掘内外部单位"工""商"的经典做法和优秀文化,充分揭示企业各系统短板和突出问题,明确提升的方向,细化提升的措施。三是合理选树"三个标杆""三个一流"。打造管理标杆单位、标杆项目和标杆模式"三个标杆"创建,深化"一流技术、一流商务、一流管理"项目实践,定时开展建设效果评估评价,推动企业标准、行业标准的发展。

2.多措并举打造工商精英

突出价值创造职能,赋能"工""商"管理人员升级。树立并强化"人人都是成本管理者、人人都是效益创效者"的价值文化理念。一是优化高校毕业生引进结构,针对工商业务人才需求,统筹规划工程和商务毕业生接收比例和层次;二是通过每年举行多维度、多角度、高频次的工程技术联合培训;三是通过开展隧道工程商务算量比赛、测量比赛、混凝土优化等竞赛,以赛促能;四是进一步锻造各级工商人员"懂施工、懂技术、精算量"的复合能力,开展工程、商务人员系统跨界交流、轮岗、转岗,明确项目经理必须具有或者增加技术、商务等工作履历;五是加强高端工商社会人才引进,加强与第三方猎头机构合作,有规划地引进企业短缺、稀缺的高层次工商人才。多措并举,建立工商人才培养机制,同时弘扬了"技术引领管理提升、商务引领价值创造"的文化氛围。

三、基于"工商融合"的隧道混凝土管理创效体系构建的效果

(一)实现了工商融合的价值创造

一是技术指标显著提升。现场实际预留变形量比设计预留变形量基础上减少 5～10 cm;施工每循环药量下降了 11.6%,混凝土超耗降低约 31%,隧道围岩光面爆破实现减少出碴量约 9%。二是生产进度有序加快。隧道出碴每个循环节约时间 8%～9%,其他主要工序每个循环节约时间 6%～8%,中铁六局在建隧道施工周期平均压缩 8%。三是克缺大幅减少。铁路隧道 A 类、B 类克缺问题降低约 20%,其他隧道一次性验收通过。四是

经济效益持续提升。中铁六局范围内隧道施工每年节约成本3 600万元以上。

（二）实现了体制机制的升级赋能

破解了隧道项目组织机构臃肿的难题，扭转了以往仅重视事中管理、事后分析的现状，收入管理超前介入的效果逐步显现。各隧道均成立了隧道项目管理创效提升专班，各层级职能定位明确，管理层级扁平高效，班组化管理深度穿透。制度体系发挥了系统引领作用，在各试点项目精准实施了隧道效益提升"一对一"专项方案，工商一体负面清单令行禁止作用凸显。对内打造了工商精英团队，创造了项目管理标杆，锤炼工商赋能价值创造文化；对外提升了现场农民工的基本权益及工资待遇，有效化解了中铁六局与分包分供方合同经济纠纷及争议问题。

（三）实现了管理系统的集成融合

一是丰富完善了集成数据体系。建立了工料机资源要素、监测检测技术、三维五量等参数、六率指标考核、四级联动管理等多维度的集成体系，提升了项目管理及企业可持续发展水平，为建立强关联综合系统数据库奠定了基础。二是建立了中铁六局的隧道混凝土用量及超耗控制标准。制定了《初支混凝土超耗控制标准》《二衬混凝土超耗控制标准》《隧道平均和最大超挖控制值及回弹率控制值》等标准，实现了由"无标准"到"有标准"的转变；新标准促进了《中铁六局内部企业定额》的修订与完善，指导全局所有隧道施工达到行业平均先进水平。

（成果创造人：王明均　余小松　李　峥　张海义　王松亮
　　　　　　李林杰　徐　静　裴　涛　刘佳慧）

企业党建双向互动的"PC＋移动"端管理

中国铁路南宁局集团有限公司

中国铁路南宁局集团有限公司是中国国家铁路集团有限公司的全资子公司，是全国18个铁路局集团公司之一，前身为柳州铁路局，成立于1953年1月1日；2007年11月16日，铁路局机关从柳州搬迁至南宁，更名为"南宁铁路局"；2017年11月19日实施公司制改革，挂牌成立"中国铁路南宁局集团有限公司"，简称"南宁局集团公司"。截至2022年底，管辖柳南、贵广、南昆客专，南广、衡柳等8条高速铁路和湘桂、黔桂、焦柳、南昆、黎湛、益湛、河茂等7条国铁普速干线，以及南防、钦北、黎钦、玉铁、田靖、来合等合资（支线）铁路，跨越广西、广东、湖南、贵州四省区，并与越南铁路互联互通，营业里程5 949公里，其中高铁里程1 980公里，复线率49.9％，电气化率74.4％。管内共有控股或参股合资铁路公司7家，资产总额3 076.2亿元。集团公司党委下设1 857个基层党组织，其中党委67个、党总支186个、党支部1 604个，党员20 212人。

一、企业党建双向互动的"PC＋移动"端管理的背景

当今世界已进入数字化时代，以大数据为代表的新一代信息技术的飞速发展，正日益深刻地改变着党的建设的环境和条件。包括铁路企业在内的国有企业作为中国特色社会主义的重要物质基础和政治基础，是我们党执政兴国的重要支柱和依靠力量，在新时代复杂多变的互联网环境中如何运用"数字化＋党建"思维，提升国企党建工作水平显得尤为重要。将大数据技术应用到国企党建工作中，运用数字化、网络化、智能化手段开展工作，既是数字化

时代党建工作改革创新的客观要求，也是扩大党在网络空间号召力和凝聚力的必然要求。

（一）推动全面从严治党向基层延伸的时代要求

一是提升党的执政能力的必然要求。各级党委要高度重视信息化发展对党的建设的影响，做到网络发展到哪里，党的工作就覆盖到哪里。互联网是我们面临的"最大变量"。过不了互联网这一关，就过不了长期执政这一关。如果缺乏对党建工作的时代特征和科学特征的深入思考与实践，不主动运用信息化数字化手段加强和创新党建工作，党的执政能力和治理能力就会打折扣。时代大势要求必须转变党建工作方式、创新党建载体、提升智慧党建运用能力，让"最大变量"转化成为"最大正能量"。

二是创新传统党建工作的必然要求。与新时代党建工作要求相比，传统党建工作方式存在老办法不管用、新办法不会用的现象；在铁路企业基层生产一线党组织中，有的流动党员的教育、培训、管理和服务一定程度出现"真空地带"，做起了"隐形"党员，逐渐淡化了身份意识和组织意识；部分基层党组织开展活动不接地气、手段陈旧，缺乏全方位互动，导致党员参与度不高。传统党建工作方式难以满足和适应党员"E 生活"的进程，必须及时寻求破解办法，顺应时代发展创新载体，运用新技术手段提升基层党建工作水平。

三是加强国企党建工作的必然要求。习近平总书记在全国国有企业党的建设工作会议上指出，坚持党的领导、加强党的建设，是我国国有企业的光荣传统，是国有企业的"根"和"魂"，是我国国有企业的独特优势。新时代下，加强国有企业党建数字化建设，充分发挥其特殊优势，不断扩大智慧手段在国有企业党建领域的应用，助推国有企业"强根固魂"不仅是大势所趋，更是国有企业加强党建工作的重要举措。

（二）促进国铁企业党建工作高质量发展的有效路径

一是提升国企党务工作效能。数字党建的广泛应用，可以实现党员、职工个人信息、党务信息、形势任务、铁路新闻等"一键查",制度规章、技能培训、模拟考试、政治理论学习等"一点通",党费缴纳、"三会一课"记录、政治理论学习记录、困难帮扶救助申请、信访咨询答复、网络问卷调查、合理化建议等"一网办",搭建起党组织与党员、群众和企业与干部、职工之间的"连心桥"。

二是促进党组织管理手段的创新。党建数字化建设有利于打破基层党建工作壁垒,实现海量信息数据整合、关键数据智能提取、用户手机终端办理,帮助各级党务工作者及时掌握信息资源、判断工作形势、提升治理效能;通过大数据分析、准确捕捉、自动汇总、精准画像、预警问题等方式,准确评价党员队伍现状和党支部工作质量,掌握基层党组织薄弱短板问题,以便及时作出科学决策。

三是促进党组织宣传工作的开展。数字党建的出现使得广大党员干部信息获取量更大、速度更快,同时也能拥有更丰富的学习资源、更便利的学习方式。同时,打破时空局限,开展智慧学习,有利于破解党员教育管理难题,能够快速了解党和国家最新的大政方针政策,深入掌握党的执政理念和决策要求,使宣传教育工作富有时代气息,体现时代特色,充满时代活力。

(三)破解铁路企业党建现实问题的客观需要

一是为组织建设开辟"新阵地"。针对铁路企业不同程度存在的"三会一课"制度坚持不力,组织生活"党味儿"不浓,甚至少数支部活动存在简单化、形式化、娱乐化倾向,影响党组织活动的严肃性等问题,依托智慧党建平台相应功能模块,以全程纪实党组织建设、活动开展情况为切入点,"倒逼"党组织建强堡垒、凝聚人心、发挥作用。

二是为学习教育搭建"新平台"。依托数字党建手段,针对党员学习教育不均衡,普通党员参与组织活动及外出培训教育较少等问题,整合各级各类教育资源,建立党员学习资源库,党员干部和职工群众可以随时登录资源库进行"点菜式"自主学习,增强党员群众学习教育内容的丰富性、多样性、针对性。

三是为沟通交流畅通"新渠道"。传统的党组织沟通模式主要是自上而下或自下而上的单向逐层传达模式，由于受到时间、空间、人为等多种因素的影响往往导致信息失真和信息梗阻，时常会出现沟通不畅或沟通效率低的问题。数字党建促进了信息流动的扁平化传递，提供更加便捷的沟通渠道，方便党员互动讨论、发表个人意见观点，推动信息沟通由"单边灌输"向"互动交流"转变。

四是为工作考核提供"新手段"。传统考核模式缺乏党组织和党员活动的实时纪实，往往只是在年底考核时通过查看资料进行考评，导致部分党组织缺乏常态化的活动总结，一些党组织甚至在考核前突击形成考核材料，导致组织部门无法对党组织开展活动进行动态量化评判。依托数字党建，可以进行全程跟踪、动态考核、量化结果，实现工作考核由模糊向精准转变。

二、企业党建双向互动的"PC＋移动"端管理主要做法

南宁局集团公司依托一体化信息基础设施平台，自主研发建设兼具学习平台、工作平台、交流平台、管理平台功能为一体，具有双向互动、较强黏性的"PC＋移动"端的"宁铁智慧党建平台"，实时掌握集团公司各级党组织的党建工作开展情况，达到党建大数据共享、开展便捷式党务管理、党建工作标准化流程化、辅助党委科学决策、宣传党的理论思想和提供一站式党员服务的目的。宁铁智慧党建平台的建设原则是：政治性、合规性、实用性、安全性、协同性。

（一）以"智"塑"思"，打造全面立体的学习宣传平台

一是推行"全天候、开放化、菜单式"的学习模式，使党员干部学习更加方便到位。依托宁铁智慧党建平台，在手机移动端 App 开设"众学园地"模块，下设"理论原著""理论微课""党内法规""专题教育""四史讲堂""云讲座""云剧场""云书屋""学习闯关"9 个子模块，专题教育又细分为党的理论、形势任务、安全生产、文明法治、纪律、国防、保密等 11 个栏目，利用 PC 端上传维护电子书、短视频、影像资料、云端课堂、有声读物、在线答题等多种学习工具，

形成了全方位、多层次的党员线上学习教育集群,为党组织和党员开展学习提供丰富素材,方便不同层面党员群众进行"自助式""订单式""点播式"学习,变被动为主动,提高选择自由度。党员可以在平台发表心得、提出疑问、模拟考试,各级党组织通过平台可以随时掌握党员的学习情况和思想动态,并针对党员思想问题及时答疑解惑,推动党的教育由"单边灌输"向"互动交流"转变。

二是推行"全媒体、全覆盖、全方位"的宣传模式,使党的声音更加入脑入心。在手机移动端 App 开设"要闻资讯"模块,下设"人民铁道报""南宁铁道报""宁铁电视新闻""宁铁之声"4 个子模块,集成铁路内部报纸、电视等传统媒体和"南宁铁路""南宁铁道"公众号等新媒体平台的资讯推送,并实现信息数据实时贯通,充分利用图片、声像、文字等立体化展示和传递党建工作主旋律,使广大党员干部实时获取时事新闻、大政方针和企业动态。平台还开设"企业文化"模块,下设"企业简介""企业精神""企业发展史""铁路新老物件""文艺作品""群英谱""老报馆""云展馆"8 个子模块,形成了企业文化宣传矩阵,利用 VR 等先进技术,全景展现企业的形象、精神、历史、英模和当前的改革发展新气象,强化党员干部和职工群众对企业文化的价值认同,汇聚推动集团公司高质量发展的磅礴力量。

(二)以"智"赋"能",打造规范有序的党务工作平台

一是推动传统党务工作革新。将互联网技术运用于传统的党委理论学习中心组学习、"三会一课"、发展党员、主题实践等党建工作,推动党建工作由单层传递、静候指令,变为开放交流、双向互动的动态联系,简化烦琐的台账工作,提高工作时效性。比如,在宁铁智慧党建平台"三会一课"模块中,较传统单纯通过线下组织会议活动的形式,新模式下支部书记可以通过平台在会前发布会议活动通知并上传或关联学习计划中的学习资料,党员可以在会前通过手机移动端 App 接收会议活动通知、确认参会或请假、预习集中学习资料,并可以在会后上传分享学习体会,在此基础上,支部书记在会后可在 PC 端或手机移动端 App 一键生成会议记

录,大大提升了会议记录工作效率。又比如"党委中心组学习"模块中,党委宣传部可以通过 PC 端上传和发布集团公司党委向所属单位党组织发出的计划安排提示,所属单位党组织可根据集团公司计划结合实际对计划进行调整,并由宣传助理对学习计划进行送审、分发等工作,所属单位党委委员、宣传助理可在手机移动端 App 查看学习计划并自主上传学习体会、发言提纲,在此基础上,学习记录可自动生成,集团公司党委宣传部可以实时调阅各级党组织计划、记录及发言等内容,提升了党委理论学习中心组学习体验和效果。

二是落实为基层减负要求。一方面,将交纳党费使用等基层办事"跑断腿"的党务工作搬到手机移动端 App,减轻基层党务工作者的负担。较原先党员使用现金交纳党费、党务工作者通过跑银行柜台转账的交纳模式相比,新模式下,党员只要在手机移动端 App 进入"交纳党费"模块点击进入相应操作,即可轻松完成党费交纳,交纳方式支持支付宝、微信和手机银行支付,同时在交纳过程中穿插重温入党誓词环节,增强了党员交纳党费的仪式感,大大提升了党员交纳党费的体验。另一方面,运用信息化手段、依托 PC 端做好信息采集、汇总、统计和分析,让党建工作从以往的"手工作业"时代迈入大数据时代,推进基层党建工作提质增效。平台试运行后,集团公司将 9 项台账记录转移到宁铁智慧党建平台线上记录,并相应优化记录操作,减轻了基层党务工作者手抄台账的负担和纸质留存的风险,同时初步明确了 6 项不再需要基层党组织上报的材料,比如,党内立项攻关课题的汇总表、季度党内安全分析报告等,都可以依托平台数据自动生成,大大减轻了基层党组织报送材料的负担。

(三)以"智"促"联",打造开放融合的互联共享平台

一是建立党建全面数据采集机制,推动国企党建从"信息孤岛"到"全域数据"。将集团公司党建各项工作纳入宁铁智慧党建平台,推动宁铁智慧党建平台与既有党建领域信息系统数据关联,通过"一网覆盖"式在线管理,实现党建资料存储、管理、应用的一

体化推进。比如,宁铁智慧党建平台实现了与既有铁路组织人事信息系统的数据融联,基层党组织只要在铁路组织人事信息系统维护了党组织和党员数据,相关数据就可以自动关联到宁铁智慧党建平台,避免了基层党务工作者登录多个平台系统、进行多次维护管理的重复性工作。同时,综合利用移动网络、手机、电脑等各种方式和设备,对集团公司党建信息数据进行采集,采集领域覆盖集团公司党建工作所有业务,采集类型包括党组织和党员群众的各类信息,充分整合党建信息资源,推动宁铁智慧党建平台成为集团公司党建的信息库、资料库和数据库,实现对内共享数据、对外数据链接,形成了党建信息大数据互联共享平台,逐步构建起大党建、大平台格局。

二是利用信息网络开放性、交互性的特点,构建纵横交错、内外互动、异地联通的沟通联系平台。在宁铁智慧党建平台开设"建言献策""调查问卷""互动交流"等功能模块,围绕集团公司党建和经营管理热点难点问题,广泛收集党员群众意见建议,引导党员群众关心理解、参与支持党建工作,增强互动交流,了解党员群众的呼声和需求,掌握其所思所想、所求所盼,通过研究分析党员群众在平台各种场合的发言留言数据,着力解决党员群众最关心的问题和最现实的困难,梳理党组织工作的亮点和不足,为研究和规划党建工作提供决策参考,打造多样化企业服务党员群众平台,进一步密切党群关系,促进和谐企业建设。根据党建工作需要,依托平台开展智能化数据调查和分析研究,掌握党组织和党员队伍的现状和变化趋势,调查优秀党务人才的数据特质,指导选拔所需人才,发掘优秀典型,实现各级党组织人员的多级联动,打造全方位、多领域党建人才智库,为实现把"最合适的人配置到最需要的地方"提供了技术和数据支持。

(四)以"智"创"效",打造高效集约的基础管理平台

一是实现党组织信息在线集中管理。在宁铁智慧党建平台PC端建立党组织电子信息库,将党委、支部信息从铁路组织人事信息系统统一导入宁铁智慧党建平台,并实现联动更新。在宁铁

智慧党建平台通过树状结构展示党组织架构,组织类别、组织层级、隶属关系清晰呈现、一目了然,主要负责人信息、党委委员和支委委员信息、联系方式一键查询,可快速了解党组织情况。党组织数据统一管理,上级可查看并管理下级党组织信息,各级管理员可查看编辑本级及所属党组织信息,不同用户可查看权限范围内的党组织信息,为开展党建工作提供了基础信息支撑。

二是实现党员发展过程流程化管控。宁铁智慧党建平台对发展党员各个流程时间节点进行记录,每个阶段明确有当前流程工作要求,党支部书记可据此照单履责;平台能根据纪实情况实时反映入党申请人、入党积极分子、发展对象当前发展进度,提醒和快速办理下一步发展流程,提升了党员发展过程的规范和效率。建立党员电子信息库,全面记录每位党员基础信息和工作信息,包括组织关系、行政职务、党内职务、技术职称、入党时间、获奖情况等,形成完整的党员基础档案。通过党组织树状结构,上级党组织具备权限人员可查看并管理下级党组织所属人员信息,各级党组织管理员可查看编辑本级及所属党组织人员信息,不同用户可查看权限范围内的人员信息。

三是实现经费管理规范透明。在宁铁智慧党建平台 PC 端,设置党费收缴、经费使用、预算申报、决算申报、经费统计等模块,实现了党费和党组织工作经费从收缴管理、年初预算编制、每笔支出申报审批、经费使用统计到决算编报的在线全流程管理。党支部书记可在平台查看党员交纳党费情况,设置党员月度交纳党费金额,各级党费管理人员可查看各级党组织党费收缴情况,并支持对未交党费党员一键提醒功能。党务工作者在手机移动端 App可以申报经费使用和完成审批流程,申请流程进度实时显示、操作过程记录一目了然,每笔经费使用完成后,数据自动关联进入经费统计图表,经费支出结构和进度清晰呈现,真正实现了"让数据多跑路,让党员少跑腿"。

四是实现党内制度文件直观可视。在宁铁智慧党建平台 PC端,设置"制度查询"模块,下设"制度文库"和"制度图谱"子模块,收录中央、国铁集团、集团公司三级共 300 多项党内规范性文件。其中，在制度文库模块，党务工作者根据各自权限可维护、查阅、检索（同时支持按字段和内容关键词搜索）和下载党内制度文件。在制度图谱模块，按照分级分类的原则，采用思维导图的结构搭建了"制度树"，囊括中央、国铁集团、集团公司常用党内规范性文件，层次鲜明、排列有序、一键查阅，实现了"一图尽览"。

三、企业党建双向互动的"PC＋移动"端管理的主要成效

南宁局集团公司实施双向互动的"PC＋移动"端党建管理是互联网技术与党建工作的一次深度融合。目前，平台已推广至 67 个党委和 1600 个党支部，注册用户数 2 万名，受到了公司各级党组织和党员的普遍欢迎，逐步成为党组织的"好管家"、党务工作者的"好助手"、广大党员履职尽责的"好向导"、企业文化宣传展示的"好驿站"、干部成长成才的"好阵地"。

（一）实现了党建工作"移动化"

宁铁智慧党建平台打破了地域、时间、空间限制，拓宽了信息交流渠道、改变了党建工作模式，实现了信息传递更直接、互动交流更及时，使党建工作更"接地气"。企业广大党员干部可以不受时间、地点的束缚，有效利用移动互联特点，随时、随地、随身登录手机移动端 App，手机交党费、学理论、查资料、看新闻、参加考试、跟踪活动动态等，大大提高了党建工作效率。宁铁智慧党建平台还打破了传统党建工作中单向沟通的局限，让党员体会到了互动性交流的便捷，实现了党组织和党员干部之间"亲密""即时""微距"的接触。

（二）实现了党建内容"可视化"

宁铁智慧党建平台容纳多种信息资源呈现形式，能够运用先进的大数据、云计算技术，建构起企业党组织、党员管理"神经中枢"，为各级党组织了解掌握企业党务工作进展、过程效果成效，实施精准研判、对症施策提供了第一手的鲜活资料。此外，平台通过 3D 柱状图、饼图、列表将海量数据进行自动分析整理、归类统计，

一键更新、实时显示，突出解决了过去党建信息数据更新滞后、统计整理分析耗时、基数摸底不清等问题，使集团公司党委运用信息数据指导党建工作更加便捷，党建工作的积极性、互动性、实效性显著提升。

（三）实现了文化宣传"情景化"

宁铁智慧党建平台为党建与新媒体融合开辟了新的阵地，其"声画结合"的特点强化了党建宣传的感染力和传播效果，使基层党建工作趣味性和党员教育内容的丰富性不断增强。同时，以短视频为主的宣传形式与 App、微信等静态传播形式不同，其短小精悍，主题聚而精、切入点小而巧、架构简而清的特点、满足了企业广大党员群众多样化的审美诉求和阅读习惯，为企业党建宣传及新媒体的应用提供了新的契机。

（四）实现了党务管理"智能化"

宁铁智慧党建平台所体现出的网络信息聚容优势为开展党务管理、信息传播、数据收集提供了高效集约的便捷化体验。宁铁智慧党建平台的创设破解了过往企业党务管理数据上线难、资源协同难、服务精准难等难点、痛点问题，极大地优化了党建工作流程，规范了党建工作机制，提高了党建工作效率。企业党建智能化外溢辐射效应的充分发挥，也有效防范了"文山会海"等官僚主义和形式主义问题，切实减轻了党务工作者的工作负担，受到了广泛欢迎，取得了显著成效。

（五）实现了预警考核"精准化"

宁铁智慧党建平台在数据采集和整理分析基础上，能够采用数字化"预警"监控和量化考核，打通了企业党建线上数据和线下数据一体化壁垒，解决了以往多头考核、重复考核、考核标准不一致等党建工作管控难点、痛点问题，实现了企业党组织和党员干部考评"一把尺子量到底"精准识别、远程化管控，使企业党建工作考核督导由事后考核转向为事前提醒，带动了企业党建垂直管理手段和效率的提升和强化。

综上所述，相较于传统的党建工作模式，双向互动的"PC＋移动"端党建管理实现了对集团公司党建工作的数字化整合,扩大了党建工作覆盖面,理顺了党建活动流程,提高了党建工作质量和效率,是新形势下加强党建工作的积极探索和有益实践。

（成果创造人：杨　斌　李翌科　李德汉　覃克寒　廖雨果
　　　　　　李　军　庞研佳　谭东良　宁　涛　何　伟
　　　　　　龙晓华）

铁路企业服务维护国家能源安全的运输保障体系建设

中国铁路呼和浩特局集团有限公司

呼和浩特铁路局成立于 1958 年 11 月 1 日,地处内蒙古自治区中西部,路网辐射我区通辽以西 10 个盟市,是连接我国西北、华北、东北物资运输和我国通往蒙古国、俄罗斯以及东欧的重要陆路通道。2017 年 11 月 19 日,铁路局实施公司制改革,更名为"中国铁路呼和浩特局集团有限公司"(以下简称呼和浩特局集团公司)。管内有京包、包兰、集二 3 条国铁干线,乌吉、包石、包环 3 条国铁支线,集通、京包客专、呼鄂、唐包、临哈、包白、黄公、西金、包西等 24 条控股合资铁路线,东乌、郭查、呼准线 3 条非控股合资铁路线,联络线 27 条,疏解线 1 条,总营业里程 6 920.7 公里,电气化率 42.7％、复线率 44.6％,高铁营业里程 422.1 公里。所属运输站段 37 个,非运输一级企业 11 家,控股合资铁路公司 10 家,配属机车 979 台,客车 2151 辆,CRH5A 型动车组 17 组,CR200J3 型动力集中动车组 7 组。固定资产原值 2 119.96 亿元,净值 1 720.71 亿元。截至 2022 年底,集团公司职工 65 775 人。

2021 年以来,呼和浩特局集团公司认真贯彻习近平总书记对铁路的重要指示批示精神和党的二十大精神,坚决落实中央建设高效顺畅流通体系、健全基本公共服务体系的新要求,积极履行国铁企业政治责任和社会责任,充分发挥在祖国北疆能源输出中"南下北上、东进西出"区位优势,加快货运系统提质升级转型,构建起服务维护国家能源安全的运输保障体系。

一、铁路企业服务维护国家能源安全运输保障体系建设的背景

(一)落实习近平总书记交给内蒙古的五大任务、贯彻能源安全新战略的迫切需要

习近平总书记交给内蒙古自治区五大任务,要求按照把内蒙古建设成为我国北方重要生态安全屏障、祖国北疆安全稳定屏障,建设国家重要能源基地和战略资源基地、农畜产品生产基地,打造我国向北开放重要桥头堡的战略定位,在全面建设社会主义现代化国家新征程上书写内蒙古发展新篇章。内蒙古地域辽阔、资源丰富,全区有 103 种矿产的保有资源量居全国前十、20 种居全国第一,其中煤炭储量和产量均占全国的 1/4,保障着全国 18 个省区市的能源供应,发挥着国家能源安全"压舱石"的作用。内蒙古牢牢把握国家重要能源和战略资源基地战略定位,以"四个革命、一个合作"能源安全新战略为引领,深入推进能源革命,推动新能源全产业链发展,加强能源产供储销体系建设,增强战略资源供应保障能力。铁路作为国家战略性、先导性、关键性重大基础设施,是综合交通运输体系骨干。构建运输保障体系,打造四通八达的铁路货运网络,提升铁路煤运大通道外运能力,不仅是体现坚定拥护"两个确立"、坚决做到"两个维护"的行动自觉,更是确保内蒙古腹地的优质资源通过铁路绿色大动脉注入全国各地、维护国家能源安全的应尽之责。

(二)助力交通强国建设、服务区域经济发展的必然要求

党的十九大报告提出建设交通强国,为新时代交通运输发展指明了方向。2019 年 9 月、2021 年 2 月党中央、国务院先后印发《交通强国建设纲要》《国家综合立体交通网规划纲要》,擘画了我国交通运输中长期发展的战略蓝图和美好愿景。2021 年 10 月,习近平总书记在联合国第二届全球可持续交通大会指出,新中国成立以来,几代人逢山开路、遇水架桥,建成了交通大国,正在加快建设交通强国。交通成为中国现代化的开路先锋。党的二十大报告提出,加快建设交通强国。这是统筹推进交通强国建设的战略升级,为今后我国交通运输事业的发展提供了根本遵循。这一系

列重大决策,释放了我国加快建设交通强国的积极信号。铁路作为国民经济大动脉、重大民生工程,铁路交通物流一头连着生产,一头连着消费,是维护人民群众正常生产生活秩序、促进产业链供应链稳定,服务经济社会发展稳定的重要基础。构建运输保障体系,变交通优势为物流优势,变物流优势为产业优势,不仅是铁路在交通强国建设中当好先行、更好满足货畅其流需求的现实需要,更是呼和浩特局集团公司服务边疆民族地区、推动区域经济高质量发展的实际行动。

(三)推进供给侧结构性改革、促进企业提质增能创效的现实需求

党的二十大报告指出:"我们要坚持以推动高质量发展为主题,把实施扩大内需战略同深化供给侧结构性改革有机结合起来,增强国内大循环内生动力和可靠性……"习近平总书记在二十届中共中央政治局第二次集体学习时强调:"要搞好统筹扩大内需和深化供给侧结构性改革,形成需求牵引供给、供给创造需求的更高水平动态平衡,实现国民经济良性循环。"近年来,国铁集团积极贯彻落实习近平总书记关于调整运输结构、增加铁路货运量的重要指示批示精神,持续深化铁路运输供给侧结构性改革,深入实施货运增量行动,铁路货运量在全社会货运量的占比逐年提升。在货运需求持续增长和国家支持"公转铁"的历史机遇下,推动运输产品供给与市场需求有机对接、补齐运输服务质量和便捷性方面存在的短板、深入推进多种交通方式融合发展,为人民群众提供更为便捷的运输服务保障,是摆在铁路面前十分紧迫的课题。构建运输保障体系,充分释放铁路运能运力,扩大运输产品有效供给,不仅是降低全社会物流成本、提升产业链供应链韧性和安全的前提条件,更是做强做优做大国铁企业、推动呼和浩特局集团公司平稳健康可持续发展的有效途径。

二、铁路企业服务维护国家能源安全运输保障体系建设的主要做法

(一)紧跟市场趋势走向,全面掌握货源结构

针对内蒙古自治区中西部煤矿相对分散的货源特点,把精细

对接市场作为打造能源运输保障体系的基础性工作,号准市场"脉搏",最大限度将货源信息转化为货运增量。

1. 跟踪产业政策变化

呼和浩特局集团公司积极发挥内蒙古自治区能源保障领导小组成员单位和自治区运输结构调整工作组作用,加强与自治区发改委、工信厅、能源局的对接,建立能源保障信息传导机制,准确掌握自治区能源供应形势和需求情况;每月会同工信厅、能源局等部门共同组织召开煤炭中长期合同兑现分析会、区内煤炭运输协调会,路地携手解决制约铁路运输问题;定期参加自治区经济形势分析会,掌握区域产业政策,超前预判产业走向和货源增长极点,找准做好货源营销的发力点。

2. 细查货源分布流向

呼和浩特局集团公司针对管内货源,年初集中开展货源调查,年中进行阶段分析,每月进行动态调整,分区域、分品类调查企业生产经营状况、货源流向方位、价格浮动指数,结合装车点分布和能力,确定具有发运潜力的重点企业和潜在货源布局。针对出区货源,深入辖区内主要公路出区通道进行市场调研,详细了解公路汽车拉运情况,重点围绕外省市汽车装运的煤炭、焦炭、矿石等大宗货物流向山西、陕西、甘肃、宁夏、河北等省区的货物开展源头、到端调查,掌握货源的主要品类、来源、去向、流量,做到知己知彼。

3. 摸排企业运输需求

呼和浩特局集团公司以行政地级市为界划分主网格,以货运站为基点细分子网格,常态化开展市场调查。统一制定调查项目表,规范企业规模、货源结构、运输方式、服务需求等调查内容。以大数据应用为抓手,持续提升市场分析及营销决策能力。通过整合货运日班计划工作平台、十八点运输统计信息系统、货运95306客服平台等铁路既有系统资源,并采集客户实时数据、公路物流数据、下游市场行情变化、政策制度影响等信息,多维度监测分析企业生产情况、销售去向、物流需求、公路价格等相关信息,为精准营销、算账营销提供数据支撑。

（二）完善区域路网布局，提升互联互通水平

贯彻党中央关于构建现代化基础设施体系的战略部署，落实内蒙古自治区"十四五"铁路发展规划和国铁集团党组联网、补网、强链要求，突出补短板、强弱项、重配套，着力解决点线能力不配套、枢纽节点不衔接等问题。

1. 通过点上改造疏解站场"淤堵点"

紧盯万吨通道上的能力限制节点，加快推进站场"短平快"改造，实施呼和南站扩能改造、新街站扩能改造、包头站二场18道增设接触网、高头窑站增加机待线、包头北站北场信号设施改造、白音芒来站站场改造，有效缓解路网点线能力不协调与运输增量的矛盾。针对HXD型电力主型机车占比由23.9%增加到54.5%，大功率机车和C80型货车检修整备能力趋于饱和的实际，实施呼和南机务折返段检修设施补强工程和包头西车辆段C80货车检修设施补强工程，为集团公司运输上量和高质量发展提供了有力支撑。

2. 通过线上扩能打通路网"瓶颈段"

聚焦补强主轴通道能力，加紧推进集二、临哈线扩能和集通线电气化改造，2022年，集二线增设兰家、兴旺等6座会让车站，向北开放通道能力提升了39%；临哈线临策段黑山梁、千条沟、小红井3座无人站恢复有人站，疆煤外运通道能力提升了20%；2023年2月26日集通电化改造工程集宁—好鲁库段开通，集通线运输组织效率、资源配置效率得到大幅提升。新街至局界牵引供电扩能改造、包环线电气化改造及响大线牵引供电设施改造工程，为提升唐包、包西等线运输密度及车站、区间通过能力创造了有利条件。

3. 通过面上辐射畅通网络"微循环"

2022年，在阿拉善、乌海、巴彦淖尔、鄂尔多斯、包头、呼和浩特等10个盟市规划实施46个货运增量项目，采取"挂图作战、专班包保、每周分析、专项奖励"方式推进，每季度召开专题党委会听取建设情况，满足管内煤矿、大型厂矿及物流园接入新上、呼鄂、临哈等货运主要干线需求，实现"公转铁"和路企直通运输。全年吴四圪堵铁路专用线、昶龙大路西铁路专用线二期、京宁热电七苏木

二期 3 条铁路专用线投产运营,打通了路企直通"最后一公里",形成了引流上线和有效货源集聚能力。

(三)优化运力资源配置,保障运输链条畅通

坚持构建大运输格局,按照"机辆围着运输转、运输围着货运转、货运围着市场转"的工作思路,实施"以图为纲、大接快交、畅通枢纽、打通堵点、完善要素、提高旅速、管控周时"的运输组织策略,以科学化、整体化、精细化的运输组织保障运输链条高效畅通。

1.统筹运力资源

牢固树立大运输理念和"一盘棋"思想,遵循铁路设备高效联动、作业接续联劳、管理紧密联系的属性特点,强化运输调度集中统一指挥,实现运输效率效益最大化。优化车流径路,发挥呼鄂线、响大线、响四线、乌锡线联通东西第二通道优势,缓解主轴通道能力限制;强化干线与支线互补,集中修期间利用京包线迂回运输唐包线货物列车,释放路网综合能力;深化技术站服务中间站,打破车务站段管辖界限,统筹乌海、包头西、呼和浩特西场、集宁 4 个技术站能力盈余和区域中间站作业实际,从源头减少中间站作业,提高作业效率。2022 年,唐包、包西、临哈等主要通道运量分别同比增长 14%、10.6% 和 19.8%,分界口交车、货车日产等 10 项指标刷新历史纪录。

2.优化运力分配

根据管内运输密度、运输强度、运输能力现状,探索符合呼和浩特局集团公司实际的施工组织方案。坚持"少给点,给大点"原则,在主要干线推行区域集中修,分线路、分时段集中安排设备整治;实施维修天窗套用施工天窗,建设项目与集中修施工天窗同步套用,提高天窗综合利用率;将呼鄂、包西、新上等线夜间天窗优化调整为昼间天窗,唐包、京包客专、京包、包兰、包西、呼鄂、集二、集通、临哈、塔锡、包白线 11 条主要线路夜间天窗占比仅 36.4%,满足了不同季节条件下的现场施工需求。通过优化天窗模式、精细运输组织、科学调整运力,最大限度降低施工对运输的影响,实现了运输与施工双赢。

226

3. 增强运力供给

紧密围绕唐包、集二、集通、临策线运输任务形势,科学制定各主要干线机车供给保障底线,强化机车运用、检修、整备组织管理,通过优化作业范围和生产流程,有效压缩检修停时,提高机车上线利用率;针对疫情影响客运列车停运实际,将 HXD3C 型客运电力机车用于担当包兰线包头西(北)至惠农间行包专列、超限列车、军运等牵引任务,为机力紧张区段提供充足动力保障;调优部分区段机车和乘务交路,实施机车乘务员"客转货"动态调剂,进行跨段、跨车间、跨线别支援,有效缓解了货运上量期间机车乘务员相对紧张局面。推行 C80 货车"客车化"管理,将集团公司配属、负责使用的 C80(H)、C80B(H)型货物列车,按 A、B 单元列组成一个万吨列车,使每个单元列中车辆定检到期时间相对一致,均衡 C80 货车检修生产,提高重载列车使用效率。

(四)融入供需两端需求,增强服务保障能力

秉持"让客户更满意就是我们的服务追求"货运服务理念,紧扣新时代运输需求个性化、多样化、高品质等新特征,变坐商为行商,为客户打造服务需求即刻响应、服务内涵全程拓展、服务本身高效便捷的全方位一体化服务。

1. 保障协议运输基本盘

将中长期合同作为唐包线到港煤炭主要货源支撑,集团公司层面开展"总对总"战略营销,根据企业产量、装车能力、历史运量等情况,积极引导客户签订煤炭中长期合同,扩大中长期合同客户规模,鼓励兑现率较高的大型国企央企和新增煤矿产能企业增加中长期合同签订数量,锁定煤炭大宗货物运量基本盘;对于出区煤炭小列,按照能力匹配和确保重点原则,优先向淡季均衡发运及煤炭中长期合同兑现率高的诚信客户倾斜;对于管内煤炭小列,在装卸车能力条件允许的情况下,做到应签尽签。2022 年初,与 94 家企业签订煤炭中长期合同 348 笔,锁定煤炭货源 1.3 亿吨,其中到港 9 040 万吨,管内小列 1 820 万吨,出区直达小列 2 224 万吨,保障了电煤稳定供应,实现了路企互利互惠和共荣共赢。

2.服务生产企业新需求

根据客户的铁路运输比例、运量和发运稳定性,签订运量互保协议 90 笔,建立起以物流为纽带的长期战略合作关系,为企业提供优先稳定的运力保证;加强与煤炭、钢铁、焦炭、金矿、化肥、化工等货物上下游市场权威信息平台的资源共享,准确掌握企业生产、销售、运输和运费变化等情况,根据需求程度、装卸车能力、通道限制、客户黏性度等因素,动态调整能力紧张点线价差系数,灵活实施竞争性"一口价"项目,降低管内企业物流成本;对管内部分货车实行客车化管理,施行空重车开行定线条、定车次、定装车站、定卸车站、定编组的"五固定"模式,提高管内电厂、钢厂、煤矿的运输效率;创新服务方式,在"网络赔"基础上推行"上门赔",让客户足不出户、依法合规享受 100% 赔付的理赔服务,提升客户满意度。

3.拓展专业运输新产品

发挥集装箱运输环保优势,以 95306 系统升级和货运集中受理为依托,实行集装箱项目制管理。推进既有铁路货场、专用线集装箱设施设备的适应性改造,扩大集装箱场站装卸、堆存能力,充分匹配大宗货物集装化"公转铁"增量和多式联运发展需求;严格执行优先级别和各站集装箱客户积分排队顺序的日计划编制原则,精细化编制"散改集"货运营销方案,扩大旬方案编制品类范围,将营销服务方案渗透到日常调度生产全过程;发挥五大区域集装箱调配中心和七个辅助调箱点作用,合理分配适箱空车、空箱资源,均衡安排集装箱装车,组织集装箱重去重回钟摆运输,提高集装箱运用效率;利用策克、马鬃山、明水等集装箱装运站点地域优势,大力推进"疆煤入蒙"集装箱运输。2022 年新增集装箱办理站点 13 个,实施煤炭、铁矿石、钢铁等入箱项目 70 个。

(五)提高设施质量安全,构建良好运输环境

以提升基础设施全生命周期的质量安全水平和现代智能水平为重点,围绕建设数字铁路和智慧铁路,推进现场实景可视化、现场管控智能化、作业无人少人化、安全监控立体化、在途追踪实时化,全面提高铁路运输效率和安全保障能力。

1. 促进上部供电设施"健骨"

完善供电检测装备,增设段界 5C 和便携式巡检装置,推动跨局、跨段、跨专业系统数据共享,通过横向关联、纵向历史对比分析,提高设备维护精度;采取"运行人员随工验、运维修后共同验、年度质量全面验",建立可追溯的质量验收图文影像档案,形成质量闭环管理;全面深化修程修制改革,实施设备分级管理、差异化维修、检养修分开,推行高铁三级、普铁二级、支线及专用线适当延长维修周期等维修新机制,实行单项设备专项修、运用装备规模修、减点扩面集中修,形成接触网专业"运检修"格局;实施变电"无人化"改革,推进全无人值守变电所建设,完善辅助监控系统功能,实现变电所实时监视、自动识别、智能巡检。

2. 促进下部工务线路"强筋"

推进重载径路道岔辙叉统型和岔区无缝化,建立道岔全寿命分析制度,掌握道岔及轨件使用周期,分级列出管控等级,提升道岔整体质量;采用精测精捣、小机打磨、大机清筛道岔、普速精测网等新技术,进一步提高唐包、包西等货运量大的线路轨道结构,设备质量优良率达到 99.93%,较目标提高了 0.23 个百分点,平均 TQI 值 6.67 mm,同比降幅 3.19%;严格桥隧设备周期检状态修,整治唐包线旗下营隧道底板晃动等病害,桥梁、隧道、涵渠劣化率分别降至 3.4%、0.83% 和 0.61%,均低于国铁集团控制指标;实施临哈线 47.5 km 大机清筛和无缝线路铺设,临时限速地段全部恢复常速,疆煤外运全程送达效率大幅提高;在唐包线葫芦站、民族站分别组织召开小型机械道岔打磨现场会、道岔机械清筛现场会,促进形成了一套重载径路轨件廓形修复技术要求、作业标准、质量验收规范,为彻底解决重载径路道岔道床板结病害提供了新方案。

3. 促进轨旁电务设备"活络"

突出"核心业务上移,管理重心下移",加大道岔密贴、防雷性能、电缆径路、联锁软件、列车运行监控装置等关键点检查力度,将设备隐患纳入问题库限期整改;采取徒步巡视与添乘检查相结合的方式,加强轨旁设备固定情况的全覆盖检查,对排查出的问题实施"一事一档"管理,逐条梳理研究制定整治方案;发挥监测、监控设备的预防预警作用,增加京包线、唐包线、包西线、包惠线车站ZPW—2000区间轨道电路诊断系统,加密微机监测调阅频次,变事后处理为事前防范;探索通信设备可预测性状态修,分析设备可用性指标并进行科学模型预测,按照正常区段、关注区段、重点区段分层次检维修;将通信基础承载网建设列入集团公司"十四五"规划,全面推进OTN(光传送网)＋SDH(同步传送网)＋PTN(分组传送网)分层传输模式,适应大带宽、大颗粒、IP化通信业务需要;试点推进5G承载网SPN(切片分组网)传输。

（六）实施改革创新驱动,释放运输生产活力

紧跟新技术装备应用、修程修制改革步伐,坚持"瘦身"和"强体"相结合,加快形成与先进生产力发展水平相适应的站段布局、管理结构和生产组织方式,提高全要素生产率,促进提质增能创效。

1. 优化劳动组织方式

瞄准"管理提升、劳效提高、运量增长"的目标,在充分考虑既有货运工种职名设置情况和现场作业实际的基础上,全面优化整合货运职名,将38个货运职名优化为货装值班员、货运调度员、货运员、装卸司机和电动起重司机5个职名,劳动定员标准较原标准减少228人,定员劳产率提高12.3％。按照"兼职并岗、一岗多能、货装一体化"的思路,以呼和货运中心沙良物流园为试点,推行以货装值班员为核心的生产模式,由"包区包线制"变为"派班制",园区班组长岗位压缩25％。结合货运组织岗位关键性和重要性确定货运工种岗位工资,出台各项措施激励新职人员及兼职并岗人员尽快通过考核,对考取装卸特种设备操作证书、能兼职并岗的职工,统一报销取证费用,并给予一次性奖励。货运主要工种职名优化调整后,货装值班员精简9.3％、货运员增长25.3％、装卸司机和电动起重机司机增长17.3％,彻底解决了多年以来货运岗位职名多而杂的问题,有效消除了货运、装卸业务管理权属分置的矛盾,打破了货运岗位交流限制,生产流程更加顺畅,更好地适应现

场工作需要。

2.畅通服务作业流程

依托 95306 平台整体升级,将全局 145 个货运营业站的客服、受理、核算、交付、理赔、进款等内勤作业集中到货运服务中心统一办理,制定《货运集中办理作业暂行措施》、6 个生产岗位作业流程图、作业指导书以及 17 项基本管理制度,形成"1+6+17"的制度体系,保证了生产组织有序、管理有章可依;邀请各专业专家团队对内部作业人员进行全专业、扁平化培训,实行跨作业区域和跨岗位全员轮岗,使每名作业人员具备 6 个生产岗位的业务通办能力。通过将分散在各货运营业站的业务集中到集团公司货运服务中心"云端",实现了"一个网站、一部手机、一次办结"的全流程一站式服务,推动了货运服务从营业厅办理向网上办理转变、货运信息从独立系统向综合一体服务平台转变、客户营销服务从站段分散对接向铁路局集中服务转变,不仅取得提高办理效率、节省作业人员、规范业务管理、降低廉政风险、理顺办理关系的成效,也让客户在全方位、全流程的信息交互中,大大提高铁路货运服务的透明度和获得感,为推动铁路货运全面融合全社会现代物流体系奠定了基础。

3.科学调整生产布局

为了适应综合维修生产一体化维修体制变化,满足服务地区区域经济发展需要,减少管理资源、生产资源、人力资源浪费,本着"运输要素立体化管理、提高运输组织效率、优化管理效能、精干集约管理层"的原则,推进运输生产力布局调整。撤销临策运输管理部与临策运输基础管理部,组建新的临河运营维修段;撤销包头车务段,组建新的鄂尔多斯车务段;同步优化呼和站、包头站、包头西站、呼和货运中心、包头货运中心管理边界和业务范围。通过对呼和、包头、鄂尔多斯、临河四个区域,京包、包兰、临策、包西、呼鄂、新上等 12 条线路,临策运输部、临策基础部、包头车务段、包头西站、包头站、呼和站、运管集团、呼和货运中心和包头货运中心 9 个单位的优化调整,建立起适应生产力发展需要的组织体系和管理模式,既解决了管理重叠、分工过细、资源分散的问题,又提高了区域资源统筹、路网综合运用水平。

4.丰富科技手段应用

围绕"需求牵引、重点突破、联合攻关,转化应用"的工作思路,深化安全、运输等领域科技创新,研发完成"5T数据共享共用信息平台""货运增量重点项目推进管理系统"等20余项应用系统并投产使用。探索5G、北斗、视频技术在铁路运输上的应用方向,研究推进虚拟现实技术在高低压电工等特种作业培训、工务道岔作业、钢轨焊接作业等领域的应用。研发临策线沙害重点区段检测预警系统,采用3D激光雷达采集沙害监测区域数据,并通过北斗一体机回传进行报警,为保证线路安全提供技术依据;推进"智慧护路"平台建设,通过雷达感知系统联动视频技术建设立体化监测网络,实现铁路沿线安全防护。试点推进呼和站货检到达列车货车装载状态视频监控系统、沙良物流园货运外勤手持机、新街站鑫聚源物流园防冻干粉自动喷洒设备,加强"铁路货运生产作业管控平台"货检应用,稳步提高安全生产智能化水平。

(七)优化内部激励考核,集聚服务保障合力

发挥激励考核"指挥棒"作用,突出安全效益效率导向,统筹优化经营绩效考核、工效挂钩和专项激励机制,最大限度调动集团公司上下增运增收积极性和创造性。

1.加大全员绩效考核力度

强化机关部门经营业绩考核,将机关业务部门收入与基层单位经营业绩联挂,部门负责人绩效工资挂钩权重由30%调增至50%,机关工作人员挂钩权重由25%调增至50%;紧盯收入、运量、利润等核心经营指标,实施月度运输效率评价考核、季度经营目标兑现考核、年度经营结果定档排序。强化职工绩效考核分配,突出绩效导向,将职工的岗位工资、生产奖等共性工资项目,全部纳入绩效考核工资单元,二次分配的"活工资"占比提高到71%;突出价值导向,逐人逐岗开展岗位价值评价,拉开不同工种之间、同一工种不同岗位之间的绩效考核工资系数,职工月均收入差距

由 800 元扩大到 1 500 元;突出贡献导向,将经营任务指标逐级逐岗量化,个人岗位工作贡献考核比重由 20% 提高到 80%。

2.完善工效挂钩考核机制

贯彻国铁集团工资决定机制,加强安全业绩考核,在国铁集团考核较大及以上事故基础上,延伸考核局管单位一般 D4 以上责任事故,以安全保创效;加强经营创效考核,将国铁集团下达的运输经营奋斗目标作为必保目标,上不封顶、超奖欠罚,分类联挂工资总额。收入类单位联挂客、货运输收入的同比增量和超预算额度,促进增运增收、提质提效;设备类单位联挂人均投入产出工作量,促进多拉快跑、快检快修;其他单位联挂全局盈亏和运输收入,促进节支降耗、保障供给。

3.实施运输生产专项激励

实施重点项目专项激励,对铁路专用线建设、站场改造等"短平快"项目工作专班,工程按期竣工一次性奖励 3 万~5 万元,未按期完成同等扣罚;实施重点部门专项激励,针对压缩货车周时、提高分界口交车、提升运输效率、促进货运上量,奖励调度、货运、运输等相关人员;实施关键岗位专项激励,每月拿出 30 余万元,由分管运输副总经理、总调度长签发奖励命令,快奖车站值班员、机车乘务员、调车组、列检等挖潜提效关键岗位人员。2022 年发放奖励资金 450 多万元。

三、铁路企业服务维护国家能源安全运输保障体系建设的效果

(一)服务地方经济发展能力全面提升,社会效益凸显

服务维护国家能源安全运输保障体系的构建与实施,增加了内蒙古地区铁路密度,拓展了铁路网的覆盖区域,实实在在为铁路沿线地区资源开发和产业发展拓宽了经济增长的宽度。同时,通过对铁路货运资源的优化整合和管理机制改革,较好解决了长期以来铁路运输组织不适应市场的问题和弊端,更好发挥铁路在货运保通保畅、保障民生经济、履行社会责任等方面稳中求进的"压舱石"作用,得到了社会各界和区内企业货主的普遍好评。

（二）企业自身发展内生动力有效释放，企业效益明显

服务维护国家能源安全运输保障体系的构建与实施，整合了区域内路网资源，保证了能源产地与消费地间运输组织的合理性，提升了铁路运输规模化、集约化水平，为降低物流成本、提高服务质量、更好让利企业、吸引更多客户创造了有利条件，确保了铁路货物运输持续保持高位运行。2022年，集团公司完成货物发送量2.62亿吨，同比增加2 906.8万吨，增长12.5%，增幅全路第3；运输总收入完成354.4亿元，同比增长15.8%。

（三）铁路绿色低碳环保优势充分发挥，生态效益显著

服务维护国家能源安全运输保障体系的构建与实施，为打好污染防治攻坚战和蓝天保卫战作出了铁路贡献，促进铁路绿色低碳发展取得新成效。截至2022年底，集团公司单位运输工作量综合能耗3.67吨标准煤/百万换算吨公里，同比下降12.1%（计划控制在4.27吨以下）；用电量20.56亿千瓦时，同比下降2.6%；燃煤消耗量9 266吨，同比下降42.9%；化学需氧量排放量24.14吨，同比下降18.8%（计划控制在30吨以下）；二氧化硫排放量70.54吨，同比下降36.1%（计划控制在125吨以下）。

（成果创造人：庄　河　杜永明　刘　军　胡　波　石　光
　　　　　　赵俊杰　静国臣　王智巍　杜　慧　乔会慧
　　　　　　庞　明　王新宇）

以数字化转型驱动企业战略管理创新与实践

中国铁路设计集团有限公司

中国铁路设计集团有限公司(以下简称设计集团),是中国国家铁路集团有限公司(以下简称国铁集团)所属企业,前身为铁道第三勘察设计院集团有限公司(铁三院),成立于 1953 年,总部位于天津市,是以铁路、城市轨道交通、公路等工程勘察、设计、咨询、监理、工程总承包、产品产业化业务为主的大型企业集团,具有工程设计综合资质甲级证书,企业综合实力位居行业前列,是国家首批认定的高新技术企业。建有城市轨道交通数字化建设与测评技术国家工程实验室、轨道交通勘察设计国家地方联合工程实验室、博士后科研工作站等研发平台,获批国家企业技术中心,在高速铁路、城市轨道交通、重载铁路、综合交通枢纽、磁悬浮等领域具有核心竞争力。2017 年,企业冠名"中国铁路",明确提出"建成国际一流工程产业集团"的战略目标。2022 年营业收入达到 413.5 亿元,企业净资产达到 111 亿元,ENR"中国工程设计企业 60 强"第 5 位、全球工程设计公司 150 强第 37 位。

一、以数字化转型驱动企业战略管理创新与实践的背景

(一)是落实国家规划,推动管理数字化转型发展的需要

《中华人民共和国国民经济和社会发展第十四个五年规划和 2035 年远景目标纲要》提出,要"以数字化转型整体驱动生产方式、生活方式和治理方式变革"。随着"十四五"规划的推进落实和数字化技术的不断发展,企业数字化转型步伐正在加速,行业内外很多先进企业已通过建立数字化管理平台推动经营管理数字化转型。比如,中国航空工业集团成飞公司,通过建立智能可视化企业

运行实况管理信息系统和生产管理监控系统,构建了从管理到生产到科技创新全链条、一站式的智慧管控中心;苏交科集团股份有限公司通过建立"经营管理驾驶舱",将原本各自独立的各业务系统信息联系并利用起来,构建了集约化经营监管体系,实现集团数据实时监控,提高了企业经营决策水平。此外,中国铁建、中交天航局等诸多企业也都建立了管理数字化平台,服务高层战略决策。

为贯彻落实国家"十四五"规划,借鉴先进企业案例,设计集团推动战略管理数字化转型,可以实现各管理系统间的数据共享和应用集成,将信息孤岛联结成为管理矩阵,为管理层提供数据分析服务,支持战略的执行和决策分析,能够有效驱动战略管理方式的变革,促进企业管理数字化转型发展。

(二)是增强战略管理能力,建设世界一流国铁企业的需要

加快建设世界一流企业,是以习近平同志为核心的党中央统筹中华民族伟大复兴战略全局和世界百年未有之大变局,着眼于党和国家事业发展需要而作出的重大战略决策。中央全面深化改革委员会第二十四次会议审议通过《关于加快建设世界一流企业的指导意见》,为加快建设世界一流企业提供了行动纲领,其中明确提出企业要"提升现代企业治理能力……增强战略管理能力"。

战略管理数字化转型,将采用实时信息技术,对设计集团"十四五"规划各项目标的落实情况进行实时监测和动态对标、预警,是加强战略动态管理的有效手段,能够更加有效地发挥战略规划的引领作用,提升设计集团战略管理能力;同时,为企业管理者提供第一手的企业运行状况,便于其作出有效的调整与决策,能够提升全面管理和精准决策的效率,提高现代化企业治理能力,助力设计集团建设世界一流国铁企业。

二、以数字化转型驱动企业战略管理创新与实践的主要做法

(一)首次系统性创建战略管理指标体系

1. 总体思路

以战略管理为主题,以落实设计集团发展战略和"十四五"规

划为主线，以实现集团关键指标的实时监测和动态管理、辅助领导层决策为目标，结合《关于加快建设世界一流企业的指导意见》要求，充分考虑指标关键性、前瞻性、全面性、可量化等因素，构建兼具引领与评估功能、覆盖企业经营、技术、人才、管理和影响力等全维度关键要素的指标体系。

2. 指标体系构建

战略管理指标体系是设计集团发展战略和五年规划落实进度的鲜明标尺，是全方位、动态的衡量标准，兼具引领性和评估性特点，既与设计集团转型发展建设工程产业集团的战略目标和五年规划相衔接、能全面反映不同阶段战略目标的完成程度，实现战略监测评估的循环，也能通过可量化的形式指明不同时期的努力方向和工作重点。

基于战略量化思维，借鉴战略地图平衡计分卡理论，以设计集团"十四五"总体发展规划、各专项规划目标、年度计划指标为核心，对标《关于加快建设世界一流企业的指导意见》及相关要求，按照"管理单元—战略要素—具体指标"的总体架构，确定设计集团战略管理指标体系，包括 5 单元 13 要素 45 项指标。其中 5 项管理单元是基于战略地图平衡计分卡中的财务、学习成长、业务流程和客户市场 4 个维度确定，分别为经营业绩、科技创新、人力资源、管理运营和企业影响。

"经营业绩"单元从财务维度，度量企业战略目标的完成程度，设置总体业绩（8 项指标）、盈利能力（5 项指标）、资产质量（5 项指标）共 3 类要素，共计 18 项指标，反映设计集团运行的经营效果、发展质量和长期发展潜力。

"科技创新"单元从学习成长维度，体现企业的可持续成长能力，设置核心技术（2 项指标）和创新能力（5 项指标）共 2 类要素，共计 7 项指标，分别衡量设计集团技术水平提高、创新能力增强的幅度。

"人力资源"单元从学习成长维度，以人力资源指标衡量企业战略规划的实施动力，设置核心人才（3 项指标）和人才结构（3 项指标)共 2 类要素,共计 6 项指标,分别反映设计集团各业务板块的人才规模和人才构成。

"管理运营"单元从业务流程维度,关注战略目标的实现过程,设置生产经营(3 项指标)、制度建设(1 项指标)、组织架构(2 项指标)和风险管理(4 项指标)共 4 类要素,共计 10 项指标,分别量化设计集团生产经营效率、制度完善过程、机构网点建设及风险防范水平。

"企业影响"单元从客户市场维度,展现企业的市场价值与影响力,设置品牌价值(1 项指标)和企业影响(3 项指标)共 2 类要素,共计 4 项指标,分别量化设计集团的品牌效益和影响力等综合软实力。

战略管理指标体系中,除组织机构、营业网点、企业资质外,均为定量指标。其中,设计集团"十四五"总体发展规划、各专项规划和年度计划中明确提出的定量目标共计 29 项,占全部定量指标的 70%,其他指标主要为管理运营和企业影响方面指标;新增对标世界一流企业的量化指标 7 项,主要涉及盈利能力、风险管理、企业影响等关键要素。

(二)创造性构建战略管理智能可视化 BI 驾驶舱

"战略管理驾驶舱"是一站式决策支持系统,以战略管理和集团运营实况为主题,以各业务系统数据库为基础,在战略管理指标体系的框架下抽取各业务系统数据,用形象直观的可视化看板实时地显示各项指标,并可通过下钻查询的方式实现各类指标的精细化管理和深层次分析,能够全面反映设计集团的实时运行状态,实现各项指标的实时监测、分析和动态预警功能。通过建立"战略管理驾驶舱",不仅对战略规划的实施效果进行全面评估,将战略规划落到实际行动,实现了战略动态管理;还改变了由人工进行的信息采集、处理、存储并作出决策的方式,加强了各部门、各系统应用之间的数据共享和信息交换,使信息处理更加及时、准确,提高了企业管理的智能化、精细化和现代化水平。

按照战略管理指标体系的框架,构建形成"主页概览+集团综合看板"总体框架,具体设计方案为"1+5",即 1 个驾驶舱首页和 5 个单元主题页面。其中,驾驶舱首页所展示的指标均抽取自 5 个单元主题的核心指标,包含了设计集团"十四五"总体发展规划的全部量化指标,用最精练的指标直观展现设计集团的整体运营实况及"十四五"规划落实进度。其他 5 个主题页面分别对应指标体系中的经营业绩、科技创新、人力资源、管理运营和企业影响等五个单元,各单元均设有更为详尽的数据分析功能,主要包括各指标的历年变化趋势、与年度目标的对标进度、各二级单位执行进度、分类数据可视化图表对比分析及自动预警提示等。

(三)首次创新性提出战略数字化管理机制

一是以数字化推动战略管理流程再造。设计集团研究并编制了企业"十四五"发展规划,构建了由总体发展规划、各经营单位规划、专项规划构成的"1+25+8"的战略规划体系,其中"1"即设计集团总体发展规划,是设计集团"十四五"规划的全局性规划;"25"即所属生产单位的经营规划,既是各部门的发展规划,也是设计集团"十四五"战略规划体系的重要组成部分;"8"即市场开发、科技创新、人力资源、财务管理、法制建设规划、网络安全与信息化建设、企业文化建设、工程总承包业务 8 个专项规划,为各单位经营规划提供重要支撑和服务。将"十四五"发展规划中的 29 项定量目标纳入数字化管理平台,并对"十四五"期间集团指标的累计完成情况进行可视化分析和对标;同时,为更好承接落实战略规划目标,将"十四五"规划目标分解并制定各年度目标,一并纳入数字化管理平台,实现年度目标与企业运营实况的实时对标、监控和预警;以数字化管理平台为基础,在规划期中和期末进行战略规划评估并及时反馈集团高层,形成从战略研究到评估调整的一整套 PDCA 数字化管理流程。

二是建立战略管理数字化维护机制。数字化战略管理的作用是实时对标战略目标、评估企业运营状况、服务领导战略决策,故其各项数据的实时性和准确性是保证其发挥作用的关键所在。因此,设计集团制定并完善了职责清晰的数据维护机制,明确各部门维护对应单元数据的职责分工，各司其职，以保证数据的动态更新、准确无误，为战略管理提供可靠的数据支撑。

（四）以战略管理全方位引领世界一流国铁企业建设

以战略目标为引领，以战略管理指标体系中的经营业绩、科技创新、人力资源、管理运营和企业影响五个管理单元为板块，全面对标世界一流企业相关要求，提出各板块发展的重点任务举措。

1. 强化全产业链服务能力，打造第二增长曲线

一是在巩固传统市场的同时，坚持纵向一体化发展，巩固勘察设计和工程总承包核心业务，并积极拓展研究、规划、咨询、监理、产品产业化、运营维护、监测检测和投融资业务等产业链，强化全产业链集成服务能力，积极开拓收入新增长。二是积极培育新兴业务，聚焦"双碳"目标、智慧城市、智能智造等新方向，积极布局绿色环保、装备智造、智慧交通、城市更新、地下空间开发、轨道交通上盖开发（TOD）、生态环境导向的开发（EOD）和综合产业开发等，努力打造第二增长曲线。三是全面加强市场开发工作，优化调整经营网络布局，对内强化统筹凝聚合力，对外加强合作实现共赢，积极承揽各类业务，助力实现企业发展战略目标。

2. 加大创新投入，打造产学研用创新体系

一是加大科技创新投入，保证科技创新人财物支持。二是不断优化整合创新资源，整合构建城市轨道交通数字化建设与测评技术国家工程研究中心，持续完善"1＋N"创新平台。三是积极承担国家重大项目，不断积累项目设计、建设经验，奠定科技创新基础。四是着力加强关键核心技术研究，重点围绕川藏铁路、超高速铁路、城际市域（郊）铁路、重载铁路、城市轨道交通、磁浮交通、工程总承包等关键领域，引导科研方向，加大攻关力度，积极承揽国家和省部级科研课题、标准规范制定等重点工作。五是不断完善创新研发机制，修订科技开发综合管理办法，发挥各研究院创新主体作用的同时，寻求与高校、咨询公司等外部单位探索建立创新联合体，积极与行业知名专家、学者联络交流，打造产学研用创新体系。

240

3. 加强骨干人才培养，优化保障机制

一是修订机构编制管理办法，构建更加灵活的人才引进、流动机制，推进区域化、属地化、市场化用工，规范劳务用工，促使人力资源结构与业务发展匹配更加合理。二是以打造工程产业集团为目标，以"四类业务"发展为引导，统筹推进经营管理、专业技术和技能工匠人才队伍建设，分领军人物、首席专家、专业带头人、青年拔尖人才四个层次，逐步选拔培养 1 000 名左右骨干人才，通过骨干人才带动设计集团整体人才队伍建设。三是根据设计集团战略目标要求，系统制定涵盖招聘、培训、考核、绩效、薪酬等方面的人力资源保障管理办法。

4. 完善治理体系，强化分层分类制度建设

一是对标世界一流企业，系统研究，加快构建运行高效、管理顺畅、职责清晰的集团化管控体系；以设计集团规章制度、政策规定为指导，各二级单位结合自身业务特点、人员结构特征等多方面因素，构建满足企业发展战略要求、适应自身特点的体制机制。二是逐步完善两级管控体系，开展模拟法人运营机制研究，以进一步深化对二级单位"放管服"为原则，提出设计集团人、财、物、市场、生产、技术及考核方面运行机制改进建议。三是根据各板块业务特点，系统梳理各板块作业关键环节，规范各板块作业过程，最终针对各板块形成覆盖其业务需求、适应其业务特点的业务流程手册。四是加快推进制度体系建设，研究优化分层分类制度体系；强化制度建设，持续推进立改废工作。

5. 加强品牌塑造，扩大企业影响

一是充分发挥设计集团作为国铁集团所属企业的优势，积极承担规划研究、铁路勘察设计、城市轨道交通规划设计等工作，切实做好铁路、城市轨道交通前期咨询评估工作，树立市场品牌优势。二是扎实推进"一带一路"项目工作，积累设计、建设经验，提高设计集团海外市场地位和在国际铁路行业的话语权；做好技术开发，以技术创新作为切入点开拓市场，为设计集团在行业标准制定上奠定技术基础。

（五）以系统思维建立支撑战略管理的计划考核体系

一是根据企业战略规划目标，结合年度市场分析及各项发展要求研究制订企业年度发展计划，由新签合同额计划、业务生产计划、业务保障计划组成，通过年度发展计划来安排人、财、物和技术等资源，实现集团战略目标分解和落实。二是完善经济运行体系，优化《集团公司经济责任制》，将年度新签合同额计划中的新签合同额指标，作为各单位年度经济责任制考核的重要依据，以此推动战略规划的长效执行。

三、以数字化转型驱动企业战略管理创新与实践的效果

设计集团推动战略管理数字化转型两年来，经营业绩稳步增长、科技创新成效显著、人才结构持续优化、管理效能不断提高、企业影响力大幅提升，实现了以战略管理引领企业高质量发展的目标。

（一）经营业绩稳步增长

2021—2022年设计集团实现营业收入774.5亿元、利润45.4亿元，分别完成"十四五"规划目标的34.4%和36.3%，实现各年度目标。其中2021年营业收入361亿元、利润21.5亿元，2022年营业收入413.5亿元、利润23.9亿元，延续了设计集团更名"中国铁设"后一直以来的增长态势。总资产规模达339亿元，完成"十四五"末期资产规模目标的84.8%；2022年末净资产规模达到111亿元，完成"十四五"末期净资产规模目标的69.4%。

（二）科技创新成果斐然

两年来，设计集团在科技创新方面积极探索、努力实践，取得优异成绩。创新投入持续加大，一直稳定在营业收入的3.9%以上。截至2022年底获得国家级科技进步奖3项，获得省部级科技进步奖36项，获省部级及以上优秀勘察设计奖193项，获全国优秀咨询成果奖1项，获省部级优秀咨询成果奖48项，专利授权514项，"十四五"规划目标完成度总体超前。

（三）人才结构持续优化

两年来，设计集团持续深化"三项制度改革"，提升管理精细度，

各项工作取得新进展。截至 2022 年底，拥有全国工程勘察设计大师人选 6 名，大师人数在铁路行业排名第一；省级工程勘察设计大师 9 名，各类省部级专家共计 130 余人；国家级人才数量在行业继续处于领先地位。选拔骨干人才 805 人，规划目标完成率 80.5%；在册职工达到 5 020 人左右，"十四五"规划目标完成率为 93.8%；劳动用工总量达到 6 200 人左右，"十四五"规划目标完成率为 95.4%。

（四）管理效能不断提高

两年来，设计集团按照"两级管控"体系加快完善战略、运营和人员管理机制。战略管理方面，修订《集团公司战略规划管理办法》，建立一套完整的战略评估与动态调整机制，以可视化 BI 驾驶舱实现了战略管理数字化转型，提高了战略动态管理效能，有效推动战略目标的落实。人员管理方面，发布多项人力资源保障管理办法，领导层执行力评价体系基本建立。运营管理方面，成立华南、华东等总指挥部，健全各类业务生产经营管理办法，厘清生产经营组织流程。同时，设计集团加快推进制度体系建设，优化分层分类制度体系，发布设计集团"1＋N＋X"制度图谱；持续推进立改废工作，两年累立、改制度 178 项，废止制度 80 项，管理机制进一步完善；实现企业管理数字化转型，企业综合管理效能和现代化管理水平不断提高。

（五）企业影响大幅提升

两年来，设计集团积极参与国省级铁路规划项目，服务川藏铁路、雄安新区铁路建设，主持雅万、匈塞等"一带一路"项目设计，为设计集团在国内外赢得广泛赞誉。"ENR 全球 150 强工程设计企业"从 2020 年的第 41 位晋升至 2022 年的第 37 位，"中国工程设计企业 60 强"由 2020 年第 6 位升至第 5 位，"中国承包商 80 强榜单"从 2020 年第 45 位跃升至第 35 位。

（成果创造人：方天滨　张利国　王卓宽　李　刚　庚　旭
　　　　　　　叶　鹏　毕海峰　王　俏　商丽娜）

国有铁路企业以控股合并的方式推进区域性合资铁路公司有序重组

中国铁路上海局集团有限公司

上海局集团公司,成立于 2017 年 11 月 15 日,是中国国家铁路集团有限公司下属的 18 个局集团公司之一,注册资金 3 988.3 亿元,主要负责安徽、江苏、浙江和上海三省一市范围的铁路建设运营管理。企业资产总量 8 844.64 亿元,用工总量 15.634 万人。管内现有沪蓉、沪宁、京沪、合蚌、宁杭、杭深、沪昆、合福等 40 条高铁线,京沪、京九、陇海、沪昆等 33 条普速线,营业里程 13 749.7 公里、占全路 8.9%,位居全路第二,其中,高铁里程 6 704.4 公里、占全路 15.9%,位居全路第一。复线营业里程 10 241.9 公里、复线率 74.5%,电气化铁路营业里程 11 129.0 公里、电化率 80.9%。所属铁路运输站段 76 个、直属非运输企业 14 个,合资铁路公司 19 个。配属机车 1 367 台,其中和谐型 775 台,配属客车 9 586 辆,其中动力集中动车组 19 组,动力分散动车组 818.5 标准组,占全路五分之一(其中"复兴号"系列动车组 292 标准组,占全路 22%)。

上海局集团公司合资铁路建设运营起步早、发展快、规模体量大。截至 2023 年 4 月末,上海局集团公司合资铁路营业里程 9 646.1公里、占全局 70.15%,同时管内 6 704.4 公里的高铁,基本都是合资建设的。目前,上海局集团公司浙江省管内共有合资铁路公司 7 家,其中铁路方控股 6 家、地方控股 1 家。另外,1 家地方控股公司(即平台公司)有子公司 5 家。

244

一、国有铁路企业以控股合并的方式推进区域性合资铁路公司有序重组的实施背景

(一)深化国家关于铁路投融资体制改革的必然要求

铁路作为符合可持续发展要求的大众化交通运输方式,具有运能大、成本低、全天候的优势,成为现代化交通运输体系的骨干。进入21世纪以来,铁路尤其是合资铁路得到蓬勃发展,规模体量较大。但是铁路从投资决策、资金筹集、施工建设到经营管理,长期以来几乎都在铁路系统内部解决,投资主体单一化没有根本性改变,融资问题也不能单靠铁路一家。为解决好铁路融资问题,2013年8月国务院印发《关于改革铁路投融资体制加快推进铁路建设的意见》,明确推进铁路投融资体制改革,多方式多渠道筹集建设资金,并指出"向地方政府和社会资本放开城际铁路、市域(郊)铁路、资源开发性铁路和支线铁路的所有权、经营权,鼓励社会资本投资建设铁路"。这也为浙江区域性合资铁路公司重组提供了指导性意见。

(二)落实国铁集团关于合资铁路改革部署的具体举措

为贯彻落实国家关于铁路分类投资建设、中央与地方财政事权和支出责任划分改革精神,进一步推动国铁股权向路网干线集中,发挥地方政府对区域铁路投融资主体作用,自2017年起国铁集团一直在推进"分类投资建设和分层管理"为指导思想的合资铁路改革,先后推进干支线股权置换和省级区域合资公司重组整合(即"一省一公司"改革)两项改革。因此,2017年中国铁路总公司印发《关于推进合资铁路公司重组的指导意见》和《关于推进合资铁路公司国铁管理机构整合的指导意见》(铁总计统〔2017〕194号),提出浙江省区域性合资铁路公司重组整合"1+N"模式的基本框架。据此,上海局集团公司高度重视,有效落实国铁集团关于铁路改革的要求,积极推动浙江省区域合资铁路重组整合事宜。

（三）满足合资铁路公司股东各方利益诉求的重要实践

就上海局集团公司而言，浙江省境内金丽温、金台、杭黄浙江、湖杭等公司仍处在市场培育期，九景衢浙江公司营收很不理想，加重了上海局集团公司的经营负担。若重组成功，改由地方控股，将在合并报表中不予体现，能够改善上海局集团公司的账面结构。经预测，上海局集团公司将实现资产出表568亿元，债务出表240亿元。按2019年一季度数据测算，将直接影响上海局集团公司资产负债率，大约提高0.11个百分点，同时预计控股合资公司减少亏损11.5亿元。

就浙江省交通集团而言，从中央到地方都有政策要求其参与到铁路建设、运营中，发挥铁路股东、地方股东双方在融资、土地综合开发、运算清收等方面的协同作用，且其自身也有做强做大的意愿。就其他小股东而言，区域重组整合继续保证了其显性股东的身份如金台公司、九景衢浙江公司，不损害其股东权益。

（四）推动合资铁路公司高质量可持续发展的现实行动

1. 重组能够优化合资铁路公司资源配置

为满足铁路建设期间的融资需求，铁路按照项目法人制原则设立公司，往往出现"建一条铁路线成立一个合资铁路公司，一个省级区域有N＋个合资铁路公司"的情形，比如浙江省内就有12家合资铁路公司。但是竣工验收后，一个个合资铁路公司继续存续，造成机构冗余、人员岗位同质化、彼此之间运输清算难度大等问题。从治理角度看，一个股东可能是多家合资铁路公司的股东，由此存在派出董事交叉任职的情形，也不利于最大程度保证各个合资铁路公司的利益诉求，将直接影响公司的决策质量。

2. 保障亏损严重企业正常运转的需要

涉及合并的多家公司亏损严重，经营困难。金丽温公司历年均为亏损，虽然亏损金额逐年减少。九景衢铁路浙江段于2017年12月28日正式开通运营，2018年度实现利润－3.48亿元，经营活动产生净现金流－2.34亿元，截止到现在公司连支付利息都困难，2022年各家银行都明确表示不提供授信不发放贷款。杭黄铁路 2018 年 12 月 25 日开通,金台公司预计 2021－2025 年现金流缺口达到 28.76 亿元。金温公司经营效益较好,基本实现收支平衡,但是净利润逐年减少。

二、国有铁路企业以控股合并的方式推进区域性合资铁路公司有序重组的主要做法

（一）创新设计重组方案

1. 基本原则

按照"充分沟通、平等协商、依法合规、积极稳妥"的总体工作原则,上海局集团公司、浙江省交通集团及有关上级部门密切配合,确保各项工作按计划顺利推进。

2. 总体思路

为维护金温公司品牌优势和队伍稳定,保证九景衢浙江公司、金台公司小股东权益,结合"一省一公司"改革试点要求,拟以金丽温公司为母公司,创新采用控股合并的方式完成浙江区域性合资铁路公司重组工作。重组后,上海局集团有限公司将在优化列车开行方案、经营管理、铁路建设等方面给予支持,浙江省政府、浙江省交通集团将在政府购买服务、运营补贴、资源开发等方面给予支持,共同提高公司的经营效益。

3. 总体方案

为做好浙江区域性合资铁路公司重组工作,根据《中国国家铁路集团有限公司关于浙江省合资铁路公司路地股权调整与区域整合重组有关事项的批复》（铁经开函〔2019〕65 号）精神,拟采用以下步骤推进重组:

第一步,股权置换;

第二步,杭黄公司以省为界分立;

第三步,金温、金台、九景衢浙江等公司股权增资至金丽温公司;

第四步,吸收合并分立后的杭黄浙江公司;

第五步,上述公司办理工商登记变更手续。

（二）以合作为导向有序推进重组工作

1. 通过财政部无偿划转的方式，调整股东之间的出资股权

经过反复协商，上海局集团公司、浙江省交通集团拟报批财政部采用无偿划转的形式实现股东之间出资股权调整。为此，由上海局集团公司、浙江省交通集团的代表国铁集团与浙江省人民政府联合报送了《国铁集团 浙江省人民政府关于报送浙江省境内合资铁路公司路地股权无偿划转的函》，并在2020年12月得到财政部《关于浙江省合资铁路公司路地股权无偿划转的批复》（财建〔2020〕563号），同意以无偿划拨形式实现股权置换。股权置换后，浙江省交通集团对沪昆浙江公司全部出资55.67亿元所对应的股权划转给上海局集团公司，上海局集团公司将以金丽温、九景衢浙江、杭黄公司出资所对应的等额股权划转给浙江省交通集团。

出资股权调整的意义在于：不仅是上海局集团公司、浙江省交通集团就重组整合改革事宜的双方首次合作，在依法合规的前提下解决好股权置换涉及的税费问题，有效降低了改革成本，还实现了"干支线股权置换""路网干线资产和股权向国铁集中，地方支线铁路资产和股权向省级控股地方公司集中"的改革目的，为后续的改革提前上了一把"安全锁"。

2. 在保证公平、效率的前提下，以省为界分立杭黄公司

杭黄公司以省为界分立主要实现：以浙江、安徽省管界为依据，采取存续分立方式，将杭黄公司分立为浙江和安徽两家公司，其中安徽段保留在原杭黄公司，未来纳入安徽省区域合资公司整合重组；浙江段新设杭黄铁路（浙江）有限公司（简称杭黄浙江）。此举在于厘清资产边界，符合"一省一公司"改革的要求，也为后续安徽省区域重组整合奠定了基础。

为公平起见，上海局集团公司、浙江省交通集团约定以2021年3月31日为评估基准日，共同组织开展杭黄公司分立及资产评估工作，并以评估结果为准确定实收资本金和股权比例。2021年6月，上海局集团有限公司上报了《关于报送杭黄铁路有限公司存

续分立方案的函》和杭黄公司资产评估报告。到9月份，经过双方共同努力，相继完成决议签署、董监事推荐、登报公告、工商变更等程序。分立前，原杭黄铁路公司注册资本182.75亿元，其中上海局集团公司出资58.33亿元，占股比31.96%；铁路基金公司出资50亿元，占股比27.36%；浙江省交通集团出资31.17亿元，占股比17.06%；杭州市交投27.01亿元，占股比14.78%；安徽省投资集团出资16.24亿元，占股比8.89%。分立后，存续杭黄公司注册资本调整为54.15亿元，改由上海局集团公司出资37.91亿元、占股比70%，安徽省投资集团出资16.24亿元、占股比30%。新设杭黄浙江公司注册资本金为128.60亿元，其中上海局集团公司出资20.42亿元，占股比15.88%；铁路基金公司出资50亿元，占股比38.88%；浙江省交通集团出资58.18亿元，占股比45.24%。

鉴于浙江区域公司重组工作涉及的三大节点环环相扣（杭黄分立需要在股权划转完成后实施，区域重组需要在杭黄分立完成后实施），涉及各节点决策以及操作事项程序复杂（例如，杭黄公司在分立以及区域重组环节均需要进行资产评估），按照正常顺序一步步操作的话，很难在预定时间内完成重组整合任务。为此，双方协商，决定将原股权划转—杭黄分立—区域重组三步走实施方案作如下调整：在完成股权划转后，同步开展杭黄分立以及区域公司重组（不含杭黄浙江公司），待上述两项工作完成后，再行将区域公司与杭黄浙江公司进行重组。

3. 以资产评估结果为准，将金温、金台、九景衢浙江等公司股权增资至金丽温公司

金温、金台、九景衢浙江等公司股权增资至金丽温公司是指：以金丽温公司为平台公司，采用控股合并方式将上海局集团公司、浙江省交通集团双方持有的金温、金台、九景衢浙江公司全部股权注入平台公司，采用增资注入方式将双方对湖杭铁路公司出资注入平台公司（湖杭铁路公司2019年8月30日注册时已为金丽温公司控股子公司）。为进一步明确股权结构便于后期管理，将小股东、地方企业股东的股权留在子公司，杭州市交通投资集团股权由

浙江省交通集团统一代持。

上海局集团公司、浙江省交通集团共同通过公开招标方式,选聘了万邦资产评估有限公司、国众联资产评估土地房地产估价有限公司、大华会计师事务所有限公司、亚太会计师事务所有限公司对浙江省区域合资铁路公司重组整合第一阶段5家合资铁路公司开展审计和评估工作。2021年6月底完成报告初稿;8月底组织外部专家评审,国铁集团和浙江省交通集团形成一致同意意见;12月上旬上海局集团公司和浙江省交通集团完成资产评估结果确认。根据重组整合第一阶段资产评估结果(基准日到交割日之间的权益差已经审计后据实调整),除湖杭铁路有限公司设立时已由金丽温公司控股外,浙江省交通集团、上海局集团公司将金温公司、金台公司、九景衢浙江公司的全部股权分别为175.24亿元、90.24亿元增资到金丽温公司,铁路基金公司以42.70亿元的九景衢浙江公司股权增资至金丽温公司。重组整合第一阶段完成后,金丽温公司由浙江省交通集团持股64.80%(含代持)、上海局集团公司持股27.82%、铁路基金公司持股7.38%。同时,金丽温公司100%控股金温公司、58.69%控股金台公司、98.76%控股九景衢浙江公司。

4. 妥善解决历史遗留问题,实现吸收合并分立后的杭黄浙江公司

吸收合并分立后的杭黄浙江公司是指:采取非公开协议增资方式完成金丽温公司增资扩股事项,将浙江省交通集团、上海局集团公司、铁路基金公司分别持有的62.86亿元、20.42亿元、50亿元杭黄浙江公司股权增资至金丽温公司。结束后,金丽温公司更名为浙江省铁路发展控股有限公司(以下简称浙铁集团),注册地由温州变更为杭州,办理相关工商变更手续。

这期间,针对浙江省交通集团关于妥善解决杭黄铁路公司建设过程中征地拆迁费用超资本金7.61亿元的诉求,上海局集团公司高度重视,积极查询有关历史档案资料并请示上级部门意见后,与对方达成一致意见:将超资本金费用中临时用地复垦、道路沟渠

改移等 2.93 亿元归属于工程费用,由杭黄公司承担;土地征用补偿、拆迁补偿等其他征拆费用 4.68 亿元由浙江省承担,计入杭黄浙江公司省方股份。

(三)以共赢为目标再造合资铁路公司管理体系

1.完善治理结构

在重组整合谈判阶段,即通过重组协议书、公司章程约定法人治理结构安排,明确股东各方在平台公司及子公司委派董监高人员数量,完善公司治理结构,最大限度保证股东各方互利共赢,实现对公司科学有效监督和切实提高重组整合后的公司运作效率。

在章程上,浙铁集团调整了公司注册资本、股权比例等内容,多轮协商后缩减了需经代表三分之二以上表决权的股东或董事会条款,增加适时自主运输管理的约定和增加股东支持的条款;金温、金台、九景衢浙江等公司变成一人责任公司,删除了股东会有关内容。

在治理结构上,浙铁集团董事会设董事 11 名(含 1 名职工董事),监事会设监事 3 名,经理层人员 9 名。上海局集团公司委派 4 名董事(其中 1 名任副董事长,目前兼任总经理)、1 名监事、3 名经理层成员(1 名总经理、1 名副总经理、1 名总会计师)。对于其子公司金温、金台、杭黄浙江、九景衢浙江、湖杭公司,经股东约定,通过平台公司进行穿透委派董监高成员。

2.完善治理机制

作为平台公司,浙铁集团建立更加灵活的市场化经营机制,成为市场化资本化改革的试点高地。比如,支持浙江金温铁道开发公司实施探索以"模拟资产运营分离"+"员工模拟持股"为核心设定的市场化经营机制改革,充分调动主管级及以上人员的干事创业的热情。

也可以通过开展更加灵活的合作经营方式,盘活既有资源放大边际效应,改善经营效益。比如,浙铁集团通过调研铁路沿线客户货主的运输需求,开办台州南智慧陆港、临海东物流基地,为金台铁路上量提供保障。又比如浙铁集团加强精细管理,开展高铁客站能耗智能管理平台研究和运营能耗分析，探索运营水电费激励机制，严控水电费支出。再比如，浙铁集团编制"一地一案"明确闲置资产经营开发方案，以及开发光伏等新能源及铁路矿业。

3. 完善出资人监管

一方面，加强派出董监高人员管理。上海局集团公司印发《派出董事、监事、经理层人员、财务部门负责人管理办法（试行）》《关于进一步加强参股企业管理的通知》等办法，全面加强派出人员管理，确保派出董事、监事、经理层成员和财务负责人依法规范履职。建立落实派出人员任前任中谈话、季度履职报告、年度座谈和述职、个人事项报告等制度，并根据派出人员履职效果和年度、任期评价结果实施召回机制，促进派出人员双重忠实勤勉履职。

另一方面，严格决策事项把控。上海局集团公司相继印发合资铁路领域"三重一大"事项决策实施办法及党委会、董事会、总经理办公会决策清单，明确决策主体、决策范围、决策程序等内容，进一步理清各治理主体的工作界面。针对股东会、董事会审议的议题尤其是涉及对外担保、重大投融资、收购和出售资产、薪酬分配等重大经营管理事项，由上海局集团公司牵头组织预先审核，相关部门按照职责分工研究提出审核意见。凡不符合上海局集团公司要求或者权益的，提出修正或缓议的建议，待达成一致意见后上会讨论形成决议。

三、国有铁路企业以控股合并的方式推进区域性合资铁路公司有序重组的效果

（一）完成浙江区域性合资铁路公司重组改革任务

上海局集团公司、浙江省交通集团高度重视此次区域性重组工作，以合作共赢为导向，在争取各自权益过程中表现得有进有退，共同推动了浙江省区域性铁路重组工作。2018年2月，上海局集团公司印发《关于成立浙江省合资铁路股权置换联合工作组的通知》（上铁企法函〔2018〕172号），双方成立了重组联合工作组，明确了相应时间节点。2021年3月底，完成股权置换工作。2021年9月30日，杭黄公司完成分立所需的登报公告等手续宣

告杭黄铁路公司分立改革工作顺利完成。2021年12月31日,完成以金丽温公司为母公司,采用控股合并方式重组金温、金台、九景衢浙江公司,将省方和铁路方持有的全部股权注入金丽温公司,实现区域重组第一阶段任务。2022年底,吸收合并杭黄浙江公司,母公司更名为平台公司"浙铁集团",实现区域重组第二阶段任务。至此,完成全部浙江区域性合资铁路公司重组工作。

(二)实现浙江区域性合资铁路公司股东各方互利共赢

重组后,浙铁集团由浙江省交通集团控股,财务报表由原来的上海局集团公司并表改为与浙江省交通集团并表,将有利于改善上海局集团公司的经营状况,直接减轻上海局集团公司的经营负担。从账面看,重组完成后,上海局集团公司直接剥离有息负债184亿元,其中浙铁集团102亿元,九景衢浙江公司82亿元。

就浙江省交通集团而言,将直接受益省政府"一路一策"的政府补贴,更多参与铁路建设运营,扩大了业务版图。同时,积累了铁路建设运营管理的宝贵经验,培养了一大批懂铁路、懂资本、能管理、善经营的人才队伍。

(三)推动浙江区域性合资铁路公司高质量可持续发展

重组后浙铁集团转为省方控股平台公司,有利于获得浙江省地方政府政策支持、地方股东资金支持与路方股东业务指导。比如,2020年度浙江省政府出台了《浙江省人民政府关于深化铁路、高速公司投融资改革的若干意见》(浙政发〔2020〕33号),明确规划发展、省市县责任分担、社会资本参与、多元融资、土地综合开发、建设管理、运营管理等内容。又比如,浙江省交通集团为平台公司提供融资支持,同时上报省政府《铁路运营补亏"一路一策"专题方案》,积极争取运营补亏等纾困措施,缓解平台公司发展面临的经营困境。再比如,上海局集团有限公司为平台公司开展业务指导,提供人才交流便利,组织相关培训,等等。

重组后平台公司内部能够"以强带弱",实现降本增效,帮助亏损企业摆脱经营融资困境。比如浙铁集团可以统筹各子公司的融资安排,通过原金丽温公司、金温公司等信用等级较高的公司帮助九景衢浙江、金台、杭黄浙江等公司融资。又比如,原金丽温公司、金温公司之间也可以统筹开车安排,避免恶性竞争、浪费资源。再比如,金温公司可以通过少收委托运输管理费等形式帮助金台公司降低支出,保证其正常运行。

（成果创造人：应慧刚　高　松　王红兵　袁志明　过　峰
　　　　　　王青炸　程　磊　吴志良　张　红　高青春
　　　　　　夏泽军　周园媛）

车辆系统标准化系统化建设创新与实践

中国铁路成都局集团有限公司车辆部

中国铁路成都局集团有限公司车辆部是中国铁路成都局集团公司机关内设的职能管理机构,负责集团公司管内车辆系统的专业管理,下设动车科、客车科、货车科、设备科、综合科5个科室,机辆检测所1个附属机构;专业管理车辆段(含动车段)7个,其中1个动车段(成都动车段)、1个客车段(成都车辆段)、2个动客车段(重庆车辆段、贵阳车辆段)、3个货车段(成都北车辆段、重庆西车辆段、贵阳南车辆段),共有科室85个、车间57个、班组533个,从业人员合计14 112人,其中党员4 300余人;配属动车组362列、349标准组、CR200J 52组、普速客车3 666辆、车辆运行安全监控及AEI设备1 093台。

一、车辆系统标准化规范化建设创新与实践的背景

(一)标准化规范化建设的重要性

1.标准化规范化建设是适应市场化发展的需要

铁路企业受传统思维的束缚,存在经营机制不灵活、管理方式粗放、创新动力不足、激励约束不够等问题,制约了公司制改革的深入推进和铁路效率效益的持续提升。通过开展标准化规范化建设,建立现代企业制度体系,一方面能够更好地发挥铁路的体制优势,另一方面能够适应市场经济和法治化的要求,建立与市场经济相适应的管理体系和运行机制,为全面深化改革打下坚实基础。

2.标准化规范化建设是提高运输效率和服务质量的需要

铁路企业需要提高运输效率和服务质量,以满足人民群众对高品质运输服务的需求。通过标准化规范化建设一方面可以规范

铁路运输组织和管理,提高服务质量,提高铁路服务水平,提升用户体验和满意度;另一方面可以提高铁路运输的效率和可靠性,缩短运输时间,降低运输成本,提高物流效率,为经济发展和城市间交流提供更加高效、便捷的服务。

3.标准化规范化建设是推动技术创新和装备升级的需要

通过标准化规范化建设,以满足现场实际需求为目的,不断开展现场生产技术、工艺、设备革新,可以推动铁路技术的创新和发展,加快铁路装备的现代化和智能化建设进程,促进生产关系适应铁路生产力发展水平,切实解决现场实际问题,提高铁路行业的竞争力。

4.标准化规范化建设是加强环境保护和可持续发展的需要

铁路企业需要加强环境保护和可持续发展,以履行社会责任和义务。通过标准化规范化建设,可以减少铁路运输对环境的影响、降低能源消耗、优化资源配置,推动铁路绿色发展,为可持续发展贡献力量。

5.标准化规范化建设是规范管理行为的需要

铁路企业需要规范管理行为,以提高管理效率和效果。通过标准化规范化建设,制定和实施有关安全的铁路标准,可以提高铁路设备的可靠性和安全性,有效预防和减少铁路交通事故的发生,保障铁路运输安全。

(二)车辆系统标准化规范化建设存在的主要问题

1.“等”的思想不止

各车辆段在“双化”建设中均不同程度存在“等”的思想,“等”上级安排或兄弟站段的劳动成果,名义上是“按程序要求落实”,可实质上却是“偷懒”。集团公司领导对“双化”建设非常重视,主要领导曾多次对“双化”建设工作作出明确要求,但专业部门在日常工作中没有提出更多的要求。各站段从原来的激情满满变得迷茫困惑。站段“等”,科室、车间“等”的思想就更加严重,各站段“双化”创建水平开始参差不齐,出现了停滞不前,甚至倒退落后的现象。

2."融"的效果不好

"双化"建设的核心要义是融入日常安全、生产、经营、党建等整个行为过程,部分站段认为"双化"建设是"面子"工程,甚至认为是一种负担,导致部分站段"融"入的力度不够、效果不好,将"双化"建设与安全生产经营等工作相隔离,出现了"两张皮"和"形式化"的现象,如评价标准形同虚设、月度评价搞"加分竞赛"、评价结果运用不好,认为标准化规范化工作就是刷墙、搞基建等,没有深刻认识到标准化规范化建设是做强站段各项重点工作的延伸和规范,是确保各项标准体系和规章制度达到全面性、准确性和科学性的有力抓手。

3."创"的动力不足

各站段不同程度存在激励机制不健全,全员参与、持续改善氛围不浓,创建思路不清、标准不细、方法不明、重点工作落实不力、创建"回潮"等问题。"创先争优"的劲头不足,如在车辆系统小型现场会的承办、迎接上级检查、示范点打造等方面,明显感觉到部分站段有"能不选我就不选我"的态度,甚至存在抵触情绪,主要原因是站段激励机制不健全、缺乏内生动力,没有把"双化"建设当成推动工作前进的一种方式和手段。

二、车辆系统标准化规范化建设创新与实践的主要做法

车辆系统标准化规范化建设坚持"加减乘"工作法:一是做好"加法",将各项工作"加"到标准化规范化考评中,发挥考核评价的"指挥棒"作用;二是做好"减法",积极推进基层减负,以人为本优化管理;三是做好"乘法",突出文化建设引领,倍速放大标准化规范化建设效果。

(一)做好"加法",整体布局突出标准指挥作用

确立车辆系统八个达标标准,并根据"八个达标"总体目标制定了车辆系统统一的科室、车间、班组、岗位"四级"达标标准和考评标准,层层覆盖,将实现车辆系统总体目标的任务举措分解到班组这一最小考评单元,实现"一把尺子"考评。同时把各项具体工

作的推进落实情况都放到标准化规范化考评中，将各种管理手段作为标准化规范化的子集或支撑，通过抓实标准化规范化建设，对整体工作起到提纲挈领、纲举目张的作用。

1. 把主攻点锚定在考核评价上

（1）以标准促规范。一是分专业统一。车辆系统按照动客车、货车、设备的分类原则对站段 12 个主要车间、10 个主要科室标准化规范化建设考核评价标准进行了"三统一"，即统一格式、统一评分标准（采用百分制）、统一评价项点。同时，结合实际，将国铁集团、集团公司和车辆部关于站段部分车间、科室的标准化规范化评价项点进行了融合。车间考核评价标准分动、客、货专业实行"7＋2"（即共计 9 项达标评价内容，其中作业过程和设备质量达标 2 项达标评价内容各车间不一致，其余 7 项达标评价内容一致）模式、科室考核评价标准实行"6＋1"（即共计 7 项达标评价内容，其中生产管理达标 1 项达标评价内容各科室不一致，其余 6 项达标评价内容一致）模式，有效解决了考评标准繁杂、各段一套标准、统计算法不一致等诸多问题。二是全面统一。车辆部组织各车辆段在分专业统一评价标准的基础上再次进行了修订完善，全面实现了车辆系统所有标准化规范化科室、车间、班组、岗位"四级"考核评价标准的统一（"7＋8＋6＋6"，即科室 7 项、车间 8 项、班组 6 项、岗位 6 项评价内容）。科室、车间、班组评价标准以否决指标、安全管理、专业管理、职教管理、综合管理、上级评价结果运用、重点工作落实、加分项为重点，与现有绩效考核项点相匹配，考评标准与日常工作结合更加紧密，考评效能提升 67％（考评环节由原来的"自评—互评—考评"可直接变为"考评"），考评效果更加真实有效，有效消除了管理壁垒，防止了科室"双化"工作灯下黑的情况，有效促进了"四级"创建标准得到全面贯彻执行。三是搞好结合。将专业管理评价、标准化动车所、标准化"库、站、乘"、标准化列检作业场、岗位星级评定、班组长考评等与标准化规范化考核评价体系紧密结合，明确车辆系统班组长标准化规范化岗位评价结果按站段班组长管理办法执行，实现了一套标准体现多种评定结果。

（2）以评价促建设。一是常态推进标准化规范化考核评价工作。站段：每月围绕作业过程、设备质量、应急处置、职场环境、安全基础、生产经营等方面组织对 85 个科室、57 个车间、533 个班组、12 235 个岗位开展常态化考评工作；每季度开展一次站段层面自检自验；二季度、四季度末以平推方式开展半年、年度自检自验。车辆部：每半年依据标准化规范化建设考核评价基础指标的安全质量效益通用及个性考核标准，组织对站段开展半年预评和全年综合评价，与安全评估考核工作同步进行。二是以专业管理评价促进标准化规范化建设。将车辆系统专业管理评价和站段标准化规范化科室、车间评价办法进行融合，对 7 个站段、44 个科室、54 个车间按"2+3+3"（即站段 2 类、科室 3 类、车间 3 类）分类开展月（季）度评价排序，明确评价内容、评价对象、评价周期、评价程序和结果运用。三是拓宽评价结果运用。每月专业管理评价得分作为基础分值，同站段工作质量考核得分、党政正职月度安全生产责任制考核得分、月度安全质量考核得分、站段经营管理副职评价排序等挂钩，与安全评估、优秀站段评比等各类年度评先挂钩。四是标准化规范化与绩效深度融合。在成都北车辆段试点标准化规范化科室、车间与段"四化"考评的有机结合，标准化规范化岗位与技师、高级技师考评同结果等，有效提高了评价效能，避免了重复考评，为车辆系统高质量推进考核评价工作创造了良好开端。

2. 把发力点聚焦在岗位建设上

（1）深化重点人员培训。在成都北车辆段上行运用车间试点青工结对子培训实施措施，有力推进了重点人员培训工作。一是明确青工队伍分类。按照技术骨干队伍、技术骨干预备队伍、技术达标队伍、技术达标预备队伍、技术不达标队伍的分类进行分级培训。二是明确技术骨干队伍培训模式。技术骨干队伍分担车间、班组日常职工培训工作，班组的班组长、安全员、技教员均由技术骨干队伍中选拔产生。三是明确技术骨干预备队伍培训模式。强化技术骨干预备队伍日常培训，由车间技师（高级技师）、班组长进行包保,车间每月进行一次理论实作检验,检验效果与技师(高级技师)津贴、班组长经济责任制考评挂钩。四是明确技术达标队伍培训模式。技术达标队伍各班组每季度推荐不少于 4 名职工参加班组对抗赛,每季度推荐的职工不得重复,直到班组所有技术达标青年职工全部参加过一轮比赛后才能再次推荐,以此类推。五是明确技术不达标队伍培训模式。技术不达标队伍利用休班时间由班组长亲自带队进行补强学习,车间以周为单位进行补强考试,每名人员允许参加补强考试一次,第一次补强考试不合格人员实行车间内部待岗处理,直至补强考试合格后方可担任检车工作。

(2)开展岗位星级评定。一是统一岗位评价标准。为充分解决岗位评价难度大、走形式等问题,组织对车辆系统标准化规范化建设岗位考核评价标准进行了统一,确定了否决条件、工作业绩、作业标准、业务技能、日常表现、加分项 6 项考核指标,将标准化规范化考评与班组日常管理紧密结合,充分体现星级职工评定"作业标准、业务技能、工作业绩"三项重点内容。二是紧密结合标准化规范化岗位评定。要求各站段在细化星级职工评定办法时与标准化规范化岗位评定搞好结合,以"为基层减负"为主要目标,充分体现"干与不干、干多干少、干好干坏不一样",实现评价标准全面、科学、实用。

(3)强化培训能力建设。立足现有 7 个段级实训基地,制定车辆系统职工实训设施设备建设指导意见,打造车辆系统各专业、各段、各车间的职业化、专业化、现代化的高端技能人才培训基地和练功场。修订完善 17 个主要工种 58 个岗位的安全红线、必知必会、岗位重点练习和考试题库近 50 000 题;编制 37 个视频课件、2 个"2+1"新职人员教材。举办动客货设 4 个专业、11 个岗位技能竞赛;参加全路技能竞赛,其中设备维修专业获得团体三等级,动车组维修师 3 人、货车车辆钳工 1 人、货车制动钳工 1 人、设备电工 1 人进入全路个人全能前 15 名。

3.把落脚点扎根在安全保障上

(1)完善安全管理保障体系。一是完善车辆系统全员安全生产责任制。以《安全生产法》等法律法规为依据,统一制定形成车辆系统站段领导、科室(车间)负责人安全岗位职责及责任清单词条库,逐级向下延伸,做到工作范围全面覆盖、工作职责界面清晰、工作标准具体细化,其中修订车辆部全员岗位安全生产责任制26份、建立9个岗位应急处置清单;督促7个车辆段修订岗位安全生产责任制3 159份,车辆系统全员安全生产责任制不断健全完善。二是完善双重预防机制管理体系。坚持车辆专业安全管理好的做法,抓好安全关键循环整治、安全问题整治回头看、关键时期重点管控(领导包保)、排序帮促补短板、从严从快激励考核、预防性排查共6项机制的常态化落实,并结合国家铁路局新下发的《铁路安全风险分级管控和隐患排查治理管理办法》,根据集团公司总体要求,梳理形成车辆系统"安全双重预防机制'6+1'管理体系"。三是修订完善相关制度办法。修订车辆系统安全红线并指导各车辆段制定禁止行为条款,实行分层分级管理;公布《车辆系统列车运行"两必扣、五必停、十必拦"作业法》《干部监督检查指导手册》等。

(2)强化双重预防机制落地。一是全员全过程开展风险识别和管控。紧盯季节交替、新线开通、新装备投用等变化,抓好年度和月度安全风险辨识研判;动态完善安全隐患排查清单,充分运用定期、专项、日常的方式开展安全隐患排查整治,着力解决现实安全隐患。二是开展重点风险研判和隐患治理。以18类主要安全风险为重点,月度动态研判风险共计158条纳入重点管控,排查梳理隐患21项、完成整治20项;梳理部层面灰犀牛风险20条、黑天鹅风险8条并下发站段承接;组织修订安全基础问题库6 000余条,建立车辆系统安全风险管理"6+1"制度,保障双重预防机制有效运行。三是抓实各类安全风险防控。梳理分析集团公司近十年来首发、偶发等小概率但后果严重的事故故障,补充辨识和防范"黑天鹅"事件;动态收集全路发生的典型事故故障,深入分析惯性频发问题和典型安全隐患导致"灰犀牛"事件的深层致因,紧盯排名前三位的故障,从规章制度、工艺标准、工作流程等管理源头固化风险管控措施。

（3）强化监督管理。一是强化现场监控。2022 年以来，开展安全信息分析 77 件次，考核管理人员 355 人次、138 630 元，履职评价 112 人。开展安全生产专项整治、段内调车回头看、动车组防脱专项检查、客车六防专项检查、货车临修专项对规和消防安全专项整治等活动，现场开展检查 192 670 次、发现问题 117 966 个、处理故障 1 417 余件。二是强化设备质量整治。高质量完成春季整修动车组 362 列、动集动车组 52 列、客车 2 639 辆、5T 设备 843 台，发现处置故障 19 902 件并完成验收；持续盯控动车组 360 项、动集动车组 138 项源头质量整治项目，其中 2023 年动车组须关闭 38 项、完成 25 项，动集动车组须关闭 46 项、完成 14 项。

（4）强化作业指导书验证。一是指导站段常态化开展全流程对规对标工作。不断完善"一图一书一表"，将关键作业流程融入风险卡控表，形成适用于新职/转岗人员、技能娴熟人员等各层级使用的风险卡控表，确保"一图一书一表"的科学性、实用性、有效性和针对性。二是制定车辆系统作业指导书目录清单。对各车辆段既有作业指导书进行归纳梳理，分动、客、货、设四个专业形成《车辆系统作业指导书目录清单》5 403 项，其中动车专业 2 740 项、货车专业 1 422 项、客车专业 964 项、设备专业 277 项。三是指导站段做好作业指导书完善工作。建立了车辆系统作业指导书模板，指导站段按照依法合规、科学合理、流程清晰、简洁实用、风险可视、动态完善的原则做好作业指导书补充完善、集中验证和作业流程图表编制工作。截至目前共计完成作业指导书验证 6 684 份，奖励职工 20.74 万元。

（二）做好"减法"，积极推进基层管理瘦身减负

在推进标准化规范化建设进程中，积极响应现场需求，以人为本优化管理，组织研发了车辆系统考评系统，优化了班组台账，统一了管理细则，实现减轻工作量、优化流程、提高效率的目标。通过制定站段、车间重点工作清单，厘清任务要求、落实措施，明确该"怎么干、干到什么程度"，不让基层"瞎忙活、白忙活"，确保标准化规范化建设流程顺畅、管理优质。

1. 把服务点定位在基层减负上

(1)优化台账管理。一是深入调研。通过自下而上收集资料、自上而下征求意见、召开座谈会、现场调研、思想宣贯等多种方式开展初步调研 1 次、全面调研 1 次、专项调研 11 次,全面摸清了车辆系统班组台账基本情况,为优化台账表报打下了坚实基础。二是明确清单。通过实施数据比对、分类清理、明确清单"三步走"方案,根据实际工作需要,秉承最大限度为基层减负的宗旨,全面完成了车辆系统班组台账清理工作,明确了车辆系统、站段、车间(班组)三级台账表报目录清单。三是统一格式。按照要素齐全、分类准确、符合现场实际和专业管理需要的原则,组织各车辆段完成了车辆系统同专业、同车间、同班组台账表报的"两统一"(即台账名称统一、格式统一)。通过上述工作的开展,车辆部对原有 145 类(含纸质 88 类,电子 57 类),1 865 个车间台账;554 类(含纸质 332 类,电子 222 类),6 608 个班组台账进行优化,经全面合并、压缩、删除、整合后,目前车辆系统共有车间台账 33 类(含纸质 11 类、电子 22 类),班组台账 372 类(含纸质 190 类、电子 182 类)。其中,动车 108 类、客车 129 类、货车 137 类、设备 31 类。405 类车间班组台账表报清单分劈至各车辆段、车间、班组,形成站段所有车间、班组台账表报清单 3 392 个,其中车间台账 383 个、班组台账表报3 009 个,班组平均台账数量从 13.46 个降到 6.13 个,降幅54.46%;车间、班组台账优化率分别为 79.5% 和 54.5%,全面实现了车辆系统台账统一和为基层减负基本目标,下一步将结合"数字北辆"建设将台账纳入系统管理,进一步优化台账管理。

(2)研发考评系统。组织贵阳南车辆段研发了专业管理评价和半年/年度考评系统,实现了 7 个站段、44 个科室、54 个车间评价信息录入、结果排名公示、问题整改追踪等全流程信息化管理,切实做到评价全过程"零"报表、无纸化办公,全过程公开透明,极大地减少了邮件转传、打印审核等中间环节及人工统计汇总工作量,在降低错误率的同时,工作时间压缩了近 70%,有效解决了考评部门多、考评数据庞大、考评规则多样性、考评流程和计算公式多而繁杂等问题,随着系统不断升级完善,考评界面更清晰、流程更便捷、更好地杜绝了考评中可能存在的弄虚作假、徇私舞弊、形式主义等影响评价真实度的行为,提高了考评效率,进一步规范了考核评价工作的开展。下一步将结合"数字北辆"建设将站段标准化规范化考评、经营管理副职考评等统一纳入系统管理,实现考核评价的全流程和可视化管理。

2. 把着眼点瞄准在统一管理上

(1)统一管理实施细则。收集、甄选各车辆段的车间、班组管理实施细则,根据车辆系统实际制定了《车辆系统车间、班组管理实施细则框架》,将生产经营管理、安全管理、作业过程管理、队伍素质管理等九项内容作为车间管理实施细则主要框架;将基础管理、安全管理、人员素质管理三项内容作为班组管理实施细则主要框架。各车辆段指导车间、班组结合实际全面清理既有管理制度,对部分现有制度进行废除、修订、整合,对空缺的制度进行制定补充,共计修订完善 57 个车间、533 个班组管理实施细则,为自控型班组建设提供了制度依据。

(2)统一重点工作清单。组织各车辆段围绕"八个达标"细化制定了车辆系统标准化规范化建设重点工作清单,包含具体要求 46 项、建设内容 219 项。站段以国铁集团、集团公司运输站段标准化规范化建设通用和个性考核评价标准为依据,车间以车间标准化规范化建设考核评价标准为依据,建立段、车间"二级"标准化规范化建设工作目录清单。各层级根据日常工作情况对标准化规范化建设工作目录清单进行及时更新、完善。目录清单内容丰富、覆盖面广、时效性强,有效解决了标准化规范化工作思路不清晰、管理资料杂乱等问题,进一步理顺了各级标准化规范化创建工作思路,规范了台账资料管理。

(三)做好乘法,激发文化认同深化建设成果

把干部职工自觉践行作业标准化、管理规范化要求作为车辆系统标准化规范化建设的最终目标。通过推广可复制经验、学习调研先进,提高职工标准化规范化意识。将文化建设作为建设重

点,制定重点车间打造方案,通过重点建设和示范建设反复、轮流打造,进一步深化企业文化建设,培养干部职工"主人翁"意识,不断提升企业文化软实力,成倍速放大标准化规范化建设效果,突出文化建设引领作用。

1. 把引擎点选取在文化认同上

在深化标准化规范化建设的进程中,牢固树立"文化建设就是发展引擎"理念,坚持从文化认同入手,各站段均提炼了广大职工认同的文化精神、安全理念。例如,车辆系统把"立标准、讲规范、简流程、提效率"作为标准化规范化建设的工作目标和工作准则,车辆系统标准化规范化建设即围绕这一目标拓展工作;贵阳南车辆段上行运用车间以"知行合一,协作争先"、成都动车段运用车间以"每一次都是第一次,第一次就要无缺陷"、重庆西车辆段兴隆场上行运用车间以"一锤一眼保安全,一分一秒保畅通"为车间理念,为车间标准化规范化建设铸文化魂,引领标准化规范化创建工作。

2. 把切入点树立在典型引路上

(1) 推广可复制经验。坚持典型引路,持续做好达标创建好经验和做法的复制、移植,共计选取各车辆段在管理经验、作业标准、技术革新等方面对生产组织优化、生产效率、产品质量提升、节支创效等有显著效果的 42 项做法在车辆系统进行推广使用,各段结合实际、因地制宜地制订了推广计划。通过制度体系建设、管理创新、小改小革可复制经验的推广应用,有效提高了车辆系统管理水平、安全防控能力,通过物防、技防手段的运用,及时防控了安全风险、消除了安全隐患。

(2) 搭建交流平台。一是召开车辆系统现场会两次,组织各车辆段观摩学习了贵阳南车辆段 5T 运用车间、成都北车辆段广元运用车间、重庆车辆段安全生产调度指挥中心、贵阳南车辆段动态监测设备车间、成都动车段检修车间、转向架车间共计 6 个车间,对各车间在安全管理、设备质量、职教管理、党建管理、信息系统建设等方面的优秀经验进行了学习,为站段、科室、车间标准化规范化建设工作提供了思路;二是利用半年/年度标准化规范化达标评定和日常专项检查,抽调各站段相关管理、技术人员共计 65 人进行交叉检查,提供交流学习平台,针对检查发现的问题和亮点,举一反三,深挖问题根源,找到管理突破口,共同促进、共同提高。

（3）调研学习先进。车辆部共计组织 203 人赴北京、广州及广州局广州铁道车辆有限公司等共计 52 家路内外单位开展客车段修建设、标准化规范化建设、动车运维检修数字化、动车四级修建设、实训基地职教和设施设备建设管理、货车运用、检修、设备管理、动车应急及运用管理、动力集中动车组运维管理等专项调研,通过调研,进一步开阔了视野,打开了思路,找到了差距,看到了短板,为下一步做到"四个坚持"（坚持高标定位,为高质量发展谋篇布局;坚持系统思维,为数字化转型夯实基础;坚持底线思维,为安全生产保驾护航;坚持创新思维,为人才培养畅通渠道）打下了坚实基础。

3.把突破点筑牢在重点打造上

在健全制度体系、优化生产环境、推进现代化建设的基础上,围绕进一步深化企业文化建设,制定安全生产调度指挥中心、重点车间打造方案,突出文化软实力建设,扭转干部职工传统认识,变"被动接受"为"主动创建",变"要我标准"为"我要标准"。

（1）深化安调中心建设。一是开展深度调研。2022 年,车辆部对各车辆段安全生产调度指挥中心机构概况、制度办法建设、生产组织、安全管理和存在问题等方面开展了全方位调研,初步掌握了车辆系统安调中心基本情况。2023 年 1 月,车辆部在 2022 年初步调研的基础上,再次组织对车辆系统安全生产调度指挥中心情况开展了深度调研,针对调研发现的职能作用发挥不好,管理效能有待提升;岗位人员配置不足,生产组织有待优化;岗位吸引力不足,整体素质有待提高"三大问题",提出了强化职能定位,充分发挥管理效能;配齐配强人员,合理优化生产组织;增加岗位吸引力,提升整体素质;立足安全基础,逐步实现提质升级"四大优化措施"。二是制订打造计划。组织各车辆段结合实际细化制定了七个车辆段安全生产调度指挥中心建设实施方案,明确总体目标、工作原则、重点打造内容、阶段计划,立足现状,积极挖潜,充分发挥安全生产调度指挥中心"六大职能",并按月上报方案推进情况,将各车辆段安全生产调度指挥中心建设方案推进情况纳入专业管理评价。三是结合"数字北辆"建设,开展安调中心信息化建设试点。通过与运输、货运等专业进行数据大联动,集成检修、运用和5T数据,构建了一体化的调度指挥和应急处置体系,提升了货车运输生产整体效率和管理效能,达到了"现场生产节奏可见可控、生产异常自动预报预警、数字数据辅助指导指挥、结合部信息交互便捷及时"的效果,实现了"精准指挥、快速反应、作业标准、管理规范"的目标。

(2)推进重点站区创建。通过现场调研,针对存在的安全隐患和安全短板问题,制定了江油、万州、玉屏、广元、双流、南充、燕岗、隆昌8个站区创建标准和车辆系统重点站区标准化规范化创建考核评价标准,指导站段围绕"双重预防机制"落实、现场过程管控、标准化车间、自控型班组建设等方面,深入推进作业岗位"立标、学标、对标、达标",全面提升创建质量,顺利通过了集团公司平推检查,同时贵阳南车辆段双化管理平台和重庆西车辆段动监生产管理系统得到了集团公司领导认可,在车辆系统全面推广,已融入数字车辆建设规划。

(3)抓好重点车间打造。分动车、客车、货车共选取了3个车间作为车辆系统标准化规范化建设创建示范点,同时在各车辆段选取了12个车间作为车辆系统标准化规范化建设创建重点车间,制定了考评标准和创建实施方案,并与集团公司安全文化建设示范点创建工作同步推进,按月上报示范点及重点车间创建推进情况,各专业科室结合日常检查督促站段落实创建方案,车辆系统将每年持续从各站段选取2个车间作为重点创建车间,并在上年重点车间创建的基础上选取3个车间作为第二年创建示范点,通过反复、轮流打造,达到以点带面,全面带动站段整体创建工作提升的效果。

三、车辆系统标准化规范化建设创新与实践的效果

车辆系统标准化规范化建设"加减乘"三步走工作法实施以来,标准化规范化建设成效显著、安全效果持续稳定、效益效率明显提高、专业管理取得实效、服务保障能力持续提升、改革创新成果丰硕,确保了车辆系统安全形势持续稳定。

（一）标准化规范化成效显著

在国铁集团标准化规范化考核评价中,成都局集团公司车辆系统有 2 个车辆段（成都动车段、重庆西车辆段）被评定为国铁集团标杆站段,优秀率 29%（集团公司为 25%）；3 个车辆段（成都动车段、重庆西车辆段、贵阳车辆段）被评定为集团公司优秀站段,优秀率 43%（集团公司为 39%）；车辆系统 2 个站段、2 个车间被评为集团公司安全文化建设示范点,分别占集团公司站段级、车间级安全文化建设示范点总数的 33%、25%。

（二）安全效果持续稳定

车辆系统正向激励发现典型故障 13 448 件,奖励职工 305.8 万元,消灭了 C 类及以上责任行车事故,D 类责任行车事故同比下降 33%,责任行车事故连续三年下降,其中成都车辆段、贵阳车辆段、重庆西车辆段实现全年"零事故"；行车设备故障发生 85 件,同比减少 22%,其中责任故障同比减少 45%,安全及质量持续向好。

（三）效益效率明显提高

提升效率效益,完成重庆地区兴隆场列检生产组织优化,与运输协作实施"精准扣车、回送、施修"运输组织方案,促进车辆生产需求和运输组织畅通实现双赢。合理压减大修,做好送修计划及上限管理,严格卡控送修里程及交路编排,开展动客车闲置车底封存,动车高级修由 148 压减至 105 标准组、节支约 7.7 亿元；客车厂修由 377 压减至 298 辆、节支约 9 000 万元。深化业财融合,减少无效走行公里,落实密集劳动项目委外修、扩大修旧利废目录等措施,确保完成直接费动客车全年节支 692 万元。

（四）专业管理取得实效

车辆系统共计开展站段评价 18 次、经营管理副职评价 15 次、科室评价 6 次、车间评价 17 次,通报排名首末位科室 144 次、首末位车间 340 次、考核站段和领导 18 次,副职月均分组差距 7 000 元,督促管理人员从严、从细、从实抓好专业管理工作,有效提升了管理人员的工作积极性、主动性和创造性,推动了站段强化基础工作、强化安全意识、经营意识,提高专业管理效能,增强了标准化规范化建设能力,车辆系统专业管理能力和水平不断提升,形成了比学赶超的良好工作氛围。

（五）服务保障能力持续提升

动车组配属 362 列、同比增加 25 列、提高 7.4％;CR200J 配属 52 组,同比增加 13 组、提高 33％;春运动车组上线率 89.14％,小长假 CR200J 可用率均达到 100％,完成 11 列 CRH3A－A、7 列 CRH6A/A－A 新车型投入运营,有效支撑疫情影响外的客流需求。开展货车临修车上量,完成破损敞车整治 25 199 辆、提高 22.2％;完成国铁货车厂修 1 500 辆,提高 79.6％;组装客货车轮对 18 000 对、提升 4.5％;推动西昌南站修及密地临时整修生产优化,日均临修 38 辆、提升 101％。

（六）改革创新成果丰硕

完成 CRH380A、CR300AF 一级修周期延长验证项目阶段评审实施、CRH3A 轴端螺栓更新次数优化阶段总结评审实施、CRH3A 齿轮箱和空压机油脂更换周期优化验证评审实施;完成 LMA 薄轮缘踏面外形优化至 0.1 mm 间隔标准廓型试用评审开展试用。在成都北车辆段安装 2 套 TFDS 智能识别系统开展试用;优化动客车 5T 设备检修周期,TEDS、TVDS 由半月检延长至月检、AEI 从月检延长至季度检。动客车完成 CR400AF－A/CRH380AL 三级修、CR200J D4 修试修并取得维修资质,货车取得 GH70A 型车段修资质。完成客列检改革试点,撤销广元客车列检所。编制成都北车辆段检修生产组织改革实施方案,制定了厂修增幅 59％～74％等改革目标;加快推进 TFDS 自动识别应用,批复成都北车辆段6条线4套设备、重庆西车辆段3条线3套设备的推广试用申请。下发5T设备修程修制改革试点方案,实施精准预防修。推进数字化车辆段建设,制定了车辆系统数字化发展初步规划和车辆段级数字化建设方案并组织实施。2022年车辆系统共计58个项目被评选为集团公司"智慧成铁"群众性创新成果,占比14%。

(成果创造人:卢　睿　卢青春　张甬成　朱朝全　杜学清
　　　　　罗　琴　刘　玺　彭　波　张　宇　黎　超
　　　　　陈　波　郑传磊)

新建铁路"设计建设运营一体化"
实现商业广告整线招商

中国铁路昆明局集团有限公司经营开发部

中国铁路昆明局集团有限公司于 2017 年 11 月 19 日挂牌成立,是中国国家铁路集团有限公司下属和独立出资的大型铁路运输企业,注册资本金 8 116 414 万元,职工总数 4.03 万人。主要从事铁路客货运输服务和多元化经营业务,管辖铁路线路主要分布于云南境内,跨越四川、贵州、广西,共经过 4 省区 16 个地州市、67 个市(区)县,有准轨(轨距 1 435 mm)、米轨(轨距 1 000 mm)两种轨距,是全国 18 个铁路局集团公司中唯一准米轨并存的公司。截至 2022 年末,管内线路总延展长度 8 586.766 km。2021 年 12 月 3 日,中老昆万铁路安全优质如期建成,成为首条采用中国标准、中老两国合作建设运营,并与中国铁路网直接连通的境外铁路,成为全路唯一一个运维管理延伸到国外的集团公司,也是全路唯一一个与 3 个国家相邻,具有中老、中缅、中越 3 条国际大通道和 3 个国际铁路口岸的集团公司。中老昆万铁路自开通运营以来,截至 2023 年 7 月中旬,全线累计发送货物突破 2 300 万吨,累计发送旅客突破 1 800 万人次,国际黄金大通道作用日益凸显。

一、新建铁路"设计建设运营一体化"实现商业广告整线招商的背景

中老昆万铁路是"一带一路"倡议下,我国与南亚、东南亚国家基础设施互联互通的重要项目。高标准高质量做好中老昆万铁路运营管理工作,是贯彻落实习近平总书记重要指示精神的具体行动,对于树立中国铁路品牌、展示中国铁路形象,打造中国铁路走

出去品牌具有重要意义。

以往新建铁路客站商业和广告开发所采取的分别规划设计、分别建设施工、分别招商运营的传统经营开发方式,造成各个客站的商业、广告设置风格不一、品质不高、业态重叠、同质竞争、市场风险抵御力弱、管理难度大等问题,客站的整体形象、经营管理、旅客服务方面与满足旅客美好出行需求存在差距,客站商业、广告资源开发价值难以稳定持续。创新商业、广告经营开发模式不仅是助力中老昆万铁路标志性工程建设,更是树立新建铁路客站商业、广告新形象,打造客站商业、广告新标杆,提升客站商业、广告经营开发价值的有益尝试。

二、新建铁路"设计建设运营一体化"实现商业广告整线招商主要做法

(一)提前介入业态布局,精雕细琢科学设置

1. 提前介入研究初步规划设计方案

2018 年,根据中国铁路昆明局集团有限公司印发的《铁路建设项目提前介入管理办法》的工作要求,经营开发部组织旅服公司、传媒公司结合玉磨铁路站房初步设计提前研究沿线客站商业业态和广告布设规划,通过现场踏勘并与当地铁建办对接,对沿线各个客站站位、当地经济发展情况、客流预计进行广泛和深入的调查了解。2018 年 12 月,在充分调研分析的基础上,经开部牵头编制了《玉磨铁路站点商业、广告设置建议方案》。新建玉磨铁路全线 11 个客站初步规划设计商业经营点位 53 个,规划面积 3 100.9 ㎡,用电功率 1 595 kW;广告点位 140 个,规划面积 2 155.1 ㎡,用电功率 436 kW;按摩座椅 2 488 台,用电功率 156 kW;停车场11 处,规划车位 2 900 个,占地面积约 148 000 ㎡。《玉磨铁路站点商业、广告设置建议方案》经审查后交玉磨铁路站房设计单位纳入站房设计。

2. 紧跟建设节奏及时深化设计方案

2019 年 12 月,按玉磨铁路站房施工图预审会议要求,经开部

再次组织旅服公司、传媒公司按照商业、广告经营开发规划设计方案中的点位布置、用电负荷、给排水设施、信息点位等要素,并结合玉磨线民族文化表达元素,在《玉磨铁路站点商业、广告设置建议方案》基础上深化形成了《玉磨铁路商业、广告经营开发专项设计方案》。此次深化方案共规划开发沿线 11 个客站商业经营点位 74 个,总面积 1 453.5 ㎡,其中商铺 39 间,自助售设施商业点位 35 个,业态包括便利店、土特产超市、品牌形象店、餐饮、卷烟店、自助存包、自助售货等。沿线规划设停车场 11 个,总面积 65 237 ㎡,停车位 1 930 个,设充电桩 176 个。沿线各站共设广告媒体 211 个,总面积 5 694 ㎡,包含广告灯箱、LED 电显屏、广告刷屏机、吊旗、外置射灯展板等广告媒体形式。设置按摩椅 2 044 台,设置电子设备充电桩 59 台。

3. 突出品质价值整体优化提升方案

为认真贯彻落实《中国铁路昆明局集团有限公司关于印发〈进一步加强中老昆万铁路标志性工程创建重点工作推进实施方案〉的通知》(昆铁办〔2020〕58 号)和《中国铁路昆明局集团有限公司关于认真贯彻落实习近平总书记重要指示精神高标准高质量做好中老昆万铁路运营管理工作方案的通知》(昆铁办〔2020〕173 号)文件精神,2020 年 9 月经开部按照"优化功能布局、合理规划业态、整体效益最大、确保同步运营"原则,组织旅服公司、传媒公司对前期编制的《玉磨铁路商业、广告经营开发专项设计方案》再次进行优化提升,重点突出玉磨铁路沿线地域历史文化脉络、地方风情特色,让整体开发方案与站房装修风格有机融合,实现用商业服务站区、便利旅客,用广告美化站区、提升环境的目标。2021 年 1 月修编形成了《玉磨铁路客站商业、广告经营开发方案》。开发方案本着与站房装修设计风格统一、协调、融合的要求,对商业、广告业态和布局均进行了功能优化和形象提升。

本次方案优化后,沿线 11 个客站共设置商业经营点位 91 个,总面积 1 706.6 ㎡,其中商铺 34 间,自助售卖设施商业点位 44 个。业态包括便利店、土特产超市、品牌形象店、餐饮、卷烟店、自助售货等。沿线规划设停车场 11 个,总面积 66 938 m²,停车位 1 987 个,设充电桩 223 个,用电功率 3 360 kW。沿线各站共设广告媒体点位 246 个,总面积 5 097 m²,广告媒体形式包含广告灯箱、LED 电显屏、广告刷屏机、吊旗、外置射灯展板等。设置按摩椅 1 677 台,用电功率 301.6 kW。

同时,方案以玉磨铁路开通运营时间倒排推进计划,明确商业、广告基础设施配套建设、招商、商业装修装饰、验收检查及问题整改、开业筹备、同步开通运营等各阶段工作要求。

玉磨铁路客站商业、广告经营开发方案历经 3 次整体优化调整和多次局部细节完善,最终稳定形成实施方案。调整优化后,最终方案较最初方案共调增商业经营点位 38 个(主要为招商增加的自助售卖设备,丰富完善经营和服务功能),调减商业经营面积 1 394.3 m²;调增广告经营点位 106 个,调增广告经营面积 2 941.9 m²;调减按摩座椅 811 台;调减停车位 913 个。玉磨铁路客站商业、广告经营开发方案的 3 次优化调整,最大限度实现了客站商业、广告资源与客运服务功能的协调统一和相互促进,形成经济效益与社会效益的有机融合,为高品质推进玉磨铁路商业、广告经营开发打下了良好基础。

(二)预埋预设同步推进,工序工期无缝衔接

1. 设计建设同步协调

为确保各商业、广告、按摩座椅基础配套设施与站房建设同步实施,自 2019 年 11 月开始,经开部紧盯工程设计、建设进度,主动对接联系站房设计、建设单位,多次组织旅服、传媒公司到建设现场做好沟通协调工作。根据站房施工进度和站房指挥部、站房施工单位的要求及安排,按照"具备一处施工进场条件,就开工一处"的原则,确保按时优质完成商业广告经营设施建设。这些沟通协调工作作为顺利推进各站商业、广告设施建设,确保同步开通运营发挥了较大作用。

2. 预设预埋同步推进

在前期大量沟通协调工作的基础上,作为客站商业、广告经

营开发必不可少的水、电、排污、排烟、信息、消防等基础配套设施、设备的土建及相关管线的预设预埋工作均与站房整体建设装修同步安排推进。不仅保证了商业、广告基础配套设施与站房建设工序、工期的统一推进要求,也有效避免了在站房建设完成后因商业、广告基础配套设施建设的二次施工对站房的破坏和投资浪费。

3. 整体推进无缝衔接

按照集团公司关于玉磨铁路客站商业、广告与客站"同步建设、同步验收、同步运营"总体要求,经开部组织旅服、传媒公司以玉磨铁路开通运营为目标,倒排各阶段节点工作,明确推进计划。

2021年6月20日前,完成商业、广告招商工作。

2021年8月31日前,中商人完成商铺装修装饰、证照办理、进货整理及广告框架建设、画面设计制作、安装等工作。

2021年9月30日前,完成商业、广告经营设施设备验收检查及问题整改。

2021年10月31日前,完成商业开业和广告投放准备工作。

(三)形象设计全面优化,整线招商品质提升

1. 专业设计形象优化

为进一步提升玉磨铁路商业、广告经营开发品质形象,凸显沿线客站文化特色、地域风情,更好展示中老文化交融成果,经开部在组织传媒、旅服公司深入研究的基础上,优选具有较强设计能力和交通站点商业、广告运营能力,实力雄厚的专业公司对玉磨铁路商业、广告经营开发统一实施整体形象设计。在充分满足客站服务功能的前提下,最大限度贴近市场需求和当前业态形象最新潮流,采取高科技手段,以"中老友谊和合共生"为设计主线,分别以"和合之音""和合之美""和合之语"为主题,融入更多中老文化特色,融入更多当地民族风情,融入更多沿线地域特点,大幅提升了玉磨铁路客站商业、广告经营开发整体形象。在形象提升设计中按"重点突出、兼顾一般"的原则,强化了重点站、特色站的形象设计。按照商业、广告一体化规划设计思路,借鉴西双版纳站"雀舞

彩云 灵动版纳"、普洱站"茶马古道 世界茶园"、磨憨站"泛亚新口岸 山水映磨憨"的站房设计理念,在西双版纳站商业、广告一体化设计中突出了"和合之音"之中国琵琶、老挝象脚鼓的元素;在普洱站商业、广告一体化设计中突出了"和合之美"之中国茶花、老挝鸡蛋花的元素;在磨憨站商业、广告一体化设计中突出了"和合之语"之中、老两国文字的元素。一体化设计理念不仅体现了中老两国特色文化交融,也是对中老两国友谊的美好祝福。

按"重点突出、层次分明"原则逐站实施整体形象优化提升。在按站点乘客流量(占评级权重 50%)、站点城市 GDP(占评级权重 30%)、站点建筑基础(占评级权重 20%)做好站点评级的基础上,确定西双版纳站、普洱站为重点站,磨憨站为特色站,宁洱站、野象谷站、橄榄坝站、勐腊站、墨江站、元江站、峨山站、罗里站为标准站。在设计上,重点站突出价值性、艺术性、服务性;特色站突出经济性、特色性、服务性;标准站突出经济性、统一性、服务性。

2. 整线招商品质提升

本着"品质保障、合作共赢、风险可控、持续经营"的原则,经开部、旅服公司、传媒公司共同研究后采取对玉磨铁路全线商业、广告经营开发设计、建设、运营实施整体招商,具体采取对玉磨铁路 11 个客站整体打包、统一招商方式,引入实力雄厚的商业、广告运营商。整线招商方式有利于运营商统筹全线各个客站的商业、广告经营开发资源,整体谋划经营开发策略,争取最大经营开发效益实现可持续经营目标,有利于避免因分站、分包件招商引入小、散、弱运营商所带来的经营品质不高、经营业态同质化、抵御风险能力低等问题,有利于集团公司新建客站商业、广告资源整体效益最大化。运营商负责统筹调配经营开发资源,对玉磨铁路 11 个客站商业、广告实施整体营销谋划,实施投资建设和运营,实现商业、广告的品牌化、专业化运营,全面提升商业、广告经营开发品质和开发价值。

3. 规范组织有序实施

经开部会同旅服公司、传媒公司经多次研究确定了商业、广告经营开发基本业态布局、设计提升、整线招商等事宜后,形成了《中

276

老昆万铁路玉磨段商业、广告经营开发方案》。方案经集团公司资产经营开发领导小组会议研究通过,经开部严格履行集团公司决策程序,在提报党委会前置研究通过后,2021 年 5 月 10 日集团公司总经理办公会第 7 次会议研究通过了方案。按照集团公司关于玉磨铁路客站商业、广告与客站"同步建设、同步验收、同步运营"总体要求,经开部组织旅服、传媒公司通过公开招商方式确定了第三方招商代理机构。经公开招商,6 月 17 日,上海雅仕维广告有限公司中商,成为玉磨铁路商业、广告经营开发运营商。招商完成后,旅服公司、传媒公司与运营商立即着手开展建设和运营准备工作,确保 2021 年 10 月 31 日前全面完成商业开业和广告投放准备,实现与客站开通同步运营目标。

三、新建铁路"设计建设运营一体化"实现商业广告整线招商实施效果

(一)经济效益

新建玉磨铁路自 2021 年 12 月 3 日开通运营以来,至 2023 年 6 月,集团公司商业、广告经营开发收益已超过 500 万元。后续商业、广告经营开发收益也在不断增加,集团公司客站商业、广告经营开发资源价值将不断提升。

(二)管理效益

"设计建设运营一体化"和整线招商为新建铁路商业、广告开发提供了可复制、可借鉴、可推广的经验和做法,目前已在弥蒙铁路推广运用,昆明站北广场二层落客平台开发项目也将借鉴"设计建设运营一体化"开发方式。

1. 主动提前介入,为打造精品工程奠定了基础

在站房初步设计阶段做好提前介入工作,通过现场踏勘和市场调查分析,提出商业、广告经营开发初步建议方案,并结合经营开发需求不断优化调整,从而为玉磨铁路商业、广告经营工作开发顺利推进奠定了基础。结合站房建设的各个阶段,精准对接站房指挥部、设计单位、施工单位,明确阶段性目标和节点任务,实现商

业、广告经营开发基础配套设施与站房建设进度同步实施,是打造新建铁路客站商业、广告经营开发精品工程的前提和保障。

2. 整体形象设计,为提高经营品质创造了条件

玉磨铁路商业、广告经营开发实施整体形象设计的方式,有效避免了以往商业、广告经营开发分别由不同设计单位实施设计所造成的商业、广告整体经营开发形象与站房整体设计,商业形象与广告形象设计均存在外观形象脱节和缺乏整体协调性的问题。通过提炼各个客站所处区域的文化、历史等要素,形成统一的商业、广告形象设计思路,在色彩、外形、选材上既突出客站特点又与站房设计充分融合,既起到美化、亮化站房的作用,又满足经营开发的品质要求。

3. 站点分类评级,为科学分类开发提供了助力

站点分类评级既突出了重点站、特色站的经营价值和品质形象,又确保了普通站、标准站的基本经营业态和服务功能。对今后新建铁路商业、广告经营开发的建设投资和业态规划布局提供了非常好的借鉴作用,是实现可持续发展的重要基石。

4. 实施整线招商,为全线统筹开发建立了保障

实施整线招商有利于避免因分站、分包件招商引入小、散、弱运营商所带来的经营品质不高、经营业态同质化、抵御风险能力弱等问题,有利于集团公司新建客站商业、广告资源整体效益最大化。

(三)社会效益

中老昆万铁路玉磨段商业、广告的外在形象、内在品质、运营价值得到了社会和集团公司的广泛好评,"设计建设运营一体化"经营开发新模式的成功,不仅是促进新建铁路客站商业、广告科学设置业态、完善经营服务功能、提升经营服务品质、增加经营开发效益的有效手段,也为后续新建铁路及改扩建客站的商业、广告开发提供了参考模板,为铁路客站更好满足旅客美好出行需求提供了助力。

(成果创造人:刘文龙 高静波 梁绍魁 黄佳榆 张 峻 邓 欣 杨镇雄 郝 明 王子宁)

基于同拍共线生产的精益制造创新实践

中车大连机车车辆有限公司

中车大连机车车辆有限公司(以下简称大连公司)是中国中车股份有限公司全资子公司,是以机车和城市轨道交通车辆研发制造为核心业务,相关领域多元业务协同发展的高端轨道交通装备综合服务供应商。公司拥有厚重的历史积淀和红色基因,是我国机辆工业和铁路事业的中坚力量,为经济社会发展作出了卓越贡献,被党和国家领导人赞誉为"机车摇篮"。

公司以打造先进、智能、绿色、高效的轨道交通装备产品为方向,构建了涵盖机车、动车组、城轨车辆、发动机的产品谱系,具备整机、关键零件自主研发、检修、再制造能力,能够提供产品全寿命周期服务。曾自主研发中国第一台大功率干线货运蒸汽机车、第一台干线内燃机车、第一代干线货运主型内燃机车,进入新时代以来,相继研制大功率交流传动电力机车、时速160公里动力集中电动车组等新产品,推动中国机车装备实现由"东风"到"和谐",再到"复兴"的重大跨越。面向未来,公司将立足新发展阶段,完整、准确、全面贯彻新发展理念,服务构建新发展格局,坚定不移走好高质量发展之路,向世界一流企业奋斗目标加速迈进。

一、基于同拍共线生产的精益制造创新实践的背景

(一)从国家战略看,坚持精益管理之道是企业高质量发展的有效途径

习近平总书记在二十大报告中提出,要"深化国资国企改革,加快国有经济布局优化和结构调整,推动国有资本和国有企业做强做优做大,提升企业核心竞争力""完善中国特色现代企业制度,

弘扬企业家精神，加快建设世界一流企业"等一系列新理念、新思想、新战略，为新时代企业高质量发展指明了方向，提供了根本遵循。

当前，受国内外环境影响，全球产业链供应链正在发生深刻变革，为应对复杂的市场环境，制造型企业在经营方式和发展模式上的改革需求尤为迫切。精益管理作为助推制造业管理提升的有效手段，已被越来越多的企业所重视和应用，精益管理之道日渐成为企业提升核心竞争力、推动高质量发展的有效途径。

（二）从集团规划看，深挖精益制造潜能是提升价值创造力的重要基础

中国中车精益工作历经试点导入、全面推进、积厚成器，精益理论方法日趋成熟，精益管理体系初步构建，精益人才文化持续育成，中车精益大厦初具品牌和特色，持续深化精益管理已经成为公司核心战略举措，持续打造精益品牌已经成为中车建设世界一流示范企业的特色标签，持续迭代升级精益体系已经成为推动中车高质量发展的管理解决方案。

但是，在中车子企业层面，各企业精益管理水平参差不齐，没有做到全产线、全项目、全流程的精益化。部分企业未能结合自身实际，有效应用中车精益管理体系，导致精益工作没有体现到经营成效上、体现到价值创造上。如何在中车统一体系下开展精益特色实践，更好发挥精益管理效能，已成为当前面临的一个重要课题。

（三）从公司发展看，变革生产组织模式是实现"十四五"战略的现实需求

"十四五"期间，轨道交通装备制造符合经济发展需求和中国制造发展方向，为公司带来发展机遇，同时也带来诸多挑战。国铁市场用户对产品适用性、全寿命周期、自身技术水平提升以及实现端到端的运能服务方面需求日趋多样化，车辆采购投入、修程修制改革等市场不确定性日益增强；城市轨道车辆市场竞争空间不断压缩，标准化地铁的研制以及行业内外企业的整合竞争加剧等。此外，公司还面临历史上首次自主搬迁，生产场地、工作场所、位置空间的变换,也必将使得生产组织形式、运营管控模式以及工作生活方式等发生改变。

因此,要想抓住发展机遇,实现公司"十四五"发展战略,必须大力推进管理提升,尤其是要突破传统的生产管理方式,以精益思想为指引,创建精益制造模式,从而有效应对客户需求、市场形势的变化,以及搬迁带来的各种新情况、新问题。

(四)从生产实际看,实施同拍共线生产是解决交付难问题的最优方案

大连公司产品种类多、结构复杂,自 20 世纪 90 年代以来,生产电力机车十余种,内燃机车 70 余种,近 20 年来生产城铁车辆 30 余种,大批量主型产品订单和多品种小批量产品订单交织生产,一方面产品的制造周期不稳定、管控难,另一方面车型的转产难度大、效率低,订单交付压力大,为此,经常需要提前生产,且每次生产的批量都很大,通过积攒在制品来保障生产交付。

解决上述问题最理想的方案是在不增加过多制造资源的基础上,建立一个具备高度柔性,能够快速、灵活地响应订单交付需求的生产系统。这个系统必须具备两个特点:各种产品、各个工序的生产组织节奏都一致,即同拍;不同产品可以在同一产线上生产,且产品之间可以快速切换,即共线。因此,同拍共线生产成为当前解决生产交付难题的最优方案。

二、基于同拍共线生产的精益制造创新实践的内涵和主要做法

大连公司以中车工位制节拍化流水线生产方式为基础,结合企业自身特点,以同拍共线生产为主要解决方案,创建具有自身特色的平准化生产模式,其中"平"重在均衡生产,生产组织节奏相对稳定;"准"重在快速切换,可实现多个订单产品穿插生产。平准化生产的主要特征可概括为"三个一",即全产线"一个拍",全产品"一条线",全过程"一个流"。全产线"一个拍"即同拍,是指从主线到支线、从后端到前端所有产线、工位统一主生产节拍,整个生产系统步调一致;全产品"一条线"即共线,是指通过打造产品平台、

设计平台和制造平台,推进内电融合、造修并举,使各产线具备高度柔性,生产组织中"换型不换线、换型不变拍",实现共线、混线生产;全过程"一个流"即单件流,是指在生产节拍统一且稳定的基础上,不断降低工序间在制品,推行小批量甚至单件生产,强化生产全过程期量管控。

为实现上述平准化生产模式,公司以订单交付为目标,以工位建设为核心,以管理支撑为重点,在生产模式方面建立节拍化运行机制,在能力打造方面突出平台化建设支撑,在运行管控方面落实工位化管理保障,创建了具有公司特色的精益制造模式。

(一)创建平准化生产模式

1.以准时交付为目标,推进全产线"一个拍"

实施同拍生产的主要意义:一是面向客户以节拍时间保障订单准时交付;二是面向制造以节拍相同创造混线生产条件。具体做法包括以下几个方面:

(1)依据客户需求确定生产节拍。节拍是由客户需求决定的。公司依据业务板块和产品类型划分了机车新造、城铁新造和机车检修三条主要产品线,并通过近年来的产品产量分析以及未来市场订单预测,分别选取货运六轴机车和B型不锈钢地铁为主型产品,确定各产品线的主生产节拍。主生产节拍是针对车体、总装等主产线而言,各零部件的生产节拍要与主产线相匹配,例如一台机车包括两个转向架,那么转向架的生产节拍就应该是机车总装生产节拍的二分之一,从而实现节拍统一。

(2)按照生产节拍梳理产线工位。统一生产节拍是同拍共线的基础,在确定主生产节拍后,所有产线都要按照主生产节拍来进行生产组织和资源配置。为做到这一点,公司将生产资源梳理划分为产线、工位,细化管理颗粒度。产线按照主要部件或主要工序为原则进行划分,侧重生产组织,便于开展计划下达、产品报工、成本归集等管理行为,强化生产运营管控;工位按照节拍时间对产品工艺路线进行切分,侧重资源支持,便于开展要素配置、能力建设、异常响应等管理措施,保障生产节拍达成。

（3）围绕产线工位打造通过能力。产线、工位梳理明确后，管理指向、工作目标也就更加清晰，即聚焦工位能力建设，保障主型产品乃至其他全部产品都能达成生产节拍，同时提高资源利用效率。为此，公司建立价值流分析改善机制，围绕各产线、工位的通过能力，原则上以 6 个月为改善周期，进行持续改善，对产线、工位进行不断提升和优化。改善问题包括瓶颈工序、等待浪费、搬运浪费等，并通过标准化展板的方式，将改善情况进行目视，便于员工了解问题所在、明确改善目标，持续提升通过能力。

2. 以柔性制造为支撑，推进全产品"一条线"

实施共线生产的主要意义：在保证同拍生产的前提下，尽量减少资源占用，提高资源利用效率，去除多余产能；通过产品快速切换，实现混线生产。具体做法包括以下几个方面：

（1）共线策略制定。从现实情况来看，公司三条主产品线实施完全共线生产既难以实现，也没有必要。因此，针对不同产线需要制定不同策略，总的要求是在满足订单交付的情况下，减少资源投入。其中，对于总装产线，以订单准时交付为主要原则，机车新造、机车检修分别实现内燃、电力以及新能源机车等共线生产，城铁新造实现全部地铁车辆共线生产，其重点在于不同产品的混线和切换；对于部件产线，以资源优化共享为主要原则，实现同类部件共线生产，不再额外投资建线，其重点在于要具备同时满足不同产品线交付要求的通过能力。

（2）设计源头改善。总装产线的共线生产重在切换、难在同拍。对此，公司从设计源头改善着手，引入并行协同研发和工位制设计机制，在设计环节就充分考虑工位作业内容、作业时间等因素，将工位节拍达成作为重要的设计输入，实施面向制造的设计。在设计过程中，基于工位节拍破除专业壁垒，从追求各专业最优向实现区域最优转变。此外，在设计阶段即开展工位作业写实调研，通过对基准设定、物料明细、出图方式等优化调整，简化工位作业内容，保证各产品节拍一致且达成。

（3）装备柔性改造。部件产线的共线生产重在效率、难在切换。对此,公司从提高装备柔性着手,一方面导入快速切换理念,将换型时间识别为浪费,通过开展设备设施、工装工具柔性改造,建立快速切换标准作业等手段,不断缩减换型时间,为多产品共线、混线生产提供有力支撑,提高订单响应能力;另一方面,转变以往只注重设备利用效率的观念,以满足交付要求、达成生产节拍为衡量标准,重新定义效率,重点围绕同时满足多产品线生产节拍需求这一目标,打造产线、工位通过能力,保障各条主线节拍达成。

3. 以期量管控为手段,推进全过程"一个流"

实施流水生产的主要意义:一是通过"一个流"的生产方式减少生产过程中的存货,加速流转、缩短周期;二是建立生产异常快速暴露、有效解决的机制,持续完善生产运营管理。具体做法包括以下几个方面:

(1)建立期量管控标准。对于车体、总装等主产线,实行单件流生产,每个工位设定 1 个标准在制;对于部件产线,并不强求实行单件流生产,而是要求原则上以单台(节)车的部件数量为标准在制,在此基础上视实际情况尽量缩减;对于特殊产线,如热处理产线等,需要统筹考虑能源消耗、资源利用、节拍兑现等因素,通常是以成本最优为原则,制定最小经济批量,不追求单件节拍,但日通过能力要匹配主产线节拍要求。在确定好期量管控标准后,公司将标准在制要求进行目视化,并通过物料三定管理的方式保证物料按规定的批量进行周转。

(2)完善异常管理机制。在以往大批量生产情况下,由于各工位都存有在制品,可以满足几天的交付,所以短期的生产异常难以被及时发现,以至于小问题拖成了大麻烦。实施流水作业,将现场期量管控标准建立并目视后,生产异常就很容易通过物料积压过多或工位缺料等待等状态暴露出来。对此,公司从突出异常责任出发,对生产异常按照工位、产线、分厂、制造中心进行分级管理,逐级承担责任。各个层级均指定专门负责的职能管理人员,及时进行异常处理。对于异常问题、责任人员、处理情况等信息在现场进行目视,由各层级负责人进行督办,从而围绕生产现场建立起了支撑团队和服务机制,保障了节拍化流水作业的顺利实施。

(二)建立节拍化运行机制

同拍共线生产的重要前提是节拍化生产的有效实施,明确生产节拍、打造通过能力等措施尚不足以保证这一点,必须从变革生产组织模式入手,围绕节拍化运行建立常态机制。主要做法包括以下几个方面:

1. 转变生产计划方式

节拍化生产的实施,要从计划端开始转变。传统的计划方式对象是分厂(车间),内容是产品及数量,重点关注月度计划完成率,对于过程中生产节点的把控主要靠管理人员的日常沟通,且经常需要加班加点、突击生产。对此,公司对生产计划方式进行了调整,对象从分厂(车间)细化到产线,内容中按照准时化生产原则,用生产节拍控制各产线计划进度要求,使之与主产线计划进度匹配。在分厂(车间)内部,再将生产计划分解到各个产线、工位,变成工位节拍任务,并对每日工位节拍达成情况进行管控和记录,重点关注节拍达成率,以节拍达成来保障计划完成,告别了以往靠加班保进度的情况,节拍逐渐成为生产组织的灵魂。

2. 完善职能服务标准

节拍化生产的实施,离不开职能管理的支撑。传统的职能管理对于生产现场的支撑更多关注是否能够拿出问题解决方案。而节拍化流水作业的现实需求,是要预防问题出现,以及出现问题后快速解决、恢复生产,否则有全线停产的风险。对此,公司将节拍化的理念引入职能管理,要求各职能和生产单位共同对节拍达成负责。一方面,在生产技术准备阶段按照产线、工位对节拍能否达成进行开工点检和模拟推演,提前识别和消除异常,并纳入项目管理,实现常态化管控;另一方面,建立完善产线与工位运行管理办法,将工位节拍达成列为相关职能的工作职责,促使其围绕节拍化运行做好服务支撑。

3.优化绩效考评机制

节拍化生产的实施,要靠绩效考评机制来保障。过去对生产交付的考核重点是计划完成以及里程碑节点,为进一步突出节拍化生产的重要地位,公司在组织绩效中对各生产单位和相关职能部门增设了节拍达成率考核指标,加强对节拍化运行的督导。考核范围从主要产线、主要产品逐步向全产线、全产品拓展。对于生产单位重点考核节拍的日常管理,强调按节拍组织生产;对于职能部门,重点考核节拍的管理支撑,强调基于节拍达成打造工位能力,提升服务水平。

(三)突出平台化建设支撑

同拍共线生产的实施难点在于要使各种差异较大的产品在相同生产资源条件下,实现相同的生产节拍。仅仅针对具体问题点进行个别改善显然难以实现,必须从顶层策划的角度系统解决。主要做法包括以下几个方面:

1.推进产品平台化,实现精益营销

同拍共线生产是为了解决交付难问题而创建的,但这并不意味着它可以无限度实现多品种、小批量交付,可以无限度应对产品的差异性。相反,在市场端按照价值最大化原则,重点培育大市场、大订单,适当舍弃老产品、小订单,无疑可以为生产环节缓解很大压力。对此,公司梳理产品谱系,在机车产品方面,初步形成电力机车、内燃机车、新能源调车机车三个产品平台;在城铁产品方面,以80B不锈钢产品为基础建立地铁车辆产品平台。在此基础上,对市场形势以及订单构成进行综合分析,确定主要生产车型,作为市场开拓的主要产品范围,除新产品研发外,原则上不再生产销售其他车型,从而在保障市场端订单数量不受较大影响的情况下,大大降低了制造端生产组织的复杂程度,从市场端为同拍共线生产创造了有利条件。

2.推进设计平台化,实现内电融合

机车产品的差异相对较大,尤其是内燃机车和电力机车,要实现同拍共线生产,必须提高内燃机车生产效率,使之与电力机车节

拍一致。对此,公司从设计端出发,按照内电融合的思路,开展简统化设计和模块化应用。在总装产线,一是简统化柴油机配套模块主要部件,固化系统原理,形成标准配置,实现多车型模块复用,提升组装效率;二是将燃油机油多种功能部件及管路集成在一个模块上,从而减少组装工序,缩短作业时间;三是加强整备工作,将部分模块的组装移至车下整备阶段进行,提高总装效率,同时也便于不同功能模块间的互换。在车体产线,推进部件模块化设计,将底架主体规划为五大部组成,并设置固定模块和可变模块,以适应不同车长、不同设备的变化。通过对设计平台的持续打造,使各产品从设计源头开始,在保障功能性的同时,尽量减小制造差异性,为同拍共线生产提供了有力支撑。

3. 推进制造平台化,实现造修并举

实施同拍共线生产不能以牺牲资源效率为条件,尤其是在部件产线,要对既有生产资源进行整合优化,以同时满足新造、检修节拍要求。对此,除前面提及的装备柔性改造外,公司针对不同产线采取不同措施,以支撑同拍共线生产。对于焊接产线,从投资收益、职业健康、绿色环保等角度出发,提高装备自动化程度,以机器取代人工作业,柔性、效率均得到显著提升;对于加工产线,统筹考虑其所承担的产品新造、检修作业内容,开展工艺路线分析优化,通过工艺改进、工序调整、资源调配等措施寻求合理工艺路线,实现造修兼顾。在上述工作基础上,公司将各产线、工位的要素配置、作业内容、推移顺序等进行整理固化,形成一整套完备的实施方案,逐步建立制造平台,实现造修并举,减少资源投入。

(四)落实工位化管理保障

节拍化运行从方法论上提供了指引,平台化建设从可行性上提供了支撑,但是要保证同拍共线生产的常态运行和实际效果,还要找准工位这个着力点,以工位为中心强化保障。主要做法包括以下几个方面:

1. 变革生产组织,突出管理指向工位

落实工位化管理保障,首先要突出工位的中心地位。对此,公司取消原有工区设置,将产线和工位作为管理层级直接纳入组织架构中,在生产端建立了分厂、产线、工位(班组)三级组织,以组织形式强化工位的中心地位。此外,公司还通过现场目视、编号管理等方式,将工位打上深刻烙印。在此基础上,完善工位管理办法,将以工位为中心实施同拍共线生产的要求制度化,明确各个职能部门在工位管理中的职责和任务,真正将工位作为管理支撑的着力点。

2. 完善工作标准,促进要素落地工位

管理指向明确后,接下来就是将工位管理的具体内容进行标准化,并在工位落实。除了前面提到的工位要素配置要形成标准进行固化外,更重要的是要将各个职能的管理工位化形成工作标准。其中,设计管理工位化,要按工位输出设计图纸;工艺管理工位化,要按工位开展工艺策划、输出物料清单、制定作业文件;采购物流工位化,要按工位进行打包入库、仓储配送等;质量管理工位化,要按工位制定检验标准、实施过程检验。管理工位化的实施为工位要素落地提供了有力保障,也为同拍共线生产的实施提供了根本支撑。

3. 优化指标体系,坚持数据源于工位

同拍共线生产要依托工位化管理来实现,而其实施效果也要基于工位数据建立评价指标体系,动态监测实施效果,及时进行问题预警和统计分析,保证平准化生产模式得以顺利实施。对此,公司开展生产运营指标体系建设优化工作,搭建工位级、产线级、分厂(分公司)级和公司级的四级指标结构树,围绕工位建立安全、质量、交付、成本、库存、士气六个维度的指标统计体系,将工位作为基础数据来源,将节拍作为重要监控内容,形成评价体系,并借助信息化、数字化手段将同拍共线生产实施过程可视化、透明化,保障其始终处于正常运行状态。

4. 推进持续改善,实现成果基于工位

同拍共线生产方式需要以工位为基础持续改善提升。对此,公司一方面以内电融合、造修并举等课题为指引,通过改善体系矩阵等方式推进自上而下的课题改善,并将实施内容落到具体工位,确保改善成效;另一方面积极推动自下而上的员工自主改善,鼓励员工立足工位开展现场作业观察,围绕工位节拍达成、作业效率提升等开展自主改善。此外,公司还强化改善激励机制,以荣誉表彰、物质奖励、幸运抽奖、人才通道等形式,多维度激发员工改善热情,为工位化管理的提升提供改善支持。

三、基于同拍共线生产的精益制造创新实践的效果

(一)交付情况显著改善

通过实施同拍共线生产,公司生产效率提升明显,生产组织更加顺畅,订单交付情况也随之显著改善。在机车新造方面,电力机车(HXD3C)制造周期缩短10%,内燃机车(HXN3B)制造周期缩短5%,总装产线内燃机车生产节拍由420分钟缩短至210分钟,缩短50%,效率提升1倍,与电力机车实现同拍共线;在机车检修方面,电力机车(HXD3C、HXD3D)C6修在厂停时缩短14.3%;在城铁新造方面,总装产线生产节拍由420分钟缩短至210分钟,缩短50%,效率提升1倍,总装周期由19个工作日缩短至7.5个工作日,缩短60.5%,作业面积减少36.8%,产线作业人员减少14.4%。

得益于精益制造能力的提升,以及平准化生产模式的有效实施,公司订单交付情况得到明显改善,在订单按期交付率提高5%的同时,大大减少了员工加班加点情况,生产组织更加从容,员工幸福感明显提升。

(二)盈利能力不断增强

通过实施同拍共线生产,拉动了各职能管理的改善提升,在多个维度实现了降本增效,进一步提升公司盈利能力。在全员改善方面,年度完成改善提案9 173件,人均提案1.63件,员工参与率64.81%,完成改善课题50项,实现改善增利2 450万元;在制造降本方面,各加工产线通过优化工艺布局缩短物流路线,单件运输距离平均缩短50%以上,通过实施期量标准管控,加工件的工序间在制品平均减少40%;在设计降本方面,通过消除技术选型标准过高以及过度设计等浪费,实现地铁新造(大连地铁5号线项

目)设计降本 15％；在采购降本方面，通过加强采购与设计联动，创新采购管理模式，实现地铁项目（西安地铁 6 号线）外购件单列成本降低 10.53％。

通过上述改善，大连公司实现和谐型电力机车检修成本降低 1.5 亿元，毛利率同比提升 15.8 个百分点；在固定费用同比增加 4.5％（因厂区搬迁产生）的情况下，城铁新造平均毛利率增长 26.1％。

（三）经营业绩持续攀升

通过实施同拍共线生产，促进精益运营能力得到提升，为大连公司发展战略落地和经营目标实现提供了有力支撑。近几年，大连公司营业收入持续增长，其中 2022 年实现营业收入 140 亿元，创历史新高，完成中车下达责任状的 T3 奋斗目标，实现归母净利润 4 亿元，完成中车下达责任状的 T2 达标目标。年度增加值劳产率 35.7 万元/人，同比增长 35.13％。国铁机车责任机破故障件数同比降低 7.5％，年度质量损失率同比降低 31.6％。

得益于经营业绩的平稳提升，公司 2021 年、2022 年连续两年获评中车效绩考核 A 级企业，获得"突出贡献奖"等多项荣誉称号。公司顺利按照规划在"十四五"中期实现"提速升挡"，跃上了一个新的"量级"。规模和体量在短短几年内实现了跨越式增长，高质量发展真正意义上进入了上升期、驶入了快车道。

（成果创造人：牟家斌　张世鹏　程　亮　李　松　班炯光
　　　　　刘芃辰　孙　睿　刘万勇）

国铁通用物资采购平台商户信誉评价
及考核体系实践

国铁物资有限公司

国铁物资有限公司(以下简称国铁物资公司)按照国铁集团"大统筹、大平台、大监管"物资管理改革要求,由中国铁路投资集团有限公司、中国铁道科学研究院集团有限公司与18个局集团公司合资组建,负责建设和运营全路统一的专业化、信息化、集约化、智能化采购交易管理服务平台,发挥集约化管理优势,提供规范精准高效的专业化服务,重点开展采购交易、业务管理、物流服务、物资处置与调剂、供应链金融和招商服务等业务。平台运营方面,自2020年6月30日全面推广以来,交易规模不断扩大,累计商户数突破3.7万家,商品突破845万种,产生订单超569万单,交易总额突破296亿元,节支率超10%。为全路超4.7万个采购账号,超200万铁路职工提供了采购服务。

一、国铁通用物资采购平台商户信誉评价及考核体系实践背景

国铁通用物资采购平台(国铁商城)是国铁集团指定的采购交易平台,是专业化、信息化、集约化、智能化服务平台,运用大数据、人工智能、云计算、物联网等信息技术手段,在互联网环境内为供应链上下游客户提供一站式、专业化、多用户服务。近几年,通过不断地完善功能、拓展经营模块,平台取得了长足的进步和发展。

截至2022年底,商城单品714万个,其中上架单品460万个;通用物资累计采购订单448.5万笔,其中已完成采购单436.7万笔,在线交易金额近237.7亿元,价格违约率控制在0.2%左右,

为全路提供阳光便捷的通用物资采购服务。

虽然平台发展成绩斐然，但值得注意的是，由于前期的快速发展和扩张，入驻平台的商户呈现了良莠不齐的特点：一部分商户严格遵守商城各项规则，所销售商品品质和资质均有保障；一部分商户在不同程度上存在商品以次充好、价高质低、贴牌套牌甚至触及红线等行为。后者的行为不仅损害了采购人和前者商户的经济利益，更是触及了国铁集团甚至国家层面相关采购管理规章制度、法律法规的底线。

为了保障广大采购人的利益，维护国家、国铁集团相关采购管理法律法规的尊严，国铁物资公司依据上级部门的有关要求并结合平台实际的采购场景，制定了《国铁通用物资采购平台商户信誉评价及考核规则（暂行）》（以下简称《规则》），该规则从商品价格、物流、结算、质量、综合服务以及红线管理等多个指标维度对商户的销售行为进行评价打分。除此之外，为了提高考核的效率和正确性，国铁物资公司组织力量自行研发了"国铁通用物资采购平台商户信誉评价及考核系统"，二者共同构建了国铁通用物资采购平台商户信誉评价及考核体系。

（一）国务院对于加强国有企业合规运营的高质量要求

2022年8月23日，国务院国有资产监督管理委员会令第42号公布《中央企业合规管理办法》，自2022年10月1日起施行。该管理办法是为深入贯彻习近平法治思想，落实全面依法治国战略部署，深化央企法治建设，推动中央企业加强合规管理，切实防控风险，有力保障深化改革与高质量发展，根据《中华人民共和国公司法》和《中华人民共和国企业国有资产法》等有关法律法规，制定该办法。

该管理办法明确指出中央企业应当加强合规管理信息系统与财务、投资、采购等其他信息系统的互联互通，实现数据共用共享、应当利用大数据等技术，加强对重点领域、关键节点的实时动态监测，实现合规风险即时预警、快速处置。

（二）国铁集团对于平台规范化管理的要求

2021年3月，国铁集团下发了《中国国家铁路集团有限公司国铁通用物资采购平台网上运营管理办法》。该办法明确指出了严格控制供应商准入流程和资质审核；严格制定供应商准入标准和考核体系、业务流程、结算规则等运营规则并组织实施。

同年5月，国铁集团下发了《国铁集团货运部关于加强国铁通用物资采购平台运营管理的通知》。通知中明确指出，相关运营单位要加强对于商户商品上传、入驻审核、物流配送、售后服务和对账结算盯控等方面的管理。

（三）国铁物资公司"十四五"规划的明确要求

国铁物资公司为严格贯彻落实上述集团要求，融合"互联网＋铁路物资管理"理念，积极探索平台对铁路物资管理模式的变革与实践，并在《"十四五"发展规划》中明确指出，持续加强对商城供应商管理、价格管理、物流配送、对账结算、质量管理等关键业务环节的管控。针对重点问题定期开展专项巡检、分类突破。

二、国铁通用物资采购平台商户信誉评价及考核体系实践主要做法

国铁通用物资采购平台商户信誉评价及考核体系实现了以月、年为时间维度，商品价格、物流、结算、质量、综合服务和红线管理六个指标的原始数据导入、信誉评价结果计算、考核通知书生成以及平台展示等方面的内容。对每个方面商户不良行为根据其问题性质、情节轻重分为一般、较大和重大三个不良行为等级，对于特别重大违约事项按照红线管理，实行"一票否决"。

（一）评价体系考核规则

1.价格管理

商品价格管理主要从价格方面对商户进行考核。

一般违约：指商品价格未按照入驻协议约定，或商品价格超出主流电商平台或官网标价20％以内（以国铁商城销售单位为准，下同）。

较大违约:指商品价格超出主流电商平台或官网标价20%～100%(含100%)。

重大违约:指商品价格超出主流电商平台或官网标价100%以上。

2.物流管理

物流管理主要评价商城商户的物流服务能力。

一般违约:主要包括因商户原因物流超时5日以内(含5日);不及时维护物流信息,维护信息错误或不完整;被认定因商户原因收到物流差评(2分及以下);物流运作方式不符合入驻协议有关要求,须冷藏运输的未按要求执行等;被认定的其他不符合物流规则的行为。

较大违约:主要包括因商户原因物流超时5～20日(含20日);被认定商户未配送至采购订单填写的收货地点;物流运作中商品包装破损污损,出现短缺等情况。

重大违约:因商户原因物流超时20日以上;出现虚假签收或严重物流投诉;商户无正当理由拒不支付签约物流费用且被投诉的;被认定的其他严重不符合物流规则的行为。

3.结算管理

结算模块主要评价商户对账结算效率。

一般违约:主要包括不及时对账和确认收款;开票超时10日以内(含10日)。

较大违约:开票超时10～30日(含30日)。

重大违约:开票超时30日以上。

4.质量管理

质量模块主要对商品质量进行评价。

一般违约:商品描述与实际不符;商品质量证明文件不齐全或不符合规定;商品缺损,商品外观/感官不符合要求;对商品作虚假或误导的商业宣传,情节较轻;商品中包含违约上线物资,没有造成影响。

较大违约:同一商品多次出现商品描述与实际不相符;对商品

作虚假或误导的商业宣传,情节较重;因商品质量原因造成较严重影响或投诉较严重;商品中包含违约上线物资,造成较小影响。

重大违约:出现假冒商品、翻新货、水货、旧货、二手货商品,三无商品,或其他严重质量问题;销售危害人身财产安全,或违反国家强制规定,或有害成分超标危及人身安全;因商品质量原因造成严重影响或投诉;商品经抽检抽验后认定为不合格的;商品中包含违约上线物资,造成较大影响。

5.综合服务管理

综合服务包含多个指标,通过对不同指标的违约考核。

一般违约:未按照入驻协议中约定的类目经营商品;未及时更新资质证明文件等材料;商品增项服务响应超期或满足率低;出现未经报关的进口商品;售后服务不符合有关规定或承诺标准,服务响应不及时;不配合提交资料,消极应对,怠于处置;被市场监督管理部门列入经营异常名录;被认定的其他一般违约行为。

较大违约:出现虚假或欺诈等交易情节;盗用他人国铁商城账户,涉嫌侵犯他人相关信息、财产权的行为;骚扰他人,骗取他人财物;扰乱国铁商城日常业务交易且影响较大;泄露铁路企业商业秘密或未公开信息,非法收集、使用、传播交易主体或采购订单信息;私自以国铁商城名义推销或进行商业活动;出现侵犯知识产权行为且情节较轻;被认定的其他较大违约行为。

重大违约:出现不具备销售资格或品牌授权资格等超范围经营行为;出现严重侵犯知识产权行为;诽谤、骚扰、跟踪、诋毁其他商户或国铁商城;扰乱国铁商城日常业务交易且影响重大;未按规定期限完成整改或缴纳违约金;被认定的其他重大违约行为。

6.红线管理

触发红线管理的商户行为,将归为特别重大违约类别,主要表现在:商户向国铁商城提供虚假资料或信息,包括提供伪造的授权、商标、专利证书或其他资质文件;因商户资质、产品质量、价格、服务方面的原因,发生重大客户投诉,或造成严重不良影响;媒体曝光、行政处罚及被市场监督管理部门列入重大违法失信企业名单(黑名单);出现违反国铁集团关于采购廉洁行为规定的情形;拒不配合国铁商城调查客户投诉及相关问题,态度恶劣;被认定的其他特别重大违约行为。

（二）信誉评价数据处理

根据规则,每月根据一定的算法计算商户的得分情况,并对商户进行等级确定,分为 AAA、AA、A、B、C、D 六档。其中 AAA 级商户在国铁商城首页公示表扬或宣传,或推荐其参加国铁商城组织相关活动。AA 级商户进行通报表扬。A 级商户列为辅导商户,辅导日常管理。B 级商户列为关注商户,加强日常管理。C 级商户列为盯控商户,加大日常监督力度;列入检查/抽查范围;临时性封铺 3 日,进行问题整改。D 级商户列为重点盯控商户,重点加大日常监督管理力度;列入重点检查/抽查范围;临时性封铺 7 日,进行问题整改。

（三）考核通知书生成

基于考核结果,生成指定考核月份的指定商户且带商户名称水印的考核单。考核单包括总体信誉评价及考核通知、价格违约明细表、结算得分明细表、对账得分明细表、销售额得分表、签约物流或铁路物流得分明细表、质量管理得分表、综合服务得分表、红线管理表。

（四）商户评价结果应用

商户考核结果目前已经与平台进行整合。在采购人查看商品详情、需求单变采购单审批、采购单审批时均会显示商户最新考核记录,为采购人下单、管理员审批提供参考依据,下单后也会在系统记录该商户当时的考核记录。

三、国铁通用物资采购平台商户信誉评价及考核体系实践效果

（一）构筑全链路评价体系,助力平台长远发展

国铁通用物资采购平台商户信誉评价及考核体系逐步实现了从运营、物流、对账结算,再到后期质量管理的全链路供应商评价体系。业务部门持续加强并细化对商城商品价格、物流配送、质量

管理等关键业务节点的管控,确保平台运营整体平稳可控,保障采购人权益,凸显平台降本增效作用。

同时,相关考核系统的应用不仅提高了相关业务部门的工作效率,更为平台积累了大量商户信誉数据,为后期平台开展多样化经营和定制化服务提供了有力的数据支撑,切实落实公司"十四五"规划中的"强化商城运营管理"和"探索商城延伸业务"的总要求。

(二)切实保障相关方利益,促进商城规范化运营

从商户角度来看,该体系按照其每月的运营情况,从价格、物流、对账、质量管理、红线及综合服务六个方面对商户进行评级画像,协助其提高运营质量和能力。目前,商城入驻商户 A 级及以上占比近 80％,B 级占比 18％。

从采购人角度来看,由于信誉评价的结果直接展示在平台选择商品页面,采购人可以更加直观了解到该商户近一段时间以来的信誉情况,这能够在一定程度上避免采购人的利益受损,构筑了采购人和商户之间的交易信任基础,利于双方进行更加规范、透明的交易行为,减少或者摆脱不必要的纠纷,进而提高了平台的交易效率,降低交易成本。

(成果创造人:高宏坤　张菲菲　杨　振　梅建勇　孙　涛
　　　　　　董　伟　张　永　汤云培　范瑞阳　郭　奇
　　　　　　岳雪蓉　杨　盼)

助力现代化铁路治理体系的
企业制度建设实践与创新

中国铁路呼和浩特局集团有限公司

呼和浩特局集团有限公司前身为呼和浩特铁路局,成立于1958年11月1日,地处内蒙古自治区中西部,路网辐射我区通辽以西10个盟市,连通蒙古国、俄罗斯及东欧地区。2017年11月19日,按照中国铁路总公司的统一部署,"中国铁路呼和浩特局集团有限公司"正式挂牌成立,同步成立中国共产党中国铁路呼和浩特局集团有限公司委员会。管内现有京包、包兰、集二3条国铁干线,乌吉、包石、包环3条国铁支线,以及临哈、唐呼等24条合资铁路,联络线30条,疏解线2条,总营业里程6 920.7公里。所属运输站段35个,非运输一级企业10家,合资铁路公司10家。配属机车966台、客车2 150辆、CRH5型动车组13组。固定资产原值2 119.96亿元,净值1 720.71亿元。截至2022年底,职工65 775人。近年来,先后获得国家5A级物流企业资质、全国"五一"劳动奖状、全国安康杯竞赛优胜企业、全国安全生产月活动优秀单位、全国厂务公开民主管理先进单位、全国实施卓越绩效模式先进企业、全国模范劳动关系和谐企业、全国企业文化建设示范单位、全国用户满意企业等荣誉称号。

一、助力现代化铁路治理体系的企业制度建设实践与创新背景

(一)贯彻落实国家方针、政策,优化完善中国特色国铁现代治理体系,促进企业治理能力不断提升的客观需要

集团公司自成立以来,始终坚持党的领导,坚持人民铁路为人民的服务宗旨,在服务国民经济和社会发展的历史实践中不断探

298

索创新,构建形成了涵盖安全、运输、建设、经营、管理、科技、环保、文化、党建等各领域的一整套制度,加强和完善铁路治理,取得了重大成就。进入新时代,集团公司坚持以习近平新时代中国特色社会主义思想为指导,深入贯彻落实党中央、国铁集团全面深化改革部署要求,完成原呼和浩特铁路局公司制改革,初步建立了中国特色国铁现代企业制度,健全完善了集团公司治理体系。公司制改革后,集团公司主动适应新体制运行要求,深入贯彻落实《国铁企业改革三年行动实施方案(2020—2022年)》,以党的制度建设为引领,以企业管理制度建设为重点,以技术规章标准为基础,全面深化中国特色现代企业制度,编制由党内规范性文件、企业经营管理制度、运输技术规章三大制度体系构成的制度图谱,构成了支撑集团公司治理能力显著提升,运输运量逐年上升、经营管理不断规范的三大制度体系,为推动集团公司高质量发展,率先实现铁路现代化提供了有力保障。

(二)贯彻落实习近平法治思想,强化依法合规治企,提高企业应对各种风险挑战能力的客观需要

依法、依规治企是企业生存和发展的必然方向,是深入学习贯彻习近平法治思想,夯实法治基础的必然遵循。集团公司认真贯彻落实国家、自治区和国铁集团各项法律法规和法治建设要求,建立以《铁路法》为基础,以《铁路安全管理条例》《铁路交通事故应急救援和调查处理条例》等行政法规和政府规章、规范性文件为支撑,建立健全集团公司法治建设体系,随着企业改革发展的不断深入,集团公司对法治建设、合规管理的要求也越来越高,强化法律层层把关,防范化解法律风险,已经渗入企业经营发展、安全管理的各个领域。因此,加强企业法治建设制度化、规范化、程序化,做好重大经营风险防控,是集团公司"依法治企、依规治企、依制度治企"的客观需要,全面深化制度建设,构建完善的制度体系,是规范制度管理的必然选择,也是加快构建现代化铁路治理体系,全面提升铁路治理能力的必经之路。

（三）强化集团公司各领域制度建设，提升制度联劳协作，有效
　　解决制度建设突出问题，推进管理体系系统性优化的客
　　观需要

制度建设作为管理创新的载体，对提升企业管理体系整体效能起着重要支撑作用。集团公司始终把深化制度建设、推进制度落实，作为企业经营发展的首要任务，深入落实国铁集团制度建设各项举措，结合自身实际开展制度立改废工作，始终把制度的先进性、创新性、适用性作为制度立改废的主要依据。随着集团公司各领域制度建设的不断完善，制度之间矛盾冲突、内容重复，结合部空白死角，制度与组织机构、操作流程之间的协同性等制度建设深层次问题不断显现，通过强化制度建设顶层设计，修订完善《制度管理实施办法》，健全完善制度体系，强化制度合法性审查，落实规范性文件备案审查，加强制度监督检查等一系列举措，推动制度管理精细化、协同性、规范化发展。

二、助力现代化铁路治理体系的企业管理制度建设实践与创新做法

（一）明确企业制度建设的基本思路、重点任务、指导思想

助力现代化铁路治理体系的企业制度建设实践与创新是以习近平新时代中国特色社会主义思想为指导，落实"两个一以贯之"要求，在全面总结铁路行业特点的基础上，借鉴国铁集团及其他铁路局集团公司现代企业制度建设的先进做法，从满足集团公司各领域治理需要出发，构建的一套系统完备、科学准确、运行高效的现代企业制度架构，涵盖了党内规范性文件、企业经营管理制度、运输技术规章三大制度体系。把加强党的全面领导和强化企业经营管理、提升铁路安全质量水平有机结合，为集团公司安全稳定、运输上量、经营管理提供了制度保障。

1. 基本思路

深入学习贯彻习近平新时代中国特色社会主义思想，结合集团公司实际认真落实党的二十大精神，始终坚持人民铁路为

人民的服务宗旨,把握市场化法治化国际化发展方向,以党的制度建设为引领,以经营管理制度建设为重点,以技术规章标准为基础,编制由党内规范性文件、企业经营管理制度、运输技术规章三大制度体系构成的制度图谱,推动构建现代化铁路治理体系,实现铁路治理能力现代化,勇当服务和支撑中国式现代化的"火车头"。

2.指导思想

以习近平新时代中国特色社会主义思想为指导,贯彻落实党中央、国务院、国铁集团决策部署把握企业市场化、法治化、国际化发展方向,构建系统完备、科学规范、运行有效的制度体系,为推进国铁企业治理体系和治理能力现代化提供制度保障。

3.重点任务

始终把政治建设摆在首位,深入学习贯彻习近平新时代中国特色社会主义思想,深刻领悟"两个确立"的决定意义,增强"四个意识"、坚定"四个自信"、做到"两个维护"。编制由党内规范性文件、企业经营管理制度、运输技术规章三大制度体系构成的集团公司制度图谱,基本建立科学规范、运行高效的中国特色国铁现代企业制度体系,夯实中国特色国铁现代企业制度建设基础,推动中国特色国铁现代企业制度建设系统化、规范化、制度化。

(1)党内规范性文件。以党的组织类、党的领导类、党的自身建设类、党的监督保障类为基础,加强运输站段、非运输企业党的全面领导,建立健全党的领导、政治建设、思想建设、组织建设、党风廉政建设、群团组织等方面制度。

(2)企业经营管理制度体系。以公司章程为基础,建立健全基本管理制度、具体规章制度、工作规范制度为三个层级和法人治理、经营管理、安全管理等十六个类别的制度体系,为集团公司开展各业务领域日常治理活动提供重要依据和支撑。

(3)运输技术规章。实行分级分类管理,以国铁集团、集团公司、运输站段三个层级和行车组织、客运组织、货运组织三个类别,形成了国铁集团层面制定技术规章、集团公司层面细化补充完善、运输站段层面落实技术规章为主的三级管理体制和下级技术规章服从上级技术规章，同一层面专业技术规章服从基本技术规章的管理模式，为集团公司安全生产持续稳定、运输运量保持高位增长提供了制度保障和技术支持。

4. 主要目标

中国特色现代企业制度更加完善，党的领导全面系统整体落实到公司治理各环节，党建引领作用更加坚强有力，中国特色国铁现代企业制度更加巩固、优越性充分展现，各层级权责界定清晰，管理运行高效，铁路运输能力、客货服务质量、市场经营效益全面提升，企业活力充分释放；技术规章基础作用有效发挥，铁路安全质量水平不断提升，现代化治理能力和治理水平显著提升。

（二）党内规范性文件建设

集团公司党委把党内规范性文件制定与管理作为服务科学精准决策、推动集团公司高质量发展的重要载体，在充分领会国铁集团党组、党组办公室抓规范性文件的意图，深化对做好规范性文件工作重要意义认识的基础上，增强制度观念，积极主动做好规范性文件的制定与管理，不断提升党内制度建设科学化、规范化水平。

1. 完善制度体系，提升管理水平

集团公司党委依据党内法规，分类构建党内规范性文件制度体系建设，具体分为党的领导、政治建设、思想建设、组织建设、党风廉政建设、群团组织、综合管理七个类别。

（1）党的领导。主要包括党领导企业治理、党领导宣传思想文化、党领导信访综治等工作。

（2）政治建设。主要包括加强党的政治建设的实施意见、请示报告、"第一议题"等方面的工作。

（3）思想建设。主要包括党委中心组学习、党员干部政治理论学习、职工思想动态分析等方面的工作。

（4）组织建设。主要包括领导班子建设、干部人才队伍建设和党支部建设、党员教育管理、党支部党员作用发挥等方面的工作。

（5）党风廉政建设。主要包括落实中央八项规定精神、监督执纪等方面的工作。

（6）群团组织。指工会和共青团组织方面的文件制度。

（7）综合管理。主要包括全面从严治党、党组织工作经费以及上面五个方面之外的相关综合性文件。

2. 完善管理措施，规范流程再造

制定《党内规范性文件管理措施》，明确对以集团公司党委名义印发的规范性文件实施"三统一""两编号""双汇报"。"三统一"即对规范性文件统一登记、统一编号、统一发布；"两编号"即每个文件由党委办公室编发文号，由文书科印制条形码，实现一文一码、一文一号；"双汇报"即集团公司党委会在审议党内规范性文件时，由起草部门和分管领导汇报起草情况、文件内容和审查备案情况。《管理措施》的制定，使规范性文件管理更加完善，并且对制定权限、程序、报备等作了更为明确的规定，目前集团公司党委规范性文件管理已经基本规范。

3. 明确制定主体，强化责任落实

集团公司党委对规范性文件制定主体实行清单管理，明确只有党委职能部门具有文件制定的权限和职责，并为每个制定主体确定了文号，没有确定文号的部门附属机构和组织，不得以党委名义或者部门名义制定党内规范性文件；确需制定党内规范性文件的，可申请其主管党委部门按规定制发。党内规范性文件印发后，后期的补充修订、日常督导落实均由制定部门负责，保证各项规范性文件在使用过程中跟进完善、有效落实。同时，明确了党内规范性文件分为党的领导、政治建设、思想建设、组织建设、党风廉政建设、群团组织、综合管理七大类，所属单位党委为本单位党内规范性文件制定管理的责任主体，要把党内规范性文件管理融入日常安全生产、运输经营、企业治理等制度，确保党内规范性文件体系完备、上下贯通。

4. 创新工作机制，加强系统管理

建立党委办公室、文书科、企法部与起草部门"四位一体"的规范性文件部门协作机制,对党内规范性文件制定的程序和环节进行了明确的规定,尽可能压缩各个环节的处理时间,提高了规范性文件办理效率,有效地解决了规范性文件制定中的协作难题。加强党内规范性文件的清理工作,集团公司党委办公室于2017年、2021年多次组织了规范性文件的全面清理。目前,正在按照国铁集团党组规范性文件专项清理安排,组织开展新一阶段党内规范性文的梳理和清理工作。加强对备案审查工作的指导,建立上下联动的备案指导机制,集团公司党委每年初下发规范性文件备案审查工作提示,并采取自查与重点抽查相结合的方式,对各部门规范性文件备案情况进行全面清查。同时,加强与国铁集团相关部门的对接,及时对备案中存在的问题进行沟通汇报,切实把问题解决在文件印发前。

5.强化督导执行,保证制度落地

加强党内规范性文件的学习教育,加大宣讲解读力度,将党内规范性文件作为各级党委理论学习中心组的重要学习内容,纳入党校培训课程,作为新任职党委书记、党委副书记培训的必修课程,定为党群干部网络学院年度考试的必考内容,让党群干部熟练掌握党内规范性文件相关规定。强化督导检查,将党内规范性文件实施情况作为集团公司年度思想政治工作检查评估、政治巡察的重要内容,对重要规范性文件的实施情况开展定期检查、专项督查,严肃查纠违反党内规范性文件的问题,加大责任追究力度,保证党内各项规范性文件一落到底。

6.强化基层建设,确保规范落实

把强化党内规范性文件管理融入运输站段、非运输企业安全管理、运输生产等八类制度,归类为党的建设和群团组织,具体分为党的领导、政治建设、思想建设、组织建设、党风廉政建设、群团组织、综合管理7个类别,并组织人事部(党委组织部)、办公室(党委会办公室、董事会办公室)、党委宣传部等相关部门对运输站段、非运输企业党的建设和群团组织制度进行审核,确保制度类别划分准确,制度内容健全完善,形成运输站段、非运输企业党内规范性文件制度目录,为集团公司加强党的制度建设奠定了坚实基础。

(三)企业经营管理制度体系建设

1.梳理现行制度,构建体系架构

2022年,国铁集团印发了《中国国家铁路集团有限责任公司制度管理办法》,明确国铁企业以公司章程为基础,健全完善制度体系,制度类别原则上按照业务领域划分。制度层级按照制定依据、适用范围、规范内容等划分,主要分为三个层级。

(1)明确制度类别。按照业务管理领域细分为16个类别,涉及集团公司26个业务部门。

①法人治理。主要包括公司章程及董事会运行、总经理办公会运行、两级关系管理、重大决策管理等业务领域的制度。

②战略管理。主要包括战略规划管理领域的制度。

③财务管理。主要包括财务管理、全面预算管理、运输收入管理、运输清算管理等业务领域的制度。

④人力资源。主要包括人事管理、劳资管理、机构编制管理、绩效考核等业务领域的制度。

⑤资产管理。主要包括股权管理、投资管理业务领域的制度。

⑥经营管理。主要包括铁路客货运输业务领域的制度。

⑦多元经营。主要包括非铁路客货运输业务领域的制度。

⑧物资管理。主要包括物资管理领域的制度。

⑨科技管理。主要包括科技管理、网络安全和信息化管理等业务领域的制度。

⑩运输管理。主要包括铁路运输、客运、货运、机辆、工电、调度等业务领域的制度。

⑪建设管理。主要包括铁路建设管理领域的制度。

⑫安全管理。主要包括安全生产、消防、卫生防疫等业务领域的制度。

⑬合规管理。主要包括审计监督、法律事务等业务领域的制度。

⑭节能环保。主要包括节能减排、环境保护等业务领域的制度。

⑮涉外事务。主要包括涉外管理领域的制度。

⑯综合管理。主要包括办公管理、职工生活、信访工作等综合管理领域的制度。

（2）划分制度层级。按照制度制定依据、适用范围、规范内容，制度层级划分为三个层级。

①一级制度，即基本管理制度。一般依据法律法规、国家政策和公司章程制定，是各管理领域基础性、全面性、统领性的管理规定。

②二级制度，即具体规章制度。一般依据一级制度制定，是规范某一业务领域或某一方面工作的重要管理规定。

③三级制度，即工作规范制度。一般依据二级制度制定，或者基于规范专项工作要求而制定，是规范某一方面具体工作内容的管理规定。

（3）明确决策主体。按照《公司章程》规定，基本管理制度由董事会决定，董事长签发。

具体规章制度由总经理办公会决定，董事长或总经理签发；工作规范制度由总经理或分管负责人签发。

2.强化制度评估，动态实施制度建设"立改废"工作

按照制度制定依据，集团公司制度评估主要分为两部分：

（1）根据国铁集团相关规定制发的制度，以国铁集团制度建设"立改废"为主。

（2）根据集团公司生产经营发展需要制发的制度，重点按照制度的重要性构建制度评价体系。制度的重要性指制度对业务实践指导作用的大小，主要通过制度的层级、规范性、先进性、有效性、实用性等项点进行评估。

制度层级：基本管理制度、具体规章制度、工作规范制度。

规范性：管理对象、范围的具体性、明确性和完整性。

适用性：制度涉及的管理机构、职责、权限、程序或要求是否已

发生变化,是否仍然适用。

有效性:制度依据的法律法规、政策规定、上级制度是否有调整,是否满足新的要求;制度是否得到有效实施、满足执行要求。

先进性:制度是否符合管理规律、满足管理提升的需要,是否存在管理缺陷。

制度主办部门每年对管理制度进行评估,评估结果作为制度继续有效、修订或废止的依据。

明确修订条件:一是作为制定依据的法律法规、政策规定或上位制度已经调整变化的;二是部分规定与实际工作不符的;三是同一管理事项在不同制度中规定相矛盾的;四是制度涉及的机关部门发生职能调整等变化并影响制度执行的;五是内容虚化老化,操作性不够,经评估认为需要修订的。

明确废止条件:一是制度依据的法律法规、政策规定、公司章程的相关规定发生重大变化,失去合法性的;二是制度所规范业务已完成,或企业的体制、机制、机构或相关业务的管控模式等发生重大变更,不必继续施行的;三是同一事项已由新制度作出规范,原制度失去存在必要的。

(3)强化制度评价。集团公司研发了经营管理制度信息系统,使用单位可根据制度可操作性进行制度评价,提出制度修订意见,系统设置了"五颗星",对制度使用非常满意为"五颗星",满意为"三颗星"及以上,不满意为"一颗星"。根据制度使用单位的评价情况,作为该制度是否修订的参考条件之一。

3.夯实基层基础,全面提高所属单位制度管理水平

(1)按照"系统完备、科学规范、运行高效"的原则,规范运输站段制度体系建设。指导运输站段建立健全安全管理、运输生产、经营管理、人力资源、财务管理、物资管理、综合管理、党的建设和群团工作 8 类制度,科学划分制度层级,明确一级制度由党委会或党政联席会研究决定,段长或书记签发;二级制度由书记专题会或段长办公会研究决定,段长或书记签发;三级制度由分管副段长直接签发,并选取 7 个试点单位先行实施,在总结经验的基础上,向其

他运输站段全面推广,搭建起运输站段制度建设的"四梁八柱"。组织相关部门对运输站段制度建设情况进行审核,重点查看制度是否健全、类别划分是否规范、制度之间是否矛盾冲突、内容是否存在重复、规定有无空白死角、制度是否存在无效管理问题、是否具有可操作性、有无过时淘汰的内容、制度内容先进性如何、制度是否具有创新性、不同制度规定是否注重了专业之间联劳协作等问题,指导运输站段形成有效制度目录。对个别工作推进缓慢、业务能力薄弱的单位一对一进行帮扶指导,有效保障了运输站段制度建设质量。同时,把运输站段制度建设作为各业务系统和集团公司站段标准化规范化建设现场观摩会的重要内容,在各业务系统和全局站段标准化规范化建设现场会展示交流,将管理制度建设作为标准化车间创建的重要内容,重抓车间管理制度的完善和执行,为各单位抓好制度落实夯实了基础。

(2)以制度建设为抓手,推动非运输企业、合资铁路公司治理水平不断提升。制定印发《关于明确集团公司对运输生产站段和非运输企业管理关系的规定(试行)》,进一步明确集团公司对非运输企业的职能定位、权责划分和运行管理。修订印发《内蒙古呼铁房地产开发集团有限公司等 10 家非运输企业公司章程》,把加强党的领导和完善公司治理结合起来,加快建立各司其职、各负其责、协调运转、有效制衡的公司治理机制。在此基础上,组织各控股合资铁路公司梳理本单位制度建设情况,形成制度目录。组织机关各部门对非运输企业、控股合资铁路公司制度建设情况进行审核,列出应建必建制度清单,公布制度目录,强化制度落实,规范制度管理,保证制度的严肃性和执行力,推动非运输企业、控股合资铁路公司生产经营制度化、规范化、程序化。

4. 健全长效机制,持续动态优化

制度建设是企业规范经营的立身之本,把握企业市场化法治化国际化发展方向,构建中国特色国铁现代企业制度体系,必须要有最基础、最根本的制度管理办法作为制度建设管理的依据和支撑,对制度的起草、审核、决策、发布、实施、评估、备案、清理等作出具体规定。

（1）制度建设职责方面。一是董事会履行制度管理职责，推动完善制度体系，审议决定应由董事会决定的制度。二是经理层审议决定应由经理层决定的制度，按照董事会要求组织拟订应由董事会审议决定的制度。三是制度归口管理部门，负责拟定制度管理办法，提出制度体系建议方案，编制制度建设计划并组织推进实施，负责制度合法性审查，指导所属单位制度管理工作。四是各职能部门是本业务领域制度管理部门，对本部门主办制度的管理工作负主体责任，提出本业务领域制度体系建议方案、建设计划建议，组织开展本业务领域制度立改废、制度实施效果评价和监督检查工作，负责本业务领域相关制度专业审核工作。五是所属单位负责贯彻集团公司制度管理要求，实行制度分类分层管理，建立健全本单位制度体系；依据集团公司各业务领域制度规定，在本单位范围内制定配套的办法细则等工作。

（2）制度体系建设方面。制度体系建设是健全制度管理机制的关键，以公司章程为基础，纵向分级，横向分类，将制度分级分类贯穿制订计划、决策、发布、实施、监督、评估等流程全过程管理，不同制度层级、类别的制度对应相应的管理权限。

（3）制度起草与审核方面。一是制度主办部门根据上级主管部门工作部署结合本单位工作实际提出制度建议计划，经分管负责人审核同意后，报制度归口管理部门汇总形成制度建设计划，集团公司批准后实施。二是制度主办部门负责制度的起草，制度的名称根据制度层级和具体内容确定，可以使用"规定""规则""办法""细则"等。为贯彻法律法规、国家政策、上位制度而制定的具体制度，可以使用"实施办法"或"实施细则"。三是制度的结构根据内容需要确定，分为章、节、条、款、项、目。内容较少的制度可直接以条款形式表述。四是制度内容做到管理目标明确、职责界面清晰、工作流程规范、执行措施有效；文字表述条理清楚、结构严谨、用语准确、规范精练。五是在履行决策程序前，由制度主办部门规范履行征求意见、审核会签、合法性审查等程序。

(4)制度决定与发布方面。制度决定权限依据治理主体职权划分。基本管理制度由党委会前置研究讨论后,董事会决策,由董事长签发。具体规章制度由党委会前置研究讨论,总经理办公会审议决定,由董事长或总经理签发。工作规范制度一般由分管负责人直接签发,重要制度由总经理办公会决策,总经理或分管负责人签发。

(5)制度的实施和评价方面。一是制度主办部门负责组织制度落实,加强制度的宣传、培训、采取有效措施推动制度实施,保证制度的严肃性和执行力。二是制度主办部门适时开展制度实施效果评价,论证制度的适用性、有效性、先进性,提出制度继续有效、修订或废止的建议。三是制度归口管理部门每年组织对本单位制度进行全面清理,按规定程序及时公布有效、失效、废止、停止执行的制度目录。

(6)制度的监督检查方面。一是制度归口管理部门组织各业务系统对所属单位制度管理工作的进行监督检查,指导其规范制度管理,完善制度体系,推动制度落实。二是制度主办部门加强对本业务领域制度管理工作的监督检查,及时发现问题并组织整改。

(四)技术规章体系建设

2020 年,国铁集团科技和信息化部印发了《国铁集团运输技术规章管理办法》(铁科信〔2020〕132 号),明确了运输技术规章(以下简称技术规章)要按国铁集团、铁路局集团公司、站段三级进行管理。为更好地完善技术规章管理工作,明确各部门职责,呼和浩特局集团公司印发了《中国铁路呼和浩特局集团有限公司运输技术规章管理办法》(呼铁科信〔2020〕180 号),建立健全了呼和浩特局集团公司技术规章管理体系架构。

1. 规范管理范围

将运输技术规章(以下简称技术规章)的管理范围进行明确,铁路技术设备(固定设备和移动设备)完成施工或制造且交付运营后,涉及行车组织、客运组织、货运组织和铁路技术设备的运用、管理、维修等方面的规章制度按照技术规章进行管理。

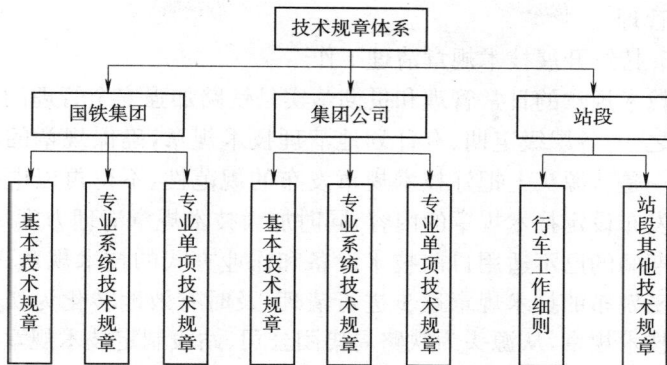

集团公司技术规章体系

2. 理清规章分类

集团公司技术规章分为基本技术规章、系统技术规章和单项技术规章三类。基本技术规章是铁路技术规章体系的核心,是铁路技术管理的基本要求;系统技术规章是专业技术规章范围内比较综合的技术规章;单项技术规章是专业技术规章范围内比较单一的技术规章。

3. 规定发布流程及职责

技术规章的制修订包括起草、征求意见、专家审查、会签、批准发布等程序,技术规章制修订程序按以下程序办理。技术规章的制定、补充、修改、发布、废止及解释,遵循谁制定、谁负责的原则。

增加站段技术规章发布上报审核程序,站段技术委员会应依法依规对每个制修订的技术规章进行严格审查把关,严控随意制修订技术规章。

4. 实施编号及目录化管理

技术规章签发后,由技术规章归口管理部门统一进行技术规章编号。集团公司技术规章编号由技术规章代号、专业代号、顺序代号、修改代号、发布年号组成,属于技术规章管理范围的文件应分别纳入各层级技术规章目录(以下简称《目录》),实行目录管理。

5. 持续开展技术规章清理工作

技术规章的日常管理和贯彻落实是铁路加强安全管理的重点工作之一，各层级定期、有计划地清理技术规章，确保规章的时效性。一是从源头上把好技术规章发布的规范性，不得再以电报等形式发布设定技术规章的内容，同时加大技术规章清理力度，把铁道部期间的已不适用目前技术设备和作业方式的技术规章，包括以文函发布的技术规章逐步进行清理，及时有效地转化为切实可行的技术规章，从源头为铁路局集团公司、站段制定技术规章提供依据。二是取消临时技术规章概念，技术规章按基本技术规章、系统技术规章和单项技术规章三类，进一步规范技术规章类别。

（五）加强过程监督，提高制度质量

1. 加强制度建设合法性审查

坚持把重要文件合法性审查作为从源头规范企业经营管理行为的一项基础工作，建立分类管理和逐级审查模式，严格审查流程，提高审查质量，对基本管理制度、重要制度由集团公司法律部门实施专项审查，审查意见作为提交集团公司党委会、董事会、总经理办公会的议题材料组成部分。对集团公司制定的其他管理制度类文件，特别是可能存在法律风险的制度，严格落实重要文件合法性审查机制，建立文件审查集体研究和审查监督机制，重点从是否违背国家政策、法律法规，是否违背企业发展战略、决策部署和章程规定，是否超越企业职权范围，是否与企业其他管理制度矛盾，是否履行规定的审议程序等 6 个方面进行审查，针对审查发现问题提出修改意见，并指导文件起草部门进行修改，为集团公司重要文件的制发提供了有效法律保障。

2. 加强制度备案审查

制定实施《集团公司规范性文件备案审查办法》，明确强化制度意识、维护制度权威、开展制度宣传教育、建立督办机制等措施。全面准确把握报备文件范围。属于报备范围的，将备案说明先行审核前移至上会决策或领导签批前，规范管理制度的决策程序和发布形式,并在备案说明中说明文件制定背景、工作创新及依据、主要内容、重要数据指标来源、起草及征求意见情况、法律审查和审议签批情况,做到应备尽备、应备必备,并把备案审查结果纳入集团公司经营业绩考核,为全面提升制度的制发效率和制发质量提供有力保障。

3.强化"四个是否"调研论证

充分发挥党委把方向、管大局、保落实作用,明确集团公司基本管理制度由党委会前置研究讨论,董事会决策。具体规章制度由党委会前置研究讨论,总经理办公会决策。集团公司党委会先行研究讨论召开"四个是否"论证会,重点查看是否符合党的理论和路线方针政策,是否贯彻党中央决策部署和落实国家发展战略,是否有利于促进企业高质量发展、增强企业竞争实力、实现国有资产保值增值,是否有利于维护社会公众利益和职工群众合法权益,提出结论性意见。

4.强化技术规章发布审核

认真落实《中国铁路呼和浩特局集团有限公司运输技术规章管理办法》(呼铁科信〔2020〕180号)文件要求,加大对技术规章发布前的审核力度,确保属于技术规章范围内的文件均纳入技术规章管理。集团公司各部门认真审核站段提报的技术规章,重点研究细化补充内容,除确有必要的规定外,严格控制站段技术规章层层加码,严禁制定"土规章、土政策",对站段不合理的技术规章发布申请,予以退回。

(六)加强信息化建设,提升制度效能

1.建立制度管理信息平台

积极推进制度管理信息化建设,建立以上级组织、集团公司、运输站段、非运输企业、合资铁路公司、局属其他单位六个层面为基本构架,形成集录入、查询、审核、评价、分析,分层级、分类别录入的经营管理制度信息平台,实现覆盖全面、架构清晰、分类准确、动态更新、即时查询等功能,对集团公司制度实施动态管理,有效解决了集团公司经营管理制度管理模式落后、查询繁杂等问题,实

现了制度建设信息化、数字化,有效提升了制度建设工作效能。

2.发挥制度平台"智慧"功能,提高制度管理效能

充分发挥制度建设信息化功能作用,在实现制度查询功能的基础上,重点研发制度平台"智慧"功能,突出智能化分析能力,形成制度关联关系图。以集团公司《制度管理实施办法》为例,该办法的制定依据为国铁集团《制度管理办法》,下级管理制度为集团公司所属单位根据该办法制定的《制度管理实施细则》,该制度修订后,原制度被废止可通过制度关系图中废止制度模块进行查阅,如制定该制度补充通知,可通过制度补充模块进行查阅,该功能的研发,突出了制度建设信息化功能作用,提高了制度管理水平。

3.统一技术规章管理平台,提高技术规章管理水平

国铁集团和各铁路局集团公司以前均在各自集团公司办公网页内建立了自己的技术规章管理信息平台,但限制于网络安全考虑,各铁路局集团公司间大部分不能够相互链接、访问、查询,不便于国铁集团公司的统一管理和各集团公司间的相互交流。通过建立技术规章平台,实现了国铁集团、各铁路局集团公司、站段在一个平台录入、查询、下载技术规章,方便了各铁路局集团公司、站段间技术规章的交流和互通有无,同时也为技术规章的管理带来了捷径。

三、助力现代化铁路治理体系的企业管理制度建设实践与创新效果

(一)中国特色国铁现代企业制度更加完善,企业内生动力有效释放

制度建设是关系集团公司运输经营根本性、全局性、长期性问题,为提高集团公司经营管理水平提供了制度保障。2020年至今,集团公司建立了以公司章程为基础的企业经营管理制度体系架构,覆盖集团公司十大业务领域、26个管理部门,贯通了3个层级的有机整体,建立了33项基本管理制度、124项具体规章制度、

331 项工作规范制度之间的纵向主次和横向协同关系,形成了完善的制度评估体系,优化完善了制度管理实施办法,有效推动集团公司制度建设系统化、规范化、程序化。推进了集团公司治理机制有力运行,促进了集团公司治理能力治理体系现代化,为集团公司安全生产持续稳定,货物运输保持高位运行提供了制度保障。2022 年,货物发送量完成 2.62 亿吨,同比增加 2 906.8 万吨,增长 12.5%,增幅全路第 3;运输总收入完成 354.4 亿元,同比增长 15.8%。

(二)全面加强党的领导,党的路线方针政策深入落实

坚持把讲政治作为第一要求,把对党忠诚作为第一标准,把学习贯彻习近平总书记重要讲话、重要指示批示精神作为重大政治任务,深入学习贯彻党的二十大精神,2022 年,推动贯彻高铁和普铁安全、黄河流域生态保护和高质量发展等大事要事分工落实落地,紧密对接国家战略和国铁集团部署,编制实施集团公司"十四五"企业发展规划,加大物流保通保畅、中欧班列开行组织、乡村振兴包联帮扶力度,有力维护政治安全、经济安全和大局稳定,顺利实现了安全生产 4 116 天和第十一个安全年。

(三)积累了制度建设经验方法,企业经营管理水平进一步提升

集团公司经营管理制度体系建设,主要包括制度类别、层级的划分,决策主体的确定,制度评价体系的建立,以及制度管理实施办法的优化,对集团公司运输站段、非运输企业、控股合资铁路公司制度体系建设具有很强的指导意义。2022 年以来,集团公司在总结制度建设经验的基础上,指导集团公司 37 个运输站段、11 家非运输企业、10 家控股合资公司开展了制度体系建设,实现了集团公司制度体系建设全覆盖,为集团公司运输生产、经营管理提供了制度保障,提高了集团公司经营管理水平。

(四)优化了技术规章体系建设,技术规章管理水平显著提升

通过常态化落实技术规章指导检查机制,以"查管理、查专业、查落实"为主要抓手,通过问题通报、考核指标等形式,不断完善技术规章管理及编制质量。近年来,各层级技术规章管理水平已有

明显改善,现场检查问题逐步减少,特别是可能直接造成安全风险的问题,已全部整改清零。技术规章管理水平的提高,使现场作业有章可循、有法可依,全面保障了铁路运输生产秩序的安全稳定。

(成果创造人:庄　河　杜永明　蒙君亮　刘春风　丁宇坤
　　　　　　王　刚　石　光　张利民　李晓宁　徐有滨
　　　　　　李　烨　王贝贝)

勘察设计企业作为总承包方的
路径设计及管理

中铁二院工程集团有限公司

中铁二院工程集团有限责任公司，简称中铁二院，成立于1952年，隶属于世界双500强企业——中国中铁股份有限公司，是国内最大型综合性勘察设计企业之一，两次获得国家科技进步最高奖。建院以来，中铁二院缔造了多项世界及中国交通史上第一：新中国第一条铁路成渝铁路，第一条具有自主知识产权的无砟轨道铁路——遂渝铁路；世界穿越喀斯特地貌范围最长、岩溶地质情况最复杂的高速铁路——贵广铁路；世界首条修建在大面积湿陷性黄土地区的高速铁路——郑西高铁；世界首条环岛高速铁路——海南环岛铁路等。中铁二院业务范围涵盖规划、勘察设计、咨询、监理、产品产业化、工程总承包等基本建设全过程服务，横跨铁路、城市轨道交通、公路、市政、港口码头、民航机场、生态环境等多个领域。

截至目前，公司员工5 700人，其中全国工程勘察设计大师7人，省级工程勘察设计大师25人，享受国务院政府特殊津贴专家43人，各类省部级专家人才260余人次。公司下设20个全资子公司，6个控股子公司，21个生产院，34个国内经营机构，11个国外分支机构，5个区域指挥部。中铁二院主持或参与建设的铁路通车里程超过37 600公里，占全国铁路通车总里程的1/4，其中高速铁路超过12 800公里，占全国高铁通车总里程的1/3；参与建设的城市轨道交通工程通车里程约3 200公里，占全国已运营通车里程的1/3；先后参与设计了近7 500公里的高速公路，以及一大批大型地标性市政工程。

一、勘察设计企业作为总承包方的路径设计及管理的背景

随着国内基础设施建设的发展,工程项目的建设规模越来越大,工程建筑的功能要求越来越高,工程项目管理的难度也随之增加。在传统的工程建设管理模式中设计、施工分离,不利于项目的沟通协调管理,项目的工作效率比较低。为了改善这种情况,工程建设管理模式中逐渐衍生了设计、施工(DB)模式、建造—运营—移交(BOT)模式、设计—采购—施工(EPC)模式等。其中 EPC 工程总承包模式既减少了业主的管理工作,又有效地使项目管理效率得到提高,凭借这样的优势,该模式逐渐在全球得到推广应用。

国家和地方相继出台多项政策,进一步推进工程总承包的发展。通过实现设计、采购、施工等阶段工作的深度融合,实现工程建设质量的大幅提升,行业效益的整体提高。随着 EPC 项目数量的增多及专业技术的发展,工程行业关联度越来越大、项目规模也日趋庞大,这对项目管理水平要求越来越高,仅凭一家企业,很难单独完成工程总承包。而且在我国,多数设计单位和施工单位发展相对专业化,具备设计、采购、施工等综合能力且满足复杂 EPC 项目要求的单一企业并不是很多。

因此,为更好地整合资源,获取更大的竞争优势,以联合体形式承接项目的数量日益增多。但这其中多数是以施工总承包单位作为牵头人的联合体,受传统施工单位的影响与制约,设计的主导作用不能在工程建设与项目管理中充分体现出来,一定程度上影响了 EPC 项目的应用效果。而随着工程实践,业主单位渐渐发现部分施工总承包单位设计能力与施工能力发展不均衡,当设计不可控时,会使项目出现工程变更,严重的会导致工期拖延,预算费用增加,甚至出现质量问题。设计单位牵头的联合体形式应运而生,并逐渐被市场接受并推广,如今国家大力推进 EPC 项目的发展,也鼓励采用设计单位牵头的联合体形式进行项目承包。但由于设计单位管理理念转变需要过渡时间,缺少懂施工技术、懂项目管理的复合型人才,另外与施工企业相比,缺少施工经验和对施工过程的把控。所

以，当设计单位作为联合体成员甚至联合体牵头人，应该如何开展联合体管理，采用行之有效的路径设计及管理模式成为关键。

二、勘察设计企业作为总承包方的路径设计及管理的主要做法

（一）勘察设计企业作为 EPC 总承包方的路径设计

基于建筑业这一波转型升级的风口，传统设计院如何转型开展 EPC 工程总承包业务，如何使设计与总承包建设模式相融合，勘察设计企业作为 EPC 总承包方的路径设计无疑是一个绕不开的命题。

1. 勘察设计企业开展 EPC 项目的角色分析

（1）劳务材料全发包

设计院将项目劳务、材料双包给各劳务及专业分包公司，钢筋、砼等主材统一采购，现场管理人员直接对劳务及专业分包公司进行管理。这种模式的优点在于收入与支出明确：利润为收入与劳务及专业分包公司支出的差额。缺点在于设计院在不具备施工、成本控制经验的情况下项目管控风险大，涉及劳务公司扯皮纠纷；对现场管理的要求及人员配置要求高，技术管理风险大。

（2）提取固定管理费

设计院作为牵头单位与施工单位组成联合体共同参与 EPC 工程总承包建设，设计院负责设计及外部协调；施工单位负责项目的进度、质量、安全、环境及安全文明施工等施工管理工作。这种模式的优点在于收益一定，但提取固定管理费是设计院收取利润的唯一来源。转移施工管理风险，由施工总承包方承担了施工过程风险。缺点在于设计院作为 EPC 总承包牵头单位是项目建设第一责任人，项目管控风险并未能规避，收益与风险不对等。

（3）共管理共分利润

设计院作为牵头单位与施工单位组成联合体共同参与 EPC 工程总承包建设，联合体各单位组成联合项目部，共同对项目的设计、分包、劳务、材料供应商进行管理，通过分工进行外部协调，利润共享，风险共担。这种模式的优点在于收入与支出明确，总利润为收入与分包、劳务、材料支出的差额,利润需根据联合体双方合作协议进行分配。设计院在项目详细成本的开销方式、成本组成以及成本数据方面能够获得第一手资料,弥补自身在施工、成本控制管理方面的不足,能迅速积累工程管理经验。缺点在于由于两个单位不同的企业文化和管理模式导致在管理项目中产生矛盾,项目管理团队无法做到 $1+1>2$,存在内耗情况。

(4)自营平行发包

施工总包方只负责土建工程施工,其余专业工程由设计院作为工程总包单位平行发包。工程总承包单位负责设计、分包管理、材料采购、外部协调等事宜。这种模式的优点在于收入与支出明确,总利润为收入与分包、材料支出的差额,设计院可实现利润最大化。项目管理架构清晰,各单位工作职责和任务清楚。缺点在于设计院管理幅度加大,管理水平要求较高;涉及相关政府备案手续问题及与参建各单位的协调难度加大,设计院需具备一定的垫资能力。

2. EPC 总承包模式现存问题

(1)政府层面相关法律法规不健全、相互协调性差

EPC 的发展虽处于全面推进阶段,但与之匹配的相关法律法规尚待完善,现行的主要法律法规有《建筑法》《建筑工程质量管理条例》《建设工程安全生产管理条例》等,能够适应建设项目 EPC 工程总承包的基本建设管理程序、管理规范、管理标准等法律规范性文件不足。同时,在金融保障制度、工程保险机制、工程担保机制、建筑市场信用机制更是存在不完善情况。难以为 EPC 模式的实践提供强有力的支撑。

工程企业按照涉及的专业归属不同政府管理部门管理,不同行业主管部门颁布的执行标准存在差异,政府及相关部门之间相互协调性差、政府同一部门下的法律规范欠缺统一规范,并且还有很多自相矛盾之处。

(2)建设单位对 EPC 模式存在认识误区、缺少专业的项目管理人才

一部分建设单位对 EPC 模式的认可度低、操作不规范,认为

320

EPC 模式削弱了其对项目的控制权力,受传统模式的影响,对总承包商具体工作过分干预。另一部分建设单位利用在合同拟定过程中的主导地位,为减少自身的风险,不加区别、不考虑风险合理分摊地将一切风险纳入承包的范围之内,这些都为项目的成功实施增加了成本、工期、质量、安全等多方面的风险,这都是建设单位对 EPC 总承包模式存在的一些错误认识。

建设单位对 EPC 总承包模式缺乏全面的了解和认识,缺乏对 EPC 总承包管理模式相关程序标准、程序、法律法规等的掌握,对整个 EPC 项目缺乏整体的把控,在合同签署阶段容易产生分歧,给后期项目实施带来风险。

(3)工程总承包内部制度不完善、缺乏复合型管理人才

EPC 总承包模式下,设计施工采购一体化以利益最大化为目标,在实际 EPC 工程总承包联合体内的设计、施工更像是合作关系,为了中标而组成的临时联合体,因为各自能力强弱不同,无论设计、施工哪一方主导都存在自身业务能力欠缺,总承包企业总体综合能力欠缺,在资源整合、管理理念、组织框架和分包管理制度等都存在缺陷和短板。

我国工程总承包的整体人才建设相对落后,既懂设计,又懂采购与施工以及项目管理的复合型人才较少,成本意识差、相关知识认识缺乏,对系统了解不够,往往造成项目风险变大等被动局面。

EPC 合同签订后建设单位与总承包商即形成一份合同关系,业主直接管理对象减少,协调的工作量相应减少,但总承包商的履约风险很高,管控和履约风险过于集中,签订的合同中对建设过程中可能出现的可变因素或风险没有进行认真分析与预判,总承包单位又缺乏较强的风险控制意识和处理能力,也加大了项目风险。

在现行的 EPC 总承包项目中,大多数 EPC 承包商功能或资质一般比较单一,不具备全部资质,传统设计、施工单位,在自身专业方面各自都具备较强能力,但从项目整体把控角度来看,都缺乏

实施 EPC 总承包模式的能力,无法做到设计与施工的深度融合,不能发挥 EPC 总承包模式应有的优势。

(4)建设单位与总承包商之间缺乏信任

EPC 项目为发承包双方提供了自由发挥的空间,建设单位与总承包商之间缺乏信任,受传统建设模式的影响,建设单位担心总承包商为谋取最大利益而降低项目质量,本应由承包商完成的工作也要介入实施。在这样的情形下,工程总承包商虽然承担了 EPC 的责任,但并没有享受到 EPC 的利益,没有形成合作共赢的局面。EPC 总承包商本应该分享的设计、采购和施工管理三个阶段的价值优势被剥夺,不利于承包商积极性的发挥。

3. 勘察设计企业开展 EPC 项目的路径探讨

经过几十年的发展,尤其是近年来,随着建设资金来源的多元化,我国投融资体制在改革理念、审批制度、政府职能、管理责权、管理手段、融资模式、融资渠道、中介服务、立法保障、配套改革十个方面发生了显著变化,这些变化,带来了建设项目的参与各方的角色和作用的改变,也使得参与各方,在满足依法合规和规避风险等方面变得更加审慎。

(1)工程总承包项目的分类

从总承包方是否参与项目的投融资情况来看,工程总承包项目大致分为两类,第一类是传统的 EPC 项目,这类项目的建设资金完全为业主自筹,总包方或其他参与方不需要投资、融资、垫资或参股;第二类项目姑且叫融资建设项目,是需要参与方以不同形式投资、参与融资或出资的项目,两类项目的基本模式如下表。

工程总承包项目的主要模式

模式				总包方是否融资、投资或参股	总包方是否参与后期经营
非融资项目	传统 EPC 模式	1	EPC＋履约保证金	否	否
		2	EPC＋延期支付模式	否	否
		3	EPC＋O 模式.	否	参与

模式				总包方是否融资、投资或参股	总包方是否参与后期经营
融资项目	融资EPC模式	4	EPC＋F	可提供融资渠道	可参与
		5	F＋EPC	是	
		6	股权投资＋EPC	参与融资	
	PPP项目	7	PPP＋EPC	其他社会资本方参与融资、总包方单纯实施EPC	
		8	PPP＋投资＋EPC	是	
		9	PPP＋股权合作＋EPC	参与融资	
	BOT模式	10	纯BOT模式	均需要融资或投资	参与特许经营
		11	BOO		
		12	BOOT		
		13	ROT		
	ABO	14	ABO＋EPC	无股权,则不参与投融资	可参与营运

上表中,列出了近年来比较常见的工程总承包项目形式,在以上各类项目中,编号为1、2、3的项目类别,因该类项目并未涉及融资、投资、垫资等问题,所以,就此类工程总承包项目而言,勘察设计企业作为总包方并无合规性问题。

第7类项目,若社会资本方并非勘察设计企业本身,勘察设计企业仅作为总承包商参与该类项目,则与非融资项目类似。不过实践中,勘察设计企业不作为社会资本方参与项目(即不参与项目融资)而得到工程总承包项目极为罕见。

第4类和第5类项目中,无论是F＋EPC,还是EPC＋F模式都有涉嫌违反《预算法》及《政府投资条例》等法律法规及涉嫌违反《国务院关于加强地方政府性债务管理的意见》(国发〔2014〕43号)、《关于进一步规范地方政府举债融资行为的通知》(财预〔2017〕50号),等规范性文件的情况,且总包方还有以下风险:

一是回款风险。为了弱化地方政府在项目中的角色、规避政

323

府隐性债务风险,政府下属的平台公司成为项目牵头方(即 EPC 项目业主)。项目竣工验收后,由平台公司支付承包商所有的款项,而平台公司的付款资金来源于政府每年财政预算拨款。与之前形成应收账款不同,政府对平台公司的拨款不构成约束性关系。这对于承包商来说,风险有增无减。项目建成后,政府分年度付款给承包商,承包商自行偿还银行贷款本金与利息。但由于政府不能出具付款承诺函,拖欠等的风险未知,承包商的资金链极易断裂。

二是贷款的追责风险。由于政府既不能向银行借款也不能为项目提供担保,同时银行对平台公司信誉评价较低,也不认可平台公司的担保,需要承包商同时对银行贷款进行担保,承包商将要面对资金支付不及时、贷款偿还困难时的银行追偿压力,则所有贷款责任归于承包商。因此,勘察设计企业不宜参与该类工程总承包。

除以上特别阐述的第 4 类和第 5 类项目外,其他各类项目,因为都涉及项目资金和融资问题,即总包商都将参与项目的融资,则带来了以下问题:

第一是项目本身的融资是否符合国家、地方等的有关政策和规定,假若项目本身并不符合国家的产业发展规划和政策、环境保护要求、财政承受能力不允许、属于政策限制发展的范畴等,则勘察设计单位参与此类项目本身的合规性存疑,规避此类项目即规避了在此类项目上的合规性问题。

第二是若项目自身并无上述问题,勘察设计企业参与此类项目,则需符合企业自身、企业上级公司和主管部门的相关规定,如该企业为央企或大型国有企业,则应对照相关的规定如《中华人民共和国公司法》《中华人民共和国企业国有资产法》《关于深化国有企业改革的指导意见》(中发〔2015〕22 号)和《关于改革和完善国有资产管理体制的若干意见》(国发〔2015〕63 号)等相关政策和规定,甄别参与该项目是否合规;同时也应对照企业自身管理规定中的财务收益指标、出资"杠杆率"指标、全部投资财务内部收益率、自有资金税后财务内部收益率、特许经营期限、其他风控目标等进行检查对照，以免产生不符合企业相关规定的问题。

（2）设计单位参与融资项目的路径建议

EPC作为一种工程承包模式，勘察设计企业的参与本身并不存在违规的问题，只是由于涉及各级政府的投资项目，若项目本身违反了《政府投资条例》及四部委《关于严禁政府投资项目使用带资承包方式进行建设的通知（建市〔2006〕6号）》，以及财政部、建设部联合下发的《建设工程价款结算暂行办法》（财建〔2004〕369号）、《关于坚决制止地方以政府购买服务名义违法违规融资的通知》财预〔2017〕87号、财政部92号文《关于规范政府和社会资本合作（PPP）综合信息平台项目库管理的通知》、国资委发布的192号文《关于加强中央企业PPP业务风险管控的通知》等相关规定，给勘察设计企业参与工程总承包项目带来了合规风险。

基于此，建议勘察设计企业作为工程总承包项目的总包方可参考以下路径：

①积极参与符合国家及地方产业发展政策和规划的项目。

②积极参与国家及地方政府发行相关债券实施的项目如以一般债券、专项债券等资金实施的项目。

③积极参与合规的、并经过正常流程、权威评审和相关审批的PPP项目。

④积极关注和研究国家的相关政策，如财建〔2017〕743号《关于国有资本加大对公益性行业投入的指导意见》，参与其他符合财政性资金支持的项目。

⑤可参与盘活存量资产的融资项目（如TOT、ROT、TOO）等项目。及以项目未来收益为支持的融资项目，以及可实施资产证券化的项目（ABS、ABN、REITs）等。

⑥审慎参与ABO、股权投资＋EPC及部分政府购买服务的项目，不参与合规风险较大的F＋EPC、EPC＋F等类似项目。

（二）基于L项目的路径设计及管理模式优化

L项目功能定位为雪山景区内部的旅游观光专线，对景区生态环境起到保护作用，实现"形象、引导、交通"三大功能。项目的建设对满足地方城市发展战略,提升景区品质,落实当地"十三五"旅游产业发展规划,完善地方综合交通体系,促进当地经济发展,有着重要的社会和经济意义。

1. L 项目的联合体管理模式分析

L 项目联合体成员方由设计单位、投资机构、施工单位、运营单位等多家单位机构构成。其中设计单位作为牵头单位统筹负责项目公司的组建,中铁系统、铁建系统内施工单位及运营单位参与项目公司的组建。设计单位作为项目牵头人联合成员单位与项目公司签订《EPC 总承包合同》;其中,设计单位负责项目的总承包工作,中铁系统内单位及铁建系统单位负责项目的施工安装。运营单位牵头负责项目运营、维护。

L 项目串联游客集散中心、古镇、自然景区、雪山等重要景区,并与规划线路衔接城区及地方火车站,具备需求长期稳定,有稳定的现金流,对社会资本具有较强的吸引力。结合项目业主的需求,L 项目采用"BOT＋EPC"模式实施,社会资本方具备资质、能力的,可对项目工程进行勘察设计和施工总承包,无须再进行二次招标。

L 项目采用"BOT＋EPC"管理模式的优势如下:

(1)有助于真正实现项目的全过程管理

在"BOT＋EPC"管理模式下,设计者、建设者、采购者、运营者和维护者的角色都由一个企业或单位来扮演,一方面降低了在项目推进过程中各方的沟通成本;另一方面也将显著提高各项工作效率,方便这一单位或企业从整体上把控项目的建设进度和运维状况等。通过这一模式,能够找到一个贯穿始终的角色参与到项目中,这也是真正实现项目全过程管理的应有之义。

(2)可降低项目全生命周期成本

采用特许经营模式可激励社会资本通过制定最佳方案、适用规模经济、创新性技术、更加灵活的采购与缔约方式,降低一般管理费用,以提高效率、降低成本。以北京 4 号线为例,实施特许经营前北京地铁运营公司实际运营管理人员平均每公里运营线路约

326

120人,4号线实施特许经营后,北京地铁运营公司实际运营管理人员逐步降低到每公里运营线路65人,大大降低了人员成本,提高了经济效益。

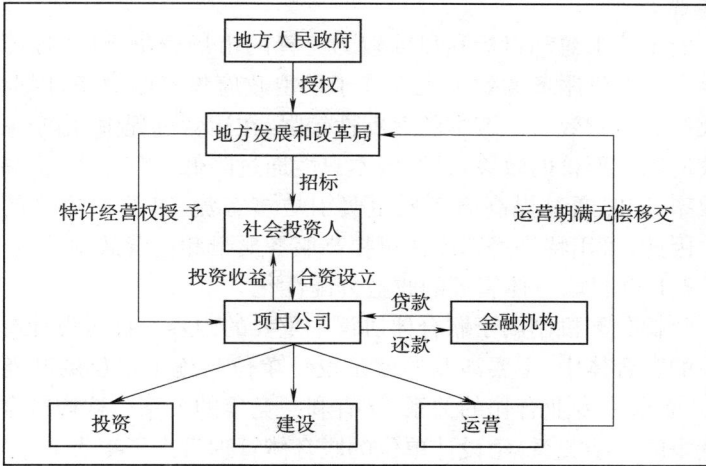

项目运作结构图

项目实施特许经营模式,社会资本可以全过程参与项目,从项目的设计及优化、融资、投资、建设及运营,有利于提高建设管理效率和降低工程造价,保证了项目在技术和经济上的可行性,缩短前期工作周期,使项目费用降低。只有当项目已经完成并得到政府批准使用后,社会资本才能开始获得收益,有利于消除项目完工风险和资金风险。在运营期,为了获得更高的收益,社会资本将努力提高运营效率,降低经营成本;同时提高服务水平,吸引更多客流。

因此,从项目的全生命周期来看,采用特许经营模式可消除费用超支,有效降低项目全生命周期成本。双方可以形成互利的长期目标,可以以最有效的成本为公众提供高质量的服务。

(3)可提高服务质量和运营效率

在特许经营框架下,充分发挥了市场的调节作用,为保持竞争优势和持续提供公共服务的能力,实现投资的最大收益,同时提高

327

自身商业信誉,社会资本必须具有满足用户需要、提升其服务水平的内在动力。同时,社会资本所具有的商业头脑和管理经验、专有技术和专业人员、类似项目的经历和经验,为服务水平的提升提供了客观支持。

资本追求盈利目标和目前较为完善的市场竞争规则,保障了社会资本提供服务的效率大大高于单由政府投资的效率,因此将有效提高运营效率。资本的逐利性较强,在运营过程中,由于采用了政府制定票价的政策,社会资本只能通过降低经营成本,提高运营效率,同时通过提高服务质量吸引更多客流,来获取更多的收益。因此,采用特许经营模式可提高服务质量和运营效率。

2.L 项目联合体管理的收益分配优化

收益分配机制属于联合体协议中重要的内容。针对设计单位牵头的联合体中,主要涉及的就是设计单位与施工单位的利益分配,二者既有专业合作的关系,又有利益竞争的关系。这样既合作又竞争的复杂关系,给设计单位的联合体管理带来了很大的难度,如果没有合理的收益分配机制,会影响联合体合作伙伴与牵头方的合作关系,进而影响到 EPC 项目的整体实施。因此设计单位需要在充分满足自己权益的基础上,建立使合作伙伴满意的收益分配机制,最大限度发挥合作伙伴的专业实力,确保项目的顺利完成,实现联合体的整体收益,进而实现各成员方的利益。

由于收益分配机制在联合体协议签订时就要设立,但有可能在项目实际发生可以优化设计的方案时,施工单位并不会配合。由于联合体项目承包具有一次性、临时性的特点,有时候因为实际获得的收益与预期设定的标准有差距,导致联合体各成员单位在优化设计方面积极性不高,未付出合作所需的优化努力水平,导致设计、施工、采购结合不紧密,优化设计程度较低,体现不出总承包缩短工期、降低成本的优势。这就需要制定合理的收益分配机制,敦促成员单位付出最大优化努力水平,提高总承包的整体效益。

(1)影响优化收益的因素

优化收益是否能够实现取决于 EPC 项目是否能够按照业主

328

与联合体签订的工程总承包合同要求,保质保量按时完成。这也是优化收益分配机制中主要内容的关键部分。要围绕项目的质量、进度和成本进行综合性的考量。

对于设计单位来说,之所以牵头联合体就是为了获得更多的优化收益,但是在具体的项目管理与实施中存在各种因素影响优化收益的产生,而且针对的 EPC 项目不同,优化收益程度也不同。影响优化收益的因素主要从以下几个方面考虑:

①当出现可能的设计优化方案时,设计单位与施工单位存在博弈。在联合体中,设计单位与施工单位虽然是利益相关者,但由于双方经济地位的独立性,使得双方利益并不一定完全一致,有时甚至会发生矛盾。所以,作为一个理性的决策者,无论是设计单位还是施工单位,在做出决策的时候都将不得不同时考虑对方的决策,它要考虑对方做出的决策对自己利益的影响,还要考虑自己的决策对对方做决策时的影响。

对于设计单位来说,作为牵头人会积极主动争取一切可以优化的机会。但并不是所有的优化设计方案都是施工单位愿意进行的,设计方案的变化可能会给施工单位增加施工难度,也就意味着施工单位需要投入更多的资源,此时施工单位多选择不合作,消极对待设计单位提出的优化建议。这样的结果就使得优化收益不能顺利实现。

②设计单位作为牵头单位,主要针对与其签订联合体协议的合作伙伴进行统一管理。而在实际项目中,一些成员单位如施工单位可能存在将自己并不擅长的工程内容分包给其他单位,而施工总包单位对分包单位的管理却不到位,加之设计单位对这些分包单位控制力度相对薄弱,这样会造成一些优化设计方案并不能真正落实,预期的优化收益也就不能创造。

③对于任何设计方案,都会存在各种风险。当判断失误或者其他客观原因导致风险发生后,优化设计可能会失败,即没有达到预期的效果,不仅没有带来预期的优化收益,还可能造成损失,甚至要对业主单位进行相应的赔偿。

(2)L项目收益控制原则

　　优化收益分配机制主要解决的是设计单位如何最大限度调动施工单位参与优化设计的积极性的问题。因此其主要内容主要集中在激励与约束机制内容的制定上。通过围绕项目管理的三大要素——质量、进度和成本，制定出针对性的激励与约束机制。以求实现联合体各方成员的协调管理效果。

　　一是遵循收益与风险的对价原则。应充分考虑联合体双方在项目建设中付出的"硬投入"，也要考虑双方在项目建设中付出的贡献与承担风险的"软投入"。当前，许多联合体实施的工程总承包项目，联合体双方通常根据设计与施工作业产生的"产值"作为收益分配的依据，特别是设计单位作为联合体牵头方时，设计院在项目建设中发挥的作用远远大于其提供的"产值"、承担的风险也远远大于其提供的"产值"。二是遵循共同利益最大化原则。联合体双方在项目建设中既有共同利益也有各自的利益。共同利益的最大化与各自利益的最大化往往并不一致，由于设计单位和施工单位利益不同，联合体双方应以项目建设共同利益最大化为追求目标。三是风险共担与分担原则。联合体各方既要共担项目建设的风险，也要根据风险产生的原因以及职责分工进行合理分担。在联合体的整体利益最大化与风险最小化之间找到平衡点，而不是个体利益最大化而整体风险最大化。按照联合体利益最大化的原则处理内部分歧，如果内部分歧处理不当，对内而言，联合体可能就会变成"扯皮体"，相互埋怨、相互指责；对外而言，可能直接影响到项目的推进、不利于项目的推进。联合体内部必须本着求同存异、履约担当的精神，避免冲突的激化。

　　L项目收益水平主要以特许经营期及全投资税前内部收益率两项指标控制，具体为本项目基准特许经营期按24.5年，其中建设期30个月，运营期22年。

　　①如非乙方单方面原因导致建设期延长，则特许经营期应根据双方商定相应顺延，以保证乙方拥有合理的运营期限。

　　②如本项目建设期短于2.5年，则运营期应相应延长。

330

③特许经营期符合调整机制时,对特许经营期进行调整。

超额收益分配:本项目因为是特许经营项目,项目的投资、融资风险均由特许经营方承担,所以优先保证社会资金方所投入的资金及合理收益能回收,故在本调整机制中因为票价上涨、客流量超出最高客流量及其他原因产生的超额收益在特许经营期内暂不进行分成,优先由特许经营方回收投入的资金及合理收益,但需要对特许经营方的特许经营期限进行调减。

3.L 项目联合体管理的风险防范机制

针对设计单位牵头的联合体,由于对施工经验的缺乏,但必须承担因施工问题造成的连带责任,所以要建立有效的风险防范机制。考虑到联合体作为一个临时性的机构,其由不同的法人组建而成,各方的企业文化不同,对激励、收益分配机制的理解也不尽相同,当不能满足其需求时,就会出现风险,影响到联合体的正常运作,进而影响项目的顺利实施。

(1)设计单位承担的连带责任风险分析

①当收益分配机制与激励机制不够完备时,可能出现管理上的风险。设计单位作为牵头人要特别注意杜绝出现联合体成员中途退出的风险把控。由于联合体因项目而诞生,其稳定程度取决于牵头单位的管理水平,尤其是在出现利益矛盾时如何进行平衡。因为本身联合体双方的利益就是不对称的。

②设计单位牵头联合体时,除了要承担以往的设计风险,还需要承担联合体成员施工单位的施工风险,这是设计单位自身不能控制或意识到的风险。

目前实行设计与施工分别分包的情况下,设计单位的风险是极低的。就设计质量来说,设计单位出的施工图有国家强制标准进行规范,并要经过中介机构审图,存在设计质量风险的可能性极小。就商业风险来说,设计单位交施工图前,工程还没有进入实施阶段,此时业主方的资金准备是充分的,相对工程全部费用来说,设计费用所占比例非常小,而且取得施工图是工程施工的必备条件,业主方不会因小失大,拖欠设计费,所以实际项目中,欠付设计费的现象极少出现。但在联合承包的模式下,设计单位的风险陡增,这主要表现在三方面:

一是联合承包的模式下,设计费往往是和施工企业的工程款打包处理的,如果工程款回收出现困难,会牵连设计费回收困难。

二是诉讼风险加大,如上所述,设计单位与业主方出现纠纷的可能性是很小的。但联合承包模式下,业主方往往要求设计单位与施工单位承担连带责任,而施工单位与业主方发生诉讼的可能性是极高的,一旦业主方与施工方发生诉讼,设计企业会受到牵连,被拖入诉讼。

三是履约成本增加,在设计单独承包的情况下,设计单位只要依据业主的要求,遵守国家强制性规范,埋头做好设计就行了。但在联合总承包的情况下,与业主方、施工方保持沟通势必成为一项履约内容,必然增加工作量,拉长设计时间。

(2)L项目风险防范的主要内容

①政策风险。本项目投资周期长、参与主体多、交易结构复杂,而国家相关配套政策频发,仍有许多政策未出台或尚未成熟,因而在项目实施过程中可能会出现一些不可预见的政策风险。

应对措施:做足项目前期准备工作,在特许经营协议中明确界定与政府方的权利与义务,约定法律变更等政策性变化的处理方式。

②客流量风险。本项目建成后是否能够完全替代景区其他交通方式是本项目客流量的最大风险,需要政府在特许经营协议中进行全方位的保证。另外,本项目的客流量主要受雪山及线路周边景区的客流量波动而波动,与国内旅游行业发展及地方旅游在旅游业中的地位密切相关。

应对措施:一是要与政府加强前期沟通,确保本项目特许经营权能够具有完全排他性,确保成为雪山及线路周边景区的主要交通方式,确保不改扩建或新增竞争性项目;二是要努力提高本项目运营服务质量,创新服务理念,加大宣传力度,加大附属设施的商业开发,从而提高客流量;三是要与景区做好全方位对接及服务工作,积极提高景区旅游服务质量,做到与景区的双赢。

③收费风险。收费风险主要是指有轨电车票价的调整,政府方有权根据现行有关政府定价规定,制定本项目的客运票价,并有权在 BOT 合作期内依据相关法律调整客运票价,票价的高低将直接影响客流量和票价收入,使得客运票价收入存在风险。

应对措施:一是在特许经营协议中,明确政府调整票价的原则,同时明确客运票价调整后对特许经营期的调整机制;二是充分分析票价与客流的联动效应,寻找平衡点创造收入最大化。

④运营成本控制风险。由于本项目运营成本多少直接影响项目总体收益,所以存在一定风险。

应对措施:利用运营单位丰富的有轨电车运营经验,客观、科学、合理测算项目各年度的运营成本、大修费用,减少与实际成本的偏差,为项目财务评价及投资决策提供可靠依据;在设计和建设过程中,充分结合运营、维护方案,尽量选择能降低运营成本的设计施工方案,提高设计、施工质量,为降低运营成本支出打好基础;在运营维护过程中,积极探索降低运营成本的工艺工法、控制措施,制定科学合理的定价机制和奖励机制,从而有效降低运营成本。

⑤融资风险。本项目融资风险由社会资本承担,而本项目回报机制为纯使用者付费没有政府补助,在不提供股东担保的情况下,融资能否落地存在不确定性;本项目利率变动未与收费期调整挂钩,而项目期限长且面临的利率变动可能性较大,融资成本能否控制在预期存在不确定性。所以本项目的融资风险较大。

应对措施:一是加强与金融机构的商谈,争取早日锁定融资方案和融资成本,并努力争取融资优惠条件、降低融资成本;二是积极引入权益投资者,降低项目债务融资额度;三是在后续实施中,加强资金调度和管理,努力降低资金使用成本。

三、勘察设计企业作为总承包方的路径设计及管理的效果

中铁二院作为中国中铁设计领域的中坚力量,积极布局工程总承包业务板块,经过多年的发展,已经形成贯通"规划—设计—采购—施工"一体化的产业链条。工程总承包业务规模已占整体业务的近三分之一,成为公司业务增长的重要支撑点。"十四五"期间,进一步按照"聚焦主业、协调发展"的原则,加大工程总承包业务拓展力度,抢抓国家经济稳增长、新兴业务领域发展迅猛和体量超大的重大历史机遇,形成以设计咨询业务为引领、以工程总承包业务为重要支撑的业务体系,逐步构建适应国际型现代企业集团转型要求的业务格局。

(一)优化企业资源配置,服务中国中铁发展大局

当前建筑行业处在传统基建向新基建、工业化、数智化、绿色化结构转型调整期。积极应对市场环境的变化是我们中国中铁实现转型发展的不二选择。在工程总承包业务板块发挥设计单位总体规划的导向作用,能推动资源向优势区域、优势产业和战略发展重点领域集中,对优化生产单位资源配置,促进专业化发展,完善区域布局至关重要。同时,可全面加强与中国中铁系统内投资、施工、装备等各板块单位的联合作战。以设计咨询为龙头,在工程总承包项目进行前期规划设计、中期管理模式优化等方面加强与系统内兄弟单位的对接协作,增强中国中铁全产业链一体化发展能力,提高全产业链协同创效水平。目前,中铁二院与中铁一局、中铁八局等多家系统内兄弟单位开展了规模超过120亿元工程总承包项目合作,持续助力中国中铁整体发展。

(二)打造高效总承包管理体系,助力企业转型升级

为适应总承包模式的实施,凭借多年发展的经验积累,中铁二院将原总承包事业部转型升级为工程公司,并就组织机构进行全方位变革与重组,由原有单一的直线职能制组织结构体系变更为矩阵式组织结构体系,并在战略选择与执行过程中不断变更完善,

使之与战略相适应、相匹配。在工程实践中,培育和积累了一批不仅懂设计,还懂施工、懂管理、懂采购的复合型人才,丰富了工程总承包项目所需的人才储备。在相关政策的推动下,中铁二院已成功申报获取市政公用工程施工总承包壹级资质,充分发挥设计主业优势,延长和拓宽产业链。自开展总承包业务以来,已相继中标250余个工程总承包项目,累计合同额超300亿元,成为企业转型升级的重要支撑。

（三）优化总承包项目管理,促进风险管控

组织结构的设置、项目运作模式、分配机制配套建设是企业建立健全管理机制的三大关键要素。中铁二院在全面创新的基础上推进工程总承包项目的组织体系和制度体系的再造和完善,先后制定发布了《中铁二院国内工程总承包管理规定》《中铁二院工程总承包标准化技术手册》等体系文件。结合工程实际中出现的问题,积极进行全方位的组织机构变革、人力资源的优化配置,以此围绕工程总承包的模式运作,不断完善修订以期与之匹配,形成顶层设计方案,明确管理部门职责、项目管理流程、组织架构、风险管控等管理体系。帮助工程总承包项目进行组织结构调整和项目运作模式优化等工作。使得总包分配机制建设及风险防控措施与组织结构、项目运作模式进行配套,并且对设计业务分配机制的优化调整起到较好的引导作用。

（成果创造人:张建锋　王长春　赖见国　郭凤龙　苟　垒
　　　　　　罗世培　黄华玮　袁光明　王忠会　罗泽辉
　　　　　　孙　婧　代中胜）

以客运提质为目标的复兴号
品牌战略服务管理

中国铁路北京局集团有限公司客运部

中国铁路北京局集团有限公司简称北京局集团公司,始建于1953年,是以铁路客货运输为主的特大型国有企业,地处首都和全国路网中心,所辖线路分布在北京、天津、河北"两市一省"及山东、河南、山西省的部分地区。截至2023年8月31日,集团公司办理客运业务车站178个,其中特等站5个、一等站20个、二等站25个、三等站42个、四等站22个、未确定等级车站64个。截至2023年8月31日,集团公司管内共有正线218条,其中高速铁路15条(京津城际、石太客专、京沪高铁、京广高铁、津秦高铁、津霸客专、霸徐线、石济客专、京哈高铁、京雄城际、京包客专、崇礼线、张大客专、京唐城际、京滨城际),繁忙干线6条(京哈、京沪、京广、京九、津山、石太线),干线6条(丰沙、京通、京原、石德、京包、唐包线)。营业里程10 128.2公里(含控股合资公司3 868.8公里,非控股合资公司1 356.4公里),其中双线铁路7 323.7公里(含控股合资公司3 652.3公里,非控股合资公司611.0公里),电气化铁路8 196.5公里(含控股合资公司3 663.2公里,非控股合资公司1 260.2公里),高速铁路3 693.0公里。

一、以客运提质为目标的复兴号品牌战略服务管理实施背景

(一)是深入贯彻落实习近平总书记对高铁自主创新重要指示精神、自觉践行"两个维护"的实际行动

2021年1月19日,习近平总书记乘坐京张高铁在太子城站考察时,对中国高铁自主创新成果给予充分肯定,指出"高铁是我

国自主创新成功的一个范例","要总结经验,继续努力,争取在'十四五'期间有更大发展"。总书记在赴贵州考察期间乘坐专列途中,听取了铁路工作情况汇报,对"七·一"前复兴号开进西藏、中老昆万铁路全线铺通等工作给予充分肯定,要求做好相关准备工作。习近平总书记对高铁自主创新作出一系列重要指示,充分体现了以习近平同志为核心的党中央对高铁自主创新的高度重视和亲切关怀,体现了高铁自主创新在服务我国现代化建设全局中的重要作用。总书记发出了号令,我们就要坚决响应、迅速行动。大家要坚持从政治上看问题,牢牢把握"国之大者",提高政治判断力、政治领悟力、政治执行力,以更加坚决果断的态度、更加有力有效的措施,高质量完成复兴号系列车型研制生产和优化提升任务,以实际行动体现"两个维护",绝不辜负总书记的信任和重托。

（二）是让复兴号奔驰在祖国广袤大地上、进一步增强人民群众获得感的现实需要

复兴号投入运营以来,已经覆盖30个省区市,深受广大人民群众欢迎。西藏各族人民群众对复兴号翘首以盼,加快完成复兴号高原双源动力集中动车组研制工作,在建党100周年之际将复兴号开进西藏拉萨,对于贯彻落实党的治藏方针,服务西藏经济社会发展,具有极其重大的社会政治意义。与此同时,中老铁路开通运营对动力集中型动车组的需求,广大旅客对时速350公里复兴号动车组增加智能配置的愿望,这些都要求我们不断深化复兴号动车组系列化研制和产业化应用,扩大复兴号的覆盖范围,增加开行密度,让更多的老百姓有美好出行体验,进一步增强人民群众的幸福感、归属感和安全感。

（三）是提升铁路科技自立自强能力、巩固扩大中国铁路世界领跑优势的重要举措

在以习近平同志为核心的党中央的英明领导下,在举国体制的强有力推动保障下,我国高铁发展仅用了短短十余年时间,通过引进消化吸收再创新,实现了从追赶到并跑、领跑的质的飞跃。进入"十四五",落实习近平总书记的重要指示批示精神,我们必须面

向世界高铁发展前沿,面向铁路建设和运输主战场,面向市场需求,以复兴号品牌战略等重大项目为带动,在吸收世界先进技术和管理经验的基础上,更加注重提升我国铁路科技自立自强能力。全国铁路各个行业要充分发挥技术创新和领军作用,通过合力共为、协同攻坚,完成好复兴号系列车型研制生产和优化提升任务,为进一步巩固和扩大中国铁路的世界领跑优势作出新的贡献。

二、以客运提质为目标的复兴号品牌战略服务管理主要做法

(一)优化人员配置

1. 强化身材管理

按照整体身材管理部署,在体重达标的基础上积极开展塑形美体活动,让身材更匀称,体型更优美。北京局集团公司各高铁车队建立人员档案,并实时更新,规定体重标准:女职工平均体重不超过 55 kg,男职工平均体重不超过 75 kg。

2. 落实制服管理相关要求

组织天津客运段将制服存放在制服中心,由中心负责送洗、熨烫等,保证出乘制服整洁、平整,人容形象达标。

3. 优化人员配备

根据担当车和标杆车打造实际情况,优化梯次人员配备,落实男女比例 1∶4 配备,商务座、一等座等岗位服务人员为女性,智能复兴号列车除安全员外,全部配备女性工作人员。

(二)合理调配安排

1. 动态掌握人员信息

月度更新人员信息,及时进行人员基本情况的考评记录,便于人员的合理调配。

2. 合理规划用工

严格落实乘务人员配备标准,长编动车组(含 17 辆)按 1 名列车长、5 名乘务员、3 名餐服员、5 名乘服员配备。短编动车组按 1 名列车长、3 名乘务员、2 名餐服员、3 名乘服员配备。单程运行时间 8 小时以上动车组,可增加 1 名列车值班员。

3.完善考核机制

形成梯队管理。完善列车长、乘务员管理办法,完善考核机制,引进竞争机制,对人员的身高、体重、形象进行筛选,针对沟通能力、服务技巧、应急处置能力等全方位实行综合能力评价,优中选拔,尾数淘汰,形成乘务队伍梯队管理。

(三)提升备品品质

1.明确布质备品的洗涤周期

指派专人盯控,结合使用频率在定期洗涤基础上,做好日常换洗,并做好日常换洗登记,避免重复换洗的同时也不漏洗。

2.持续做好零星换洗

由质检员、库内保洁、乘务班组共同反馈、监督,制作小程序进行每日统计,发现破损、不洁座椅套及时整改。

3.加强布质备品管理

防寒毯独立塑封包装,头枕片叠放整齐,装袋保存,一客一换;保证布质备品配备种类,数量齐全,备用品存放符合要求,并做好使用登记。

4.规范移动机具管理

对航空车、垃圾车及反恐大三件落实不下车制度,同时做好始发接车后的检查和交接,规范交接单的填记,发现问题及时向车队做好反馈,特别是对大三件零部件的配备情况加大检查力度,消除安全隐患。

(四)优化备品设计

在备品外观上充分发挥创造性和历史文化情怀,赋予备品寓意,彰显"首善·畅行"理念。如对商务车靠腰垫、杯垫、黑方托垫、圆托垫选用皮革材质,正面纹理柔顺自然,背面纹理增大摩擦力,设计图文以"北京"字样及天坛图案彰显首都局历史和文化底蕴,增加首都局辨识度;创意设计静音车厢头枕片突出"安静"的同时将津客"首善·畅行"的服务品牌理念潜移默化植入旅客心中;商务车厢两端台面增加 PUC 材质防滑台布,增设双层置物架,便于旅客自主满足对休闲零食及果饮需求;购置清洁工具箱、折叠清扫用具及更换消毒浸泡盒,提升工具质量的同时进一步规范了保洁人员作业的整体形象。在满足旅客对高品质备品使用需求的同时,改善了列车备品的雅观性和实用性,突出了线路特色的备品文化,创设了具有时代感的良好旅行环境和旅客乘车体验。

（五）配备充足备品

1.规范备品使用管理规定

建立电子备品档案,公开车队备品存量,班组更换、补报备品采取线上提报计划,将库存量和需求量进行明示化,结合现场情况提前申请领取备品,确保现场使用。

2.推进备品交接预约管理系统的使用

落实消耗品出入库管理制度,落实交接环节;结合时间、客流情况综合分析,动态合理制订消耗品计划,确保消耗品充足;做好餐车的监管,餐营备品管理有序、码放统一、整齐美观。

3.落实备品定型标准

进行现场调研,征集急需改善备品的种类,提升备品品质,在材质、形状上综合考量存放、使用、交接等情况,保证使用年限最大化。

（六）提升业务素养

一是本着"缺什么、补什么"为着眼点,梳理形成应知应会、服务礼仪、案例解析、微小课堂和备品实操等作业标准的视频课件。二是通过对高铁列车车机联控规范用语、高铁车门应急操作规范、灭火器、防护网、应急梯、过渡板使用方法等可视化教学微课,打破学习受时间、地点限制的壁垒,营造沉浸式学习氛围,同时树立职工底线思维,杜绝发生"无知者无畏"和"艺高人胆大"的错误思维而引发事故。三是各高铁车队成立服务形象工作组,研究制定整体形象提升方案,明确人员分工及实施步骤。由工作组制定培训内容与标准,分别形成培训、拍摄脚本。指导乘务人员结合制服颜色、职业特点、形象要求等内容,画出大方得体、浓淡相宜的职业妆容。四是开展礼仪培训。对服务礼仪培训重点进行分工讲解和现场展示,组织进行 30 分钟的仪表、仪态现场培训,并要求利用出乘点名前时间进行巩固练习。五是拍摄礼仪视频。利用曹庄实训基地,细分服务场景,进行实地情景模拟,拍摄服务礼仪示范片。

（七）明确服务标准

一是适时服务（一杯温水）：服务重点旅客、通勤、要客等人群要主动端上一杯水,水温要结合天气变化进行适时变化,给乘车人员舒适的感受。二是适度服务（一个问候）：面对所有乘车人员主动送上一句问候："您好,欢迎乘车。"对乘车人员采取适度服务,避免引起周围旅客过度关注,不透露乘车人员姓名、职务,适当使用点头、微笑等微表情,用亲切的问候体现尊重,在彰显热情的同时避免过度服务引起周围旅客不适。三是适需服务（一个帮扶）：对于重点旅客,主动帮扶旅客提拿行李。为携带大件行李、多件行李的旅客提供适需服务,主动帮扶,提拿行李,安排入座,让乘车人员有宾至如归的感觉。

（八）打造静音服务

1.探索"分贝"服务管理模式

乘务人员充分掌握"分贝"概念,掌握"轻声作业"的标准,形成统一的"静音标准",对车厢旅客进行提示时,音量降低到 30 分贝,即耳语音量大小。

2.专属的静音车厢宣传广播

自动广播系统音量调整到 40％以下,关闭车载影视娱乐视频系统音量;制定"静音车厢专属服务方案",通过落实"四项关注"提供"四项服务",建立"三项设置",完善"三项保障",打造适用于静音车厢,便于营造静音环境的服务方案。

3.将静音元素融入车厢整体布置

在车厢壁板、端门处张贴"静音专属标识",由放置在玻璃端门的静电贴、车厢壁板的静音标识及网袋内的静音车厢提示卡、头枕片上的"静音提示"共同组成,形成完整的"静音"视觉体系,用通俗易懂的"静态图像语言"渲染"静音"氛围,配备静音车厢专属服务箱,内有一次性耳机、耳机转换器、耳塞、止鼾器、儿童玩具等物品供旅客使用。

（九）做好专项重点服务

1. 优化要客服务，彰显服务细节

围绕"铁路畅行"服务，掌握"两院院士""常旅客"等要客的乘车需求，优化服务细节，中途按需做好服务。遇院士乘车，列车长在始发前通过站车交互系统查询、掌握本趟列车院士旅客乘车情况，提前布置车厢乘务员做好相应服务准备工作，并与车站引导服务人员做好交接。中途对院士旅客按照既有流程提供专项服务，车厢乘务员持续关注院士旅客服务需求状态，做好接续服务。院士旅客到站前，列车工作人员到车厢对院士旅客到站提醒，而列车工作人员应与车站引导服务人员进行交接。

2. 提升商务服务，尊享高端品质

依据商务座旅客需求，提供"旅行管家"式服务，在旅客上车站引导入住、服务到位；中途加强关注，适需适时提供人性化服务；旅客下车站做好到站提示，如有接站服务需求，列车做好预约，并重点引导下车，与车站接站服务人员进行交接，全程做到随时关注、主动关怀、积极回应、及时服务，通过专业化服务，提升旅客的乘车感受。

（十）优化特色服务

1. 提供"旅行管家"式服务

建立差异化服务档案，记录乘车需求，征询服务建议，做到随时关注、主动关怀、积极回应，提供专业化服务，提升旅客乘车感受。

2. 提供"蹲式"服务

智能复兴号商务车采用半包围式座椅，为了拉近和旅客的距离，表示对旅客尊重，采取蹲式服务姿势。

3. 提供"称谓"式服务

利用终端数据，了解旅客信息，尊称旅客的姓氏为旅客解答问询。

4. 提供"感知"服务

根据季节变化调节灯光冷暖色调，根据时间变化调节灯光亮度，关注旅客感官体验，及时调试客室空调、设置空调温度，关注商务车出风口风量，遇旅客休息主动提供毛毯服务。

（十一）强化应急处置

1.明晰管理层级，规范处置程序

在应急管理上，明确了段、车队、班组三级管理层级，明确遇应急突发事件后的汇报流程、时限和重点内容；强化现场处置中与机械师、司机的联动沟通，清楚掌握事件发展过程，明确不同突发事件需进行沟通的相关部门和联系方式，确保信息畅通，处置正确及时。

2.动态修订预案，开展应急培训

根据线路特点，分别动态补充、修改大面积晚点、空调故障、疫情防控及防洪安全等应急细化措施。根据岗位分工量身制定应急处置课程，制作应急预案教学课件、教学视频，使职工更容易、更清晰掌握本岗位应急相关知识，进一步强化非正常情况下的应急处置流程和重点。

3.定期组织多场景、多工种参与应急演练

利用曹庄实训基地1∶1车底模型，将演练由原来单一场景、走流程的演练方式转变为多场景、多岗位共同参与的实物化、实景式综合性应急演练。

（十二）科学防控风险

一是日常坚持将双重预防机制运用融入安全管理全过程，以趟为周期，开展风险管控效果评价，动态研判岗位安全风险，与常态风险点相结合，做好针对性、时效性整治。二是动态修订作业指导书，合理安排列车长在巡视间隙盯控各车厢乘务人员作业，及时发现、消灭安全隐患，进一步发挥安全保障作用。三是强化安全整治落实按照"7＋3"和"守、补、除、防"安全专项整治行动要求，与安全标准化建设相结合，日常认真执行列车安全巡视巡察，加大阴暗部位和电器设备检查，紧盯车门管控、反恐防暴、人身安全等关键环节，及时做好防摔、防烫、防砸等安全提示，时刻铭记安全工作重中之重。

（十三）提升保洁质量

一是严格落实检查制度，做好卫生间、洗面间、镜面、地面等卫生质量检查，对存在的卫生问题做好督促整改、联劳补强。二是明确上半月、下半月厕所深度保洁日期，同时对重点部位进行深度保洁工作。三是干部带头，亲力亲为，按照恭桶擦拭"五步法"为职工做好示范讲解。四是加强日常沟通协调。每月梳理汇总现场保洁发现问题，通过月度保洁例会，沟通每月突出问题，并在后期做好盯控和反馈。结合投诉中涉及的卫生、保洁人员问题，加强问题沟通，督促加强保洁人员的作业标准以及业务、服务培训，加强问题考核。

（十四）打造标杆列车

一是高品质、智能 G5 次列车，以"G5 乘务组"服务品牌为引领，以智能动车组设备智能化为亮点，紧密围绕段"首善·畅行"服务品牌，全力打造 G5 次列车，争创京沪线路品牌示范列车，规范服务备品提升备品质量，不断满足旅客差异化服务需求，提升旅客乘车体验，切实达到以"标"提升人员管理、以"智"提升旅行环境、以"情"提升服务品质、用"新"提升人员素质、用"心"提升品牌效应。二是津京城际在 C＋服务管理体系的支撑和驱动下，将"享受服务，快乐旅行"作为服务效果的至高追求和打造方向。三是精准服务高端旅客，掌握"两院院士"、"常旅客"、商务座等高端旅客乘车信息和需求，根据需要准备服务用品，确保开车后三分钟之内，服务到位。建立差异化服务档案，记录乘车需求，征求服务建议，拓展差异化乘车体验服务。四是迎合高端旅客需求，定制专属"贵宾服务礼盒"，礼盒选取与车内背景相呼应的米白、经典红的主色调，以云波纹为设计元素，融入服务品牌 logo，内有耳机、眼罩、搅拌棒等一次性用品，为旅客提供旅途所需的同时带来集现代与经典的视觉体验。五是做好商务车延伸服务，乘务员随时关注旅客需求的同时，在商务车厢两端操作台设置自助区域，放置饮品，供旅客自主选择，打造便利、畅快的高品质商务服务。

三、以客运提质为目标的复兴号品牌战略服务管理取得的效果

（一）客运经营收入可观

2022 年，集团公司旅客发送量实际完成 9 641.4 万，日均

26.4万,较国铁集团任务指标超393.2万人,超4.3%。全局客运收入完成176.8亿元,超国铁集团任务指标4.8亿元,超2.8%。全年客票收入169.4亿元,客收率175.7元/人,同比2021年(146.7元/人)提高29元/人,高于全路平均客收率(127.5元/人)48.2元/人,创历史新高,位居全路第一。全年自担当客票收入126.9亿元,边际盈余完成35.9亿元,边际盈余率28.3%。其中,全年动车组列车发送旅客6 999.7万人,完成客运收入144.6亿元,占全年客运收入的81.8%。

2023年1—3月,全局发送旅客6 286.8万人,日均69.9万人,完成客运收入104.89亿元。其中,动车组列车运输旅客4 608.2万人,完成客运收入86.85亿元,占一季度总收入的82.8%。

(二)运输生产安全稳定

北京局始终坚守高铁和旅客安全的职业底线和政治红线,按照变化就是风险,把安全出行摆在提质工作的首要位置和突出前提,强化运用双重预防机制,出台了《客运系统安全风险管控和安全隐患排查治理双重预防机制实施细则》,全面分析研判复兴号高铁安全、客车安全、旅客安全、人身安全、消防安全、乘降安全、防洪安全、食品安全八个方面可能造成安全事故突出风险隐患,制定了安全保障机制,全力确保现实安全和长治久安。同时,认真解决在旅客乘降、客运乘务、客运设备专业管理上标准制定不严谨、办法制定不清晰、责任界定不明确、考核管理不严格、整改落实不得力、问题解决不彻底等存在的问题。扎实开展了车门管理、食品安全、人身安全、消防安全专项整治,制定具体推进方案,强化专业管理,明确责任主体,保证了列车现实安全管控到位。

(三)客运提质成果显著

全局乘务单位认真总结冬奥服务保障经验,细化安全服务、人员培训措施,推进"复兴号、直达车、慢火车"标杆建设。289对复兴号列车规范标识揭挂1 773处,厕所深度保洁13 526次,整修服务设施308处,全面改善旅客乘车体验。G5次作为全路首批智能型复兴号动车组,代表高铁服务最高水平。高标推行商务提质、静音车厢、扫码畅行,从旅客视觉、触觉、听觉、感觉入手,全面提升标准服务、人文服务、温馨服务和重点服务。内练技能、外塑形象。强化人员业务素质、服务礼仪、应急培训,落实减脂塑形、规范着装配饰、统一制服管理。组织培训 11 439 人次,应急演练 76 场次,986 名职工通过减脂塑形达到岗位要求,首善窗口形象更加亮丽。

(四)品牌效应不断扩大

各客运段按照"一车一示范,一组一特色"的品牌创建要求,从品牌设计、品牌建设、品牌标准、品牌理念、品牌服务等各方面,努力打造有特色、有亲和力、有示范效应的品牌服务集群,带动集团公司各次列车品牌建设。涌现出了"京铁爱心"等一大批复兴号乘务班组的品牌创建。各类媒体争相报道,产生了很好的社会效应。全局各次列车高品质、高素质、高水平的服务,获得了旅客高度认可。

(五)同城效应明显

复兴号开遍祖国大地,时间的缩短不仅便捷了京津冀人员、物资双向流动,同时也使京津冀产业空间结构得到了极大优化,以雄安、张家口、石家庄、唐山、秦皇岛为代表的河北地区旅游、养老、冬季体育资源丰富,又是京津冀的生态涵养区,是北京非首都功能疏散承接的四个战略合作区之一,京张高铁、京哈高铁、京雄城际、京滨城际、京唐城际开通运营后,不仅非首都功能疏散效率大大提升,地区沿线青山绿水也因第三产业变成金山银山,这一轨道集群将成为北京对外交通的骨架,从长远看,复兴号的开行不仅带动了京津冀地区协同发展,还将辐射至全国各地,同城效应不断显现,"此地工作、彼地生活",串城购物、聚餐、买房、休闲等已成为人们日常生活中司空见惯的事情。人民生活的获得感、幸福感明显提升。

(成果创造人:许盛刚　冉云峰　唐述春　周　斌　宋清水
　　　　　　岳　阳　徐晓梅　张　鹏　刘　昕　戴桂宾
　　　　　　高银良　王雅莉)

国铁股权无偿划转财税问题
合规处置的实践路径

中国铁路广州局集团有限公司企法部

广州局集团公司是依据《公司法》设立的有限责任公司,其前身为广州铁路(集团)公司,主要管辖湖南、广东、海南三省铁路,有京广、赣深、广深港、沪昆、张吉怀等 19 条高速铁路,京广、京九、沪昆等 24 条普速铁路;有控股(参股)合资铁路公司 29 家,一级非运输企业 17 家(含香港两家)。截至 2023 年上半年,广州局集团公司总营业里程 11 557 公里,营业站点 678 个,企业总资产 6 732 亿元,用工总量 14.67 万人;2023 上半年,日均组织始发旅客列车 1 818 列(动车组 1 679 列、普速客车 139 列)、日均发送旅客 144 万人(最高日达 305 万人),日均组织装车 6 015 车、卸车 9 955 车、发送货物 31.1 万吨,日均完成运输收入 2.34 亿元。

一、国铁股权无偿划转财税问题合规处置的实践路径的背景

1. 落实中央关于铁路分类投资建设部署要求的需要

近年来,我国铁路建设发展迅猛,建设资金需求巨大,但铁路建设融资模式仍然存在投融资主体集中,融资渠道狭窄、融资方式单一,没有良好的收益预期等问题,严重制约了铁路建设发展。为破解资金难题,国务院于 2013 年 8 月发布《关于改革铁路投融资体制加快推进铁路建设的意见》、国家发展改革委于 2015 年 7 月发布《关于进一步鼓励和扩大社会资本投资建设铁路的实施意见》等文件,要求全面开放铁路建设运营市场,鼓励和扩大并积极引导社会资本以多种形式投资铁路建设,拓宽融资渠道,完善投资环境,推动体制机制创新,充分发挥各方积极性,多方式、多渠道筹集

建设资金,促进铁路事业发展。在国家政策激励下,地方政府不断深化铁路建设投融资体制改革,积极参与区域铁路项目建设,一批区域高速铁路、城际铁路、铁路支线相继投产,对优化完善区域铁路网络布局、加快区域铁路网发展作出了重要贡献。与此同时,在铁路规划建设工作中,一些地方也存在片面追求高标准、重高速轻普速、重投入轻产出等情况,地方铁路投资企业也面临经营压力大、债务负担较重等问题。

为优化完善铁路网络布局结构,降低铁路债务规模和负债水平,推动铁路高质量发展,2021年3月,国家发展改革委、交通运输部、国家铁路局、中国国家铁路集团有限公司共同制定了《关于进一步做好铁路规划建设工作的意见》,对铁路规划建设、融资等政策进行调整,围绕构建分层融合、功能完善、衔接高效的现代化铁路网,提出相关任务要求,推进国铁股权无偿划转正是落实国家、国铁集团关于推进铁路投融资改革、铁路分类投资建设的部署要求。

2.实现优化国铁资产布局的最优路径之一

优化国有资本布局,提升国有资本运营水平,是近年来国有企业改革的方向和关注的重点。2015年9月,中央发布《关于深化国有企业改革的指导意见》,要求以提高国有资产效率、增强国有企业活力为中心,做强做优做大国有企业,并提出到2020年,实现国有资本配置效率显著提高,国有经济布局结构不断优化,主导作用有效发挥。2017年,党的十九大对深化国资国企改革进一步作出重大部署,要求加快国有经济布局优化、结构调整、战略性重组,推动国有资本做强做优做大。为贯彻落实党中央决策部署,进一步规范强化铁路项目投资管理,2021年2月,国家发改委发布《铁路项目中央预算内投资专项管理暂行办法》,对使用中央预算新建、改扩建铁路项目的投资安排和使用管理进行了明确,重点支持骨干通道和干线铁路项目建设,发挥中央资金使用效益,推动铁路项目建设。2022年,党的二十大报告指出,深化国资国企改革,加快国有经济布局优化和结构调整,推动国有资本和国有企业做强做优做大,提升企业核心竞争力。从中央部署和有关部委制定的办法来看,提高国有资本运营效率是国资国企改革未来的重点。

经过长期发展积累,一些国有企业存在存量资产多、效率低,很大部分资产闲置的情况。在国铁企业中,也普遍存在诸如一些铁路用地或其他资产资源因各方面原因被非法侵占或者因长期闲置被政府收回的问题,导致存量资产运作效率不高,沉没成本不断积累,拖累企业经营效益。如何发挥存量资产的作用,提升资产流动性,实现国有资产的有效重组,同时又兼顾资产交易的成本费用问题,国有股权无偿划转提供了一个新的思路。相较于买卖、置换、赠与等方式实现资产重组存在的流程冗长、手续繁杂、成本高企等不足,国有股权无偿划转具有交易成本低、简便易行的特点,仅通过股权持有者的改变,就能实现资产的重组和对标的公司经营管理的控制,有利于更好地发挥标的公司的融资功能,实现区域资本结构调整。

3. 无偿划转的财税处置操作尚无专门的规定

国有资产(包括产权、股权)转让是有对价的市场交易行为,而国有资产无偿划转是在国有企业系统内无对价转移的特殊行为。从税法相关规定看,无偿划转是资产的无偿转移,是企业与所有者的非货币性资产无代价的让渡,属于非互惠转让条件下的权益性交易,即资本交易和权益交易。《企业会计准则第40号——财务报表列报》对与所有者的资本交易进行了明确,但并未对无偿划转提出具体的要求,也未对无偿划转交易事项的性质和会计处理作出规定,使得无偿划转在纳税环节缺乏必要的依据支撑。

在税收实务中,由于缺乏相应的操作指引,不同的税务机关对无偿划转的性质认定存在偏差,且企业接受无偿划入资产的会计处理也会存在差异,在此基础上,税务机关为实现征收职能,容易出现引用不同的征税规定的情况,进而作出不同的税务处理,企业所付的税费会相应出现差异。可见,无偿划转所涉及的税务问题较为复杂,且由于无偿划转的国有资产一般体量较大,如企业在无偿划转过程中的涉税工作一旦论证不足、缺乏有效的沟通对接,则极易出现税务问题,所产生的风险也较为严重。因此,选择无偿划转方式对国有资产进行处置,尽管具有较为明显的优点,但有必要对现行的税法相关规定特别是并购重组税收法规政策进行深入的研究,防止出现政策理解偏差、适用规定不准确等现象,并提前与相关主管税务机关进行沟通,争取税务事项事前裁定,避免产生税务风险。

二、国铁股权无偿划转财税问题合规处置的实践路径的主要做法

基于依法合规、防范风险原则,2020 年 3 月,广州局集团公司全路首创以无偿划转方式完成武广干线路地股权无偿划转,2022 年 12 月完成了沪昆股权无偿划转,目前正在推进实施广深港客专路地股权无偿划转,国铁资产布局得到了进一步优化。在上述干线股权无偿划转推进工作过程中,广州局集团公司首先在现行法律法规及会计准则框架内对明确的经济业务性质的认定和涉及的会计处理、税务处理所适用的依据进行了深入研究、分析,并提出相关的适用意见,再是报经上级有关部门审核后得到了认可,并与相关股东方及税务机关沟通后明确了操作路径,最后实施落实,确保股权无偿划转依法合规、风险可控、切合实际。典型做法如下(注,涉及企业和单位以符号代替,有关数据为概数、非实数):

(一)股权无偿划转实施方案基本情况

1. 标的企业基本情况

A 公司:公司成立于某年 6 月,某年 12 月开通运营。公司注册资本为 636.6 亿元人民币,划转前股比结构为:股东一 83.5%、股东二 10.8%、股东三 5.6%。截至 2021 年公司净资产金额为 150.8 亿元。

B 公司:公司成立于某年 6 月,由股东四和股东三分别作为国铁集团、HN 省的出资者代表共同出资组建。公司注册资本 126.9 亿元,划转前公司股比结构为:股东四 50%、股东三 50%。

C 公司:公司成立于某年 11 月,由股东四和股东五分别作为国铁集团、HN 省的出资者代表与股东六共同出资设立。公司管

辖三个铁路项目,公司注册资本为429.8亿元,划转前股比结构为:股东六60.1%、股东五30%、股东四9.8%。

2.无偿划转的主要原则

路省双方以原始出资额相等为基础,对项目投建时间差距过长的考虑出资时间价值(即相应利息成本)合计相等的原则进行股权无偿划转。

划转双方的实际出资额、原始出资的资金成本以及划转的股权等数据,最终以双方共同聘请的中介机构出具专项审计报告的审计结果为准。

审计基准日为路地双方指定时间。审计基准日后至交割日前,各股东出资额变动事项纳入方案予以调整。

A公司HN段按原始出资额对等原则计算;A公司GD段按原始出资额加出资资本时间价值(即相应利息成本)合计对等原则,利息以原始出资额实际到账日(含)至划转基准日为计息周期,采取单利计息方式,利率在2020年3月20日之前采用中国人民银行公布的5年期人民币贷款基准利率下浮10%、在2020年3月20日之后采用5年期以上贷款市场报价利率(LPR)加点负65个BP计算。

3.具体划转方案

以A公司HN段置换为例,股东四将持有的B公司原始出资19.2亿元所对应的股权和持有的C公司原始出资16.7亿元所对应的股权无偿划转给股东三;股东三将持有的A公司35.9亿元的股权无偿划转给股东四。

(二)研究明确股权无偿划转会计处理路径

以股权无偿划转的方式实施国有企业重组具有相对简单、快捷、成本低等优点,但现行相关法律法规和会计准则并未就股权无偿划转涉及的会计处理制定相应的指引。目前,会计准则中与股权无偿划转相类似并明确会计处理方式的经济业务主要有:同一控制下的企业合并、非货币性资产交换、增减企业资本金、非同一控制下的企业合并、无偿赠予等,并且不同经济业务所对应的会计处理方式各具特点。

1. 对股权无偿划转会计处理进行比较分析

（1）同一控制下的企业合并适用的会计处理

《财政部关于企业国有资产办理无偿划转手续的规定》（财管字〔1999〕301号）明确，国铁企业与省、市属国有企业国有股权无偿划转需要报财政部批准，财政部是路、省双方划转股权的共同管理人、批准人。但在会计准则执行惯例中和税务规范中，财政部、国资委并不视为同一控制人，也非居民企业。因此，广州局集团公司实施的路、省双方股权无偿划转不适用"同一控制下的企业合并"的处理方式。

（2）增、减企业资本金适用的会计处理

从投资人角度看，路、省双方股权无偿划转是国有资产管理人对路、省双方国有企业所持国有资本的增、减资行为，是一种国有资本运作方式，但工商登记规范规定，需要下达或取得国有资产管理机构增资、注资批准文件。从目前已实施情况看，合资铁路公司的国有股权无偿划转由财政部审批，但并未取得国有资产管理机构下达的增减资或注资文件，因此，广州局集团公司实施的路、省双方股权无偿划转不适用增、减企业资本金的处理方式。

（3）非货币性资产交换适用的会计处理

从B公司、C公司和A公司股权无偿划转实施方案看，股东四将持有A公司原始出资19.2亿元所对应的股权和C公司原始出资16.7亿元所对应的股权无偿划转给股东三；而作为对价，股东三将持有的A公司原始出资35.9亿元对应的股权无偿划转给股东四，从而实现股权划转，划转过程中不涉及货币补偿。路、省双方实施的股权无偿划转从经济性质看应属于非货币性资产交换，并且在实际操作中，路、省双方实施的股权无偿划转并未进入公开市场进行交易，缺乏可供参考的公允价值，也难以通过资产评估方式获得公允价值。因此，依据《企业会计准则第7号——非货币性资产交换》第四章的相关规范，以账面价值为基础计量进行会计处理是路、省双方实施股权无偿划转的最佳会计处理方式。

2. 广州局集团公司实施股权无偿划转的具体会计处理模式

路、省双方实施的 B 公司、C 公司和 A 公司产权（股权）无偿划转选取非货币性资产交换的处理方式,换入的资产不考虑其原账面价值,均以换出资产账面价值进行计量,不改变公司原资产价值。路、省双方均以换出的资产账面价值确定换入资产的初始成本,不确认损益。具体账务处理如下:

(1)路方(股东四)(单位:亿元)

借:其他权益工具投资—成本(A 公司)　　27.8

　　长期股权投资—投资收益(B 公司)　　　1.7

　　长期股权投资—损益调整(B 公司)　　　6.2

　　　贷:长期股权投资—投资成本(B 公司)　　　　19.2

　　　　长期股权投资—投资成本(C 公司)　　　　16.7

(2)省方(股东三)(单位:亿元)

借:长期股权投资—投资成本(B 公司)　　13.9

　　长期股权投资—投资成本(C 公司)　　20.8

　　长期股权投资—损益调整(A 公司)　　　1.2

　　　贷:长期股权投资—投资成本(A 公司)　　　　35.9

(三)依法适用股权无偿划转税务处理规程

国有股权无偿划转在进行会计处理的同时,还涉及后续的税务处理环节。但现行税法体系并未对股权无偿划转的一般性税务处理进行明确,即使在明确了会计处理模式的前提下,后续的税务处理与会计处理之间亦欠缺明晰的逻辑和因果关系,税务处理仍需基于经济业务性质,在现行规定中匹配适应相关的要求履行纳税义务,涉及的主要税种在股权无偿划转不涉及土地房产的情况下主要有增值税、企业所得税、印花税。

1. 对股权无偿划转税务处理进行适用分析

(1)增值税

《国家税务总局关于纳税人资产重组有关增值税问题的公告》(国家税务总局公告 2011 年第 13 号)、《国家税务总局关于纳税人资产重组有关增值税问题的公告》(国家税务总局公告 2013 年第

66 号）、《财政部国家税务总局关于全面推开营业税改征增值税试点的通知》（财税〔2016〕36 号附件 2）明确，纳税人在资产重组过程中，通过合并、分立、出售、置换等方式，将全部或者部分实物资产以及与其相关联的债权、负债和劳动力一并转让给其他单位和个人，不属于增值税的征税范围。按照上述规定，广州局集团公司实施的路、省双方股权无偿划转行为属于非增值税征税范围。

（2）企业所得税

《关于企业重组业务企业所得税处理若干问题的通知》（财税〔2009〕59 号）、《关于企业所得税应纳税所得额若干问题的公告》（国家税务总局公告 2014 年第 29 号）、《关于促进企业重组有关企业所得税处理问题的通知》（财税〔2014〕109 号）、《关于资产（股权）划转企业所得税征管问题的公告》（国家税务总局公告 2015 年第 40 号）等文件明确：同一控制下的居民企业间的股权划转行为在符合相关条件的情况下可适用特殊税务处理，享受免税政策。但从实际情况看，路、省双方的股权监管机构即财政部和省级国资委不属于居民企业，路、省之间的股权无偿划转不适用特殊税务政策，应当适用一般性税务处理，需要按企业所得法计缴所得税。

（3）印花税

《印花税法》、《关于企业改制过程中有关印花税政策的通知》（财税〔2003〕183 号）、《关于上市公司国有股权无偿转让暂不征收证券交易印花税有关审批事项的通知》等规定：产权转移书据应按所载金额万分之五贴花，对于增加资本金（包括资本公积）的也需要按万分之五贴花。但企业通过增资扩股或者转让部分产权，实现他人对企业的参股的经济行为可以免予贴花；对经国务院和省级人民政府决定或批准进行的国有企业改组改制而发生的上市公司国有股权无偿转让行为，也包括国有控股企业发生的无偿划转问题，暂不征收证券（股票）交易印花税。

2. 广州局集团公司实施股权无偿划转的具体税务处理

结合路、省双方股权无偿划转实际，广州局集团公司对后续的税务处理经研判选择按非货币性资产交换处理，适用一般性税务原则。

（1）划转双方各自为收购方进行纳税申报调整

股东四：以持有的 B 公司原始出资 19.2 亿元对应的股份和 C 公司原始出资 16.7 亿元对应的股份合计账面净值为 27.8 亿元为对价，换入股东三持有的 A 公司原始出资 35.9 亿元对应的股权账面净值为 34.7 亿元。鉴于换入资产净值大于换出资产净值，本项划转在年度企业所得税纳税申报时应申报调增企业所得额 6.8 亿元，结合股东四所得税汇总缴纳和企业亏损抵扣情况进一步优化申报。印花税方面，结合股东四当年由全民所有制企业改制为有限公司，符合《关于企业改制过程中有关印花税政策的通知》（财税〔2003〕183 号）中"企业通过增资扩股或者转让部分产权，实现他人对企业的参股，将企业改造成有限责任公司或股份有限公司"可以免予贴花的规定，该转移股权免予贴花。后续相关划转须按财务入账金额贴花。

股东三：以持有的 A 公司原始出资 35.9 亿元对应的股权账面净值 34.7 亿元为对价，换入股东四持有的 B 公司原始出资 19.2 亿元对应的股份和 C 公司原始出资 16.7 亿元对应的股份合计账面净值为 27.8 亿元。鉴于换入资产净值小于换出资产净值，本项划转在年度企业所得纳税申报应申报调整企业损失 6.8 亿元。印花税应按转移股权账面金额予以贴花，与财务入账金额一致为按 34.7 亿元贴花。

（2）对税务与财务价值计量存在差异

在会计处理环节，换入资产价值以换出资产原账面价值进行计量列账，不改变公司计税基础；而在税务处理方面，强调换入资产需以公允价值计量，在确实无法确定公允价值的情况下，按税收基础理论原则和一般市场规则，可按照原账面净值进行确认申报，不改变原计税基础。因此，非货币性交易方式税务与会计处置存在差异。

（四）股权无偿划转会计处理及税务处理的重点及启示

（1）实施重点

①需依法签订置换法律文书。路、省双方签署互以股权无偿

划转方式转移各自持有的标的公司股权的文件和相关协议,以便税务机关确认该经济业务为股权收购重组(即非货币性交换),避免产生法律风险。

②对会计处理和税务申报达成一致。同一重组业务涉及的各股东方应就股权无偿划转采取一致的会计处理和税务处理原则,且按非货币性交易行为进行的税务处理与会计处理具有一定差异,会计上需要对差异进行纳税调整。

③要明确纳税主体。在税务申报过程中,划转双方互为收购方,对应被收购方因出资并拟用于对价划转的控股公司股权,划转过程中所得税事项保持不变。

(2)关注划转价值问题

①路、省双方划转股权对价以初始投资金额和时间价值(利息)进行匹配计算,但会计处理则以账面价值进行计算。因此,路、省双方股权无偿划转协议中需明确:划转股权以经审计后的原产权账面净值作为双方入账金额。

②资产划转审计报告需要对划转股权对应企业的资产净值进行审计披露。如地方控股合资公司执行的折旧等会计政策与国铁企业存在差异,并且影响金额较大的,应协调双方按照相同的折旧等会计政策进行划转前账务调整。

(3)实施成果和启示

①统一了会计处理方式。在现行法律法规及会计准则框架内,路、省双方股权无偿划转最合理的处理方式是采用非货币性交易,会计处理上以原换出资产账面价值为计价基础,差额不确认收入。

②明确了列账金额。采用非货币性交易进行会计处理并在无偿划转协议中明确描述划转股权经审计后的账面净值等账面金额组成,按规定不改变原资产(产权)计税基础,即按原资产账面价值进行账务处理,可确保税务风险可控。

③提出了进一步优化处理方案。争取取得财政部、国家税务总局批复适用特殊税务处理的依据,进一步规范后继国有股权无偿划转税务处理工作,按特殊税务处理方式,则税务和会计处理结

356

果将完全一致,不需要进行纳税调整;争取取得财政部、国资委等国资管理机构的增、减资决定文件,即可认定股权无偿划转为增、减资经济行为,则在税务处理上仅需对增加资本贴花。

三、国铁股权无偿划转财税问题合规处置的实践路径的效果

1. 有利于优化国家经济发展布局

广州局集团公司推进的国铁股权无偿划转,一方面是贯彻落实国家关于优化铁路建设投资领域优化国铁资本布局即路网干线由国铁代表国家投资建设,区域铁路由地方建设的具体安排;另一方面,也是实现科学有序推进铁路规划建设,防范化解债务风险,全面增强铁路安全质量效益、服务保障能力和综合发展实力的有效举措。

在明确铁路项目分类投资建设主体的基础上,国铁股权无偿划转完成后,有利于调动地方政府投入地方铁路建设的积极性,有利于遏制地方政府过热冲动投资,缓解地方政府融资压力,促进国家经济充分发展、平衡发展。路地双方可以在各自擅长的领域将资产重新配置,放大资源优势,不仅使国有股东实现账面上的回报,同时也解决存量国有资产流动性差且低效的困境,实现国有资产的保值增值。对于地方政府而言,只有国有资本保值增值,才能不断增强政府抵御债务、社保等风险能力,形成国有资本资产资金的良性循环和稳定持续增长。对于国铁企业而言,股权调整后,将使得现有资产资源得到有效盘活,为进一步推进混合所有制改革,引入更多市场资金,提高国有资本的回报率,提升企业盈利能力,实现国有资本保值增值与企业发展双促进打下坚实基础。

2. 促进国铁资本进一步向干线集中

广州局集团公司抢抓历史机遇,主动对接国家区域发展战略,累计完成基建投资 5 983.74 亿元,建成沪昆、广深港、赣深高铁等 32 条新线,其中高铁新线 19 条,现代化的区域路网基本建成,路网规模实现大扩充,通道能力实现大提升,"八纵八横"高铁网涉及管内的"六纵三横"加快成型。但路网及建设瓶颈制约仍然存在,

"四网"融合效果仍不明显，联网、补网、强链仍大有空间，建设投资实现多元化的同时分类管理尚不规范，不利于路网整体功能和效益的提升。股权无偿划转完成后，国铁资本进一步向国家干线铁路集中，国铁资本对国家干线铁路的控制力不断增强，路网干线的大通道骨干地位不断凸显，一方面实现了国铁资本对路网干线的集中、统一管理，能有效提高国铁资本的运营效率和效益，充分发挥路网干线在保障国计民生需求、推动区域协调发展、全面推进乡村振兴、促进全体人民共同富裕进程中的核心作用；另一方面，能发挥国铁资本的投资引领作用，以国铁干线为核心，引导城际、市域（郊）铁路和城市轨道交通融合发展，加快推进现代化交通基础设施和综合立体交通体系建设，逐步实现轨道交通"四网"大融合，让最广大人民群众共享发达路网红利。

3. 为依法合规改革提供可借鉴样板

在现行的相关规章体系中，主要以《企业国有产权无偿划转管理暂行办法》（部门规章）为核心，其他细化的规范性文件作为补充，从而对国有股权无偿划转进行规制。股权划转流程中涉及的税务处理问题，同样缺乏明确的法规指引，在实际操作过程中，无论是划转行为实施主体还是税务机关，仅能通过争取适用相近的规定而实现利己的既定目标，存在一定的不确定性和风险。广州局集团公司基于股权无偿划转方式实现国铁资产重组的实践，在依法合规基础上以实现税费减免为目标，厘清了国铁股权无偿划转的相关规定，对国铁股权无偿划转涉税环节中的会计处理和涉税进行了充分的比较研究，明晰了会计和税务处理最优化的实现路径，为广州局集团公司在无偿划转国铁资产及涉税处理方面提供了清晰的依据及实务操作指引，为有效避免税务风险提供了坚实保障，也为国铁集团所属其他路局在实施国铁股权无偿划转及财税处置方面提供了参考。

（成果创造人：陈少宏　唐元林　陈松金　许燕妮　梁荣波

陈　韬　何海荣　司韶华）

358

铁道企业管理创新成果 2023

（下册）

《铁道企业管理创新成果 2023》编委会 编

中国铁道出版社有限公司

北 京

目　　录

（上　　册）

第一篇　全国企业管理现代化创新成果
（铁道企业获奖项目）

第二篇　铁道企业管理现代化创新成果

1

3

（下　册）

第三篇　铁道企业文化优秀成果

第四篇　铁道企业管理优秀论文

6

第五篇　铁道企业管理优秀调研报告

第三篇　铁道企业文化优秀成果

基于推行"合规管理"文化
助力企业高质量发展

中国铁路北京局集团有限公司

中国铁路北京局集团有限公司是以客货运输为主的特大型国有企业,管辖范围覆盖京津冀全域及山东、河南、山西省部分地区。集团公司现有干部职工 172 663 人,下设单位 111 个,管辖范围内共有正线 222 条,营业里程 9 354 公里。集团公司年货物发送量35 000 万吨,旅客发送量 34 000 万人,运输收入 750 亿元。

随着铁路运输行业经营管理体制改革后向市场化、法治化、国际化方向的快速发展,铁路局集团公司面对的经营环境发生深刻变化,面临的经营管理风险越来越大。2022 年,国务院国有资产监督管理委员会审议通过印发了《中央企业合规管理办法》,为铁路运输企业处理合规风险,提升依法合规经营管理水平提供了基础性制度依据。北京局集团公司认真贯彻落实《中央企业合规管理办法》,持续提升全员合规管理意识,丰富完善配套合规管理制度,合力打造"合规管理"文化,全面防控集团公司经营风险,切实提升依法治企能力和水平,保障了企业持续稳定健康发展。

一、"合规管理"文化的背景

(一)全面依法治国和依法治企对铁路运输企业合规管理提出了新要求

国务院国有资产监督管理委员会明确提出企业要以有效防控合规风险为目的,以提升依法合规经营管理水平为导向,以企业经营管理行为和员工履职行为为对象,开展包括建立合规制度、完善运行机制、强化监督问责等有组织、有计划的合规管理文化创建活动。国铁集团和各铁路局集团公司随后也相继提出加强铁路法治建设的战略构想。作为铁路企业，要及时适应法治社会发展的要求，牢牢把握时代机遇，把依法治企、合规管理作为基础性、长期性、战略性的常态化任务常抓不懈，努力成为社会主义法治经济的践行者和推动者，为全面依法治国战略部署的落地作出应有贡献。

（二）铁路体制改革后市场化运营的新模式对运输企业合规管理提出了新挑战

当前铁路企业的各项改革已经进入深水区，深化改革将导致各方面利益关系的重新调整和法律关系的重新构建，企业结构、运行机制和管理规则必将优化整合，法人治理体系和制度经营体系必须日臻完善。这就要求铁路企业坚持依法合规与深化改革同步推进，主动适应改革进程，加强法务、财务、业务的深度融合，形成职能明晰、优势互补的强大合力，按照重合规、立新制、定良策的原则，及时制定或修订公司章程、规章制度和完善相关运行机制，切实增强运用合规思维和合规方式化解矛盾、解决风险的能力，以依法合规的方式平衡有关利益，提升内部管理行为的执行质量，确保各项改革稳步推进。

（三）维护铁路健康运行实现长治久安对铁路运输企业合规管理提出了新任务

合规管理的侧重点在于"规"是否"合"，也就是企业的经营行为是否符合相关政策法规。铁路企业要把合规管理作为规范和加强公司内部管理的践行检尺，梳理业务流程的所有环节，检视制度内容是否合规，将合规管理融入生产经营全过程，监督检查管理人员能否正确履职及经营行为是否合规，及时发现潜在问题，纠正不合规行为，防范化解经营风险，促进企业规范管理优化升级。

二、"合规管理"文化的主要做法

（一）确立科学先进的合规管理理念

一是坚持全面覆盖。提出了全面覆盖、强化责任、协同联动、客观独立、动态调整的创建理念。确保合规要求覆盖铁路局集团公司各业务领域、各部门、所属各单位、全体干部职工,贯穿决策、执行、监督、反馈等各个环节,体现于决策机制、内部控制、业务流程等各个方面。

二是强调权责匹配。将合规管理作为铁路局集团公司主要负责人履行推进法治建设第一责任人职责的重要内容,建立全员合规责任制,明确管理人员和各岗位干部职工的合规责任并督促有效落实。

三是体现深度融合。推动合规管理与法律风险防范、监察、审计、内控、风险管理等工作相统筹、相衔接,推动业务、财务和法务深度融合,确保合规管理体系有效运行。

四是做到动态调整。合规管理从铁路局集团公司经营范围、组织机构和业务规模等实际出发,兼顾成本与效率,并根据外部法律法规、监管规定、行业准则以及企业内部经营管理实际的变化,适时作出调整和改进,强化合规管理制度的可操作性,提高合规管理的有效性,保证铁路局集团公司始终处于依法合规、稳健经营的状态。

(二)构建职责明晰的合规管理组织架构

一是明晰董事会的决策职责。明确铁路局集团公司董事会统筹协调企业合规管理工作,负责批准企业合规管理战略规划、基本制度及年度报告,决定合规管理牵头部门的设置和职能,研究决定合规管理有关重大事项。全面依法治企领导小组作为董事会议事协调机构,承担合规管理的组织领导和统筹协调工作,定期召开会议,研究合规管理重大事项或提出意见建议,指导、监督和评价合规管理工作。

二是明晰监事会的监督职责。明确铁路局集团公司监事会全面监督董事会的决策与流程是否合规,监督董事和高级管理人员合规管理职责履行情况,对引发重大合规风险负有主要责任的董事、高级管理人员提出罢免的建议,向董事会提出撤换合规管理负责人的建议,勤勉履行监督责任。

三是明晰经理层的管理职责。要求经理层根据董事会决定,建立健全合规管理组织架构,批准合规管理具体制度规定,批准合规管理计划,采取措施确保合规制度得到有效执行,明确合规管理流程,确保合规要求融入业务领域,及时制止并采取措施纠正不合规的经营行为。

四是明确相关部门的执行责任。合规管理工作具体由总法律顾问负责,铁路局集团公司企业管理和法律事务部为铁路局集团公司合规管理牵头部门,组织、协调和监督合规管理工作,为其他部门提供合规支持。业务部门对本领域的合规管理负主体责任,按照合规要求完善业务管理制度和流程,主动开展合规风险识别和隐患排查,发布合规预警,组织合规审查,做好本领域合规培训和商业伙伴合规调查等工作。

（三）明确合规管理重点关键领域

一是市场交易领域。完善交易管理制度,严格履行决策批准程序,建立健全自律诚信体系,突出反商业贿赂、反垄断、反不正当竞争,规范资产交易、招投标等活动。

二是安全环保领域。严格执行国家安全生产、环境保护法律法规,完善企业生产规范和安全环保制度,加强监督检查,及时发现并整改违规问题。

三是产品质量领域。完善质量体系,加强过程控制,严把各环节质量关,提供优质产品和服务。

四是劳动用工领域。严格遵守劳动法律法规,健全完善劳动合同管理制度,规范劳动合同签订、履行、变更和解除,切实维护劳动者合法权益。

五是财务税收领域。健全完善财务内部控制体系,严格执行财务事项操作和审批流程,严守财经纪律,强化依法纳税意识,严格遵守税收法律政策。

六是知识产权领域。及时申请注册知识产权成果,规范实施许可和转让,加强对商业秘密和商标的保护,依法规范使用他人知识产权,防止侵犯他人权益。

七是商业伙伴领域。对重要商业伙伴开展合规调查,通过签

364

订合规协议、要求作出合规承诺等方式促进商业伙伴行为合规。

（四）打造合规管理配套机制

一是建立健全合规咨询机制，业务部门及干部职工在履职过程中遇到合规风险事项，要及时主动向合规管理牵头部门及相关部门寻求合规咨询或审核支持。合规管理牵头部门及相关部门应依据相关制度规定在合理时间内答复或启动合规审核流程。

二是建立健全合规审查机制，将合规审查作为规章制度制定、重大事项决策、重要合同签订、重大项目运营等经营管理行为的必经程序，及时对不合规的内容提出修改建议，未经合规审查不得实施。

三是建立健全合规风险识别预警机制，围绕关键岗位及核心业务流程，通过合规咨询、审核、考核和违规查处等内部途径，持续跟踪监管机构有关信息，全面系统梳理经营管理活动中存在的合规风险，对风险发生的可能性、影响程度、潜在后果等进行系统分析，及时发布预警信息。

四是建立健全合规风险应对机制，针对识别评估的各类合规风险制定预案，采取有效措施，及时应对处置。对于重大合规风险事件，铁路局集团公司依法治企领导小组统筹领导，合规管理负责人牵头，相关部门协同配合，依法及时采取补救措施，最大限度化解风险、降低损失。

五是建立健全合规管理评估机制，每年年底对合规管理体系的有效性进行分析，对重大或反复出现的合规风险和问题，通过对违规或可能造成违规的原因、来源、发生的可能性、后果的严重性、可能造成的损失等进行合规风险评估，提出处置建议、应对措施，进一步完善相关制度，堵塞管理漏洞，强化过程管控，持续改进提升。

六是建立合规报告机制，合规管理牵头部门要每半年向董事会和经理层汇报一次合规管理情况。汇报内容一般包括但不限于合规风险评估情况，合规培训的组织情况，发现的违规行为以及处理情况，违规行为可能给组织带来的合规风险，已识别的合规漏洞或缺陷，建议采取的纠正措施，合规管理工作的整体评价和分析等。

七是建立健全违规举报和问责机制，明晰合规责任范围，细化违规惩处标准，畅通举报渠道，保障企业干部职工有权利和途径举报违法违规行为，铁路局集团公司充分保护举报人，并针对反映的问题和线索，及时制定调查方案和开展调查，形成调查结论以后，要按照相关管理制度严格认定和追究违规行为责任。

八是建立健全容错免责机制，把是否依法合规作为免责认定的重要依据。铁路局集团公司通过开展行之有效的合规管理，既可以规范企业的经营行为，也可以在出现投资经营失败时，对企业的合规管理有效性进行审查，有效区别一般性经营失败与违规经营投资造成企业损失。

（五）明确合规管理关键操作流程

一是业务部门自我合规审查。业务部门作为企业合规风险管理的第一道防线以及企业合规风险管理的主体，首先要作自我合规审查。但对于有些合规审查对象，如企业重大决策、重大规章制度、重大合同、重大项目、合规尽职调查等，根据业务部门的需要，合规管理牵头部门的合规审查可以前移至项目启动阶段，使合规审查贯穿项目始终，实现重大项目的事前、事中和事后的全过程合规审查。

二是提起合规审查申请。日常合规审查一般由负责合规审查对象的业务部门提起。业务部门应由其具体承办人员提起合规审查申请，注明业务部门内部合规审查情况，报业务部门负责人审批。合规审查也可以由合规管理牵头部门主动提起，或者由审计部门或其他业务部门提起，还可以由董事会、监事会或经理层指令合规审查。

三是相关部门专业合规审查。合规审查申请经业务部门负责人批准后，应首先报相关业务部门（如计统、财务、劳资、人事、科信、安监、物资、建设、经开等其他相关业务部门等）作专业合规审查。

四是合规与法律审查。合规审查是企法部门的重要职责，除重大项目合规审查可以前移至项目启动阶段外，企法部门的合规审查应置于最后环节，以确保合规审查对象事先得到业务部门自身的审查以及相关部门的专业审查，发挥合规管理部门第二道防线的作用。

三、"合规管理"文化取得的效果

（一）铁路运输企业各层级和人员合规意识明显增强

通过制定全员普遍遵守的合规行为规范,针对重点领域合规风险制定专项合规管理制度和操作流程,将具体的标准和要求融入现有的业务流程,方便了干部职工理解和落实,确保了各项经营行为合规。同时,根据法律法规变化和工作实际需要,及时将外部有关合规要求转化为内部规章制度,强制要求合规管理重点人员遵照执行,铁路局集团公司各层级和人员合规意识得到了切实提升,各层级人员能够自觉开展合规审查工作,铁路局集团公司各级法务人员能够严格执行合规管理标准,铁路局集团公司合规管理的氛围日益浓厚。

（二）铁路运输企业合法权益得到了有效维护

通过明确涉铁案件的接收、承办、代理、处置、执行的流程,铁路局集团公司整体诉讼维权效果明显提升,相关人员主动维权意识进一步增强。积极主动开展风险债权清理。2022年以来,涉合规管理案件275件,其中劳动争议纠纷67件,经济合同纠纷90件,铁路运输纠纷12件,侵权损害赔偿纠纷43件,产权纠纷6件,行政诉讼6件,其他法律纠纷51件,涉案金额167 467.9万元。共结案188件,避免或挽回经济损失43 593.04万元。

（三）为交通运输行业开展合规管理工作提供了有益借鉴

通过探索建立了铁路企业合规管理体系,严格合规审查,有效识别、评估并主动防范、化解合规风险,确保铁路局集团公司依法合规经营,为交通运输行业开展合规管理工作提供了基本模板。目前正进一步组织制定合规指引相关配套措施,进一步丰富拓展专项合规指引,加强对企业投资融资、改制重组、对外担保、产权流转、物资采购、招标投标、知识产权等重点领域的管理,实现依法合规管理与经营活动的有机融合,不断增强依法治企和法律风险防范能力。

聚焦"四个维度"
推动安全文化与专业管理深度融合

中国铁路哈尔滨局集团有限公司

中国铁路哈尔滨局集团有限公司位于全国路网的东北端,是中国国家铁路集团有限公司所属的国有独资企业。2015年取得国家5A级物流企业资质。2017年11月19日,按照中国铁路总公司统一部署,哈尔滨局集团公司挂牌成立。哈尔滨铁路的前身可追溯至中东铁路(全长2 489公里,1898年始建,1903年正式运营)。现营业里程8 416.9公里,下设53个运输站段、11个非运输一级企业,现有职工13.4万人,集团公司运输安全形势持续稳定,实现第十个安全年。

哈尔滨局集团公司通过创新实践,逐步形成了以安全理念文化为核心,以安全制度文化为保障,以安全行为文化为根本,以安全环境文化为基础的特色安全文化体系。

一、安全文化实施背景

党的十八大以来,习近平总书记高度重视安全工作。我们要加快推进国家安全体系和能力现代化,以新安全格局保障新发展格局,努力开创国家安全新局面。哈尔滨局集团公司对标对表习近平总书记关于安全生产的重要论述和国铁集团党组的部署要求,贯彻总体国家安全观,坚持安全管理"短期靠制度,长远靠文化"的工作思路,聚焦理念、制度、行为、环境"四个维度",着力破解安全文化与专业管理"两层皮"问题,使安全文化深度融入运输生产全过程各环节,引导干部职工让标准成为习惯、让习惯符合标准,为集团公司现实安全稳定提供有力的文化支撑。

二、文化内涵

安全理念文化，就是坚持把树牢安全发展理念，培育"安全第一、生命至上"安全价值观作为安全文化建设的首要任务，着力找准并克服安全理念、思维认知等方面不良倾向，培育特色鲜明、广泛认同的安全价值观，使"安全是铁路行业的生命线，是一切工作的基础和前提"等安全理念成为干部职工的价值取向。

安全制度文化，就是坚持把制度文化建设作为安全文化建设的重要保障，坚持严管厚爱、刚柔相济，形成科学、规范、管用的安全管理制度体系，着力克服和解决制度建设中存在的设计缺陷、执行偏差等问题，实现管理有规范、作业有标准、应急有预案、行为有准则，制度约束作用充分彰显。

安全行为文化，就是坚持把行为文化建设作为安全文化建设的根本，从规范决策者、管理者和操作者行为入手，保证决策行为科学化、管理行为规范化、作业行为标准化，着力克服整治干部抓安全"走捷径""简单粗暴"等管理行为和职工作业盲目乱干、侥幸心理，把不良习惯当标准等不良行为，形成干部职工敬畏生命、敬畏职责、敬畏规章的良好态势。

安全环境文化，就是坚持把环境文化建设作为安全文化建设的基础工程，突出车间班组这个安全生产的前沿阵地，深入开展"家园文化"建设，着力营造导向安全的文化环境、服务安全的作业环境、共谋安全的人文环境、倡导安全的物态环境和有利安全的舆论环境。

三、安全文化主要做法

（一）优化安全理念，在破立并举中树牢导向

1. 强化政治引领

坚持把党的创新理论作为安全文化建设的根本遵循，利用跟进学、研讨学、专家辅导、哈铁讲堂、职工政治理论学习等方式，组织干部职工深入学习习近平总书记关于安全生产的重要论述、重要指示批示精神，2022年组织两级党委中心组（扩大）学习140余

次,编发"践行大安全观,牢牢守住政治红线和职业底线"等理论微课43期,引导干部职工站在拥护"两个确立"、做到"两个维护"的政治高度,进一步树牢总体国家安全观和大安全观,凝聚坚守政治红线和职业底线,坚决确保铁路安全稳定的思想共识。

2.培育安全理念

把安全生产实践作为培育安全理念的大课堂,采取座谈讨论、主题演讲、谚语征集、案例警示等多种方式,坚持把问题当资源,从排查影响安全生产的不良理念入手,以破为立培育特点鲜明的安全理念。倡导"安全的主动权在一线靠职工"等安全管理理念;机务系统提炼"闸把在手、责任在心",车辆系统提炼"精检细修、联保互控",货运系统提炼"装一辆重车、保一路平安"等系统安全理念;培育"在岗一分钟,负责六十秒""让标准成为习惯、让习惯符合标准""安全100-1等于0"等现场安全理念,得到职工的广泛认同,促进形成共同的安全价值取向。

3.深化安全教育

把安全思想教育融入经常,固化"把规章化为操守,让标准成为习惯"安全自律意识。加强改进安全思想政治工作,出台《"职工互动交流平台"管理办法》《"哈铁家园"微信留言分析办理工作制度》,利用既有大数据系统常态化加强职工思想动态分析,找准制约现场安全的倾向性问题。开展安全警示教育,建好用好15个安全教育场馆,制作31个安全典型案例教学片,利用各类培训、交班会持续开展案例教育,把现场搬到会场复盘事故原因,引导职工敬畏生命、敬畏安全。开展安全意识常态化宣传教育,组织集中宣讲近千场;组织各系统、各单位编制《安全文化手册》,明确文化理念、负面清单、事故案例等方面内容,筑牢干部职工"安全第一"思想防线。加强新职人员安全教育,组织开展"站段长讲好安全首课"活动,帮助新入路职工扣好职业生涯第一粒纽扣。

(二)健全安全制度,在整规立矩中筑牢敬畏

1.完善安全治理体系

聚焦构建"大安全"工作格局,修订完善安全责任制、考核激励

机制、风险预防机制、选人用人机制、专业管理机制、路外环境安全治理长效机制等"六项机制",健全"人防、物防、技防"三位一体的安全保障体系。坚持"规章制度适应现场,为现场服务",聚焦把发言权交给现场,完善规章制度制定决策机制,组织开展规章制度对标和有效性评价,重点整治"层层加码"和不符合现场实际等问题,集中排查清理各级"土规定"364个,减轻一线作业负担,创造宽松作业环境,充分调动和发挥职工群众保安全的主观能动性。

2. 发挥考核激励作用

修订《集团公司及所属单位负责人经营业绩考核办法》,实行"量化打分＋等级评定",设立安全工作全局联挂指标和单位及负责人承责指标,突出责任共担,督促履职承责,树立重安全的考核导向。强化干部履职质量,建立安全管理效果评估评价制度,优化干部履职遵循制度办法目录和制度办法硬性规定落实项点"两个清单",严格安全责任追溯,实现干部下现场"带载运行",将落实安全主体责任和个人岗位责任结合起来,促进干部依标履职,树立重落实的优良作风。

3. 开展规章制度教育

深入开展"敬畏规章、执行标准、夯实基础"三年专项教育活动,将规章案例教育纳入年度教育培训计划,形成常态化的规章案例教育工作机制。制作标准化岗位流程和事故案例教育视频动漫片113个,累计开展主要行车工种适应性培训103 164人次,工班长专项培训8 022人次,新法律法规和技术标准培训175 077人。将安全教育培训纳入专项检查计划,定期抽查安全教育培训质量、持证上岗情况、抽考职工安全生产应知应会情况,组织行车工种"动手练"过关考核19.8万人次,推动职工将作业标准变成习惯。

(三)规范安全行为,在约束激励中增强自觉

1. 整治安全陋习

坚持把安全文化与专业安全管理、落实"三管三必须"有机结合起来,深入开展为期三个月的"整治安全陋习大家谈"专项行动,引导干部职工给自己"画像"、给管理"挑刺"、给现场安全"找漏

洞"。各系统通过系统谈、逐级谈、分层谈等方式,查摆出"不按作业指导书流程作业""盲目抢活""接车作业只录不看"等 23 类的 1 890 条安全陋习。推动理念入制、对规塑行,把整治陋习与对规对标结合起来,深入剖析陋习背后的思想根源和倾向性问题,将 13 类突出问题作为"人的不安全因素"纳入安全风险库,优化完善岗位作业指导书 6 000 余个,制定针对性管控措施 231 条,实现边谈边改、立行立改。

2.遏制惯性"两违"

强化源头管控过程落实,实行"两违"积分限量考核+红线管理,对职工日常出现的小问题,采取积分的方式,给职工以容错改错的机会;对达到积分上限的进行考核,对触及安全"红线"等严重问题的实行离岗培训,直至退出行车主要岗位。突出专业管理现场指导效能,组织业务部门每月深入现场开展作业全过程对规对标写实,深查现场"两违"的深层原因,防止问题反弹。实行干部职工思想政治重点人员教育约束管理,对发生"触碰安全红线,或负责任事故直接责任"等 13 种情形的职工,认定为重点人进行包保帮促,并采取主要行车工种岗位禁入等 9 项约束措施,避免思想问题演变为现实安全问题。

3.激活内生动力

着力解决现场"想干不会干""会干不愿干"现象,激活全员保安全的内生动力。坚持以能力为塑行赋能,出台《加强班组长队伍建设指导意见》;开展"学习技术、学习标准、执行标准"活动,对机车乘务员、动车组随车机械师等 17 个重点岗位强化技能实作演练;将应急处置作为基本技能纳入干部职工培训必学内容,常态化组织实作演练,不断提升治理能力、行车主要岗位作业能力、应急处置能力等"三种能力"。强化正向激励,修订《哈尔滨铁路局奖惩工作管理办法》,对在防止事故、应急处置、抢险救灾等特殊情况下作出突出贡献的集体或个人,奖励额度最高30 000 元,对作出突出贡献的职工授予先进生产者等荣誉称号。2022 年以来累计下发安全突出贡献奖 184.5 万元,充分调动了干部职工的主观能动性。

（四）营造安全环境，在潜移默化中形成风尚

1. 营造导向安全的作业环境

培树"管理为一线作业服务"的理念，优化生产力布局和生产组织，合理减轻劳动强度，让职工集中精力保安全。实行车间化垂直管理，做强生产车间管理力量；优化支线运输生产组织和中间站管理模式，扩大车站临时关闭范围，对行车量较低支线实行"昼开夜停"；逐步优化机辆等系统边远地区车间班组布局。稳步推进设备修程修制改革，科学实施工电供设备分级分类管理、差异化维修、"检养修"分开，推行普铁天窗共用；制定为基层减负16条具体措施，减少对一线安全工作的干扰，筑牢共保安全的坚实基础。

2. 营造共谋安全的人文环境

充分发挥各级组织作用，营造同心协力共谋安全的人文环境。建立党内安全预防机制、党员"两违"防控机制、安全群防群控机制等"三项机制"，深入开展党内"两违"攻关和党员"三无"竞赛活动；深入开展企业与职工命运共同体建设，出台《集团公司党委关于持续打造企业与职工命运共同体，推动为职工办实事常态化制度化的意见》《协助职工维护合法权益工作的实施意见》等，建立为职工办实事常态化机制，每年两级职代会确定为职工办实事项目；创新思想政治工作载体，深化"见面工程"，到职工群众最需要和最艰苦的地方察民情访民意，解决职工急难愁盼问题。

3. 营造有利安全的舆论环境

充分发挥舆论引导功能，为确保安全营造良好外部环境。运用"哈铁家园"微信平台矩阵播放安全动漫、宣传片等安全文化产品。加强路外安全宣传，针对大牲畜上线路及"烧荒"等对运输安全具有重大威胁的行为，在沿线重点区域设置醒目的警示牌、标语等，提高公众安全意识，制作15期动漫作品，在黑龙江省40多个市县播出，形成路地共保铁路安全的合力。将舆情调控纳入应急管理体系，对涉及铁路安全的舆情信息第一时间发现，第一时间回应社会关切，第一时间正向引导社会公众的误解，为安全生产创造良好舆论环境。

四、安全文化实施效果

1.安全治理水平显著提升

通过开展安全文化建设，培树安全理念，提升了安全管控效能，确保了集团公司现实安全稳定。截至 5 月 30 日，集团公司行车事故同比下降 33％，设备故障同比下降 32％，路外事故同比下降 41％，实现安全生产 4 000 天。

2.安全制度机制逐步完善

通过开展安全文化建设，进一步优化完善了安全制度机制。先后修订完善安全职责标准、安全管理制度、安全考核办法、安全控制措施、安全保障制度等 5 方面 100 余个制度办法及技术管理、施工管理等方面的 10 余项安全专项制度，让安全管理更加规范化、科学化、法治化。

3.职工安全行为得到规范

通过开展安全文化建设，激活了全员保安全的思想共识，引导干部职工从"要我安全"向"我要安全转变"。截至 5 月 31 日，全局职工"两违"同比下降 26％，受到国铁集团通报表扬 14 次，涌现出邢云堂、马如铁、潘雪峰、蔡岩峰等一批安全标兵。

4.安全文化氛围更加浓厚

通过开展安全文化建设，进一步浓厚了安全文化氛围。在全局确定大庆工务段、哈尔滨车辆段哈检修等 16 个单位、车间安全文化建设示范点，在全局交流分享了安全文化建设的特色做法。集团公司抓实安全文化建设的工作经验先后两次在全路交流；《人民铁道》报头版头条先后两次刊发了集团公司深化安全文化建设的深度报道，起到了引领作用。

"负重争先、勇于超越"推动企业高质量发展

中国铁路太原局集团有限公司

中国铁路太原局集团有限公司(以下简称太原局集团公司)于 2017 年 11 月 19 日,在国铁企业公司制改革大潮中正式挂牌成立。管内现有大西、石太、郑太、大张等高铁和大秦、瓦日、侯月、南北同蒲等干(支)线,路网纵贯三晋南北、横跨晋冀京津,线路总延展里程 13 533 公里,营业里程 5 346 公里,其中高铁 863 公里。所属运输站段 39 个,运输辅助单位 5 个,非运输企业 10 个,合资铁路公司 7 个。配属机车 1 143 台、客车 1 661 辆,动车组 82 组。企业总资产 4 672 亿元,职工 96 899 人。主要担负山西省客货运输和周边京、津、冀、蒙、陕等省市区部分货运业务。货运量占全国铁路五分之一,煤炭运量占山西省三分之二,运输总收入超过全路的八分之一,是全路货运大局、重载强局、收入大局,也是全路唯一运输主业整体改制上市的铁路局集团公司,国家 5A 级综合服务型物流企业。

近年来,太原局集团公司先后获得全国脱贫攻坚先进集体、全国五一劳动奖状、全国模范劳动关系和谐企业、山西省五一劳动奖状、山西省功勋企业、山西省优秀企业等荣誉。太原局集团公司是全国铁路第一货运大局和支撑我国重载铁路技术发展的重载强局,管辖的大秦铁路被誉为"中国重载第一路"。新时代新征程,太原局集团公司坚决扛起中国铁路重载这面旗帜,始终把"负重争先、勇于超越"的大秦铁路精神作为集团公司干部职工的精神之源和力量之魂,把弘扬大秦铁路精神、推进精神文化建设,作为集团公司企业文化建设的重要内容,在全局范围内覆盖实施文化聚力工程,为推动集团公司高质量发展、促进全路重载事业向前迈进、

服务国家能源战略和经济社会发展,提供坚实的精神动力和文化支撑。

一、"负重争先、勇于超越"精神文化的实施背景

(一)推进"负重争先、勇于超越"精神文化建设是传承社会主义核心价值观、勇当服务和支撑中国式现代化的"火车头"的应有之举

社会主义核心价值观是人生奋斗的梦想之舵,是中华民族的精神之钙。传承社会主义核心价值观是每个行业和个人义不容辞的责任。勇当服务和支撑中国式现代化的"火车头",是全路干部职工共同的历史使命,是铁路各项工作的行动指南和目标追求。大秦铁路精神作为集团公司干部职工精神风貌和价值取向的集中体现,是社会主义核心价值观在太原局的具象化,体现了传承性和引领性的统一、思想性和实践性的统一、行业性和时代性的统一。在这样的大背景下,推进"负重争先、勇于超越"精神文化建设,正当其时。

(二)推进"负重争先、勇于超越"精神文化建设是塑造干部职工共同精神家园、创建模范路局的应需之举

新时代干部职工思想多元多样多变,尤其集团公司近年来运量和收入持续增长,安全压力也持续加大,一些干部职工对全局面临的安全风险不自知,对自身素质的差距短板不自省,缺乏危机意识和上进劲头。在这种情况下,特别需要发挥文化软实力的作用进行思想引导和行动引领,推进"负重争先、勇于超越"精神文化建设,正当其时。

(三)推进"负重争先、勇于超越"精神文化建设是引领太原局高质量发展、推动建设一流企业的应势之举

随着"三西"煤炭外运通道迅速扩充,清洁能源代替火力发电、特高压远程送电的快速增长,公转铁增量的"天花板"日趋接近,靠规模型增量驱动效益增长难以为继。确保重载运输持续安全稳定,完成盈亏目标,特别要实现人均工资持续增长,压力巨大。化

挑战为机遇，变压力为动力，迫切需要发挥以文化人作用，引导干部职工争做敢于担当、勇于创新的奋斗者。在这种形势下，推进"负重争先、勇于超越"精神文化建设，正当其时。

二、"负重争先、勇于超越"精神文化的主要做法

（一）以"理念引领"为载体，打造大秦铁路精神"太铁标识"

精神是文化的核心和灵魂。繁荣发展"负重争先、勇于超越"精神文化，必须大力弘扬大秦铁路精神，解读新时代大秦铁路精神所蕴含的不负重托的担当精神、砥砺先行的奋斗精神、勇争一流的创新精神和大秦铁路作为太原局政治线、安全线、效益线、示范线、幸福线的时代价值，促进干部职工对大秦铁路精神理念的认知认同、自觉践行。

1. 做好大秦铁路精神跟进解读

编辑出版《大秦铁路精神》读本，并把大秦铁路精神纳入各级教育培训内容，针对性开发专题课程，打造大秦铁路精神精品课，特别是抓好新职人员和青年职工入路教育"第一课"，面向一线干部职工跟进做好大秦铁路精神的内涵解读。同步推出系列访谈、精品课堂、研讨文章，征集交流职工读书体会，加深干部职工对大秦铁路精神的思想认同、情感认同。

2. 组织大秦铁路精神主题宣讲

紧扣货运增量行动、安全大检查等重点任务，用好"勇当火车头、先行作贡献"主题宣讲，把"负重争先、勇于超越"的大秦铁路精神纳入宣讲内容，聚焦"弘扬大秦铁路精神"组织学习讨论，引导干部职工传承红色基因，增强理念自信，逐渐养成"负重争先、勇于超越"的行动自觉。

3. 开展大秦铁路精神专题宣传

把弘扬大秦铁路精神作为铸魂育人、推动高质量发展的"太铁引擎"，统筹集团公司报台网端屏群等宣传资源，开辟专题专栏专版，编发专题信息，交流典型做法，凝聚党政工团文化建设合力。

（二）以"典型示范"为载体，推出重载典型"太铁标杆"

先进典型是以文化人的"说明书"。繁荣发展"负重争先、勇于超越"精神文化，必须紧扣重载运输行业需求、发展需要，围绕"人员素质创一流"的目标要求，以全国劳动模范、最美铁路人暨"新时代·铁路榜样"景生启和最美铁路人暨"新时代·铁路榜样"薛胜利等一批重载领军人物为标杆，推动形成见贤思齐、争先进位的良好氛围。

1.用好"太铁之星"选树宣传载体

坚持典型选树常态化机制，聚焦基层一线、主要工种，细化政治素质、安全生产、客货服务等8个方面评价标准，把电煤保供"排头兵"、防止事故"光荣榜"、施工会战"群英谱"中的先进典型推选成"太铁之星"，并在集团公司职代会上进行隆重表彰。积极争取山西省委宣传部支持，以年度"太铁之星"团队形式推荐参评"感动山西"人物活动，获评"感动山西"特别奖，扩大了铁路典型的社会影响力。

2.用好"新时代·铁路榜样"选树宣传平台

把"太铁之星"作为推选"新时代·铁路榜样"的基础性工作，每季组织召开专题会议，从"太铁之星"中择优推荐具有太铁标志性的典型，参评"新时代·铁路榜样"。先后8人次获评"新时代·铁路榜样"，湖东电力机务段景生启、朔州车务段薛胜利被评为"最美铁路人"。在榜样带动下，集团公司涌现出一大批"客运服务明星""货运增量功臣""重载技术达人"，汇聚起推进高质量发展的强劲正能量。

3.用好全媒体宣传展示平台

综合利用集团公司融媒体宣传资源，搭建立体传播平台，放大榜样示范效应，坚持线上线下联动，形成宣传报道声势，提高典型宣传的覆盖面、影响力。同步组织年度先进事迹报告团，走进车间工区开展巡回宣讲，通过多维度宣传，推动干部职工竞相学习身边榜样、崇尚先进典型。

（三）以"印记传承"为载体，擦亮精神谱系"太铁名片"

文化基因一脉相承。繁荣发展"负重争先、勇于超越"精神文化，必须传承铁路职工始终听党话、永远跟党走的红色基因，践行人民铁路为人民宗旨，以弘扬大秦铁路精神为契机，生动鲜活讲好"负重争先、勇于超越"的丰富内涵和时代价值，推动精神文化创造性转化、创新性发展，激励太铁人不忘初心、接续奋斗。

1. 开展文物实物专项调查

建立健全集团公司文物实物和文博场馆、铁路红色教育基地、爱国主义教育基地等管理办法，依托"铁路文物实物管理信息系统"，深化集团公司有价值重载实物调查保护，增强干部职工文保意识，为弘扬"负重争先、勇于超越"精神文化提供制度支撑和机制保障。深入开展铁路可移动文物和具有保存价值实物调查保护工作，管内 20 类 122 项 4 155 件可移动文物、不可移动文物和具有保存价值实物浮出水面，其中 106 件被国铁集团认定为一般文物。

2. 加强文博场馆管理利用

抓住大秦重载教育基地等 4 个文博场馆被推荐为铁路红色教育基地的时机，精心打造以大秦重载教育基地为龙头，太原、朔州、大同、茶坞、秦皇岛地区的重载文博场馆为辐射，构建形成集团公司铁路红色教育基地"1＋5＋N"格局，串珠成线，打造红色育人链条，增强新时代太铁人精神自豪感、文化认同感、企业归属感。

3. 挖掘讲好太铁红色故事

编辑出版《山西铁路革命史话》，组织召开新书发布仪式，邀请老同志讲历史，回顾太铁人在革命、建设、改革开放和新时代不同历史时期特别是重载铁路建设发展奋斗历程，征集交流干部职工心得体会，持续讲好新征程上的重载担当、重载创新、重载奋斗故事。

（四）以"制度强基"为载体，形成制度文化"太铁方案"

治理体系是衡量企业文化、文明的标尺。繁荣发展"负重争先、勇于超越"精神文化，必须全面贯彻"两个一以贯之"，把重载安全、重载服务和重载经营文化元素有机嵌入重载安全技术、运输组织、装备运用、维修保养、组织保障制度体系建设中，深入推进重载铁路标准化规范化建设，争当重载运输、世界领先的模范。

1. 完善治理体系

在治理体系上创一流，以集团公司《重载运输技术管理规则》《关于加强大秦重载安全技术管理的实施意见》为支撑，完善重载技术规章体系，建立健全与货运大局、重载强局相匹配的设备质量保证体系，保持重载安全技术水平和应用能力世界领先。

2. 强化治理效能

在管理基础上创一流，优化编制定员管理，深化三项制度改革，建立重载制度图谱，完善各项管理体系，推进法治化市场化集约化经营。在经营质效上创一流，开展营销宣传，进一步释放大秦重载煤运通道能力，有力促进重载运输领域提质降本增效，推动制度优势转化为治理效能，争当集约经营、降本增效的模范。

3. 提升治理品质

突出"科技＋人文"治理理念，在人员素质上创一流，加快重载运输高层次人才培养和高素质队伍建设，建强"平台＋应用"重载科技创新体系，发挥重载铁路技术研究中心职能。在创新生态上创一流，推进重载技术升级、关键核心技术不断取得突破，推动重载铁路高质量发展。

（五）以"环境创优"为载体，实施职场文化"太铁行动"

文化塑造环境，环境影响文化。繁荣发展"负重争先、勇于超越"精神文化，必须"在职场环境上创一流"，遵循"实用适用、适度超前、梯次推进、动态完善"原则，建成"安全、现代、绿色、内实、外美"的工作生活环境，营造以文化人、文化育人、成风化人的环境氛围，树立集团公司良好形象。

1. 推进家园文化建设行动

以车间班组家园文化建设为抓手，调动干部职工自己动手建设家园，推进职场文化环境建设，持续改善职工生产生活条件，开展丰富多彩的职工文体活动，在大秦铁路沿线各站区统一规范使用视觉识别系统，建设特色文化阵地，营造"一站一品"文化环境。

2. 推进强基达标示范行动

以实施大秦线各系统强基达标三年规划为抓手，以点带面促进职场文化环境整体提升。深化大秦线标准化规范化安全示范线建设,积极培育企业文化标杆单位,率先实现"五个达标",立标打样、示范带动,通过阶段推进、经验交流等现场会形式,推进职场文化环境提档升级。

3. 推进文明创建提质行动

以精神文明创建为抓手,进一步激发群众性创优职场文化环境建设热情。选树道德模范、身边好人,命名集团公司文明单位,开展文明单位巡礼,同步加强网络文明建设,推动社会主义核心价值观内化于心、外化于行。

三、"负重争先、勇于超越"精神文化的实施效果

(一)以文培元,持续铸牢太铁之"魂"

以"负重争先、勇于超越"为核心的大秦铁路精神在集团公司上下深耕厚植,成为全体干部职工宝贵的精神财富,促进以"负重争先、勇于超越"精神文化为主体的企业文化理念在现场繁荣发展、落地开花。集团公司 61 个站段级企业文化理念在继承中创新发展,500 多个车间级共同价值观持续养成,4 000 余个班组级愿景凝心聚力,积蓄引领集团公司高质量发展更为持久的精神动力。

(二)以文育人,持续锻造太铁之"星"

"负重争先、勇于超越"精神文化铸魂育人成效不断显现,"星耀太铁"良好态势巩固拓展,高质量发展的人才队伍支撑更加稳固。评选集团公司"太铁之星""太铁工匠""全路技术能手"和各级各类劳模先进、青年标兵 200 个,推荐当选"中国好人""新时代·铁路榜样"9 人,榜样的力量带动了干部职工遵章守纪、崇德向善良好行为习惯的养成。

(三)以文成风,持续创优太铁之"家"

集团公司内外环境治理取得成效,职场文化环境持续改善,企业与职工命运共同体更加紧密,传统宣传阵地、站车文化市场、新媒体平台、互联网工作群组等意识形态阵地全面受控。各单位各部门倡导文明新风,共建美好家园,与 3 省 11 市 25 个县区建立文

明联创机制,10个单位被评为省部级文明单位,国铁企业良好形象进一步牢固树立。

（四）以文弘业,持续推进太铁之"治"

集团公司完善有效机制1 748个,"立改废"技术规章、经营制度、党内文件2 813个,文化元素有机嵌入制度图谱,推动制度优势向治理效能不断转化。各单位各部门深入开展标准化规范化建设,安全、服务、经营等中心任务稳中有进,各项重点工作取得实效,文化软实力稳步提升,为集团公司高质量发展注入强劲动能。

"用心点亮信号灯"筑牢企业发展"魂"

中国铁路上海局集团有限公司徐州电务段

中国铁路上海局集团有限公司徐州电务段现有职工1 329人，设10个行政科室、1个党委办公室、18个车间99个班组，有26个党支部，党员620名。主要管辖京沪、陇海、京沪高铁、徐兰高铁、青盐铁路、徐连高铁等线路、152个站场信号设备养护维修工作，合计1 816.48公里，设备换算道岔73 415.60组。

徐州电务段1950年成立至今，历经4分4合10次更名。针对电务作业点多线长、作业分散、环境相对艰苦等特点，历任段领导班子高度重视企业文化建设，积极探索文化铸魂、文化育人、文化塑形、文化聚心、文化兴企新途径。2004年初夏，全段广泛开展文化理念征集活动。受国家电网"用心点亮万家灯火"启发，正在京沪北线施工盯控安全的时任领导班子成员脑海中迸发出"用心点亮信号灯"的思维火花。经过几上几下、广泛征求意见，使"用心点亮信号灯"成为全体徐州电务人共同的文化理念，一代代徐电人不断丰富文化内涵并传承至今，成为筑牢企业发展的精神之"魂"。段先后荣获铁道部"安全优质电务段"、上海局集团公司"安全优质站段"、全国先进基层党组织，山东省、江苏省文明单位等荣誉称号。

一、"用心点亮信号灯"文化理念的背景

1. 不忘初心、赓续红色基因的时代要求

自20世纪50年代起，一茬茬电务职工赓续红色基因，始终不渝听党话、跟党走，把党总揽全局、协调各方落到实处。段领导始终把"用心点亮信号灯"理念作为企业之"魂"，引导干部职工投身

建设亚洲第二大规模的徐州北货运编组站,在全局率先完成驼峰综合自动化改造工程,保障徐州北枢纽"畅通无阻、四通八达";历经六次铁路大提速,奋力投入陇海复线建设,更换提速道岔、升级闭塞、自动控制装备,参建欧亚大陆桥,为融入"一带一路"建设、推进铁路高质量发展作出突出贡献。

2.牢记使命、唱响永恒主题的时代呼唤

从早期的信号楼、控制台、手提式信号灯,到标准化信号机械室,徐电人将铁路安全永恒主题熔铸进"用心点亮信号灯"文化核心内涵。20世纪90年代,大胆推进科技创新,积极采用新型联锁、驼峰减速器等装备,实现徐州北编组站信号技术水平全路一流。2010年,精心打造精品工程,京沪高铁枣庄至蚌埠间的先导段高速动车组最高运行时速达到486.1公里,刷新世界铁路运营试验最高速。在2021年全路电务安全工作暨高铁安全专项整治现场会上,展示了"1143"高铁信号设备整治"徐电方案"。

3.守正创新、高质量发展的时代使命

根据所处的"上海局北大门"地理区位,大力弘扬"用心点亮信号灯"理念,让"文化兴徐电兴、文化强徐电强"成为自觉思想认同。充分发挥铁路运输"神经中枢"作用,在推动"四网融合"发展上展示核心作为,勇担交通强国的历史使命,始终践行"人民铁路为人民"服务宗旨,聚焦"十四五"规划,深化铁路生产组织改革、修程修制改革、维修体制改革、三项制度改革,为推进高质量发展,确保长三角铁路安全畅通,助推中欧班列"钢铁驼队"行稳致远贡献徐电智慧、徐电力量。

二、"用心点亮信号灯"文化理念的内涵

"用心":指"敬畏之心""精益之心""创优之心""关爱之心"。

"点亮信号灯":狭义上是指点亮铁路信号机的灯位,广义上是指确保信号设备安全优质运用,确保铁路运输安全畅通。近年来,"用心点亮信号灯"文化理念内涵与时俱进,持续丰富完善。

1. "敬畏之心"抓安全是前提

实现高质量发展目标,必须勇担安全首要政治责任,时刻保持一失万无的警醒,坚守居安思危、防患未然的底线,落实所有作业都必须受控、所有故障都可以预防的行动,如履薄冰、如临深渊、如坐针毡,筑牢一流安全保障。

2. "精益之心"抓生产是方法

坚持用心用情用力干事创业的长线投入,把每一分钟智慧都用到找差距、想办法、谋出路上,把每一股劲都用在埋头苦干、解决难题、精细管理上,精打细算、精益求精、精耕细作、精雕细琢,把旺盛的精力、奋发的激情凝聚打造一流设备质量的磅礴伟力。

3. "创优之心"抓管理是手段

创新是第一动力,持续发扬只有想不到没有做不到的敢想敢干精神,时刻抱有创新的灵感,产生创新的思路举措,坚定不移走好人无我有、人有我优、人优我精的创优争先之路,打造一流的经营管理。

4. "关爱之心"带队伍是保障

秉承"党员干部站在前干在先,向职工讲、听职工说、带职工干、让职工享"的优良传统;惜才爱才、搭台造梯,竭力形成人人渴望成才、人人努力成才、人人皆可成才、人人尽展其才的生动局面,全力打造一流的职工队伍,为新时代高质量发展提供源源不竭的人才支持和智慧支撑。

三、"用心点亮信号灯"文化理念的做法

将企业文化列入每年重点工作安排,纳入"对标找差、创优争先"指标和标准化规范化考评体系,段领导班子带头言传身教,激发党政工团各级组织群策群力、全段上下干部职工同题共答,实现自上而下的情感认同,共情共鸣。

(一)坚持聚心铸魂,构筑精神谱系

1. 坚持人民至上、生命至上

把保护人民生命安全摆在首位,全面加强安全双重预防机制

建设,坚持以安全文化建设为抓手,广泛组织"五进"宣传,常态开展安全形势、安全法规、案例警示宣传教育,促进全员增强安全风险意识,敬畏生命、敬畏职责、敬畏规章、敬畏岗位,自觉地扛起安全这个重大政治责任和社会责任。动态建立完善技术标准 72 个、管理制度 47 个、作业指导书 352 个、应急预案 32 项、应急流程 52 个,牢牢守住确保高铁和旅客列车安全万无一失的政治红线和职业底线,坚决杜绝事故的发生,确保安全持续稳定。

2. 坚持精心作业、精准维修

树牢精品工程、精干队伍等"四精"工作理念,强化人防、物防、技防"三位一体"管理。稳步实施修程修制、工电供融合改革,大力推行柔性生产组织,全面落实"741"段安全生产管理主体责任和"1234"车间自主管理工作要求,生产管理更加集约高效。推行"1143"设备整治模式,严格 A 检 B 验制度,全面落实"做细检查、做深分析、做全计划、做优作业、做实验收",确保设备质量动态达标。

3. 坚持对标找差、创优争先

聚焦创建国铁集团标杆站段,深化标准化规范化建设,加强专业管理、过程管理和生产组织,强基达标、提质增效,提升自主管理水平,推动高质量发展。通过制作文化看板、文化墙、文化走廊等形式,积极营造"整洁简洁、舒心顺心"环境文化氛围,做到视觉环境系统建设和人文环境建设两手抓、两手硬。充分发挥专业技术人员主观能动性,依托"吕士秋铁路信号工铁路技能大师工作室"团队作战,扎实推进科技创新、实施科技攻关等,努力打造智慧徐电、科技徐电、数字徐电。

4. 坚持一切为了职工、一切依靠职工

企业关爱职工,职工厚爱企业,合力打造企业和职工命运共同体,引导职工"心存感恩,爱岗敬业,珍惜岗位,不越红线"。聚力打造书香徐电,持续改进完善车间班组阅读角、活动室、学习室等,勠力建成集文体、生活、学习教育于一体的文化阵地,充分发挥"以文化育人、以文化育魂"的作用,陶冶职工情操,激发职工的工作热情,培养职工团队精神,增强企业凝聚力。

(二)坚持育心塑形,打造文化体系

1. 培育精神文化

开展文化"金点子"征集活动,引导干部职工献计献策,丰富"用心点亮信号灯"文化内涵,以人文关怀,激发职工爱岗敬业热情,形成同心奋进生动局面。通过撰写段歌《用心点亮信号灯》,摄制《荣光徐电》《聚力》《永远跟党走》等企业文化宣传片,编写段《企业文化手册》等,将文化元素变成职工喜闻乐见的文创产品,让"用心点亮信号灯"文化理念入脑入心、人人皆知。

2. 建设物态文化

坚持虚功实做,结合"三线"建设和标准化创建,积极筹措资金,改善职工生产生活条件,优化一线软硬件环境。结合党史学习教育"我为群众办实事"主题实践活动,办结实事项目 2 000 余件,解决了一线职工饮水、吃饭、洗澡等难题。常年开展职工生日送蛋糕、青工结婚送贺礼、老职工退休送祝福活动,不定期邀请卫健专业老师辅导讲座,让殷殷关怀润物无声,打造出"机关园林化、车间花园化、班组菜(果)园化"格局。

3. 塑造行为文化

运用宣传栏、标语、微信平台等载体,持续加强文化宣传,制作微电影、党内品牌、先进典型等视频图片作品在机关、车间、班组职场大屏巡回播放,将理念、格言、优秀摄影(书法)作品等揭挂装裱上墙;开展"每季一星"评选,举办青工重阳节拜师活动暨青年人才座谈会,组织党员到周恩来纪念馆、王杰烈士纪念馆、淮海战役烈士纪念馆、铁路"八号门"纪念馆、独秀园等开展主题实践活动,让干部职工在潜移默化中感受文化魅力,增强文化自信。

4. 打造制度文化

把企业文化建设纳入段总体发展规划,健全完善段《企业文化建设三年规划》《关于加强企业文化建设的实施细则》《车间思想政治工作及文化建设基本规范标准》《安全生产文明办法》的通知等制度,按照"一支部一品牌,一品牌一特色"原则,加强党内品牌创建,使"用心点亮信号灯"文化理念与中心工作有机融合,在经营管理理念培养、按标作业习惯养成、职工队伍素质提升等方面发挥积极作用。建立段、车间、班组三级思想政治宣传员队伍,开启"1＋18＋N"联动模式,推进制度文化落地生根。

(三)坚持同心聚力,开展群众性实践活动

1.加强文化阵地建设

专项投入180万元迁改建成段史陈列室暨党员活动中心;投入32.5万元高标准建成3个党员活动室;投入76万元打造班组企业文化示范点17个;投入79.3万元建成青盐、徐连高铁文化示范线。2019—2021年年均投入企业文化建设资金约120万元,同比2016—2018年投入费用增长约300%。编制企业文化宣传画册5套、近6 000册,拍摄制作专题片6部,营造浓厚企业文化建设氛围。结合标准化规范化现场会、"三线"建设、信号设备大中修,一体推进、分期分批推进现场文化阵地建设,同步开展"发现最美班组"活动,营造"比学赶超"氛围。

2.开展群众文化活动

组建文联、体协、文艺小分队,常年开展全民健身、书法摄影、"书香徐电"读书及征文等活动,为班组职工配备唱吧、影吧、体育健身器材,因地制宜举办各类体育竞赛520场次,开展文艺汇演等文化活动187场次。开展送文化到一线活动,组织文艺小分队自编自导自演节目,深入一线巡回宣讲220场次,形成良好文化氛围和价值导向。

3.加大先进选树力度

常态化开展"最美上铁人""新时代上铁榜样"及"六十佳"评选,努力形成段、集团公司、省部、国家等各层级典型百花齐放的先进矩阵。把各类先进典型作为践行企业文化的先行者、代言人,建设"星光大道",编发"徐电群英榜",开设"新星点灯"报道专栏,拍摄制作弘扬劳动、劳模、工匠精神"365理论微课"和"上铁榜样"专题片,通过线上线下全方位弘扬先进人物事迹,营造见贤思齐、向上向善良好风尚。

4.开展传统教育活动

围绕庆祝建党百年,开展"党旗在一线高高飘扬"及颁发"光荣在党50年"纪念章系列活动;创新理论学习月月"汇"模式,加强"四史"、铁路发展史教育,深入开展重温入党誓词、"探寻管内红色印迹"打卡研学、弘扬抗美援朝精神主题观影等主题党日活动;4篇网评、新闻报道作品(理论微课)入选铁路2021年、2022年度正能量作品"五个一百",用正能量讲好徐电故事、展示徐电形象。

四、"用心点亮信号灯"文化理念的成效

1.安全生产持续稳定

全面实现安全生产大局持续稳定、有序可控。设备故障率由2018年0.094％降至2022年0.055％,降低41.5％,先后荣获铁道部"安全优质电务段"、上海局集团公司"安全优质站段"等殊荣。全路电务系统安全工作暨高铁安全专项整治现场会在徐电召开,向全路电务系统提供"1143"高铁信号设备整治"徐电方案"。

2.设备运行质量稳步提高

"十三五"期间接管高铁5条,管辖总里程增至2 483.38公里,较"十二五"末增长96.7％,高铁设备换算维修工作量增长近8倍超过普铁。组织联合攻关处置"2·21"徐州东站股道串码等疑难隐患,为全路提供借鉴方案。在集团公司电务系统月度设备质量评比中领先20余次,信号中修、施工、车载专业管理水平始终位居第一梯队。

3.标准化创建实现突破

近五年在全局电务系统月度设备质量、专业排序和年度劳动竞赛中屡获佳绩,分别23次、24次、17次位列前三。设备体量增加34.68％前提下,在岗职工不增反降,全员劳动生产率增长48.06％。近五年,累计清理风险债权1 878万元、节约成本1 515万元、完成其他业务利润6 542万元。荣获中国铁道企业ISO 9001质量贯标先进单位、集团公司标准化规范化建设先进单位等荣誉。

4. 职工队伍素质不断提升

专业技术人才占比从 14.6% 提升至 15.7%,高技能人才占比 78.8%、高于全局平均水平。选拔优秀选手参加"菁英班"集训和各层级技能竞赛,19 名职工荣获集团公司及以上技术能手称号,4 名青年职工获评"铁路工匠""上铁工匠"。近五年来全段职工年均收入由 11.47 万元增至 15.27 万元,增长 33%。

"为安全操心，让人民放心"
创建全国铁路"标杆站段"

中国铁路上海局集团有限公司苏州站

苏州站，隶属于中国铁路上海局集团有限公司，下辖 20 个车站，管理运营里程 292.1 km，为京沪线、沪宁城际高铁线、京沪高铁线、沪苏通高铁线、太仓港疏港铁路专用线上的重要一环。伴随着南沿江，通苏嘉甬，沪苏湖的高铁建设和苏州北站高铁枢纽的推进，苏州站三横一竖"丰"字形铁路蓝图渐成实景，成为城市的一张亮丽名片。

迈入新时代，苏州站管辖领域的进一步扩大以及安全任务的进一步加重，对苏州站安全生产提出更高要求。为此，苏州站以外跨塘站的优秀历史经验为鉴，以"为安全操心，让人民放心"的两心精神为安全思想引领，聚焦交通强国的使命，在服务长三角一体化发展进程中，奋勇前进。先后获得国铁集团标准化规范化建设"标杆站段"，集团公司先进单位，先进党组织，江苏省模范职工之家等荣誉称号，涌现出全国巾帼文明岗，江苏省工人先锋号，集团公司道德模范一大批先进集体及个人。

一、"为安全操心，让人民放心"的两心精神背景

1. "为安全操心，让人民放心"的两心精神起源

两心精神起源于外跨塘站。外跨塘站位于江苏省苏州市工业园区境内，是苏州直属站管辖的四等中间站。1961 年 4 月 19 日，外跨塘站扳道员错扳道岔误排旅客列车进路，耽误旅客列车正线停车 1 个多小时，构成铁路交通事故中断车站安全天，给车站造成了较大负面影响。以此为起点，外跨塘站人痛定思痛，从事故中警

醒,从挫折中奋起,认真学习小东站等先进单位的经验,从队伍抓起,从管理严起,致力于人的精神面貌的转变,致力于分分秒秒基本作业制度的执行,从而提炼出"为安全操心,让人民放心"的两心精神。在两心精神的引领下,外跨塘站创造了全国干线车站中安全天的最高纪录,成为上海局集团有限公司车务系统安全生产的"排头兵"。

迈入新时代,苏州站发生了翻天覆地的变化。十年来,苏州站管辖规模不断壮大。随着沪苏通铁路、南沿江铁路的开通运营,苏州站所管辖范围内车站数由 14 个增至 20 个,铁路运营里程由 188 公里增至 292.1 公里,实现了苏州"每个县市通高铁"。与此同时,苏州站不断健全安全管理制度,实施安全专项整治。管辖领域的进一步扩大以及安全任务的进一步加重,对苏州站安全生产提出更高要求。为此,苏州站以外跨塘站的优秀历史经验为鉴,以"为安全操心,让人民放心"的两心精神为思想引领,在全站掀起贯彻落实两心精神的热潮,为实现车站全路一流站段的目标贡献安全文化力量。

2."为安全操心,让人民放心"的两心精神内涵

(1)"为安全操心"是每一位行车职工的职责和义务,也是保障铁路安全运输的必要条件。安全是铁路运输的生命线,是运输生产永恒的主题,铁路运输安全不仅影响着企业本身的生产效率和经济效益,也对社会和经济造成重大影响。以外跨塘站为例,平均一天接发列车230 余趟,车站值班员仅办理接发列车一项,就需要正确操作鼠标开放信号 800 余次,办理与相邻车站的闭塞手续400 余次。因此,车站值班员的每一次操作都牵动着列车运行的安全。两心精神中的"为安全操心"旨在培养职工时时放心不下的责任感和处处如履薄冰的紧迫感,使职工的每一次操作都经过慎重的考虑,以确保运输生产安全,防止事故发生。

(2)"让人民放心"是铁路宗旨内在要求的具体体现。"人民铁路为人民"是铁路的根本宗旨,是铁路人始终不变的初心。"人民铁路为人民",是在中国共产党领导下中国铁路百年历史实践中逐

步形成的,是历代铁路人在革命、建设、改革发展中接力传承形成的精神文化积淀,是中国共产党"不忘初心、牢记使命"奋斗历程的缩影。两心精神中的"让人民放心"便是铁路宗旨人民至上思想的具体体现,是指导苏州站各项行车工作的出发点和立足点。

3."为安全操心,让人民放心"的两心精神意义

(1)"两心"精神是挫折后的反思总结,也是职工的行动指南。1961年误扳道岔事件成为苏站人心中永恒的心结,以此为起点,苏州站全体职工深刻反省,对安全进行深度解析探索。60年风雨兼程,两心精神已成为苏站人的行动指南,贯穿工作始终。

(2)"两心"精神是社会主义核心价值观的铁路表达。社会主义核心价值观是社会主义先进文化的精髓,涵盖了国家发展、社会制度、公民道德三个层次的价值取向。两心精神作为苏站人的行动指南,针对社会主义核心价值观,分别从国家发展、社会效应和个人道德三个层面进行了响应。首先,从国家发展层面来看,贯彻两心精神的根本目的是保障列车的安全运营,是国家富强、人民生活需要得到满足的内在需求,也是铁路科学发展的实践要求。其次,从社会效应层面来看,"为安全操心"是铁路人的责任担当。"安全"是铁路永恒的主题,培养铁路人"安全第一"的安全理念,不断增强风险意识和忧患意识,是精神落地的首要标准。最后,从个人道德层面来看,苏站人将"让人民放心"作为自身的工作准则,这种人民至上的价值观在充分展现当代中国铁路人的心系人民、无私奉献的精神风貌的同时,又与铁路优秀文化传统一脉相承。

二、"为安全操心,让人民放心"的两心精神主要做法

1. 领导率先垂范和倡导两心精神

苏州站领导在给入路大学生介绍的第一课上,对新入路职工强调的第一句话便是"干铁路,不仅要把安全放在首位,更要把老百姓放在心上",不仅靠言传,还通过领导班子带头下现场、开会议、带着干的方式,向全体干部职工灌输"两心"精神,实现自上而下的规范。在精神倡导上,苏州站领导注重理念熏陶,坚持从文化

角度促进安全意识树立、安全环境熏陶和安全行为的养成。通过宣传和倡导"安全是铁路的饭碗工程""安全责任大如天、安全工作压倒一切"的安全理念，充分利用一切可利用的宣传媒介，牢固树立"安全第一、预防为主""以人为本、安全发展"的安全文化理念。此外，还通过文化传承党课的形式，重点围绕外跨塘站安全文化的发展脉络、具体内涵和重要意义以及如何传承发扬车站安全文化等方面，让车站全体党员职工能够主动融入安全文化建设，增强"主人翁"意识，自觉落实到现场安全生产工作中去，让两心精神更饱满更丰富。

2.标杆示范引领两心精神

标杆以有形的人或集体为载体，将抽象的文化理念具体化，通过潜移默化地传达企业文化特征来引导职工的思维和行为。因此，苏州站充分发挥标杆的示范引领作用。一精心选树标杆。明确标杆选树要求，规范标杆选树流程，多层面、多角度地去挖掘和选树不同岗位、不同类型的标杆，做到"高低结合"，确保标杆覆盖各级各类人群，让每位干部职工都能找到可学习的标杆。例如，苏州站以外跨塘站20世纪70年代职工樊某某为典型，苏州站通过编撰其因认识字数有限而由其妻子边读规章边引导其学习背诵的故事带动广大职工学习规章的热情。二深度培育标杆。每一个标杆无论层次高低、影响大小，都是企业文化价值理念的体现者，苏州站深入提炼标杆的精神特质，为标杆"量身定做"培育的路径和方向，采取多种措施为标杆再赋能，确保其能够"立得住、叫得响、过得硬"，使标杆随着时间的推移更具有示范力和感染力。例如，苏州站充分挖掘外跨塘站优秀人才，以外跨塘站车站值班员张某某为例，因其多次在月度青工比赛中取得满分，车站便对其引起重视并着力培养，他在成为最美苏站人的同时，亦在集团公司技能竞赛当中崭露头角。三学习推广标杆。苏州站采用学习竞赛、征文、演讲、事迹报告会等形式开展标杆学习活动，将标杆事迹改编成小品、情景剧等文艺作品。例如，苏州站将疫情时期外跨塘站广大干部职工轻症不下火线、烧退及时返岗的经历改编成剧本，形象化体现苏站人的两心精神和责任担当,并利用路内外媒体开展多维立体化宣传,努力营造"人人学标、人人争优"的氛围,不断强化标杆示范引领效果。

3.两心精神与工作同部署同推进

一是将两心精神纳入日常的教育培训。苏州站在"四个一"教育培训法(每日一学、每周一讲、每月一考、每季一对标)的基础上,创新式地研究制定出教育培训新措施,有力提升全员"为安全操心"的意识和过硬的业务本领。①"每日一学":在原先正、副班自主利用空休时间开展学习的基础上,围绕近期重点施工项目、季节性安全隐患等,组织管理人员和业务能手共同参与培训演练,加强对最新规章文电修改内容的学习研讨。鼓励学习人员善于发现问题、提出问题和解决问题,及时纠正作业陋习,并在实际现场工作中进行验证,确保学习培训取得实效。②"每周一讲":将原先由管理人员授课改为职工讲课,四个班车站值班员、助理值班员围绕近期重点学习培训内容,自主整理讲课提纲和授课内容,轮流利用空休班时间给其他职工讲课,并在讲课过程中结合现场生产实际进行讲解,以达到加深学习效果的目的。③"每月一考":在开展月度业务考试的基础上,增加每日学习培训小测验,组织作业人员在每日学习培训后,第一时间参与测验,进一步加深印象,及时发现短板和问题,巩固学习成果。④"每季一对标"。结合车站岗位作业达标率评价相关要求,在原先车站管理人员负责对标评价的基础上,组织空休班作业人员共同参与对标,填写达标率评价表,由管理人员共同进行汇总。在查摆他人作业标准问题的同时,进一步反思自己是否存在类似问题,以达到举一反三的效果。二是充分发挥外跨塘站安全文化示范点的引领作用。做好了宣传和教育工作,将安全文化理念融入班组建设,带领车站全体职工维护好创建成果,在此基础上,不断创新突破,以实际行动擦亮车站安全品牌。同时,发挥两心工作室职能,搭建创新创造平台,研究确定课题攻关项目,发挥好业务骨干作用,以提升专业素养、锤炼专业精神为目标,积极选树优秀青年,以点带面,加快岗位技能人才培养。

4. 贯彻"两心"精神的多种做法

一是把"两心"精神具体呈现出来。一方面,以重大事件、典型人物为对象,注重从细节、细微的环节入手,定期撰写和编制车站大事记、宣传画册、职工先进事迹、管理创新课题集、安全质量典型案例、职工论文作品集、文明礼貌指南、职工手册、制度汇编、科技创新论文集、优秀质量管理成果集,制作企业宣传片。另一方面,制作"两心"精神宣传手册,对企业文化进行图文解读,向全体职工发放。每年开展各类先进评选工作,建设一面先进墙、制作一本宣传册、出刊一期宣传栏、举办一次家属座谈会、召开一场先进表彰会,举办评比文明化生产活动,拓展摄影、书法、绘画、演讲、读书活动,以及各类群众协会开展的各项活动,不断增强职工对"两心"精神的直观体验和感受。此外,还在生产和生活场所制作理念文化标识、宣传灯箱,推进"两心"精神落地、上墙工作。二是让职工认同并贯彻好"两心"精神。由领导班子、管理干部每年对职工进行"两心"精神宣讲,每年组织开展丰富多彩的文化活动,如文化研讨、技术能手大讲堂、百日冬锻、班组文化建设等系列活动,举行先进个人及集体表彰会、青年职工演讲比赛、读书活动、书画摄影大赛等,使"两心"精神渗透到职工的日常生活中,更利于职工认同并贯彻好"两心"精神。三是通过项目、课程和会议等传递"两心"精神。坚持开展科技攻关、教育培训、竞赛活动等多种方式,在提高技能水平、管理水平、综合素质等的同时,也通过这些项目和课程,将"两心"精神传递到管理者、一线职工等。

三、"为安全操心,让人民放心"的两心精神取得效果

1. 创建外跨塘站安全文化示范点

基于"两心"精神实施,创建了外跨塘站安全文化示范点以及"两心"工作室,凝练了具有突出行业特色的企业文化。工作室通过合理化建议、金点子征集、QC 课题攻关、技术改进等多种方式,在保障运输生产安全、深入节支降耗、加强人才队伍建设等方面取得实效。

2. 安全质量取得新突破

近年来,得益于文化建设的引领,苏州站安全治理能力显著提升,安全基础不断夯实。杜绝了责任一般 C 类及以上事故,截至2022年底,已连续实现十五个安全年。近两年,苏州站先后获评国铁集团"标杆站段"和集团公司"安全优质站段"。

3. 人文环境上升到新高度

两心精神增强了职工的文化自信,促使工作氛围、企业发展升到新高度。人才作为发展的基础,一大批年轻优秀的行车人才脱颖而出,多名职工走向管理岗位,极大优化了人才队伍的结构。广大干部职工心齐气顺、比学赶超,遵章守纪、按标作业,展现出"自信自立自强,争当排头"的职工新风貌。

4. 精神文明引向深入并得到塑造

通过贯彻两心精神,深度培养了职工"安全第一、人民至上"的思想意识,并应用成果对干部职工广泛进行了深入持久的文化理念宣传教育,引导了广大干部职工文明礼貌、宽厚待人、勤政廉政、崇德守信,职工队伍杜绝重大违法违纪案件,做到职工违法犯罪率为 0。近年来,苏州站多次获得江苏省文明单位、集团公司先进单位等荣誉称号。

推进"五大建设",实现"三个融合"
"先行文化"为企业高质量发展持续赋能

中国铁路成都局集团有限公司重庆机务段

1951年,伴随新中国第一条铁路——成渝铁路建设,重庆机务段的前身西南铁路工程局机务中队,在百废待兴的西南山区开启了筚路蓝缕奠基立业的峥嵘岁月,后由原重庆西机务段整合广安、内江、重庆南机务段而成。现有职工4 810人,段属车间14个、生产辅助机构1个;主要生产作业点9个,配属机车321台,主要担任成渝城际高速线、郑渝线等6条动车线路,襄渝、渝怀等9条普速干线和三万、涪三等4条支线列车牵引任务;配属机车、动集担当总里程16 947公里,人员交路里程5 885公里;负责配属直流机车小辅修,交流机车C1-C4修,CR200J动车组机务设备D1-D3修,担负成都局集团公司直流机车轮对、电机大修和重庆地区轨道车年修任务。70余年悠久的发展历史、深厚的文化底蕴、浓厚的人文精神成为企业改革发展、勇当先行、筑梦前行的文化力量,先后荣获"集团公司文明单位""重庆市文明单位""全国铁路安全文化建设示范单位""全国文明单位"等荣誉称号。

一、"先行文化"的实施背景

机务系统作为铁路运输的"火车头"、保障安全的"排头兵",重庆机务段坚持以"当好先行"为己任、"成就梦想"为目标,从新中国第一条铁路——成渝铁路,到西南地区第一条时速350 km高速铁路——成渝高铁;从最初几十人的西南铁路工程局机务中队,到如今"四段合一"4 800余名职工的大型站段;从九龙坡码头吊装起第一台蒸汽机车,到清亮的机车风笛回响在沱江两岸、华蓥山

398

下、中梁山麓，从"复兴号"动车组跑出成渝双城经济圈建设"加速度"，到郑渝高铁打通西南与中原高速通道，重庆机务段勇担铁路重大政治责任、社会责任、经济责任，自觉肩负助推西南铁路发展的"火车头"、当好继往开来的"火车头"、争做高速前行的"火车头"，始终听党话、跟党走，在服务运输生产安全、提升旅客出行体验、擦亮中国高铁名片上当好先行，"火车头"先行文化应运而生。

企业标识及内涵：

企业标识主体由一列高速行驶的动车组列车穿越隧道组成，动车组造型由重机拼音首字母 CJ 抽象设计而成，寓意机务火车头当先行的使命担当，圆形隧道则寓意圆满实现梦想，企业标识整体代表了重庆机务段"当好先行、成就梦想"的企业理念。

"当好先行"：增强自觉，苦练本领，是思想行动的争先表率和勇立潮头的示范引领。

"成就梦想"：体现价值，命运与共，是职业生涯的梦想成真和建设新型现代化机务段的共同梦想。

二、"先行文化"的主要做法

（一）围绕一个创建目标，理清企业文化建设新思路

重庆机务段围绕构建"和谐美段"新格局，聚焦企业与职工命运共同体更加紧密，职工收入和经营效益同步增长，职工身心健康与企业发展共同进步，企业文化内涵更加深入人心，职场环境优美怡人等五大方面，深入做好企业文化建设顶层设计，形成"一纲要两办法一清单统领、各方案多文化齐放"的企业文化建设新思路。

1. 以纲要为统领，全面绘制文化建设壮美蓝图

结合机务特点、单位实际制定下发《重庆机务段企业文化建设管理纲要》，绘制"火车头"先行文化建设壮美蓝图，围绕现实安全更加稳定、生态环境更加优美、共同体意识更加牢固、政治生态更

加向好、职工队伍更加稳定等五方面，明确车间部门职责义务，注重将机务特色融入企业文化建设各领域、各环节，潜移默化间提升职工安全作业意识。持续深入开展铁路安全文化建设进车间、到班组，"领航中欧班列、服务'一带一路'"等一系列系统特有、车间特色、班组特点的"一车间一方案"文化构建方案相继形成，将企业文化融入岗位、走进人心，推动文明车间、文明科室创建落到实处。

2.以考核为戒尺，督促指导文化建设落地生根

无规矩不成方圆，细化制定《重庆机务段企业文化建设检查考核办法》《重庆机务段宣传思想文化阵地管理办法》两项办法，明确宣传阵地、职场大屏、新媒体平台等"线上线下"平台运维管理工作规范，创新"互联网＋思想政治工作"载体，结合信息化手段，对文化建设内容审核、阵地管理做到"逐项审查、月度巡查、季度检查、年度督查"，督促约束车间部门建好、用好、管好各类文化阵地。

3.以清单为标尺，对标落实文化建设重点项目

分阶段、分领域、分重点细化《重庆机务段"十四五"企业文化建设重点工作实施方案清单》，以年为单位，规划制定全段未来五年重点文化项目建设实施方案，明确项目牵头部门、推进时限、特色亮点，做到重点项目分主次、有侧重，形成了五大文化建设一级抓一级、层层抓落实的新局面。

（二）深入推进安全文化建设，现实安全更加稳定

1.围绕安全理念引领行为规范

分专业、系统、岗位开展具有机务特色、系统特点、专业特有理念谱系征集和"安全警句我来说"活动，"重联时代、机遇未来""一丝不苟、精益求精"等一批具有机务特色、系统特点、专业特有的理念谱系相继提炼形成，不断放大核心理念及人文精神的引领和激励效应。

2.围绕现场需要补强文化建设

在各生产场所打造"蓄电池养护中心""探伤作业标准平台"等安全生产示范区域，以劳模工匠标准示范和引领职工技能不断提升。突出真学、真考、真练，打造共青团练兵场，针对性抓好新入路

青工培训,打通校园与企业衔接断点。

3.围绕企业文化服务安全治理

动态更新完善安全生产职责,紧盯"天、地、人、车、图、变化"六大关键环节,动态细化《安全风险数据库》《安全风险对策表》。采取"岗位初验、车间复核、专业终审"三级验证模式,编制流程图、作业指导书、卡控表330余份,推动"自控互控他控"目视化管理。针对机务系统高风险、惯性问题,结合季节性特点、瞭望问题"1+N"整治要求,建立作业标准专项整治常态化机制,减少违章违纪发生。

(三)深入推进红色文化建设,家国情怀更加深厚

1.深化党的二十大精神学习

开展学习宣传贯彻党的二十大精神"六个一"活动,利用"重庆机务段"微信公众号、《先行周刊》线上线下双平台,开办二十大理论学习专栏;理论骨干、青马讲师共同制作系列"理论微课",以宣讲团进一线的方式,做活、做实形势任务宣讲;丰富政治理论学习形式及载体,开展知识抢答赛、制作学习"掌中宝",不断提升学习资料供给。

2.深化党史学习教育

持续推动党史学习教育常态化、长效化,设计制作"百年党史知识长廊"灯箱、党史学习教育折页,营造浓厚党史学习教育氛围;以解决问题为导向、以职工满意为宗旨,持续深入开展"我为群众办实事"主题实践活动,在全段范围征集办实事项目66项,主要领导亲自挂帅、分管领导直接负责,督促各项实事办好、办实、办到位。

3.深化红色阵地打造

坚持高质量党建引领高质量发展,对标党支部"六有四化",对全段党群活动室进行提档升级,补充多媒体学习设备,让"三会一课"活起来;打造伟大建党精神、社会主义核心价值观等景观小品,让党的理论更深入人心;谋划设计国旗台教育阵地,结合重大节日开展升国旗活动,持续营造爱国主义教育浓厚氛围。

（四）深入推进廉洁文化建设，风清气正更加充盈

1.阵地守廉打造廉政文化园

以段兴月湖为选址，将廉洁文化与清澈湖水相融，构建以"清风步道""清雅廊亭""清心港湾""清韵寄语"为主题的廉政文化园，潜移默化中让职工感受廉洁文化教育的滋养与熏陶，筑牢预防微腐败的第一道"防线"，最大限度播撒廉洁"种子"，努力让清正之"花"遍地开放。

2.指尖倡廉推进廉洁文化入脑入心

利用线上线下双平台开展"每周学条规""每月学案例"专栏，通过通俗易懂、引人入胜的廉洁小视频、案例一起学等形式，不断在职工"指尖"发力，进一步涵养清廉文化。

3.制度明廉创建整治腐败联防机制

聚焦"廉风"和"作风"建设、"八小时内"和"八小时外"，开展廉洁谈心、公布不廉洁行为举报电话，多措并举绷紧一线人员"廉洁弦"，针对公开选拔、招投标、物资采购等重点环节和节假日值守等重要时间，纪委人事全过程盯控，覆盖八小时内外，持续营造良好的"廉风"和"作风"。

（五）深入推进家园文化建设，归属认同更加强烈

1.持续强化职工归属感

每年坚持开展家属保安全专项活动，发挥家属"港湾"作用，携手共筑安全防线，为职工安心工作、安全作业提供思想保障；连续举办"幸福暖冬、一起过节""集体生日会""退休送别会"等有温情、有真情的系列活动，筑牢职工以段为家、爱岗敬业的归属感。

2.持续强化职工的认同感

以职工视角为焦点，组织开展"大美重机"系列主题活动，在全段范围内征集"重机十景""大美重机瞬间""兴月赋"，评选"重机好新闻"，引导和鼓励职工发现企业美景；举办"重机大讲堂""大学生座谈会"，为每一名职工搭建登台开讲、展示风采的舞台；紧盯春节、度夏等重要时间节点，开展"冬送温暖、夏送清凉"活动，组织管理人员、值班干部为一线职工送汤圆、送西瓜，增强职工企业荣誉

感和认同感。

3.持续强化职工的幸福感

围绕生态文明建设更美,绿色发展成果共享,采摘杨梅、冬季捕鱼成为职工喜闻乐见的体验式活动,既体验采摘果实、下水捕鱼乐趣,更享受甘甜水果、肥美鱼类的滋味,职工幸福感持续增强。

(六)深入推进群众文化建设,职工生活更加多彩

1.丰富普惠性活动,提高职工参与度

通过每日唱段歌、每季打联赛、每年搞会演、全年大练兵等活动,充分展示企业蓬勃向上的生机和活力,以一年三季"百日健步走"活动为载体,倡导职工健康生活;通过加强"大车驿站"、职工阅览室、运动场、健身器材等职工文体基础设施建设,提高文化设施设备水平,提升职工广泛参与热情。

2.开展群众性创新,提高创效加速度

以"智慧成铁"为平台,坚持原创性、引领性科技攻关,持续深化群众性创新成果,"CR450 隧道交会试验'八定'操纵法"成功完成相对交会时速 806 公里的隧道交会试验,在全球尚属首次;以打造"庞亮劳模工作室"为契机,组建段级劳模大师创新团队,引入更多群众性创新"活水"。

3.打造"青"字号品牌,提高传播知名度

聚焦品牌示范引领效应,打造"笛声 FM""笛声恋歌""笛声燃青春"等系列品牌,深入开展有声读物、交友联谊、才艺展示、职业规划、历奇培训、志愿服务、学技练兵等活动,为青年成长成才搭建平台。

三、"先行文化"的实施效果

(一)企业文化与机务安全深度融合

品牌作用更加显著。创建涵盖国铁集团党组、集团公司党委、段党委四大党内优质品牌,将安全作为检验品牌的试金石,"郑世华铅酸蓄电池养护法"实现连续 19 年无因蓄电池故障造成的机车故障,平均每年节约检修成本 200 余万元;"成渝城际 350 金手柄

团队"推动"三优"操纵法成为作业标准,取得了复兴号动车组开行以来"零事故"的好成绩;"韩生辰操纵法"实现每月机车节约用电50余万度的佳绩;"郑渝时代先锋""八定"操纵法"升级版",实现安全行车3 000趟,品牌示范引领作用更加突出。先进典型更深入人心。加大重奖快奖机制,生产场所增设闪光台,晒出身边先进典型,定期组织开展"安全立功表彰大会""春运防洪动员大会""新线开通誓师大会"用典型事迹、先进人物提振精神,感召职工"一切工作导向安全"的决心与信心;隆重举行"星耀重机"星级司机授星仪式,用强烈的职业荣誉感促进职工作业标准、工作状态提升。以突出党内优质品牌示范引领作用为主题,在重庆西动车运用车间持续建设"三室两厅一站",打造"敢为全路先 永远争第一"系列安全文化阵地。

(二)企业文化与育人铸魂深度融合

思想教育更具实效。每日制作微信产品、每周编发《先行周刊》、每月推送"云课堂",整合融媒资源,发挥整体功效,以"重庆机务段"微信公众号为线上新闻宣传主窗口,与上级媒体矩阵保持同频共振,以《先行周刊》内部刊物为内宣主阵地,精心设置5大板块,突出"想让职工明白的、职工想不明白的"重点内容,推动上级精神、每周重点、一线动态、榜样事迹、职工风采、惠民政策等重要资讯直达班组,畅通上传下达"双向渠道",以钉钉"云课堂"为职工自学主平台,坚持创新"互联网＋政治理论学习"载体,突出学习针对性、便捷性、规范性,有效提升了职工思想政治素质。意见诉求更加畅通。坚持"严在格里、管在理顺",推进我为群众办实事、三大线上平台收集意见诉求、畅通职工意见诉求反馈渠道,把牢职工思想"总开关",开设段长书记公开信箱、公开热线,定期利用钉钉小程序发放职工思想动态调查问卷,多方位、多角度、多载体收集职工思想动态倾向性问题、热议话题及诉求,2023年共计解决职工意见诉求50余件,为职工安心工作、安全作业提供思想保障。

(三)企业文化与生态环境深度融合

将机务安全行车理念、工作宗旨、基础管理体系等融入园林建设,建成"拾碧亭""行车安全林""时代重机"等一批具有机务安全特色的景观雕塑,在段内道路、办公楼、广场命名中蕴含"当好先行、成就梦想"等重机核心理念谱系,潜移默化间提升职工安全作业意识。将机车文化元素融入园林设计,打造"东风步道、韶山隧道""和谐廊亭、复兴池亭"的"两道两亭"主题景观,展现全段机车发展、交路变迁的时光岁月。以奥运五环为主题,设计建成五环文化园,五大区域包含足球、篮球、排球、乒乓球、器械健身等五类运动场地,将绿色生态建设与体育文化相结合,倡导职工健康生活、快乐工作。

"一日千里,责任如天"
建设铁路一流现代化车辆企业

中国铁路昆明局集团有限公司昆明车辆段

昆明车辆段是中国铁路昆明局集团有限公司下属唯一的动客车车辆段,承担昆明局集团公司所有的动客车检修和运行中的值乘工作,成立于 1999 年 4 月,2004 年 8 月与原昆明东车辆段合并成立新的昆明车辆段。段本部设行政办公室(武装保卫科)、党委办公室、安全科、技术科、动车技术科、质量检查科、验收室、物资科、劳动人事科、职工教育科、计划财务科 11 个职能科室,1 个生产调度指挥中心;下辖动车所、库检车间、乘务车间、电气运用车间、昆西运用车间、检修车间、设备车间 7 个生产车间,129 个生产班组。全段在册干部职工 2 985 人,有研究生 14 人、大学本科 663人,大专 1 724 人,中专及以下 584 人;专业技术职称方面,共有高级技师 63 人,技师 199 人。

近年来,昆明车辆段在"一日千里,责任如天"文化理念的引领下,先后荣获"全国文明单位""全国铁路火车头奖杯""国铁集团标准化规范化建设标杆站段""云南省模范职工之家""集团公司爱国主义教育基地""集团公司模范职工之家"等荣誉称号。

一、"一日千里,责任如天"文化理念实施背景

近年来,随着铁路飞速发展和昆明局集团公司路网规模不断扩大,昆明车辆段由原来单一的生产区域形成了昆明、昆明南、昆明西"三地四区域"的检修生产格局,由此带来的管理难度和安全压力不断增加。面对动车、动集、普客三线作战、三线共赢的形势要求,生产检修的压力、安全管理的难度、职工队伍的稳定迫切需

要我们以文化的感召力、渗透力和塑造力,引导职工坚决守住高铁和旅客列车安全万无一失的政治红线和职业底线,确保高铁、动集、普客接得住、用得了、管得好。同时,随着集团公司的快速发展,昆明车辆段青年职工比例持续增加,截至目前,昆辆35岁以下青年1 867人,占比63%,已成为推动昆辆高质量发展的主力军,已成为关系昆辆安全稳定和职工队伍稳定的核心力量,迫切需要我们以文化的潜移默化、润物无声引导青年职工坚定理想信念、坚信价值理念、坚守道德观念,确保昆辆高质量发展的动力不减、势头不弱。

面对昆辆发展的"时"与"势",昆辆两任领导班子在准确分析昆辆"位"与"责"的基础上提出了"一日千里,责任如天"文化理念,引导干部职工乘势而上、顺势而为,不断增强行业自豪感和岗位责任感。

二、"一日千里,责任如天"文化理念内涵

一日千里:高铁日行千里,通江达海,复兴号奔驰在祖国广袤的大地上,成为我们的一张亮丽名片。"一日千里"诠释了动客车运行的"车辆速度"、只争朝夕的"工作速度"、领跑世界的"中国速度",是全体昆辆职工的行业自豪感。

责任如天:牢牢守住高铁和旅客列车安全万无一失的政治红线和职业底线,树立岗位紧迫意识、工作标准意识、安全质量意识、生命守护意识,是全体昆辆人的岗位责任感。

核心文化内容:安全立段、精益强段、人才兴段、从严治段。

安全立段:生命至上、安全第一。作为国铁企业的主要运输站段,安全是立身之本,更是工作生命线。安全是"1",一失万无,必须确保动客车安全万无一失。

精益强段:实现昆辆高质量发展,必须加强精益化管理,促进管理与改革创新良性互动,向精益要质量,向精益求效益,向精益激活力,才能不断书写昆辆现代化建设新篇章。

人才兴段:人才是第一资源,坚持在工作推进中发现人才、在

急难险重中锻炼人才、在生产实践中培育人才、在精准识别中选用人才，让更多优秀人才脱颖而出，才能不断塑造昆辆发展的新动能新优势。

从严治段：只有将严的基调、严的措施、严的管理长期坚持下去，才能在严管厚爱中理顺体系制度、厚植专业优势、挖掘发展效能、有效解决发展难题。

昆辆形象标识：

昆明局集团公司昆明车辆段
KUNMING RAILWAY BUREAU
KUNMING VEHICLE SECTION

三、"一日千里，责任如天"文化理念的主要做法

（一）服务现场，文化理念具象化

结合现场实际，多形式、多载体将文化理念"翻译"成"家常话"，让职工看有形、听有声、行有准，润物无声中加快职工思想行为转变。一是丰富文化理念内涵。昆辆紧扣"安全立段、精益强段、人才兴段、从严治段"的管理理念，突出文化的引领、凝聚、激励和约束作用，先后总结提炼"在昆辆、爱昆辆、为昆辆""日新日进、同心同行、分担分享、向上向善""思者常新 恒者行远"等凝人心、聚人气的文化理念，并结合文化阵地打造、文体活动开展将文化理念持续不断植入。根据形势变化，打破"自我循环、自我评价、自我满足"的思维定式，提炼归纳"出发，遇见新的自己""爱工装也爱红妆""分享 担当 响当当"等更加接地气、职工更易接受的文化理念，努力构建文化体系，增强文化的影响力和塑造力。二是拓宽文化理念外延。以丰富安全文化、形成安全共识、汇聚安全合力为目标，提炼以"生命至上、安全第一"为主的安全文化理念，在旧"画"新说与旧"话"新说中形成了"安全上岗了＋没有责任心＝0""安全处罚了≠安全教育了"等18个安全生产管理等式不等式。结合班

408

组文化墙打造,发动各班组职工提炼班组精神,"专业 才能行得更远""在高压下充电、在历练中逆变""三十六计,攻'芯'为上"等一大批既符合班组特点又具有哲理的班组精神充分地发挥了安全文化的警示教育作用,也在全段范围内形成了自上而下的安全文化体系,较好地促进了安全稳定工作。三是彰显文化理念属性。坚持将爱党爱国爱路教育作为主线贯穿昆辆文化建设全过程,在动车所和昆西车间、检修车间将伟大建党精神谱系、经典美术作品中的党史故事和昆辆的发展历史集中串联展现,打造以"我和我的祖国""为了可爱的中国""不忘来时路、不惧新征程"等为主题的文化长廊。广泛征集职工的全家福和婚纱照,选取反映英雄先烈事迹的油画作品,在段各区域宣传栏进行同框展示,在缅怀革命英雄先烈,展示职工幸福瞬间的同时引导职工感悟我们的幸福源自祖国的强大、源自昆辆的发展、源自规章的敬畏,不断提升职工对文化理念的思想认同、情感认同。

(二)服务职工,文化载体多样化

昆辆坚持传承与创新相结合,不断丰富文化载体形式,提升文化载体的吸引力,进而提升影响力。一是文化阵地突出内涵性。结合职工生产生活需求,在职场环境改善中注重功能性开发,将文化理念传递与职场环境打造有机结合,因地制宜,整体规划,不断提升职场内涵品质。以"分担分享"为主题、浓浓米轨风的职工休息区——"忆吧",以"爱工装也爱红妆"为主题、时尚现代的女职工休闲区——"姊妹吧"、以"停下,为了更好地出发"为主题、简约大气的检修大库休息区——"库吧"……一个个"文化吧",大大增强了职工的幸福感和认同感,逐步实现了"生产环境得到改善、文化生活得到丰富、个人成长得到助推"的目标。二是文化活动突出人文性。昆辆努力发现职工的闪光点和价值点,搭建平台为先进典型喝彩,为平凡职工鼓掌。以"出发,遇见新的自己"为主题,结合时间节点,让职工脱下工装换上靓装,为各级各类先进拍摄写真、制作海报,通过职工意想不到的方式给予惊喜,让职工在欣赏激励中遇见新的自己,唤起职工对美好生活的追求。坚持每年将中华优秀传统文化融入新职大学生拜师仪式,策划举办年度最具影响力人物主题颁奖典礼,打造昆辆的星光大道,给予先进典型明星待遇,并让职工邀请亲朋好友为自己颁奖。通过大张旗鼓表彰、大张旗鼓奖励、大张旗鼓宣传,实现了对职工身心最好的关怀,对职工价值最大的尊重,也引导干部职工感悟幸福都是奋斗出来的。三是重点策划突出全员性。昆辆坚持抓住特殊时间节点,用爱党爱国爱社会主义爱路情感涵养干部职工的家国情怀和干事担当热情。以新中国成立 70 周年、建党 100 周年等为契机,突出中华优秀传统文化,将爱党爱国爱社会主义爱路教育贯穿全年各项活动,在年初策划开展"我和我的祖国"快闪活动的基础上策划开展"'我和我的祖国'爱国主义歌曲我们唱"主题文化活动,组织各车间班组编排合唱曲目和创意形式,并以接力挑战的方式进行合唱比赛,鼓励并邀请一体化单位组队参加。跨班组、跨车间、跨部门的形式有效促进了个人与个人、班组与科室、路内与路外之间的横向沟通交流,不断扩大推动活动的影响力和爱国主义情怀的持续发酵。

(三)服务发展,文化成果品牌化

作为文化建设成果的重要体现,文化品牌具有较强的感染力、凝聚力和影响力,无形中凝聚了合力、推动了发展。一是在后勤保障上形成品牌。昆辆结合主题文化餐厅打造,找准文化理念的切入点,以"响当当"作为主题文化餐厅的名称。"响当当"既是客车车辆检修作业时检车锤敲击配件的叮当声,也是传递"分担发展责任、分享发展成果"的文化理念,更是鼓励干部职工在工作生活中都要成为响当当的人。通俗易懂的名称和内涵,再加上以职工为原型创作的形象代言人,既解决了文化理念接地气的问题又拉近了职工与文化之间的距离,赋予了文化生命力。特别是结合中老国际旅客列车开行,突出"一带一路"、中老友谊和复兴号动集车辆等特征,充分运用动集"中国红""国槐绿"、昆辆文化元素和中老铁路沿线彝族、傣族等云南少数民族的色彩、文字符号、艺术代表作品等,扩建打造昆西客整所"响当当"艺术餐厅。每年除夕,我们以"响当当"主题文化餐厅为载体从物质和情感上给予职工年的韵味,1 000多人齐聚"响当当"职工主题餐厅旗舰店、高铁店、昆明店、昆西店,红红火火吃火锅、热热闹闹看春晚,昆辆除夕"家宴"已成为昆辆人创造出的有魅力的新习俗。"响当当"文化品牌也日渐受到职工的认可、接受与欢迎。二是在文化媒介上形成品牌。坚持把昆明车辆段微信公众号作为文化理念传播的重要载体,以"一日千里,责任如天"为主线,紧扣职工的欢乐往事、幸福趣事和成长故事,以"精品意识"打造"网红"作品,不断创作有内涵、有颜值、有温度的精品力作。以弘扬中华优秀传统文化、革命文化和社会主义先进文化为出发点推出的《好事要发生》《国潮昆辆潮》《只此青绿》等"中国风"系列作品,迅速燃起昆辆人的文化自信和行业自豪。昆明车辆段微信公众号已成为传播昆辆文化、对外展示形象的一张品牌窗口,先后荣获云南省优秀企业新媒体平台、2021年度"百个网络正能量铁路新媒体平台",融媒体工作室被国铁集团授予"铁路标准化融媒体工作室示范点"。

四、"一日千里,责任如天"文化理念的成效

1.塑造了昆辆的行业形象

通过近几年的实践,昆辆不同区域、不同特点、不同功能的文化阵地,不但是职工舒缓压力、释放情绪的好去处,也成为开展思想政治工作的有效阵地,更成为一处处汇聚人气、凝聚力量的地标,先后"圈粉"了160余家云南省知名企业、协会和全路兄弟站段参观交流,先后承办云南省产业工人队伍建设改革现场推进会,集团公司发展党员现场会、"六支队伍"建设现场会等。"看得见笑脸,闻得见花香,听得见歌声,品得到美食,留得下回忆"成为昆辆的标签,有效塑造了昆辆良好的行业形象、坚定了昆辆人的文化自信。目前,昆明车辆段已成为云南省中小学校"工业游"的参观点,也是云南省干部教育培训基地现代化产业体系建设"十大精品路线"之一,并受到云南省委副书记、省长的调研点赞。

2.形成了向上向善的发展氛围

通过不断创新文化建设的形式载体,用文化塑形、以文化铸

魂,昆辆用文化唤起了职工对美好生活的向往,促使职工心灵上感动、行为上主动,激励职工由工作者向奋斗者转变,昆辆与职工命运共同体更加紧密,昆辆职工向上向善的意识更加强烈,成长成才的愿景更加迫切。三年来,2人获得"全国五一劳动奖章""全国青年岗位能手",4人获得"火车头奖章""云南省劳模"等荣誉,51人获得全路青年岗位能手、技术能手称号,529名新职大学生的离职率仅为0.3%。

3. 推动了安全生产持续稳定

通过以文化的润物无声培育人,以文化的感人肺腑打动人,以文化的沁人心脾塑造人,昆辆极力打造昆辆人的文化高地,有力形成了安全共识、规范了职工行为习惯,有效凝聚了全段干部职工保安全、强管理、提质量、增效益的思想共识,为安全生产积蓄了力量、提供了保障,"确保高铁和旅客列车安全万无一失"成为干部职工坚守的政治红线和职业底线。截至5月31日,昆明车辆段实现无一般C类及以上责任事故3 451天,实现连续6年无责任一般D类及以上事故,夺取了动车、动集、普客三个战场的胜利,形成了"安全持续稳定、赋能创新发展、职工乐业幸福"的生动局面。

践行"全面守护 全程放心"
品牌文化全方位促进高质量品牌建设

卡斯柯信号有限公司

卡斯柯信号有限公司(以下简称"卡斯柯"),成立于1986年,是中国铁路通信信号股份有限公司控股管理,与阿尔斯通共同出资成立的一家专注于轨道交通的控制系统集成商。成立三十多年来,卡斯柯在轨道交通控制系统领域持续创新,迄今已拥有数百项具有完全自主知识产权且与国际先进水平相当的系统技术和产品,覆盖铁路、城市轨道交通、有轨电车等各个领域,地铁项目覆盖国内28个城市100条CBTC线路,其中已交付74条,开通里程逾2 500公里,CBTC市场占有率及开通里程均居行业之首;铁路领域,产品覆盖18个铁路局,参与建设160余条高铁和客运专线,其中CTC更是成为全路标准统一软件。获评"国家技术创新示范企业""国家企业技术中心""国家知识产权示范企业""创建世界一流专精特新示范企业""制造业单项冠军示范企业"等诸多重量级荣誉资质,连续十年入选中国软件百强企业。

卡斯柯适应新时代发展要求,紧密结合公司发展战略,重视企业文化建设,并通过不断实践和积累,从自身行业属性和企业特性出发,将多年文化积淀逐步形成了以"全面守护 全程放心"为核心的品牌文化,并通过多途径、全方位开展传播推广,着力塑造卡斯柯的全新品牌形象,为公司持续快速健康发展注入了强大动力。

一、"全面守护 全程放心"品牌文化的实施背景

(一)适应发展战略,推动企业不断发展的需要

随着卡斯柯陆续成立了多个子公司、分公司、项目部,公司布

局、市场版图不断开拓,以及产品业务从单一的信号系统到轨道交通控制系统的不断扩展,原有的企业理念已无法满足公司的发展需求及市场定位。另一方面,原有的文化理念不成体系,缺乏全面深层思考和详细清晰的行为准则,无法系统地引领公司前进发展。因此,及时调整企业文化理念、系统梳理构建品牌文化体系势在必行。

(二)突出品牌特质,提升企业核心竞争力的需要

作为国内领先的轨道交通控制系统集成商,卡斯柯的城轨及铁路业务在行业内均占主导地位,随着产业领域的拓展、市场范围的扩大、海外建设的扩充,卡斯柯势必面临更多的市场挑战和竞争对手。与此同时,众多竞争对手也在奋起直追,努力缩小与卡斯柯的差距。因此,卡斯柯必须树立独特的品牌形象,形成不同于竞争对手的差异化形象,始终保持企业的市场领先地位。为此,卡斯柯从多个维度进行调研,致力于找出与竞争对手相比的显著差异和特有属性,形成独有的品牌定位和差异化品牌特性,并以此统领、贯穿至研发、市场、运营、售后等各个环节,不断提升企业的核心竞争力。

(三)发挥品牌效应,塑造企业品牌形象的需要

卡斯柯在构建品牌文化体系的同时,致力于加大品牌建设力度,借助各种有效载体,充分发挥整体品牌效应,对外不断强化卡斯柯的"守护者"品牌形象,积极履行企业社会责任,塑造负责任的企业形象,提高企业的品牌声誉和认知度。对内进一步增强团队的凝聚力和归属感,激发广大员工将"守护"文化落实到项目建设乃至一言一行中,持续提升公司的企业形象,保持竞争优势。

二、"全面守护　全程放心"品牌文化的体系内涵

(一)"全面守护　全程放心"阐释

每一班列车的出发,都意味着一段故事的开始。人们在家和公司之间推进生活,在城市和城市之间实践梦想,在异乡和家乡之间翘首重聚。列车确保每一段故事的开展都有始有终,卡斯柯确保每一辆列车的运行都安全高效。

作为全方位的轨道交通控制系统集成商,30多年来卡斯柯一

直致力于以客户需求为核心，以全程体验为导向，严于质控，持续创新，实现各方价值的最大化。

在实现价值的过程中，我们把实践家精神融入企业基因，始终以对安全的责任担当为使命宗旨，以言出必行赢得客户信任，以合作共生促进共同成长，以开放学习推动持续创新。

尊重生命是我们始终不变的初心，严于安全是我们持之以恒的宗旨。我们致力于让乘客拥有最安心、高效、可持续的出行生活，让客户体验最无缝、无忧的产品全生命周期服务。我们全面守护，让您全程放心。

（二）品牌文化体系包括

1.品牌愿景

我们致力于成为客户最信赖的伙伴，并与客户共同打造全方位的轨道交通控制系统集成方案。

2.品牌使命

我们坚守安全、永不妥协，始终致力于让人们拥有最安心、高效、可持续的出行生活。

3.品牌主张

"全面守护　全程放心"。

4.品牌定位

价值实现者。

30多年来，卡斯柯凭借着发现价值的精准眼光和实现价值的执行能力，确保高效无忧的工程交付，满足并超越客户的期待。我们以实现价值为行动纲领，我们是价值的实现者。

对于员工，我们休戚与共，加强人才培养，完善员工福利，给予员工充分的发展空间和职业成长支持，让每个员工都能与企业共同成长。

对于客户，我们以全方位的产品和全生命周期的服务，满足客户的多样化需求，并且凭借多年的成功经验积累了诚信可靠的声誉。

对于公众，我们致力于实现最安心、高效、可持续的出行生活，为公众的生活与梦想保驾护航。

对于社会,我们不只关心企业营收,更积极承担社会责任,视可持续出行及城市建设为己任,为社会的永续发展作出自己的贡献。

5. 价值观

实践家精神。

推动轨道交通行业发展的,是基于丰富经验所孕育的创造力和执行力,通过深刻挖掘各方所需,将员工、客户、乘客的需求一一落实到位的实践家精神,而这正是卡斯柯的核心价值所在。具体可体现为:

一是安全——责任担当:我们通过提升安全技术、坚守安全流程、形成安全文化,确保每个卡斯柯人都是安全的捍卫者,为安全勇担责任。

二是诚信——言出必行:诚信是卡斯柯始终兑现的承诺,是我们立身之根本,也是我们建立合作、赢得信赖的基础。我们不轻易承诺,但我们一诺千金。

三是团队——合作共生:我们相信团队的力量,积极寻求内外部资源的整合,相互帮助、共同成长,从而发挥最大的协同合作效益,创造更大的价值。

四是创新——开放学习:创新是拥有开放学习的心态,我们相互学习与督促,以贴近需求、解决问题为目标,为卡斯柯持续创新提供源源不断的驱动力。

三、推行"全面守护 全程放心"品牌文化的主要做法

（一）强化品牌识别

随着卡斯柯品牌体系的建立和发布,为了让品牌文化和理念的传递更加生动活泼,卡斯柯推出了品牌吉祥物 IP"小卡",成为品牌与员工,以及公众之间的沟通桥梁,并持续推出了小卡玩偶、午休套装、盲盒、电脑壁纸等多种线上线下周边,获得了广大员工的喜爱,拉近了品牌与员工之间的距离。在对外的品牌传播中,"小卡"也通过表情包、互动游戏、动画视频等形式出圈,提高了品牌的好感度。

此外，随着品牌内容不断丰富，为了方便广大员工快速获取品牌相关内容，正确应用和传播品牌知识，加深对品牌内涵的理解和认识，卡斯柯建设上线了品牌工具库，涵盖品牌策略、品牌视觉、品牌图片、下载中心、学习中心、视频中心几大板块，并随后新增积分商城，以激励员工访问。为了进一步提高品牌工具库的利用率，结合品牌工具库的使用情况，对品牌工具库进一步升级完善，并通过海报、内网 banner（横幅）、企业微信"品牌动态"等渠道在企业内部持续推广，大幅提升了工具库的访问量，有助于帮助员工进一步提高品牌应用效率、规范品牌表达。

（二）拓展品牌外延

卡斯柯围绕"全面守护　全程放心"，先后策划了一系列形式丰富、类型多样的品牌活动，如品牌故事征集、"由心，守护"主题绘画比赛、品牌知识竞赛、35 周年系列活动等，得到了广大员工的广泛参与和积极响应。一方面将品牌理念以"润物细无声"的方式渗透到员工心中，提升他们的品牌认同；另一方面通过活动成果将卡斯柯的企业文化和品牌理念通过文字、书画、影像等形式保存下来，推动卡斯柯品牌的永续发展。尤其是在卡斯柯成立 35 周年之际，推出了 35 周年主题曲《下一站，从心出发》，由公司员工代表参与歌词创作，并进行歌曲演唱和 MV 录制，在公司内外引起了热烈的反响与共鸣，视频号浏览量达 16 万，点赞 3 000 多人次，转发 2 000 多人次，实现了卡斯柯文化价值和品牌理念的一次超预期的破圈传播；成功举办了乐跑嘉年华活动，六城同步，近千人在同一天、同一时间起跑，加强了公司各地之间的联结，提升了团队凝聚力和向心力，增强了员工的归属感和获得感。

与此同时，卡斯柯一直在探索着发展品牌文化的突破口，秉承着高度的企业社会责任，卡斯柯将目光投向了公益领域，以期为企业品牌注入更多内涵，提升品牌资产、差异化竞争力，以及公众和媒体对于品牌的好感度和信任度。围绕"守护"品牌理念，卡斯柯推出了"守护蓝色星球"和"将守护'健行'到底"两大主题系列公益活动，联手地铁集团、公益组织、公益基金会、西北地区项目地等社会各界共同守护祖国绿水青山。目前，"守护蓝色星球"公益净滩活动已在上海、深圳、武汉、成都多地成功举办,近 400 名志愿者共同清理内陆江河和海洋垃圾累计超过 800 公斤,为河海滩涂垃圾治理作出积极贡献。"将守护健行到底"系列公益捐步活动,利用"运动＋公益""线上捐步＋线下路跑""部门团队比拼＋个人赛"等多种形式,让卡斯柯全国各地的员工共同参与到环保公益中来。自活动开启以来,卡斯柯员工共捐步 9.7 亿步,有力增强了员工凝聚力和品牌认同感。通过捐步,卡斯柯在西北造林百余亩、共计 30 000 余棵,为土地荒漠化治理、防治水土流失、乡村振兴献出了卡斯柯力量。

(三)传播品牌内涵

基于"全面守护　全程放心"品牌理念,卡斯柯相继推出品牌形象片、品牌宣传片和国铁宣传片,从多个维度深化了卡斯柯致力于与客户共同打造全方位的系统解决方案,全面守护公众的出行生活与安全,为客户和公众创造全程放心的体验。

围绕"全面守护　全程放心"品牌理念,卡斯柯持续开展品牌故事的策划与传播,以文字和视频等组合拳的形式讲好卡斯柯故事。通过"卡斯柯与你的 32 个故事"品牌故事征集,将优秀故事结集成册,发放给员工和客户,传递卡斯柯的品牌理念和精神;随后,将其中具有代表性的事拍成品牌故事视频,由员工出镜讲述他们亲身经历的那些事,具有感染力;并将品牌故事进一步升级,聚焦埃及斋月十日城市郊铁路,在《一带一路报道》杂志刊登两篇文章,通过中英文双语对团队群像、员工个人投身项目建设进行宣传报道,并推出视频《品牌故事》之"在埃及的一千零一夜",将项目团队口述与项目实拍相结合,以更加生动、深入的形式介绍项目建设及其背后的点滴故事,视频浏览量超 5 000。

四、"全面守护　全程放心"品牌文化的主要成效

(一)品牌文化服务公司发展,效益稳步提高

品牌是企业的重要无形资产,品牌的落地有利于公司战略的实现,助力企业经济效益稳步提高。近年来,卡斯柯不断加强自身建设,加快改革步伐,提升管理效能,实现了企业的稳步发展。各项经营指标连年实现稳健增长,发展形势企稳向好。2022 年,

卡斯柯位列上海市静安区纳税排名第 23 名,并多年蝉联前 30。卡斯柯相继荣获"国家知识产权示范企业""国家服务型制造示范企业""国资委科改示范企业""创建世界一流专精特新示范企业""制造业单项冠军示范企业"等荣誉。

(二)品牌文化助力打造精品,广受业主好评

以"全面守护　全程放心"为核心的品牌文化在文化建设中深入人心,获得全体员工的广泛共识,并将这一理念付诸实际行动,实现从产品设计、开发、集成、测试,到项目运营、工程实施、售后服务全过程的安全可控,为客户提供安心的全生命周期保障,打造了多个精品标杆工程。如国内首个 SIL2 级有轨电车项目——成都有轨电车蓉二号线、首个应用国产加密技术的地铁项目——郑州地铁 14 号线、首套智能运控系统 TIDAS——深圳地铁 16 号线、全国首条成线制调度集中系统(CTC)3.0——深茂铁路江茂段、首条完成大修改造的重载铁路——大秦铁路、首个城际调度指挥中心——珠三角城际中心,全球首条 TACS 商业运营线路——深圳地铁 20 号线、埃及首条 CBTC 线路——埃及斋月十日城市郊铁路,世界首条沙漠铁路环线——和若铁路、世界海拔最高、线路最长的高原铁路信号系统扩能改造——青藏铁路格拉段等。

(三)品牌形象传播效果显著,声誉不断扩大

近年来,面对社会公众,中央电视台、东方卫视、人民网、文汇报等外部媒体先后报道了卡斯柯上海地铁 2 号线双套系统改造、上海地铁 18 号线、埃及斋月十日城市郊铁路、启骥 TACS 系统、全自动运行 2.0 等重点项目和产品,展示了卡斯柯雄厚的综合实力,营造了良好的品牌口碑。

参与社会公益,卡斯柯推动"全面守护　全程放心"理念向公益活动延伸,经过数年积累,卡斯柯公益也已成为一张亮眼的企业名片,得到了媒体的认可和关注,收到了社会各界的较高赞誉。2022 年,卡斯柯"将守护'健行'到底在库尔勒种下绿色希望"公益活动入选了国资委和人民网合办的第 5 届中国央企"优秀品牌故事",有力彰显了央企担当。

"龙韵骧梦"服务文化让旅客体验更美好

中国铁路武汉局集团有限公司襄阳客运段

襄阳客运段初创于 1960 年 10 月,随着铁路改革发展变化,2011 年 11 月更名为"武汉局集团公司襄阳客运段"。主要担当襄阳(东)、十堰(东)、宜昌东和武汉地区始发的 76.5 对旅客列车乘务工作,直达北京、上海、广州、深圳、成都、西安、青岛、昆明、温州、湛江等地,服务范围辐射 18 个省(直辖市、自治区),日运营里程 11.22 万公里,下设高铁、东线、西线、南线、北线共 5 个乘务车间及整备车间,设有 8 个科室和 1 个安全生产指挥中心,共有 141 个班组,现有从业人员 2 091 人,段先后荣获湖北省"五一劳动奖状""精神文明单位"等荣誉称号。

2019 年 11 月 29 日汉十高铁开通运营,襄阳客运段迈入高铁时代,迎来了崭新的发展阶段。该段聚焦"做精客运"目标,始终坚持"文化兴段"和"让旅客体验更美好"的理念,注重发挥服务文化的示范引领作用,力求为旅客提供更加便捷化、个性化、人性化的铁路客运精品服务,于 2021 年 3 月开始着手服务品牌创建工作。在对段发展历程、服务理念、精神品质、优良传统等进行挖掘提炼过程中,逐渐形成了"龙韵骧梦"文化品牌和服务举措。2022 年 6 月 20 日,郑渝高铁开通运营,段首次担当智能复兴号乘务工作,通过进一步提等升级客运服务新举措、设计服务文化品牌文创产品、拍摄服务文化品牌宣传片、编排服务文化礼仪舞蹈等,大力践行、宣传襄客"龙韵骧梦"服务文化品牌,先后被新华网、人民日报、央视、人民网、中新网等新闻媒体表扬 385 次,受到广大旅客普遍赞誉,进一步加深了干部职工对"龙韵骧梦"服务品牌的心理认同,在提升襄客社会影响力和美誉度的同时,也为推动地方经济社会发展提供了坚实的文化支撑和高质量的运输服务保障。

一、"龙韵骧梦"服务文化的创建背景

1. 创建服务文化是提升铁路客运服务水平的有力举措

进入新时代,社会主要矛盾变化在铁路体现为人民日益增长的美好生活对铁路需要和不平衡不充分的发展之间的矛盾,这对铁路客运服务质量提出了更高的要求。要主动适应新时代新要求,增强提高客运发展质量的责任感和使命感,从以往绿皮车、普速车服务优良传统中汲取营养,不断创新适应新时代高铁发展的列车服务新理念、新载体、新形式,形成特有的服务文化品牌,为旅客提供更加优质的服务,更好地满足不同旅客的出行需求,促进客运服务水平的提高。

2. 创建服务文化是推动企业高质量发展的重要途径

随着社会发展和人民生活水平不断提高,广大旅客已经不再满足于"走得了",更要"走得好"。面对旅客日趋增长的物质、文化和心理需求,谁用优质的服务赢得旅客,谁就拥有了市场。通过创建服务文化品牌能从不同方面、不同内容上更好地满足旅客日益增长的物质需要和精神需要,提高旅客出行的"幸福"指数,促进旅客提升对企业及服务的认同度、信任感,从而有效提高企业的竞争力、影响力和知名度。因此,实行复兴号品牌战略、创建服务文化品牌既是贯彻习近平总书记对铁路工作重要指示批示的重大举措,也是全面推行客运提质计划,满足人民群众对美好出行向往的具体行动,更是实现企业高质量发展的重要途径。

3. 创建服务文化是服务经济社会发展的有力举措

铁路作为国民经济大动脉、重要基础设施和大众化交通工具,在提供便利快捷的运输产品,促进人员来往、文化交流、城市融合、乡村振兴、区域经济社会发展中都发挥着重要作用。创建服务文化品牌,提高服务质量水平,可以让人民群众真切感受到在中国铁路越来越智能化、便捷化、人性化的"至尊服务",让旅客的出行体验更加温馨舒适便捷,让人民群众出行的获得感、幸福感、安全感

日益提升,勇当服务和支撑中国式现代化的"火车头"。

二、"龙韵骧梦"服务文化内涵

1."龙韵骧梦"名称诠释

"龙韵骧梦"坚持将襄客服务优良传统同荆楚地域文化相结合,植根实践沃土;坚持旅客至上和守正创新,紧跟时代步伐,不断发展丰富服务文化内涵。作为龙的传人所具有的创新、进取、包容精神特质与襄客人艰苦奋斗、笃行实干的优良传统相契合;"韵"体现出襄客人在规范仪容、仪表、礼仪的同时,更加练技提素、追求卓越,不断为旅客提供高速度、高标准、高品质的服务;"骧"音同"襄",寓意襄客人将传承发扬荆楚文化所包含的"筚路蓝缕"的进取精神、"一鸣惊人"的创新精神和"敢为人先"的首创精神,奋发有为、锐意进取,勇当服务和支撑中国式现代化的"火车头";"梦"即指襄客人将为实现中华民族伟大复兴的中国梦、交通强国铁路先行的"高铁梦"、努力建设全路一流标准化站段的"襄客梦"而不懈奋斗。

"龙韵骧梦"表达了襄客人,将传承发扬"龙"的创新进取精神,以勤恳敬业、勇争一流的奋斗姿态,抢抓机遇、乘势而上,以最美姿态、最优服务、最高标准服务旅客,让旅客体验更美好。

2."龙韵骧梦"品牌标志

标志整体造型呈"G"字形,代表着铁路客运服务的高速度、高品质、高标准。龙身通过颜色渐变构成字母"X",龙尾和火车头共同构成字母"K",代表"襄客",表达了襄客人将始终以"让旅客体验更美好"为使命愿景,笃行实干、追求卓越,持续提升客运服务水平,不断满足人民群众对美好出行的向往。

422

3.品牌服务文化理念("3X")

心服务,一心一意只愿您满意;

馨体验,一举一动只盼您舒心;

新感受,一言一行只为您畅行。

4.品牌服务文化内涵("3D")

动听悦耳之声,让旅行倾心启程;

动人悦目之仪,让旅客宾至如归;

动心悦情之态,让旅途便捷温馨。

5.品牌服务文化使命愿景("3Y")

迎:服务沟通用语规范,迎来送往礼仪到位;

盈:真情服务宾客盈门,盈收增效勇创新高;

赢:社会各界广泛赞誉,五湖四海赢得市场。

三、"龙韵骧梦"服务文化主要做法

1.凝聚文化创建共识

讲传统,汲取精华。段邀请往年"红旗列车"部分列车长、服务明星和老职工座谈调研,梳理出许多受广大旅客称赞的服务传统,其中包括 K49/50 次"少一事不如多一事"、K1473 次"开好民族团结车"、2176/3 次"情系三峡献爱心、服务花城创优质"、2505/6 次"架京城车城桥梁、做精神文明使者"等,是襄客人"旅客至上、优质服务"的真实写照。聚众智,守正创新。尊重职工的首创精神和实践主体地位,将襄客普速列车服务优良传统与新时代高铁客运服务经验进行传承融合创新,结合荆楚地域文化特色,适应时代步伐,在全段开展服务文化品牌名称、内涵、举措、标志 logo 征集,其中征集到品牌名称 68 个、标志 35 个,先后开展 4 次集中讨论、2 次专题研究,经历多次优化完善,最终"龙韵骧梦"作为服务文化品牌名称,众望所归。

2.建立健全制度体系

一是健全组织体系,构建以"党委总体负责、主要领导主抓、部门分工推进"的服务文化创建组织领导体系,分阶段对服务文化创建推进情况进行研究部署,段党委把服务文化创建工作落实情况

作为绩效考核和干部选拔任用的重要依据,为创建工作提供了保障。二是建立服务标准体系,根据服务品牌理念和创建要求,制定细化了服务品牌创建实施方案,对班组职工仪容仪表、服务用语、作业流程、人员配置等制定了规范性标准。三是健全考评激励体系,从安全、服务、两违等方面全面考察示范班组乘务人员综合素质,对造成责任旅客投诉、社会不良反映、B类以上违章的实行"一票否决"制,同时,坚持在政策、资源等方面向示范班组适当倾斜,对示范班组乘务人员在薪资待遇上适当提高,在提职、晋级上优先,建立完善了服务文化示范班组人员选拔晋升机制,让优秀人才愿意来、留得住。2年来,先后有19名列车长因为工作能力突出通过竞聘、组织选拔等方式走上了管理岗位。

3. 强化人才队伍支撑

一是科学拟定乘务人员培养方案,结合专业管理和文化创建,定期进行服务礼仪、服务技巧、作业标准、应急能力、服务文化的培训和考核,不断提升乘务人员素质。二是实施"走出去、请进来"战略,加强与其他行业、兄弟站段互学互访,定期邀请专家开展针对性培训,努力提高乘务人员服务水平。三是严把示范班组乘务人员准入关,坚持从政治素质、外在形象、业务水平、语言表达、现实表现等方面优中选优,组成服务文化创建示范乘务组。四是实行"优胜劣汰"良性机制,对示范班组人员进行定期考核、动态调整,始终发挥示范引领作用。

4. 丰富服务文化内涵

围绕"3X""3D""3Y"的服务文化理念,以"让旅客体验更美好"为目标,结合各车次线路特点、旅客需求等实际情况,不断优化完善作业流程,最大限度满足旅客乘车服务需求,提高不同人群乘车体验。坚持"基本服务标准化、细节服务温馨化"的原则,从上车、在途、餐饮、到站、下车等环节入手,全面掌握旅客在各种细分情景下的服务需求,不断提炼优化服务举措,针对老、幼、病、残、孕等重点旅客,在对应的座席处安放易于识别的标志,旅途中做好引导、帮扶、送水、订餐、到站提醒、兑换零钱等服务;针对"铁路畅行"

常旅客会员,提供送水、问候、到站提醒等服务;针对乘车旅行的旅客提供景点介绍、线路规划、出行参考、美食推荐等服务;还在列车上设置有旅途百宝箱,配备针线包、手机充电线、老花镜、指甲剪等旅客常用物品,方便旅客旅行生活,竭力满足旅客多样化、个性化需求。在"龙韵骧梦"服务文化引领下,推广高铁服务"一车一品牌",已成功培育倾心乘务组、爱心天使乘务组、繁星乘务组、欣欣向阳乘务组、满意百分100乘务组等一大批极具班组特色的服务子品牌,形成了百花争艳的良好局面,强化了"龙韵骧梦"服务文化的产品烙印,放大了襄客服务文化品牌效应。

5. 讲好服务文化故事

将"龙韵骧梦"作为全段的服务文化品牌,进行宣传推广,创建初期先以高铁列车作为示范推广,后又逐步拓展到全段各车间、车次进行宣传推广。对内拍摄服务文化宣传片,以纪实的形式记录品牌文化创建过程,阐释服务文化的内涵、使命愿景,全方位展示服务文化创建中乘务员精神面貌,发挥服务文化的示范引领作用。并通过制作服务文化介绍、标志寓意、服务理念、团队成员、人物事迹、特色服务等宣传画册,持续加深全员对"龙韵骧梦"服务文化的认同感。按月度、季度开展服务明星、安全标兵等优秀员工评选,及时给予物质奖励和公开表彰,提升职工的争先意识身份自豪感。同时将优秀员工作为年度评优评先、列车长选拔、干部竞聘的加分项,优先考虑。对外利用微博做好品牌列车沿线经停站历史文化、旅游美食、时尚焦点、文化热点等内容的推送解读,满足旅客出行中的信息需求,强化服务文化列车推广。组织服务文化示范班组党团员利用春暑运、节假日等时间节点成立志愿服务队,广泛开展志愿帮扶活动,组建文艺小分队上车与旅客互动联欢,为旅客营造浓厚的旅途节日氛围,特别是2022年6月郑渝高铁开通期间,"龙韵骧梦"服务文化品牌成为一道亮丽的风景线。

四、"龙韵骧梦"品牌服务文化取得的成效

1. 推动了企业高质量发展

"龙韵骧梦"品牌服务文化创建2年多来,襄阳客运段安全生产持续向好,职工队伍保持稳定,职工收入逐年稳步增长,旅客发送量逐年递增,运输收入保持强劲增长。2023年一季度发送旅客人数710万人,同比2021年增长44.9%;运输收入完成1 303万元,同比2021年增长82.5%。2023年五一期间,运送旅客123.5万人,运输收入完成242.62万元,分别与2020年同期比增长91.34%、96.35%。全段无任何安全责任事故,截至5月28日实现安全生产4 200天。

2.提升了企业良好社会形象

襄阳客运段以服务文化创建为契机,将"龙韵襄梦,让旅客体验更美好"服务理念深入全员心中,实现了服务水平由"要我提高"向"我要提高"的根本性转变,创建示范乘务组结合线路特点和旅客需求,不断挖掘拓展特色服务,竭力满足旅客个性化、差异化需求,持续提升了列车服务质量和客运服务水平。自2021年以来,全段收到旅客送来锦旗及来电来信表扬6 275件,在满足人民群众对美好出行向往的生动实践中,充分展示了企业的良好社会形象。

3.激发了地方区域经济活力

襄阳客运段担当列车由以往的普速列车为主到现如今的高速动车组列车公交化开行,日运行里程由2021年初的5.5万公里增加至2023年的11.22万公里,"龙韵襄梦"服务文化传承了荆楚文化基因,辐射到18个省(直辖市、自治区),在极大地满足了襄阳市及辐射地区人员出行需求的同时,使"龙韵襄梦"成为移动的服务文化品牌,激活了襄阳区域与全国主要城市间的人流、物流、资金流,为襄阳市加快打造引领汉江流域发展、辐射南襄盆地的省域副中心城市,推动襄阳都市圈高质量发展贡献了积极力量。

抓传承　促融合
让宝成铁路文化焕发时代光彩

中国铁路西安局集团有限公司

中国铁路西安局集团有限公司于 2017 年 11 月 19 日正式挂牌,前身为 2005 年 3 月 18 日成立的西安铁路局,现有职工 89 843 人。管内线路覆盖陕西全省,辐射甘肃、宁夏、内蒙古、山西、河南、湖北、四川、重庆等 8 个省区市,在全国路网中具有承东启西、连接南北的重要作用。公司管内有陇海、宁西、宝中、西平、宝成、西康、襄渝、阳安、包西、太中、浩吉、神大、黄韩侯等 26 条普速线路和徐兰、大西、西成、银西 4 条高速铁路,营业里程 6 422.7 km,其中高速铁路 1 054.5 km;线路电气化率、复线率分别为 95.6% 和 77.7%。西成高铁 45 公里、坡度 25‰ 的长大坡道是全路高铁首例,宝成线秦北段 30‰ 的坡度是国内坡度最大的铁路线之一。管内的西安北站是国内最大的高铁车站之一,新丰镇车站是全路日办理量最大的货运编组站,西安国际港站中欧班列开行量、货运量等核心指标位居全路前列。

一、宝成铁路文化背景

宝成铁路北起陕西宝鸡,南至四川成都,全长 668 公里,是新中国第二条铁路、第一条电气化铁路,是新中国首条连接西北西南的战略之路。1958 年 1 月 1 日,宝成铁路正式通车运营,开启铁路电气化技术自主创新的发展之路,孕育《夜走灵官峡》等"铁字号"经典的文化之路,是记录宝成儿女抗争秦巴天险的英雄之路!2018 年 1 月,宝成铁路入选第一批"中国工业遗产保护名录",是宝贵的铁路传统文化遗产。

回顾宝成铁路的建设与发展,当年筑路大军以"立下愚公移山志,敢教日月换新天""让高山低头、河水让路"的英雄气概,不畏牺牲、战天斗地,硬是在崇山峻岭之间修建了一条联通西南、西北的交通干线。第一代电气化铁路建设者以"第一个吃螃蟹者"的勇气毅力,从零起步、勇攀高峰,为中国电气化铁路发展奠定了坚实的技术基础和人才支撑。新时代宝成人,面向新时代、站上新起点、踏上新征程,始终坚持不忘初心、砥砺奋进,忠实践行交通强国的历史使命。65年过去,一代代宝成人始终坚持以路为家、埋头苦干,在长期的艰苦实践中,孕育形成了"不怕苦、不服输、不含糊"的宝成精神,激励鼓舞着一代代宝成人执着坚守、无悔奉献,谱写着新时代铁路发展的新篇章。

二、传承宝成铁路文化主要做法

(一)深入挖掘宝成传统文化内涵

坚定文化自信,离不开对中华民族历史的认知和运用。对于铁路企业而言,文化自信离不开对陕西铁路优秀传统文化的认知。传承宝成铁路优秀传统文化,必须明确宝成铁路传统文化从何而来、意义何在。西安局集团公司结合宝成铁路点多线长、人员分散的实际,立足全线、逐点发力,总结提炼立得住、叫得响、传得开的宝成铁路传统文化内涵。

1.厘清宝成铁路历史脉络

2021年底,西安局集团公司党委抽调宣传部、组织部、团委、融媒体中心等部门成员成立宝成精神调研组,深入宝鸡、汉中地区9个站段,邀请宝成铁路建设、运营时期的见证者、亲历者,开展座谈研讨,整理20万余字的文字资料,最终形成1万余字的调研报告,为宝成铁路传统文化打造奠定了坚实的思想基础。组织专人走访宝鸡、西安、汉中等地档案馆、史志办等相关部门机构,寻访宝成铁路相关历史记录和档案资料,实地探访宝成铁路开通后对地方经济和物资运输带来的翻天覆地变化,多维度、全场景掌握宝成铁路开通运营的重大历史意义。制作宝成精神老物件征集新媒体产品和海报,在铁路小区广泛张贴宣传,广大宝成铁路退休职工和退休职工子女热烈响应,纷纷联系捐赠书籍、奖章、照片等老物件,成为宝成铁路最鲜活的历史见证。

2. 梳理宝成铁路文化亮点

围绕共青团车站——青石崖站,炸药炸出来的车站——观音山站,秦岭之巅车站——秦岭站等具有鲜明宝成特色的车站,挖掘小站建设、运营时期的创业故事,用一件件凡人小事支撑起宝成精神文化高地。围绕宝成铁路是我国第一条电气化铁路的特殊地位,通过查找资料、走访亲历者等形式,挖掘曹建猷、钱清泉等著名电气化专家学者与宝成的不解情缘,理清中国铁路电气化的星星之火直至形成燎原之势背后的发展历程与艰辛故事。围绕宝成铁路是首条连接川陕的铁路运输大通道的区位优势,挖掘古蜀道、川陕公路、宝成铁路的更迭变化历程,展现新中国给川陕大地带来的翻天覆地变化,让抽象的宝成铁路传统文化具象化、生动化。

3. 提炼宝成铁路精神内涵

在前期调研走访基础上,通过反复研讨论证,数易其稿,突出鲜明的宝成特色,确定"不怕苦、不服输、不含糊"的宝成精神,为弘扬宝成铁路传统文化定下了总基调,确定了总方向。"不怕苦"就是一代代宝成铁路人胸怀"国之大者",坚持"人民铁路为人民"的宗旨,坚决听党话跟党走,以实际行动积极投身宝成铁路电气化事业,书写着爱党报国、为民服务的不变情怀。"不服输"就是一代代宝成铁路人始终发扬"奋勇争先、一往无前"的"火车头"精神,在实践中探索,在探索中前进,勇攀运输保畅和创新发展高峰的精神品格。"不含糊"就是一代代宝成铁路人牢记党的宗旨,平凡岁月,扎根坚守不含糊,危难面前,英勇无畏不退缩的赤诚家国情怀、坚定的革命斗志和无畏的英雄气概。

(二)建设宝成铁路系列文博场馆矩阵

文博场馆建设是打造铁路传统文化高地的有力抓手,通过场景还原、图文资料、实物展陈等有形化的展示手段,让抽象的铁路传统文化转化为可看、可学的固定文化阵地。

1. 统筹规划"1＋N"建设方案

根据宝成铁路传统文化示范线打造点多线长的实际,统筹规划"1＋N"创建布局,形成了以宝成精神陈列馆为核心,配套建设宝成铁路文学作品成果展示为重点的宝成铁路文学馆,展示青年职工坚守奉献故事的青石崖共青团荣誉室,展示宝成铁路电力机车发展历程的宝鸡机车检修厂厂史馆,展示中国铁路电气化发展历程的宝鸡供电段电气化铁路陈列馆。各站段结合系统特色和发展历程,针对性打造电力机车、电气化铁路、通信设备等特色化文博场馆,形成宝成铁路传统文化系列文博场馆矩阵。

2. 精心设计文博场馆展陈内容

由集团公司牵头负责在青石崖站区建设的共青团荣誉室、五星广场等,生动展示了秦岭之巅共青团车站的光荣足迹。在观音山站区建设的秦岭打冰人微缩隧道场景还原、观音山大爆破文化墙和"8"字展线观景台等,充分展示了魅力宝成的壮美景观。在秦岭站区建设的宝成精神陈列馆和宝成铁路文学馆,分别从"问道秦岭战略之路""决战山巅英雄之路""电化火种创新之路""守业维艰传承之路""美丽家园幸福之路""宝成英雄荣耀之路"六部分、"路——慢与快""人——苦与甜""家——和与美"三个板块,系统展示了一代代宝成人筑路、养路的艰辛历程,以及不同时期文人墨客记录宝成、讴歌宝成的感人故事。同时,还紧扣宝成铁路元素分别对杨家湾、任家湾站区进行了文化提升,形成多点开花、百花齐放的生动氛围。

3. 分层推进核心文博场馆创建

为确保创建工作高效推进,细化宝成铁路文博场馆建设方案,明确集团公司、站段两个层面创建职责,同步推进各个文博场馆建设。宝成铁路传统文化示范线打造启动以来,由党委宣传部统筹组织,宝鸡车务段、工务段、供电段、电务段、机车检修厂、东站和汉中车务段、工务段,以及西安通信段、新丰镇机务段等相关站段积极参与,面对秦岭之巅冬季低温严寒天气、疫情防控、高坡区段运输困难等影响,有序、高效地完成了方案设计、资料梳理、老物件征

430

集、场馆施工等各项工作,宝成铁路文化提升项目已全面建成。利用当下先进的 VR 技术和互联网平台,将博物馆搬运到互联网上,建设宝成线上文博场馆,打破传统文博场馆呈现方式相对单一的壁垒,立体、直观、更加具有互动性,足不出户就能够感受宝成优秀传统文化的魅力。

(三)持续打造宝成文化旅游亮点

要保持铁路传统文化旺盛的生命力、传播力,就必须将铁路传统文化融入中华优秀传统文化范畴,丰富铁路传统文化业态,让铁路传统文化成为独具特色的文化 IP。

1.举办铁路文化收藏暨集邮展览

以"致敬'宝成精神'——中国第一条电气化铁路巡礼"为主题,报请中华全国集邮联合会、中国收藏家协会、中国西部发展与研究促进会等部门批准,在宝鸡机车检修厂举办"宝鸡·2023 第二届中国铁路文化收藏暨集邮展览"。组织来自全国的 200 余名铁路文化收藏和集邮爱好者参展交流,共展出国际标准框 210 框、邮票 5 000 余枚,铁路信号灯、列车方向牌、早期铁路宣传海报以及火车模型等 18 000 余件。同时,开展"爱宝成、爱铁路、爱祖国"少年儿童邮票设计主题活动,邀请铁路集邮专家向少年儿童讲解邮票科普知识并现场设计制作邮票。布展蒸汽、内燃、电力、高铁等不同类型机车模型百余台,通过模拟运行等形式,展示中国铁路的发展历程。

2.打造文化旅游小镇

抢抓"5.18"世界博物馆日契机,联合华商网、三秦都市报等省市媒体开展"宝成铁路博物馆奇妙之旅"主题网络直播活动,带领观众"云游"宝成文博场馆,网络在线观看超过 30 万人,10 家中省媒体进行实地采访报道。联合汉中市政府,结合汉中市略阳县徐家坪镇文旅产业建设规划,通过路地合作的形式,合力打造集宝成铁路遗址展示、火车时光隧道、文创艺术街区、3D 火车墙绘等为一体的研学旅行教育基地,进一步扩大宝成铁路传统文化的影响力。依托任家湾车站地处工业基地周边优势,联合古城仓宝鸡市政府规划打造宝成铁路"工业遗产"文化园,让经历了 60 余载风雨的老站区重新焕发生机,让宝成铁路传统文化示范线走出铁路、融入社会。

3. 开好文化定制列车

推出集住宿、休闲、娱乐、体检、会议组织等多种功能于一体的高品质定制服务列车。联合宝鸡市政府共同打造"大美秦岭、魅力宝成"文化旅游列车,将原有绿皮火车进行深度改造,增设会议服务、酒吧餐饮、棋牌休闲、KTV 娱乐、恒温淋浴等人性化服务设施,根据旅游团队个性化需求,将铁路文博场馆、秦岭自然风光、红色资源、旅游景点、工业研学进行自由组合,用定制服务列车将宝成铁路沿线优秀旅游文化资源紧密串联在一起,推行"随心设计""随意组合""随行价位""随性停靠"的定制化服务,为观光旅游、休闲娱乐、研学旅行、商务出行、党日活动等提供全新的出行模式。

三、传承宝成铁路文化效果

1. 丰富了西铁企业文化资源

在陕西铁路 100 多年的发展历程中,宝成铁路始终是西铁人深厚的文化积淀之一,是中国铁路发展史中极为浓墨重彩的一笔。通过打造以宝成精神陈列馆、宝成铁路文学馆为主体,以宝鸡机车检修厂厂史馆、胡宝昌烈士陈列室、宝成铁路供电发展陈列馆以及青石崖共青团车站、观音山展线广场等为依托文博场馆,给我们全方位了解宝成铁路建设发展艰辛历程和宝成儿女英雄事迹,厚植爱国爱路情怀,提供了便利。围绕宝成铁路创作的《宝成铁路影集》《宝成铁路文集》等一系列文艺作品,进一步丰富了宝成铁路的教育内涵。宝成铁路于 2018 年 1 月入选第一批"中国工业遗产保护名录",青石崖车站 2022 年获得陕西省青少年教育基地,宝成精神教育基地 2023 年被评为集团公司爱国主义教育基地,宝鸡机车检修厂成了路内外铁路爱好者打卡和感受宝成铁路传统文化的网红地等,这些载体成为每一名西铁人学习和弘扬宝成铁路优秀传统文化的重要阵地。以宝成铁路传统文化为源泉的宝成精神,成为西安局改革发展的"传家宝"、西铁人奋斗精神的"加油站"。

2. 增强了职工企业归属和职业认同

人民对美好生活的向往,不仅是老一辈宝成人的奋斗目标,更是我们一代代西铁人的职责使命。回望60多年的宝成铁路,一代代宝成人始终心怀大爱、恪尽职守,致力服务经济社会发展、服务沿线村民出行,将"人民铁路为人民"几个鲜艳大字镌刻在千里铁道线上。一条长长的铁路,印刻着宝成人在共产党领导下忘我奋斗的坚实足迹,展示着铁路人不忘初心、砥砺前行的壮丽画卷,进一步丰富、发展了"人民铁路为人民"的深刻内涵。宝成铁路60多年来积累的文化精神富矿,让我们西铁人看到"人民铁路为人民"的宗旨初心,不论在过去、现在还是将来,都是我们矢志不渝的坚守和追求。通过弘扬宝成铁路优秀传统文化,大家在耳濡目染中进一步增强了对铁路事业的热爱和对岗位荣誉感的认同。西安工务段西安线路车间职工王桐桐在秦岭站区参观完宝成铁路文学馆后说:"通过实地感受宝成铁路前世今生,我更加深刻地体会到铁路事业发展的艰辛历程,明白了作为新时代铁路人肩上的使命和责任,我们会拿起这个'接力棒',继续前行。"

3. 展示了国铁企业的良好形象

我们以宝成铁路传统文化为依托,主动担当服务乡村振兴。围绕"1901年汉阳造钢轨"推出的电视专题片《铁路老物件——汉阳造钢轨的百年变迁》、创作的主题歌曲《钢轨1901》面向全国展示。在集团公司内刊、微信开辟"铁路老物件会说话"专栏,先后推出《宝成铁路接轨纪念碑》等100余期新媒体作品。以宝成铁路公益"慢火车"为原型,创作的《绿皮车奏鸣曲》在央视电影频道首播,收视超过3 000万人次,在同时段收视表现排名位列第2,仅抖音平台直播观看量就超过1 260万人次。电影首播受到中新社、工人日报、华商网、西部网等多家中省媒体广泛报道,充分展示了宝成铁路的时代价值,面向全国树立了陕西铁路的良好形象。

电务小细节　承载大安全

中国铁路南宁局集团有限公司南宁电务段

南宁电务段成立于1952年1月,现担负柳南客专、南昆客专、南广、邕北、湘桂、南昆、黎湛、益湛、河茂等线路区段共计2 529.031 km(其中普铁1 631.756 km;高铁856.774 km)高普信号设备养护维修工作,管辖范围跨广西、广东、贵州三省区194个站、场(含中继站),信号设备换算道岔组数为81 261.737组,是南宁局集团公司管辖的信号设备最多、范围最广的运输单位。全段现有职工1 710人,平均年龄36岁,干部274人,设置11个科室、24个生产车间、78个生产班组。

近年来,南宁电务段围绕"打造全路标杆站段"建设目标,大胆探索、改革创新,深化安全文化建设,提出以"电务小细节承载大安全"为安全核心理念的安全文化,经过五年来的实践,安全文化工作呈现出蓬勃发展的势头,对推进各项工作发挥了强大作用,融入了干部职工的日常行为,促进了企业高质量发展。截至2023年6月25日,实现连续安全生产7 113天,劳动安全实现连续无从业人员因工死亡事故5 829天。获评全国文明单位、全路先进基层党组织、广西壮族自治区和谐企业、广西壮族自治区模范之家、全路(全区)五四红旗团委、连续四年获评集团公司"先进单位"等50多项荣誉。

一、"电务小细节承载大安全"安全文化实施背景

(一)落实人民至上的根本原则迫切需要

安全生产是民生大事。新征程上,南宁电务段坚持人民至上,树牢以人民为中心的发展思想,坚守国家铁路、人民铁路的战略定

位,坚持把维护人民群众生命财产安全摆在第一位。铁路电务系统在铁路各维护系统中属于技术含量较高的专业,具有"高、精、尖"的特点,仪器设备小而细,许多设备电气特性数据的单位是用毫米、毫安、毫伏来计量的,电务百分之一的失误可能会酿成百分之百的事故,比如"4·29"荣家湾、"7·23"甬温线等典型铁路特大事故让人触目惊心,这些血淋淋的教训都与电务有关。事实证明,"电务小细节承载大安全"安全核心理念是社会责任与电务属性所决定的,对做好电务安全管理工作具有重要意义,符合过去、当前和未来的安全发展需要,对满足人民群众对美好出行的需要,以对人民极端负责的精神抓好安全生产工作,不断增强人民群众的获得感、幸福感和安全感具有重要社会责任。

(二)推动企业高质量发展的根本任务迫切需要

在战争年代,铁路处于重要战略地位,而电务作为铁路的神经系统,通信信号联络搞不好,指挥就要瘫痪,需要时刻以临战的姿态,抓好各项备战工作,保证铁路成为打不断、炸不烂、联得上、通得过、过得硬的钢铁运输线。其次,对通信信号联络的要求是迅速、准确、不间断,其中主要又是迅速和保密,这是电务人的重要安全使命。历年来,在电务改革过程中,也先后提炼培育了"精检细修、耳聪目明""精检细修保畅通""用情点亮信号灯、用情编织通信网"等安全理念。进入新时代,特别是党的二十大后,国铁集团鲜明提出构建"六个现代化体系"目标任务,为推进铁路现代化建设指明了方向、提出了更高的要求,电务小细节关联着铁路大安全,南宁电务段深入领会,找准自身定位,将"电务小细节承载大安全"作为安全核心理念,自觉扛起新征程赋予的职责使命,确保铁路安全长治久安。

(三)发挥政治工作服务保证功能的根本要求迫切需要

围绕中心、服务大局是企业政治工作必须坚持的指导思想和根本要求。"电务小细节承载大安全"是作为政治工作围绕生产安全、服务企业改革发展大局的切入点和着力点,作为政治工作转化为现实生产力的有效途径,以"时时放心不下"的责任感,全力以赴抓好各项安全措施落实。实践证明,必须紧扣安全生产这一中心,"电务小细节承载大安全"才能落地生根、蓬勃发展。在深入推进改革发展的新形势下,企业政治工作迎来前所未有的机遇和挑战,迫切需要我们进一步发挥优势,推动政治工作理念、内容、载体、机制和队伍建设创新,以政治工作引领企业高质量发展。

二、"电务小细节承载大安全"安全文化主要做法

(一)突出政治引领优,激发企业的引领力

一是抓政治学习。运用党委会"第一议题"、党委中心组学习会、三会一课、班组政治学习和业务学习日等载体组织干部职工深入学习领会习近平总书记关于安全生产的重要论述和对铁路工作的重要指示批示精神、国铁集团党组部署要求和集团公司党委工作要求。通过党员大家谈、职工有话说、青年讲安全、线上有奖答等载体深化学习效果,旨在不断提升干部职工对安全工作极端重要性的认识,牢固树立安全发展理念,坚决守住铁路安全的政治红线和职业底线。二是抓思想教育。深化"一年一主题"教育,运用"五小工作法",组织领导人员、科室干部、车间干部每月深入联系点开展形势宣讲,在广大职工中讲清小道理、解决小问题、开展小活动、做好小事情、选树小人物,形成覆盖全段的"大政工"格局,经验做法在集团公司作了经验交流。运用"班组一刻"微讲堂,编制《动态宣讲》期刊,组织工区每周用 2 次班前布置会 15 分钟把近期上级精神讲清、形势任务讲透,让职工及时了解铁路改革发展形势。三是抓作用发挥。从抓党员这支队伍入手,用好党支部"堡垒指数"、党员"先锋指数"两个评价体系和标准化岗位星级管理细则,把评价结果与工资奖金、评优评先、推优入党、选拔晋升挂钩,激发党组织和党员在安全生产中发挥战斗堡垒和党员先锋模范作用。在 25 个党支部建立"闪电"突击队,经常性开展应急演练,把他们训练成一支听党话、跟党走、拉得出、靠得住、战得胜的强劲队伍,在安全应急中发挥突击作用。

（二）突出安全理念优，激发企业的创造力

一是凝练培育。就工作性质而言，确保安全和设备质量是南宁电务段的两大工作主题，地处广西"首府"与铁路局集团公司"局府"的特殊性，更加凸显了其重要性。通过征集、总结、提炼出"电务小细节承载大安全"安全核心理念，"安全是天、设备是根、职工是本、企业是家"核心价值观，"踏实务实诚实、严格严肃严谨、求真认真较真、创新创优创效""二十四字"行为准则，"政治立心、技术立身、实干立行"工作理念，"马上就办、真抓实干"的工作作风、"'等靠要慢'全是问题、'主动作为'尽是办法"工作方法等一系列文化理念和精神。二是宣传推广。经过多年培育，这些文化理念在干部职工中广为流传，组织以"电务小细节承载大安全"为话题，开展线上线下专题研讨、座谈交流、征文比赛、演讲比赛等活动500多场次，让一线职工在互动参与中提高对安全理念的认识。同时，制作企业宣传片、宣传画册、员工手册、企业歌曲等，制作理念标语在科室、车间、工区职场明显处所进行全面展示，让干部职工随处可见。三是根植于心。坚持"一班组一理念，一车间一精神"为创建原则，车间工区结合自身专业特点，发挥干部职工自主能动性自主培育创建。如南宁中修车间的"中修一个站、标准一个站"、兴义八渡工区的"扎根小站、奉献青春"等车间班组精神比比皆是。这些安全文化理念，不仅准确地表述了单位的目标是什么、实现目标要抓什么、要拿出什么样的精神、谁是单位的根本、单位与职工的关系是什么，而且积极回应了干部职工的期盼，得到了广泛认同，凝聚了职工群众的智慧和共识，汇集了导向安全的正能量，为安全生产工作奠定了广泛的思想基础。

（三）突出安全制度优，激发企业的内动力

一是推动理念入制。措施是管阶段的，制度是管时期的，文化是管长远的。将"电务小细节承载大安全"安全核心理念与管理制度融合起来，优化安全双重预防机制做细做小，把风险管控责任纳入岗位安全职责，先后编制30个技术规章管理制度，定期召开安全风险研判专题会议和安全生产交班会，对安全风险可能产生的后果、风险分布进行明示,制定安全防控措施和应急(预警)处置措施,明确管控责任和管控周期,形成制度机制一目了然、一看就懂。二是优化岗位标准。每年根据岗位变化,修订《南宁电务段全员安全生产责任制》,对396个岗位的安全生产职责进行梳理,依法依规、分层分级建立健全领导干部和从业人员的安全生产职责。制定绩效考核、中层及以下管理和专业技术人员管理、干部作风督查及问责管理等办法,实行安全生产过程和结果考评相结合,安全生产绩效与奖励惩处联挂,进一步促进了全员履职尽责。三是规范问题管理。综合运用常规督查、重点督查和专项督查三种形式常态化开展干部作风督查,通过干部下现场分类检查表、一岗一月考评表、科室干部下现场检查日报、录入问题库等"两表一库一报告"的方式,对干部下现场盯控关键、检查指导、发现问题、解决问题的质量及量化指标进行监督通报,极大地提升了检查发现问题的处置效率,实现了管理有规范、作业有标准、应急有预案、行为有准则,制度约束作用充分彰显。2023年1月1日至6月15日,录入问题库的7 940个问题,已得到全部销号,把问题消灭在萌芽之前。

(四)突出安全行为优,激发企业的渗透力

一是深化安全宣传教育。围绕安全形势任务、法律法规、案例警示,开展安全"大学习、大反思、大讨论"和"强理念、转作风、抓落实、保安全"主题教育实践活动200多场次,签订安全承诺书1 800余份。建立一车间一警示室,把每季度首月29日定为"安全警示日",按照"日承诺、周警示、月总结、季教育"的工作思路,开展"反思、自查、剖析、承诺"安全警示教育宣传活动。同时党支部在车间月度会上对党员"两违"情况进行分析,通过"表扬一个人、批评一件事、分析一个案"的方式通报月度党内安全情况,引导党员干部职工敬畏生命、敬畏职责、敬畏规章。二是加强安全教育培训。完善50份岗位作业指导书、必知必会手册、岗位标准化作业技能教学片等教学资源,上传企业微信网盘,方便职工随时查阅学习。积极推进标准化作业岗位练兵,以提升职工基本作业技能和应急处置能力为目标,严格落实每周一学、每月一练、每季一检、每年一评"四个一"机制,开展"首件示范""看图识物""看物识图"教育,做到规章一口清、技术一手精。每年制定技术比武和职业技能竞赛方案,举办夏季与冬季生产运动会、劳动竞赛和"安康杯"竞赛,通过以赛促学方式,促进干部职工业务能力不断提升。三是发挥安全考评作用。充分发挥重奖快奖正向激励作用,常态化开展干部职工业务抽考、技能竞赛,把考试成绩与奖金分配挂钩,每月可拉开 1 000 元的差距,参加省部级竞赛获得前三名,一次性奖励可达 3 万~5 万元。建立发现和防止安全突出隐患人员实行"一事一奖一档案",设立立功台通报表扬,2023 年 1 月至 5 月获得集团公司奖励 160 件,共奖励 94 700 元,其中单件最高奖励 10 000 元,激发干部职工积极性。反之,对触碰安全红线、违章违纪问题秉持"零容忍"态度,出现一次、处理一次,2023 年 1 月至 5 月累计问责、考核干部 1 315 人次,占全段考核总数的 52.73%,有效督促干部职工严格遵章守纪,自觉纠正不良行为,在岗必尽责、作业必达标的作业习惯普遍形成。

(五)突出安全环境优,激发企业的感染力

一是优化生产环境。以标准化规范化站段建设为契机,制定16 项评价标准和作业标准,对标对表考评内容及标准,将标准化规范化贯穿科室、车间、班组、岗位,把安全理念、安全标志、安全天数、安全风险提示等分别在车间工区职场进行规范展示,使生产作业场所整洁有序。二是优化职场环境。制定职场环境管理标准,围绕"树家风、守家规、拓家业、建家园、享家乐"家文化理念,每年把改造职工生产生活条件作为职代会十件好事首件,制订"三线"建设推进计划,投入大量资金对办公学习场所、生产作业场所、生活文体场所和公共场所的职场环境进行了统一规范管理,让干部职工工作舒心、住宿舒适、生活舒畅。三是优化人文环境。畅通职工诉求表达渠道,在企业微信号创建"南电直通车"职工诉求平台,征集金点子、职工心声、合理化建议共 150 条并得到及时解决、采用。做好职工帮扶救助工作,开展"金秋助学"活动,推进"爱心屋"

和"健康小屋"建设,与南宁市八医院共建"健康快车道"宣讲品牌开展宣讲,帮助职工释放压力和情绪。

(六)突出安全品牌优,激发企业的影响力

一是创建党内品牌。坚持以创岗建区、立项攻关、突击奉献、品牌创建等党内活动载体,引导党员立足本职创先争优。以"岗位当能手、攻坚作标杆"党内主题实践活动为抓手,深化党员"三无"竞赛等活动,创建"联锁创新工作室",常态化开展"技术课堂"直播,开展16项合理化建议和技术改进创效286万元,充分发挥了技术交流、破解难题、创新技能、培养人才等功能作用。二是开展文艺活动。每年举办一届安全文化艺术节、文化文艺晚会,把事故案例、先进事迹等通过表演形式展示出来,引起干部职工共鸣。开设"南电FM""南电微漫""璀璨诗社"等12个系列文化兴趣小组,组织开展"一封家书"征文、短视频和歌唱比赛等活动,职工创作的《巧匠·传承》《迟来的车票》《春天的高铁》等特色鲜明的影视、歌曲文化作品,先后获第六届全国品牌故事微电影大赛二等奖、全路十佳微电影、中国铁路原创高铁十大金曲,展示了职工文艺才能。三是开展典型选树。坚持以人为本,选拔百千万人才、宁铁优秀专业人才、党群后备人才、设备维护大师、金牌工长等,加强"最美铁路人""宁铁工匠""铁路榜样"等先进典型选树宣传,2022年通过组织选拔2名操作岗位工人到技术管理岗位、33岁的火车头奖章获得者张超凡提拔为副段长,成为集团公司最年轻的处级领导干部,激活了人才队伍的"内生动力"。

三、"电务小细节承载大安全"安全文化实施成效

1. 安全生产得到保障

截至2023年6月25日,南宁电务段发生一般D21事故1件,同比下降80%;故障件数同比下降27.91%(其中高铁电务故障同比下降14.29%;普铁电务故障同比下降30.56%),安全评估在集团公司电务系统位居第一。坚持"工程开工之日即是标准化建设开始之时、施工结束之时即是标准化建成之日"工作要求,打造柳

440

南、南昆客专、南广、贵南标准线建设等精品工程,CTC 客专中心建设质量达到全路领先水平,动车车载故障率控制排名全路第一,安全基础逐步稳固。

2.企业价值得到提升

安全文化建设经过多年的实践,在科室、车间、班组 logo、企业精神、企业理念、行为规范、格言警句、提示标牌随处可见、管理规范统一。科创成果硕果累累,先后荣获 5 项国家专利、4 项全国优秀 QC 成果、15 项省部级优秀 QC 成果,全段"科技保安全"的技术含量和技术水平大大提升。连续 8 年保持全国文明单位称号、3 次荣获全路和 2 次荣获全区"五四红旗团委",有 2 个车间党支部被评为国铁集团先进基层党组织,"周玲技能服务队"获国铁集团党组命名党内优质品牌,企业形象与影响力得到全面提升。

3.职工素质得到提高

积极实施人才强段战略,提高职工素质素养,形成 1 名国铁集团专业带头人、2 名集团公司专业带头人、1 名集团公司拔尖人才、43 名集团公司骨干人才,以及 2 名首席技师、4 名宁铁工匠、49 名技术能手的金字塔形"双技"人才队伍。有 12 名职工荣获全国铁路劳模、自治区劳模、火车头奖章等省部级荣誉称号,2021 年、2022 年技能比赛有 2 名职工分别获第六届全国铁道行业职业技能竞赛(铁路信号工)第 23 名、第 26 名;2 名职工获广西铁路职工职业技能竞赛铁路信号工第 1、第 7 名,为改革发展和安全生产提供了人才支撑。

构建"实、新、精"家园文化建设标准
让老旧普铁线路换新颜

中国铁路南宁局集团有限公司柳州车务段

柳州车务段成立于 1950 年 1 月 28 日,在建段的 73 年的历程里,经历了反复四次撤销成立,7 个站段的合并重组,15 个中间站的接收剥离,于 1998 年 10 月至今,管辖范围稳定在跨桂、黔、湘三省(区)6 个市县,负责黔桂线(含金红、岔罗支线)、焦柳线 52 个车站 497.1 公里干线的运输经营。现有职工 893 人,设有 10 个科室(部门)、65 个生产班组,是全路车务系统管辖中间站最多运输站段。

黔桂、焦柳线分别于 1939 年、1970 年动工修建,从建线目的来看,都是以备战的需求出发。从地理位置上,两线近 85% 处于岩溶盆地和大山大河之中,偏僻闭塞、环境恶劣、条件艰苦、交通不便是最显著的标志。受限于当年基建水平和历史遗留,沿线职工生产生活设施建设年代久、设计标准低、配套不齐全问题一直困扰着老线职工生产生活条件的提升。2018 年以来,结合"三线"建设和"职工之家"示范点建设工作,柳州车务段顺应沿线职工的意愿和期盼,以突出老线地域文化、民族特色、铁路特点、时代特征为要旨,以凝集老线人智慧、彰显老线人风采为目标,探索创新出符合老线站区职工生产生活条件改善的新途径新办法,通过深化老线站区"家"文化建设,引导培育职工把追求"快乐工作,健康生活"作为共同的价值取向,形成了职工精神风貌好、安全生产优、环境卫生美、文化氛围浓、生活设施齐、民主管理强的特色"家"文化品牌,让普铁线路焕发新的面貌。

442

一、"家"文化建设的内涵

（一）干有所向，营造安全家园

确保安全是铁路运输生产永恒的主题，在开展"家"文化建设中，车务段党委在不断改善沿线生产生活环境的基础上，积极引导教育职工理清"小家"与"大家"的关系，让职工明了自身既是确保安全的主体，又是保障安全的受惠对象。从而充分调动职工确保的积极性和主动性，增强安全意识，强化安全行为，优化安全环境，真正成为安全的创造者、守护者和受益者，实现企业安全发展和个人全面发展的有机统一、共进共赢。

（二）家有所兴，营造美丽家园

沿线站区生活单调而枯燥，调动职工工作激情和生活热情是"家"文化的本质所在。车务段党委立足车站的实际，充分利用地形地貌，按照"微地形"软硬相结合的原则，修建凉亭、铺设步道、开荒种地，搭建禽舍，开挖鱼塘，不断满足职工对良好环境和美好生活的向往，有效地把职工的心拢在了一起，把职工的力量聚到了一块，取得了合力共为建家园、凝心聚力保安全的良好效果。

（三）情有所寄，营造精神家园

家是有情有义的地方，用情感感召职工、教育职工、凝聚职工是"家"文化建设的终极目标。工作承诺规划了理想，亲情寄语温暖了心房，琅琅的读书声陶冶了情操，丰富的文体活动强健了体魄，安全之星、学习之星、卫生之星评比浓厚了氛围，一张张笑脸共同汇聚成职工情有所寄的精神家园，让爱生活、爱家园、爱车站、爱企业成为全体职工的自觉行动。

（四）事有所规，营造民主家园

把车站作为一个整体，通过引入"全过程""全透明"的民主管理模式，让车站每一名职工在参政议政中理解车务段发展方向，明确生产管理的难点、热点和关键点，对车站决策或重大事项通过民主管理会、恳谈会，收集职工的真实意见和愿望，使民主管理工作真正落实到每一名职工,形成了人人来监督、人人来管理、人人来发挥全过程全透明的管理模式,职工之间相互理解、相互支持、相互包容,从而建立起家人般的信任关系。

二、"家"文化建设的主要做法

(一)在规划和建设上立足于"实"

作为山区铁路,先天的地理条件和发展环境决定了建设的难度,需要投入更大的资金和更多的精力去推进落实。为此,车务段党委摒弃一味求大求全的建设思路,在建设规划和配置上依据各车站的资源优势和实际需求开展建设,取得了良好的效果。

1. 在需求定位上立足于实际

针对各站存在的问题和需求实际,车务段党委分别制定了既统一又有针对性的建设方案,在统一各站生产生活用房单位面积、配套设施、装修标准及外观风格的基础上,因地制宜、因需制宜从实际需求定位出发,根据车站地域文化和职工需求的差异,着重在融水、程祥、柳城等站开展标准化规范化车站建设工程,在寨隆、纳朝、都街等职工饮水困难车站开展"清泉"工程,在永乐街、双蒙、打场等交通困难的车站铺设改造进站道路,在宜州、三江县等站落实职工当地体检问题,一大批困扰沿线职工生产生活环境和实际困难的"老大难"得到妥善解决。

2. 在分类实施上立足于实用

车务段党委根据职工的渴求和期盼,针对沿线职工伙食团橱柜老旧破损的问题,积极争取集团公司支持,统一为 50 个车站更换了不锈钢模块化橱柜及相关配套厨卫设施。针对车站自然环境杂乱的问题,先由车站职工依照站区地形地貌提出建设需求,再由车务段进行合理设计规划后出资建设,通过对环境、地形合理运用,既满足了车站的建设需求,又大幅提升了整体环境的协调性。针对沿线职工小种养活动开展不规范的问题,车务段通过采取种养资料统一配送的方式,既解决苗种、饲料采购难、开票难的问题,也杜绝了小种养资金使用可能产生的廉政风险。

3. 在管理方式上立足于实效

在实践中车务段党委发现，先进的管理方式是物质供给和制度管理向文化供给和文化管理的发展。为此，车务段党委紧跟经济社会发展和车站管理模式带来的新变化，主动适新应变，对安全生产、环境卫生、绿化美化、伙食团、间休房、文化室、阵地宣传、设备设施、文体活动、种植养殖10个方面管理要求分别进行设计，具体到运输生产、安全保障、自然环境、宣传板报、文化营造、特色展示、上墙内容、设施定位、设备定置、色彩搭配、物品摆放、停车位规划、种养开展等35个管理元素，并联合站区其他系统职工协同推进，在构建起安全同保、环境同造、资源同享、设备同管，治安同防、卫生同护、文化同创、活动同办的"八同"特色"家"文化管理模式上取得了实实在在的效果。

（二）在文化和赋予上体现于"新"

多年的实践证明，"家"文化建设，不仅要满足职工的物质需求，更要用创新的思维为职工提供和培育良好的文化环境和精神面貌去彰显内涵和品格。

1. 在内涵品格上体现于"新"

先进的管理方式是物质供给和制度管理向文化供给和文化管理的发展。为此，在推进"家"文化建设中，引导培育职工把追求"快乐工作，健康生活"作为共同的价值取向，把"同灶相亲"作为内涵和品格的魅力彰显。认真归纳和提炼各车站的文化特色，同时注重不同车站、职工之间工作、生活和行为文化的碰撞、积淀和融合，以此打破简单复制的局限，不断夯实了"家"的基础，营造了"家"的氛围，提升了"家"的活力，展示了"家"的作为。陆续建成了三江县站少数民族风情标杆、浮石站美丽站区标杆、古竹站田园式站区标杆、程祥站安全文化标杆、罗城站民主管理工作标杆、柳城站生态化循环种养标杆等一批具有鲜明特色"家"文化示范，让一站一景、一站一魂、一站一特色已然成为车务段企业文化建设的一道靓丽风景线。

2. 在绿色生态上体现于"新"

积极倡导职工自觉养成改造和维护自然环境和生态环境的良

好行为习惯。大力推行了沿线生态化循环种养模式，在柳城、肯洛、水团、六甲等车站率先实现了"资源—产出—消耗—再生资源—再产出"的生态循环流动的创新种养目标，将种养活动有效融合到"家"文化建设元素之中，在极大丰富了职工餐桌的同时，更让职工在种养劳动中增进了沟通与友情，在美食创造中品味了获得与幸福。在感受生态文明和绿色生活中享受了和谐与实惠，"远方的小站是我的家，那里有美丽的果林和牧园……"伴随着职工改编的歌曲，生态文化建设让许多藏在深山荒岭里的小站变成了美丽的"世外桃源"。

3. 在文化传承上体现于"新"

努力传承和推动黔桂、焦柳线特有文化的守正创新、阔步前行。总结凝练出"安全畅通、创新创效、坚守担当、和谐幸福"十六字柳车文化精神，充分展现了老线人自力更生、吃苦耐劳、艰苦奋斗和执着坚守的精神品格和价值追求。深入挖掘和培育文化精品，持续推动职工文化原创，形成一批有分量、有厚度、有特色的文化产品和文艺精品。原创歌曲和 MV《守望春天》《山歌嘹亮颂党恩》成为现象级传播，在"学习强国"等多个主流媒体和网络平台上刊播。编导创作的《滋味焦柳》《滋味黔桂》系列纪录片，在车务系统中得到广泛关注，也得到了集团公司工会、宣传部的高度认可。爱生活、爱家园、爱车站、爱企业成为沿线职工的共同心声和自觉行动。

(三)在尊重和关爱上着眼于"精"

车间班组家园文化建设，必须以职工为中心，尊重职工劳动和民主权益，关心关爱职工生活之点滴，才能唤起了职工更强更大的工作激情和奉献热情。

1. 在创新民主管理模式上着眼于"精"

民主和谐是"家"文化建设的具体表现。车务段党委把落实一线班组民主管理活动与尊重职工、尊重劳动深度融合起来，切实把好车站民主参与、民主决策、民主监督、民主建设的"四个关键"，通过创新民主管理会召开"轮流坐庄"、车站事务全过程全透明公开、管理台账网络化生成等模式,让职工真正在民主、共进、自我提升中当好主角,在相互理解、相互尊重、相互信任、相互关爱中体现和谐。

2.在设计职工健康管理上着眼于"精"

保障职工身心健康是"家"文化建设的能力彰显。在严格落实职工健康行动计划工作要求的基础上,车务段党委精心设计,初步构建了职工健康管理体系。一是建立以健康体检为依托的健康教育、监测、咨询、评估,结合为沿线职工"送医送药送健康"活动,形成一体化的"健康管理链";二是在健全健康管理档案的基础上,重点针对沿线不同工种、不同时期、不同地域易发疾病的特点,每季总结和监测职工身体变化和疾病发生情况,及时采取宣传教育和有针对性的措施实施干预;三是积极建立职工心理援助平台,在南丹、金城江、宜州、融水、融安设立和培训兼职健康指导员和心态调适员 7 名,推行了心态调查、心理状态评估、心理咨询与调试、心理监控与反馈的工作模式,很大程度上提高职工的心态调适能力、承受能力和应急处理能力,较好地引导职工正确对待自己、他人和社会,正确对待困难、挫折和荣誉。据统计,2020 年职工心脑血管疾病和恶性肿瘤发病率较 2015 年分别下降了 12.7% 和 15.4%。

3.在关心关爱职工生活上着眼于"精"

关心关爱职工生活之点滴是"家"文化建设的核心要义。车务段党委积极践行"我为群众办实事"的工作要求,以"时时放心不下"的责任感和"心中常常牵挂"的使命感,大兴调查研究之风,通过有效的走访调查,真实把职工最大的关切梳理出来,把问题难题暴露出来,以问题难题作为"靶标",利用一切可利用的资源和优势,通过行之有效的手段和措施,在及时妥善解决问题难题中体现了职工的意愿,在不断满足职工日益增长的美好生活需要中检验了工作实效。车务段党委在建立工资发放、财务报销和限时办结制度,有效提升科室管理人员工作效率和办事能力的同时,实施了"职工生活问题五日办结制度",对沿线职工生活必需的短缺设备和物品承诺 5 个工作日内办结,得到了沿线职工的一致认可和好评。全面畅通职工诉求渠道,开设"职工诉求微代理""职工动态信息反馈"等平台,5年来共受理和解答职工提出的问题意见750余个,依法依规答复和解决各类问题550余个,进一步消除了不和谐因素,拉近了单位与职工的距离。

三、"家"文化建设取得的成果

(一)提升了安全保障之力

在"家"文化建设的熏陶下,职工自觉把安全目标融入个人的追求目标,提升了全段职工安全意识、担当意识和使命意识,增强了共建家园、共保安全、共谋发展的思想行动自觉。截至目前,我段安全生产实现2 514天,接续实现第12个防洪安全年,52个车站中,安全生产超10 000天的有35个,超15 000天的有7个,最高安全天数达到了17 630天。

(二)凝聚了团结奋发之力

在"家"文化建设的激励下,职工以更加昂扬向上的精神状态,一往无前的奋斗姿态,弘扬劳模精神、劳动精神、工匠精神,自觉把人生理想、家庭幸福融入铁路发展、国家富强、民族复兴的伟业之中,为推动高质量发展,实现铁路现代化继而实现中国式现代化贡献智慧和力量。

(三)激发了创先争优之力

在"家"文化建设的感召下,柳州车务段砥砺前行、勇于超越,不断创造优异的安全成绩、创造不凡的发展业绩。2018年以来,连续获得南宁局集团公司、国铁集团"模范职工之家"荣誉称号;2019年度获得南宁局集团公司治安治理工作先进单位;2018—2019年度获得南宁局集团公司离退休工作先进集体荣誉称号;2020年度获铁路"文明单位"等荣誉。

"以客为本、以质求存、以优取胜、以精创新" 助力企业高质量发展

中国铁路南昌局集团有限公司南昌客运段

南昌客运段成立于 1958 年 7 月 15 日,是江西省境内唯一担当铁路旅客运输的一线生产单位,全段现有职工 3 712 人,组建乘务班组 349 个。其中,动车 212 个(高速动车 138、动车 74);160 动车 16 个;普速车 121 个。南昌客运段下辖 7 个机关科室、17 个车队(间),担当旅客列车 125 对(动车 85 对),其中:直通 78 对,管内 47 对,开行方向辐射北京、上海、成都、重庆、青岛、南京、杭州、福州、厦门、深圳、广州、西安、武汉、昆明等各大城市,开行方向覆盖全国 20 个省市。

65 年来,从"让旅客满意是我们不懈的追求"到 2021 年开始创建"以客为本、以质求存、以优取胜、以精创新"服务文化,一代代南客人见证了列车滚滚前行的历史,打造出"浙赣线上的明珠——K288 次""井冈山号"等历史悠久的老牌优质列车,也创造了新的历史:"英雄城号""滕王阁号""赣京先锋号""赣都环湖号""红领巾号",赢得社会各界赞誉。先后获得全国精神文明单位、铁路抗击新冠肺炎疫情先进集体、铁路抗击新冠肺炎疫情先进党组织、全国先进基层党组织、江西省先进基层党组织、中国铁路党支部建设十大标杆、全路客货运窗口用户满意单位、全国铁路先进单位等多项荣誉。2022 年,先后被江西省委主要领导、共青团中央表扬。2022 年 9 月,中国科学院杨春和院士专程致信表达对我段服务的认同。2023 年 5 月 24—26 日,央视著名主持人带着央视综艺频道《艺术清单》栏目节目组专程乘坐南昌客运段"井冈山号"列车进行专题采访。截至 2023 年 5 月 30 日,南昌客运段相关先进事迹

在央视、《人民日报》、《中国青年报》等大报大台刊载 243 次,在省部级媒体刊载上千次。

一、"以客为本、以质求存、以优取胜、以精创新"服务文化的背景

"欲知大道,必先为史。"历经 65 年风雨洗礼的南昌客运段,始终传承红色基因、赓续红色血脉,秉持初心,在岁月的淬炼下,锻造出坚毅、顽强、拼搏、奉献的品格精神,积淀了深沉厚重的文化底蕴。这份底蕴,渗透进南客人的日常行为中,展示在南客人服务旅客的每一个细节中,逐步形成"以客为本、以质求存、以优取胜、以精创新"的服务文化理念。

进入新时代,南昌客运段作为铁路和旅客连接的纽带,作为服务旅客、展示铁路形象的窗口单位,不折不扣落实党的二十大精神,为旅客带去优质服务,让旅客有更美好的体验,始终是南客人孜孜不倦的追求。

二、"以客为本、以质求存、以优取胜、以精创新"服务文化的内涵

"以客为本、以质求存、以优取胜、以精创新"服务文化的形成体现了南昌客运段的工作本质,即以旅客为中心、把旅客的利益作为客运乘务工作的出发点和落脚点,把服务质量作为客运乘务工作的生命线,始终牢记服务没有最好只有更好,以更加优质有效的服务取信客运市场,紧跟旅客新需求创新服务内容。

1. 以客为本,把旅客的利益作为客运乘务工作的出发点和落脚点

党的十八大以来,中国特色社会主义进入新时代,习近平总书记强调:"人民对美好生活的向往是我们的奋斗目标""不断实现好、维护好、发展好最广大人民根本利益""发展成果由人民共享"……南昌客运段作为服务旅客的一线单位,就是要坚决落实习近平总书记重要指示批示精神,始终和人民的利益紧密相连,始终把"人民铁道为人民"作为行动指南,急旅客之所急,想旅客之所想,永葆全心全意为旅客服务的初心。

2.以质求存,把服务质量作为客运乘务工作的生命线

以质量求生存,面对竞争激烈的运输市场,唯有服务是永恒的法宝。服务质量决定了旅客的乘车体验,也决定了企业未来的发展。从走得了到走得好,反映了在市场经济的大潮中,人民群众对铁路工作的期盼越来越高,如何让人民满意、让旅客满意?让我们的列车成为旅客的最佳选择甚至不二选择,关键在服务质量。只有认识到服务质量的重要性,将服务质量是客运乘务工作生命线这一理念根植于干部职工心中,才能让干部职工自觉落实作业标准,提高服务质量,才能立于不败之地。

3.以优取胜,以更加优质有效的服务取信客运市场

优美的环境可以带给旅客舒适,得当的语言可以让人如沐春风,优质的服务才能赢得旅客的信任和支持。提高人民群众对铁路工作的满意度,赢得市场,就要不断提高服务质量,在思想上、感情上、工作上,像对待亲人一样善待旅客、服务旅客,提升旅客出行体验,满足旅客乘车需求,让旅客享有更多的获得感和幸福感。

4.以精创新,服务没有最好只有更好,紧跟旅客新需求创新服务内容

创新是第一动力,要加快实施创新驱动发展战略。对铁路而言,硬件设备要创新发展,软件服务同样需要创新发展。面对新形势新要求,全体南客人都应秉持创新发展理念,用心用情对待旅客,针对旅客需求,想对策、想办法,精益求精,推出更多更有针对性的服务举措,让旅客的旅程变得越来越美好。

三、"以客为本、以质求存、以优取胜、以精创新"服务文化的主要做法

1.突出政治引领,把牢创建的"风向标"

依托"三会一课"、班前学习、职工集体学习讨论和主题宣讲等载体,组织 3 200 名一线职工,深入学习党的二十大精神,学习习近平总书记对铁路的重要指示批示精神,引导干部职工牢固树立"人民铁路为人民"的服务宗旨。开展服务文化建设、服务质量

提升等重点课题讨论 460 余次,引导干部职工谈认识体会、找差距不足、提落实措施,推动服务文化理念成为干部职工的职业追求和行为准则,引导全段干部职工正确把握和深刻理解服务文化建设的丰富内涵与重大意义,主动立足岗位担当作为。抓好宣贯解读,结合每年开展的主题宣讲活动,分层开展形势任务宣讲,段领导班子带头深入一线,面对面向职工讲形势、谈任务,引导广大干部职工认清形势,凝聚攻坚合力。组织江西省劳模朱会娟、共青团十八大代表张晓东、江西省技术岗位能手许芳芳等先进典型深入一线进行宣讲,和班组互动交流,发挥榜样先进典型示范引领作用。组织开展理论微课大赛、情景剧大赛、技能竞赛等丰富多彩的活动,活跃文化氛围。

2. 突出理念创新,找准创建的"指南针"

聚焦新时代新要求,在"以服务为宗旨,待旅客如亲人""服务创造价值"和"我的南客我的家"等现有理念的基础上,积极探索旅客服务过程中的特点和规律,归纳总结"以客为本、以质求存、以优取胜、以精创新"的服务理念。利用客运现场会等时机,组织各车队(间)互相观摩交流,鼓励各一线班组结合现场实际,推出服务重点旅客的"爱心呼唤器""爱心哺乳巾""爱心防护网"等"爱心"系列服务举措、防止旅客拿错行李的行李识别球、防止旅客夜间走错的卧铺发光条、方便旅客到南昌换乘公交线路的乘车提示卡等贴近旅客需求的各类服务举措,在央视、《人民日报》、《新华每日电讯》、《工人日报》等各大中央传统媒体推出报道,获得社会各界的好评,展示了南客人努力创新服务举措,为旅客提供温馨美好服务的良好形象。

3. 突出制度规范,夯实创建的"压舱石"

将双重预防机制融入服务质量管理体系,建立服务质量风险库,分级研判严重、较大、一般风险源 11 类。对标《铁路旅客运输服务质量规范》和集团公司相关管理制度,全面梳理段现行乘务管理规章制度和服务质量标准、岗位作业指导书,清理制度文件 19 个,结合兴泉铁路开通、复兴号开行等生产布局调整及客运作业组织方式变化等新变化新情况,动态修订和完善技术规章和作业标准8个。出台《车队综合绩效考评办法》《列车长绩效考评管理办法》,推行"271"工作机制,组织开展"两类规章"查漏补缺活动,以规章座谈、问题对标等形式开展规章体检,梳理上报自查问题31个。新增、修订时速160公里动车组等6种车型46个工种《岗位作业指导书》。针对差异化作业关键点,对42条线路《趟工作细则》进行修订。采取"线路走向式"完成高铁、CR400AF-Z车型《线路工作细则》的编制。加快数字南铁建设,强化后勤保障,开发"悦勤""悦领"等考勤管理、物资发放等软件2个,开设"无人仓库"等,进一步夯实了提升服务的物质基础。

4. 突出技能提升,刻好创建的"定盘星"

紧扣各岗位实际,强化服务技能,大力开展服务标准、服务礼仪、服务技能、职业道德等内容的岗位培训,广泛开展车队(间)、班组岗位练兵、"背规"活动、技能演练、技术比武和段技能竞赛,深入开展"树形象、抓规范、严标准"活动,推动服务技能稳步提升。开办高铁列车长钉钉"云课堂"提质培训班2期,参培人数215人。首开技术规章"同题分讲",有效促进列车长队伍业务素质整体提升,提炼总结了"英雄情""诚意帮""3查1巡视"安全工作法等一系列服务法,促进工作人员素质提升。

5. 突出环境营造,激活创建的"原动力"

"幸福都是奋斗出来的""最美南客人""南客之星"、制服的变迁……坚持以文化人、以文育人,围绕南昌客运段红色服务文化传承、历年服务明星、先进典型、特色服务法等内容,先后投入70余万元打造了段本部车队楼文化长廊、南昌西综合楼4层文化园地、赣州车队综合楼5层文化阵地,营造浓郁的服务文化示范点创建氛围。精心打造"凡人小事""乘务心语""南客十年""现场直击"等微信专栏,广泛推广优秀服务案例、先进服务法、先进集体和个人的典型事迹,2022年至今发布原创微信498条,运用"南昌客运段"官方微博广泛宣传乘车知识,2022年至今发布信息1 500余条。

6.突出品牌打造,扩大创建的"美誉度"

突出勇当服务和支撑中国式现代化的"火车头"工作目标,贯彻落实"强基达标、提质增效"工作理念、建立健全品牌建设体系,在擦亮"井冈山号"老品牌的同时,紧密围绕"一车一品牌"要求,结合品牌列车特点,在复兴号动车组上推出双语服务、在K288次列车上推出"就医秘籍"、在"井冈山号"列车上为旅客讲解井冈山革命故事、在"红领巾号"列车上开展少年儿童红色文化教育、在"赣鄱环湖号"上为旅客讲解沿途风景名胜……先后打造了"英雄城号""滕王阁号""赣京先锋号""赣鄱环湖号""红领巾号"的服务品牌矩阵,推动列车实现"业务精、服务优、文化红、应急好"的质量目标。

7.突出业绩实效,做强创建的"加速器"

坚持目标导向和问题导向,以高铁及普速"清单"式检查项点为依托,紧扣现场作业实际,突出关键环节管控,聚焦制约服务质量提升的关键点和环节,系统梳理旅客反映的难点热点107条,责任到人、逐项销号,使服务文化示范创建成为助力段高质量发展的"加速器"。利用视频回看、静态检查、动态添乘、专题分析等形式,加大对各次列车服务质量工作的督导检查,增强干部职工规范服务行为、强化服务标准、提升服务质量的自我约束力和主动性。聚焦任务目标,明确各项重点任务,建立问题库,推动《客运服务提质行动细化措施》落实落地,全面提升旅客列车基础工作水平。

四、"以客为本、以质求存、以优取胜、以精创新"服务文化取得的成效

1.安全基础更加夯实,社会效益更加凸显

南昌客运段"以客为本、以质求存、以优取胜、以精创新"服务文化创建以来,全段干部职工对安全关键处所、关键环节、关键时段、关键岗位的风险管控意识显著提升,文化软实力有效转化为现实生产力,安全生产基础更加夯实,运输安全持续稳定,牢牢守住了高铁和旅客列车安全万无一失的职业红线和职业底线。截至

454

2023 年 5 月 30 日，全段无任何安全责任事故，实现安全生产4 848 天，成为旅客心中可信赖的出行选择。2023 年以来，旅客上座率节节攀升，截至 5 月 30 日，完成运输收入 7 026.78 万元，同比 2022 年增长 203.8%。

2.职工素质得到全面提升，优秀人才不断涌现

以优秀服务文化浸润，培养高素质人才队伍，助力企业高质量发展。2 年来，南昌客运段干部职工始终以"旅客满意"为标准，努力学业务、练技能、提素质，形成了浓厚的比学赶超氛围，在 2022 年全局"振兴杯"客运技能大赛中，南昌客运段包揽了客运列车类列车长、列车值班员等全部工种第一名、第二名。2023 年获得了客运列车类列车长、列车员、行李员等工种第一名的好成绩，涌现出了火车头奖章获得者曾颖、江西省"五一劳动奖章"获得者周倩、2021 年南昌局集团公司"十大平凡之星"万洁等一批先进典型。职工素质的提升为企业高质量发展提供了坚强的人才保障。

3.社会美誉度得到提升，企业形象进一步美化

"以客为本、以质求存、以优取胜、以精创新"，旅客的满意就是企业的生命线。服务文化创建以来，通过环境营造、思想教育、典型引领等，南昌客运段企业文化氛围更加浓厚，干部职工思想观念得到进一步转变，旅客满意度得到进一步提高。南昌客运段微信公众平台关注人数达 16 660 人，持续受到社会各界关注，阅读量和点赞率在全路上千个基层站段中名列前茅，连续被中央网信办、国铁集团党组宣传部评为优秀新媒体平台。2022 年以来，全段收到旅客各类表扬 1 500 余件，旅客投诉同比减少 205 件，投诉率较2021 年下降 45.9%。2022 年，南昌客运段继续保留第二届全国文明单位荣誉称号，动车二队 G492/1 次列车获全路客货运输窗口用户满意单位，动车三队 G2731 次高 44 组获质量信得过班组。

"昆仑驿站"承载天路旅客幸福旅途

中国铁路青藏集团有限公司格尔木车务段格尔木站

格尔木站隶属于中国铁路青藏集团有限公司格尔木车务段,于 1984 年青藏铁路西格段开通时投入使用,现为青藏线二等车站,主要承担所有进出藏旅客列车、货物列车的中转、到发作业。格尔木站海拔 2 289 米,是青海、西藏、甘肃、新疆四省(区)的交通枢纽,稳藏固疆的战略要塞;是"丝绸之路经济带"青海节点的开放前沿和出入口。2017 年 9 月,格尔木站在原址上进行重建,2020 年 6 月 30 日新站投入使用,建设总量 36 729 平方米,站房总面积 14 974平方米,有效提升了运输服务能力,成为助推区域经济社会发展的重要堡垒。

一、"昆仑驿站"文化品牌建设背景

格尔木背靠昆仑山,身居柴达木盆地,境内有长江源头、万丈盐桥、雪山冰川、昆仑雪景、瀚海日出、沙漠森林等独具特色的自然景观,是观赏青藏高原风光、野生动物活动和进行科学考察、登山探险的理想之地。自 2006 年 7 月 1 日青藏铁路全线开通运营以来,格尔木成为众多游客观赏高原胜景、探寻昆仑神话和进出西藏的"大本营",而被称为"旱码头"的格尔木站也成为服务往来旅客的重要"驿站"。为了适应这一发展趋势,为广大旅客提供更好更优质的铁路运输服务,格尔木站以创建"昆仑驿站"服务文化品牌为抓手,以"让人民群众满意"为目标,全面强化服务组织、美化服务环境、完善服务设施、优化服务流程、提升服务质量,努力打造高原一流特色服务文化。

二、"昆仑驿站"文化品牌释义

品牌内涵:"昆仑驿站"服务品牌,取意昆仑的厚德、包容、开

456

放、稳重、坚毅、责任，"昆仑驿站"的徽标上，有微笑、微小四个字，"微笑、微小"也正是格尔木站客运服务品牌的核心内容。"微笑"是一张名片，作为旅客的"驿站"，在服务中始终保持微笑服务，让旅客感受到"家"的温馨；"微小"是一种温暖，换位思考，注重细节，从微小的地方着手，最大限度让旅客感受到暖心服务。

品牌理念：坚持"耐心对待每一次问询，诚心对待每一次投诉，真心对待每一次求助，热心对待每一次服务，爱心对待每一位旅客"的"五心"服务法，达到"热情服务零距离、业务办理零差错、服务态度零投诉、便民利民零疏漏"的"四个零"服务目标。

品牌 logo：

"昆仑驿站"品牌标识整体颜色为蓝色，标志上方为意象化的昆仑山，中间为概念化的格尔木站，下方为"微笑、微小"服务理念，整体设计既引用了格尔木站房造型"千山之宗、万水之源、雪域苍穹、青藏枢户"的设计理念，又突出了服务理念，两种理念互相融合，是外在与内在合二为一的最终体现，展示出独具特色的服务品牌精神气质。

服务宗旨：以服务为宗旨，待旅客如亲人。

服务目标：让旅客体验更美好。

服务理念：敏感、用心、用情。

服务价值观：始终以"微笑、微小"的服务意识，诠释"敏感、用心、用情"的服务理念。

服务特色："四个一"服务特色，即："一卡"是指旅客健康登记卡（简称健康卡），向购买格拉段列车车票的旅客发放健康卡，旅客可通过阅读健康卡上的《高原旅行提示》及时了解高原旅行注意事项，并针对自身状况做好相关准备；"一瓶"是指氧气瓶，在车站配备吸氧设备，为旅客提供应急保障服务；"一室"是指在车站设置吸氧室，为有高原反应的旅客提供专门吸氧场所；"一随"是指随车医生，在青藏线格拉段运行的旅客列车配备医务人员，为旅客和列车工作人员提供随车医疗服务。

服务行为：始终坚持"以服务为宗旨，待旅客如亲人"的理念，始终把确保旅客生命财产安全放在首位，为广大旅客解难事、办实事，始终用"四个一"服务规范、"五心"服务准则、八项服务标准、"四到三多"服务守则要求自己，为旅客提供周到、细致、温馨的服务。"四个一"服务规范即：一张笑脸相迎、一声问候暖心、一腔热情服务、一声祝愿道别。"五心"服务准则即：耐心对待每一次问询、诚心对待每一次投诉、真心对待每一次求助、热心对待每一次服务、爱心对待每一位旅客。八项服务标准即：仪容端庄形象服务、讲究道德文明服务、履行职责规范服务、照顾重点全面服务、助人为乐定向服务、兑现承诺监督服务、遵章守纪廉洁服务、通畅安全有序服务。"四到三多"服务守则即：心到（精神高度集中，到岗、到位、尽责）、话到（提醒进站旅客票、证一致，有序候车，礼貌疏导，做好解释）、眼到（三步一回头，密切注视旅客候车情况）、手到（遇有需要帮扶的旅客，及时帮助）；多巡视（多巡视站台和列车状态）、多观察（对设备和旅客动态多观察，及时处理异常）、多提醒（提醒旅客应该注意的事项）。

三、"昆仑驿站"文化品牌建设的主要做法

1. 加强动员部署，深化服务品牌认可

一是深入开展服务理念宣传教育，不断强化"服务是铁路的本质属性"的思想共识，引导干部职工自觉把"以服务为宗旨"作为职业操守和价值追求。持续开展形势任务教育，树立树牢"我的岗位就是为您服务"的鲜明导向，引导干部职工深刻认识建设服务品牌的意义和重要性，促进客运优质服务、提质增效的思想自觉，把思

想认识统一到建一流管理、创一流职工队伍、打造一流服务品牌上来，落实工作责任，抓好组织实施。二是充分发挥各类宣传阵地优势，加强宣传发动，大力度地宣传服务品牌建设中出现的有特色、有亮点的措施，以及服务品牌建设过程中涌现的先进集体和个人，通过深入发动、广泛宣传，形成干部职工积极参加，党政工团齐抓共管，合力打造优质服务品牌和良好发展环境的浓厚氛围，不断掀起品牌建设活动新高潮。

2. 开展优质窗口（岗位）创建，加大服务品牌推广

一是以建设服务台、流动岗、示范窗为主体，深入开展优质服务窗口（岗位）创建活动，通过开展客运服务礼仪、服务技巧、重点旅客服务、军训等技能培训，提高客运职工服务技能和水平；开展岗位练兵活动，全力营造"比、学、赶、帮、超"的浓厚氛围，进一步提高职工业务素质；开展"职工做一次普通旅客、干部做一天客运职工"换位思考体验活动，通过亲身经历，增强对做好客运服务工作的认识等系列活动，把优质服务窗口（岗位）创建活动作为服务品牌建设的重要内容。针对服务项目、服务发展、服务旅客等方面存在的突出问题，进一步提出整改意见，完善服务品牌内涵；段领导及相关职能科室要加强检查、督导和考核，强化建设效果。二是把"昆仑驿站"品牌建设纳入星级职工评定，大张旗鼓地表彰奖励作出积极贡献的职工，对表现特别优秀、成绩特别突出的职工，通过职务晋升等方式给予大力度、实质性激励。持续做好对服务者的服务工作，帮助职工解决思想问题和实际困难，消除后顾之忧，进一步激发职工做好服务工作的内生动力。三是聚焦"平安出行、有序出行、温馨出行、让旅客体验更美好"目标，突出平安出行，围绕旅客进出站和乘降流线，加强服务设施设备的排查整治和管理维护，完善安全提示和服务引导标识，确保旅客走得安全、走得放心。突出有序出行，优化客运组织和服务流程，充分预想重点时段可能出现的情况，健全完善应急预案，定期举行应急演练，确保旅客出行有序、出行便利。突出温馨出行，充分发挥电子客票进出站"无接触式"服务，减少对旅客的干扰，着力在智能服务、特色服务、个

性服务、精准服务上下功夫,切实满足不同旅客的服务需求。

3. 不断完善建设措施,强化服务品牌深度

一是积极组织开展服务品牌建设"回头看"活动,对照品牌建设要求,查找服务品牌建设过程中存在的问题与不足,针对不足组织干部职工加强探讨和研究,进一步挖掘、丰富品牌内涵;建立健全"昆仑驿站"服务明星评选制度,选树一批岗位能手、安全标兵等优秀服务人员,以点带面,在各岗位中发挥带头模范作用,有效推进和提升服务品质,塑造"意识超前、品质高尚、作风顽强、业务过硬"的员工模式。二是把岗位实践作为深化品牌建设的重要途径,将品牌理念融入具体为旅客服务过程中。服务方式上实行"四个一"(一张笑脸相迎、一声问候暖心、一腔热情服务、一声祝愿道别);办理业务时坚持"服务承诺制、首问负责制";注重旅客投诉和意见建议的处置反馈,最大限度争取旅客的理解和支持,以有形的载体促进干部职工自觉以"心里装着旅客"来真诚待客、以"工作方便旅客"来落实标准、以"一切为了旅客"来端正行为、以"评价交给旅客"来检验成效。三是重塑服务形象。制定客运岗位服务规范用语标准,从语言、态度、礼貌、待客、称谓 5 个方面进一步细化,精心提炼形成了服务用语 50 句,涵盖了购票、检票、敞开受理、装卸作业等 14 种作业场景,坚持微笑服务、文明服务,用"您好""请"字词当头,说好"十字"文明用语,在公共场所张贴岗位服务标准,自觉接受广大旅客监督。聘请驻地军事教官、航空从业人员和星级宾馆礼仪人员,开展服务标准、服务礼仪、服务宗旨、服务技巧培训。服务礼仪和技巧全面提高。

四、"昆仑驿站"服务文化品牌建设的实施效果

服务文化建设是从形成文化自觉到实现行动自觉的一个长期转变过程,通过加强"顶层设计",以制定基础制度机制为突破口,用制度保措施、让机制提质量。历经 6 年的创建,"昆仑驿站"服务中心服务内容得到了不断充实,服务质量得到了不断提高,旅客的出行体验感逐渐充实。

1.通过开展服务文化建设,"昆仑驿站"品牌的影响力得到
　　增强

聚焦"平安出行、有序出行、温馨出行、让旅客体验更美好"目
标,突出平安出行,围绕旅客进出站和乘降流线,加强服务设施设
备的排查整治和管理维护,完善安全提示和服务引导标识,确保旅
客走得安全、走得放心。突出有序出行,优化客运组织和服务流
程,充分预想重点时段可能出现的情况,健全完善应急预案,定期
举行应急演练,确保旅客出行有序、出行便利。突出温馨出行,充
分发挥电子客票进出站"无接触式"服务,减少对旅客的干扰,着力
在智能服务、特色服务、个性服务、精准服务上下功夫,切实满足不
同旅客的服务需求。自"昆仑驿站"成立以来,提供接受旅客预约、
解答旅客问询、受理旅客投诉、解决困难求助,信息咨询查询,引导
旅客候车等多个服务项目万余次,受到了旅客的一致好评。

2.通过开展服务文化建设,"昆仑驿站"服务品牌的"便利性"
　　逐步延伸

格尔木站地理位置特殊,为保证高原旅客健康,与医院建立了
"无缝对接"救援救治响应机制,打通了重点旅客"生命通道"。定
时发布列车车次、方向、到开点及余票等信息。与地方广播台、电
视台建立媒体连线,全天候动态发布出行资讯。发挥服务品牌优
势,以品牌为引领,推出针线包、充电站、婴儿车、轮椅、救护担架等
爱心便民服务,特别是针对特殊旅客,帮助解决旅客出行遇到的实
际问题,以品牌魅力营造了温馨出行的良好的环境。

3.通过开展服务文化建设,"昆仑驿站"服务品牌的实际作用
　　得到凸显

一次次的微笑服务,让旅客在服务中感受到"家"的温馨,一件
件"微小"的事情,让旅客在旅途中感受到温暖。通过丰富主动式
服务、流动式服务、联动式服务举措,对普通旅客突出便捷服务,增
设自动取售票机,24小时开设售票窗口,增加了循环通报车点、提
前通知旅客排队检票等提醒服务;对重点旅客突出特色服务,按照
"有需求有服务,无需求无干扰"的原则,提供重点旅客预约、遗失

物品查找、解答旅客问询、受理旅客投诉、解决困难求助、信息咨询查询、引导旅客候车等各项服务,在爱心服务台放置轮椅、行李推车、应急小药箱、针线包等设施设备,以备旅客不时之需,同时通过建立"爱心档案",保证服务有始有终,切实让服务品牌的作用凸显起来。

近年来,格尔木站服务旅客已突破 105 万人,随着铁路建设与发展,格尔木站已成为格库铁路、敦格铁路、格拉铁路、格成铁路(规划中)交会点,以格尔木站为中心点,东连西宁、北达敦煌、南去拉萨、西抵库尔勒、西南至成都(规划中)的"卡"字形铁路路网结构正逐步形成,格尔木站的枢纽地位和作用也在这一发展过程中日益凸显。未来,格尔木站将继续深化"昆仑驿站"服务文化品牌建设,始终以助推地区经济社会发展为己任,在中国式现代化建设的道路上,作出自己新的更大的贡献!

"畅通运输、便捷办理、温馨服务"
助推经营品质换挡升级

中国铁路呼和浩特局集团有限公司乌海货运中心

乌海货运中心成立于2013年6月,营业范围东起包兰线五原站、西至包兰线乌海西站、北至临哈线马鬃山站、南至黄公线公乌素站,管内营业里程全长1 695 km,担负着包兰线、海拉线、临额线、乌吉线、天策线、西金线、黄公线共7条干支线的货物到发、装卸组织等工作。中心下设13个职能部门,5个生产车间,1个安全生产调度指挥中心、31个作业班组。现有干部职工540人,党员252名。

近年来,面对安全考验多、主流货源市场波动剧烈等经营困局,乌海货运中心党委始终坚持将"畅通运输、便捷办理、温馨服务"经营理念引入企业经营生产全过程,积极助力营销工作提质增效,企业货运年发送量从最初2 000多万吨增长至2 600多万吨,经营质量和效益稳步增长。企业多次获集团公司"先进单位";企业党委多次获评国铁集团"先进党组织"、党支部建设"十大标杆"以及集团公司"先进党组织"等荣誉称号。

一、"畅通运输、便捷办理、温馨服务"经营文化背景

党的二十大发出了向实现第二个百年奋斗目标进军的号令,但在新的征程中,铁路运输经营任务压力不断加大,乌海货运中心主要通道、装车点能力基本饱和、既有货场设施设备老旧、正线机力不足等制约因素突出,集装箱、专用线等持续增量空间有限,煤炭价格管控趋严,公路运输价格不断冲击铁路运输市场,主流车型阶段性不足仍然持续,高起点上实现高增长挑战巨大。

基于上述问题,乌海货运中心党委提出了"畅通运输、便捷办理、温馨服务"经营理念。在经营理念的引领下,乌海货运中心不断将更好的运输产品、更优质的精心服务、更多盈利点与合作客户共享。如今的乌海货运中心,以经营文化为引领,班子成员以身作则,党政工团合力共为,职工队伍齐心协力,典型标杆带动引领,经营品牌一马当先,推动货运增量乘势而上,结出累累硕果。这是乌海货运中心持续发展、占据市场的核心竞争力,也为乌海货运中心树立了企业良好口碑,拓展了铁路社会影响。

二、"畅通运输、便捷办理、温馨服务"经营文化的主要做法

(一)培育思想共识,践行经营理念

1.完善理念体系,让经营理念外化于行

坚持继承与创新并举,在注重本土性、时代性和科学性的基础上,深入开展企业精神、理念征集活动,广泛召开职工座谈会、车间总支研讨会、党政联席会,集智聚力,提炼出"畅通运输、便捷办理、温馨服务"的经营精神和"客户是共赢伙伴,服务就是竞争力"的经营愿景,从源头上得到了职工群众的普遍认可。在此基础上,持续开展"子文化"培育,积极进行专项文化创建,根据各班组的岗位特点总结班组精神,实现"一班组一文化""一班组一特色",延伸出金泉南营业部"面向口岸做大营销、立足岗位创造精彩"、策克营业部"坚守前沿阵地、做大口岸物流"等13条班组个性经营理念,构建了具有行业特点和地域特色的经营理念体系,真正培育了具有系统特色、单位特点的企业文化理念体系,夯实企业文化建设基础。

2.加强教育引导,让经营理念内化于心

坚持统筹布局、合理规划,持续加大文化阵地建设力度,推动经营理念入脑入心。突出正面宣传,编印经营文化理念体系阐述手册,拍摄企业宣传片《向上而生》,以理念精解和微视频的形式,不断增强经营理念体系的吸引力和认可度。加强学习培训,将经营文化理念的宣传学习纳入职工培训教育,实现理念培育全员化,让职工逐步加深理解,潜移默化接受。抓好氛围营造,组织开展以

经营文化为主题的生产运动会、诵读音乐会,在寓教于乐中加深对经营理念的认同;设计制作理念揭示展板,在各车间设置电子竖屏机,开展图文并茂的宣传展示,让职工在耳濡目染中得到教育、受到启发。开展经营理念宣讲,结合年度形势任务宣讲,抽调营销、服务典型成立宣讲团,深入一线岗点进行宣讲报告、实际演示,让职工加深理解、促进认同。

3.重抓实践落实,让经营理念固化于行

将企业文化作为培养职工价值认同、提升经营管理品质的重要抓手,领导班子率先践行经营理念,分批包保管内重点合作企业,每月定时定次深入走访,了解企业生产运输实际,以实践推动经营理念落实落地。发挥党员先锋模范作用,在党内深入开展"保安全、保增量、争当安全创效岗"党内主题实践活动,增强党员职工经营创效内动力。制定营销奖考评办法,坚持增量导向和正向激励相结合,充分调动职工深入市场、贴近客户的积极性,让职工高标践行经营理念成为自觉行动。编撰文化书籍,收集整理中心服务地方经济社会发展、持续推进货运增量、职工走访营销等优秀新闻稿件、文学作品,编撰成展现企业经营理念的特色书籍,赠送给中心全体干部职工,引导干部职工在思想上和行动上同心同向同步,达到以文化人、文化育人的目的。

(二)坚持软硬结合,规范经营行为

1.定制度促规范,推动经营效能提质升级

坚持把经营文化理念融入企业生产经营管理全方面,用理念指导制度建设,再以硬性的制度贯彻软性的理念,实现文化柔性与制度刚性的有机融合,增强价值理念的贯彻执行力,使理念最终外化为自觉行动。坚持先立规章后办事,将经营理念融入经营决策、市场营销等经营管理制度,实现经营理念与制度的导向一致、作用互补。抓住货运营销服务中的难点,制定三级客户代表管理办法暨市场化营销工作方案,精准划分市场营销责任,下达营销量化任务,进一步提高营销工作主动对接市场、适应市场的能力。制定首问负责制客户服务质量评价管理办法,用客户的评价检验职工的服务质量,促使履职、担当、尽责成为一种习惯。优化客户服务体验,在各车间营业大厅设置客户接待室,设立专人客服,方便客户集中办理业务,为客户提供全流程业务指导,进一步提高办事服务效率,打造热情周到服务窗口,在改善客户体验的过程中,带动经营品质提质升级。

2.抓培训提素质,确保服务能力稳步提升

以素质文化建设为载体,把培育高素质的职工队伍作为经营文化建设的基本任务。精心设计培训内容,每月定期举办"周末讲堂",在月度下发培训学习计划中加入营销技巧、温馨服务相关内容,切实提高中心干部职工理论素养。以新入路职工为切入点,建立健全"技能培训、技能帮带、技能竞赛、技能奖励"为主要内容的"四位一体"培养机制,走好青工入路第一步。围绕"外聘、内培、送培送教到一线、到企业"三大核心,组织开展"温馨服务"专题培训,邀请专业人员从市场营销与团队建设、人际交往礼仪与服务礼仪技巧等方面开展培训,不断提高干部职工服务水平。加大党员职工教育阵地建设,打造职教主播、分播教室,跟进完善4个党总支党员活动室功能,持续提高干部职工在经营文化方面的学习力和创造力。严肃考核问责,定期对职工服务能力进行检查抽查,确保培训、学习质量,加强对无故不参加学习或服务能力较差的职工的教育管理,并纳入考核,倒逼职工主动学习。

3.树典型强示范,提升经营示范引领效力

把选树典型作为提升企业经营文化品质的重要途径,按照"镜头对准职工,笔头描写一线"的原则,精心培育打造具有中心特色的人物事迹,在中心上下形成"一花引得百花开"的辐射效应。依托集团公司"精彩呼铁·年度人物"、呼铁好人月度评选等现有优秀做法载体,坚持开展"乌海货运之星"评选活动,举办"年度最美职工"颁奖典礼,先后选树培育了"精彩呼铁·2019年度人物"常洪顺,"精彩呼铁·2020年度人物"吴宝智、17名呼铁好人、20余名年度最美职工以及数十名乌海货运之星等一大批先进典型,让职工既有所见、更有所思,激励催生职工队伍内生动力。坚持"典型引路",推好典型经验,组织召开经营典型座谈研讨会、经验分享会,借助内外宣报纸、微信公众号等传媒、网媒载体,多角度立体化宣传典型事迹,用先进人物身体力行诠释经营文化的精彩故事、诠释经营文化,影响带动广大职工以知促行,形成人人践行经营理念的良好导向。

（三）注重品牌打造,提升经营品质

1. 依托经营核心,打造"零距离"营销品牌

以实现"沟通零距离、服务零距离"为目标,积极打造"零距离"营销品牌。坚持沟通零距离,打消"坐商"心理,树牢"行商"思维,对管内企业开展全覆盖营销走访,全力挖掘"公转铁"货源承揽量。坚持营销零距离,主动作为、精准发力,围绕"以货补客"目标导向,聚焦集疏港货物,积极引导客户开发 35 吨敞顶箱新增到站,加快推进"重去重回"循环项目运输组织,大力拓展白货整车、集装箱多式联运市场,为打赢货运增量行动贡献坚实力量。坚持服务零距离,以"提升服务质量、转变服务理念、展现营销新形象"作为手段,真正"俯下身子,放下架子,磨开面子",及时传递铁路近期各项运输政策,协调解决运输过程中遇到的各种问题,增强主动服务的意识,助推货运增量。

2. 围绕地域特点,打造"娜仁花"服务品牌

围绕"促货运提质增量、提经营服务水平"两大核心,结合河套地区周边零散小企业较多的现状及农产品货物生产运输特色,打造"娜仁花"服务品牌。坚持心系货主、深抓细节,深入田间地头开展营销服务,把货主的意见建议作为改进服务的风向标,持续优化服务流程、探索延伸服务项目,形成统一标准和规范流程,高标贯彻落实货运服务理念,实现由管理货主向服务货主的转变。推行项目分工负责制,分工包保、分片负责区内重点农户农企,坚持"三个一"服务法,每周一走访、每旬一回访、每月一学习,通过持之以恒培育践行,真正把经营文化融于思想、化入血液、落到行为,化为行为自觉,让每一位客户都能感受到中心温馨、便捷的经营文化,从而吸引更多货源向铁路聚集。

3. 聚焦青年力量，打造"5G青年"品牌

以"提升理念，努力创建学习型、服务型、创新型团组织"为目标，围绕中心青年职工，积极打造"5G青年"品牌。品牌突出崇文尚武、绽放青春、展示作为、服务企业等内涵，按照"亮品、育品、固品"三个环节持续推进，在创建过程中注重讲特色、造声势、扩影响、重实效，强调合理引导、尽心培育、不断总结。强化青年业务能力提升，扎实推进"青工业务讲堂"，常态化开展"每日一题""小比武""小练功"技术团课、应急演练、"青工擂台赛"等学练活动，帮助青工苦练技能，强化自身业务水平，彰显青工"学标、贯标、落标"的示范带头作用，不断增强团员执行岗位标准化作业、竭诚服务促上量的企业归属感，切实发挥团员青年保安全、促上量的重要作用。

三、"畅通运输、便捷办理、温馨服务"经营文化取得的效果

在经营文化的引领下，乌海货运中心运输经营再创新高，年度发送货物量同比增长 3%；明水、马鬃山货运业务快速开办，打通疆煤入蒙新通道，实现疆煤增量 64.09 万吨；以铁矿粉到重庆成功吸引焦炭、煤炭等大宗货物公转铁，实现集装箱同比增加 124.97 万吨；安全生产调度指挥中心优势充分发挥，焦炭专车周转率进一步提高，实现焦炭整车同比增长 13.31 万吨；煤炭长协客户和焦炭、非矿等运量互保协议客户运量进一步兑现，用足用好价格政策抢抓玉米、高岭土、生铁等外运市场，一口价项目累计创收 14.22 亿元；以车源、箱源、车流方向为基准，适时调整营销策略和运输组织方式，突破了全局运输任务完成情况下"东部运力充足、西部运力紧张"的常态化运输局面，实现运输任务超额完成和单日装 2 074 车历史新纪录。

第四篇　铁道企业管理优秀论文

基于高铁网络支撑的应急力量投送方案思考

中国国家铁路集团有限公司运输调度指挥中心

田园威　刘　战

我国是世界上自然灾害最为严重的国家之一,灾害种类多,分布地域广,发生频率高,造成的损失严重,这是一个基本国情。党的十八大以来,以习近平同志为核心的党中央将防灾减灾救灾摆在更加突出的位置,应急管理部应运而生。在国家应急体系建设中,应急力量运输关系重大。铁路作为国家战略支撑和大众交通工具,具有乘坐方便、分布广泛、承载力强、准时正点的优势。充分发挥好铁路应急力量输送能力,特别是基于高铁成网后的快速运输,对提高国家应对重特大灾害事故能力,保护社会生产和人民生命财产安全都具有十分重要的作用。

一、建立应急运输体系的必要性

突发灾害对人民的生产生活产生了严重的影响,酿成了许多悲剧。当我们遇到各种灾害时如果能够采取有效的措施进行控制,把抢险人员和防救物资及时运送到需要的地方,则灾害造成的损失就会降到最低。1998 年特大洪灾全国共有 29 个省(自治区/直辖市)遭受了不同程度的洪涝灾害,农田受灾面积 3.18 亿亩,倒塌房屋 685 万间,各地直接经济损失 2 480 亿元。2003 年初的"非典"危机,学校的正常教学进度被打乱,很多省市都实行了全面停课,广东省多个地区出现抢购食盐、粮油等商品现象。上海、北京、沈阳等城市,板蓝根等预防和治疗呼吸道疾病的药品几乎被抢购一空。2008 年汶川地震造成 4 561 万人口受灾,四川省内 7 条高速、16 条省道、2 754 条农村公路不同程度受损,为了救治更多人民生命财产,第一批解放军部队被迫采用空降方式进入灾区……突发灾害是对政府和社会应对能力的全方位考验,我国地大物博、资源丰富、制造能力强,具备应对各种风险和挑战的能力,但在较短的时间内集中大量的人力、物力和财力,则需要有一个强大高效的运输网络以及科学理论指导的运输调度体系。

应急力量高铁运输主要包括发生地震灾害、地质灾害、洪水灾害、森林草原火灾等灾情和生产安全事故时,应急管理部向国铁集团、省级地方应急管理部门或国家综合性消防救援队伍向所在地铁路局集团公司提出的利用高铁向重点灾区投送应急人员和随身携带物资的任务需求;以及根据灾害特点,提出利用高铁向预判重点灾区投送应急人员和随身携带物资的任务需求。

二、高铁在应急运输中的优势

1. 路网分布广泛

截至 2020 年底,全国铁路营业里程 14.6 万公里,其中高速铁路 3.8 万公里,基本覆盖 20 万人口以上城市。2021 年 6 月,川藏铁路拉林段开通运营,复兴号实现对 31 个省区市全覆盖。2022 年,"四纵四横"高铁网全面形成,"八纵八横"高铁网加密形成。到2025 年,铁路网规模将达到 17.5 万公里左右,其中高铁(城际)达到 5 万公里,基本实现内外互联互通、区际多路畅通、省会高铁连通、地市快速通达、县域基本覆盖。铁路运输可基本直达人口集中的全国各县、市。

2. 运输能力强大

一列 8 辆编组的标准型动车组,可提供 556～618 个席位。一列座卧混编的普速旅客列车,可运输 1 200～1 300 人,并可携带100 吨左右的物资。2008 年汶川地震发生后,铁路部门用了 8 天时间,开行"救"字头、"抢"字头列车 524 列,运输救灾物资 271 万吨,将 25.9 万名抢险部队、医护人员和志愿者运送到灾区。

3. 全国统一调度

国铁集团调度指挥中心负责全国 18 个铁路局的集中统一指

挥,2020 年全国日开行货物列车 20 163 列,旅客列车 10 000 列,其中,动车组列车 5 500 列左右。全国铁路客车拥有量为 7.6 万辆,其中,动车组 3 918 标准组。根据运能需求,国铁集团会临时调配运力加开列车。2021 年 5 月 1 日最高峰开行旅客列车 11 416 列次,较平日增加 14.1%。近年来铁路速度、密度、重量、效率等主要技术指标达到世界领先水平。铁路信息化水平大幅提升,高铁网和互联网深度融合,数字铁路、智能铁路建设取得系统性成果。

4. 不受天气干扰

全天候运输是铁路可以提供持续运送能力的保证,特别是高速铁路由计算机控制运行,司机不再根据地面信号行车,而是根据车内信号行车,抵抗风雨雪雾等恶劣天气的能力较强,动车组有两侧操纵端,采用动力分散型布局,8 辆标准动车组中有 4 辆至 5 辆动力车厢,全部失去动力的可能性很低,可以保证列车按规定时刻到发与运行,规律性很强。这是飞机、汽车及其他旅客交通工具所不及的。

三、高铁应急运输中的关键点

1. 应急系统响应必须迅速

应急运输在我国比较受重视,发展较快,但起步较晚,各环节不够完善。铁路运输是一个庞大的联动机,完成应急运输任务需要运输、机务、车辆、客运、货运等部门的协调配合。日常运输时按日班计划执行,应急运输时,需调整原有日班计划,临时调配人员车辆,改变站线运用,跨局列车还会影响机车交路、运行方式等。所以从接到应急运输任务、到安排运送车辆、增派作业人员、盯控列车运行、反馈运输情况都必须形成统一的快速反应链条。

2. 应急路径选择必须合理

在应急物资数量问题解决的前提下,物资运输体系非常关键,如果运输路径没有规划好,那么将会影响整个体系的有效性和时效性。一个合适的路径优化模型,也是应急运输能否快速送达的关键。在物资储备方面,我国已经建立了应急仓储网络,按应急物资储备制度的要求,分别在沈阳、西安、武汉、天津、郑州、长沙、成都等 8 个地区建立了应急物资仓库,除了中央级储备仓库,全国各地区也建立了应急物资储存仓库。从应急物资的储备地点可以看出,应急路径选择不是单一的,而是可以根据路网情况择优变化的。

3. 装卸倒运能力必须便捷

现有的铁路运输方式不能完全满足"点对点"的需求,需要汽运接驳,在进站上车、路铁联运、中间换乘上可能会出现衔接不及时,作业时间长的问题,影响应急运输的效率。例如,从哈尔滨向太原运送一批 300 人的救援队伍,列车在哈尔滨站准备妥当后,救援队伍进站路线要单独规划,不能与普通旅客混检进站。因两站之间没有直达动车组列车,需要选择沈阳、北京或石家庄等站进行换乘,换乘时不能再安排进出站,而是要同时、同站台换乘。救援队伍到达太原站前,应安排汽车进站对口迎接,减少救援队伍走行路径,提高运输效率。

4. 关键环节确认必须到位

因应急运输不同于有计划行车组织,应急人员、备品没有上车时,即使到了计划的发车时刻也不能发车。跨局运输时,受不同运输任务的影响,需要根据任务等级确定会让顺序。应急力量的进出站引导、途中用餐、任务变更等都需要有专人盯控协调,一个环节出现问题,将影响到整个运输链。

四、高铁应急力量运送方案的思考

1. 利用热备临时加开

为了防止动车组运行过程中出现故障,国铁集团在一些大的枢纽地区配属常备的路网性热备动车组,每日第一列动车组出发前安排到枢纽站待命,在每日最后一列动车组到达后解除。热备动车组常备司机、乘务组和运输备品,在接到运输任务后 20 分钟内即可具备开车条件。路网性热备动车组一般为双组 16 辆编组,根据任务需要可开行单组或双组。热备动车组一般配属为具备 CTCS-3 级,具备 350 km/h 高速度等级的列车,有些动车组不装备 LKJ,不具备在 C0 区段运行的能力。

优点:启动迅速,列车运行可以完全按照任务需要调整,运输速度快,对既有列车干扰少。

缺点:热备动车组只在枢纽站配属,应急力量在其他站乘车时需要等空排车底,热备动车组不能到普速线路运行。

2. 利用既有直达动车

我国日开行动车组列车 5 500 列左右,由于动车组运行速度快,大部分省会城市间已拥有直达动车组列车。既有直达动车组因为已经提前安排好运行时刻,不用临时加开动车组,不占用热备动车组,对运输干扰小,但由于应急任务一般为临时性任务,既有直达动车组列车车票均已开售,在旅客组织上有一定困难,同时也无法满足整列运输的需要。

优点:时刻固定,对运输组织干扰小。

缺点:只能在既有列车中选择,不能完全满足"点对点"的需要,适用于零散应急任务。

3. 利用高铁接续运输

此种方案较利用既有直达动车组比较相似,只是适用场景更加多,满足绝大部分高铁车站间的运输。在接续组织上可采用同站台换乘的方式减少进出站时间。无法实现下车即上车,人员换乘也需要时间,影响乘坐体验。

优点:对运输干扰少,随时乘车,出发快。

缺点:接续组织复杂,需途中换乘,用时较长。

4. 利用高普列车搭配

利用现有的高普铁路网络,可以实现全国 50 万以上人口城市的全覆盖,可以满足人数较多,持续时间较长,需要往返运输的需求。由于高普列车结合使用,在运输组织方案的制定上比较复杂,同时,因为高普难以同站台换乘和速度降级的影响,不适用长距离应急力量运输任务。

优点:覆盖面广。

缺点:运输时间长,运输方案复杂。

5. 停运就近列车方案

为了确保应急力量以最快速度投送,也可以考虑停运就近既有列车,加开应急特快列车的方案。如既有列车速度等级较低,在 350 km/h 的线路上无法达到预定的速度,可以在具备条件的车站安排高等级列车换乘。对因停运而无法继续运行的旅客则需要安排其他列车接运。

优点:乘车最快,用时最少。

缺点:影响旅客出行,运输干扰大。通过以上 5 种方案的分析,可以按应急运输任务的紧急程度、乘车地区、乘车人数等择优选择运输方案。

恶劣天气条件下应急处置分析与探讨

中国国家铁路集团有限公司运输调度指挥中心

高　宝　李世飞　程大龙　贾双营

　　近年来随着高速铁路迅猛发展以及普速铁路提速,恶劣天气对铁路运输秩序的影响逐渐增加,铁路正线被迫中断的频率大大增加,严重制约了铁路干线的通过能力。本文在阐述恶劣天气对铁路运输秩序影响现状的基础上,初步分析恶劣天气对运输秩序影响的内在因素,总结恶劣天气时发生故障的规律及调度、客运、货运等各部门应对性的解决策略,为恶劣天气下铁路运输安全生产组织提供工作思路并探讨新形势下铁路应急发展方向。

一、现状及影响因素分析

(一)现状

　　近年来恶劣天气频繁出现,仅 2022 年 3 月至 5 月份,因降雨天气导致的封锁线路和限速运行的安监报 1 的数量就达到了 500件,2022 年 1 月至 5 月,因接触网及电力故障而产生的安监报有3 931件,其中影响超过 120 分钟的 35 件,60 分钟至 120 分钟的178 件,30 分钟至 60 分钟的 257 件。2018 年 8 月 13 日京沪高铁发生了一起大风天气下彩钢瓦飘落接触网上导致动车组受电弓将接触网刮断线事故,造成 7 处接触网脱落,G40 次动车组车头罩、雨刷、车顶损坏,车头玻璃破损,其他高铁客车大面积停运,故障抢修用时将近 5 小时,造成的社会影响特别恶劣。以上事例仅是恶劣天气影响铁路运输秩序的部分缩影,大量的封锁和限速严重影响了铁路正常运输秩序,增加了运输安全风险,降低了铁路线路的通过能力。

（二）影响情况及原因分析

（1）暴雨和大雾天气下，雨水会严重影响列车乘务人员的视线，司机的瞭望距离低于规定值，司机无法判断前方线路状态，此时为了保障运行安全，列车需要降速运行。影响原因是铁路线路沿线地形条件复杂，大多穿越山区与河流，隧道、桥梁众多，暴雨天气下，路基和周边岩土吸水量达到饱和时，易引发水漫线路及轨旁设备、产生陷穴等情况，严重时山区铁路甚至出现泥石流、滑坡、塌方落石等影响行车的情况，危及行车安全，再加上此时司机视线受阻，难以提前发现线路异常情况并采取停车措施，一旦出现此种情况必定是车毁人亡。

（2）大风天气影响主要有两个方面：一是电气化铁路供电安全，电气化铁路的供电系统采用的是牵引供电方式，机车本身不带电源，电力来源是靠接触网从变电所输送的高压电，因铁路沿线接触网设备部件大多是裸露在外的，机车取电靠受电弓与接触网的接触获取电源，弓网系统相对脆弱，防尘网、塑料布、风筝线等异物飘落到接触网上会导致受电弓及接触网设备部件受损。二是高速铁路运行速度受天气影响较大，一旦出现大风天气，高速铁路就会限速运行以保障安全。

（3）降雪天气对铁路运输的影响主要表现在两个方面：一是因为整体气候变化，如南宁、昆明、广州等南方局也开始出现大面积的降雪冰冻天气，因南北方气候差异，南方局铁路接触网支柱及线路耐寒指数不如北方，此种恶劣天气下，南方铁路接触网等设备面临严重考验，2008 年南方局冰冻雨雪灾害就是最好的佐证；另一方面是降雪天气会导致道岔夹雪、转动不灵，造成无法开通进路接发列车，影响铁路运输秩序。铁路道岔是一种使铁路机车车辆进入不同股道的连接设备，在铁路进出站咽喉区大量敷设。

（4）冰冻天气会造成铁路线路冻害及车底结冰，铁路线路冻害的危险性不容低估，冻害主要表现为在铁路线路上形成凸起或凹陷，也是铁路"三角坑"产生的原因之一，造成行车安全性和舒适性受到不同程度的影响,其产生原理主要是热胀冷缩,道床内部进入杂物、雨水、泥土等在冰冻天气时产生冻胀改变了线路的平顺度,而车底结冰主要发生于高铁列车,因为高铁列车运行速度快,车底形成负压,会将线路上的雪吸附到车底并紧紧压在底盘上,导致转向架、刹车装置等重要机械部件失灵,严重威胁高铁运行安全。

二、现阶段应对办法

（一）提前预防

预防主要分为技防和人防两种。

1. 技防

随着科学技术应用水平提高,铁路部门采用先进的设备设施,对铁路沿线加强监视监管。例如,高速铁路及部分普速铁路采用自然灾害及异物侵限监测系统,通过在铁路沿线布设风、雨、雪、异物侵限等现场监测设备,实时观测铁路沿线灾害情况,并将报警信息上传至铁路局调度所,调度员依据系统报警信息采取对应措施指挥列车运行,对降雪地段加装融雪装置,有计划地将普通道岔逐步更换成融雪道岔。另外,加强铁路沿线摄像机的布置,一旦发生异常情况,可以及时获取现场画面,为列车调度员行车指挥及决策提供依据。

2. 人防

设备部门在恶劣天气下加强巡视检查及值班值守组织工作。

（二）应急处置

（1）针对暴雨天气,铁路运输各部门要根据天气预报,坚持降雨警戒制度,加强值班值守,并与地方气象、防洪部门联系,遇有险情及时启动应急响应。如工务部门应加强雨前雨中巡视检查,提前对线路排水设备、路基、桥涵病害处所进行检查,对检查发现的问题及时进行抢修处理,对铁路沿线重点山区、河流等可能发生水害地段进行分析研判,采取安装临时摄像头或派人携带安全可靠对讲设备监视看守等措施,遇有险情及时与车务部门联系并采取措施,成都局、广州局等南方局每到夏季都是防洪压力最大的时候。机务部门应提前加强对司机的应急处置教育,强化"荣辱一把闸"意识教育,出乘前充分了解担当区段的天气情况,并进行预想,以便发现问题时能够正确及时地进行处置,严禁臆测行事,冒险行车。调度员要准确掌握管内天气情况,遇有大雨及以上雨情时,提前安排三四小时阶段计划,适当加大列车放行间距,为可能发生的降雨封锁线路或列车限速运行等调整预留处置时间和空间,避免发生故障时手忙脚乱,忙中出错。

(2)针对大风天气,铁路部门根据我国新修订的《铁路运输安全保护条例》加大对铁路沿线环境整治力度,重点整治主要威胁电气化铁路接触网安全的防尘网、彩钢瓦房屋、生活垃圾等,立安全警告牌,禁止任何单位和个人在电气化铁路两侧 500 米范围内升放风筝气球等漂浮物,同时对铁路沿线的树木、竹子等可能被风刮倒侵入铁路限界的植物进行清理。同时,对于常年刮大风的地区,如兰新铁路红旗坎站至了墩站间长达 123 公里的百里风区修建挡风墙进行防护。

(3)针对降雪天气,加强技术改造,提升南方局接触网及线路设备抗冰雪能力,运输站段要根据天气预报情况,制定应急处置预案。电务部门加大融雪道岔采购使用力度,检查管内融雪道岔设备状态,无融雪道岔的车站及时组织扫雪队伍,制定除雪方案,供电部门根据天气预报情况提前申请开行热滑列车等。

(4)针对冰冻天气,铁路各部门及时掌握天气信息,车辆部门加快科技手段应用,采用先进的传感器在动车组上的应用,提高技术防范水平,并加强对动车组运行故障动态图像监测系统(TEDS)等监测设备的布设与管理,同时加强与高铁列车调度员的对接,对车底结冰的动车组列车及时组织更换车底,确保高铁客车安全。货运部门加强源头防冻,组织装车站及时对易冻货物喷洒防冻液,在车底加铺塑料袋、铺撒防冻剂干粉,降低清底难度,指挥卸车站加强卸车力量组织抢卸,易产生冻车的主要卸车点如秦皇岛、曹妃甸等货运吞吐量大的港口车站应加强解冻库的建设规模,提高解冻能力。

480

（三）运输调整

1. 调度部门

国铁集团运输调度指挥中心密切关注天气变化，根据天气预报及时发布恶劣天气预警命令，提前部署各局集团公司准备恶劣天气应急预案。在做好应急处置准备工作的同时，提前进行车流调整工作，将原经被影响区段的货物列车及时调整至其他线路运行，有效降低对整个路网运输秩序的影响。例如，2021年12月，郑州局郑州地区降雪，郑州北站秩序不畅，国铁集团调度中心充分利用路网通道优势，采取原经陇海线的西安局、太原局至上海局、济南局车流迁回宁西线、瓦日线等其他线路运输措施，对京广线车流迁回京沪线、京九线、焦柳线运行，从而避开郑州北堵点，保障了整个路网的运输秩序，对于到达郑州地区的车流，通知沿途各编组站集结整列待开，降雪影响解除后开行整列到达车流以便受影响区段恢复运输秩序。

2. 客运部门

因恶劣天气造成中断行车的情况时，客运部门及时与调度联系，采取临时加开、停运、途中折返、缩短运行径路等方式，减少开向困难地段的客车，加强大型客运站的客运组织，安全及时疏散旅客，为铁路设备部门后续的应急处置创造条件。2021年夏季，郑州局水害导致郑州局管内秩序混乱，高铁和普速铁路先后实行封锁和限速措施，管内客车大面积晚点，客运部门及时组织旅客列车停运、折返，为及时疏散大型客运站旅客，避免客流积压作出了重大贡献。

3. 货运部门

货运各单位强化分析研判，对因故障影响长期不能恢复的车站，停止装车站向受影响地点装车，对产生冻车的车站派遣工作组，加强卸车组织，提高装卸效率。

4. 各专业部门

各专业部门加强对站段检查、指导，从专业角度提出专业意见，为铁路局应急处置提供技术支持，帮助铁路局尽快结束应急处置，快速恢复设备状态，为调度部门运输调整创造条件。

三、建议

(一)加强预防手段,强化铁路气象灾害监测预警

根据《"十四五"交通气象保障规划》,加强与气象部门的合作,优化铁路交通气象监测站布局,提升基于铁路安全影响的气象监测预报和预警能力,充分发挥气象预警在铁路运输生产过程中的作用。继续研究新技术,提高设备自动化水平,加强灾害报警系统与调度集中系统(CTC)和中国列车运行控制系统(CTCS-3)的结合应用,争取尽快做到从预警到处置的自动化水平,减少通过调度员人为进行干预,同时扩大各种灾害报警系统应用范围至普速铁路,提高普速铁路应急处置水平。

(二)增加应急演练频率,提高应急风险意识

通过开展应急演练对突发事件进行模拟处置,可以给过程参与者留下深刻印象,从而在直观与感性上真正认识突发事件,提高应急处置意识,对一线作业人员的能力提升有着巨大帮助。现阶段开展应急演练的水平和频率远远没有达到理想水平,对一线作业人员的覆盖率有待提高。

(三)增强处置力量,提高应急处置效率

继续加强铁路干部职工业务培训,真抓实管,不断提高干部职工责任意识和业务水平。加强应急救援组织工作,强化人员和机具配置,提升各专业在应急指挥中心指导下的协同作战能力,考虑依据季节气候特点,选任经验丰富的处置人员在险情易发地区成立特别应急救援小组,加强现场处置力量。

(四)应用无人机等新技术继续提高铁路信息化水平

近年来,无人机技术迅猛发展,其空中高分辨率影像采集、人力涉足困难或存在危险线路勘察方面的良好表现完全可以应用在铁路巡线、传递影像等方面,既安全又快捷。我认为可参考借鉴国外无人机应用情况,找到适合我国国情、适应我国铁路发展需要的路。铁路安全部门应根据实际情况研究出台安全应用无人机方面的规章制度,为无人机应用提供制度支撑。

482

关于进一步加强国铁企业商标
管理的研究对策

中国国家铁路集团有限公司企法部

张　森　何　希　王文骥　赵晋峰

商标作为具有便于识别的显著特征、用于商品或者服务来源的标志，包括文字、图形、字母、数字、三维标志、颜色组合和声音等，既是企业重要的无形资产，也是提升商品价值、拓展品牌效应、宣传企业形象的有效载体，对企业而言十分重要。为此，在深入分析商标管理的重要性和必要性的基础上，结合国铁企业商标管理现状，提出进一步加强商标管理对策建议，更好发挥商标价值。

一、加强商标管理的重要性和必要性

（一）规范和加强商标管理，是知识产权保护的具体行动

知识产权保护关系国家安全，是推进创新型国家建设、推动高质量发展的内在要求，也是保障以及完善产权保护、市场准入、公平竞争、社会信用等市场经济基础制度等。因此，规范和加强商标管理，强化商标权益保护和日常使用，是商标管理的正确方向。

（二）规范和加强商标管理，是知识产权强国的基本要求

《知识产权强国建设纲要（2021—2035 年）》《"十四五"国家知识产权保护和运用规划》等，引导市场主体发挥专利、商标、版权等多种类型知识产权组合效应，培育一批知识产权竞争力强的世界一流企业；推进商标品牌建设，加强驰名商标保护，大力培育具有国际影响力的知名商标品牌，塑造中国商标品牌良好形象。这些任务举措的实施，旨在做好国家知识产权保护和运用、推动和建设。规范和加强商标管理，为知识产权强国建设提供基础支撑。

（三）规范和加强商标管理，是保护铁路知识产权的需要

商标权是知识产权的重要组成部分，商标管理水平直接影响知识产权保护质量。铁路作为国家战略性、先导性、关键性重大基础设施以及大众化交通工具和重大民生工程，是中国式现代化的重要支撑，具有鲜明的基础性、公共性和广泛的知名度，铁路商标品牌深入人心。因此，必须规范和加强商标管理，维护铁路商标权益和品牌形象，提升商标管理效能，推动铁路知识产权保护上水平、出成效。

二、国铁企业商标管理实践

（一）推进制度建设，强化机制保障

注重将商标管理制度建设作为基础性、关键性工作来抓，扎实有效推进。国铁集团制定或修订了《中国国家铁路集团有限公司知识产权管理办法（试行）》（铁企法〔2022〕2号）、《中国国家铁路集团有限公司商标管理办法》（铁企法〔2022〕14号）等制度，明确了商标注册申请、使用管理、经营开发、权益保护等规定，为规范商标管理提供了制度保障。所属企业根据国铁集团商标管理规定，结合实际，建立健全商标管理制度，不断规范和强化商标管理。

（二）开展商标确权，强化注册保护

根据国铁企业商标发展和保护需要，精心设计商标，加强商标注册确权。原铁道部作为行政部门，不能申请商标注册，2008年指定所属企业申请注册了一批铁路核心商标。2013年铁路政企分开改革后，组建的铁路总公司加强了境内外商标注册保护，成功注册了"复兴号""中欧班列""12306""95306""中老铁路"等商标。所属企业结合实际，从维护企业商标权益、提升商标效应的角度，注册了代表品牌形象的系列商标。截至2022年底，全路共有商标6 200余件。其中，国铁集团持有"中国铁路""国铁""复兴号""中欧班列""中老铁路"等系列商标800余件，下属企业共持有商标5 400余件，为保护国铁商标专用权奠定了良好基础。

（三）推动商标用权，提升品牌价值

国铁企业在核定的商品或服务项目上积极使用注册商标，便于消费者、社会公众更好地识别、了解相应商品或服务项目。国铁集团开展商标使用许可，依法合规将持有的"中欧班列""国铁""CR国铁商城"等商标许可有关所属企业使用，确保商标使用依法规范，商标品牌价值得到提升。所属企业加强商标使用管理，推动所持有商标规范使用于所核定的商标或服务项目上，强化商标价值管理。

（四）加强主动维权，维护商标权益

随着12306等国铁商标社会效应的不断提升，国铁商标被他人抢注或搭乘品牌便车等被侵权行为屡次发生。为此，国铁企业认真做好应对处置，依法维护国铁商标权益。国铁集团加强了国铁商标被侵权行为监控，如针对有人在土耳其抢注"中欧班列"的侵权行为，及时组织研究提出应对方案，梳理使用证据，提交异议申请，确保了首次在海外开展商标维权取得成功；针对路外企业使用与"中老铁路"标志近似图形申请注册商标的侵权行为，研究对策，敦促侵权人撤销了注册申请。所属企业强化对商标被侵权行为的监控与应对，较好维护了国铁商标权益。

三、商标管理存在的主要问题及原因分析

（一）商标意识及战略管理有待增强

一些企业商标意识不强，错误地认为商标工作纯投入、无产出，不能为企业创造价值。多数企业普遍未制定商标品牌战略规划，没有按照企业资产管理要求开展商标管理。

（二）商标日常管理需要加强

商标工作未引起足够重视，在应对商标被抢注侵权、被申请撤销等方面做得不够。多数单位没有建立商标注册和使用等基础台账，少数单位虽已建立但未及时更新，基本上对注册商标家底不清不明。绝大多数单位未开展商标日常监测，没有及时掌握商标被抢注、被侵权等情形。有的单位存在商标注册证遗失、商标使用管

理不当而被注销等情形。

（三）商标使用有待进一步规范

商标重注册、轻使用现象突出，所属企业持有的注册商标中，使用率不高，有的单位注册商标基本闲置。这虽然存在属于防御注册商标未实际使用的客观因素，但更多是主观上没有积极主动规范和加强使用，往往给路外企业以连续3年不使用为由申请撤销国铁商标提供可乘之机。国铁企业不会使用商标的问题比较普遍。一些单位不知道商标如何使用，也没有收集固定商标使用证据，更谈不上对商标资产进行经营开发。此外，商标权利人与使用人非同一人的使用许可有待规范。

（四）商标保护力度有待加大

从近年来商标日常监测以及所属企业反映商标被侵权情况看，铁路商标被其他组织或个人抢注、未经许可使用、搭乘品牌便车而误导消费者等情形时有发生，甚至个别核心商标被他人在境外使用同样的标志抢注，严重侵犯了铁路商标权益和消费者权益。此外，请求驰名商标保护有待加强，全路6 200余件商标中，仅2件为驰名商标（济南局集团公司"海之情"商标和快运公司"中铁快运"商标），通过认定驰名商标保护力度偏小。

（五）商标管理队伍建设亟须加强

大多数单位商标管理工作基本上由工作人员兼职负责，部分人员没有知识产权或者商标知识专业背景，也未接受过专业培训，商标管理业务能力整体不强。一些负责商标管理的人员调动比较频繁，没有相对固定，影响队伍建设。此外，多数单位普遍没有开展商标知识专业培训，在企业管理、法律等专业培训时未开设商标课程，对商标管理队伍缺乏专业培训培养。

（六）外聘商标服务机构作用发挥需要加强

外聘商标服务机构基本上围绕履行协议约定，在开展商标日常监测、应对处置商标被侵权问题等方面发挥了一定作用。但在研究商标战略规划、诊断商标管理问题、推进商标使用开发、提升商标价值等方面，主动性、前瞻性、创新性不强，作用发挥有待加强。

486

四、关于进一步加强商标管理的对策建议

(一)增强商标及品牌战略意识

通过开展商标设计竞赛、商标展览、商标价值展播等方式,利用商标培训、现场调研、交流研讨等机会,加强商标重要性、商标价值和品牌战略的宣传宣讲,树立干部职工商标意识,促进干部职工提高对商标资产属性和其在塑造品牌形象、提升经营效益等方面作用的认识。加强商标战略管理和价值管理,强化商标前瞻性思考、战略性布局,做好商标战略规划,推动商标经营开发,挖掘商标资产价值,提升商标品牌效应。

(二)建立健全商标管理制度

适应加强商标价值管理需要,修订完善商标管理办法等制度。加快研究建立国铁企业商标使用指引等制度,明确商标使用方式、使用范围、使用证据留存、许可使用以及经营开发等规范和要求,为规范商标使用管理提供指引。推动所属企业建立健全商标管理办法,保障规范和加强商标管理工作。

(三)强化商标日常管理

加强商标注册、续展等信息的动态管理,掌握商标基础信息,做好商标续展等工作。强化对商标被侵权行为的实时监测,及时应对处置商标被侵权行为。推动所属企业建立健全商标基础管理台账,加强商标基础信息、注册证等管理,规范和加强商标被侵权行为等动态监测管理,不断提升商标基础管理水平。

(四)规范和加强商标使用

充分利用国铁商城等网络平台,开展商标使用。打造一批商标规范使用的样板,发挥示范引领作用,推动交流互鉴。引导和激励商标资产经营开发,挖掘商标资产经营效益。适时开展商标使用情况检查督导和通报,督促所属企业规范和加强商标使用。规范商标使用许可,明确许可双方的责权利,切实规范商标权利人与使用人非同一人的使用问题。

（五）加大商标品牌保护力度

研究制定商标品牌保护方案，推动企业理性开展商标注册保护，对具备条件的申请认定驰名商标保护。提前研判铁路核心商标被侵权的可能情形，做好各种应对预案，加强应对处置演练，确保一旦发现铁路商标被侵权行为就能立即采取有效应对处置措施。加强商标使用证据收集和留存，有效维护已注册商标权益。针对路外组织或个人抢注"复兴号""中欧班列"等核心商标问题，研究推进核心商标认定驰名商标保护。大力推进商标依法主动维权工作，切实维护铁路商标权益。

（六）大力推进商标管理队伍建设

推动企业设置商标管理专职岗位，明确岗位准入条件，从源头上保证商标管理人员质量。加强商标知识培训，通过开展商标知识专门培训或者在企法部门举办的培训班中开设商标课程等方式，促进相关人员商标管理能力提升。推动商标注册申请、日常监测等自主化实践，提升工作人员的商标管理实践能力，防止依赖商标服务机构。统筹运用全路商标管理队伍，优中选优，组建全路性的商标使用、商标异议、商标撤三、境外商标法律等研究组，开展专项研究，提升商标整体管理水平。

（七）加强外聘商标服务机构管理

规范和加强外聘商标服务机构选聘管理，依法合规选聘满足铁路商标管理需求、助力铁路商标管理水平提升的商标服务机构。完善商标服务机构服务项目及职责，定期组织商标服务机构研究分析铁路商标管理现状，研究提出加强国铁企业商标管理的对策建议。建立健全外聘商标服务机构服务质量考评机制，强化定量考评，促进落实契约精神、强化服务质量。

依法规范国铁企业评标工作的对策研究

中国国家铁路集团有限公司企法部

张鹏飞　王全法　焦德贵　王　婧　王　琳　章　程
王文骥　赵晋峰　杜　鹃　曲郝明轩　王志刚

随着我国市场经济体制完善和铁路改革持续深化,国铁企业在工程建设、物资采购、服务等多个领域已广泛实行招投标制度,发挥了市场竞争择优作用,保障了铁路建设推进和运输生产安全。但一些企业受多种因素影响,招标工作中还存在一些问题。评标是招标工作的核心环节,评标工作质量直接影响招标效果,也是招标各种潜在问题的显性爆发点。本文以评标为切入点,剖析问题和原因,提出措施建议。

一、国铁企业评标工作存在的突出问题

（一）业绩条件和评标标准方式设定方面

1. 资格条件和业绩要求不能紧贴项目需求

招标投标法规定招标人可以要求潜在投标人提供有关资质证明文件和业绩情况,但应根据招标项目本身需求设置。受多种因素影响,有的项目设计文件的设计深度不够,招标人审查不严,据此编制招标文件,评标时问题频出。有的项目设置资格条件、业绩要求等过宽,中标产品质量效果不能满足需求;有的项目比照特定企业设定标准,无法发挥市场竞争作用。

2. 设置不合理条件限制或排斥潜在投标人

招标投标法规定禁止设置不合理条件限制或排斥潜在投标人,招标投标法实施条例等下位法采用列举的方式规定了具体情形,但追根溯源,仍不得违反招标投标法"公开、公平、公正"原则。

489

"三公原则是贯穿各项规定的一条主线",对此原则,招标人、投标人、行政监督部门存在不同认识,国家多个部门试图以穷尽列举的方式统一认识偏差,但实务中限制或排斥潜在投标人的情形五花八门。有的项目设定特定地域、行业业绩和奖项作为加分条件,有的项目要求取得非强制资质认证,有的项目规定投标人在投标前须取得国铁企业特定部门的同意。铁路项目专业性强,普遍存在较高技术门槛,条件设置弹性大,"量身定制"设置各类资格条件的情况时有发生,容易引发异议举报。

3. 评标方法设定存在简单化、一刀切倾向

国家规定的评标方法包括经评审的最低投标价法、综合评估法和法律、行政法规允许的其他评标方法。但有的国铁企业对方法的使用范围掌握标准不一,造成执行难度大,有的企业不区分项目特点一律采用经评审的最低投标价法。最低价中标引发的问题长期被诟病,部分投标人恶性竞争,采取降低物资质量、虚假验工计价、变更设计等方式获得利润,项目质量无法保障;价格波动同样引起部分中标人宁愿违约也拒绝履约,给项目增加了不确定性风险。

(二)评标委员会成员履职方面

1. 招标人代表履职能力有待提高

招标人代表大多担任评标委员会主任,在评标中具有举足轻重的作用。经调研,铁路工程建设项目的招标人代表一般为项目负责人,对评标主导性强,掌握项目情况,但有的代表对技术标准和法律法规不熟悉,无法发现或制止专家违规行为,容易产生程序瑕疵;物资项目的招标人代表以物资采供所和物资需求部门人员为主,有的对商务条件和技术条件缺乏统筹把握,有的对法律法规理解不深,评标主导性不强,容易被强势专家干扰影响;有的招标人代表是从"招标人代表库"中临时抽取,专业不对口,对项目情况、技术标准、法律法规均不熟悉。此外,大部分招标人代表没有接受过针对本项目的培训。

2.评标委员会成员违规评标或干预评标

法律法规对评标委员会成员评标程序、纪律都有明确规定,但违规评标行为仍然难以杜绝。经调研,招标人代表发表倾向性、误导性意见情况较为突出,专家对其他评委施加不当影响、评审尺度不一、以独立评审为由随意扣分、私下接触利益相关方、透漏评标有关信息、索取不正当报酬、加入影响公正评标的微信群等网络通信群组等情形屡见不鲜。招标人代表或招标代理机构对专家违规行为或难以发现,或发现后未按规定进行制止、劝阻和报告。

(三)评标专家库使用管理方面

1.专家库使用效果不佳

铁路项目使用的评标专家库有多个。依法必须招标项目专家库由发改部门、住建部门、铁路监管部门等行政监督部门管理,专家专业分类与铁路不完全匹配,信息更新不及时,专家库运用效果差强人意,招标人反馈意见渠道不畅。自愿招标项目主要使用国铁企业自建专家库,专家的入库、考核、出库等执行情况差异较大;动态管理普遍存在不足,满足项目专业要求的专家抽取成功率低;专家为专业骨干和领导人员,无法随时抽身参与评标;外地专家评标成本较高,经济性和时效性差;部分专业人数较少,评标频率高,存在被围猎风险;由于责权利不匹配等因素,路内在职专家参与评标的积极性不高,退休专家的知识更新不及时、体力精力等不能满足电子评标和高强度评标要求,评标质量效率不高。

2.评标专家的履职评价机制不健全

国家法律法规对评标专家履职评价没有规定,国家铁路局《铁路建设工程评标专家库及评标专家管理办法》规定评标结束后由招标人进行评价,但评价标准限于是否违反相关纪律,且由于评价不良结果有时会导致招标中断或重新招标,招标人主动评价积极性不高。国铁企业专家评价制度还不完善,有的没有规定评价要求,有的没有设定评价标准。

3.对评标专家监管存在缺失

评标专家按人事管理关系分为路内专家和路外专家。对路内评标专家,国铁企业普遍认为评标仅是专家个人行为,对推荐的专家缺乏跟踪管理,对其履职情况不掌握,特别是跨单位评审,如A企业专家到B企业项目评标,发生不良行为,B企业掌握但没有处理措施,A企业不知情也没有掌握途径。路外专家来源广泛,国铁企业没有权限对其监管约束,专家遵守评标纪律情况不理想。

二、评标工作不规范产生的原因

(一)招标项目类型复杂,管理难度大

铁路招标项目类型多样,按是否强制招标有依法必须招标项目和自愿招标项目;按专业领域有勘察、设计、施工、监理、物资采购、其他服务项目;按招标主体有国铁集团、局集团公司、运输站段、合资公司、委托代建招标项目。各类招标项目遵循的法律法规、管理规定各有差异,在招标文本适用、招标信息公开、评标专家确定、异议处理等关键环节缺乏统一规范,管理难度大。此外,铁路项目具有较强公共事业属性,政策性强、社会关注度高,受政策窗口期、工期等因素影响,招标工作时间安排非常紧凑,"倒排工期"十分普遍,基础工作不扎实给评标不规范埋下了隐患。

(二)职能分散,多头监管,缺乏统一协调

国家层面,国务院发展改革部门负责总体指导协调招标工作,其他部门按行业分工指导,实践中,分散监管为主、综合监管为辅的模式容易产生职能交叉和责任缺位。各地招标投标法规政策文件总量偏多,规则庞杂不一,加重了市场主体合规成本。国铁企业行政区域分布广,业务范围大,要同时接受国家和地方的发改部门、住建部门、铁路监管部门等监督指导,规范管理和政策协调难度大。企业层面,国铁企业普遍将招标工作分散于各专业领域,没有统筹协调管理的专门部门,各专业领域出台招标相关制度层级、口径、适用范围不尽相同,规则适用成为难题;职能分散导致招标监管分散,监管存在交叉重叠或空白;有的部门既是招标的实施主体,又是内部监管主体,缺乏有效监管和制衡。

（三）招标从业人员专业化建设滞后

评标工作质量很大程度上取决于招标从业人员的专业能力。编制招标文件,设定资格条件、业绩和评标标准需要专业人员进行针对性调研,掌握业务需求和市场竞争环境;在评标过程中,专业的人员可以保障程序合规,有效降低异议风险。2016年国家取消招标师资格准入许可,国铁企业招标岗位不再将招标师资格作为门槛条件,员工自发学习动力下降;招标分散管理模式下,从业人员可能精通专业,但对招标法律法规和工作程序未必熟悉;员工岗位变动或部门职能调整,企业招标工作经验积累随之中断,业务能力难以持续提升;专业分散导致资源难以共享,增加大量重复工作。

（四）违规行为发现风险低,回报利润高

铁路项目投资大,获取利润机会多,部分投标人为谋取中标,对招标人、评标委员会成员、招标代理机构、平台运行服务机构、其他招标有关主体等施加不正当影响,输送利益。有的人员在巨大利益面前,违反国家法律法规和企业制度规定,通过量身定制资格业绩、设定不合理条件排斥或限制潜在投标人、评标前"打招呼"等方式干预评标,评标活动沦为形式。这些方式往往较为隐蔽,在招标评标过程中难以及时发现,即使发现也很难有确凿证据,追究刑事责任难度大,不足以产生威慑效果。现有行政监督重事前审批核准备案,轻事中事后监管,主动性不足、全面性不足,从实践中大多数的招标评标违规行为来自相关主体之间的"内讧"被举报告发。

（五）国铁企业合规经营意识尚未完全确立

铁路招标各项制度日趋完善,但仍然出现种种问题,其内在原因是国铁企业管理人员合规经营意识尚未完全确立。有的管理人员评标前"打招呼"的初衷并非基于自身利益,而是希望选用良好的施工队伍和产品;有的管理人员故意违规,钻招标制度空子,以合规程序掩盖违法目的;有的管理人员责任心不强,发现违规行为或管理制度漏洞,认为"多一事不如少一事",采取默许或遵循惯例的做法，为生产经营埋下隐患。

三、进一步规范评标工作的建议

（一）将评标工作纳入企业合规管理关键业务流程

2023年4月国铁集团发布《合规风险管理办法（试行）》，全面推进国铁企业合规管理。评标工作涉及多个业务领域和敏感环节，合规风险较大。因此，有必要将评标工作纳入企业合规风险关键业务流程进行管控。在合规风险识别环节，将评标全流程进行梳理，确定风险点及防范措施；在合规审查环节，充分发挥"三道防线"作用，实行分事行权、分岗设权、分级授权，加强自查自控，有关评标事项实行集体研究；在合规风险预警环节，业务部门和法务部门应当针对评标突出问题，及时发布风险预警；加强合规文化建设，强化法律和违规警示案例学习培训，引导干部员工树立依法依规管理的理念。

（二）加强评标工作的顶层设计，完善制度体系

国铁集团层面应当加强与国家发改委、国家铁路局等行政监督部门沟通协调，在评标专家库运用、专家履职评价、评标场所资质等方面争取政策支持；适时制定招标评标管理基本制度，统筹各专业的招标制度建设工作，在招标文件编制和发布、评标程序和评标纪律、评标专家履职评价和动态管理等方面作出统一规定，在评标专家确定、评标标准设定等方面分领域细化；研究并扩大综合评估法的使用范围，通过所属企业试点逐步完善；加强对路内专家的激励约束，制定评标费发放和标准的指导意见，支持在职专家参与评标；建立健全适用铁路各类项目的评标专家入库、培训、履职评价、考核的动态管理制度，提高国铁集团专家库质量。

（三）建立健全后评估机制，加强持续动态监管

招标后评估机制在住房和建设领域启动较早，深圳、山东省等地住建部门均出台了相关规定。国铁集团仅《铁路建设项目施工和监理招标投标实施细则》对施工、监理招标规定了评标情况后评估。勘察、设计、物资采购等招标没有后评估的配套制度。国铁集

494

团层面应当进一步建立健全评标情况后评估制度,可实行项目结束常规评估和非客观性工期延误、重大责任事故重启评估相结合的模式。合理确定评估主体,可采用跨单位互评、组建评估小组或聘请第三方等方式,避免"既做运动员,又做裁判员"。勘察、设计、监理、施工等金额较大,数量有限的项目实行全覆盖评估,对资金分散、数量较多的物资采购项目,可采用设定金额标准或重点抽查的方式进行评估。

(四)加强人员、资金和技术保障,推动精细评标

配备与招标工作量相适应的专业化招标、招标监管人员队伍,加强专业培训,鼓励招标从业人员通过中国招标投标协会组织的招标采购能力评价。必要时聘请第三方专业机构辅助进行市场调研、论证咨询等工作,提高招标文件编制质量。加强国铁内部交易基地软硬件建设,为隔夜评标提供便利条件,配备专门装置设备,实现评标所有人员的语言、行为、活动轨迹全过程可跟踪、可回溯。加强技术研发,开发国铁集团远程异地评标系统、评标专家管理和评价系统、中标人信用评价和履约评价系统等,建立潜在投标人资质业绩审查数据库,并与地方资源交易中心积极沟通,推动地方资源交易中心内嵌铁路评标管理系统。

(五)加大评标情况公开力度,对违规严格追责

"阳光是最好的防腐剂"。要深入推进招标项目信息公开,保证潜在投标人平等、便捷、准确获取招标信息,压缩投标资格条件和业绩设置、评标标准设定的人为操纵空间;积极推进评分情况向社会公开,投标文件被否决原因等向投标人公开,主动接受社会监督。畅通贯穿招标工作全流程的异议途径,在招标公告、结果公示等环节公布联系人和联系方式,及时调查并处理异议。将招标评标活动的合法合规性和履职评定、奖励惩处挂钩,发现国铁企业管理人员、评标专家有违法违规行为的,严肃追究责任。

树牢三大理念　强化三种思维
以高质量党建引领企业高质量发展

中铁十六局集团第四工程有限公司

常　杰

党的二十大报告高屋建瓴擘画了新时代全面从严治党"路线图"，与时俱进制定了新形势下管党治党"任务书"。全面系统整体落实党的领导、从严从实从紧加强党的建设，将成为新时期国资国企改革的鲜明特征。

心有所信，方能行远；学有所悟，而后笃行。履新中铁十六局集团四公司党委书记以来，我在深入学习领会党的二十大精神的同时，反复思考"以高质量党建引领保障企业高质量发展"的时代命题。在研机析理、寻策问道中，我更加深刻地体悟到，唯有牢固树立三大理念、着力强化三种思维，才能带动党建优势转化为澎湃不竭的发展胜势。

一、坚持"抓党建就是抓全局"，以系统思维推动认知迭代

党的二十大报告强调，把基层党组织建设成为有效实现党的领导的坚强战斗堡垒。国有企业深化党建引领，就是统筹兼顾党的领导与公司治理，将党的建设嵌入构建中国特色现代企业制度。我们必须积极变革党建思维，贯通上下、联通内外，以"大视野""大格局"融入企业高质量发展"大棋盘"。

1. 心系"国之大者"，提高政治站位

时刻关注党中央在关注什么、强调什么，一切在大局下思考，一切在大局下行动。当前，要把学习宣传贯彻党的二十大精神作为首要政治任务，全力打造接地气、显生气、聚人气的宣教载体，既

生动鲜活开展，又精准有效覆盖。深学细悟党的二十大关于做强做优做大国有企业、优化基础设施建设布局等攸关企业高质量发展的"国企篇章"，认真作答完善干部考核评价体系、落实党内民主制度、强化正风肃纪反腐等新时代党建工作的重点"考题"。以强大政治引领把稳企业党建方向之舵，筑牢发展前进之魂。

2. 笃定"党建强企"，转变治理思路

将抓好党建作为最大政绩，准确把握中国式现代化对于高质量党建的现实要求，始终把实现国有资产保值增值作为党建工作的出发点和落脚点，以改革发展成果检验党建工作成效，不断升级质量变革、效率变革、动力变革。自觉用普遍联系的、全面系统的、发展变化的观点分析企业运行，找准坐标、选准方位，从"治企有方"的视角促进党建工作项目化、项目目标化、目标责任化、责任具体化，切实推进党建政治优势转化为企业发展优势、创新优势、竞争优势。

3. 聚焦"效益党建"，内化价值认同

彻底扭转抓党建"体内循环""自弹自唱"的单打独斗局面，从政治效益、经济效益、文化效益、人才效益、社会效益五个维度，有序引导党建工作向"品质内核"聚势、向"全链创效"转变、向"有形价值"追求。坚决扭转就"党建"抓党建、为"党建"而党建的不良倾向，同步落实党建责任和经营责任，同步算好"党建账"与"经济账"，使党建工作压舱稳舵的"软实力"源源不断转化为提质创效的"硬核力"。

二、坚持"抓党建就是抓发展"，以精准思维推动能力重构

"抓党建从生产出发，抓生产从党建入手"，不仅是对党性修养的重要考验，更是对综合能力的重要检验。习近平总书记在党的二十大报告中要求干部"着力增强防风险、迎挑战、抗打压能力"。立足企业实际，我们应当下足绣花之功淬炼三项重要能力。

1. 淬炼科学决策能力

严格遵循"法定职权必须为，法无授权不可为"的基本原则，精准把握党委会、执行董事办公会和总经理办公会决策权限，该上会

的必须上会、该酝酿的必须酝酿、该前置的必须前置。严格遵循民主集中制，善于运用民主的办法汇集意见，善于通过协商的方式增进共识，既反对"一言堂""一手拍"、又避免议而不决、决而不行，实现权力责任相对等、质量效率相统一。严格落实重大事项请示报告制度，对超越决策范围的事项、须及时如实向上级党委汇报，坚决防止先斩后奏、边斩边奏甚至谎报瞒报。

2.淬炼融合设计能力

主动站在完善中国特色国有企业现代公司治理的高度，系统谋划管党治党与治企兴企重点任务，统筹兼顾布局、通盘考虑落子，使党建元素有机融入生产经营全领域全过程，有效形成"发展出题目、党建做文章"的融合体系。坚持大抓基层鲜明导向，从公司层面优化党建生产融合路径、健全支部联创联建机制，将双标共建纳入新上项目策划"双预控"，既部署安排"过河"的任务，又指导解决"桥或船"的问题，从而精准夯实"法人管项目"下的项目经理负责制。

3.淬炼改革攻坚能力

完整准确全面贯彻新发展理念，紧盯制约项目创誉创效、影响企业提质增效的主要矛盾，积极探索体现铁建特色、十六局特质、工程公司特点的战役性改革和牵引性改革，促进改革成果尽快转化为破解难题、改进工作的实招硬招。贯通发挥党委领导把关和市场优化配置作用，加快建立灵活高效的市场化经营机制，跟着问题走、奔着问题去，敢拔硬钉子、敢啃硬骨头，全力破解"能下""能出""能减"的三项制度改革难点，逐步健全激励与约束并举、效率与公平并重，既符合市场一般规律又体现企业特点的分配机制。

三、坚持"抓党建就是抓人心"，以创新思维推动效应叠加

2021年以来，十六局集团大力推行项目承包责任制，旨在通过构建"捆绑式"利益共同体激发项目管理潜能、提高员工收入水平。但这只是解决职工物质需求的行政手段，需要创新发挥党建工作稳人心、暖人心的独特优势，有效弥补行政管理在服务职工精神需求层面的"空白"和"盲区"。

1. 实施"活力党建＋凝心铸魂"，放大聚合效应

全面加强线上线下互动、内宣外宣联动的全媒体传播体系建设，深入宣传党中央大政方针、跟进宣贯战略规划设计、充分报道改革发展质效，生动讲述一线逢山凿路、遇水架桥的感人事迹，生动刻画员工自信自强、守正创新的精神风貌，持续传递鲜活价值观、释放有形正能量。巩固拓展"我为群众办实事"实践活动成果，调动发挥群团组织在政治教育、思想发动、制度宣讲、扶危济困上的助手作用，竭诚尽智为职工从思想上解惑、精神上解忧、文化上解渴、心理上解压，大力营造聚阳生焰、拢指成拳的浓厚氛围。

2. 实施"活力党建＋育才造士"，放大磁场效应

注重专业训练，有的放矢开展分类分级、分期分批技能培训，逐步建立源头培养、跟踪培养、全程培养的素质培养体系。注重实践锻炼，把项目一线、艰苦岗位甚至"烫手山芋"作为锤炼党性的基地、识别干部的阵地和提升能力的工地，推进各领域各专业人尽其才、才尽其用、用有所成。注重正向激励，用心搭建"毛遂自荐""赛场相马""揭榜挂帅"等选育管用平台，谁有本事谁来、谁有潜力谁干、谁先成才谁先上，真正让各类贤才良将"长得快""用得活""留得住"。

3. 实施"活力党建＋正风肃纪"，放大监督效应

统筹解决腐败成本、腐败机会和腐败动机三大问题。抓好不敢腐这一前提，从严查处"靠企吃企"等顶风违纪行为，严肃处理消极懈怠、损公肥私、吃拿卡要等不作为乱作为胡作为问题，深挖细查项目亏损背后的违纪违法案件，既让铁纪"长牙"、发威，又让干部醒悟、知止。抓好不能腐这一关键，突出问题导向建章立制、堵塞漏洞、防范风险，加快构建以法律管控为主的风险管控体系和以审计为主的评价追责体系，由点及面形成"大风控""大监督"关联互动、合并发力的工作格局。抓好不想腐这一根本，坚持党性党风党纪一起抓，弘扬党的光荣传统和优良作风，传承铁道兵精神和新时代铁建文化蕴含的廉洁基因，多点位筑牢拒腐防变的思想堤坝，全方位涵养忠诚干净担当的浩然正气。

争做爱企兴企强企的"三责"员工

中铁十六局集团第四工程有限公司

王崇燕

面对企业高质量发展的新形势新任务,特别是集团公司"一年补短板强弱项、两年强质量上台阶、三年重回股份公司第一方阵"的奋斗目标,党员干部工作作为企业的坚实支撑和中坚力量,就应当具备强烈的事业心和高度的责任感,想干事、肯干事、能干事、干成事,主动作为、尽心尽力、忘我奉献,争做爱企、兴企、强企的"三责"员工。

一、"明目铸魂"知责,厚植爱企之心

古往今来,一切成功,皆源于热爱、始于坚持、终于努力。一个人只有忠于自己内心、打心眼里热爱,才能保持一腔热血、忠诚履职担当。所以,要永葆一颗坦荡之心、赤子情怀忠企爱企,就必须打通"目之所及"和"心之所触"的"任督二脉"。

1. 要深化认知,清晰定位

爱企是企业员工应有的政治修养,也是一名企业员工的必备素质。企业和员工是唇齿相依、休戚与共的命运共同体,企业的建设和发展,离不开员工的拼搏奋斗;员工的权益和成长,更离不开企业的良性发展。有国才有家,兴企方立业。企业是员工立身之本、成事之基,是实现价值、展示自我的舞台。只有在企业这个大环境大平台之下,员工才能有所依托、不断成长、达成所求。简单地说,企业就是每位员工的衣食父母和庇护场所。所以,我们要清醒地认识大我和小我的辩证关系,清楚地知道"我是谁? 我从哪里来,我到哪里去?"要能经常扪心自问自己的所识所得来自何方。

俗话说,"投桃报李""滴水之恩,涌泉相报"。企业教育培养成就了我们,我们就当牢记企业的嘱托,谨记自己的身份定位,一切从企业利益出发,凡事为企业发展着想,以感恩之心之行回馈企业。

2. 要强化认同,明晰职责

无论是爱国爱家,还是爱企爱岗,都需要一种归属、一份认同。十六局"技术标兵"韦林书,工作40多年取得20多项"五小"成果,创造经济效益近千万元;四公司"北京劳模"王长斌,参与近30项工程测量,没有错过一个数据,9项获省部级以上奖项;全集团"隧道专家"张奇,与隧道为伍13年,攻克技术难题30多个,创誉创效破亿元。他们的这些作为和成绩,无不是源于忠企爱岗、忠于职守。作为企业"大家庭"的一分子,我们应当时刻清醒企业就是赖以生存的依靠,为企分担、竭诚尽职就是我们的义务和本分,这就需要我们认清工作性质、认同企业属性、传承红色基因,并时常叩问从业初心、重温入职誓词,不断强化自我责任的价值感使命感荣耀感,涵养"干一行、爱一行、专一行、成一行"的自觉,对工作始终保持热忱、勤业精业、尽善尽美。

二、"强筋壮骨"担责,磨砺兴企之力

"人无筋骨而不立""打铁还需自身硬"。有强壮的筋骨、强健的身板,才能站得稳、靠得住。船到中流浪更急、人到半山坡更陡。随着内外环境不断变化、规范标准更新迭代、目标任务逐年加码,企业员工要担负起做强做大企业、打造品质铁建的重任,必须要与时俱进地提档升级自我素质能力。

1. 要坚持学习固本

学习是克服"本领恐慌"、增长才干、提高素质、提升效能的根本保障,又是做好各项工作、完成各项任务的重要途径。企业员工只有注重勤奋学习,不断提高学习力和创造力,才能跟上时代变化和企业发展的需求。所以,要牢固树立学习为本、终身学习的理念,始终保持"空杯心态"和"归零意识",本着"干什么学什么、缺什么补什么、用什么精什么"原则,注重专与博结合、书本学与实践学结合、个人学与请教学结合，在学习政治、经济、法律、文化和管理等知识的基础上，着力学深悟透本行业、本领域、本专业知识，在本职工作中做到了人无我有、人有我优、人优我精，努力成为打造企业专精特新产品的人才支撑。

2.要坚持实践强基

"纸上得来终觉浅，绝知此事要躬行"。实践是锤炼和教育企业员工的最好方法和重要基础，也是淬炼品格、汲取营养、增强本领的火热熔炉。裴斯泰洛齐曾说过"知识和实践就像做手艺一样，必须两者结合、知行合一。"这样才能更透彻、更精辟、更深入地分析解决问题。每一名企业员工特别是年轻干部应多到基层接"地气"，才能学到新知识、寻找新思路、破解新问题。所以，要牢固树立"实践锻炼、艰苦考验"的目标导向，主动到重点项目接受锻炼，主动在施工一线积累经验，主动在艰苦环境丰富阅历。同时，常态实践"我为群众办实事，我为企业谋发展"活动，夯实服务基层、服务一线、服务群众的理念，带着责任和问题深入基层，用心用情开展调查研究，实事求是掌握一手资料，精准研究破解焦点难题，在攻坚克难的历练中成事成才。

3.要坚持标准提级

"取法乎上，得乎中；取法乎中，得乎下。"习近平总书记曾说："有什么样的标准就有什么样的质量，只有高标准才有高质量。"这就需要我们坚定"只做示范、不做试验""没有最好、只有更好"的价值导向，凡事注重细节、务求实效、精益求精、善作善成。"没有对比，就没有差距。"有时我们之所以固守现状、止步不前，大多是因为自我满足、一叶障目。所以，要坚持正向激励、阳光心态、趋上意识，"走出去""请进来""沉下去"，通过各种载体学习全系统马小利、洪雪芹、贾光辉等典型的先进事迹，通过观摩交流对标莫斯科地铁、太锡铁路、郑许市域等团队的优秀做法，通过沉浸基层体验身边的平凡人做出的不凡事，在自知自省中明不足、拓眼界，在自警自励中找差距、聚动力，提振"向上向好、高质高效"信心，焕发"知责担责、实绩实效"干劲。

502

三、"提神醒脑"尽责，淬炼强企之智

尽心尽责、奉献奋进、向新向前，是一种品质、一种责任、一种担当，不仅是企业员工必须永葆的政治本色，是企业员工必须传承的宝贵财富，也是十六局人的品质要素和强大企业的最大潜能。如今，"建设最具价值创造力的现代建筑产业集团"的重任在肩，需要十六局广大干部员工赋能干事担事、尽职尽责的胆略和智慧。

1. 要善谋事

"凡事预则立，不预则废"。遇事超前预想、提前谋划，才能把握大势、抢抓机遇，才能推动工作、提质增效。面对严峻复杂的形势、千头万绪的工作，要有"身在兵位，胸为帅谋"的胆识，想问题、定计划、做安排，要具有主动性、超前性、计划性，在吃透"上情"和把握"下情"的基础上，站位全局高度、全面角度抓住关键、未雨绸缪，多考虑不确定因素、突发性隐患，科学研究预判潜在的风险，不断提升见微知著能力。所以，无论是在顶层设计中，或是在项目管理中，还是在业务工作中，都要把竞争对手想得强一点，把困难想得多一点，把工作标准定得高一点，把工作提前量加大一点，事事处处反复思量、周密权衡、提前准备，才能做到"忙而不盲"、有的放矢，避免出现纰漏、盲区和错误。

2. 要敢担事

"刀在石上磨，人在事上练"。事业要"出状态"，员工就须"在状态"。在行业竞争加剧、风险矛盾叠加、创效压力增大的当下，要推进企业爬坡过坎、实现品质发展，企业员工必须要具备勇于担责、敢解难题的勇气。困难和挑战既是"试金石"也是"炼金石"，只有在困难较多、问题集中的地方，才能砺品格、增才干，也只有在情况复杂、严峻形势中，才能练胆魄、强意志。所以，要增强"敢于直面、敢闯敢试、敢接烫手山芋"的主动意识，坚定"不怕出错、敢于试错、善于纠错"的底气，自觉聚焦矛盾"梗阻"、攻坚"硬骨"、掣肘"关键"，在把脉问诊、抽丝剥茧中厘清成因，在调查研究、问计于民中寻找对策，以"一抓到底"的决心和毅力，把一件件"不可能"变为"可能"。

3. 要会干事

"劈柴不照纹，累死劈柴人。"方法对头，事半功倍；方法不对，工夫白费。会干事就是要以抓制度理清单、抓目标明导向、抓时效促落实为手段，以全面提升工作境界、严把工作标准、提高工作水平为目标，理出任务清单、明确目标任务、注重时间节点、重点跟进落实、扎实过程监控。要弘扬"立即行动、立刻就办"的工作理念，坚决克服工作懒散、办事拖拉的恶习，坚持雷厉风行、争分夺秒、只争朝夕的作风，运用"时间管理法""一线工作法"和"系统思考法"，善于抓住关键要素，分清轻重缓急，统筹谋划、升级服务、提醒督办，审时度势、精准发力、有条不紊，确保上级指示精神得到全面贯彻、刚性执行，做到工作及时落地、限时复命、限时办结，切实增强执行的时效性、完成的圆满度和质效的含金量。

中老铁路国际旅客运输涉外民事纠纷
应对研究初探

中国铁路昆明局集团有限公司法律服务所

陈　喆

2023 年 4 月 13 日,中老铁路开行国际旅客列车。在此过程中,因国际旅客运输服务涉及多国别、多文化、多语言而产生比国内旅客运输纠纷更为复杂、棘手、影响面广的民事涉外案件,对此,做好妥善应对是当务之急。本文从梳理民事涉外案件的主要规定出发,通过分析相关法律风险,提出思考与建议。

一、涉外民事纠纷涉及的法律问题

（一）认定标准

根据《最高人民法院关于适用〈中华人民共和国民事诉讼法〉的解释》第五百二十条规定,判断涉外民事案件的主要标准为:当事人是否境外主体,当事人经常居所地是否在境外,争议标的物是否在境外,以及产生、变更或者消灭民事关系的法律事实是否发生在境外。满足前述任一条件,则为涉外民事案件。

基于此,诉讼主体原告为中国公民、被告为集团公司,且合同关系在国内产生、变更或者消灭的,不属于涉外民事关系,应当按普通案件进行诉讼和管理;外国公民或老中公司为诉讼当事人,或民事关系在国外产生、变更或者消灭的,属于涉外民事关系,应当按涉外案件进行诉讼和管理。现实中,旅客一般会将集团公司和老中公司作为共同被告,以增加诉讼的胜诉率,因此,涉外诉讼的可能性较大。

（二）法律适用

当事人在涉外案件中能够选择适用中国法律须同时满足以下三个条件：

（1）有法律明文规定。中国法律没有明确规定当事人可以选择涉外民事关系适用的法律，当事人选择适用法律的，法院应认定该选择无效。另外，有些民事关系应按照规定直接适用，如不动产物权适用不动产所在地法律，权利质权适用质权设立地法律，知识产权的归属和内容适用被请求保护地法律等，若当事人就该等事项协议选择其他适用法律的，则应认定为无效。

（2）不违反强制性规定。《中华人民共和国涉外民事关系法律适用法》若干问题的解释（一）（2020年修正）第八条规定了六种法院应认定为系涉外民事关系法律适用法第四条关于强制性规定的情形，包括：①涉及劳动者权益保护的；②涉及食品或公共卫生安全的；③涉及环境安全的；④涉及外汇管制等金融安全的；⑤涉及反垄断、反倾销的；⑥应认定为强制性规定的其他情形。

需要注意的是，与协议选择管辖法院不同，当事人可以协议选择与争议没有实际联系的适用法律。但是，一方当事人故意制造涉外民事关系的连结点，规避中华人民共和国法律、行政法规的强制性规定的，人民法院应认定为不发生适用外国法律的效力。

（3）不得损害社会公共利益。

（三）管辖法院

（1）级别管辖。依据2023年1月1日生效的《最高人民法院关于涉外民商事案件管辖若干问题的规定》，涉外案件诉讼标的额在人民币50亿元以下的，由基层法院或中级人民法院管辖，中级人民法院所管辖案件的标的额范围根据各省市经济发展状况而有所区别，云南省中级人民法院管辖的是诉讼标的额人民币2 000万元以上（包含本数）的涉外民商事案件。

（2）地域管辖。因合同纠纷或者其他财产权益纠纷，被告在我国境内有住所地的，由被告住所地法院管辖；被告在我国境内没有住所地，若合同在中国领域内签订或履行，或诉讼标的物在中国领域内,或被告在中国领域内有可供扣押的财产,或被告在中国领域内设有代表机构,可由合同签订地、合同履行地、诉讼标的物所在地、可供扣押财产所在地、侵权行为地或者代表机构住所地法院管辖。涉及铁路运输法院专属管辖的,可视情况提起管辖异议。

（3）中国法院对涉外案件没有管辖权的情况主要有三种：一是当事人协议选择外国法院管辖。需要注意的是,未明确该管辖协议为非排他性管辖协议的,推定为排他性管辖协议。二是当事人仅在合同中约定了适用外国法律,未约定由外国法院管辖,视为没有约定外国法院管辖条款。三是不方便法院原则。若涉外案件同时符合《最高人民法院关于适用〈中华人民共和国民事诉讼法〉的解释》第五百三十二条规定的情形,法院可以裁定驳回起诉,告知原告向更方便的外国法院提起诉讼。

（四）域外证据认证、证明

（1）对证明诉讼主体资格的证据,应经所在国公证机关予以证明,并经中国驻该国使领馆认证,或者履行中国与该所在国订立的有关条约中规定的证明手续。

（2）对当事人提供的系在中国领域外形成的公文书证,应经所在国公证机关证明,或者履行中国与该所在国订立的有关条约中规定的证明手续。

（3）对其他证据,由提供证据的一方当事人选择是否办理公证、认证或者其他证明手续,但法院认为确需办理的除外。

需要注意的是,在我国司法实践中,未办理公证认证并不必然导致域外形成的证据不被采信,关键在于对方当事人能否提出有效的质疑、证据之间能否相互印证等。

（五）外国判决的承认与执行

承认与执行外国判决涉及国与国之间的司法主权问题。根据《中华人民共和国民事诉讼法》第二百八十七条规定,我国承认与执行外国法院判决主要基于国际条约或互惠原则。老挝与中国于1999 年 1 月 25 日签订《中华人民共和国和老挝人民民主共和国关于民事和刑事司法协助的条约》,其中规定民事诉讼案件的司法互助范围包括"法院民事裁决、仲裁裁决的承认与执行"。

二、主要法律风险分析

（一）规则适用的风险

虽然《中国国家铁路集团有限公司和老挝公共工程运输部关于铁路旅客联运协议》（以下简称"客协"）规定"对于参与铁路国际运输的两国铁路运输企业和国际旅客均具有约束力"，但旅客并非客协等签约主体，仅为铁路运输合同当事人，根据合同相对性原则，存在客协能否约束铁路运输企业和国际旅客的问题。另外，国内法关于购买儿童票、禁限运输目录、车票丢失补票、纸质票等规定与客协、联运规则等存在不一致，亦可能引发争议。

（二）旅客受到侵害的风险

国际旅客运输过程中，外籍旅客受到侵害、中国旅客在国外受到侵害，均可能引发涉外纠纷。若我国法院有管辖权，则其可向我国法院提起侵权之诉或合同之诉，届时，我国法院将适用中国法律对案件进行审理。根据《中华人民共和国民法典》第五百九十条、第八百二十三条规定，除非发生以下三种情况之一，否则承运人对旅客伤亡承担的赔偿责任不得减免：一是不可抗力（承运人承担举证责任）；二是伤亡是旅客自身原因造成的；三是伤亡是旅客故意、重大过失造成的（承运人承担举证责任）。另外，外籍旅客在中国提起诉讼的同时，还有可能在本国提起诉讼，届时将面临平行诉讼的问题。

（三）个人信息跨境纠纷

国际旅客运输涉及入境、边检等环节，存在个人信息跨境合规的问题，若有疏忽，将面临行政处罚、民事诉讼、公益诉讼、媒体舆情等风险。从现有法律框架来看，我国个人信息出境必须通过以下三条路径之一：

（1）安全评估。通过网信部门组织的安全评估。强制适用于关键信息基础设施运营者（CIIO）和处理个人信息达到网信办规定数量的企业的个人信息出境活动。

508

（2）标准合同。按照网信部门制定的标准合同与境外接收方订立合同。适用于未达到安全评估标准的个人信息出境活动。

（3）认证。按照网信部门规定经专业机构进行个人信息保护认证。适用于未达到安全评估标准的、关联公司之间发生的个人信息出境活动。

三、做好国际旅客运输涉外法律纠纷防范和应对的建议

（一）建立涉外纠纷案件信息报告和先期处置机制

（1）信息报告。按照"早发现、早报告、早处置"原则，通过站车现场、铁路客票发售和预订系统、铁路客服中心等渠道，加强风险隐患排查，做好相关信息的收集、分析。对可能构成法律纠纷案件的信息，应当第一时间向本单位及集团公司法律事务管理部门、客运部门报告，紧急情况可越级报送，信息报送各环节要加速信息流转，提高信息报送时效性。

（2）先期处置。收到信息后，坚持"减少影响，个别解决"原则，按照个案未成案、群体未成案、不涉外法律纠纷案件、涉外纠纷案件4个类别，由集团公司相关业务主管部门分别落实处置主体责任，根据职责分工指导现场相关人员充分利用一切有利条件尽力防止、减少信息传播，控制事态发展。对群体性旅客诉求，提前制定列车及旅客疏解方案，做好旅客安全、服务、饮食供应、广播宣传、疏散、稳定等工作，积极采取救助措施，并与宣传部门密切联系，对事件概况、应对措施及成效等及时通报。

（二）强化证据收集和保全意识

巧妇难为无米之炊，证据在纠纷处置中占有重要地位，必须树立强大的证据意识，以避免在纠纷处理中陷入不利局面。

（1）在业务培训中加强教育引导，不断提高现场工作人员的证据收集意识和能力。

（2）确保证据"三性"和证明力。证据包括但不限于车票、旅客须知、同行（邻座）人员证言证词、现场录音录像和照片等，有的证据会随着时间、场景的消失而消失，因此及时、全面、完整、准确地

收集证据至关重要。此外，由于我国诉讼时效规定时间较长，证据应当妥善保存，一般不少于3年。

（3）依法借助执法部门力量。执法机关制作的询（讯）问笔录、现场勘验资料、作出的决定等法律文件具有较高证明力。目前，国际旅客列车上均配备了乘警，车站也设有派出所，因此，在处理涉外争议中可依法借助公安机关、铁路安全监督管理机构、海关、边检等执法机关力量提高证据证明力。

（三）切实有效应对处置法律纠纷案件

（1）做好信息发布和舆论调控。对群体性、舆论关注度较高的争议，由宣传部门拟定新闻通稿（口径），通过官方渠道（平台）发布信息，必要时协调主流媒体发布，扩大信息覆盖面。同时，加强网络舆情监测分析，做好网上舆论引导，降低舆情热度，及时澄清谣言，回应社会关切，防止负面炒作。

（2）重视诉前调解、和解。针对中老铁路社会关注度高、社会影响大等特点，与相关法院提前建立诉前调处机制，根据案情、社会影响、对方诉求针对性做好诉前调处，及时化解纠纷，降低影响。

（3）强化涉外案件管理。涉外案件应按照统筹涉外法治和国内法治的原则一体化管理，审慎妥善处置。一是综合考虑诉讼周期、获取证据便利性、诉讼成本、诉讼结果可预期性等因素，研究制定涉外诉讼整体策略。二是选好诉讼总指挥，组建律师团队，加强诉讼统筹管理，实时了解诉讼进展情况，积极推动对自己最为有利的国家（法域）第一个作出判决。三是针对云南省对涉外铁路运输相关案件尚未明确（指定）管辖法院的实际，一方面，积极协调省高院指定管辖法院；另一方面，加快与相关法院建立沟通协调机制，就铁路国际旅客运输情况加强沟通，争取达成共识。三是建立铁路运输企业应对涉外纠纷协作机制。由于法律制度、文化习俗的差异，涉外案件处理较国内诉讼存在诸多难度，需要中、老两国铁路运输企业建立协作机制，相互协助、共同化解纠纷，实现诉讼信息共享、资源有效调配，形成争议解决合力。

510

高海拔地区机车乘务员睡眠质量现状及其影响因素分析

中国铁路青藏集团公司疾病预防控制所与卫生监督所

曾　瑜　杨　君　杨　桐　刘　佳

人一生中有三分之一的时间在睡眠中度过,睡眠是生命的需要,睡眠质量对人体健康起着至关重要的作用。睡眠是消除大脑疲劳的主要方式,正常良好的睡眠可以调节生理机能、维持神经系统的平衡。有关资料统计显示,全球有近 1/4 的人被睡眠障碍所困扰。许多研究表明,长时间睡眠障碍会导致人体免疫力下降,从而引发疾病,同时还容易引起焦虑、抑郁等心理问题,严重危害人们的身心健康。铁路机车乘务员的职业特点是倒班制,不能按照正常的作息时间休息,睡觉时间不规律,从而影响睡眠质量。本研究旨在通过调查研究高原地区机车乘务员的睡眠质量,分析影响睡眠的危害因素,更好地提高机车乘务员睡眠质量提出有效措施,并对严重睡眠障碍人群早期发现和及时干预,为提升高原地区机乘职业身心健康提供科学依据。

一、对象与方法

(1)研究对象采用随机抽样的方法,选择青藏集团公司海拔2 500米以上地区,工作 1 年以上,随机抽取机车乘务员 541 名为调查对象。年龄范围 20～59 岁,全部为男性。

(2)基本情况调查采用自行设计的《个人基本信息调查问卷》收集研究对象的基本信息,其中包括人口学特征(年龄、民族、文化程度、婚姻状况等);行为生活方式特征(吸烟情况和饮酒情况等);工作特征(工种、岗位等级、工作经历等)信息。

511

（3）睡眠质量调查采用匹茨堡睡眠质量指数自评量表，对高原铁路机车乘务员的睡眠质量进行调查。此表是由美国匹茨堡大学医学中心精神科睡眠和生物节律研究中心睡眠专家编制，用于评定被试者最近一个月的主观睡眠质量。被测验者自己填写，此表已在国内由刘贤臣等进行信度和效度检验，可用于研究对象睡眠质量状况评价。总分范围0～21分，得分越高，表示睡眠质量越差，0分指没有困难，"21"分指在所有方面非常困难。总分大于7分判定为有睡眠质量问题。

（4）质量控制调查人员为经过统一培训的公共卫生从业人员，并对调查人员就调查方法、调查内容、调查的注意事项及调查的技巧等进行集中培训；在调查前调查访谈员对调查对象阐明此次调查的内容、问卷填写方法和注意事项，获得调查对象的同意及配合；采用访谈员一对一单独访谈，以链接或二维码形式的方式发布收集调查问卷。

二、结果与分析

（1）一般情况。参与本次调查的541名机车乘务员均为男性，其中汉族415人、回族46人、藏族36人、其他民族44人；中专（职校）及以下12人、大专479人、本科50人；高铁机车乘务员8人、货车机车乘务员337人、普速列车机车乘务员196人；学习副司机123人、副司机101人、司机317人。

（2）高原机车乘务员睡眠质量的影响因素。本研究中，铁路机车乘务员存在睡眠问题者占68.1％，单因素分析结果显示，婚姻状况、职务、吸烟、年龄段可能是铁路机车乘务员睡眠质量的影响因素。

三、讨论与建议

本研究显示，参与调查的高原机车乘务员中存在睡眠问题者占68.1％，高于郑州市机车乘务员睡眠障碍率，说明高原地区氧含量较低，可能导致人体吸氧困难，特别是夜间，低氧水平可能会

512

影响睡眠质量,导致睡眠中断或者浅睡眠,同时高原地区的温度和湿度通常较低,尤其是晚上,可能会影响人体舒适度,使睡眠变得困难。青藏公司机车乘务员作业区间往返于整个青藏高原,海拔变化从 2 500 米至最高 5 000 米,长期高原气候作业,可能会导致他们发生睡眠障碍,失眠或者睡眠质量下降。尤其是调查人群 30 岁以下人群占比较高(占 62.6%),绝大部分从内地来到高原地区,因高原低压性低氧的环境特点,初进高原及高原移居者动脉血氧饱和度下降,夜间睡眠时进一步降低,由于频繁、短暂的觉醒及其后相连的周期性呼吸导致夜间睡眠的破碎、睡眠片段的增加,睡眠质量明显降低。铁路机车乘务员是指担当列车牵引任务的驾驶人员,职业性质特殊,其工作任务繁重、值乘和退乘时间不规律、长期轮班制作业和经常超时工作,经常夜间值乘作业,值乘期间精神持续高度集中,长时间保持固定操纵体位进行作业,进而影响睡眠质量。而长期夜班工作违反人类生理节律,易导致自主神经系统失调,长期倒班工作容易导致健康状况下降,容易出现睡眠障碍。

四、结论

高原铁路机车乘务员睡眠质量不高,职务等级、婚姻状况是影响机车乘务员的主要危险因素。充足的睡眠与心血管健康有因果关系,睡眠不足和睡眠质量差与心脏病患者风险的增加有关。睡眠不足和睡眠质量差会增加健康的风险。因此,应当采取相应措施,合理安排值乘换班,尽量避免机乘乘务员连续长时间工作;改善候班楼环境条件,提供舒适的休息环境;工会多加关心机车乘务员家庭生活状况,解决其家庭实际困难,尽可能为营造良好的家庭氛围创造条件。加强睡眠卫生和心理卫生的健康促进和健康教育,引导机车乘务员健康的生活方式,健康饮食,摄入充足的营养,适量运动,保持良好的睡眠习惯,包括规律的睡眠时间和舒适的睡眠环境。睡前避免过量吸烟和饮酒,控制入睡时间,形成合理的健康生物钟。

层次分析法在海外工程项目安全
风险管理中的应用

中国铁建中国土木工程集团有限公司　李福财

由于其周边环境、地理位置、隶属关系及人员状况、主要设施设备情况、外部救援力量情况等因素的特殊性,海外工程项目的安全风险情况错综复杂,如何有效地管理和控制项目中的安全风险,增强风险防控能力,提高风险管理水平,成为重要课题。

作为国际工程领域龙头企业,中国铁建中国土木工程集团有限公司(简称中国土木),经过丰富的理论探索及实践积累,引入层次分析法作为决策工具。本文尝试从理论分析及工程应用实践两个方面,对如何运用层次分析法有效预防和遏制生产安全事故进行全面探讨。

一、层次分析法简述

层次分析法是由美国运筹学家托马斯·L.塞蒂制定的是一种系统性的多准则决策方法,在将问题分解为若干个准则层、子准则层和方案层的基础上,通过构建层次结构和比较矩阵,计算出各层次的权重,最终确定最佳的决策方案。该方法可以将复杂的问题层次化,帮助决策者在复杂的情况下进行合理的决策。

二、安全风险管理中的重难点分析

(一)生产安全风险概述

在工程项目实施过程中,各生产生活场所、施工道路、施工装备及各分部分项工程等部位存在的,由于设计施工方案、地质气象环境、施工组织计划和人员设备配备、施工周边环境等条件变化,可能导致人身伤害和工程损失的风险,简称安全风险。

针对性的安全风险管理工作主要是动态开展安全风险识别、评估、传递、监控和防范。

(二)危险源与风险分析

海外工程项目的安全管理存在以下重难点:

1. 多元化的风险因素

经调查和分析,工程项目可能发生的事故、事件和紧急情况,主要集中在自然灾害、事故灾难、突发公共卫生事件、突发社会安全事件等四个方面。

海外项目除以上四个方面以外,还可能面临地理环境、政治环境、文化差异等多样化的风险因素,需要对这些因素进行科学的评估和管理。

中国土木的海外工程项目大部分集中在非洲和中东地区。当地气温较高,传染性疾病时有流行,政局不稳,暴力冲突时有发生,有些地区社会治安条件较差,是影响公司员工生命健康和国家财产安全的主要危险因素。

2. 复杂的利益相关方关系

海外项目往往涉及多个利益相关方,如政府、业主、承包商等,需要协调各方的利益,确保安全管理得到有效执行。

四十多年来,中国土木从一个单纯的劳务承包企业已发展成"1+N"海外布局,形成以工程承包带动施工、设计、投资、运营等多点多面的产业格局,所涉及的利益相关方也从单一的建设单位,发展成为投资方、方案策划方、工程建设方、工程设计方、工程咨询或监理方、运营方、维护方。

3. 外部资源限制

海外项目会受到所在国政治法律环境、当地资源供给不足、技术条件限制等外部因素的制约,需要在资源有限的情况下进行合理的安全管理规划。

工程建设中涉及的标准是技术标准、管理标准和作业标准,技术标准是基本依据,管理标准是落实技术标准的保证,而作业标准是落实技术、管理标准的工作载体。随着国内高速铁路事业的蓬勃发展，铁路工程标准体系的建立较为完善，而对于国外的一些美标、英标、欧标等系列规范，对某一行业的规定，特别是铁路行业并不成体系，且内容偏重于理论和原理，与我国偏重于经验的规范不同，缺乏经验公式或经验参数。

在执法执行规章方面，海外项目面临法律法规及标准等方面外部资源限制的安全风险，虽然中国铁路规范自成体系，但在向外继续发展和推广技术规范时，也需要熟悉欧洲国家规范体系的特点，借鉴其优点同时输出中国技术。

三、基于层次分析法的安全管理模型

1. 确定层次结构

根据海外工程项目的实际情况，确定安全管理的准则层、子准则层和方案层，将问题分解为可管理的部分。

2. 构建比较矩阵

对于每个层次，根据专家意见或数据分析，构建相应的比较矩阵，评估各个因素之间的相对重要性。

3. 计算权重

利用层次分析法的计算方法，计算出各层次的权重，确定各个因素的相对权重。

4. 决策方案评估

将各个方案按照各层次的权重进行评估，确定最佳的决策方案。

四、工程应用

中国土木修筑的尼日利亚铁路现代化项目拉各斯至伊巴丹段工程（简称拉伊铁路）为连接尼日利亚港口城市拉各斯至西南工业重镇伊巴丹的一条客货共运双线铁路（156.80公里），并通过单线铁路（9.10公里）连接至阿帕帕港口，实现港铁联运，是尼日利亚西南地区物资产品的进出口通道和延伸尼国内陆腹地的主要运输

通道。

下面以拉伊铁路为例，说明基于层次分析法的安全管理模型的应用：

1. 风险辨识

风险辨识是指调查识别工程建设过程中潜在的风险类型、发生地点、时间及原因，并进行筛选、分类的过程。拉伊铁路建设全过程，采用安全检查表、工作危害分析等多种分析方法，针对不同施工阶段展开了实时动态的风险辨识，坚持对工程自身、设备设施、作业活动、作业环境、安全行为、管理体系等全方位存在的安全风险进行定期排查与识别，组织对施工方法、工艺、主要设备设施、施工人员、工程地质条件等因素进行专项辨识，对辨识结论及相关情况的变化情况在真实记录的基础上编制了风险辨识报告，为后续安全风险的评估及管理工作提供了准确的依据。

2. 风险评估

通过层次分析法的比较矩阵和权重计算，对不同的风险因素进行评估和排序，帮助确定关键风险和应对措施。

从操作层面上，通过风险评估矩阵对辨识出来的各项风险从风险事件发生的概率与可能危害程度两个方面进行量化打分，确定风险等级，制定风险管控措施，编制安全风险评估报告。施工过程中发现新的风险因素，或已有的风险因素发生变化，或发生生产安全事故、险性事件或遭遇自然灾害，导致发生风险事件的概率或可能危害程度有较大变化，针对"人、机、料、法、环"等方面存在的主要致险因素，及时开展风险再评估，对照风险评估结果，遵循消除、减弱、隔离、警告、个体防护的顺序原则，制定安全风险工程控制措施。同时，针对风险等级和风险特点，从管理制度、教育培训、安全文化等方面，采取相应的管理控制措施，以降低风险发生的概率。

3. 资源分配

根据各层次的权重，合理分配安全管理的资源，确保资源的有效利用和优先满足重要因素的需求。

517

项目部对本层级管控的安全风险进行统计,符合一定分级标准的风险则按要求进行统计。召开季度安全风险分析会,分析项目内各风险变化情况,对施行的风险管控措施进行评估,并通过人、财、物、技术等方面的投入调整,对风险进行及时、合理的监控和管理。

　　4.决策支持

　　集团总部履行安全风险管理的主体责任,负责安全风险管理的督促落实、考核工作,建立涵盖公司主要专业施工领域的"安全风险清单库"并动态更新,重点管控Ⅰ级风险,检查Ⅱ级风险管控情况,督促各单位和项目部落实风险管控措施。

　　作为现场安全风险管理的执行主体,拉伊铁路项目部负责按照上述安全风险分类,结合自身专业特点和所在国家(地区)法律法规要求,细化安全风险的分类,并根据相关要求和施工经验,逐项制定主要管控措施,定期开展风险辨识与评估,建立项目"安全风险清单"并动态更新,制定并落实风险管控措施,项目安全生产领导小组统一领导本单位安全风险管理工作。

　　基于层次分析法的权重计算,为项目管理者提供决策支持,帮助其在复杂的情况下做出明智的安全管理决策。

五、结论

　　层次分析法作为一种决策工具,可以在海外工程项目的安全管理中发挥重要作用。通过构建层次结构、比较矩阵和权重计算,可以帮助项目管理者有效地评估和管理安全风险,合理分配资源,做出明智的决策;同时,通过层次分析法的应用,也有利于项目识别和发现细微的安全行为不当情况,降低项目风险,使项目更加有机发展。然而,实际应用中需要结合具体项目情况进行调整和优化,确保模型的可行性和有效性。

浅谈合资铁路公司职工养老保险
工作诸多问题及对策

中铁渤海铁路轮渡有限责任公司

王 卓

中铁渤海铁路轮渡公司,于 2002 年 1 月 6 日在国家工商总局注册。公司四方股东分别为中国铁路总公司授权中国铁路济南局集团有限公司,大连、烟台市政府出资人代表——大连港股份有限公司、烟台蓝天实业发展有限公司,中铁二局集团有限公司。主营业务烟台至大连列车轮渡运输、普通旅客、滚装汽车轮渡运输,是亚洲第一条海上运输距离超过百公里的航线。承担着水路衔接山东、辽宁两大半岛,确保铁路"八纵八横"之东部沿海通道,承担着南北贯通的重大社会责任。公司设职能机构 6 个,设生产经营机构 8 个,总定编为 718 人。

笔者在合资铁路公司具体负责社保工作,本文通过以社保工作中的重要组成部分,即职工养老保险为题,结合多年来实际工作中遇到的与职工切身利益密切相关的难点、热点问题,通过梳理、归纳、总结出与之相关的对策,进一步探讨新形势下合资铁路公司如何做好职工养老保险工作,充分发挥其社会稳定器的作用,有助于实现并推进合资铁路公司社保工作的高质量,进而提升合资铁路公司员工的获得感、满足感和幸福感。

一、合资铁路职工养老保险存在的问题

中铁渤海铁路轮渡公司共有综合(党群)、计财、人力、安全、运输、航运等六个职能部门;设烟台北站,旅顺西站,中铁渤海(1 号、2 号、3 号)渡船,客货营销中心,安全运输指挥中心,基础设备中

心,物资中心,供应链管理公司八个生产经营单位;公司涉及铁路、海运、港口等相关专业,跨越渤海湾运营,形成了独特的运营与管理模式。

1.员工结构复杂

2002年中铁渤海铁路轮渡公司自组建成立之时,员工人数逐年呈现增长态势。公司由工程建设向运营管理职能转变后,员工的来源由国铁职工调入、参建单位专业人员引进、船员队伍社会招聘等渠道组成,跨行业、跨工种、跨地域形成了特有的人员结构。组建员工队伍过程中的试用因素、员工个人意愿,以及拟录用人员正在享有失业保险金等客观因素,都会对公司养老保险管理工作极易出现缴费断档、后续的劳动用工纠纷等不利于单位管理和社会稳定情况。这些客观因素都会造成合资铁路公司养老保险管理的基础工作薄弱。

2.职工养老保险属地不统一

由于职工养老保险关系属地政策不统一,致使转移手续复杂。合资铁路员工来自天南海北,在招聘或调入后需要将每名新职员工的养老保险关系从来源地转入现劳动关系所在地。目前,养老保险关系转移手续分为三种情况:市内转移,省内调转及外省市调转。这其中,后两种情况相对复杂,操作难度极大。

(1)市内转移因员工已经建户且有参保记录,转移手续相对简单快捷。

(2)省内调转过程中,往往个人和单位缴费信息数据需要前后衔接,签转手续略显复杂。

(3)省外养老保险关系调转涉及省与省之间政策存在的差异,比如有些省份对转入人员的户籍有要求,有的省份对转入人员的年龄有限制,有些省份调转的程序不一样,需要提供的材料也略有不同,解决跨省养老保险缴费衔接问题相对比较复杂,职工本人也难以办理,相关负责人员在办理过程中也是困难重重,这些都会直接影响员工的切身利益,也会因效率低下导致养老保险管理工作难度加大。

3. 职工养老保险凭证不完整

由于铁路生产力布局调整后,造成铁路职工养老保险原始凭证不完整。养老保险档案在社会保险的全部工作中起着重要的作用,它是被保险人将来能够享受社会保险的有效基础,直接关系到被保险人的切身利益。社保制度建立的初期,没有建立统一的养老保险档案信息管理系统,对档案管理的内容、格式、标准、年龄、交接等没有统一的要求和规定,因此养老保险基础管理的质量取决于社保管理人员的职业素养和专业性。

前些年,随着铁路生产力布局的调整,员工所在单位多次合并或撤并,铁路职工在办理养老保险关系转移过程中,因主管部门的频繁更换,档案的缺失所造成的在转移过程中需要员工个人提供原始凭证或个人工资单等情形,使部分职工的情绪产生波动,给企业的安全生产带来无形的隐患。

4. 职工养老保险意识淡薄

由于职工对养老保险意识淡薄,容易造成纠纷。国家从 20 世纪 90 年代才开始实行社会保险制度,但是当时有很多人对社保的认知模糊,缺少对社保工作的重视和自我保护,很容易损害自身利益。其具体表现为:

(1)一部分员工盲目追求薪金,而忽视长远的社会保障权益。

(2)一部分企业不为员工缴纳社保,员工也不知道维护自身的合法权益。

(3)还有一些处于休假或者停职期间的员工,在未与当前的企业书面解除劳动关系的同时便开始在新公司参与劳动。

这些现象,无形中会对合资铁路公司社会招聘的人员带来隐藏式的矛盾和不可预见性的纠纷隐患。

二、做好合资铁路公司职工养老保险的意义

1. 提高队伍稳定性

社会保障工作具有很强的政治和职业性质,与员工个人切身利益息息相关。企业能否严格遵循国家法律法规,为提供劳动的

员工享受应有的社会保障,可以充分激发员工的热情和积极性,使其能够以饱满的热情投入工作中。并通过社会保险制度,进一步增强员工对企业的归属感和成就感,可在很大程度上减少人员的流动性,并在改善劳动关系的稳定性方面发挥积极作用。

2. 增强企业竞争优势

提高企业的竞争优势,形成良性循环,保险和福利水平被认为是衡量企业质量的基本标准。如果一家公司想在竞争中获得优势,它必须首先为员工支付相应的法定社会费用。公司为员工按时、足额缴纳各种社会保险金,外部可以建立良好的企业形象,从而能够吸引各类优秀人才,提高企业的竞争力,特别是人才的核心竞争力。

3. 保障员工合法权益

公司对员工承担社会保险责任,不仅能够尊重和照顾员工,而且努力为员工创造良好的利益和未来的发展空间。同时,要明确员工是企业的主体,尊重员工,坚持以人为本,满足员工的基本需求,是现代企业人才管理的关键。

三、如何高质效做好职工养老保险工作

1. 制度设计切合政策

职工养老保险是国家的普惠制度,具有极强的政策和制度等法律约束性质,而合资铁路的职工养老保险又具有地方属性特征,其制度设计必须符合所在省市地区的法律法规等,管理制度的建设也必须依从当地政府社保管理部门颁发的条文,对相应的职能部门、工作流程、操作规范、工作标准与考核等实现全面规定,给职工养老保险工作的开展构建起良好的制度环境,形成有效开展的基础,能够为后续执行创造良好的条件。同时,养老保险作为企业人力资源管理的重要组成部分,在企业管理和劳动用工管理的内部,也要发挥其对企业和员工个体的"保护网"和"稳定器"的作用。

2. 加强办理时效性

养老保险工作要做到日事日结,困难的事想方设法办,复杂的

事梳理办,琐碎的事日常办,提高工作的时效性。例如,办理员工养老保险关系转接手续,根据《城镇企业职工基本养老保险关系转移接续暂行办法》的规定,员工返回户籍所在地就业参保的,其户籍所在地按照流程办理相关转移手续即可。但员工转移社保关系受户籍、年龄、工作再流动等客观因素影响较多,如年满50周岁的男性和40周岁的女性员工且户籍没有转到参保地的员工,只能在新参保地给个人建立临时基本账户,记录其单位和个人全部缴费。待户籍迁入后,方可将原所在地的基本户转移至新参保地。因此,为员工办理社保关系迁出、迁入不易久拖,应一事一毕。

3. 提升从业人综合素质

在现代企业的管理工作中,养老保险工作是人力资源管理的重要组成部分,所以,各项工作的开展中必须注重"人"的重要性,企业社保管理人员素质是积极稳妥推进企业养老保险政策落实的根本和关键,为了有效提升工作的实际效率和质量,必须坚持"以人为本"的基本原则,在企业内部构建一支高效、高素质的业务队伍。企业应定期组织社保工作人员进行专业培训或教育,通过各种途径、渠道全面提升工作人员的理论水平与业务素质。在培训中,常规的培训内容包括基金管理办法、社保结算办法,以及现代计算机技术和网络平台的应用等,以适应企业社保工作的发展需求。同时,社保管理人员也要具有工作的主动性,做好企业内部管理及外部协调,要具有对政策变化的敏感性,时刻高度关注动态信息,运用好国家的各项普惠政策共同应对不确定性危机。

4. 提高职工养老保险意识

要结合当前社会保险政策,通过典型纠纷的案例,从不同角度对养老保险相关知识进行全面、系统、详细的讲解。通过内容丰富且通俗易懂的课程内容,使员工和公司进一步了解和学习养老保险相关知识,提高员工对养老保险的重视程度,实现企业、员工的有效沟通合作,提高工作的质量水平。

企业合规管理与纪检监察工作融合的思考

广东铁路有限公司企业发展部　万恒山

理顺并融合企业合规管理和纪检监察工作内容，整合监督资源，增强监督合力，构建针对性强、执行效果好的监督管理平台，既是铁路企业亟待解决的重要问题之一，也是构建现代化铁路经营管理体系、加快企业治理体系和治理能力现代化建设的题中应有之义，有利于推进铁路高质量发展，为全面建设社会主义现代化国家贡献铁路力量。

一、合规管理与纪检监察工作概述

1.合规管理

合规最早起源于美国，其在经历反商业贿赂、食品与药品安全、反垄断、证券金融、国防采购与环境保护等方面的专项合规体系建设后，全面合规体系逐渐成形，也对我国合规管理的发展产生了深远影响。

我国的合规管理最早起源于 2006 年银监委发布的《商业银行合规风险管理指引》，之后政府相关部门陆续出台了《合规管理体系指南》《中央企业合规管理指引（试行）》《经营者反垄断合规指南》等若干合规管理规定。2022 年 8 月，国务院国资委印发《中央企业合规管理办法》，并对"合规"和"合规管理"做了明确定义，认为"合规"是指企业经营管理行为和员工履职行为符合法律法规、监管规定、行业准则和国际条约、规则，以及公司章程、相关规章制度等要求。

2.纪检监察

纪检监察是党的纪律检查和国家行政监察的统称。纪律检查工作简称纪检工作,是党的建设的重要组成部分,主要指党的纪律检查机关对党员和党的组织遵守党章和其他党内法规制度的情况进行监督、检查并执行党的纪律的职能活动。监察工作是指国家监察机关依法对所有行使公权力的公职人员进行监察,调查职务违法和职务犯罪,开展廉政建设和反腐败工作。

纪检监察工作是我国国有企业监督体系的重要组成部分,在执纪问责与反腐败工作中发挥着不可替代的作用。多年的实践证明,加强纪检监察工作是促进企业改革,防止国有资产流失,预防犯罪和惩治腐败的有效方法之一。

二、合规管理与纪检监察工作融合的必要性

1. 两者融合是党的自我革命规范体系的客观需要

党的二十大报告强调,完善党的自我革命制度规范体系。健全党统一领导、全面覆盖、权威高效的监督体系,完善权力监督制约机制,以党内监督为主导,促进各类监督贯通协调,让权力在阳光下运行。纪检监察作为党内监督工作的重要组成,是铁路企业加强党的建设、保障经营的重要抓手,而要保证其作用有效发挥,必须把党的领导和监督贯通融合到公司治理各环节,并以此带动整个监督体系更加紧密、有效运转。合规管理作为企业强化监督管理、保障制度执行的有力措施,必须在党的领导下运行,因此,合规管理与纪检监察工作融合有利于促进各类监督资源既依照自身职责发挥效能,又强化关联互动、系统集成,形成同题共答、常态长效的监督合力。

2. 两者融合是铁路企业持续健康发展的重要保障

近年来,随着铁路改革向纵深推进,铁路企业生产经营过程中的资金、债务、法律、廉政等风险不断增加,且铁路企业资产规模大、管理跨度长、业务范围广,大大提高了其在风险管控上的难度,一旦处置不当,就会给企业带来巨大损失。因此,铁路企业要持续健康发展,必须坚持全面风险管理,综合运用各种手段排查、识别、分析、化解风险。合规管理的重点是对企业经营管理具体行为进

行防范处置,侧重于事前和事中;纪检监察的重点是对企业经营管理行为人进行防范处置,侧重于事后,两者融合可以有效构建全面风险管理平台,将风险管理关口前移,建立事前、事中、事后的风险管理防线,多部门、多环节凝聚风险管理合力,汇成一张紧密联系的风险防护网,为企业持续健康发展保驾护航。

3. 两者融合是铁路企业提升监督效能的有效途径

合规管理与纪检监察的主管部门各不相同,监督重点也各有侧重,这在客观上造成了监督力量的分散,形成了许多监督盲区和弱项。同时,两者之间也没有形成真正常态化的信息互通机制,容易造成同一事项重复检查或空当,增加了监督成本,浪费了监督资源。因此,铁路企业要提升监督效能,必须树立"监督一盘棋"的整体思想,整合监督资源,将各种监督嵌入企业生产经营各环节、全过程,形成有机联动的统一整体。

三、合规管理与纪检监察工作融合的可行性

1. 工作职责具有交叉性

《中国共产党纪律检查委员会工作条例》指出,党的各级纪律检查委员会是党内监督专责机关,是党推进全面从严治党、开展党风廉政建设和反腐败斗争的专门力量,应坚持把一体化推进不敢腐、不能腐、不想腐作为反腐败斗争的基本方针、新时代全面从严治党的重要方略,惩治震慑、制度约束、提高觉悟一体发力,系统施治、标本兼治;《中华人民共和国监察法实施条例》则要求监察机关依法履行监察监督职责,对公职人员政治品行、行使公权力和道德操守进行监督检查;《中央企业合规管理办法》则明确指出合规管理就是要将合规要求嵌入经营管理各领域,贯彻决策、执行、监督全过程,落实到全体员工,实现多方联动、上下贯通,可见两者在职能职责上是有交叉的。

2. 工作目标具有一致性

合规管理、纪检监察是铁路企业日常管理中的重点工作内容,具有重要的监督职能。虽然两者存在一定界限,但都是企业全面

526

从严治党、依法依规治企的内在需要,是预防违规、管控风险、追究问责的重要手段,有利于保障企业深化改革和高质量发展,确保国有资产安全。

3.工作方式具有相似性

无论是合规管理,还是纪检监察,都始终坚持党的领导,高度重视文化、制度、机制建设,均围绕"制度规范依据、岗位职责义务、风险梳理与预警、流程执行与优化、监督追责问责"等方面具体展开。在具体工作中,两者在坚持全面覆盖的基础上,切入点均是"抓早抓小抓关键",从健全规章制度、优化业务流程、建设合规和廉政文化等前置环节出发,紧扣业务细节,抓住业务执行的关键岗位、重要事项,从而强化监督效能,实现有效监管。

四、合规管理与纪检监察工作融合的途径

1.突出党的领导,构建大监督体系

一是加强组织领导。在党的领导下由企业纪检监察机构主导成立"监督领导小组",制定大监督实施方案,形成大监督工作清单,明确监督领导小组在推动化解廉政风险,合规风险、监督评价和监督文化建设等方面的职责,统领和协调从上到下、从内到外、横向联系、纵向对接的监督管理工作,形成"大监督"工作格局。二是强化制度衔接。在纪检监察相关制度中明确对合规管理的业务支持,牵头组织相关部门或第三方对企业合规管理体系的有效性、完整性进行动态评估;在合规管理相关制度中明确纪检监察机构的职能定位及职责划分,建立完善制度、职能职责、工作流程的相关指引,加强彼此协同保障,构建行之有效的立体监督制度体系。三是突出价值创造。监督领导小组按照"业务谁主管,监督谁负责"的原则,向业务部门和专责监督机构移交问题,协调监督力量,采取"约谈＋表态",压实主体责任;"清单＋督办",加快问题解决;"联审＋销号",确保整改清零,化解廉政和合规风险,实现监督工作创造价值,推动企业高质量发展。

2.突出全面有效,确保监督全覆盖

一是覆盖全部业态。将监督从传统的客货业务和工程项目建设扩展到土地、房产、广告、商旅等非运输业务开发运营,实现业务监督全覆盖。二是覆盖重点工作。加大对车皮车票、货运运价、选人用人、薪酬分配、资金支付、业务外包、资产资源利用与处置和落实中央八项规定精神等重点决策部署的监督,实现党内监督、行政监察、经营监管全覆盖。三是覆盖关键人员。紧盯"一把手"和班子成员等"关键少数",对所有班子成员党风廉政建设情况"画像";通过分析信访问题线索,对群众反映较多、发生问题集中的单位党组织发出监督建议,追究失职、失责、不作为、乱作为者的责任。

3.突出协调联动,提升监督实效

一是实行定期会商制度。监督领导小组定期召开会议,通报重点监督事项进展,听取监督情况报告,接收移交问题,研究重点监督事项分类处置意见,推动监督体系贯通协同、统筹衔接,使纵向监督体系和横向监督体系在决策部署、力量整合、措施运用、闭环整改上相互促进、相得益彰。二是加强人才建设与交流。合规管理人员一般要求具有审计或法律专业的教育背景或工作经历,纪检监察人员则多由综合行政管理专业人员构成,因此要以思想信念、廉政准则、行政法规、行业要求、企业制度等为重点,采取业务培训与实践锻炼相结合的方式,拓展各自人员的业务知识储备,建立"交叉锻炼、双向任职"的人才交流机制,打造一支具有复合专业素养的大监督队伍。三是推动成果充分共享。合规管理与纪检监察均会从各自角度对企业管理制度、部门及岗位职责、业务流程、风险点进行系统梳理,两者日常监督检查发现的问题也暴露了彼此工作中的薄弱环节,加强两者之间的工作成果共享,可以提升企业风险管理水平,增强监督工作实效。

4.突出文化建设,营造大监督文化

一是加大监督工作力度,营造"人人都是监督员、事事都在监控中"的大监督氛围,解决业务部门在履行监督职责中存在的不敢监督、不愿问责的"好人主义"。二是从知识层、制度层、精神层、物质层等四个层面,加强廉政和合规文化建设,开展经常性合规教育、法纪教育,增强全员合规意识、纪律意识,营造"合规人人有责""合规创造价值""违规就是风险"的人文软环境。三是开展典型案例警示教育,适时通报在项目管理、资源开发等方面的违纪违规问题,严肃问责因工作飘浮、不担当、不作为以及失职、失责给企业造成损失和负面影响的单位、个人,让制度长牙,让纪律带电,有效提升监督的威慑力、执行力。

设计一种基于人能力的薪酬分配方法
——M币值法

焦作铁路电缆有限责任公司综合管理部

司利民

薪酬制度改革,作为国家三项制度改革的重要环节,在企业管理中起着举足轻重的作用。在企业内部,薪酬制度主要分为工资总额的管控和薪酬分配与激励等相关制度。其中,工资总额管控是国务院国资委对所属企业进行的行之有效的管控手段,目的是做到总量控制,将人工成本纳入预算管理的重要手段,在企业内部人工成本管理方面,也发挥着重大作用,同时做到如何将工资在企业内部各部门或者子企业之间进行合理分配,合理控制人工成本水平,并使薪酬水平维持在行业或地方平均工资的合理区间内。本文所述的薪酬分配制度是建立在工资总额管控基础上,将工资按照个人能力及工作绩效等劳动要素分配到具体人的一种分配方法或机制,是"以人为本"思想在薪酬分配中的具体体现。

一、薪酬分配的原则

薪酬分配是和既定组织及市场环境完全相关的一种组织活动,并没有严格意义上的完全正确的薪酬分配方法,只要适应组织发展,能为该组织带来动力及价值提升的薪酬分配方法就是合理的。

1. 薪酬分配是否合理的评价标准

薪酬分配方法是否合理,可通过以下四个评价标准来判断:

(1)公平。薪酬分配方法是否建立在统一的分配标准或分配制度之上,该标准或分配制度是否对每个人都有效,在标准或分配

530

制度面前是否人人平等。

（2）人本（人性）。工资是发给生产力三要素中的人的，不是发给设备、原材料的（生产力三要素：生产者、生产设备、生产对象），因此必须考虑到人的因素，这也是"以人为本"重要思想的凸显。企业中的人，不仅是产品的生产者，又是生产成果的享用者，更是企业长期稳定发展的重要资源。在薪酬分配中充分体现人本思想，是薪酬分配制度改革的重要方向，万万不可一叶障目，不见泰山。

（3）激励。不论是社会还是组织，最终都是以如何满足人的需求作为目标，以人的需求作为发展动力。薪酬分配是满足人的需求的一个重要途径，也是调动人工作积极性的主要手段。

（4）导向。薪酬就像挂在驴嘴前面的一撮稻草，具有绝对的吸引和导向作用。在制定薪酬分配制度前，首先要明确将要把职工引向何方的问题。是引导职工抬头向"位置"看还是低头向本职工作看？是引导职工向阿谀钻营看还是向提升自身素质看？是引导职工向做事情夸夸其谈看还是向埋头实干看？是引导职工向好大喜功看还是向默默无闻解决实际问题看？

2. 合理的薪酬分配应遵循的原则

鉴于以上评价标准，合理的薪酬分配应遵循以下原则：

（1）市场化原则。发挥市场在薪酬分配中的决定性作用，增强竞争力。

（2）坚持多要素分配原则。推动按个人业绩、能力、责任等要素进行分配。

（3）坚持效率与公平原则。既要讲激励又要有约束，破除平均主义，工资增长与企业效益挂钩。

（4）坚持差异化分配。体现不同岗位差异、不同能力差异、不同贡献差异。

二、目前主流工资分配方法的优缺点

国有企业目前主流的薪酬分配是以岗位工资为主要分配要

素,易岗易薪。该方法是建立的 20 世纪末、21 世纪初既定环境下的国企薪酬改革为背景,随着经济的发展和要素市场的进一步成熟,该方法也凸显出了不足之处。

1. 薪酬的市场价值问题(考虑人的自身价值问题)

举例:超市菜架上摆着一堆白菜,1 元钱 1 斤。现拿起一个,放在旁边的肉架上,这棵白菜应标多少钱 1 斤? 能卖成肉价吗? 假如标价高于 1 元钱,会有人买吗?

2. 板凳与屁股的问题(考虑人岗分离的问题)

举例:人每天都在坐凳子,有没有哪天起身时,屁股被凳子粘住的时候? 大多数都没有。为什么? 因为人在起身时带走了所有,板凳上没有留下任何东西。

3. 人在薪酬分配制度中的"颜色"问题(考虑人在薪酬分配中的地位问题)

在薪酬分配制度中,人应该呈现什么颜色? 是五颜六色还是灰色? 目前的薪酬分配制度中,只考虑到岗位的评价问题,人始终显示为"灰色的木头"。只有将人塞入岗位后,才体现出相应的岗位颜色。人在整个薪酬分配制度的制定中始终为"木头桩"。

4. 薪酬的导向问题(考虑薪酬分配对人的导向问题)

正如前面提到的,薪酬是挂在驴嘴前面的一撮稻草。目前的薪酬分配制度是岗位(位置)工资制,位置决定收入。那么,这种制度将要把职工引向何方? 眼睛盯着领导、手上扒着位置?

(1)目前薪酬分配制度的优点:

①设计简单。将不同岗位按照所谓的重要程度和复杂程度,人为地区分为由低到高的不同等级,并赋予相应等级的工资标准。

②便于操作。由于排除人的因素,操作简单。

③适用组织结构简单,成员较少,组织层级单一的机构。

(2)目前薪酬分配制度的缺点:

①薪酬分配设计中,忽略人的因素。工资是人的价值在企业服务中被认可的一种体现,是人自身素质在企业中的发挥,如果在薪酬分配中,不去考虑人的因素,只提岗位,是一种非常错误的做

532

法,会导致工资所体现的价值被扭曲,使人误认为只有岗位是对自己的最好认可,忽略对自身素质和技能的提升,形成自卑、奴化等思想,严重扭曲自身价值观。对那些思想积极,通过努力提升自身素质,成为企业中流砥柱的职工,在得不到岗位认可(而不是对职工自身价值的认可)时,只会选择离开。

②维护"永上"模式,难以形成机制。目前的薪酬分配制度,是一个"永上"的模式。分配制度将每个岗位简单分成若干个层级,如果将这种由岗位和层级组成的体系比喻成一座楼房的步梯,每个岗位好比是一个楼层,岗位内的每个层级好比是步梯的每一级台阶,每一级台阶都标有明确的金额,台阶越高金额越大。这将导致人们在守住自己所占的台阶的同时,拼命向上,绝不后退;同时,每层楼之间又设有"防火门",看似畅通,其实又很难通过。最终导致人员在步梯上看不到向上移步的希望。这也是导致人员离职的重要原因,也是人员能上不能下的根源所在。

③形不成有效的激励机制。所谓有效的激励,是对提升人员的工作积极性、提高人员自身素质进行的激励。目前的薪酬分配制度通过制定由低到高的薪酬等级,看似激励人员向更高的位置移动,但由于位置的有限性,职工看不到上升的空间,导致激励效果大打折扣。

④对职工的导向出现偏差。目前以岗位工资为主的分配办法,将职工的目光完全吸引到了"位置"上,一切以"位置"至上。获得"位置"的途径有多种多样,在没有完善的人员评价体系的情况下,很难真正靠职工的个人素质来获取"位置",必然引导职工向上层看、向手段看、向形式主义看,不会向如何做好本职工作、发挥自身价值为企业奉献、提升自身素质上看。

三、探索一种薪酬分配方法——M币法

M币法是一种以人为本的薪酬分配方法。M是manage(管理)的英文缩写。该方法将人的个人素质及能力用等额币值的M币数量来表示,最终以M币数量乘以币值来确定每个人的基

本薪酬水平。基本薪酬水平随着每个人的 M 币数量增减而调整。该方法适用于对管理和技术人员的薪酬分配。

（一）M 币法分配模式的构成

薪酬结构该种分配模式的构成：工资＝基本薪酬＋绩效薪酬＋岗位津贴。其中：

（1）基本薪酬由每个人的 M 币数量来确定，工资占比 50％（根据情况可调整），作为工资的固定部分。

（2）绩效薪酬由固定时间段内的绩效考核结果来确定，以基本薪酬作为基数计算得来，工资占比 40％（根据情况可调整），属于浮动部分。

（3）岗位津贴根据每个岗位职责的不同，承担的风险不同，给予相应的岗位津贴，工资占比 10％（根据情况可调整）。

（二）基本薪酬的确定

基本薪酬＝M 币数量×币值

1. M 币数量的确定

（1）确定人员素质能力评价的一揽子因素。人员的能力及素质是内化于人的实际工作和各种行为中的，只有在实际工作过程中或各种行为之后才会被验证、被发现。但这种能力和素质的得来，必然有其形式上的、外在的、可以被人捕捉的显性因素，或者说，这些因素与人员的能力及素质成正比关系，如受教育程度、专业技术水平、培训经历、从事专业年限、工作年限、工作现实表现、工作能力的认可程度等。

（2）确定每个评价因素对应的 M 币数量。根据每个评价因素在人员的能力和素质形成中相对影响力的大小不同，确定每个因素的 M 币数量中值；按照每个评价因素内部等次，根据 M 币数量中值数，确定该因素内部每个等次对应的 M 币数量。

（3）计算每位员工的 M 币数量。对每位员工所有的评价因素对应的 M 币数量进行汇总，得出该员工的 M 币数量值。

2. 币值的确定

M 币的币值为等额币值，每个币值所包含的工资数额相等。

币值＝分配范围对应的工资总额预算数×0.5/M币总数

（三）绩效薪酬的确定

绩效薪酬的确定，是建立在绩效考核的基础上的。一套完善的绩效考核体系，应当能够反映出考核期内被考核者完成关键绩效考核指标的能力。根据绩效考核的结果，确定绩效薪酬。绩效薪酬在工资中的占比不超过40％。

（四）岗位津贴的确定

岗位津贴的确定是建立在岗位评价的基础之上。根据岗位评价等级，确定岗位津贴值。岗位津贴在工资中占比不超过10％。

四、"M币法"在目前生产经营环境下的优越性及实施过程中的注意事项

（一）"M币法"的优越性

1. 人岗分离，解决人员能上不能下的问题

M币法是基于人员评价的一种分配方法，薪酬分配充分体现了人的价值。在人员调动时，基本薪酬随人而动，不存在高岗、低岗之分，只有最适合自己的岗位。因此，人员能上不能下的问题将在薪酬分配层面上得到解决。

2. 利用价值规律，自然达到人岗匹配

一个合理的人员配置标准是要责、权、利对等，高薪酬，自然要承担对应的责任，享有对应的权力。M币法是个人素质和能力的评价法，高薪酬又体现高能力和高素质。因此，在日常的工作中，不同能力的人员会自然找到适应自己的岗位。

3. 充分运用薪酬导向作用，将员工引导向正确的方向

M币法是以人员的基本素质和能力作为计算薪酬的基本要素，因此员工必然要从提高自身素质和工作能力方面出发，从做好本职工作和长期坚守、忠于企业等方面来达到工资收入的增长。

4. 营造以人为本、公平的竞争环境

在薪酬分配中，员工往往"不患寡而患不均，不患贫而患不安"。这里的"均"是指公平，"安"是指持久、稳定。M币法不仅营

造了以人为本的公平竞争环境,并且撇开了岗位对人的束缚,造就了稳定的工作环境。

5. 为企业育人、留人奠定坚实基础

在这种分配模式下,充分体现了对人的关注和尊重,为人才提供广阔的发展空间和公平的竞争环境,每一位员工都能通过自己的努力来提高自身价值,避免为争夺有限的岗位资源而发生无谓内耗,为育人、留人奠定坚实基础。

(二)"M币法"在实际应用中应注意以下事项

(1)M币数量公开公示。在办公区域公开张贴每个人的M币数量,做到公开、透明。比如在每个办公室门口挂牌,显示每位员工的M币数量。

(2)币值相对稳定。币值年初一经确定,一年内保持不变。

(3)当年的绩效考核结果,作为下年人员素质能力评价的因素之一。

(4)当员工素质能力评价因素发生变化时,M币数量随之调整,并及时更新公示数据。

五、结论

"M币"其实就是将管理过程要素进行量化,简称管理币,每个企业可根据自身管理过程对M币进行定义和赋值,具有较强灵活性和可操作性。"M币法"能够将人的因素纳入薪酬分配中,包括人的个人素质和工作能力,能够更好地体现薪酬分配的最终价值,同时通过合理的薪酬分配充分调动人员的工作积极性,为进一步加快"三项制度"改革步伐奠定坚实基础,能够为企业发展提供取之不尽、用之不竭的动力源泉。

浅谈如何提升企业安全管理现代化治理能力

中国通号西安工业集团西安铁路信号有限责任公司

安技环保部　　韩彦清

当前新形势下,工业制造领域依然面临多方面的风险挑战,既有传统的存量风险,又有新兴的增量风险,安全生产工作既要做好"防",又要做好"治",这就要求工业制造企业,要把防范化解安全风险作为一项极其重要的工作来抓,尽最大可能把风险化解在萌芽之时、成灾之前。目前,全社会对"安全第一"的认识是一致的,各级政府和社会组织对安全生产工作高度重视,国际、国内也相继推出了一系列的安全管理理念和标准,各企业在执行安全管理标准和体系中,大多停留在理论层面,缺乏实践指导。本文立足基层安全管理,提供鲜活的实践案例和方式方法,能给人以借鉴和启示。

本文将以系统管理角度,从体系管理思路出发,围绕目标导向、教育培训、过程管控、应急管理,同时结合"及时反馈理念""游戏化思维""互联网+""人工智能""目视化管理"等管理理念和技术,通过管理实践及案例分享,系统阐述安全管理的各个过程或要素的实现方式,给读者提供管理借鉴或管理启发。

一、以目标指导为导向,以经济责任制考核为抓手,层层压实安全责任

作为安全监督管理,如何采取有效的激励和考核手段,调动全员各负其责、落实责任,是解决安全管理瓶颈的首要问题。用好目标指标导向这个工具,在策划目标指标时,要结合企业实际,围绕企业中长期发展情况,制定有导向、可实现、可衡量的目标指导,同

时在目标指标分解时,自上而下、去繁从简,在总体目标指标的框架下,要围绕部门或岗位的职责、风险或薄弱环节,进行针对性的细化分解,细化分解的目标和指标要清晰明确、可衡量可考核、可执行。在责任落实上,重点是用好经济考核和过程监管两个抓手,不断完善责任书考核机制,引入"及时反馈"理念注重过程的考核,通过加强对过程的监管,形成首尾联动管控链,确保各级人员安全责任的落实落地。

二、注重人员安全意识培养,构建安全保障长效机制

根据事故统计分析,绝大多数的事故是由于人的原因引起的,而在人为因素中,因安全意识不足引发事故的占比远远大于人员安全技术不够的所占比例,提高人员安全意识是解决事故预防的一项重要环节。

首先重视新员工入职安全教育,员工的安全意识和素养的培养在入职时容易养成思维定式,同时辅以师带徒的形式,在日常岗位中逐步固化新员工的安全意识和习惯。

其次加强日常安全培训,日常安全培训是个老生常谈的话题,但往往流于形式、效果甚微,究其原因主要是缺乏趣味和激励,公司基于这个原因,借鉴了"寓教于乐""及时反馈"管理理念"短视频"模式,开发了基于微信小程序的"宣教平台",线上不定期发布5分钟以内的培训视频,所发布的视频第一是时长短,员工有耐心看完;第二是内容有趣,有些来源于网络的趣味性视频,有些是来自员工自导自演的情景剧、警示片等,员工有参与感,员工学习兴趣高。

再次通过开展一些活动积极渲染安全氛围,从而带动人员安全意识提高,比如开展班组"KYT"活动、"安全生产示范班组"、"安全生产青年示范岗"等,开展活动是提升安全氛围和安全意识很好的一个工具。

最后监督检查和奖惩考核,通过长期的激励和约束机制,逐步帮助员工被动养成安全习惯,逐步提升员工安全意识。

三、加强专业人员能力培养，促进管理水平提高

企业安全管理人员相对于企业其他业务人员有所不同，是代表公司负责人站在公司整体层面策划、组织、协调、推进各项安全管理工作，法规标准要熟悉、安全技术要指导、组织协调要力度、培训汇报要表达等，这些都是安全管理人员日常工作中必备的能力要求，因此安全管理人员的能力直接影响企业的安全管理绩效和水平。目前安全管理业界各类培训层出不穷，但效果甚微，笔者认为，最好的培训就是"边干边学、学以致用"。比如公司建立了"周分享"机制，安全管理人员每周轮流分享安全法规标准、技术或管理经验，此机制的优势在于培训内容贴近企业实际、讨论互动多等优势，能够很好地提升安全管理人员整体素质和能力。

四、深入理解"双重预防机制"建设工作重要意义，以风险管理为核心，强调过程管控，促进管控落实落地

当前新形势下，工业制造领域依然面临多方面的风险挑战，既有传统的存量风险，又有新兴的增量风险，尤其新兴风险存在隐蔽性高、防范标准不统一或无标准、管控经验不足等情况，这就要求扎实推进"双重预防机制"工作，"双重预防机制"的建设工作，核心是风险管控，关键是隐患排查和治理。

首先，对风险的辨识与评价工作要客观真实、覆盖到位，公司总结以往经验，采取"自下而上"的方式，在班组级定期进行风险辨识和管控活动，同时将这些日常发现的风险因素都及时反馈并固化到风险辨识、评价和管控工作中，这种将集中式风险辨识改为动态风险辨识方式，能很大程度地让风险的辨识和评价做到客观真实和覆盖全面。

其次，将辨识出的风险进行分级管控，公司级治理和监管、车间/部门级管理和检查、班组/岗位进行日常管理和控制。

最后，也是做好风险管控的关键，就是隐患排查，要充分调动全员参加隐患排查的积极性，是排查隐患、控制风险的有力手段。

公司开发了"隐患随手拍"系统,职工可以随时随地拍照上传安全问题,获取积分奖励并兑换实物奖品,极大地调动了员工的积极性,从而使得隐患排查形成动静结合、立体布网的机制,提高了整体风险管控能力。

五、以信息化手段为工具,提升现代化治理能力

近年来,国务院安委会多次提出要推进各重点行业领域机械化、信息化、智能化建设,为推动企业的安全生产提供要素保障。运用信息化技术开展安全生产基础管理方面的工作,已成为提升安全管理效能、加大信息交流互通的可行途径。公司自主开发了EHS管理平台,平台包含隐患排查、教育培训、设备证件管理等功能,提升工作效能,具体介绍如下:

1. 宣传教育方面

通过平台发布培训,员工通过手机进行学习和考试,培训和答题通过后可获取积分,积分可兑换奖品。后台可实时查看培训完成情况、自动统计分析培训情况,更精准、更便捷地掌握员工的培训学习情况,提高了工作效率。

2. 隐患排查方面

传统的现场检查流转效率低、统计分析难,现在使用了信息化工具之后,只需要在EHS程序中设置检查时间,在现场检查过程中拍照并上传问题,该项问题就会直接发送至责任单位负责人,负责人提交整改方案并由安技环保部确认之后即可实施,待问题整改完毕后可直接上传整改后的照片申请关闭问题,大大减少了流程时间,提升了管理效率。平台程序也能收集检查问题生成检查问题库,平台会对这些问题进行分类并统计数据,自动形成问题库及问题分析图表,安管人员可以更准确、快速地查看统计分析情况,既能提高工作效率,又能为后续管理提供统计分析支持。

3. 资质证件方面

通过EHS管理平台,安管人员直接将特种设备、特种作业人员的信息录入平台,平台会记录设备及人员操作证件的有效期,并

实时监控，在证书到期前 2 个月时平台会对管理人员进行提醒，提醒安管人员更换资质证件，实现了安全管理中资质证件有效性的预警功能。

六、引入人工智能技术，提高安全保障能力

随着互联网时代的飞速发展，"人工智能"无疑作为"当红小生"在各个领域发挥着神奇的作用，如何将"人工智能"技术引入到安全生产管理中，尤其在复杂或关键环节的处理上，"人工智能"相比"人"更具可靠性和稳定性。公司将"人工智能"技术引入到安全生产管理中，孕育出了"安全生产违章行为智能监控联动控制系统"，此系统主要基于智能视频分析技术，运用摄像头捕捉、视频分析系统服务器，采用算法模型和图像处理技术，监控职工作业过程中的违章行为，对职工危险行为进行分级响应，有违章行为时提前进行智能声光提示，当违章行为达到设定的危险等级时直接对设备进行紧急停机，防止违章行为造成人员伤害，实现了"人防"向"技防"的转变。

七、加强基层应急处置能力建设，提高应急保障能力

应急管理是安全生产管理工作中的一项重要工作，应急管理的核心是避免或减少事故对生命和财产的破坏或影响，而事故发展的规律就是随机性和突发性，这就要求事故的应急处理要发挥出"准"和"快"两个作用。"准"是指事故应急的处置方法科学合理，有针对性；"快"是指事故应急的响应速度要快，往往事故发生的初期阶段，事故控制的成本最低，事故损失和影响也是最小。应急机制建设可从应急预案、应急物资及队伍保障、应急演练三个方面系统展开。

首先在应急预案方面，紧扣"准"和"快"主题，按照国家应急预案编制导则及相关法规标准的要求，建立应急预案体系，在建立预案体系时，要进行充分的风险评估，结合实际制定具有可操作性、针对性强的应急预案，要对预案进行有效的培训，重点强化基层一

线人员对预案的熟悉,这里可以将繁杂的预案进行简化,简化成便于一线人员掌握的"应急处置卡""应急处置流程图""应急预案处置口诀"等,目的就是让一线人员掌握正确的应急处置方法和流程。

其次在应急物资和人员保障方面,同样紧扣主题,物资方面针对风险区域,建立三级应急物资储备机制,第一级是在重点区域储备关键的应急物资,以备突发状态下现场人员最快时间能获取到应急物资。第二级在重点部门储备针对性的应急物资,这里指的重点部门是指具备应急处置或救援职能的部门,或者存在一定风险的业务管理部门,这些部门往往是应急处置的关键部门或第一指挥部门。第三级是公司级应急物资储备,对于大型、通用型或特殊型应急物资,在公司级进行储备,便于物资的调用,也同样便于应急的快速响应。三级应急物资应建立定期的检查制度,保证应急物资一直处于有效状态。

最后的应急演练,应急演练同样紧扣"准"和"快"来组织实施,每年根据风险分布情况、重点环节,制定针对性的应急演练计划,以三年全覆盖为一个周期,统筹安排各单位开展应急演练活动,通过重复的不断演练,不断强化基层人员的应急处置记忆,提高基层快速和准确的应急响应能力,从而提高公司整体的应急保障能力。

542

十年一剑　开创中欧班列新篇章

中铁集装箱运输有限责任公司郑州分公司

王炳杰

2013 年 9 月和 10 月,习近平总书记分别提出建设"新丝绸之路经济带"和"21 世纪海上丝绸之路"的合作倡议,从此中欧班列迅猛发展,运输货物价值超过 3 200 亿美元,抵达欧洲 25 个国家,217 座城市。发送列数从 2013 年的 80 列发展到 2022 年的 1.6 万列。截至 2023 年 8 月,我国中欧班列开行已经突破 6.5 万列,十年间,中欧班列的开行加快了我国经济全球化的脚步,加强了亚洲与欧洲之间的经济联系,地区新型合作机制得到进一步开创,全球资源得到进一步平衡。但随着中欧班列的发展进程,一些问题也逐步显现,亟待解决并完善,本文重点对中欧班列 2013—2022 年的开行情况进行了阐述和分析,明确了限制中欧班列发展的瓶颈问题,并有针对性地提出了对策和建议。

一、"一带一路"倡议下的中欧班列发展现状

2011 年我国首列中欧班列从重庆缓缓驶出,16 天后顺利到达德国杜伊斯堡,从此中欧班列登上了世界的舞台。2013 年习近平总书记提出"一带一路"倡议,旨在发展与经济航路周边国家进一步进行经济合作,促进经济的融合以及经济的发展,倡议推行以来,10 年里中欧班列得到飞跃式发展,成为"一带一路"上的金名片。

1. 中欧班列开行数量不断增长

2013 年"一带一路"倡议发出后,中欧班列开行列数和货物发

送量呈现"井喷式"增长,其开行数量从 2013 年的 80 列快速增长到 2022 年的 1.6 万列,运输货物品类达到 53 大类、5 万多个品种。形成西、中、东三条运输通道,已建有 82 条运输线路,通达欧洲 24 个国家 270 多个城市,基本形成对亚欧地区全覆盖的交通网络。

2. 中欧班列质量效益不断提升

中欧班列运行效率、服务质量和创新能力不断提升。在运行效率上,中欧班列的运输时间是海运的 1/4,运输价格是空运的 1/5。在受到俄乌冲突等外部因素影响下,中欧班列凭借价格优势和通道多样性,保持良好增长态势,中欧班列发送货物从 2013 年的 6 954TEU 到增长到 2022 年的 160 万 TEU;到 2022 年回程班列与去程班列的比例达到 71.1%,同比增长 4.2%;综合重箱率从 2018 年开始稳步上升,2020—2022 年综合重箱率已高达 98% 以上,重点枢纽间的往返开行数量基本实现了双向均衡,充分发挥中欧班列战略通道作用,也进一步密切了欧亚大陆网状地缘关系。在服务质量上,为根据国内客户需求制定门到门的全程物流服务方案,使得企业对中欧班列的满意度大幅提升。

3. 中欧班列运输货物品类不断拓展

我国的塑料、纺织制品、文化产品、农产品、食品等相继走向世界各地,我国的对外贸易得到飞速发展,多样化的经济活动不断展开,预期外的经济效益不断提高,我国的世界影响力不断提升。中欧班列进出口产品种类也由最初的初级产品,逐步拓展到了附加值和技术含量较高的工业制品,新能源汽车、汽车配件、机电产品、高新技术产品等技术含量高、附加值高的产品逐步成为新的增长点,进一步优化了中国进出口贸易结构。

中欧班列以铁路为纽带重新铸就了古丝绸之路的辉煌,开创了中国与欧亚各国的新运输格局。在目前国际形势愈发复杂、地缘政治冲突愈发激烈、各平台间竞争愈发直接、硬件设施落后问题也愈发凸显的时候,我们更要直视中欧班列存在的问题,这是班列发展中必然要面对的问题,也必然要在发展中解决,这既是挑战更是中欧班列高质量发展的机遇。

二、中欧班列存在的问题

(一)外部影响因素

随着"一带一路"倡议的不断推行,中欧班列的开行数量不断增加,新航道不断得到开辟,但是在经历了俄乌地缘冲突、美西方制裁影响、海运市场波动,中欧班列正在发生变化,要确保列车的顺利开行,需要对外部因素进行充分考量。

1.俄乌地缘因素

俄乌地缘冲突后,欧洲各大企业均暂停了过境俄罗斯的中欧班列业务,中国与欧洲之间的货源组织受到冲击,班列开行频次减少。中欧班列中去往欧洲的班列开行量在下降,而去往俄罗斯的班列在大幅增加,两者所占比例对调,俄罗斯线(俄罗斯和白俄罗斯)成为中欧班列主要的目的地。俄罗斯的海运和贸易受到制裁波及,俄罗斯开始"向东转",2022年中俄双边贸易额达到创纪录的1 902.71亿美元,同比增长29.3%,给中俄班列业务发展注入强劲动能。中俄班列运价也水涨船高。其中部分城市俄罗斯木材回程班列业务较2021年同期增长幅度较大。

2.美西方制裁因素

欧美控制的外资企业参与到对俄制裁之中,涉及中俄白三方贸易时选边站队,造成货物来源不稳定,并出现退舱现象。目前,国内生产汽车零配件、电子设备等使用美国技术专利的企业,因担心出口俄罗斯将受到美国制裁而减少出口业务。同时,随着欧美对俄罗斯制裁的升级,部分产品需求也在减少,比如宝马集团已宣布在俄罗斯的公司停产,直接造成国内原本出口至俄罗斯的汽车零配件业务单方面取消。

3.海运市场因素

近两年,国际航运市场出现重大变化,尤其是海运价格不再居高不下,这对全球物流市场而言是一项重大的推动调整力量。尽管从运量上看中欧班列难以望海运之项背,但中欧班列经常被视为海运替代者,其服务对象也以海运转移为主。因此,海运市场的变化必然会是中欧班列市场的重要影响因素。

（二）内部存在的问题

"一带一路"倡议下,我国与国外贸易关系日渐增多,为中欧班列的发展提供更多机会的同时内部存在的问题也逐渐凸显,主要包括线路之间内耗严重、口岸能力饱和、流程标准化程度低等,具体分析如下:

1. 线路之间内耗严重

目前,中国除西藏、海南及港澳台外,其他省市均开行或曾开行"中欧班列"。如中西部的合肥、西安、武汉、重庆、成都、郑州和长沙等开行城市,有些城市距离相近,部分货源地几乎一致。但是各个线路之间的独立运营管理,造成班列之间的激烈竞争,而恶性竞争造成资源浪费,违背了中欧班列的建设初衷。随着班列发展线路逐渐增加,不同线路之间采用不同的战略发展措施,管理不统一、运营价格不统一,各地恶性竞争打补贴价格战,引发铁路市场的动荡,不利于中欧班列的发展。

2. 口岸能力饱和

运输时效是中欧班列竞争力的重要体现,也是中欧班列可持续发展的关键。中欧班列开行数量激增,通行线路单一,引起更加严重的口岸拥堵和欧洲目的站容量趋于饱和。如阿拉山口、满洲里、二连浩特、霍尔果斯等口岸运载能力负荷运行,而监管口岸受基础设施的影响,换装时间较长,物流仓储能力不足,无法满足中欧班列不断增大的货运量的需求。

3. 流程标准化程度低

标准化流程能够确保中欧班列转运,输入过程的快速顺畅。但是在中欧班列运行初期,没有考虑不同国家之间口岸情况、相关法律法规以及形式操作流程不同等问题。随着中欧班列影响力的扩大覆盖面增多,暴露出在货物流入以及转运的过程中,由于缺乏规范、统一的检验转运流程,以及部分地区报关手续较烦琐,相关工作流程复杂,造成逗留时间较长,造成时间上的浪费。

546

三、对中欧班列下一步发展的思考和建议

1. 优化班列整体布局,完善枢纽节点建设

一是内部从全局角度优化中欧班列的整体布局。在国内打造五大集结中心的基础上,增加布局思考维度,充分考虑线路沿线地区经济发展情况,以及物资情况,了解地区资源优势以及资源需求,对线路布局进行相应的调整,提升运营效率,防止线路运用率偏低的情况发生。二是外部建立与"一带一路"共建国家以及地区的共同发展机制。考虑中欧班列沿途地区以及国家对外贸易情况,找准"一带一路"沿线的关键枢纽节点,通过建立与合作国家合作地区的共同海外仓储,对物资采用相同的管理模式进行整合管理,或自行建立仓储,采用与海外相同的物流体系进行对物资的管理。共同推进关键枢纽节点建设、共建共享海外仓、协同开展境外供应商比选等方面推进合作。

2. 规范政府补贴,合理利用市场

一是政府要营造中欧班列公平竞争环境,有效促进市场竞争公平有序,让市场在中欧班列发展中起决定性作用。根据班列线路特点,了解周边商品种类以及特点,通过对周边商品特点的整合,进行有针对性的出口贸易,并通过对市场资源进行整合,发挥规模经济优势,提升周边资源的市场竞争力,通过周边市场的发展,带动中欧班列的运营发展。避免因为补贴导致的区域间的班列恶性竞争,造成资源浪费。二是进一步严格落实补贴退坡政策,分步骤逐渐退出。对于政府的补贴,不能作为各平台公司的收入来源,在初期市场机制不成熟时期,保障自身的发展适当进行采用,在后期班列逐渐成熟时,还需要以自身的经营为主要收入来源。对此政府需要完善中欧班列的补贴机制,严格限定补贴条件,激励中欧班列从自身发展角度增加运营收入。避免明补变暗补,名退实不退。

3. 建立一单制标准化运输体系,提高对接效率

对于中欧班列在各国之间由于口岸情况不同以及法律法规不

同以及货物检测流程不同造成的中欧班列逗留时间较长的情况，加强与合作国家之间的交流沟通，明确不同口岸之间查验、检测、中转流程不一致造成的影响。充分发挥中欧班列运输协调委员会的秘书处单位的作用，与中欧班列沿线国家进行集中研究探讨，建立统一、规范的标准化运输体系实现国联运单一单到底，进而实现货物对接效率的提升。由于不同国家之间法律法规政策的不同，在体系建立时，可以引入弹性体系建立机制，对难以进行协调的问题采用弹性管理方式进行协调，确保运输体系整体的一致性。

4. 推动班列信息现代化建设

一是通过在同一线路的各个国家与地区之间建立物流共享平台，搭建数字口岸，促进铁路信息的数字化管理，并实现检验单据等的一单制、电子化，更为方便单据的交换与共享，确保服务信息一体化，提升物流服务质量。二是应用大数据技术收集物流信息，通过云计算对相关情况进行统筹分析，及时预测中欧班列情况，通过对以往数据的整合分析了解当下可能出现的状况，及时将计算结果进行反馈提高物流反应速度。

5. 改进硬件设施建设，提升运输效率

一是加强对阿拉山口、霍尔果斯、二连浩特、满洲里和绥芬河口岸的基础设施建设，提升口岸铁路换装能力，缓解口岸货物的出入境压力，促进货源通道的平衡性。二是对于较为落后的中西部地区，建议加大对铁路干线的投资、建设、改造力度，对伊宁、格尔木、库尔勒等西部城市的铁路网进行扩能改造，改善瓶颈路段的基础设施，提升班列运营能力。三是在部分线路尝试开行双层集装箱，提高运输效率。在 2004 年北京与上海之间和 2018 年舟山港与绍兴间开行的双层集装箱班列经验基础上，借鉴学习国外公路双堆叠集装箱挂车运输方式，提高中欧班列的通道运输能力和运输效率。

6. 搭建班列供应体系，促进"一带一路"建设

中欧班列下跨境电商的快速发展为中欧班列运输种类的发展提供了启示。中铁集装箱运输有限责任公司作为中欧班列客服中

心，建议采用协同发展的思路，搭建商品贸易供应平台，通过集装箱国联信息平台对自身作为线路上商品的了解，发现具有经济潜力的商品和需求企业，串联物流链条推进中欧班列物联网发展，建设高效顺畅的流通体系，降低物流成本，实现企业与中欧班列之间的互利共赢。以此提高中欧班列在经济建设中的主动性，提高中欧班列的运营活力。

锚定目标不懈怠 夯基垒台促发展
不断推动标准化规范化建设走向深入

中国铁路郑州局集团有限公司郑州车辆段 李应杰

郑州车辆段全面落实国铁集团、集团公司工作部署，以标准化规范化建设为"总抓手"，围绕安全、质量、效益、综合管理以及党的建设等方面，狠抓"立、学、落、对"四个环节，不断优化基础管理体系，为"郑辆"高质量发展提供了有力支撑。

一、在"科学立标"上"下功夫"，规章制度更加健全完善

1. 压紧压实创建责任

由段党政正职挂帅，突出"标准化规范化建设领导小组"管理职能，完善段、科室、车间三级领导责任体系，每月对落实情况、推进方案等内容进行研究部署，形成"头雁先飞，逐级紧跟"的"雁阵"格局。先后召开会议布置标准化规范化工作 12 次，办公室组织研究 20 余次，累计整改集团公司对标问题 216 件，形成"重点任务大家挑、人人肩上有指标"的工作格局。

2. 科学制定年度目标

根据年度重点工作、生产任务和专业管理评价等内容，借鉴全路"标杆"客车段指标完成情况，制定"对标全路第一方阵"指标体系，分类分级细化 48 项指标的预期值和目标值，明确科室责任、推进方案、奖惩措施，通过定期追踪指标完成情况，及时调整工作重心，以"跳起摸高"的精神状态开启工作新局面。

3. 动态开展整章建制

对照上级规章目录变化内容，开展"修废补建"，重新公布有效技术规章 33 个、管理制度 481 个；针对标准提升、工序调整，特别

550

是新《厂规》《段规》《电规》涉及的 828 处变化点,组织对指导书进行修订,共征集修改意见 998 条,重新公布作业指导书 1 501 份;围绕集团公司重点工作和现场生产需要,先后出台"绩效管理办法""重点工作考核办法""工具集中管理办法"等指导性文件 20 余个,建成更加齐全完备的规章制度体系。

4. 优化完善三标体系

充分认识到"三标"体系是标准化规范化建设的本质和核心,深入学习《三标体系建设工作指南》,召开"三标建设宣讲会"2 次,下发文件制度 2 个、通知通报 7 个,制作文本模板 276 个,立标工作纳入专题督办强力推进。经过近 5 个月时间,修订完善岗位职责 369 个,制定工作事项清单 1 087 个,编制二维流程图 931 个、"一日一班"工作标准 129 个、"一次一项"工作流程 258 个,经过反复讨论和统一审核,最终定稿、汇编成册,为干部"清单化管理"和职工"标准化作业"提供了有效支撑。

二、在"精准学标"上"想办法",岗位职责更加入脑入心

1. "走出去",学习全路先进典型

由 3 名副段长带队,组织"两办"、安全科、技术科、指挥中心等 15 名科室标准化负责人员,分别前往济南、合肥、昆明、贵阳车辆段等单位,学习全路"标杆"站段好的做法,总结 27 条管理经验;围绕标准化管理、运用管理、检修管理等 8 个方面,提炼形成 20 项 26 条创优项目推进方案,制定近期、中期、远期 3 个阶段目标任务,为高质量推进标准化建设,找准了方向、理清了脉络。

2. "练内功",积极开展学标活动

通过段网主页、微信公众号、广播站等载体,大力宣讲标准化规范化建设工作,明晰任务、形成共识,激发干部职工学标热情;坚持"看得见、抓得着、有痕迹",严格贯彻"学标有形化"要求,印制《郑州车辆段评价指标》100 余份、岗位职责立牌 137 个,配发至各级管理人员,切实做到"置案头、常查阅、熟记心";以"三标体系"为"大纲",发布《郑州车辆段学标题库》《车间(科室)学标题库》,依托精准化培训模式,制定各车间、科室学标方案23套,确保每一项学习内容都能落实到科室、到岗位、到人头。

3.“立标杆”,营造比学赶超氛围

综合集团公司年度评价、段季度评价和科室月度自评成绩,将新乡运用车间,库检车间库电一班、二班组作为“标准样板”培育,采取多种形式宣讲创建成果和典型做法,并组织管理人员带着“目标”前往学习交流,做到取长补短、共同提高;开设“专业大讲堂”活动,将部门标准化规范化工作方法、专业管理、建设成果纳入重点讲授内容,每周一由部门正职向全段管理人员进行授课,做到以点带面、辐射全段。

三、在“规范落标”上“严要求”,一板一眼更加成为共识

1.突出“上下贯通、一体推进”

建立以“管理人员绩效管理办法”“绩效工资考核实施办法”为主体,“重点工作考核”“星级职工评定”为辅助的科室、车间、班组“三级”考评体系,既突出科室作用发挥和干部履职效果,又紧盯车间组织落实和职工落标贯标,形成层层递进、逐级落标的良好格局;每月综合生产任务、指标完成、职工两违等因素,精准兑现考核奖惩,等强传递落标贯标压力。同时,将绩效考核、星级职工评定、职工两违等考核兑现情况,在段网、宣传橱窗张榜排名,让干得好的脸上有光,让违标落后的红脸出汗,激励大家比干劲、落标准、做贡献。

2.突出“过程控制、末端检验”

坚持落标检查常态化,与“安全生产大检查”等重点任务有机结合,科学制定干部月度履职项点,做到时间与空间均衡安排;充分运用双重预防机制和干部履职系统,在履职系统中增添“十个达标”选项,通过现场检查、内容勾选、关联责任,从具体数据中分析车间落标、贯标、达标情况,针对苗头性问题和薄弱环节,及时采取措施进行干预,靶向解决具体问题。目前,全段各级管理人员狠抓标准落实、检验落标效果,涉及标准化规范化考核占全段考核的57%。

3.突出"车间管理、班组建设"

聚焦车间、班组13＋8项综合管理制度,经过专业科室和车间"两上两下"修订完善,满足运用、检修、设备等车间个性化管理需求。以落实"一日一班、一次一项"标准为重点,加大车间、班组的日常督导力度,量化科室、车间以及包保干部检查频次,细化检查标准,力争"干标准活、上标准岗、创标准化设备";聚焦检修车间管理能力提升,修订管理制度6个,优化检修工艺布局图5份,梳理各工位工艺流程32个,在9个区域、7个标准化工位完成揭示揭挂,目前,检修车间各工序衔接更加流畅、生产节拍更加紧凑,区域化、工位化管理效果逐步体现。

四、在"严格对标"上"抓闭环",末端检验更加有力有效

1.对标队伍"管理到位"

认真贯彻落实集团公司对标人才库管理要求,优先将表现优异、业务过硬、综合能力强的青年干部推荐到集团公司人才库,积极参与学习培训,拓展思维、提升能力;出台段人才库管理办法,明确队伍责任分工、组建管理、学习培训等方面要求,定期开展专项业务培训,截至目前,入库66人,为强化对标检查工作提供了队伍支撑。

2.对规对标"检查到位"

严格遵循"培训考试、查记结合、一体实施"对标流程,由办公室牵头,扎实开展季度对标评价,做到组织、评价、分析、整改等工作流程化,坚决防止对标走形式、选择性对标以及成绩"虚高"等问题;建立周交班会问题对话机制,发挥技术、安全、指挥中心等专业科室职能作用,强化日常工作执行过程中的对标检查,针对有标不依、落而不实等典型问题,与责任车间进行对话,分析问题原因、找到薄弱环节、制定整改措施,达到"以对促学、以对促落"的良性循环。

3.指标兑现"控制到位"

充分运用"对标全路第一方阵"指标体系和"标准化争创措

施",根据完成时限,定期组织月度自评和信息反馈。由办公室每月掌握指标完成情况,精准掌握全段各项工作在全路、全局所处位置和目标差距,针对成绩不佳、排名靠后、履职不力的部门,采取督办、帮促和约谈,做到"以月保季、以季保年",确保各项工作达到预期目标。2022年,48项指标公布38项,全部达标。

4.创建结果"运用到位"

充分发挥标准化规范化建设的平台和牵头抓总作用,将对标评价检查与安全评估、劳动安全评估、职教评估等既有检查工作有机融合,实现一次对标,成果共用;根据段年度评价和季度模拟评价结果,形成排名在全段范围内进行通报,做到典型引领和责任考核。针对评价为"不达标"的车间,组织业务科室开展重点帮促,根据问题制定《帮促检查表》,明确54项任务清单,全部整改完毕。截至目前,下发专项考核通报3期,奖励优秀车间2个、督促后进车间3个,绩效考核中层正副职17人次。

突破关键点　跑出加速度
全面推动标准化规范化向纵深发展

中国铁路郑州局集团有限公司通信段　毛春光

在标准化规范化推进过程中，郑州通信段认真落实集团公司"立学落对""十个达标"工作要求，以"保持集团第一方阵、争创国铁标杆站段"为目标，通过强化标准理念、突破思想藩篱、浓厚发展氛围，形成立足自身、补强短板、循环往复、螺旋上升的良好发展态势。

一、坚持"三个必须"，将标准化理念内化于心

1. 坚持"立标"必须接地气

按照"可推广、可复制"的原则，集中力量在开封、济源、商丘车间打造标准化机械室、线路区段、材料库、间休室、伙食团，推行新生产组织流程。组织多轮次全覆盖车间班组现场交流观摩，在此基础上对所有标准开展有奖意见征集，对现场车间班组提报的322条建议逐项研讨，采纳23条建设性意见建议，修改完善车间班组两级建设标准，形成科学规范、契合现场、执行简单、落实高效的车间、班组标准化规范化创建指南，并通过制度模板化、标准图示化、操作流程化的编写方式，让干部职工认同标准、掌握标准、落实标准。

2. 坚持"落标"必须有决心

针对现行制度制定不严谨、标准不统一的问题，对照集团公司制度清单逐项核对，按照符合上级要求、适合管理需要的原则组织开展整治清理，健全完善有效技术规章目录、"13＋8"基本管理制度目录清单，全面克服制度交叉打架、自相矛盾、建而不用的问题。

针对现场材料管理不规范的问题,全面开展"黑料库""杂物间"清理工作,要求所有物品上架入柜,实现材料工具、抢险备品、防护用品按生产组织流程分区管理。针对光电缆中断问题,组织对历年问题进行梳理分析,明确标准化线路区段标准,组织开展"一站一区间"专项整治,全面克服埋深不够、标识不清、图纸不准的问题。

3.坚持"对标"必须常态化

按季度组织召开标准化规范化创建专题会,对国铁标杆站段、三年行动方案推进计划及各项量化指标完成情况对照分析,找准关键,研究对策,确保效果;每季度对16个车间、95个生产班组的创建情况开展全覆盖对标检查,并通过标准化考评系统,对存在问题、扣分情况、评价结果进行全过程透明化管理,确保公平公正,为整改复验提供依据。2023年上半年开展2次对标检查,累计发现车间层面问题440条,班组层面问题1 242条。在此基础上,各科室通过系统梳理分管工作共性问题,明确措施形成评标报告,汇总整理下发季度通报。

二、冲破"三种藩篱",将规范化外化于行

1.冲破科室推绕拖的藩篱

针对科室存在的理解不深、领会不透造成的跑偏走样、拖拉推诿现象,先后组织各科室开展专题研讨14场,在理清思路、学习标准、明确责任的基础上,修订了13个科室302项重点工作清单,完善了283个工作流程,对岗位职责、工作标准进行优化并纳入"一岗一月一表"。针对目标期望过高,实际效果一般的现象,组织召开标准化规范化建议谋划推进会,将国铁标杆站段标准量化为安全目标、设备质量、队伍建设、经营管理、职场环境五个方面25个关键指标,制订了42项工作清单,形成三年行动方案时间表、路线图,为实现"一年打基础、两年创标杆、三年高质量"目标提供保障。

2.冲破车间做虚功的藩篱

针对车间存在的标准化规范化是面子活、走形式的认识,按照"规定+自选"的原则,统一制订"13+8"制度模板,明确62项管理工作清单和 58 个工作流程,并分专业特点和不同场景列出选项,由操作层面根据实际情况完善。要求车间按月组织标准化规范化专题会,掌握创建实情,分析存在问题,制定工作措施,每季度开展对标检查和专项核查。将对标评价结果与车间绩效考核挂钩,对季度、年度评为优秀、不达标的车间分别给 2.5 分和 10 分的组织绩效加减分,对年度排名前三名和后三名给部门一次性奖惩考核。通过把控源头、管控过程、严控结果,让标准化规范化落实落地。

3. 冲破班组等靠要的藩篱

针对班组存在的标准化规范化是整治环境、给钱给物的错误认识,按照"先软件后硬件"的原则,明确作业行为、设备质量、基础管理通过验收后,进行硬件补强,给予一次性 2 000 元奖励。深入开展边远班组创建提升年活动,针对边远班组检查频次低、督促指导少的情况,将涉及山区、局界的 20 个边远班组列为创建重点,由科室、车间指定专业能力强、管理经验多的干部包保帮建,每半月进行一次专项督导,每月组织一次平推检查,上半年全部达标。通过多手段运用,最大限度激发班组标准化规范化创建的积极性和主动性,形成一级抓一级、一级保一级的工作态势。

三、形成"三种效应",将高质量发展固化于制

1. 形成生产按标准组织的效应

落实"流程制度化、组织模块化、方案模板化、作业标准化"的要求,明确"检查清、分析全、计划细、作业明、验收实、考核严"六个环节生产组织标准。制定了《通信专业生产组织流程》,完善了26 项标准化作业手册,建立了 29 项施工维修作业模板,细化了22 个系统的单项设备作业指导书,增加了人数、时长、工机具、风险点等内容。按照"突出通信特色,统一工作流程,规范现场管理"的原则,制定了涵盖班前、班中、班后、其他注意事项的班组一日工作标准,区分高铁、普速作业特点,制定涵盖 42 项流程的一次施工作业标准,全面提升车间生产组织能力,实现"上标准岗、干标准活、创标准化设备"的工作目标。

2.形成职场按标准保持的效应

按照"便于组织生产、满足生活需求"的原则,根据新的生产组织模式,全面开展职场环境清理整顿,实现生产区、生活区的分类管理,生产区按照会议组织、衣物更换、工具取用、材料备品、车辆使用的一条龙标准设置,保障生产组织效率提升;生活区按照伙食团操作间、职工餐厅、间休室、卫生间、浴室、活动室的分类设置,最大限度提供生活保障。在明确各类型房屋家具备品摆放标准的基础上,实现充电柜、文件柜、备品柜、文件盒、各类抽屉物品资料的清单化、定置化管理,统一固化上墙制度、揭示揭挂、门牌、定置图等所有标识标志,全面打造具有郑通特色的职场环境建设品牌。建立职场环境钉钉群,车间班组每周将所有处所的整治图片上传备查,达到通过规范生活习惯,严格作业行为的目的。

3.形成文化按标准引领的效应

在标准化规范化建设过程中,提炼了"安全稳、设备优、效率高;队伍精、管理强、素质硬;氛围好、环境美、亮点多"的"3+3+3"美好郑通家园的建设愿景,形成了"优化生产组织,践行实干重信,保障通信畅通;强化技术管理,立足坚韧自信,练达业务精通;细化综合管理,秉承公正公信,营造管理融通;深化基层党建,坚守忠诚笃信,实现人和郑通"的"四通四信"核心价值观,明确了提升"安全管控能力、专业支撑能力、综合保障能力、队伍建设能力、核心驱动能力"这"五个能力"的工作思路,在具体实施过程中,通过有特色、多元素、高品质的有形化设施建设,将企业高质量发展目标融入干部职工生产生活的方方面面,达到文化引领聚人心,凝合力、鼓士气的效果。

关于加强专业人才团队建设的思考

中国铁路哈尔滨局集团有限公司人事部（党委组织部）
刘宇辉

作为铁路企业，如何主动借鉴现代企业团队建设模式，通过行之有效的措施，培养和造就铁路企业自己的专业人才团队，已成为铁路企业高质量发展的一个重要课题。在此，笔者结合自身工作实际，就加强铁路企业专业人才团队建设，谈几点粗浅的认识与思考。

一、服务和支撑中国式现代化的"火车头"，深刻认清"专业人才团队"建设的必要性和重要性

构建"六个现代化体系"的目标任务和路线图，为铁路发展描绘了宏伟蓝图，吹响了新的集结号，但也面临着许多困难和挑战，需要有高素质的人才队伍作为支撑。

1. 加强"专业人才团队"建设，是深入推进铁路企业高质量发展的迫切需要

习近平总书记指出，当今世界正经历百年未有之大变局。铁路作为国家战略性、先导性、关键性重大基础设施，作为国民经济大动脉、重大民生工程和综合交通运输体系骨干，在实现中国式现代化中肩负着重要的职责和使命。铁路要实现高质量发展目标，勇当服务和支撑中国式现代化的"火车头"，面临的复杂性和艰巨性前所未有，无论是制度创新、技术创新、管理创新，还是战略创新、价值创新、文化创新，都必须拥有一批高素质的人才队伍作为支撑。但是，铁路企业人才队伍的现状不容乐观，与服务和支撑中国式现代化的"火车头"的要求相比，仍然存在专业化水平不高、本

领不适应、结构不合理等问题，尤其是具有创新能力、掌握关键技术的专业领军、带头和拔尖等高层次人才匮乏等现实问题亟待解决。将团队建设的理念和形式引入铁路人才队伍建设，不仅有利于培养和造就适应铁路发展战略需要、梯次层级分明、年龄结构合理、专业配套的人才队伍，助力铁路企业由传统经济体制向以市场为导向、深具弹性的现代化企业体制转变，实现高质量发展，而且有利于铁路企业迅速适应市场变化，增强市场主体地位，当好经济社会发展的"开路先锋"和"先行官"，在推动实现铁路现代化建设中具有重要的现实意义。

2. 加强"专业人才团队"建设，是破解生产经营难点、重点问题的内在要求

人才团队建设的形式主要是以难点问题确立项目、以项目内容组建团队、以团队攻关解决问题，在解决现实问题中培养、锻炼人才队伍，从而达到促进企业发展，提升队伍素质的根本目的。因此，从某种意义上讲，铁路企业组建专业团队的最终目的就是凝聚力量、集中兵力、攥紧拳头，冲破妨碍走向市场的各种思想观念，打破抑制企业活力的深层次症结，不断创新理念、创新方式、创新制度；就是要发挥人才团队的集体智慧，围绕中心工作和重点任务，对生产经营的难点、重点开展集中攻关，切实解决发展过程中的问题，确保现实安全持续稳定和各项工作任务的完成。唯有如此，铁路企业才能在高质量发展的进程中直面挑战、破浪前行。

3. 加强"专业人才团队"建设，是锻炼队伍、培养人才和储备力量的重要手段

近年来，铁路企业高度重视人才工作，不断优化人才成长环境，在人才队伍建设方面取得了明显成效。但从发展的眼光来看，铁路企业人才队伍的总量与结构、素质与能力、专业与需求，还难以适应铁路发展的客观需要。实施专业人才团队建设，就是要进一步丰富人才队伍建设的有效载体，以改革创新精神加强人才工作，努力造就一大批适应铁路转变发展方式，转换经营机制的领军人才和高级专家，并充分发挥高层次创新人才团队的示范引领和

辐射带动作用,把组织队员参与课题攻关、项目攻关等活动,作为培养人才、锻炼队伍的有效途径,努力培育、开发和储备一支数量充足、德才兼备、结构合理的高层次人才队伍,为铁路企业当好服务和支撑中国式现代化的"火车头",实现高质量发展提供人才保证和智力支持。

二、科学把握"专业人才团队"建设的思路和任务,切实提升团队建设的水平

专业人才团队的建设,要围绕中心工作和重点任务,抓住影响现实安全生产经营中的难点、重点问题,积极开展团队活动,促进重点任务的落实。

1. 科学把握专业人才团队建设的思路

要按照"育人、谋事、固基、创新"的思路抓好铁路企业专业人才团队建设工作。"育人"就是要立足当前,着眼长远,通过团队建设发现人才、培育人才、储备人才,为铁路企业高质量发展、长远发展提供人才和智力支持;"谋事"就是围绕中心工作和重点任务,发挥团队的集体智慧,开展项目攻关、课题研讨等活动,促进各项工作任务的完成;"固基"就是通过团队活动,全面促进市场营销、经营创效、运输安全、科技进步和人才队伍建设,为发展奠定基础,提供动力;"创新"就是打破传统的思维定式,把团队活动融入企业经营管理全过程,推动思路创新、管理创新和工作创新,开创工作新局面。

2. 明晰专业人才团队建设的任务

人才团队活动主要以课题攻关的方式进行,通过调研、分析、研讨、论证、交流等措施,提出解决方案,促进现实工作。一是组建技术攻关团队。主要任务是围绕新技术新设备的广泛应用,开展技术攻关,破解技术难题,实施技术上的应急处理,保证运输体系的有效运转。二是组建科技开发团队。主要任务是围绕运输生产、经营创效等内容,研究开发新技术、新设备、新产品,广泛运用于生产经营实践,提高工作效率,拓展创效空间。三是组建营销团

队。主要任务是对接市场,促进营销,全面扩大市场占有份额,提升经济效益。四是组建经营管理团队。主要任务是加强内部经营管理,通过管理提升质量效益。五是组建安全管理团队。主要任务是加强安全风险管理,推进管理规范化、作业标准化,强化风险评估、安全控制、故障处理、事故分析、难点攻关等工作,确保安全持续稳定。同时,人才团队还要把培养选拔优秀人才作为一项重要任务,以高带低,以老带新,助力成长。

3. 注重抓实专业人才团队建设

铁路专业人才团队建设单位或部门要切实负起责任,积极协助领域内的团队修订和完善课题方案和推进计划,明确责任人、阶段任务、阶段目标、完成期限和达到的效果,有序组织开展攻关,杜绝"停留在纸面上,无限期拖延""久攻不下、半途而废""推进不力,效果不明显"等问题的发生,确保课题抓实、抓好、抓出成效。各人才专业团队要开展写实,对项目的确立、攻关的目的、活动的组织、人员的范围、采取的措施、取得的效果等进行记载和积累,及时向团队建设单位或部门通报攻关情况,并适时进行阶段成果汇报。

4. 有效激发专业人才团队活力

铁路专业人才团队建设单位或部门要严把团队成员入口关,坚持遵循专业对口、素质过硬、年富力强、经验丰富,业务水平在本系统、本专业处于排头位置等基本原则,保证团队的质量和战斗力;要明确团队目标,并对目标实施分解,让每一个团队、每一个人都知道本团队或自己所应承担的责任、应该努力的方向;要营造宽松和谐、团结向上的内部工作氛围,最大限度地调动团队每一位成员的积极性、创造性,释放其潜藏能量;要多给团队交任务、压担子,使团队成员有更多的机会在实践中经受锻炼,增长才干,尽快成长成熟起来;要加强对新形势、新情况、新问题的分析和研究,结合不同时期不同工作重点,加大课题研究的深度和广度,逐步增加课题项目的数量,适时调整和扩增团队的规模和数量,进一步锤炼队伍、提升能力、解决问题,扩大专业人才团队的影响面和影响力;要通过良好的团队氛围,吸引更多的人加入人才团队中来,更好地发挥团队凝聚人才、培养人才的作用。

三、坚持统筹兼顾、合力共为，努力为"专业人才团队"建设提供坚实的保障

建设"专业人才团队"是铁路企业各级组织的共同责任，要从各自的职能出发，统筹协调，积极配合，为专业人才团队建设创造条件、提供支持。

1. 通过强化组织领导提供保障

成立相应的领导组织机构，加强对人才团队建设的领导，定期听取团队组建和活动的汇报，做出相应的部署和要求；人事部门要对人才团队建设做出整体规划，搞好协调配合，掌握总体情况，督促各级团队落实工作责任；相关专业部门要对本领域的人才团队建设负全责，逐步展开团队组建工作，设计并组织开展团队攻关活动。

2. 通过加大工作统筹提供保障

坚持把人才团队建设与安全、生产、经营等重点工作以及人才队伍建设有机结合，一方面要防止顾此失彼，为了团队建设而团队建设，与实际工作脱节、脱钩；另一方面，要注重从解决影响现实安全、生产和经营最突出的问题入手，切实提高人才团队建设工作的针对性和实效性。

3. 通过优化外部环境提供保障

一是加强政策支撑。建立健全与市场经济接轨的现代企业人力资源管理制度和办法，形成长效机制，为人才团队的引进、任用、培训、晋升等提供政策依据。二是加强资金保证。建立健全相关津贴制度、薪酬制度和激励机制，在表彰、奖励、培训等方面提供支持和保证。三是加强法规支持。加强人才团队的法律合规性建设，从源头上防范用工法律风险，促进劳动关系和谐，确保生产经营稳定。四是加强培训培养。建立健全以能力建设为核心的人才团队培养机制，以路内培训机构为主体、以高等院校和社会培训资源为补充，综合运用委培送培、集中办班、脱产培训、挂职锻炼以及

深入先进企业、客运专线建设及运营单位进行实践培训等方式,积极打造高新技术领域的专家团队。

4.通过实施刚性约束提供保障

建立人才团队考核评价机制,采取公开讲评、阶段评估、年度考核等方式,全面了解、掌握团队建设情况,支持、指导和督促人才团队日常开展活动。要采取适当形式,对作用发挥突出,进步成长较快的人才团队成员进行奖励,并积极向上级组织、领导或有关部门反馈业绩情况,作为选人、用人的重要参考依据;对作用不强、素质不适应、达不到培养要求的人才团队成员提出退出建议,并做好择优选拔补充人选等工作,确保人才团队的动态优化。

公约数　同心圆　连心桥
——企业基层党支部优化思政工作聚人心

武九铁路客运专线湖北有限公司十堰建设指挥部

杨　林

2015年3月,由中国铁路武汉局集团有限公司和湖北省客运铁路投资有限责任公司,分别代表中国国家铁路集团有限公司、湖北省人民政府和中国铁路发展基金股份有限公司共同出资,在武汉成立了武九铁路客运专线湖北有限责任公司。武九铁路客运专线湖北公司自主经营,独立核算,自负盈亏。下设工程部、质量管理部等9个职能部门和十堰、襄阳、宜昌等6个建设指挥部。十堰建设指挥部主要承担西安至十堰高铁湖北段工程建设及现场施工组织、质量安全、生态环保等管理工作。指挥部党支部围绕西十高铁建设任务,与参建单位共同开展党建联创活动,充分发挥"组织员、宣传员、服务员"作用,构筑西十高铁工程建设思想政治工作新体系,找到"公约数"、画好"同心圆"、架起"连心桥",汇聚正能量,振奋精气神,教育引导2 780名参建员工,124名党员全身心投入西十高铁建设,为建设一流精品工程作出积极贡献。我们的做法如下:

一、区域联动当好"组织员",找到"公约数"

1. 用好劳动竞赛"传家宝"

发挥组织优势,尊重职工群众首创精神。结合西十高铁工程建设实际,常态化开展"保安全、保质量、保进度,创精品工程、廉洁工程"劳动竞赛活动。建立健全竞赛办法,围绕安全、质量、进度、文明施工、标准化工地等项点,细化分解竞赛标准,定期组织开展各工种岗位练兵、技术比武、技术革新等形式多样的竞赛活动,努力实现"安全生产有序、工程质量优良、项目投资可控、干部职工廉洁、共建作用突出、建设文化出彩"的精品工程建设奋斗目标。深入开展"西十铁路建设职工职业技能竞赛""青马工程""双创立功"竞赛等群团组织活动,提高参与率和受益度,充分激发广大员工建功激情,形成万众一心、同甘共苦的团结伟力,在西十高铁建设中作出积极贡献。

2. 培育建设一线"主力军"

重视参建单位员工素质教育,强化员工素质提升,夯实员工队伍整体发展基础。鼓励广大员工利用工余时间,积极参与各类职业技能培训,考取与工程建设相关的专业技术资格证书。协调各参建单位出台奖励制度,对于一些在学习考证过程中有突出作为的员工,给予相应的奖励。注重创新用人机制,对现有员工进行全面摸底,建立员工人才信息库,在各种管理岗位和技术岗位出现空缺时,通过人才信息库的筛选,使一些有能力、有作为的、有技术的员工,得到展现自身实力的机会,从而激发广大员工工作潜力。加强人才培养工作,强化日常培训,充分利用各参建单位教育培训资源,开展各工种技术业务培训,提高员工技术业务素质,使员工的标准化作业、技能操作水平得到提升。

3. 打造攻坚克难"先锋队"

以"高标准建设、高质量开通、高品质体验"为目标,不断增强参建员工的攻坚意识。制定联合攻坚方案,聚焦控制性工程、高风险隧道、工艺工法创新等,确定攻关方向,以"质量零缺陷、安全零事故、管理零死角"为目标,组织"软岩大变形隧道安全施工""高风险隧道穿越岩溶和断层破碎带施工"等联合攻坚,保证重点工程安全、优质、高效推进。结合各标段标准化工程建设推进情况,定期组织参建单位进行现场观摩学习,总结攻坚先进经验,引导参建单位和员工始终以质量安全为核心,在高铁工程建设攻坚过程中,啃硬骨头,打攻坚战,做到困难再大不畏惧、条件再差不躲避、任务再重不退缩,实现工程质量一次成优,安全"无事故"、人身"零伤亡",

工期按时兑现。

二、春风化雨当好"宣传员",画好"同心圆"

1. 唱响劳动光荣"最强音"

大力弘扬劳模精神、劳动精神、工匠精神,凝聚正能量,不断激发参建单位员工"创先争优"的积极性和主动性。坚持典型引路,注重挖掘参建单位员工中的鲜活经验,讲好劳模故事、讲好劳动故事、讲好工匠故事,营造尊崇劳模、关爱劳模的浓厚氛围,引领广大员工在西十高铁建设各工点,掀起学先进赶先进争先进的热潮。加强对外宣传,及时组织先进典型事迹采写,积极向中央、省市等媒体投稿,大力宣传和展示参建员工的良好风貌,塑造单位良好形象。搭建多元化宣传平台,组织编印企业文化手册,编发《西十高铁建设信息简报》,通过运用 QQ 群、微信群、宣传栏、宣传标语等宣传媒介和阵地,潜移默化提高广大员工思想认识,保持良好的工作状态,为员工队伍营造健康向上的劳动环境。

2. 谱写团结协作"新华章"

紧密围绕工程建设任务,构建"资源共享、优势互补、互相促进、共同提高"的工作新格局。发挥榜样带头作用,督促参建单位项目部、分部领导干部,落实工程建设管理规章制度,约束个人行为,发挥示范带头作用,使干部队伍的作风建设得到加强,团结带领员工保持积极向上的工作劲头,为顺利完成各阶段建设目标奠定基础。联合各方协调行动,组织参建各标段单位,不定期联合属地铁路办、治安大队、交警队等开展"安全隐患排查"等路地共建活动,针对存在的治安问题、安全隐患等制定解决和预防方案,不断强化路地共建活动深度、广度和力度,对内强化安全意识和安全操作技能,对外树立良好的社会形象,确保项目施工生产安全稳定,全面推进西十高铁建设健康发展。

3. 弹奏突击奉献"协奏曲"

立足岗位做贡献,引导参建单位员工在推动西十高铁高质量建设,争创精品工程中主动作为、担当有为。紧扣工程建设任务,以立项攻关、品牌创建、突击奉献为经常性载体,扎实开展"施工一线党旗红、建功西十我先行""我为高铁建设献一策"等主题实践活动,通过采取承诺践诺、组建党团员突击队等方式,组织党团员在控制性工程建设、重大任务中发挥骨干作用。建立应急动员发挥作用机制,动员广大员工在抗击自然灾害、应对隧道突水等突发事件和桥梁合龙、隧道贯通等关键时刻冲在前、作表率,做好保驾护航工作。丰富服务工程建设周边群众、奉献社会的载体,组织参建单位员工广泛开展志愿服务,根据自身实际为周边群众办好实事,为工程建设顺利推进创造良好外部环境。

三、涓涓细流当好"服务员",架起"连心桥"

1. 强化民主管理"代好言"

用公开的方案、透明的过程和公正的决定来消除疑问,维护好参建员工权益。督促参建单位健全职工代表大会为基本形式的民主管理制度,推进厂务公开、事务公开、班务公开,落实员工的参与权、知情权、表达权、监督权,鼓励员工有序参与企业治理,充分调动员工的主动性、积极性和创造性,为各参建单位改革发展凝心聚力。开展"助力企业高质量发展"民主管理主题活动,征集、推介参建单位厂务公开民主管理创新、创优实践项目,评选一批优秀职工代表。深入开展"精细管理、共克时艰"行动,在建设资金缺乏和拨付不到位的时候,要以确保员工工资发放为重点深化集体协商工作,引导企业和员工通过集体协商,共渡难关,保障员工权益不受损害。

2. 加强互帮互助"暖人心"

西十高铁参建单位分布广,员工分散,情况复杂,面临的困难各不相同,建立互帮互助的长效机制是保持工程建设单位员工队伍稳定的基石。构建服务平台,设好意见箱、热线电话、开展在线交流等,收集意见、做好政策解读等工作,及时了解和掌握一线员工的困难和诉求。健全服务体系,完善服务机制,将广大参建单位员工纳入党组织的服务范畴,力争"小事不出工队、难事不出分部、大事不出项目部,矛盾不上交指挥部",将党的主张、党的声音和党的温暖及时传递给广大参建单位员工。紧盯关键工点、关键员工日常行为变化,在员工遇到困难情绪波动较大时,第一时间拿出可行的维稳方案,切实解决员工急难愁盼问题,使参建员工真正感受到组织温暖。

3. 拓展活动渠道"营氛围"

重视文化活动建设,提升思想政治工作效果。通过开展丰富多彩的文明工地、文明班组、文明宿舍等创建活动,倡导文明的工作行为和生活方式。通过开展道德讲堂等相关形式,把宣传、培育和践行社会主义核心价值观作为一项政治任务和政治要求,紧紧围绕社会主义核心价值观这个核心和主心骨,大力弘扬中华民族的传统美德,进一步提升广大参建员工群体的道德文化水平。广泛开展群众性文化活动和"家文化"建设,注重以文化人、以文育人,推出更多唱响主旋律、传递正能量的文化文艺精品,大张旗鼓弘扬正能量,激发员工参与各参建单位"职工之家"建设热情和管理活力,广泛凝聚员工精神力量,形成人人参与、个个全心投入西十高铁建设的生动局面。

浅谈铁路机务系统调车安全的思考和建议

中国铁路上海局集团有限公司徐州机务段

王建鹏　　邵　　阳

铁路机务调车作业是铁路输运中不可缺少的一个关键流程，包括机车出库、始发站转线挂车、中间站调车、终点站摘车入库以及专调机车、库内调车作业等。调车作业不但频次高、范围广、配合部门多，而且受"人控"影响，导致现场安全管理难度大，稍有不慎就会出现挤岔、脱轨甚至发生列车相撞等事故。由此可见，调车作业问题一直是困扰机务系统安全工作的难点，做好机务调车安全管控工作尤为重要。

一、机务调车作业事故概况的原因分析

盘点近年来路内发生的典型机务调车作业事故，本文选择了最具代表性的五类调车事故案例，分别是"1·25"某某站越出站界事故、"9·12"某某站调车挤岔事故、"6·1"某某站调车挤岔事故、"4·2"某某站动车组调车作业冒进信号事故、"1·2"某某站发生轧脱轨器脱轨事故。五起调车事故的起因都可归结为未确认调车信号，但未确认的原因又不尽相同，大致可分为以下几点：

1. 站场不熟，关键不清

如"1·25"某某站越出站界事故。该单机到站后，车站联控布置计划并开放进路，司机由于对站场不熟，误认为过两架信号机换端是正方向信号机（实际该进路无正向调车信号，仅有两架反向调车信号），在调车走行过程中一直寻找信号机，最终越出站界。因站场不熟悉，导致对进路上调车关键处所未掌握，特别是右侧信号机、高柱信号机、站界标位置等情况，给确认信号带来极大困难，增

570

加了事故发生概率。

2. 错听计划, 臆测行车

如"9·12"某某站调车挤岔事故。该到达机车司机在问路请求过程中, 错把车站给该车次出发机的调车联控信息当成自己的进路信息, 在没有确认机车号, 没有追问的情况下, 臆测待机线方向, 并盲目应答行车, 最终挤坏道岔。调车联控是调车作业的第一步, 错听计划或计划不清, 无形之中给确认信号带来困难, 为事故隐患的发生埋下了伏笔。

3. 精力旁顾, 间断瞭望

如"6·1"某某站调车挤岔事故。该机班在单机转线过程中, 精力不集中, 闲谈聊天、间断瞭望, 未确认关闭的调车信号机, 最终挤坏道岔。闲谈聊天、打盹睡觉、沏茶倒水、做饭吃饭、东张西望、接打手机是调车作业中的一大禁忌。司机精力旁顾做其他与工作无关的事情, 必然导致间断瞭望, 无暇确认前方信号显示再加之"看远不看近", 那么离事故的发生就不远了。

4. 盲目求快, 超速运行

如"4·2"某某站动车组调车作业冒进信号事故。该动车组司机执行出所调车任务, 运行中未发现前方调车信号机的复示信号在关闭状态, 在距该信号机较近时发现显示蓝灯, 采取最大制动, 由于当时超速运行, 制动停车距离大, 最终闯过蓝灯。超速运行导致调车事故的情况相对少见, 但也存在不小的风险。调车速度过高即使发现前方调车信号机显示蓝灯, 也应立即采取制动措施, 但制动距离过长, 也很有可能越过蓝灯酿成事故。

5. 弄虚作假, 意识淡薄

如"1·2"某某站发生轧脱轨器脱轨事故。该司机在车站挂车作业时, 因假呼唤、假确认、不执行标准化作业, 未确认脱轨器防护状态, 发生轧脱轨器脱轨事故。造成司机假呼唤、假确认、假执标的根源在于没有真正理解"信号就是命根子"理念, 对别人的事故没有认真吸取, 思想麻痹大意加之侥幸心理, 反映在作业上就是简化作业、假执标, 没有一个良好的行为习惯注定会为事故"买单"。

以上五点将机务调车事故发生的原因进行总结分析,加之车务部门调车计划制定不合理、调车指挥人误操作以及电务、工务部门设施设备不良等结合部问题,极大干扰机车乘务员现场调车作业。

二、机务调车存在的管理问题及分析

1. 调车作业地点分散,盯控难度大

机务调车作业点多、线长、面广,覆盖周期检查时间长,同时由于调车作业计划的不确定性,导致在日常检查盯控上很难与计划相兑现,给管理上带来很大难度。虽然机务段相关科室、车间都加大了跟班添乘、现场检查、数据分析力度,但难以做到实时添乘与查岗,存在一些监控盲区,无法做到面面俱到。一旦管控上出现漏洞,必然导致作业人员思想放松,极易引发安全事故。

2. 人员综合素质不高,接受能力差

从事驻站调机岗位的多为年龄大、身体弱、能力差的乘务员,随着行车安全装备的提升以及管理要求上的精细,对其操纵提出了更高的要求。然而现有乘务员的知识储备、业务能力依旧停留在过去阶段,接受新装备新要求的时间长、掌握差,而且受家庭、社会环境因素影响,内心往往产生抗拒,导致乘务员一时很难适应调车作业新要求,很多违规操纵现场层出不穷。

3. 调车作业频次减少,培训压力大

既有线铁路电气化改造工程不断推进,内燃机车逐步被电力机车取代,以往在车站进行出入库作业的机车也变为站换继乘,造成调车作业频次的减少。随着大量新司机的启用,他们业务能力相对薄弱、行车经验不足,迫切需要进行大量调车作业练习。对此只能通过理论考试、默画站场示意图、日常业务抽问的形式培训,培训方式相对单一,做到熟知熟会很难保证,久而久之难免对部分乘务员培训出现走过场情况,培训质量大打折扣。

4. 技防设备开发滞后,应用不成熟

在防止铁路运输事故发生的过程中,科技起到了很大的作用。早在之前,就为列车运行途中安全研发了 LKJ 列车运行监控记录装

置以及后来的 6A 机车车载安全防护系统等设备,但确保调车作业安全的技防装置推进就大打折扣。近年来,路内机务部门也在积极研发相关硬件设备和技改监控,上海局集团公司目前开发的调防系统也正在某机务段进行试点。但在全路范围内还未推广一套范围广、成熟度高、可靠性强的设备来保障调车作业安全最后一道关。

以上所述都是机务调车专业化管理中存在的弱项环节,要确保调车安全管理有序可控,就必须采取有效措施,解决上述问题,使机务系统调车安全逐步走上稳定有序的轨道。

三、加强机务调车安全管控的措施

1. 建立完善制度措施,提高专业管理

细化制定调车管理专业文件,将调车安全装备、调车检查量化、调车作业要求、管理台账等全部整合,形成一个包含内容多、指导性强的文件,作为调车安全管理的基本制度,方便各部门培训学习。同时明确各级管理人员现场检查、跟班添乘、数据分析的检查重点和量化要求,对调车关键站场实行三级包保盯控,做到关键覆盖无死角,提高调车专业管理。每月定期召开专题会,分析调车工作中存在的问题,深入查找管理层原因,指导各部门制定整改措施,使调车作业中的问题能得到及时的解决。

2. 明确调车安全关键,开展覆盖排查

调车作业的核心是信号确认,特殊、关键信号机必须要求做到准确辨认。围绕穿越正线、瞭望困难、返岔不足 10 米、站界标距外方道岔不足 100 米、无牵出线利用正线返岔、右侧或高柱信号机等调车安全关键开展排查,对每处关键制定针对性、通用性措施,最终形成"一站一表"基础资料,并结合站场设备设施变化,动态修订完善,确保安全控制措施行之有效。

3. 细化制订培训计划,抓好调车默画

调车培训不仅要求乘务员掌握自身作业标准,也要对站场配合人员作业规定有一定了解,避免接合部问题麻烦。因此要将调车基本规章、《站细》要求、调车安全控制措施、调车作业典型事故案例纳入年度培训计划,有计划分阶段抓好落实,不断提升人员安全意识和业务素养。重点在调车默画上,作为乘务员是否掌握调车关键的依据,必须真培真考,涵盖人员包括专调、库调、取送车、大运转乘务员以及运用管理人员,督促提升业务能力。

4. 做好调车安全预想,加强检查分析

由于乘务员对调车安全关键掌握程度不同,为确保在调车作业行车前,能对该进路上的关键全面掌握,需要乘务员根据车站布置的调车计划,对照站场示意图,认真执行好调车安全预想措施,将进路、出路上所有关键信号机进行一次全面梳理,做好安全预想,打有准备之仗。同时各级管理人员要通过日常检查、专题分析、调车关键点覆盖分析等形式,加强调车作业各项安全控制措施落实盯控,梳理分析典型突出问题、倾向性问题,安排专人抓好整治,保证调车作业现场安全。

5. 紧盯接合部作业问题,及时沟通联系

调车作业多工种配合完成的一项作业,需要各部门的通力合作才能顺利完成。针对结合部作业中经常性发生车站作业人员调车联控不规范、推进车辆显示十五三车距离不准、排短进路、误按警惕键放风等问题,及时做好记录,利用工作协调会、问题交流机制等协调处理结合部问题,同时定期举办联合检查、监控系统共享分析等形式,共同抓好调车作业现场盯控。

6. 开发完善监控系统,实现机控推广

首先要做好既有的音视频装置(6A)、无线调车灯显装置、无线调车机车信号和监控系统(STP)、防撞土挡装置等安全设备应用管理,保证调车作业时发挥应有作用。同时针对现阶段开发的调防系统要加大投入力度,不断优化完善系统功能,做到简洁实用、界面友好,为调车作业安全兜底,提供最后的安全屏障。

结束语:铁路机务调车作业的安全控制作为铁路运输工作中较为薄弱的环节,迫切需要我们将其置于安全管理的关键地位,对管控过程中存在的问题,要不断完善相关制度措施、提升人员素质、改进安全监控设备,逐步实现对调车作业的全方位、立体式卡控,从而形成机务调车安全管理持续稳定、安全可控的新局面。

"苏馨服务　服务舒心"
提升品牌影响力　擢升旅客满意度

中国铁路上海局集团有限公司苏州站

冯　亮　徐晓东　张晓平

中国铁路上海局集团有限公司苏州站管辖 20 个车站,其中客运车站 12 个,现有职工 904 人。苏州站认真落实苏州市"最美窗口"要求,创建"苏馨服务　服务舒心"雷锋服务品牌。以品牌效应促进客运服务质量提高,以实际行动践行"人民铁路为人民"的宗旨,展现铁路窗口良好形象,提升旅客出行体验。先后荣获 2018 年度上海市模范集体、2020 年度"江苏省质量信得过班组"荣誉称号、2020 年度"全国质量信得过班组"荣誉称号。我们的做法如下:

一、抓品牌规划,在服务创新上做到"有章有法"

随着经济的发展,市场对特性化、个性化的需求愈发强烈,苏州站以客运车间售票班组为试点,进行服务提质,用心精细钻研、精准把握旅客动态需求,不断创新管理理念,优化组织架构,完善基础设施,提升服务能力。打造"服务清单化、服务标准化、服务特性化"特色。通过优化班组人员组织架构,制定基本服务清单和"苏馨"服务清单,使班组的服务一目了然,实现"服务清单化"。

在总结"一问好,二服务,三确认,四提醒"传统服务流程的基础上首创"三多作业法",即"多一次需求询问,多一次案查询,多一次温馨提示",使服务不只让旅客满意,更让旅客舒心。在此基础上，制定各岗位作业标准、定制化服务、完善服务反馈机制等措施，规范不同情形下针对不同类型人群的服务标准流程和服务标准用语，有效提高服务质量，实现"服务标准化"。

通过革新技术、整合后台、提质服务等措施，从对内、对外等多个方面开拓创新。"售票卫星站"即合并苏州直属站管辖范围内12个客站的结账、进款、三检复核等工作，建立客运结算中心，塑造车站售票业务"一中心一账户"管理新模式。"三线服务法"即1米线，现场秩序好；5米线，服务不中断；10米线，购票更畅通。创新多个特色方法，打造出了特色服务品牌，实现"服务特性化"。

二、抓品牌培育，在服务制度上做到"有形有效"

1. 出台一个"办法"

2022年3月，车站研究出台了《苏州站"苏馨"雷锋服务站管理办法（试行）》，并让各客运站认真细化制定本站办法。管理办法就服务对象、服务项目、服务措施、服务联动、日常管理和保障措施等方面进行规定，做到创建有清单、干事有底气，不断完善服务网络。

2. 建立一个"机制"

成立由党委书记、站长任组长，党委副书记、纪委书记，分管副站长为副组长，党委办公室负责人、宣传助理员，各客运站党支部书记、服务站领衔人为组员的"苏馨"雷锋服务站创建工作小组。发挥多科室协作机制，定期召开服务站创建工作专题会议，制定"苏馨"服务品牌创建工作方案、推进展开表，严格按照时间进度落实落细创建工作。

3. 制定一个"指南"

研究制定《苏州站"苏馨"雷锋服务站服务指南》，明确老年旅客、孕妇旅客、婴幼儿旅客、特殊需求旅客等九类重点服务对象，确定了"四导""三供""三帮助"的服务项目和"诚心、细心、耐心"的服务标准，并将021-12306服务热线对外公示。服务项目"四导"，即导购：引导购票、改签、退票，引导注册铁路12306App等票务服务;导候:引导专区候车;导运:引导托运行李;导乘:引导进站乘车。"三供"即提供轮椅担架、提供药品针线、提供旅客咨询、投诉处理。"三帮助"即帮助行动不便的旅客上车,帮助查找遗失物品,帮助快速寻人。服务标准"三心",即诚心,视旅客为亲朋;细心,善从小处着眼;耐心,虽百问而不厌。

4. 完善一套"流程"

根据不同类别重点旅客的服务需求,车站细化完善重点旅客服务预约、受理等流程,制定了担架旅客、轮椅旅客、盲人旅客、护送器官人员、患病旅客(列车)、特殊需求旅客、重点旅客接送站等七大类标准化服务流程,体现了"苏馨服务、服务舒心"的苏站人服务理念。建立一站式"接力"。建立"苏馨"雷锋服务站与轨道交通、公交等交通运输部门、地方党建工作站联程共建、联动机制,针对需列车、轨交等公共交通换乘的特殊重点旅客,提供爱心接力服务。

三、抓品牌宣传,在服务影响上做到"有声有色"

1. 统一品牌展示

精心设计"苏馨"服务品牌 logo,统一制作了带有"苏馨"服务品牌 logo 的台牌,摆放在管内 11 个客运站服务台的显著位置,统一制作印有"苏馨"服务品牌 logo 袖标,佩戴在"苏馨"雷锋服务站作业人员左臂上方,集中展现品牌形象。

2. 深化品牌交流

车站"苏馨"雷锋服务团队与苏州轨道交通"581"服务团队开展"主题党日+服务品牌交流"活动,进一步完善"双铁"联通机制。联合上海客运段高一车队党总支开展"传承雷锋精神,苏馨情满东方"主题党日活动,站车双方互相学习,取长补短。与苏州市盲聋学校、流水琴川志愿服务组织等单位建立"结对共建"机制,定期围绕党建特色、品牌创建、志愿服务、社会教育等内容开展学习交流和宣传互动,实现共同进步。此外,车站还多次组织服务站成员参加苏州妇联等单位开展的母乳哺育、聋哑人手语服务等培训班,为重点旅客、现场应急处置提供保障。

3.搭建展示平台

雷锋服务站团队成员秉承"宁可日常自身多学一点,工作就能为旅客多服务一点"的精神,在学好本职岗位客运业务的同时,主动学习其他服务本领和知识。服务站团队中多人考取电梯培训证、红十字救护证等资格证书。

4.拓宽宣传渠道

以苏站微博、苏站微信公众号等作为宣传阵地,将苏州站的特色做法、旅客出行须知、重点旅客服务等信息广而告之,让旅客了解苏州站相关出行和服务举措。常态化开展"关爱老人·共享智慧出行"公益宣传活动、策划"关爱特殊群体,共建温馨春运"高铁体验行活动,主动对接新闻媒体,努力提升高铁服务品质社会辐射影响力。对外展现形象。2021年9月,集团公司客运系统站务年度重点工作推进会在苏州站召开,"苏馨"雷锋服务站作为车站特色服务项目,向全局25家车务站段60余名管理干部展示,进一步提升品牌影响力。

取得的成绩主要体现在以下三个方面:

1.服务品质不断提升

车站多措并举,扩容改建苏州北站南候车厅,新增候车面积近2 000平方米,候车座位800个,高峰候车容量增加4 000人。苏州站安检系统落实"苏式"布局,优化"伸隔转分"客流组织方案,建成一站式"智慧小屋"和江南水乡特色直饮水间,增设城际车站服务台公安制证窗口,提升旅客候、进、检服务体验。推进商务座提质工程,优化人员配置,改善服务环境,苏州北站、苏州客站商务座旅客进厅率分别达78.5%和63%,位列全局第一梯队。开展客服重点指标专项整治提升工程,建立"周统计、旬通报、月考核"工作机制,2022年遗失物品找回率较整治前增长27.4%。全年责任旅客投诉同比减少50%,12306表扬工单同比增长26.2%,在集团公司服务质量综合评价月度排序中6次位列前五,服务质量提升明显。

578

2. 社会影响持续扩大

"苏馨"雷锋服务站运行以来,累计服务旅客超 10 万人。暑运期间,根据现场实际需要设计制作"苏馨"服务手册,不断提升服务品牌知名度和美誉度。主动与地方新闻媒体对接,将"苏馨"雷锋服务站的特色做法和旅客出行须知告知广大社会,努力提升高铁服务品质社会辐射影响力。2021 年 5 月,车站参加全国现场管理改建暨质量信得过班组建设成果发表交流活动,参赛作品《苏馨服务、服务舒心》被评为示范级项目;10 月,在江苏宜兴举办的第九届全国品牌故事大赛(无锡赛区)中,"苏馨"雷锋服务站成员讲述的"苏馨"服务故事,荣获品牌故事三等奖。2022 年,"苏馨"服务品牌被列为上海局集团公司服务文化建设示范点。2023 年 3 月,"苏馨"雷锋服务站被授予"苏州市相城区新时代文明实践点"。在全站的共同努力下,"苏馨"品牌影响力逐渐扩大。

3. 整体效应符合预期

"苏馨"服务品牌不断扩大服务的范围,优化服务内容,规范服务流程,实现品牌由点到面到线,服务更广,带动效果更明显,形成了苏州地区"苏馨"品牌集群。在"苏馨"品牌的引领下,整个车站经营效益良好。2022 年,车站根据时段性、区域性客流热点,及时提报票额申请 1.2 万余张,增收 140 余万元,列车运能利用率由最低谷的 36.6% 上升至 60.5%,实现运能与客流有效匹配。

"上下"同步　"内外"兼修　"点面"结合
——太原客运段党委紧抓思想政治
工作的实践

中国铁路太原局集团有限公司太原客运段
吴永生

太原客运段现有干部职工 5 813 人,共担当 125.5 对旅客列车乘务工作,其中普速车 42.5 对,动车组 83 对,担当列车途经22 个省(区),北通京沈、南抵广深、西至甘陇、东到苏杭,点多线长,人员分散,接受社会信息多,职工思想活跃。段党委下设 21 个党总支、169 个党支部,共有 4 个新媒体平台、371 个传统宣传阵地、469 个互联网工作群组及 3 个职工书屋。

太原客运段党委,牢牢把握思想政治工作主导权,紧贴中心工作,全面部署进展,做到"上下"同步,以党建文化引领管理,上到战略精心谋划,下到一线落地生根;"内外"兼修,以党建文化创新管理,内化于心,外化于行,大力弘扬企业精神;"点面"结合,以党建文化提升管理,着眼于点,立足于面,示范引导,深化拓展。探索了新途径,形成了新格局,摸索了新办法,建立了新机制,从而保持了职工队伍思想稳定,营造了各项工作向上向好的良好氛围。

一、"上下"同步,上到战略精心谋划,下到一线落地生根

段党委从"上层"开始,严格落实主体责任,以党建文化引领管理,按照加强和改进新时代思想政治工作的实施办法和思想政治工作责任清单,明晰和压实责任,真正实现思想政治工作与段党委中心工作同部署、同落实、同检查、同考核。段党委委员根据工作分工,按照"一岗双责"要求,切实抓好分管科室、车队联系点的思想政治工作。党委办公室定期对思想政治工作开展重点检查,形成党委统一领导,党办统筹协调,有关科室分工负责齐抓共管的格局。

同时,"下到一线"落地生根。全面抓好职工思想动态分析;落实"四必讲、四必谈、四必访"(上级重要精神需要传达时必讲、学习贯彻上级领导讲话要求时必讲、重要情况通报必讲、与职工切身利益密切相关的文件办法出台时必讲;职工情绪波动较大时必谈、职工工作岗位发生变动时必谈、职工违章违纪受到考核时必谈、班组职工间发生矛盾时必谈;职工家中遇有婚丧嫁娶等大事时必访、职工或其直系亲属重病住院造成生活困难时必访、职工受到处分或家庭发生突出矛盾时必访、职工因防止事故或评为集团公司级以上荣誉受到嘉奖时必访)思想政治工作制度,做好职工诉求管理。段党办每月将"963"服务热线、涉段舆情、信访问题、职工关注的焦点问题等汇总分析,为领导提供决策依据。各级管理人员利用添乘包保和下现场检查时机,与职工面对面谈心交流,了解职工思想动态,大力开展家访谈心活动,做好一人一事工作,为职工排忧解难。有针对性地"上下"同步,稳健运行,稳步推进,稳扎稳打。做好了引导、疏导、开导工作,下到一线落地生根,让职工思想上充了"电",精神上补了"钙",工作上加了"油",从而确保了队伍稳定。

二、"内外"兼修,内化于心,外化于行,大力弘扬企业精神

"对内",段党委强化阵地建设,以党建文化创新管理,确保宣传阵地可管可控。建立了思想政治四项制度、四项检查、三项保障为主要内容的"443"工作机制。设置 4 个新媒体平台、371 个传统宣传阵地、469 个互联网工作群组及 3 个职工书屋,做到周运维、月检查、季通报。实行车队轮流 24 小时值班,舆情每日"零报告",《舆情预警指示书》5 期,提醒值班值守,做好舆情盯控。对 35 名融媒体骨干进行 10 次座谈,对 37 名网评员压担子、交任务。还开展过 2 次舆情应急演练,练好基本功。组织撰写发表网评文章106 篇,其中中央级媒体刊出 9 篇,省级媒体刊出 97 篇,在实战中

锻炼了队伍,多次受到集团公司表扬。

"对外",重点宣传引导,确保"太客故事"传播有声有色。段党委阶段性重点工作,把握节点、热点,策划主题,开展活动。还邀请路外社会媒体,开展新闻宣传,展示"太客"新形象。全部聚焦一线职工爱岗敬业事迹、聚焦一线职工关注的话题、聚焦广泛宣传和展示风貌。2023年上半年,在局级以上新闻媒体刊发宣传报道463篇,其中,中央级传统媒体110篇,省部级以上新媒体264篇,网评89篇。《列车上的"春意"》2 000字的文字稿,在《新华每日电讯》刊发;《"慢火车"上熟悉的年味又回来了》,在《中国青年报》大篇幅发表;新华社双微平台推送的《回家路上的温情救护》受到社会的广泛关注,阅读量高达141万;新华社刊用的"车轮上的图书馆"开启红色阅读之旅,阅读量突破110万,提升了社会舆论导向效应,很好地弘扬了企业文化。

三、"点面"结合,着眼于点,立足于面,示范引导,深化拓展

着眼于"点",段党委为确保党的理论对每个职工能够入脑入心。用责任汇聚力量,用信念铸就坚强,用真情凝结关爱。印制了党的二十大精神宣传折页5 600份,在太客融媒微信公众号推送党的二十大精神系列宣传21期。段党委中心组精心制订年度学习计划,定时间、定地点、求实效,统筹专题学、跟进学和研讨学,组织集体学习12次,集中研讨3次,撰写理论文章4篇,其中1篇在太原局集团公司党委中心组学习管理平台发表。《道德文化赋能客运高质量发展》的调研报告在《铁道企业管理》上发表。按照"政治学习质量提升年"要求,优化职工政治学习组织模式,形成切实可行的"一班组一方案"。机关人员"六定"常态化集中学;普速列车因时制宜,利用乘前、折返、入寓集中学;动车组列车采取1+2模式定点集中学。同时,做到听民声、解民怨;谋民利、纾民困;察民情、暖民心。

立足于"面",通过示范引导,深化拓展和全方位组织,真抓、亲抓、巧抓。抓舆论宣传,造大了声势;抓典型宣传,做大了推动;抓

群众宣传,提升了效果。确保了习近平新时代中国特色社会主义思想和对铁路工作的重要指示精神得以贯彻落实到班组。尽职尽责保稳定,一心一意谋发展,再接再厉强管理。

四、工作启示

1. 做好思想政治工作,要进一步加强党的全面领导

旗帜鲜明坚持党管宣传、党管意识形态、党管媒体,牢牢把握正确的政治方向、舆论导向、价值取向。落实思想政治工作主体责任,是党组织应尽的政治责任、应有的政治担当,必须坚持原则,敢抓敢管。要不断完善考核评价体系,把思想政治工作同其他工作同部署、同落实、同检查、同考核,形成真正齐抓共管的局面。特别是党建工作考评中加强对思想政治工作责任制落实情况的监督检查,加大追责问责力度,督促各级党组织切实担负起落实好思想政治工作的重大政治责任。

2. 做好思想政治工作,要进一步加强宣传阵地管理

牢牢把握正确舆论导向,紧跟重点工作,及时更新宣传内容,弘扬主旋律,传播正能量,抓好思想政治阵地建设确保各类思想政治阵地全部审批备案,新媒体平台实施逐级年审,及时清理或注销"僵尸"账号和临时任务群组。要加强动态监管,对传统宣传阵地的内容、环境、设备等情况经常性检查;对新媒体平台发布内容进行逐级审核;对互联网工作群要坚持群主审核、实名入群、规范发布信息等。坚决建好守好思想政治阵地,确保底数清楚、阵地可控、导向正确。

3. 做好思想政治工作,要进一步提高网络舆情队伍综合素养

深刻认识到舆论斗争是必然存在的,网络舆论队伍在其中发挥主导作用。既要发挥专职党群干部的主体作用,也要重视网络舆情员的建设培养,将网络舆情员制度化、专业化,定期对网络舆情员进行专项培训,提高舆情员的政治素养、理论水平、业务能力,打造一支有坚定的政治定力、有一定的理论功底,善于辨别形势,能发挥正面引导、激励、教育作用的舆情队伍。

4. 做好思想政治工作，要进一步提高讲好故事的水平

抓好宣传队伍建设。多组织融媒体专职干部参加培训班，提升策划、采编能力。通过各个渠道筛选，挑选工作认真、责任心强、有一定文字功底的同志重点培养，建立一线通讯员队伍，大力挖掘一线职工背后的感人故事。拓展宣传报道思路，以深入宣传新时代客运段高质量发展为基础，紧紧围绕职工喜闻乐见的方式，丰富宣传报道内容，提升宣传效率，把太客故事讲好、宣传好，进一步营造良好的太客高质量发展氛围，提升正面舆论的宣传能力。

共"进"向未来 "帮"出新精彩
——太原局非运输企业帮扶乡村振兴的实践路径

中国铁路太原局集团有限公司太原晋太实业公司

任殿伟 杨鹏超 靳 波

2021年2月25日,全国脱贫攻坚总结表彰大会后,党中央为进一步巩固脱贫攻坚成果,适时调整国家战略,转为乡村振兴。"扶上马,还要送上一程",乡村振兴成为全国各地区、各单位的一项重要工作。为深入贯彻落实国铁集团党组和山西省委有关决策部署,2021年以来,太原局集团公司从太原晋太实业(集团)有限公司、山西铁路装备制造集团有限公司两个非运输企业中先后选拔派驻了18名骨干员工,分别对山西省榆社县河峪乡鱼头村、云竹镇段家沟村开展驻村帮扶工作。

两个铁路非运输企业,行稳致远,精心部署,高位推进,以共"'进'向未来,'帮'出新精彩"为目标,全身心投入到乡村振兴工作中。经过两年多的努力,基本实现乡村产业兴旺、生态宜居、乡风文明、治理有效、生活富裕的美丽乡村,走出了一条帮扶乡村振兴的新路径,形成了一套他们自己的经验。

一、"党建帮扶",让乡村治理"强"起来

1.队伍建设"聚"合力

坚持党建引领,选优配强村"第一书记"的班子队伍,推行"领导小组+驻村力量+党员先锋队"的帮带模式,依托"三会一课"、主题党日开展形式多样的"结对共建"活动。驻村干部必须按全脱产、每周"五天四夜"工作要求,确保全部精力放在驻村帮扶工作

上。同时聚集"五个管住",即管住决策、管住资金、管住合同、管住项目、管住公开,夯实乡村基层治理。

2.组织建设"添"动力

充分发挥驻村第一书记作用,重点围绕增强政治功能,提升组织力,推动村干部、党员深入学习和忠实践行习近平新时代中国特色社会主义思想,学习党章党规党纪,不断增强其政治领悟力。让农村基层党组织和党员干部在政治方向上保持清醒意识,从而增强"四个意识"、坚定"四个自信"、做到"两个维护"。加强村"两委"班子组织建设,强化党支部标准化、规范化,严格党的组织生活,充分发挥党组织和党员作用。

3.党建引领"增"效力

把党建引领融入乡村振兴的各方面、全过程,通过推行"党建+"的发展模式,激发"党政工团纪"攻坚合力。号召乡村党员和村干部积极参与乡村基础设施建设,充分发挥党员和支部的战斗堡垒作用。太原局集团公司在两村建设了"团委乡村振兴实践教育基地",不定期组织青年职工参与振兴乡村帮扶工作,激发了青年职工服务"三农"、助力乡村振兴的责任感和"人民铁路为人民"的使命感。还深入挖掘了榆社县乡村文化中的廉洁元素,打造出多个廉洁文化景观点,为干群沉浸式感受廉洁文化提供载体保障。让乡村治理"强"起来。

二、"资金帮扶",让乡村建设"硬"起来

两个铁路非运输企业,在公司运营成本预算中安排帮扶专项资金预算,确保每个帮扶村年投放资金不低于 50 万元。在此基础上,通过国有企业影响力,积极吸引社会企业参与帮扶工作,先后引入第三方帮扶资金 30 余万元。同时,加强帮扶资金的预算管理和过程管理,严格落实帮扶项目资金备案审批制度,保证帮扶资金使用依法合规、专款专用。具体做到以下几点:

1.道路改造"惠"民生

投入帮扶资金 51 万元,分别对鱼头村 3 个路段共 4 300 平方

米路面进行硬化,村民的出行、运输条件和水平已得到很大改善,农产品运输成本大大降低;对段家沟村羊虎坡等道路进行修缮,村内主干道路、养羊基地门外道、广场全部已进行沥青混凝土硬化,村委会旱厕改造,村容村貌大力改善,村内整体形象全面提升。脱贫群众参与乡村建设和管护积极性大增。

2. 净水绿化"福"村民

拨付专项资金 6.5 万元,用于村内购置净水设备并清洗水塔,完全解决了村民饮用水安全问题,间接降低因病致贫、返贫的风险。太原晋太实业(集团)公司花费资金请园林种植专家,前往段家沟村讲授绿植、果木种植经验,并指导其按照"宜耕则耕、宜园则园、宜林则林"的方针对沿路沿线、村社主干道、居民房屋前后的空地进行多元化利用,增加了当地绿化总量。绿化美化改善了生态,补齐了短板,造"福"了村民,让乡风民风好起来。

3. 照明升级"亮"乡村

增设改造 65 盏太阳能路灯,彻底解决了村民夜间出行不便和村集体电费负担较重等问题,农民居环境整体提升,村民的幸福感和获得感也同步提升。由于因地制宜推进"修路、净水、照明、绿化"四项基础建设项目,"宜居宜业宜游"的美丽乡村已初步形成。

三、"运输帮扶",让乡村流动"活"起来

1. 打好运输"组合拳"

除了持续开行公益性"慢火车"外,太原局集团公司充分用好图定列车,有计划推进普速客车换型升级,创新拓展了"乡村振兴列车+"服务品牌。与当地产业发展、惠农助学、旅游开发、站外公共设施服务等有机衔接,精准设计开发出了铁路特色旅游产品,诸如"旅游专列""健康专列""助学专列""务工专列"等,增强沿线群众获得感、幸福感。同时还推进旅游列车与乡村旅游产业深度融合,开展"振兴列车进乡村"活动,对涉农物资如粮食、化肥等季节性物资,建立绿色通道,优先受理、优先装车、优先取送、优先挂运,最大限度满足春耕备耕、生产生活等重点物资运输需求。

2. 覆盖"最后一公里"

2020 年底郑太铁路开通后,榆社县到太原的时间,由过去 210 分钟缩短至 30 分钟,每日开行 28 趟高铁,完全实行了"公交化"开行。还开通了北京、上海、深圳等大城市途经榆社县的高铁动车组,完全覆盖了"最后一公里",极大改变了榆社县交通不便的状况,对推动当地经济发展和增强对外交流发挥了重要作用。为吸引客流、人流、旅游流,专门设置城际公交化快速进站通道及专用候乘站台,补强沿线车站的站台、照明、卫生间等客服设备设施,优化提升"无轨站"服务功能。让榆社县笨鸡蛋、榆社县小米等省内知名农产品搭上"高铁"送进千家万户的餐桌。

3. 铁路沿线"站城融合"

帮扶乡村创新发展,推动铁路沿线地区站城融合发展,是铁路企业帮扶乡村振兴的重点。专门组织途经该地区的重点在建项目,优先培训使用当地技术人员、农民工,特别是低收入家庭劳动力,确保工资足额按时发放。巩固拓展了农民不愁吃、不愁穿、教育、医疗、住房的"两不愁三保障"成果,让"站城融合"实起来。

四、"就业帮扶",让乡村企业"建"起来

1. 建立农副产品"加工基地"

太原局非运输企业帮扶振兴乡村,充分发挥太原晋太实业(集团)有限公司"晋思源"食品产业优势,向前延伸产业链条,投资建设小米等农副产品加工基地,在段家沟村建立 150 亩"太铁帮扶杂粮种植基地",并与 24 名农户签订种子种植协议,实行订单种植,包产包销。与当地农副产品公司合作,收购小米 50 多万斤、玉米 6 万多斤、高粱 2 万多斤,增加村集体及村民收入 100 多万元。常态化收购帮扶村小麦杂粮,纳入太原局集团公司工会会员节日慰问品包销包售,年创收 500 余万元。

2. 建立铁路配件"生产基地"

太原局非运输企业全面实施"一村一企、一村一策"战略措施。充分发挥山西铁路装备制造集团有限公司铁路工业产品优势,投

588

资 110 余万元在鱼头村建立铁路配件生产基地。与此同时,在转K6 型转向架轴箱橡胶垫、轴向橡胶垫、JC 弹性旁承体三项主营产品上做强。增加了就业岗位,就近就地为当地村民提供了 45 个就业岗位,有效带动周边脱贫人员就业增收及致富,让农民口袋鼓起来。

3. 建立公益岗位和"产业基地"

统筹用好榆社县返乡入乡创业政策,帮扶创业孵化实训基地建设,建立起公益岗位和产业基地,有序引导大学毕业生,毕业到乡、能人回乡、务工人员返乡、企业家入乡创业。改善农村养殖方式简单、水平不高的现状,邀请养殖专家深入段家沟开展 10 余期羊养殖培训班和现场技术指导,通过一系列措施,段家沟村的优质羊养殖数量从工作队进驻时的 96 只,增加到了 296 只。还协助村支"两委"、电商直播等各类专业技术人才培养,进一步发挥人才振兴示范带动作用。

五、"生态帮扶",让乡村底色"亮"起来

1. 打造农业"特色品牌"

由于持续加大投资,丰富农产品种类,做大做全"太铁"农产品加工基地,帮助当地农户申请帮扶产品认证及授权,打造了一批叫得响、叫得硬的"晋字号""铁字号"特色农产品品牌,并通过铁路站车、"四网一柜"(12306 网、快运商城网、国铁商城网、掌上高铁网,消费帮扶智能售货柜)上线铺货,大大提升了产品的溢价盈利和市场竞争力。

2. 打造旅游"康养品牌"

依托当地丰富的红色资源、生态资源,进一步擦亮榆社县及帮扶村的文化名片,铸造旅游品牌,推出符合大众多重需求的"文化游、红色游、休闲游"等精品旅游产品。挖掘云竹湖、文峰塔、禅山寺、国家地质公园等旅游资源的内在潜力,打造出了一批旅游"康养品牌",并按照"文化赋能、品牌引领"的发展思路,形成了一条集城乡微度假、户外运动、高端民俗、文化小镇等旅游产业一体的康养产业链。

3.打造太行老区"网络品牌"

协调路内外媒体资源,拓展宣传方式,精心组织实施"发现最美铁路·感悟乡村振兴"网络宣传活动。以太行、吕梁革命老区为重点,围绕公益性"慢火车""蔡家崖号"红色文化列车及郑太高铁列车、太中银城际动车组列车,公关宣传;围绕驻村工作,组织一线帮扶干部宣传;围绕集团公司推进乡村振兴中取得突出成效的先进典型,利用太原铁道报、融媒体公众号"先进典型讲奉献",宣传典型事迹,从而充分展示太原局集团公司助力乡村振兴成果。同时,还尝试了今日头条、抖音、快手等线上直播带货,通过镜头全方位、原生态展示农产品从田间种植、收割采摘、加工打包的全流程,激发消费者的购买欲望,增加了农产品销量,让乡村底色"亮"起来。

关于铁路企业竞业限制的分析与思考

中国铁路广州局集团有限公司广铁科开公司

汪志伟　黄　毅　蒋　培　陈　胜

李东海　郭志能　杨君勇

近年来,国铁企业持续深化铁路科技创新,形成了以复兴号为代表的一大批科技创新成果,我国铁路总体技术水平迈入世界先进行列,高速、高原、高寒、重载铁路技术达到世界领先水平,中国高铁实现了从追赶到先进水平质的飞跃。站在新的历史起点上,随着铁路科技创新发展的同时,我们也要重视保护核心技术和商业秘密。现代社会分工越来越细,有些高级技术人才往往掌握着企业的核心技术和商业秘密,一旦"跳槽",对企业会造成重大损失,并且在司法实践案件中,对该类案件中的劳动者违约责任判罚并不重,与企业的实际损失形成鲜明对比,对此铁路企业应当提前预判,对相关人员进行竞业限制,以维护铁路企业合法权益。

一、竞业限制的概念、意义和铁路企业竞业限制的运用

1. 竞业限制的概念

关于竞业限制的定义学界有广义与狭义之分,广义的竞业限制是指凡与特定营业构成竞争关系的特定行为,无论该行为主体为何,均予以禁止;而狭义的竞业限制则指与特定营业者具有特定关系的主体,禁止实施与该特定营业构成竞争关系的特定行为。本文的研究对象主要为狭义的竞业限制。

依据《中华人民共和国劳动合同法》第二十三条、二十四条的规定,竞业限制是用人单位对负有保守用人单位商业秘密的劳动者,在劳动合同、知识产权权利归属协议或技术保密协议中约定,

劳动者在终止或者解除劳动合同后,一定期限内不得在生产同类产品、经营同类业务或有其他竞争关系的用人单位任职,也不得自己生产与原单位有竞争关系的同类产品或经营同类业务。

根据竞业限制义务来源可以将竞业限制分为法定竞业限制和约定竞业限制。根据《中华人民共和国公司法》《中华人民共和国合伙企业法》等法律规定而产生的竞业限制义务,系法定竞业限制;而根据相关约定而产生的竞业限制义务,系约定竞业限制。竞业限制的范围、地域以及期限由用人单位和劳动者自行约定,不得违反法律、法规的规定。

2. 竞业限制的意义

竞业限制规范是保护公司、企业和其他单位商业竞争力的基本制度之一,通过对劳动者就业权必要的、合理的限制,实现用人单位在合理期限内维持其竞争优势的目的。

竞业限制制度是现代劳动立法的重要组成部分,在实践中一般以三种形式表现:第一,作为劳动合同的组成部分;第二,作为保密合同的组成部分;第三,独立的竞业限制协议。

竞业限制法律制度的功能可分为维持竞争优势、保护商业秘密、禁止不当限制择业自由三个方面,其中维持竞争优势是竞业限制制度产生的根本原因,保护商业秘密是现代竞业限制制度的核心目标,禁止不当限制择业自由是现代竞业限制制度的重要任务。

3. 当前铁路企业对于竞业限制的运用

国铁集团为规范劳动合同管理,维护企业和劳动者双方合法权益,促进和发展稳定和谐的劳动关系,根据《中华人民共和国劳动法》《中华人民共和国劳动合同法》《中华人民共和国劳动合同法实施条例》等法律法规,制定实施了《中国国家铁路集团有限公司劳动合同管理办法》(铁劳卫〔2020〕5 号),各铁路局集团公司、合资铁路企业、非运输企业等下属单位也结合本单位实际制定了相关劳动合同管理实施办法。

国铁集团、相关铁路局、站段单位及部分一级非运输企业的相关实施办法中均对竞业限制进行了规定,主要内容为:劳动者负有保密义务的,双方可以订立保密和竞业限制补充协议,协议应包括保密范围、竞业限制的范围、地域、期限,违约金数额,用人单位对劳动者履行竞业限制义务的经济补偿等。保密和竞业限制补充协议作为劳动合同的附件,与劳动合同具有同等法律效力。劳动者违反法律法规规定的保守秘密、竞业限制约定的,应向用人单位支付违约金。

二、铁路企业实施竞业限制存在的主要问题

铁路企业根据《中华人民共和国劳动合同法》等法律法规制定相关劳动合同管理办法,通过规章制度确定竞业限制保护自己的商业秘密及其他与知识产权有关的保密事项具有合法性、正当性。竞业限制通常指向的权利义务关系为劳动合同解除或终止后,用人单位一方按月支付竞业限制经济补偿金,劳动者一方避免到相关竞争单位任职。

铁路企业在实施竞业限制过程中存在以下问题:

1. 用人单位商业敏感性不强造成核心人员或技术流失

如果铁路企业对相关商业秘密、核心技术没有引起重视或者重视程度不够,就有可能造成核心技术和技术人员流失,竞争优势得不到充分保护,商业秘密外泄,降低铁路企业竞争力,造成国有资产无法保值增值。

2. 用人单位没有实施竞业限制补偿金的相关资金预算或预算不足

根据《中华人民共和国劳动合同法》第二十三条第二款的规定,用人单位在竞业限制期内按月给予劳动者经济补偿。竞业限制经济补偿是对劳动者让渡就业自由权的补偿,本质上是用人单位通过经济支付手段购买了劳动者一定期限内在同业单位任职获取报酬的机会。如果不支付经济补偿金,劳动者可以请求解除竞业限制义务。部分用人单位因没有实施竞业限制的相关预算或预算不足,从而未能进行竞业限制或未能全周期进行竞业限制。

3. 竞业限制条款约定不规范或未约定

(1)竞业限制违约金约定过高。用人单位为了震慑劳动者,约

定了较高的违约金,其主观目的对于单位而言是好的,但是司法实践中法院一般都会对过高违约金进行调整,参考用人单位遭受的实际损失大小和劳动者的过错程度。

(2)用人单位对关联单位和竞争单位约定不明确或过宽约定。用人单位在签订竞业限制时未明确其关联单位以及关联何种竞争优势,对竞争单位的列举、概括不明确或过于宽泛,未能根据行业性质和保护竞争优势的必要性进行合理约定。

(3)竞业限制范围、地域、期限约定不合理。用人单位将全体员工列为竞业限制义务承担者,而实际上部分员工无法接触到核心商业秘密,这样的约定对该部分员工是无效的;还有用人单位将竞业限制范围约定得过宽,远远超过必要性;以及用人单位通过直接或变相手段将竞业期限延长,超过部分也不符合法律规定。

(4)用人单位与劳动者签订的竞业限制条款或协议缺少必要的相关条款。比如缺少竞业限制经济补偿金约定,缺少竞业限制违约金条款,缺少竞业限制范围的约定,缺少竞业限制地域、期限的约定等。

4. 违反竞业限制的行为证据采集难,损失难界定

用人单位很难发现离职人员在竞争单位任职,同时由于离职人员几乎不会主动报告新的就业单位,原用人单位由于调查能力有限,离职人员如果违反竞业限制义务很难被发现。即使用人单位知道劳动者违反竞业限制协议任职于竞争单位,但取证也较为困难。同时劳动者违反竞业限制义务前往竞争单位任职,其提供的知识和技能难以被认定,劳动者就职竞争单位后,是否给用人单位造成损害,造成什么样的损害难以被认定,仲裁或司法机关难以判定劳动者给原单位造成的损失。

三、有效落实竞业限制的建议与设想

1. 建立铁路企业竞业限制纠纷的预防机制

劳动者违反竞业限制义务,之所以能够对原用人单位造成损害,主要原因就是劳动者在原单位任职期间接触了用人单位的商

业秘密,在工作中掌握了工作相关的技术或者经验、技能,如果劳动者将掌握的商业秘密或技术运用到与原用人单位的竞争中去,将会对原用人单位竞争优势造成影响。因此,铁路企业应当建立竞业限制纠纷的预防机制,保护商业秘密、核心技术,根据企业自身情况合理制定保密策略和措施,加强竞业限制普法宣传与教育,从源头上防范竞业限制纠纷风险。

2. 建立铁路企业竞业限制经济补偿金制度机制

一是铁路企业应根据自己的商业情况和保密需要动态选择最适宜的维权方式,不能机械照搬和运用竞业限制,对所有人离职后都给予竞业限制,从而给铁路企业带来不必要的开支,也不能放任不管造成铁路企业人才和技术流失降低竞争力,应该具体情况具体分析,对将要一直从事涉密岗位的人员在签署劳动合同书的时候就一并要求劳动者签署有关竞业限制的协议,或将竞业限制义务条款规定在劳动合同中。二是铁路科技企业应对可能产生的竞业限制经济补偿金进行规划,预留专项资金,在发生对劳动者实行竞业限制时,能够按时发放经济补偿金。按照相关司法解释,用人单位超过 3 个月未支付竞业限制经济补偿金,劳动者有权请求解除竞业限制约定;铁路企业如果未约定经济补偿金却约定了违约金的情况下,劳动者未履行竞业限制义务或违反了竞业限制义务,用人单位主张劳动者按约定支付违约金的,实务中法院一般也不予支持。

3. 建立铁路企业竞业限制纠纷协商和调解机制

竞业限制纠纷作为劳动纠纷的一种,必须依法先经过仲裁前置程序。对仲裁裁决不服的,可以向人民法院提起诉讼。原本立法的本意是为了快捷高效处理劳动纠纷,减少法院和当事人诉累,但实际司法实践中,竞业限制纠纷比其他类型的劳动纠纷往往更加复杂,专业程度高,败诉方启动诉讼程序的可能性较高,无疑浪费了仲裁程序的司法资源,也增加了双方纠纷的解决时间。因此,建立劳动者离职后竞业限制纠纷协商和调解机制,有利于减少当事双方纠纷解决成本和时间,通过协商或调解沟通确定原用人单位损失及劳动者应当承担的赔偿责任，是最高效的纠纷解决方法。

4. 建立铁路企业竞业限制纠纷维权机制

铁路企业作为市场主体，在市场中的竞争优势就是铁路的核心权益。当劳动者违约时，就有可能侵害了铁路企业的核心利益。铁路企业发现劳动者违反竞业限制的相关规定，在竞业限制纠纷无法协商和调解的情况下，就用法律武器保护自己的合法权益，追究相关劳动者的违约责任，预防和避免因劳动者违约可能造成的后果，挽回铁路企业的竞争优势。提前预想建立铁路企业竞业限制纠纷维权机制，制定仲裁或诉讼、申请强制执行预案，夯实证据基础。如果在入职时未从事涉密技术岗位，但后来从事核心技术研发或经营也可以在劳动合同履行过程中，根据企业实际情况，专门签署相关竞业限制协议，加大保密力度。在劳动者离职时根据实际情况，如有竞争的可能在已签订竞业协议的情况下则对劳动者进行竞业限制提醒或者强调，如未签订则及时签订竞业限制；如果没有竞争的可能性，已签订竞业限制协议的可以及时单方解除或者协商解除。通过以上方式，动态调整竞业限制情况，劳动者违约时及时选择最适宜的方式维权，从而将主动权牢牢掌握在铁路企业手中，既能主动维权避免和挽回铁路企业所遭受的损失，还能及时惩戒违反竞业限制义务的劳动者，起到一定的威慑作用，从而维护铁路企业的竞争优势。

5. 建立铁路企业竞业限制违约行为惩戒机制

如果劳动者违反竞业限制义务后，未遭受任何形式的追责，会给其他劳动者传递负面的信息，那就是该用人单位不会追究竞业限制违约劳动者，这样就可能会有新的违反竞业限制劳动者出现。如果用人单位对发现的每一起违反竞业限制义务的行为进行依法追究，那么在职或者离职的员工就会引以为戒。对于在铁路领域因劳动者实行竞业限制违约行为，给铁路造成损失的，应当建立相应的惩戒机制对违约人实施惩戒，如在相关铁路就业信息平台曝光失信劳动者，纳入相关就业"黑名单"，对在铁路相关单位招聘、劳动者就职时进行风险预警或"黑名单"提示等。

轨道车辆作业现场网格化管理建设

中车唐山机车车辆有限公司　巨　星　殷忠晴

顺应时代发展,旧有的低效的管理模式需要革新,建立网格化管理新模式,是提升现场管理水平的有效途径。动车组新造、检修项目是主机厂支柱性产业,车辆和部件项目蓬勃发展,客户群体不断加大,随着标准化、数字化产线的建设,一个良好的、稳定的、有序的作业环境成为必需条件,提升现场网格化管理水平迫在眉睫。

一、现场网格化管理的内涵和重要性

网格化管理是逐渐摸索出的一种科学有效的方法。通过明确各要素标准,划定个人责任区,实行员工包保的手段,将员工的切身利益与要素管理水平深度绑定,培养员工责任意识,自细微处着手,拉动各要素稳步提升。

现场网格化管理是一种创新。第一,它将过去被动应对问题的管理转变为主动发现问题和解决问题;第二,它使管理手段数字化,这主要体现在管理对象、过程和评价的数字化上,保证管理的敏捷、精确和高效;第三,它是科学封闭的管理,不仅具有一整套规范统一的标准和流程,而且发现、形成、派遣、解决四个步骤形成一个闭环,从而提升管理的能力和水平。可以将过去传统、被动、定性和分散的管理,转变为今天现代、主动、定量和系统的管理。

二、轨道车辆作业现场网格化管理的主要特征

（一）标准化

要素管理标准化是网格化管理的一大特色。管理标准是生产

经营活动和实现技术标准的重要措施,它把公司管理的各个方面以及各个单位、处室岗位有机地结合起来,统一到现场管理上,以获得最大的经济效益。网格化管理标准化不只体现在各要素标准的统一上,更是以公司各层级人群的工作为对象,对在网格化管理中的工作范围、责任、权限以及工作质量等作出规定。网格化管理工作标准化,主要明确了网格化管理的内容和对象,通过科学的制定,认真组织实施网格化管理标准,并对工作标准的完整性、贯彻情况、取得的成效进行严格考核。

（二）数字化

将具象的现场要素管理,用数字化来直观展现,是提升现场管理的有效手段,要素问题、性质,工位问题数量、车间问题数量等信息的统计均由网格化划分的个人责任区提供。因数字具有简单、客观、速度快等特点,通过对采集数据的分析、比较可以立即找出管理水平低下的要素、工位,并采取相应措施进行管控。通过数字来指导决策,能避免大量的盲目工作,直击问题所在。所以网格化管理必须具有数字化属性,为现场管理提升提供有力保证。

（三）三覆盖

1. 要素覆盖率100％

现场管理涉及人、机、料、法、环、测等各生产要素,现场管理是生产第一线的综合管理,是生产管理重要内容,生产系统合理布置的补充和深入。

网格化管理就是用科学的标准和方法将各个要素在现场管理中进行合理有效的计划、组织、协调、控制和检测,使其处于良好的结合状态,以达到优质、高效、低耗、均衡、安全、文明生产的目的。网格化管理打破了原有固化的各要素分而治之的模式,消除管理交叉时标准不统一,难以执行的缺点,且将各要素固化在每个小小的网格内,更利于员工自由进行互补。所以网格化管理必须达到各要素百分之百覆盖。

2.场地覆盖率100％

公司场地面积大,成分复杂,仓储、生产、试验等各区域交叉共存,公共区域存在责任不清,管理状态差等问题。网格化管理将公司各类边边角角、各类公共区域均从工艺角度进行确责划分,从根本上杜绝无人管理的空白区域,所以场地覆盖率百分之百是网格化管理实施的根本原则之一。

3.人员覆盖率80％

轨道车辆作业人员一般变动较大,不利于现场管理提升。百分之八十员工参与的目标,是经过实际研究和推广后得出的最优化解决方案,既兼顾了人员变动带来的综合素质良莠不齐,又尽可能地做到了全员参与网格化管理,责任、压力分摊。

三、轨道车辆作业现场网格化管理的组织

企业可按照三级设置管理组织,即领导组、执行组、实施组。

1.领导组

由企业高层亲自挂帅,各业务处室、生产车间主管领导为分支。负责制定现场管理考评体系,把控网格化管理整体进程,建立网格化管理考评体系,将各要素、各单位的执行情况与管理人员的绩效挂钩。

2.执行组

由各要素管理骨干、各单位业务骨干组成。负责形成公司网格化管理标准,负责对各工位进行要素标准的宣贯及指导工作,促使标准落地,负责单位巡查,并做出内部考评。

3.实施组

企业的工位长、一般员工作为网格化管理日常管控的最小单元。负责内部管控频次监管本工位日常要素达标,具体实施网格化管理。

三级小组实行层层负责制,即执行组向领导组负责,实施组向执行组负责。推进过程出现的问题进行反向追责。

四、轨道车辆作业现场网格化管理体系建设的主要策略

(一)网格化管理的标准化和数字化

企业现场管理员梳理设备、工装、能源、工具、工艺、安全、物流、生产等各要素的现场管控项点,编制"网格要素标准征集表"。

"征集表"包含分管职责、管理要求、图片示例三大部分。"分管职责"项点要涵盖所有现场可见。"管理要求"要简明扼要,通俗易懂,具有可执行性,保证与公司标准统一并细化。"图片示例"作为参照的可视化标准,像素要求不低于1 984×1 488,照片体现标准要全面、准确,部分细节可再设单独特写予以展示。

对网格化管理引入数字化理念,对网格划分、责任包保、检查督导、评价过程实施动态管理,骨干工作人员实时更新检查数据,可实现要素间横向对比,也可实现车间级、工位级纵向对比。通过厂房内数字化展示设备进行动态展示,随时抓取管理漏洞,进行弥补。

(二)三级网格划分,明确管理区域

1. 公司级区域划分

对生产厂房进行公司级划分,形成《公司级生产布局图》;对附属办公区域进行公司级划分,形成《办公区域分配布局图》;对其他非生产、非办公区域进行公司级划分(卫生间、更衣室等),形成《其他区域布局图》。

2. 车间级区域划分

企业各车间组织生产单位管理人员在公司级区域划分的基础上进行车间级区域划分,划分时充分考虑工位生产需要、物流存储需求场地,兼顾厂房内公共区域(交通道等)。厂房周边责任区有就近工位包保。划分遵循不交叉、不遗漏,达到平铺管理,百分百覆盖的原则。

3. 工位级区域划分

三级划分是落地的最佳保障。工位长将本工位管理区域细分至个人。坚持属地负责制,除大型设备等特殊情况外,个人责任区

内所有要素均由个人负责维护。工位长需充分考虑要素涉及多少，维护难易程度等条件，适当调整区域大小，与员工能力相匹配。共划分网格1 100余个，责任区域划分详尽。

（三）多轮细化调整，保障区域无疏漏

开展网格化管理，采用三步推进法，即先小范围进行试行推广，再推广至综合素质较高的人群，最后在公司全面推广。

1.首轮试行推广

推广范围：工位长包保本工位整体要素管理，组长及班组骨干协助。

实施记录：要素管理骨干人员对各工位长开展本要素培训工作，对照《网格化管理标准》进行实例讲解，组织专题培训。每日工位长按照要素标准对工位区域内各要素开展点检维护工作；部分要素指导组长进行维护，如设备设施的日常点检；部分要素号召工位全体员工共同维护，如现场场地清洁。时刻记录要素维护过程中的具体问题，反馈到执行小组进行修正。

实施效果：工位长带动本工位网格化管理实施，实施过程中组长及工位骨干得到了培养，工位网格化管理氛围出现，员工意识得到加强。

2.次轮调整推广

推广范围：班组长及班组骨干包保本工位要素管理，全体员工共同参加。

实施记录：每日班组长及班组骨干按照要素标准对工位区域内各要素开展点检维护工作；部分要素指导一般员工进行维护，如设备设施的日常点检；部分要素要求工位全体员工共同维护，如现场场地清洁。时刻记录要素维护过程中的具体问题，反馈到工位长进行工位级责任区划分调整。

实施效果：工位网格化管理氛围进一步增强，更多的员工得到培养，综合素质普遍提升。工位要素管控工作部分矛盾开始显现，区域划分出现不合理问题。工位长通过调整区域大小进行化解。

3. 全面推广

推广范围：全体生产单位。

实施记录：经过前两轮的推广应用，工位员工已基本具备自主管理的素质，按照工位级网格化划分进行日常管理。负责个人区域内的各要素日常点检维护，工位长、班组长负责进行日常检查指导，并根据人员变动情况实时调整工位级区域划分。

实施效果：网格化管理成为日常要素管控的主要手段。员工个人对于各要素标准，维护方法的掌握均达到相当高的水平。网格划分的问题逐渐消失，要素管理问题大幅减少。

检查：网格化管理全面推广过程中加入检查考评环节。检查第一轮采取现场随机对员工进行提问，通过询问掌握员工是否知晓本人责任区范围，是否知晓管理标准，是否知晓管理频次等单位整体推进程度。第二轮通过周联查暴露出的问题，检验网格化管理推进的效果，通过车间或工位间的横向对比评价车间或工位的实施效果。第三轮通过开展单元素的专项检查，进行要素间的横向对比，找出要素推广的短板进行加强。

五、轨道车辆作业现场网格化管理的优势

轨道车辆企业场地方位大，人员构成复杂，生产作业业务复杂，创新采用现场网格化管理模式后，可以从内部建立统一的执行标准，标准化的管理赋予了工位日常管控的准绳。网格化管理真正做到了将压力向下传递，将责任落实到每名员工，激起员工自主管理的意识。通过数字化手段汇集各要素问题数量、各车间问题数量、各工位问题数量、要素管理失控预警等信息，进行内部横向、纵向的对比，并结合一定的激励手段，可以有效拉动各现场要素管理稳步提升。

建设实景式基地培训实践型人才

中国铁路西安局集团有限公司职培部

魏　珂

西安局集团公司将培训能力建设作为职工教育第一工程,由一把手推动,举全局之力,打造"智慧化、信息化、数字化"培训基地,运用先进技术手段开展实战化培训,努力为勇当服务和支撑中国式现代化的"火车头",培养更多"操作型、实践型、复合型"人才,取得了初步效果。

一、建设职培基地,开辟实战化培训的"主战场"

采取"系统谋划、职教抓总、专业主建"的模式,历时四个半月建成西安职培基地,占地面积 142 亩,配置实训设施设备 154 套,最大培训能力 1 300 人,具备全专业、智能化、大兵团培训功能,创造了"西铁新速度"。

1. 建设"政治型"培训基地

把习近平新时代中国特色社会主义思想作为职工教育的首要任务,建设党建广场、国旗广场、文化广场、动力广场、陕西铁路历史陈列馆、安全警示教育馆、党风廉政警示教育馆;在临潼车站铺设一条停留线,配置 1 列编组 11 辆的"延安号"红色教育定制列车,集红色体验、红色课堂、红色教育于一体;充分发挥集团公司党校齐聚西铁教育培训基地"1+1>2"协同效应,携起手来开展爱国主义、理想信念、"四史"教育,不断增强"四个意识",做到"两个维护";常态化开展党风廉政、安全生产法、职业道德、巴山精神、宝成精神教育。

2. 建设"智能型"培训基地

一是建设实训楼。设有 25 个实训室、23 个多媒体教室、6 个计算机教室、1个多功能报告厅和1个体育馆,所有培训场所均安装音视频和录播设备,把"千里眼""顺风耳"集成到培训指挥中心,实现培训全过程智能化、可视化和扁平化管理。二是建设实训室。25个实训室,涵盖运输、房建、特种作业等10个主专业,配置实训设备121套,主要有CRH380B型动车组等原尺寸练功车5套,动车组、机车等仿真驾驶平台70套,一体化调度指挥等模拟实训系统21套,电动转辙机等模型剖件声光电21套,架起西铁云,大带宽,运用3D、VR、AR技术,引入培训智能机器人。三是建设练兵场。设置工电供一体化练功场、工务探伤练功场、变配电练功场、模拟车站、模拟桥梁和模拟隧道等6个,配置设备33套,实现跨专业联动,合成化练兵,大兵团作战等功能。

3. 建设"智慧型"培训基地

开发智慧园区管理系统,以学员全轨迹管理和培训全流程业务为主线,运用数字化、智能化手段,搭建综合一体化管控平台一是智慧培训。支撑核心教育业务,肩负重构培训体系,再造培训流程重任,按工种岗位标准和培训规范设计专业理论和实操技能模块,实施考核评价,形成技能等级画像,为岗位用工和绩效一体化考核分配提供服务。二是智慧生活。结合物联网技术,具有智能食堂、智能宿舍、智能停车、智能借阅四方面的智能生活体验,以服务为重点,建设全方位的便利生活。三是智慧安防。包含AR实景、视频监控、三维立体防控、门禁管理、安全巡检等功能于一体的综合管理系统。四是智慧园区。对园区的用水、用电、能耗等统一管理,实现数据可视化展示、资产管理、运维查看、维修派工、信息发布等功能,彻底解决业务流程繁杂、人力物力浪费等问题。

4. 建设"健康型"培训基地

一是建设运动场所。配置田径场、篮球场、网球场、游泳馆等5座运动场所,配齐健身、球类、棋牌等运动器材,开设跑操课、体育课和运动竞赛,充分享受"我运动我健康"的快乐。二是建设心灵驿站。配置生态广场、休闲广场、攀岩广场,设置休闲吧、书吧、唱吧,建立高水平心理疏导师队伍,开设心理健康课,让职工的心气更顺了,职工心理健康指数不断攀升。

二、建设实训基地,打造实战化培训的"金钥匙"

采取"研讨完善、典型引路、全面推开"的方式建设 35 个站段实训基地,占总数的 81%,以"利旧为主,调剂为辅,职工自建"的原则建设 196 个车间班组练功场,为职工提素提供便捷式服务。

1.建设"标准型"实训基地

在新丰镇机务段、西安东车辆段、工务机械段、西安车站等 28 个站段建设"标准型"实训基地,打造"五个一"工程,即一栋职教楼、一间安全警示教育室、一批实训室、一处练功场、一个通透敞亮办公场所,室内设备与室外设施互联互动,自成体系,让职工走出课堂,走进现场,真刀真枪,实操实练。

2.建设"一体化"实训基地

为全面适应劳动组织改革发展新形势,因势利导建设了西安高铁工电供通信房建、绥德工电供、灵宝东车工电供、西安供电段接触网作业车和牵引变电 4 个一体化实训基地,还原现场、高于现场,具备跨专业、一体化、大兵团实训功能,让职工在"合成演习"中练就真本事。

3.建设"产学研"实训基地

在西安电务段、安康电务段、新丰镇车站 3 个站段建设"产学研"实训基地,推动技能培训深度融入生产环节,做到生产装备和培训设备相统一,生产工位与培训岗位相统一,生产流程与培训标准相统一,实现培训和生产的全方位匹配。与西铁职院、陕铁院、宝鸡铁路技师学院深度对接,共建企校合作"产学研"实训基地,联合打造技能人才培养新平台。

4.建设"多功能"练功场所

为满足职工岗位练兵需求,建成以镇安供电工区、茂陵电务工区、梅家坪站区等为代表的 196 个车间班组练功场,极大方便职工岗位练兵。建设技能大师工作室,重点培养高技能人才、西铁工匠和铁路工匠。在车间班组设置练功角、体能角、健康角,配备实训设备、培训大屏、工装量具、练兵指南、健身器械、心理减压设施等,利用碎片化时间实战练兵,是保持职工队伍旺盛战斗力的绝佳场地。

三、用好培训基地,打好实战化培训的"主动仗"

采取"培育样本,先行先试,总结推广"的方式开展实战化培训,在分工上体现优劳优先,分配上体现多劳多得、优劳多得,杜绝"学与不学、学好学坏、学多学少一个样"的顽疾,促进职工从"要我学"向"我要学"转变。

1.资源实战化

一是师资提档。一是动态调整专兼职师资队伍,优化培训基地机构编制,为职培基地增设培训指挥中心、运输客货运、移动设备、固定设备和房建综合等 5 个专业教研室定编,按正科职配备,定员从 170 人压减到 83 人,设置 16 个驻基地培训师,精干了管理机构,放大了教学职能。二是教材提质。本着"培训者受益"原则,按照"五色图"设计理念,依据安全重要性赋予五种警示色标,对重点流程增设二维码小视频,瘦身修订 108 个工种 197 项岗位"一书一册一片",为做实"每周一学、每月一练"提供培训教材,为做细"每季一评、每年一评"提供考核依据。三是平台提效。开发西铁掌中学,打造西铁"学习强国"。开发职教管理系统,具备远程培训、在线考试、电子发证等功能。开发实训预约小程序,培训资源实现全局共享共用。

2.培训实战化

一是分级定量。根据职工技能梯次和成才需要,将 108 个工种 197 项岗位培训内容划分为核心业务(必知)、实用业务(必会)、基础业务、应知业务、拓展业务五级,逐级健全子模块,与"新八级工"序列相对应,与绩效分配相挂钩,激发职工学习动能。二是分层推进。集团公司负责关键岗位培训,站段负责资格性和适应性培训,车间负责实作培训和考核鉴定,班组负责问题教育、核心业务和必知必会验证,多级联动、精心组织、形成合力。三是分类验证。明确各层验证责任,确保验证真实有效,将必知必会纳入"每年一评",对必知考题错误一票否决,补培补考,守好底线,探索有偿培训新机制,促职工从"门外汉"变成"技术通"。

3. 机制实战化

一是深化一体化管理机制。严格按照技能等级逐月兑现薪酬,通过评定技师、高级技师,聘任技术职称,任命班组长,选聘干部,提拔重用等多种方式打通技术人才成长培养通道,形成正向激励效应。二是深化全员性抽考机制。抽考对象由工种转向岗位,职工学习讲究"少而精"。紧贴运输安全生产脉搏,根据"四新技术"变化,及时修订抽考理论和实操题库。将抽考结果纳入半年、年度职教评估考核,纳入帮促名单,产生考核综合效应。

4. 管理实战化

一是搭建教育管理体系。横向到边不留死角,明确职培部、劳卫部、业务部、安监室等部门职责,纵向到底不留空白,明确集团公司、站段、车间、班组四级培训责任,形成齐抓共管、协同发力管理新机制。二是压实职教工作考核。把职工教育纳入集团公司发展总体规划,纳入各级领导干部考核,纳入安全生产一体化管理,纳入集体合同管理,使职工教育与运输安全、生产经营同部署、同落实、同检查、同考核。三是加强培训组织领导。在运输站段推行"一把手抓教育"或"主管安全副职管教育"机制,职工教育的重要性和影响力不断呈现。

四、拓展培训基地,擦亮实战化培训的"新名片"

1. 初显培训效应

新建培训基地投用后,出现了"四多四少"的喜人现象:实作教室的人多了,理论教室的人少了;认真听讲的人多了,请假溜号的人少了;考试优秀的人多了,补培补考的人少了;主动送培的站段多了,随意请假的站段少了。武汉安全特派办辖区现场会,集团公司强基达标、队伍建设等现场会集中在职教战线召开,充分展示了职教创新发展的成果。

2.初显保障效应

现代化培训方式受到了一线职工的欢迎和追捧,队伍素质得到显著提高。2022年我局行车事故、各类事故同比下降40%,职工防止事故增加84.4%,安全天数位居全路第一。全路17项主要运输指标,我局有10项连年稳居全路第一,尤其是货运量从1.8亿,冲到了3.4亿,用连续3年20%以上的增长,再造了一个西安局,9万西铁人初次尝到了大局的滋味。

3.初显品牌效应

职培基地刚刚开班,就承办了国铁集团自轮运转车辆驾驶理论培训班,随后承接了国家铁路局自轮运转司机理论考试,国铁集团也将机辆、工电供探伤资质考证培训班放到基地举办。兄弟局集团公司,西铁职院、陕铁院、宝鸡铁路技师学院等职业院校莅临指导,西安交通大学等外国留学生和陕西融媒体记者走进职培基地,铁路培训新技术走进抖音、跨入头条,中外朋友由衷惊叹铁路高质量发展背后的支撑力量。

4.初显社会效应

西安市委、市政府将职培基地列入重点项目观摩现场会参观名单。临潼区委、区政府配合升级园区周边环境,将旅游公交车延续到职培基地始发。陕西省科协组织全省科技工作者到基地观摩指导,陕西省文化和旅游部门将职培基地、站段实训基地列为中小学生研学实践教育基地,组织了48批次4 500人次的研学活动,引导"祖国的未来"了解铁路、热爱祖国、增长本领,立志争当中华民族伟大复兴的接班人和实践者。

党的二十大提出了教育、科技、人才"三位一体"优先发展战略,国铁集团党组印发了《新时代铁路职工教育高质量发展的意见》,对职教战线寄予了厚望,对素质建设指明了方向。下一步,我们将以贯彻本次会议精神为新起点,脚踏实地、埋头苦干,凝心聚力、勇毅前行,为率先实现职教现代化,奋力谱写铁路高质量发展新篇章贡献三秦铁路的新力量。

五、下一步基地建设工作思路

1. 深度开发

紧抓质保期时机,对全部已建成模型模驾功能深度开发,分离训考界面,主要建设错误操作警示提醒、引发事故的案例教育功能;以仿真模拟还原现场、高于现场,达到现场因时间、空间不能实现的非正常处置项目的演练功能;打通培训基地各专业实训设施堵点,发挥还原现场的封闭系统优势,以故障和问题为原点做蝴蝶效应,训练现场应急处置,逐级信息传递,远程应急响应,多工种联动,锤炼调度、车机工电辆各专业岗位,还原现场系统性训练,具备全专业合成演练功能,实现实训设施功能最大化。

2. 完善功能

对照《铁路特有工种技能培训规范》实作技能科目,制定各工种实训设施建设标准,组织对照现有能力查漏补缺,按照缺什么补什么的原则,明确需补强项目,共享共用、统一调配,形成 2023 年实训基地能力建设项目库,按计划、有步骤实施,完善站段实训功能。

3. 手段创新

拓展技能训练方法路径,充分利用实训基地和专业实训设施设备,开展实作技能培训。推广应用基于 3D 仿真、VR 虚拟现实、AR 增强现实等技术的仿真模拟培训系统,开展体验式、沉浸式、实景式培训。推动技能培训深度融入生产环节,鼓励站段建立生产、培训一体化示范工班,成员定期轮换,利用生产作业项目开展现场嵌入式实战化培训,实现培训和生产的全方位匹配。

关于运输业与非运输业"一体化经营"的思考

中国铁路成都局集团有限公司客运部

罗　俊　杨　蕾　郎晓成　李　丰　师叶雯　张　鸣

为认真落实国铁集团党组关于"树立运输业与非运输业一体化经营理念,以非运输业延伸运输业供应链、服务链,实现相互促进、共赢发展"的要求,客运部立足客运资源优势,助力"大客运"产业链建设,积极研究思考商业、广告、运维等业务与铁路客运融合发展。

一、集团公司相关非运输业基本情况

1. 成都铁路文化传媒有限责任公司(简称成铁传媒公司)

成铁传媒公司是中国铁路成都局集团有限公司直属经营管内站车广告媒体的唯一专业化独资子公司,成立于 1987 年,是以高铁站车广告媒体业务为核心,集文化创意业务、印刷印务业务于一体的现代化综合性传媒企业。公司下设 6 个分公司,在册员工272 人。业务范围涵盖广告设计、媒体经营、影视制作、文创开发、展演会务、书刊编售、综合印务等板块。

2. 四川成都铁路国际商旅集团有限公司(简称成铁商旅公司)

成铁商旅公司是中国铁路成都局集团有限公司直属企业,成立于 1996 年。公司下设 10 个分公司,3 个子公司,在册员工366 人。主要经营范围包括客站商业开发运营、自营酒店、国际国内旅游及保险金融四个板块。目前成铁商旅公司商业开发范围覆盖 185 个车站,共计 890 个商业点位以及成渝客专、成绵乐客专、成贵线、渝贵线、渝万线等 20 余条站线。

3. 成都铁路川之味旅服有限公司(简称成铁川之味公司)

成铁川之味公司是中国铁路成都局集团有限公司直属企业,

始创于 1973 年,并于 2020 年 3 月重组整合而成。公司下设 3 个子公司,3 个分公司,在册员工 267 人(含派遣、直聘)。主营餐饮、生鲜鲜食供应链、食品制售、茶叶产销、酒品商贸等业务,担当集团公司乡村振兴消费帮扶和沿线生活物资配送两项重点任务。

4.什邡瑞邦机械有限责任公司(简称什邡瑞邦公司)

什邡瑞邦公司是中国铁路成都局集团有限公司直属企业,始建于 1967 年。公司下设 5 个经营实体,参股广汉科峰电子有限责任公司。主要从事铁路专用设备研发制造业务,范围覆盖铁路工务、电务、客运、供电产品的研发、生产、销售及小机维保、线路测绘等业务。客运方面主要承接了安检系列设备、站台安全门等客运设备生产、制造工作。

5.成都铁路科创有限责任公司(简称成铁科创公司)

成铁科创公司是中国铁路成都局集团有限公司所属一级非运输企业,成立于 2017 年。公司下设三个子(分)公司。科创公司一方面承担集团公司软件开发任务,开展大数据、人工智能、VR/AR 等技术研究,积极打造具有核心知识产权的智能化拳头产品;另一方面着力巩固客运设备维保业务市场,在业务规模稳定增长的同时,积极拓展电梯维保、货运计量维保业务、中央空调清洗业务等。

二、"一体化经营"工作开展现状

1.规划引领,提升商业广告经营效益

集团公司优化项目审批流程,组织梳理站车广告、商业既有点位,从成都东、重庆北、重庆西、贵阳北等枢纽客站商业广告点位规划设置着手,逐步对全集团公司 169 个客站商业、160 个客站广告的规划数量和业态进行优化调整。以成都东站为例,通过规划调整将候车厅吊旗数量从 20 块减少为 8 块,实现"媒体数量做减法、经营价值做加法"的效果。例如,全家、星巴克等服务质量有保障的知名品牌进驻车站。

2.前店后厂,实施动车组集中采购

为提升动车组预包装食品品质,降低采购价格,计划将全局动车组销售的预包装商品采购、仓储、配送交成铁川之味公司负责,前端销售仍由客运段负责。2023年2月1日、6月9日分两批次将成都客运段动车组商品采购、仓储、配送交由川之味公司负责。同时,将成都客运段六个交路的动车组餐售经营交由川之味公司负责。

3.大胆创新,打造特色旅游列车

通过改造闲置普速列车,成功打造"熊猫专列",填补了西南地区中高端旅游列车市场空白,同时探索了"一主五延伸"的盈利模式,以旅游列车为平台丰富旅游产品盈利渠道,延伸出列车冠名、餐饮娱乐、商品销售、酒店销售、旅游保险等盈利渠道,发挥旅游列车品牌效益,提升旅游产品盈利能力,截至目前开行熊猫专列47列,创造收益718万元。

4."成铁畅行",打造高端团体服务产品

为满足不同群体差异化服务需求,按照B2B模式,打造"成铁畅行"——铁路服务平台,为企事业单位提供车票代订、定制列车、团体通勤、快捷通道、商务候车、乘车引导、列车餐饮等一站式全流程的铁路出行服务。截至目前签约企事业单位19家,创造收益102万元。

5.融合发展,支持非运输企业承接维保、制造等多项客运业务

将客站旅服系统、机电系统、暖通系统等诸多项目交给成铁科创公司承接,积极指导成铁科创公司全面参与客站安检、客运生产管理系统等设备、系统维保工作;通过签订电梯维保三方合同,明确甲方(站段)、乙方(科创公司)与第三方维保单位(电梯维保单位)的责权利关系,实施客运电梯监管新模式。

三、推行"一体化经营"工作以来的几点思考

1.有助于服务质量提升

旅客在铁路运输全过程、全方位的体验决定着服务质量高低。非运输企业提供的产品和服务正是对运输主业服务的有效补充和延伸,有助于实现铁路客运为旅客提供全流程优质服务。例如,动车组预包装食品交由集团公司餐饮专业公司——川之味集中供货后,川之味公司可以更好地把控产品质量,选择"名优特"产品上车。

2.有助于客运安全保障

非运输企业作为集团公司的分公司,相较于外部企业从产品质量保证、供货响应时间、内部管理要求兑现程度等方面都有着无可替代的优势,有助于客运系统从人力、物力和技术三方面保障旅客运输安全。例如,引入集团公司设备管理专业公司——科创公司实施对电梯的监管,改变了以往盲目依赖电梯厂家巡检质量的被动局面。

3.有助于科研成果转化

专业部门主导、非运输企业科研立项,接续科研成果市场化、产品化转化,这一模式利于解决行业痛点,也利于非运营企业提升核心竞争力。例如,集团公司设备研发专业公司——科研所(桩基检测中心有限公司)研发的客运生产管理信息系统手持机已在多个客运车站现场推广使用。

4.有助于满足日益丰富的客运需求

随着客运市场的不断发展,除客票销售 B2C 以及既有旅游列车 B2B 业务,市场中仍存在政府、企业等多方面多样化列车定制、票务定制需求,需要利用非运输企业作为载体,实施相关产品的销售和提供增值服务。

5.有助于增强非运输企业市场能力

巨大的铁路运输市场为非运输企业发展提供了良好的市场资源,也是巨大的宣传阵地。非运输企业在延伸运输业服务链条和供应链条的同时,也通过站、车将自己的产品向所有旅客展示,从而提升了产品知晓度,增强了市场号召力。

6.有助于非运输企业提升核心能力

近年来,非运输企业依托客运市场开展产品供应、设备维保、科技研发等多渠道合作,在实现非运输企业业务不断拓展的同时,提升了核心能力,也实现了企业效益的增加。

7.有助于锻炼非运输企业人才队伍

运输主业自身发展需要为非运输企业业务拓展指明了方向,更为非运输企业人才队伍建设和培养创造了条件。例如,承接客站多项维保业务的成铁科创公司,相关业务帮助其打造了一支专业维保业务技术团队。

四、对下一步"一体化经营"几点的思考

1. 坚持规划引领

一是实施整体统一规划。成铁商旅公司、传媒公司、川之味公司与客运站段统一思想,充分发挥各自优势,共同研究客站商业、广告规划方案,确保布局合理、效能匹配、整体最优。二是打造全面、高效的信息化平台。在既有经营管理信息系统功能基础上,集成项目管理、合同管理、产品管理、监督管理、查询分析等多种功能,给予不同使用者不同权限,各单位间信息共享,实现站车商业、广告等信息数字化、实时化、可视化,为现场监督管理、市场策略调整、流程节点互控等提供支持。

2. 坚持一体化管理

一是实施新线前期介入一体化。运输站段与各非运输企业共同开展新线客流调查和市场调研,共同研究制定新站商业广告规划方案,加强施工过程沟通对接,做到信息互通、协调配合,促进新线新站商业广告有效开发。二是建立站车后期管理一体化。完善站车广告、商业管理实施细则,明晰站段、非运输企业各方责任,从制度层面指导客运站段与非运输企业建立健全联络反馈机制,严格执行定期巡检制度,充分发挥各自管理优势,形成管理合力,进一步提升站车商业广告经营管理水平。

3. 探索多向融合发展

一是发挥客运站段与地方政府的沟通对接优势,为非运输企业牵线搭桥。站段牵头组织非运输企业参加与各地方政府开展的洽谈会、对接会,在商讨列车开行方案的同时,寻找合作契机,为站车广告、商业发展创造条件。二是鼓励非运输企业间探索更多融合发展方式。非运输企业间尝试开展联合营销,广告、旅游、餐食组合营销,打造全程服务链;合理利用客站广告闲置资源,为非运输企业内部产品提供宣传平台,实现利益最大化;打造文创产品线上、线下立体展示,设置专属区域、拓展销售渠道,探索文创产品与餐饮品牌打造的有机结合,发挥各自优势,共同创效。

614

4. 打造"三个链条"

(1)服务链。一是完善客运设施设备维保体系,适应当前改革方案。利用成都设备维保段建立契机,发挥非运输企业对外灵活、专业性和运输主业对内高效、规范性业务的优势。站段和企业通过研发运用信息化手段,持续提升既有客运设备维保品质,不断扩展设备维保范围,壮大企业力量,在客运信息开发、产品制造、维护保养、资质取证等方面实现企业全面提升。二是拓展保洁业务。学习外局经验,进一步探索将直接影响列车保洁质量的核心项目"库内保洁"和"深度保洁"交由局内非运输企业负责,提升列车保洁质量。三是拓展物业管理。研究"自营+外包"等管理模式,鼓励成铁地产公司从承接新线新站物业管理业务着手,积累高铁站房物业管理经验。

(2)供应链。一是支持什邡瑞邦公司全面承接客运车站站台安全门、双源双视角安检仪、金属探测门、安检高清监控、液体安检仪、安检区隔离设施以及上水管头等产品的生产制造工作,助力其实现从传统工业产品供应商向集铁路产品、业务、服务为一体的新型轨道交通装备综合制造服务商的转型升级。二是按照"价格比市场低、质量比市场好"的原则,在支持成铁文化传媒公司为客运站车提供纸质清洁袋、卫生纸、大盘卷纸等多项物美价廉的服务备品的基础上,将更多客运备品纳入自主生产目录,协助其利用客运资源做好蓉印纸质品牌宣传推广工作。

(3)科技链。一是全力配合科创公司(成都设备维修段)开展客站节能照明改造和智能控制平台研发,实施客站绿色改造,建设节能低碳客站。二是全力支持科创公司(成都设备维修段)承接客运安检智能开包机、安检仪联网等研发工作,实现客站安检智能化、精准化。三是推进客站通道安全智能监护系统(门式自动控制设备)试点及运用。四是推进升降式绳网防护型安全门研发,完善什邡瑞邦公司多型安全门产品,适应铁路各型车站使用需求,在大力支持非运输企业开展科技创新的同时,实现客运服务向绿色、智能迈进。五是完善上水吸污系统设备功能,并在成都东、达州等站推广应用,进一步提升客运服务的安全性及专业化水平。

"清单式"管理在深化车辆段标准化规范化建设中的实践与思考

中国铁路兰州局集团有限公司车辆部

张汉武

兰州局集团公司车辆系统认真落实国铁集团推进实施运输站段标准化规范化建设决策部署,紧紧围绕"强基达标、提质增效"工作主题,持续开展"立标、学标、落标、达标"活动,不断强化基层、基础、基本功,促进了车辆段管理水平的有效提升,推动了车辆系统安全管理、作业行为、设备设施等标准化的落实落地,带动了标准化车间、标准化班组和标准化岗位建设的深化,提高了管理效率,实现高质量发展奠定了坚实基础。

一、基本情况

1. 体量变化大

兰州局集团公司管内现有兰州、兰州西、嘉峪关三个车辆段。兰州车辆段由原兰州车辆段、车辆修配段和原石嘴山、武威南、嘉峪关车辆段客车部分整合而成,是兰州局集团公司唯一的动客车车辆段,2018 年 12 月由兰州市城关区搬迁至七里河区。兰州西车辆段由原兰州西、天水、颖川堡车辆段,兰州西车轮厂和原石嘴山车辆段货车部分整合而成,是兰州局集团公司最大的货车车辆段,2013 年 1 月从兰州市七里河区整体搬迁到安宁区。嘉峪关车辆段由原嘉峪关、武威南车辆段货车部分整合而成。

2. 安全管控弱

2006 年至 2018 年间集团公司管内车辆段共发生责任一般

D类及以上事故 75 件,人身轻伤及以上事故 6 件,年均 6.2 件;发生责任设备故障 101 件,年均 7.8 件。自推进实施标准化规范化建设以来,事故故障虽大幅下降,但 2019 年至今仍发生一般 D 类事故 4 件(其中 D10 事故 2 件,D21 事故 1 件,D1 类事故 1 件),责任设备故障 7 件,长治久安的目标任重而道远。

3. 风险考验多

随着动车组列车特别是高速度等级动车组列车的大量开行、车辆修程修制改革的逐步深入、安全保证区段的不断延长,以及新装备新技术大量应用,安全管理的跨度、难度及风险持续加大,对运输安全稳定带来更大挑战和更多考验。同时,随着标准化规范化建设深入推进,需要以更大的勇气、更高的智慧破解瓶颈和难题。

二、主要做法

(一)把标准立起来

1. 管理标准清单化

坚持把制度建设作为标准化规范化建设的长效抓手,落实制度起草、审核、决定、发布、实施、检查、评价规定和现代企业制度管理要求,规范履行征求意见、审核会签、合法性审查等程序,确保制度的合法合规性、合理性、规范性。依据集团公司"一个核心、三个层级、十四项类别"框架构建管理制度体系,将管理制度划分为财务管理、人力资源、资产管理、经营管理、物资管理、科技管理、建设管理、安全管理、合规管理等类别。结合国铁集团、集团公司制度建设情况,定期开展专项清理,按规定程序公布失效、废止、停止执行的制度目录,建立管理标准清单。由归口管理科室明确管理制度配备分发范围,形成科室、车间、班组三级管理制度目录清单,分层分类构建管理标准体系。

2. 技术标准清单化

结合动、客、货车技术发展和运维管理需要,以国铁规章、法律法规、技术标准为依据,以理论研究、科学试验和实践经验为基础,强化车辆技术规章建设。成立技术委员会,建立专家库,明确职责分工,采用会议审查形式开展技术规章审查,确保技术规章结构严谨、层次分明、逻辑清晰、用语规范、简明易懂、规范实用。定期对车辆通用技术标准、车辆检修运用标准、设备设施标准、检查测量试验验收标准、安全标准和其他技术标准等车辆专业标准和技术规章进行清理,及时公布有效、失效和废止的技术规章目录。明确科室、车间、班组技术标准、规章配备分发范围,建立各层级目录清单。

3.工作标准清单化

严格遵循标准化统一、简化、协调和最优化的基本原理,聚焦最佳秩序和最佳效益目标实现,分层分类条目式制定部门职责范围、管理岗位工作标准、生产岗位作业指导书及设备操作手册。将标准化规范化建设评价内容、项点要求分解落实到部门、岗位,明确工作职责,规范管理行为,通过明确部门和岗位必须承担哪些责任、必须做哪些事情,来解决职责交叉重叠、漏项、缺项的问题,做到"一岗一标准、一事一流程",减少灰色地带,理顺职责关系,清晰责任边界。在确保规章制度落实的前提下"按做的写""按写的做",编制完善生产岗位作业指导书。工作标准、作业指导书等由归口科室管理,建立目录清单。

4.红线底线清单化

根据《站段标准化规范化建设考核评价否决条件》,结合工作职责分层制定防否决清单;根据《兰州局集团公司安全红线管理办法》《兰州局集团公司车辆系统安全红线管理办法》,结合安全管理特点,突出安全关键,细化安全红线管理办法,分类制定防止触碰安全红线清单。同时,将安全红线管理事项及防止触碰安全红线的措施纳入相关管理岗位的工作标准、生产岗位的《作业指导书》,加强教育培训,增强全员红线意识和底线思维。

5.评价考核清单化

将国铁集团站段标准化规范化建设考核评价创优指标、基础指标通用部分评价指标以及集团公司制定的基础指标个性部分评价指标细化到科室、车间、班组、岗位标准化规范化建设。坚持把标准化规范化建设与日常安全生产、经营管理等有机融合,针对不同车辆段生产运行特点,加强调查研究,分层制定科室、车间、班组标准化规范化建设考核评价标准。在细化国铁集团、集团公司评价指标的基础上,动客车车辆段梳理安全评估、专业评价、对规检查、职教检查、支部评比等检查考核内容和项点,统一制定科室、车间、班组标准化规范化建设考核评价标准;货车车辆段将安全评估、专业评价、对规检查、职教检查、支部评比、标准化车间验收等检查考核结果纳入科室、车间、标准化规范化建设考核评价标准。

6. 台账表报清单化

依据《国铁集团机务车辆系统车间班组台账表报管理办法》《兰州铁路局车间班组台账表报管理办法》,制定了车辆系统车间班组台账表报管理实施办法,进一步规范车间班组台账表报管理,按照精简、必需、实用原则分别确定主要生产车间、其他车间班组台账表报项目,明确车间班组综合管理台账、专业管理台账、生产作业记录和业务统计报表等台账表报清单。

(二)把标准落下去

1. 目标任务清单化

根据集团公司部署安排,组织标准化专班人员细化分解年度重点工作,结合各自实际研究确定重点工作任务,明确具体工作目标,形成车辆段标准化规范化建设目标任务清单;科室、车间结合段工作目标任务,细化分解本部门工作任务,形成车间科室目标任务清单;班组结合车间工作目标任务,认领细化本班组工作任务,形成班组目标任务清单。分层建立目标任务清单,是目标管理的具体体现。

2. 攻坚克难清单化

通过定期检查、日常不定期抽查、专题检查调研、半年评价、全年综合评价等方式,及时了解掌握标准化规范化建设情况,针对薄弱点和问题点,研究确定解决办法,列出专题任务清单,持续破题标准化规范化建设解难。只有厘清了主要矛盾才能抓住解决整个问题的主动权。建立专题任务清单,紧紧围绕关键环节,集中力量,瞄准重点工作不放松,以抓铁留痕、踏石留印的劲头,持之以恒抓下去,有效破解标准化规范化建设瓶颈。

3. 问题整改清单化

坚持问题导向,以解决突出问题为抓手,对车辆段、科室、车间、班组、岗位标准化规范化建设考核评价、季度自评和日常检查发现的问题进行梳理,建立问题库,分层分级建立问题清单,抓好问题整改。坚持预防为主、全过程控制、持续改进的思想,特别是对影响创优指标的典型问题,举一反三,追根溯源,采取有力有效措施,补强短板弱项,持续验证评估效果,不断强化生产组织,推动标准执行到岗位、落实到现场。

4. 结果运用机制化

充分运用标准化规范化车辆段、车间、科室、班组、岗位评价结果,健全完善激励约束机制,制定考核激励实施细则,突出正向激励、反向鞭策,实施精准考核。集团公司对标准化规范化建设标杆站段、优秀站段、达标站段、不达标站段分别在经营业绩考核、专业管理评价、工资总额等方面进行分层、分档考核激励。将评价结果作为干部选拔任用、职务晋升、职称评审、岗位成才、站段班子成员和各级干部考核的重要依据。

三、几点启示

1. 杜绝"两张皮"

车辆段长期坚持的企业标准建设、质量管理体系认证、标准化车间验收评比等标准化管理工作为推进车辆段标准化规范化建设打下了坚实基础,但也造成部分干部职工认识上存在偏差、思想上产生混淆,部分管理制度没有真正"落实到管理上,体现在实践中",车辆段标准化规范化建设与实际工作融合不够,甚至还存在"两张皮"现象,制约了标准化规范化建设的深入发展。需要我们牢固树立以人为本理念,时时事事体现公正、公开、公平,让被管理者清楚自己的权益和职责,让职工明晰标准,遵守标准,尊崇标准。

2.消除"夹生饭"

有些车辆段在标准化规范化建设过程中,没有具体问题具体分析,没有遵循客观规律,没有从本单位的实际情况出发;有的标准定得过高过严、层层加码,缺乏科学性、实践性、可操作性;有的简单照搬照抄、大而化之,不符合现场实际;有的直接抛弃了长期以来行之有效的管理体系,另搞一套,使干部职工难以认同,无所适从。需要我们充分发挥标准化专班作用,建立长效机制,打造工作队伍,健全完善"全面系统、层次分明、科学先进、简便易懂、实用有效"的标准化体系。

3.严防"靠边站"

标准化规范化建设存在"温差",出现"上热中温下凉"的现象,"说起来重要,做起来次要,忙起来不要"。有时借口"时间紧、任务重"为生产、畅通让路,把标准化规范化放到从属和次要的位置。有时甚至会因"特殊情况特殊对待"的理由而被忽视和违背,阻碍标准化规范化的推行和实施。

浅析旅客物品遗失的特点及车站管理

中国铁路南昌局集团有限公司厦门车站客运统计科

冯　妍

旅客遗失物品查找业务作为铁路客运服务中的重要一环,不仅满足了旅客的需求,提高旅客的满意度,更是体现铁路"以人为本"的服务理念。2019 年 8 月在客运管理信息系统上,铁路开启以电子工单流转的方式为旅客查找遗失物品。由 12306 派发流转工单至相应车站或列车,对旅客致电的遗失物品进行查找,并及时回复旅客,成功地为越来越多的旅客挽回了经济损失。本文就旅客遗失物品呈现的规律特点及车站日常管理方面提出相关优化建议。

一、旅客遗失物品的管理

(一)遗失物品查找处理流程

旅客发现遗失物品后,首先通过电话或者 App 联系 12306 客服中心;经由客服中心工作人员根据旅客提供的信息形成电子工单,并通过客运管理信息系统将工单派发至站段;此后车站接到工单后根据内容派发至相应车间;最终由车间专职工作人员根据旅客提供的信息查找物品,再回复旅客及客服中心。该流程充分利用客户服务中心、各站段、客运段的资源,形成了一套完善的查找体系。通过 12306 客服中心连通了车站和列车的信息,更方便、快捷地服务旅客。同时,通过系统流转工单,提高了查找的效率、缩短了查找的时间。

(二)遗失物品日常存放

1.存放流程

车站将拾得及列车转交的遗失物品暂放在"小白鹭"服务台,

若当日无人认领,由客运员将物品送存车间仓库。若旅客前来认领,经核验后再从仓库取出交还旅客。旅客遗失的物品最多存放至车站一年,保存一年后交由物资回收公司,按照季度进行拍卖处理,处理所得款上交车站财务。

2. 存放方式

车站在站内划归仓库,集中管理存放旅客的遗失物品,采用五层货架式按日期分类摆放,同时贵重物品单独存放、加锁保管。

3. 存放问题

物品长期堆积在仓库,时有积灰、发霉、发臭,为日常管理带来不便。同时日常拾得有保质期和包装的低价食品、茶叶、燕窝等价值高且不易损坏的食品,这类食品旅客易找寻,但长期存放仓库又极易引发腐坏和鼠害等问题。加大了车站管理难度和投入成本。随着旅客出行的增多,车站处理遗失物品的件数及比例相应增长。

(三)遗失物品查找情况

2019 年 8 月份在客运管理信息系统上开启遗失物品流转功能后,找寻物品旅客占比客发比率逐步提高。

(四)遗失物品管理盈亏

1. 遗失物品的成本投入

遗失物品仓库投入的机会成本:车站店铺年租金按照最低价,厦门站 8 000 元/平方米,厦门北站 10 000 元/平方米估算。其中,厦门站仓库 27 平方米,厦门北站仓库 68 平方米。合计一年两站的租金为 89.6 万元。

旅客遗失的身份证件,车站按照证件上的地址,采取寄送的方式将身份证送还旅客。每位旅客的寄送成本为一张邮寄按照 1.2 元邮票和 0.1 元信封计算。2019 年至 2021 年寄送成本为 861.9 元。

2. 遗失物品的营业外收入

遗失物品是在无人认领一年才能进行变卖处理。对于电子产品,由于时间长,后期处理遗失物品时,许多产品无法开机、机型太旧等原因,回收公司产品报价基本在 5～50 元范围内,且多数集中在 5～20 元的报价。对于非电子产品,大部分物资回收公司按照废品收回。

处理 2019 年至 2021 年的旅客遗失物品共计 14 528 件,变卖取得营业外收入 7 248 元,上缴旅客遗失钱款 88 362 元,合计 95 610 元。由于城市推行垃圾分类,大量遗失物品交由物资回收公司处理,其报价方面涵盖了一部分处理费用,此营业外收入是扣除了处理费之后车站获取的收益。

综上,一是遗失物品日常管理方面,占用了车站的人力、物力成本,仓库的管理、遗失物品的交接及岗位联动,需要车站投入;二是盈亏方面,扣除租赁、寄送成本,车站大幅度亏损;三是营业外收入逐年下降,显示物品被旅客寻回的概率增大,体现了客运服务管理系统旅客遗失物品流转工单的有效性;四是从服务旅客方面来看,打出了铁路"以人为本"的品牌效应,带给旅客良好的出行售后服务体验。即便盈亏方面来看车站存在亏损,但为车站及铁路带来的良好口碑这一效益无法估量。

二、旅客物品遗失规律特点分析

(一)物品遗失场所

1.候车室

主要集中在候车室旅客休息座椅处或者检票口附近,大部分旅客进站后都在候车室休息,一些随身物品容易遗落在座椅上。在候车室遗失物品的旅客占 28.36%,其中座椅处或检票口附近遗失物品的旅客占 26.15%,而候车室的卫生间、商店、充电处、服务台、行李寄存处遗失物品的旅客合计占 2.21%。

2.安检口

主要是旅客行李通过安检过检查时,由于赶车匆忙,物品从包裹、行李中掉下后未能及时发现。一部分是安检开包检查时遗落在处置台上的物品。在安检口遗失物品的旅客占 21.58%。

3.列车上转交下的遗失物品

旅客通过 12306 客服找寻到在列车上遗失的行李,而列车终

624

到车站时已将物品移交至车站服务台,车站服务台联系旅客到车站领取或通过列车进行转送。这部分的旅客占 16.16%,且丢失的物品基本都能寻回。主要是列车上遗失的物品,12306 平台已通过系统查询到,并且准确知道物品移交的车站。

4. 检票口至站台

旅客刷证件检票进站,在经过通廊下站台这段位置时,会丢失证件和小件行李,这部分旅客占 13.63%。

5. 出站口

在出站口遗落物品的占比5.56%。

6. 其他

旅客无法具体说明遗失位置或者在出站口外、进站口外遗失的物品,76.2%的概率无法找回。

(二)遗失物品种类

通过分析旅客遗失物品类别发现,大多物品为背包、手提袋、身份证等卡式证件、手机、行李箱,而耳机、钥匙、手表、首饰等一类的小件物品也是极易丢失的。

1. 行李包裹占比 44.02%

这部分物品虽然大件,但却是旅客最易遗失的物品,同时由于物品体积较大,旅客遗失后能想起遗失地点,所以旅客遗失之后基本能寻回。

2. 身份证等卡式证件占比 34.14%

旅客在检票后至站台,易将身份证遗落在闸机口或是刷证进站后未及时收存好证件,掉落在通道上。部分持台胞证、港澳通行证等证件出行的旅客,在实行电子客票之后,通过半自助闸机刷证进站或者工作人员手输证件进站,容易遗落在检票口。少部分旅客在站台等候列车时,证件掉落至站台的股道内,或者上车时掉落在列车和站台的缝隙处。

3. 电脑、相机等贵重电子产品占比 4.89%

这类物品价值较高、体积中等,旅客对于该类物品的遗失地点较为明确,同时车站范围内有监控覆盖,所以寻回的可能性较大,约为 68.7%。

4. 水杯、雨伞等实用性物品占比 2.79%

这类物品实用性较强、可替代性高,旅客会为单独遗落这一件物品致电 12306 客服进行找寻,但找寻到的可能性较低,仅有 23%。

5. 钥匙、手表、首饰小件物品占比 2.39%

主要是在安全检查的时候从包中滑落造成遗失。因为这部分物品较小,不易被旅客察觉遗失,也导致这部分物品难以被旅客想起是在什么地方遗落的,少有旅客来电查找该类物品。

6. 报销凭证

主要是在售票处遗失,部分旅客在自助售取票机上取了报销凭证,由于机器故障未能成功取得,导致报销凭证卡在机器内。

(三)遗失物品寻找结果

统计 2020—2022 年遗失物品,共计 9 182 件工单,其中 4 089 件未找到,5057 件找到,36 件部分找到。其中安检口 59.5% 的物品能够找寻回;候车室座椅、检票口附近遗失的物品 48.7% 能找回;候车室商店、充电处、卫生间等处所遗失的物品 62.9% 能找回;特别像商店这类购物、服务场所遗失的物品 86% 能找回。

启用电子工单进行流转查找旅客的遗失物品,比以往电话、邮件的方式更为便捷,为旅客挽回财产损失的同时也提高了效率,找到物品的概率为 55.08%。

三、相关建议

(一)从物品遗失场所分析

1. 候车室遗失物品占比最大

建议:一是候车广播,可以插播提醒旅客乘车前携带好行李和物品,客运员加强巡视检查特别是检票口座椅周围。二是手机充电处,可张贴温馨提示,提示旅客及时拿好手机及相关电子设备。三是卫生间门板提示或是广播,可宣传提醒旅客携带好自身的行李物品。

2. 安检口遗失物品占比居第二

旅客背包和纸袋,易滑落钥匙、证件、耳机等小物件物品,建议在安检口备有置物篮,安检员主动提醒旅客一些小件的物品和背包可以放置在篮中进行安检,同时监屏的查危人员可注意此方面,及时提醒旅客减少物品的遗失。

（二）从物品遗失类型分析

1.检票口、站台丢失证件旅客较多

建议:一是可以在人工口通过喇叭进行宣传,加强提示引导旅客携带好证件。同时检票口验证人员验证完旅客证件后,及时将证件交还旅客,避免误操作。二是站台客运员在维持站台秩序以及引导旅客乘车时,可进行相关提示,提醒旅客看护好行李物品,切勿滑落至股道。

2.报销凭证易于在售票处遗失

大部分报销凭证都在售票窗口或者自助售票机遗失。侧面反映了售票员和自售员日常巡查不到位、处理机器故障不及时,不能实时发现机器故障。建议强调售票厅的巡查,要求车间提高处理自助机故障效率,及早发现问题,处理问题,消除旅客出行烦恼。

3.遗失大件衣物及手机、钱包等零小物件的旅客较多

特别是天气太冷或太热的时候,天热旅客穿得少,口袋较浅,钱包手机类物品易滑落丢失。冬天旅客易将衣物随手放置在座位上,乘车时容易遗忘。建议在暑运、春运等天较热和较冷且客流较大时期,加强候车室宣传和巡查。可以通过候车室 PDP 屏播放宣传片的方式,引导旅客上车前检查随身携带的物品。

（三）从日常工单处理分析

1.流转工单有重复现象

部分旅客会多次致电或多渠道联系客服中心,导致出现部分工单内容重复。这需要客服中心做好信息的筛选工作,减少重复工作现象。

2.旅客未能按约定领取物品

部分旅客联系车站领取遗失物品,但是最终却没能来领取,增加了车站管理上的成本。建议车站对这部分旅客多次联系,可采取邮寄到付的方式归还旅客物品。

3. 对于价值高的物品，建议车站采取主动方式联系旅客

部分遗失钱包、银行卡、电子产品的旅客，因为这类财产价值较高、对旅客较为重要。建议拾得的车站，能采取主动联系银行、根据身份信息或者手机紧急联系人方式反向主动找回失主。

4. 加强日常的宣传

目前通过服务台公告、微信公众号、微博等方式公布旅客遗失物品的信息。但是每月更新2～3次，存在滞后性。建议加大更新频次，及时公布遗失物品信息。

（四）从日常管理方面分析

1. 制定模板录入遗失物品信息

客运管理信息系统录入数据建议采用 Excel 模板表格上传模式，工作人员下载空白表格，填写完毕信息后上传表格，方便人员操作，提高工作效率。

2. 提升录入信息的使用效率

客运管理信息系统录入遗失物品信息时可以附加遗失物品的照片，能更方便匹配旅客遗失信息，但实际操作中，工作人员因为照片传输的不便性以及工作程序上的复杂性，通常不会上传照片。建议降低工作程序的复杂性，要求录入人员完整地录入遗失物品信息。

3. 完善客运管理信息系统内通讯录信息

建议增加各个车站遗失物品招领处的服务电话，方便内部人员联系沟通。目前仅有各站服务台电话，与遗失物品招领处电话并不一致。同时定期维护数据，确保电话准确，方便各站沟通。

4. 收取保管遗失物品费用

根据《中华人民共和国民法典》第三百一十七条"权利人领取遗失物时，应当向拾得人或者有关部门支付保管遗失物等支出的必要费用"。车站投入大量成本保管旅客的遗失物品，从营利角度考虑可收取旅客一定的保管费用，但同时也会带来口碑的下降、争议及相关投诉。

"2、2、4、3、1"
——提高线路设备检修质量之实践

中国铁路武汉局集团有限公司信阳工务段生产指挥中心

杨　乐

"22431"，即"2个结合、2个利用、4个分类、3项控制、1个目标"。这是武汉局集团公司董事长赵峻同志于2020年提出的普速铁路维修天窗综合利用的工作理念。2023年初以来，信阳工务段以此理念为轴心，从编制计划突出"准"；提高共用突出"活"；共用天窗突出"高"；提高效率突出"优"；改善质量突出"实"入手开展工作；实现了改进维修质量、降低故障频率、提高运输效率、提升运输质量和擢升劳动效率的目标。

一、做到"2个结合"，编制计划突出"准"

信阳工务段将"维修与施工结合，维修与维修结合"的"2个结合"，作为天窗计划编制实施和计划平衡协调的关键项点。

1. 施工维修对接"准"

信阳工务段依据每月下发施工"六色图"，通过"六色图"指导申报维修计划，协调施工占用的站内和区间设备。通过"填空式"申报维修计划，做好施工与维修共用。在2023年集中修期间申请施工日计划648条，与维修共用率达到100％。

2. 生产组织调整"准"

信阳工务段针对各线"天窗"规律，及时调整车间、班组的生产组织模式。2023年京广线集中修以来，调配孟宝、宁西线车间专班人员至京广线作业，成立共计12个精调专班。采取减少作业班次、集中作业的方式，全面开展京广线轨距精调。精准的调整措施有效提升了维修质量,为线路车间减轻了压力。

3.站区协调沟通"准"

信阳工务段组织车间每周一根据月度施工计划,编制下周"工电供周作业计划表",准确掌握工电供各单位作业区域、作业项目,便于站区协调联合作业、天窗组合运用、重点工作和状态修安排,通过合理分配天窗区域时间和有效的沟通协调,保障维修与维修结合到位。

二、统筹"2个利用",提高共用突出"活"

信阳工务段将"多专业综合利用,本专业集中利用"的"2个利用",作为生产组织的重要考量。

1.天窗单元优化"活"

运输越繁忙,设备检修需求就越大,也更难给出设备检修作业的"天窗"。信阳工务段结合设备检修需求,先后11次联合管内设备单位和车务站段,对信阳北和漯河站内设备,按照运输组织需求和电务联锁关系划分区域,共同商讨天窗区域管控范围,为精细化运输组织和设备检修提供了灵活的组织模式。

2.生产资源调整"活"

近年来,信阳工务段因地制宜,按照一车间一方案,撤销线路工区44个,成立维修工区9个,形成了10个线路车间、10个检查工区、24个维修工区的新生产力布局,为适应"22431工作理念"保证了人力资源。为提高天窗点内作业效率,工务段补充了道岔打磨机48台,仿形打磨机50台,锂电池棒式打磨机42台,道岔清扫工具20套,道岔检修专用工具100套,并研发了轻便实用的岔枕串枕器,盘活了生产资源。

3.天窗资源利用"活"

信阳工务段按照"集约化生产组织",从抓检测分析、作业计划、质量控制、考核评价四大管控体系入手,优化顶层设计,细化评价指标,推动各车间积极组织生产。在段内各车间推进专业修、专班修、集中修,最大限度地用好集中修大天窗,发挥专班最大效益,提高天窗利用率和兑现率。

三、坚持"4 个分类",共用天窗突出"高"

信阳工务段将"维修作业绿灯、绿黄灯、黄灯、红白灯 4 个分类,作为平衡天窗计划的依据。

1. 天窗单元共用"高"

通过细分天窗单元,信阳工务段管内信阳北站和漯河站提高了站区天窗占比,车务站段通过优化运输组织,确定了站区天窗基础区域划分、天窗时间、次数及给点规律、阶梯安排、股道天窗设置等,形成了全天窗组织方案。通过坚持与设备单位共用天窗,推动"两个结合"落到实处,施工维修共用率达到 100%,维修天窗共用率从 43% 提高到 68.9%。

2. 集约组织程度"高"

信阳工务段按照"干部带班、专家参与、区域联合",组建区域联合钢轨修理专班、"2+7+2"轨距精调专班和"3+2"工电联整专班,形成"四固化、四同步",固化组织模式、专班人员、作业流程、专业机具,完成精改地段扣件除锈涂油、扣件拔锚、扣件复紧、胶垫整正同步达标,完善维修设计和作业验收评估的作业模式,使集约化组织程度不断提高。

3. 专业融合水平"高"

信阳工务段在平衡天窗计划时充分考虑与管内电务单位的共用,从计划源头推动专业融合,减少道岔、编组站减速器等薄弱设备的设备接合部病害。坚持"五联合、六共同""联合检查、联合分析、联合计划、联合作业、联合验收""信息共同分享、问题共同诊断、病害共同处置、质量共同追踪、月度共同总结、培训共同实施"的工电联整基本制度,大大减少了接合部安全信息。

四、强化"3 项控制",提高效率突出"优"

信阳工务段将"计划平衡实施、现场安全防护和劳力组织安排"的"3项控制"作为确保计划源头受控的手段。

1. 管好计划质量"优"

信阳工务段以结果为导向,从计划编制兑现、作业质量和天窗利用等方面着手,坚持日常评价盯作业,周期评价抓任务,年度评价促提升,确保作业效率和质量。段安全生产指挥中心追踪评价动态病害整治质量。紧盯带班人的作业质量,促进现场作业一次性达标。同时修订完善绩效考核文件和出台工班长星级管理办法,将整治设备质量和作业有效性纳入考核,有效提升了作业质量和效果。

2. 严控现场安全"优"

信阳工务段始终将安全生产的持续稳定作为出发点。梳理研判安全风险112项,并制定针对性措施,确保项点不疏漏。全面排查治理安全隐患,建立年度隐患排查清单。扎实开展防洪、防断、消防、人身和轨旁设备等方面的隐患治理。充分发挥"两级中心"大数据运用,运用"三会"(日交班会、周例会、月度安全生产分析会),对安全现状进行全面分析,确保现场安全风险可控。

3. 提高劳效成果"优"

信阳工务段以天窗点内上道率为抓手,采取现场检查、添乘抽查的方式,对从事线上作业工区的实际上道人数、作业计划兑现、工时利用、作业安全等情况进行全覆盖检查,定期下发通报,对上道率未达标,工时不饱满的车间班组纳入考核,改变"出工不出力、上道率不足、天窗利用率不高"的情况,提高职工现场上道作业的监管力度,引导车间在集中作业、集约资源上下功夫,有效提高了现场作业劳效。

五、锚定"1个目标",提高质量突出"实"

信阳工务段将"降低行车设备的故障率、提高运输效率和提升运输组织质量"的"1个目标",作为落实"22431"的出发点。牢固树立"大运输思想、大安全理念、大协调意识";从"两结合、两利用"入手,做好施工与维修结合,维修与维修结合,施工维修共用率达到 100％,维修天窗共用率从 43％提高到 68.9％;以加强现场安全防护、劳务组织为手段,实现连续安全生产 7 311 天;以提高维修质量,实现降低故障率、提高运输效率和提升运输组织质量为目标,京广线实现局定年度目标值,杜绝了线路不良晃车信息。

信阳工务段在落实"22431"工作理念上做足功课,在计划源头管控上下足"绣花功夫",结合运输部门精细化的运输组织进行设备检修安排,打开了运输效率和设备安全双赢的局面,找到破解运输组织与设备检修的矛盾最优解,画出安全畅通与生产组织的最大同心圆,提高了普速铁路设备检修质量和效率,为高质量发展打下了坚实基础。

车站防溜作业安全的现状分析及对策研究

中国铁路北京局集团有限公司运输部
王俊刚

北京局集团公司地处首都和全国路网中心,是以客运高速、货运重载为特点的特大型国有运输企业,调车作业量位居全国铁路各集团公司前列。车站防溜作业是保障铁路安全生产的重要环节之一,是防止车辆由于外在推力产生溜逸情况的一种安全保护措施。目前,主要采用的防溜器具有人力制动机、铁鞋、防溜枕木、止轮器、停车顶、防溜脱轨器、人力制动机紧固器。优良的车站防溜作业安全系统不仅可以有效防止列车溜车,还能够提高防溜作业开展的安全性和高效性。

一、车站防溜作业安全的现状分析

1. 车站环境复杂,防溜作业工作量大

车站作业环境复杂,安全风险点多,防溜作业工作量大。一旦防溜作业不到位,极有可能导致车辆溜逸、挤岔、脱轨等安全事故。如果溜逸的车辆与正在运行中的列车发生冲突,后果不堪设想。

2. 人工巡检车辆防溜,仍存在风险

目前车站按照一定时间周期(一般为 4～6 小时)进行车站防溜作业巡检,如遇大风等恶劣天气,则缩短巡检周期,该模式在一定程度上避免了车辆溜逸风险,但在巡检周期内的车辆溜逸事故仍偶有发生,无法完全避免风险。且频繁上线巡检车辆防溜,也加大了作业人员发生机车车辆伤害的人身安全隐患。

3. 防溜作业的复杂性,增加了工作强度

防溜作业是复杂的劳动作业之一,对作业者的体能和心智的

634

要求也相当高。人机系统工程学中将工作视为三要素的结合,即中枢神经系统、感觉感官、行为器官。

根据三要素进行分析,较为单调的工作只需要利用其中 1 种要素如体力劳动,较为复杂的如监视则只利用了 2 个要素,而连结员则需要将 3 个要素综合利用才能够正常工作。因此,调车连结员易产生疲劳,主要表现在操作质量的降低和混乱、自感疲劳、全身疲倦无力等。这些症状广泛地存在于其作业中及工作后。

4. 传统的防溜器具管理办法的落后

目前站内调车作业所用防溜器具较为传统,不具备电子追溯性和唯一性,导致现场防溜器具管理较为混乱,每年都会发生铁鞋、紧固器、止轮器等防溜器具丢失的情况,不但给车站调车防溜带来安全隐患,也不便于对防溜器具的数量、位置等信息进行动态掌握。

二、确保车站防溜作业安全的对策研究

传统调车防溜作业主要采用"人工"作业方式完成。调车作业时,由连结员携带防溜器具到存放车辆处执行防溜作业,通过人工确认防溜是否到位;完成防溜作业,调车作业结束后,返回调车室进行占线板填写和防溜作业登记。这种作业方式不可避免地存在"防溜不到位""防溜失效""漏撤、漏设""拉鞋开车""作业不标准"等问题。北京局集团公司通过反复研讨、论证和试验研究,提出以下对应的解决方案:

1. "防溜不到位"解决方案

针对"防溜不到位"的问题,其产生原因主要是依赖人工确认,在《调标》中规定:铁鞋应与车轮密贴,对于密贴的程度依赖人工判断。对应的解决方案是:通过在铁鞋上增加运动状态感知与超声测距功能,当铁鞋处于水平状态且测量结果处于有效范围内,认定防溜有效,解决"防溜不到位"的问题。

2. "防溜失效"解决方案

针对"防溜失效"的问题,目前规定调车人员每隔 4～6 小时对

铁鞋防溜状态进行巡检,对巡检间隔内的防溜失效无有效对策。对应解决方案:铁鞋内置智能电子模块,在铁鞋设防过程中,每三分钟检查铁鞋的水平状态和距车辆轮缘的设防距离,并将检测结果上报车站;铁鞋被碰撞、跌落等情况下立即检查铁鞋水平状态与设防距离,从而完成铁鞋防溜状态的实时监测和上报,及时发现防溜失效,有效避免车辆溜逸事故发生。

3."漏撤、漏设"解决方案

针对"漏撤、漏设"的问题,其产生主要原因是因为人员疏忽,《调标》虽规定正确做完铁鞋防溜与撤溜作业时,应通过电台通知行车室,但是该类作业已基本为调车基本用语,由于作业人员存在意识差错,加上急于投入下一钩调车作业,时而导致"漏设、漏撤"发生。对应的解决方案:电子占线板上防溜设备状态实时呈现在行车室,行车室人员可以实时掌握/监督铁鞋设防与撤防状态。现场设防或撤防作业时,调车人员人工上报设防或撤防完成,智能铁鞋同步上报设防/撤防检测结果,双重上报有效避免发生"漏设、漏撤"等事故发生。

4."拉鞋开车"解决方案

针对"拉鞋开车"的问题,原因主要是行车室值班员开通调车或列车进路时,没有观察到铁鞋"漏撤",导致"拉鞋开车"事故发生。对应的解决方案:系统利用高清摄像头采集值班员的微机联锁操作界面,实时判断股道进路开放所对应的防溜器具是否已撤防并进行报警。若当前股道防溜器具未撤除,值班员欲开放进路时,系统语音预警"当前股道防溜器具未撤除",避免"拉鞋开车"事故发生。

5."作业不标准"解决方案

针对"作业不标准"的问题,原因为调车作业人员未严格执行防溜器具"五号制"管理规定。对应的解决方案是:重构防溜作业管理流程,设计智能防溜铁鞋、防溜器具箱和防溜系统等。铁鞋未按照规定放置,系统发出预警提示;开箱使用扫码开箱和关箱自锁;铁鞋设防/撤防使用人员标签确认并自动记录,约束调车作业人员执行防溜作业,同时实现电子占线板与交接班管理功能,提升防溜作业的标准化水平。

三、确保车站防溜安全的监测系统构建实施

1. 车站防溜安全监测系统策划

(1)系统构建思路。北京局集团公司提出系统构建和应用的总体思路:从传统人工作业分段管理模式转化为现代化"智能自动监测、全程闭环监控"模式。首先是技术创新,充分利用物联网、图像识别等技术手段,解决调车作业过程中存在的防溜作业不到位、"拉鞋开车"等问题;其次是管理创新,建立防溜作业电子台账,实时监测铁鞋及车辆设防状态,量化防溜作业标准,对防溜作业过程进行质量控制,建立"设防—防溜监测—预警—处理"全过程闭环管控机制,实现防溜作业自动监测报警,降低车辆溜逸和"拉鞋开车"风险,提高防溜作业标准化程度。

(2)系统实施路径。明确提出系统实施路径。一是业务方面,包括现存业务模式梳理、量化、流程优化,新业务模式建模与流程化;二是技术方面,包括核心技术方案选择、开发平台选择、集成技术条件等;三是管理方面,包括制定系统标准、防溜作业数据积累、确定项目管理方案等;四是标准化方面,包括业务指标标准化、系统交付标准化、系统运维标准化、系统监测标准化等。

(3)系统组织体系。建立由北京局集团公司领导负责统筹策划,北京局集团公司运输部具体负责项目调研、项目建设、制定规章、标准及项目推广应用,北京思维鑫科信息技术有限公司负责技术研发的组织体系,构建涵盖决策层、管理层和执行层的三级管理体系,保障项目实施。具体做法:一是成立领导小组,由北京局集团公司董事长、总经理为组长,各部门负责人为成员,形成项目决策层,主要负责确定系统目标、重点工作、项目实施和管理创新;二是成立管理工作小组,由北京局集团公司运输部负责人为组长,总体协调站段、车站和研发企业等单位,制定管理制度和企业标准等工作;三是成立技术研发组,由北京思维鑫科信息技术有限公司总

工程师为组长,负责技术研发和攻关。

2.车站防溜安全监测系统研发

北京局集团公司根据调车作业的特点和难点,对防溜铁鞋和防溜器具箱进行电子、智能化,完成数据实时采集上报,实现了智能防溜铁鞋监测系统"防溜失效"报警、"拉鞋开车"预警、电子占线板、查询统计等功能。"防溜失效"报警就是通过智能铁鞋传感器实时监测当前防溜状态,当铁鞋发生倾倒、防溜距离超限后,立即上报"防溜失效"报警。"拉鞋开车"预警就是通过高清摄像头采集微机联锁画面,全面分析联锁界面上的股道占用情况和信号员操作信息,当信号员点击信号开放进路时,通过图像识别算法,快速确定开放股道信息,并与防溜系统进行数据对比,当防溜股道存在防溜器具时,系统立即上报"拉鞋开车"预警,保障调车安全。

智能防溜铁鞋监测系统主要包括现场智能采集设备(防溜铁鞋、防溜器具箱)、无线通信网络、防溜监测软件系统等三部分。智能防溜铁鞋采集自身及防溜状态信息,其结构设计符合《Q/CR 555 铁道停车防溜装置 防溜铁鞋》标准,电子模块采用低功耗技术和大容量可充电电池,在铁鞋入箱时进行充电,既免除铁鞋电池更换维护工作,又可让铁鞋长期使用。防溜器具箱采集铁鞋箱自身及当前箱内防溜铁鞋和紧固器等设备状态,将数量及电量及时上报服务器;具备扫码开箱功能,作业人员通过人员 ID 标签打开铁鞋箱,并上报开箱人员信息,避免非作业人员开箱而导致铁鞋丢失等问题。

3.车站防溜作业安全监测系统测试

北京局集团公司开展一系列系统测试和验证,经历了三个阶段:一是"智能防溜铁鞋监测系统"开发及验证,历时 3 年,主要在北京局集团公司任丘站进行开发、试验和试运行。验证系统技术的可行性、防溜监测及报警、"拉鞋开车"预警、防溜作业标准化流程等关键环节,采用"技防为主、人防为辅"的作业模式,通过梳理防溜作业流程与标准制定,相关技术成果被国铁集团《Q/CR 717 铁道车辆停车防溜装置 智能防溜铁鞋监测系统》引用,系统部署后,具备取消人工巡检的技术条件。

4.车站防溜作业安全监测系统应用

(1)围绕建设和运维,构建制度体系。

北京局集团公司先后构建智能防溜铁鞋监测系统的制度体系,主要包括:一是建设阶段,为规范建设前期系统调研和设计过程中的关键环节,制定《智能防溜铁鞋监测系统实施方案》,为规范施工步骤和关键要求,制定《智能防溜铁鞋监测系统施工规范》,为规范系统验收的质量要求和依据标准,制定《智能防溜铁鞋监测系统验收方案》。二是运维阶段,制定《车站智能防溜铁鞋监测系统运行、管理、维护办法》,规定了使用单位验收后,系统运行、管理、维护的具体要求和考核依据。

(2)围绕系统应用,明确管理职责。集团公司主管部门设在运输部,其主要工作职责:负责制定系统管理、使用、维护办法;负责组织系统的选型、技术设计和实施方案审查;汇总、审核、提报系统更新改造和维修计划;指导系统的日常管理工作,掌握系统管理、使用、维护及故障分析情况。站段主管科室设在技术科,其主要工作职责:负责制定本站段系统的修、管、用实施细则;建立相应的设备管理、系统建设、系统操作、维护保养等资料台账;负责本站段的系统使用保养和维修指导工作。车站负责系统设备的日常修、管、用工作,其主要工作职责:建立本站设备管理、系统建设、系统使用和维护保养等资料日志;负责利用系统对防溜作业状态进行预警监控或预警回放分析、问题确认及处置;负责本站系统故障报修及故障分析工作。

(3)强化培训,实现智能监测系统高效管理和应用。从教育和培养入手,确保干部职工能胜任智能防溜铁鞋监测系统的应用和管理需要,北京局集团公司运输部采取针对性、分层次的培训方式,对调车作业人员、车站值班员和有关干部进行系统操作和系统运维的专业技能培训。主要方法:一是开展定期培训。北京局集团公司运输部定期组织系统应用培训,培训对象为各站段的技术科室负责人和主管干部,主要培训包括智能监测系统的建设思路及系统在应用过程中出现的问题和解决办法。二是开展比武演练。通过定期组织的技术比武和应急演练，增强干部职工学习的积极性及突发事件的应对能力，促进其专业技术水平的不断提高和系统应用的有效提升。三是加强新职培训。针对新职员工，由各个站段技术科和职培科组织系统操作和系统运维培训，考核全部通过后方可上岗工作，确保新职业务水平满足现场作业安全需要。四是拓展培训方式。针对车务站段点多线长的特点，为满足偏远车站的培训需求，充分使用钉钉、微信等互联网教学平台，采用微课、视频等课件进行教学，在互联网平台进行考试，确保培训考试质量。

第五篇 铁道企业管理优秀调研报告

关于国家电网财务清算管理情况的调研报告

中国国家铁路集团有限公司　杨省世

中国国家铁路集团有限公司财务部

孙新军　郭建波　彭　志　刘　禹　任骁雄

中国铁路经济规划研究院有限公司　赵　晨　吕成文

中国铁路成都局集团有限公司财务部　孟琪清

中国铁路西安局集团有限公司财务部　周铁锋

中国铁路郑州局集团有限公司财务部　杜远胜

中国铁路呼和浩特局集团有限公司财务部　秦　飞

中国铁路济南局集团有限公司财务部　徐　磊

中国铁路哈尔滨局集团有限公司财务部　于　洋

随着铁路管理体制的变化及运输市场的发展，建设世界一流铁路企业，对铁路清算管理提出了更高要求。刘振芳同志批示"铁路运输清算体系课题研究意义重大、要求迫切、是铁路运输市场化改革的基础，要高度重视、加紧组织、制定工作方案，设定进度时间表，提交党组研究"。经国铁集团党组决策部署，成立了工作领导小组推进财务清算体系专项研究。此项研究已被确定为 2023 年国铁集团重点任务，同时，深入市场化程度较高的先进大型企业进行了调研，本次调研有关成果已报送刘振芳同志、郭竹学同志，并分送机关相关部门，为财务清算体系专项研究提供了有力支撑。

一、调研方案

（一）调研背景目标

铁路运输企业经历了多种分配方式和清算办法的历史发展过

程,近年来,国家不同层次在铁路市场化改革、国企三年行动改革、健全自然垄断行业监管等方面对铁路行业清算办法市场化改革有要求。以铁路类似的大型企业调研为基础,学习他们财务清算管理并借鉴吸纳,优化完善铁路财务清算体系建设,从而构建一套符合中国特色社会主义的国家铁路标准化市场经营体系。

（二）调研时间对象

本次调研活动的对象是国家电网有限公司,调研时间定于2022年12月至2023年1月。

（三）调研内容方法

1.高度重视精心准备

国铁集团总会计师、党组成员杨省世同志亲自组织协调调研活动开展,第一时间主动对接国家电网有限公司相关同志商议调研工作,提前从国家电网有限公司网站等公开渠道了解学习电力市场主体、电价定价、清算结算等方面的内容,围绕铁路财务清算体系改革目标方向起草国家电网清算及相关问题调研提纲,并在征求相关部门意见基础上不断优化完善,做好调研方案准备工作。

2.充分对接积极推进

我们指定专人负责与国家电网有限公司有关同志对接,并将调研提纲传递至国家电网有限公司进行初步电话调研,逐步建立协调联动机制,定期组织与国家电网有限公司财务部和跨区资产中心沟通交流,最终商定于2023年1月18日在国家电网有限公司西单总部以现场座谈会方式与有关专家深入集中开展调研。

3.优化完善确定方案

推进过程中根据对接情况建立动态信息反馈机制,不断优化调研内容,在课题准备、理论准备、组织准备的基础上,拟定包括电力市场主体及关系、电力行业结算体系及定价管理、国家电网统一调度指挥、稀缺资源配置、新入网企业管理、市场化改革等在内的9道问题的调研问卷,确定了以问卷调查和交流座谈为主的调研方式,并经财务清算体系专项研究工作领导小组第一次会议审议,形成了对国家电网的正式调研方案。

二、调研情况

(一)国家电网基本情况

中国电力工业具有 140 年历史,电力工业管理体制历经多次变化。2002 年国务院决定再次实施电力体制改革,决定在原国家电力公司部分企事业单位基础上组建国家电网有限公司,由中央管理。2017 年国务院实施中央企业公司制改制工作,公司由全民所有制企业整体改制为国有独资公司。国家电网有限公司以投资、建设、运营电网为核心业务,承担着保障安全、经济、清洁、可持续电力供应的基本使命。

(二)电力市场主体及关系

电力市场主体主要有五类:一是发电企业,作为电网市场源头企业,提供电力需求供应保障,主要包括现有独立发电厂、共有新电厂、混合制新电厂和私有新电厂等;二是电网企业,作为电网市场输配电的主体,提供输电、配电、调度、非市场化售电和保底服务等;三是电力用户,作为电网市场用电的主体,主要包括大工业用户、一般工商业及其他用户、居民用户和农业用户;四是交易机构,作为电网市场化交易服务平台,负责跨区跨省电力市场的建设和运营,提供市场化跨区跨省交易服务;五是售电公司,作为中间商代表电力用户与发电企业协商电量及价格,交易通过协议方式确定,基于防范资金风险,售电公司不与发电企业和电力用户结算电费,由电网企业按协议向其清分服务费,服务费包含在上网电价中,最终由电力用户承担。后两类主要为前三类市场交易提供服务保障支撑。

(三)电力行业结算体系及定价管理

从电力生产、运输、使用全流程来看,电力行业结算体系包括发电企业与电网企业之间的上网电费结算和电网企业与电力用户之间的销售电费结算;从电力行业定价管理来看,包括上网电价、输配电价、销售电价,其中,上网电价是补偿发电企业生产电能所需成本的价格,主要通过市场化方式协商或竞价确定;输配电价是电网企业提供输配电服务的价格,由国家价格主管部门核定;销售电价是终端电力用户的用电价格,等于上网电价和输配电价之和,工商业用户的用电价格随市场供需定价,居民农业等民生用电价格由政府定价。

同时,电网企业间也存在电费结算,在不同省级电网间,通过跨省跨区电力工程购买或销售电量需要进行的电费结算,参照省间政府协议或跨省区市场化合同结算;在省级电网与地方电网、增量配电网间,按政府确定价格或按协商方式进行电费结算。

本次调研的重点为国家电网的输配电定价管理方面。其中:

1. 输配电价管理

输配电价由政府价格主管部门按照核定准许收入的方式进行定价,具体按省为单位,以三年为一个监管周期,每个监管周期前核定各省级电网输配电业务的准许收入,再以此为基础核定输配电价,输配电价根据不同电压等级、用户特性和成本结构,分别制定分电压等级、分用户类别价格。

2. 准许收入内涵及国家核定方法

准许收入包括准许成本、合理收益和税金三部分组成:一是准许成本主要补偿折旧和运行维护费;二是合理收益主要补偿电网投资债务成本和资本金回报,具体以有效资产乘以回报率计算;三是税金补偿国家规定缴纳的各项税费,国家电网有限公司子公司、分公司均实行属地纳税。国家对电网建立了准许收入平衡调整机制,对一个监管周期内因新增投资、电量增长、电量结构变化等引起电网企业实际收入的变化,由省级价格主管部门组织进行年度统计,在下一监管周期统筹处理。基于输配电价补偿成本的定价原则,目前部分地区存在涨价空间,但考虑不同地区经济水平和承受能力等因素,边远及亏损地区一直未予调整。

3. 电网公益性投资对准许收入影响

国家目前未对电网建立公益性补贴机制,如欠发达地区投资电网,在准许收入中进行考虑。用于农网和藏区电网投资的中央预算内投资占国家电网投资规模的比例较小。国家主管部门核定准许收入时,对来源于中央财政投资的农网和藏区投资资产及相应折旧全额剔除,如由其自筹资金,则资产及相应折旧在核定准许收入时给予弥补。

（四）国家电网统一调度指挥

为保障电网安全和保护用户利益,根据国务院出台的《电网调度管理条例》,国家电网按照统一调度、分级管理的原则实行五级管理,包括国家电力调度中心、区域电力调度中心、省级电力调度中心、地市电力调度中心、县级电力调度中心,各级电力调度机构均由政府电力运行主管部门确定的调度管辖范围及直接调度的发电厂实施调度。各级电力调度机构所发生的成本均纳入各级电网输配电价,其中国家电力调度中心的成本纳入总部成本,通过跨省跨区专项工程等输电价格进行回收;区域电力调度中心的成本纳入区域电网,通过区域电网输电价格进行回收;省级电力调度中心、地市电力调度中心和县级电力调度中心的成本纳入省级电网,通过省级电网输配电价进行回收。

（五）国家电网稀缺资源配置、新入网企业管理、市场化改革等

一是稀缺资源配置,随着国内电力需求快速增长,目前电力供应整体处于平衡状态,出现局部地区、部分时段电力缺口时,省间电力现货市场采用双方报价、集中竞价的方式组织交易填补电力缺口;在电力系统出现保安全、保供应需求,且市场化手段均已用尽但仍未完全解决问题时采用应急调度操作,价格参照省间现货、省内现货以及燃煤基准价上浮 20% 的孰高者确定。为解决优质稀缺电网资源配置,在定价方面采用峰谷差异定价方式引导电力用户寻求其他资源替代;在缓解电网阻塞和紧张能力方面,鉴于区域内电网投资建设时间相对较短、基本可在一年内完成,一般利用新建电网或线路整合规划等方式解决。另外,部分国外电网企业通过输电权双方竞价拍卖方式配置稀缺资源,具体为买方和卖方同时开价,拍卖方根据出价确定成交价格（即市场出清价）,所有出价高于市场出清价的买方买入,所有要价低于市场出清价的卖方卖出,市场出清价差交由电网企业用于电网规划改造。二是电网

属于自然垄断行业,基于安全考虑不接受其他企业建设运营。三是市场化改革,现行电网结算体系根据政府定价体系建立,政府按照"管住中间、放开两头"的总体思路推进改革,电网结算体系也将持续完善,向市场化改革稳步推进。

（六）国家电网经营管理其他方面

一是盈亏管理。国家电网有限公司整体利润率不高,基本无法完成国资委下达的利润率考核指标,同时,国家电网有限公司各省公司为基本核算单位实行盈亏目标管理,市县公司作为分公司为成本核算中心;二是债务规模。国家电网有限公司目前的负债规模较大,成本负担高,存量贷款规模及每年新增贷款较大,2021年资产负债率为 55.5%;三是筹资管理。筹资方式与国铁集团相似,基本通过银行贷款和发行企业债为主,但鉴于其优质的现金流和降低财务成本因素,企业债以短期债为主;四是资金管理。国家电网有限公司实行"收支两条线",收入按日归集上缴,动账支出实施预算管控、逐级下拨资金的模式,与国铁集团相似;五是转移支付。国家电网有限公司目前没有对亏损公司实行转移支付。

三、调研建议

（一）建立铁路运输企业间清算单价浮动协商机制

输配电价改革按照"管住中间、放开两头"的原则,通过市场化协商或竞价的方式提高了发电方、售电方、用电方的充分竞争。考虑国家赋予国铁集团铁路行业运输收入清算管理的职责,为进一步树立铁路运输企业市场主体地位,借鉴国家电网跨省跨区市场化合同结算方式,可在统一的财务清算规则下对部分清算单价给予铁路运输企业一定的浮动权限,建立清算单价市场化协商机制,由双方协商以市场化方式签订协议,在调动承运企业开车积极性的同时也可增加提供服务企业收入,以实现利益共享、风险共担。为确保清算秩序稳定和清算实施可行性,纳入协商机制的清算项目应具备相对占比高和成本构成与运量呈非完全线性关系的属性。其中,相对占比高属性是基于实施协商机制应对清算净所得可产生一定程度影响;成本构成属性是基于清算项目成本包括变动和固定成本,选择与基础设施相关且包括一定比例固定成本的清算项目纳入机制,可以沉没的固定成本部分作为清算单价协商的空间。因此,客运方面,考虑车站旅客服务费、线路使用费和接触网使用费占客运付费比重较大,同时考虑普客开车效益因运价执行政府定价受到影响而无法双向浮动清算单价,可选择以上动车组服务三个项目纳入协商机制;货运方面,考虑线路使用费、到达服务费占货运付费比重较高,同时考虑直通货物运输因交路不固定协商复杂,以及接触网服务费由机车牵引企业付费涉及多重主体协商,可选择管内货运以上两个项目纳入协商机制。

(二)探索多渠道解决争抢铁路网优质稀缺资源问题

电力需求大于供应时,在用户终端会体现为支付尖峰电价,甚至限电,同时电网也通过投资规划及调度管理"两只手"支撑紧张电力资源配置,以缓解电力局部紧张的局面。借鉴电网经验,一是可通过市场化的财务清算方式体现优质稀缺资源市场供求关系及市场溢价价值,在增加铁路整体收益的同时实现部分区域资源分流;二是可优化铁路投资计划管理,将紧张区段区域纳入投资统计项目库,并通过扩能改造扩大稀缺资源效益,提升运输整体能力;三是可通过优化运输组织,统筹客货共线能力,优化运行图最大效益编制,实现资产资源的合理调配,对紧张能力进行平衡疏导。

(三)优化不同清算项目差异化定价设计

电网企业核定平均输配电价后,依据不同电压等级和用户的用电特性、成本结构,分别制定了分电压等级、分用户类别的输配电价,与现行铁路财务清算体系对线路使用费区分线路类别、编组并设置繁忙、富裕线路档别;对车站旅客服务费区分列车等级并设置繁忙客运车站档次;对接触网使用费和电费区分不同区位成本支出水平和电价等设计思路相同。为适应铁路运输组织调整、装备技术创新、铁路管理变革对清算单价体系的要求,更加贴近运输生产成本支出实际,还需进一步完善差异化清算单价,健全灵活多元的铁路定价机制,进一步激发铁路运输企业市场活力,如对时速

350公里、300公里、250公里、200公里等不同车型在不同等级线路运行及动力集中型动车组在高铁、客专线路运行时的线路使用费的差异化定价;对不同货车车种运用效率和价值差异下的车辆服务费、货车使用费使用差异化定价。

（四）优化铁路清算单价定价机制

为强化对属于自然垄断的输配电环节管理,国家按照"准许成本＋合理收益"的原则核定输配电价,并综合考虑地区承受能力确定最终价格。借鉴电网经验,在铁路清算单价定价机制方面,一是按照公平合理的原则,不以清算单价偏向市场任何一方,在全要素全成本进行清算价格定价下,可对与基础设施相关的清算项目考虑一定的投资回报率,对与服务劳动相关的清算项目考虑一定的合理利润率,更加契合市场化定价要求;二是按照"成本＋收益"的模型核定价格后,统筹不同运输企业和地区的经济水平和运输性质,通过对承担诸如价值由政府主导、长期未调整导致收不抵支的普通旅客列车硬座、硬卧,实行优惠票价的学生、伤残军人、伤残警察等运输产品,春运绿皮车、公益慢火车,民族线的青藏铁路、南疆铁路等国铁集团任务的铁路运输企业进行补偿调节的方式,实现盈亏合理弥补,促进铁路运输企业真正成为市场化经营主体,激发市场经营活力。

关于管内公益性"慢火车"常态化开行 5 年来有关情况的调研报告

中国铁路广州局集团有限公司调研科

郭楚材　　马赵飞

根据集团党委主题教育和在全集团大兴调查研究的部署,近日调研组全程往返添乘 1 466 公里、访谈 136 名旅客、实地查看 68 个车站和乘降所,走访 4 个农贸市场、5 户村民,组织 5 个相关单位座谈,对管内公益性"慢火车"常态化开行 5 年来的情况,开展了跟踪性调研。现将主要情况报告如下:

一、公益性"慢火车"常态化开行 5 年来发生的可喜变化

集团管内共有"慢火车"3.5 对,分别为怀化至梅江 7271/2 次、怀化至澧县 7266/7/5 次(1.5 对)、怀化至塘豹 7269/70 次,是全国 81 对公益性"慢火车"的一部分。这三个方向的列车分别于 2006 年、1978 年、1980 年起开行(春运停开),2018 年起实现了常态化开行。这些"慢火车"串联沟通湘黔渝两省一市 17 县(市),途经武陵山区以及苗族、侗族、土家族等多个少数民族聚集区和革命老区;运行区段全程 733 公里,沿途设 68 个停靠点(12 个客运站、56 个乘降所,其中乘降所只办理"慢火车"客运业务,无售检票等客运设施)。5 年来,这些"慢火车"日均发送旅客 2 453 人,客流以百姓赶集、学生上学、职工通勤为主,分别约占 80%、10%、10%。因 3 个方向的列车具有旅客习惯扁担挑货、背篓背货,以及串联红色景区等特点,又被当地人形象地称为"扁担车""背篓车"和"红色车"。5 年来,集团为开好公益性"慢火车",坚持"一线一策略""一车一品牌",结合渝怀增建复线、焦柳电化改造、"安优线"建设,累

计投入 10 亿余元,将 68 个停靠点站台地面和进出站道路全部硬化,在部分停靠点新建候车亭、建造高站台、增设座椅,把 22 辆担当车辆全部更换为 25G 空调车底,并同步提升软件服务,努力将"慢火车"打造成沿线群众的"赶集公交车""脱贫致富车",以及"网红旅游车""民族团结车"和助力乡村振兴的时代列车。

1."扁担车"——担起湘黔渝交界地区群众赶集出行之重任

"扁担车"指渝怀线怀化至梅江间开行的"慢火车",单程 178 公里,沿途设 11 个停靠点(3 个客运站、8 个乘降所),票价最低 4 元、最高 22.5 元。因全年不间断开行、价格便宜,深受当地赶集卖货群众的欢迎。据统计,这对车日均运送 1 000 多人,其中担货旅客约占 60%。

为满足担货旅客个性化需求,近年来相关部门、单位采取改造车站、升级车底等系列措施,让群众出行体验越来越好。

一是告别了乘车"走泥巴路"。前些年,沿途 8 个乘降所,无论是站台还是对外连接的道路,基本都是泥地,个别地方早年硬化后也因年久失修变得十分破烂,雨季泥泞不堪,遇雨天由于旅客脚上沾满泥土,上车后车厢内也满是泥巴。对此,近年来怀化房建公寓段投入 20 余万元,将所有乘降所站台予以硬化。怀化车务段协调沿线地方政府,将"村村通"公路逐步修到了每个乘降所门口,特别是协调秀山县政府从梅江站修建了一条 4.3 公里硬化水泥道路直通 242 国道;针对桃映乘降所距离菜市场单程步行需两个多小时的实际,协调铜仁市政府设置公交站点,逢农历三、八日开行一趟往返于车站至菜市场的公交车,将单程时长缩短至 20 分钟内。

二是减少了候车"日晒雨淋"。前几年,各乘降所既没有候车室,也没有座椅,无论刮风、下雨、炎日,旅客都只能在露天站台着候车,按当地百姓的话来说,"当时连公交车站都不如"。针对这一情况,2021 年怀化车务段结合渝怀增建复线,将锦和、桃映 2 个废旧站房修缮为候车室,设置 80 个座椅,有效改善了旅客候车条件。

三是避免了箩筐与人"抢空间"。由于沿途 3 个客运站还需办

652

理其他列车客运业务,之前经常出现担货旅客与其他旅客同时排队进站,造成堵塞闸机、占用流线通道甚至座椅摆放货物等现象,既影响其他旅客出行体验,也不便于担货旅客进出站。对此,怀化车务段在铜仁站先行试点,结合站区一体化改革,在候车大厅设置51.2平方米、可同时容纳40多担箩筐的"摆放区",并在检票处设置"慢火车专用通道",有效缓解箩筐与人"抢座位""抢通道"的状况。

四是告别了担货"攀车爬梯"。此前"扁担车"途经的3个客运站、8个乘降所均为低站台,旅客担货上下车需一边担货一边攀车,既不方便又不安全。针对这一情况,2020—2022年怀化车务段投入0.8亿元,将怀化、松桃、铜仁3个客运站先行升级为高站台,并在客流量相对较大的怀化站4个站台各增设1台自动扶梯,方便旅客担货进站上车。

五是告别了非空调车底。包括"扁担车"在内的"慢火车",原先使用的都是旧式25B燃煤绿皮车,设施简陋、没有空调,车厢内夏热冬冷、煤灰飞扬。为改善乘车体验,集团于2022年7月一次性调剂22辆25G型空调车体担当3.5对"慢火车"交路,让乘车环境焕然一新。旅客刘先生说:"吹风扇变成了吹空调,座椅也更舒服了。"

2."背篓车"——背起湘西北地区群众勤劳致富的新生活

"背篓车"指焦柳北线怀化至澧县间开行的"慢火车",单程381公里,沿线设38个停靠点(7个客运站、31个乘降所),票价最低4元、最高42.5元。这对列车日均运送约800人、背货旅客约占50%,是沿线百姓背货赶集的重要交通工具。当地乡镇干部评价称:"这趟列车满载着希望,不仅见证着百姓背货赶集之路,更见证着他们的致富之路。"为高质量开好这对"慢火车",近年来相关单位升级车厢、修路架桥、改造车站、帮扶带货,让这条致富之路发生很大变化。

变化一:背篓存放空间更宽了。之前由于列车行李架无法摆放背篓,老百姓只能将农货放于车厢连接处和过道上,导致旅客在车厢内无法走动、十分拥挤。2022 年长沙车辆段将该车 6 节编组中的 4 节车厢两端各拆除一排座椅(一排 7 个、共 14 个座椅),用于大件行李特别是背篓存放,剩余 2 节配置储物空间更大的残疾人车厢(车厢两端的一排仅有 2 个座椅、比正常车厢少 12 个座椅),拥挤状况得到了缓解。

变化二:出站赶集之路更近了。原来,列车停靠的大龙村、大坡等乘降所出站口,与当地菜市场处在相反的两个方向,群众出站后须背货绕行半小时左右路程才能穿越铁路线赶往集市,导致一些群众为节省时间横越股道,既不方便又有安全隐患。2018 年张家界工务段投资 201.79 万元,在大坡乘降所新建跨线人行立交桥、在大龙村乘降所修建人行涵洞,旅客出站后可直接跨越站场到达菜市场,路程缩短近 90%,受到群众点赞。

变化三:回家之路更亮了。7 267 次是"慢火车"中唯一一趟晚上仍运行的列车,16:56 分从澧县站始发,20:15 分终到张家界站(这也是该站唯一一趟夜间到达客车)。之前不少旅客反映,该站灯光微弱,且个别路段缺少照明,晚上行走很不方便。针对这一情况,怀化房建公寓段先后投入 330.13 万元,对张家界车站照明系统进行全面改造,更换、新增路灯 703 盏,实现旅客流线照明全覆盖,照亮了群众赶集晚归之路。

变化四:列车服务更暖了。"慢火车"速度虽慢、但服务却不怠慢。近年来,长沙客运段综合车队的乘务员们在保持车厢整洁干净的同时,把沿线百姓当成亲人一样对待,车厢内每天都上演着扶老携幼、帮残助困等好人好事。仅 2022 年,他们就收到旅客相关来信来电表扬 12 起、锦旗 6 面。

变化五:售货渠道更多了。针对菜市场售卖农产品形式单一、范围受限的实际,列车员紧跟时代潮流,采取"线上+线下"方式助力沿线人民拓宽卖货渠道。线上,获 2022 年"最美广铁人"称号的列车员程雅婷,于 2019 年创立"春梅"服务队,利用休班时间义务在车上帮助乡亲们抖音直播带货,仅 2022 年就销售各类水果 400 余万公斤,助力群众创收 600 余万元,被沿线百姓称为"带货女王",

并得到中央主流媒体的广泛宣传报道。线下，列车员在每节车厢自费配备电子秤、一次性塑料袋等，方便群众在车上交易农产品，将"慢火车"打造成了"微市场"。

3."红色车"——串起革命老区经济振兴的红丝带

"红色车"指焦柳南线怀化至塘豹间开行的"慢火车"，单程175公里，沿线设21个停靠点（4个客运站、17个乘降所），票价最低4元、最高22.5元，途经洪江、会同、靖州、通道4个革命老区，沿途有通道转兵纪念馆、粟裕同志纪念馆等红色教育基地。近年来，沿线单位在升级改造车站、列车等设施的基础上，不断开发"慢火车＋"产品，为沿线经济社会发展注入了新活力。

一是打造红色车站。把握部分车站地处红色景点优势，在铁路车站中增加红色元素、增添红色底蕴。例如，2021年8月，怀化车务段将通道站整体外墙颜色改刷为"革命红"，并设置"通道站红色教育基地"，与距离车站500米的通道转兵纪念馆遥相呼应，共同讲好"红色故事"，吸引很多旅客在此合影留念。再如，2022年12月，怀化房建公寓段在塘豹站修建了名为"连心亭"的红色候车亭，为苗族、侗族群众候乘时遮风挡雨，续写红军与少数民族鱼水一家亲的红色革命友谊，寓意民族同心、路地连心。

二是开行红色专列。近年来，客运部、经开部联合地方政府、旅行社，依托沿线红色旅游资源，共同开发了"慢火车＋红色旅游""慢火车＋游学""慢火车＋慢生活""慢火车＋农产品"四大类运输产品，牵引当地文旅经济发展。其中，"慢火车＋红色旅游"专列已成为沿线党政机关、国企事业单位组织到红色景区开展党日活动的出行首选。2021年，共开行"通道转兵号"红色专列18趟，运送团体旅客1万多人。

三是助力红色经济。沿线红色教育基地，以及苗寨、侗寨等少数民族特色景观，在红色车站、红色专列的助力下，吸引越来越多的游客"乘着火车看老区"。5年来，"红色车"共发送旅客76.38万人，较上一个五年增长了近50%，有效促进了沿线地区红色经济发展。以通道县为例，2021、2022年红色旅游综合收入分别达

39.5亿元、34.48亿元,比2020年分别增长20.4%和5.1%。

通过实施系列便民利民措施,"慢火车"旅客越来越多,为武陵山区乡村振兴注入了发展动能。5年来,累计客发453.1万人,沿线麻阳、通道等12个县实现脱贫摘帽,与全国人民一道步入全面小康社会,特别是洪江市、麻阳县2022年GDP分别为136.46亿元、109.21亿元,同比均增长4.8%、高于湖南省2022年GDP平均增幅0.3个百分点。正如当地百姓所形容的那样:"慢火车"起点是贫困站,终点是幸福站;这头是解不开的乡愁,那头是放不下的梦想。

二、公益性"慢火车"仍需改进的不足和对策建议

虽然"慢火车"开行质量不断提高,但相对沿线群众期盼,仍有较大的改进提升空间。

1.部分停靠点候乘条件仍比较简陋

突出表现为"三缺":一是缺候车亭。沿线56个乘降所中,还有44个没有候车亭,占比达78.6%。其中,渝怀线有铜仁东、梅江等6个,焦柳北线有凉亭坳、七松等23个,焦柳南线有鸭嘴岩、排楼等15个。特别是焦柳南线17个乘降所,近年来只新建了2个候车亭,仍然存在老百姓候乘"日晒雨淋"的问题。二是缺厕所。56个乘降所中,仅有新永顺、回龙、塘豹3个设有公共厕所。据受访旅客反映,由于候乘点没有厕所,只能跑去周围老乡家里"求助"或等到上车再解决,很不方便。三是缺供水。沿线塘豹等54个乘降所,因位置偏僻、地势高等原因没有稳定的水源供应,遇枯水期职工和旅客只能从家中携带饮用水到车站上班、乘车,给职工生产生活和旅客出行带来诸多不便。

对策建议:一是针对乘降所缺候车亭、缺厕所的问题,进一步总结前期修建候车亭、改建候车室、增加座椅等有效做法,科学确定改造方案,按照"大客流车站优先、规模适需、逐年推进"的原则,结合实施更新改造计划和"慢火车"提质工程,有序推进候车场所改造。二是针对乘降所缺供水的问题,协调地方政府争取支持,充分利用农村集中供水等政策,逐步加以解决。

2.车厢行李存放空间仍然狭窄

现场发现,未拆座椅的车厢,难以满足实际需求。"扁担车"是客流最大、行李最多的一趟车,客运量占 3.5 对"慢火车"总量的 42%,恰恰这对车还有 4 辆车未拆除座椅,行李经常摆满车厢连接处和过道,非常拥堵。已拆座椅车厢,仍难满足实际需求。经调研组现场测量,拆除座椅后"大件行李存放处"长 1.9 m、宽 1.4 m,仅够存放 3～4 人的货物,而"扁担车""背篓车"约有 50% 的农产品无处可放。调研座谈会上,长沙客运段建议,每节车厢至少要拆 2 排座椅,才能满足需求。

对策建议:按照"满足需求、适当冗余"的原则,研究确定大件行李存放处设置的数量、面积,并协调国铁集团支持适当增拆座椅,以满足实际需求。

3.乘降所安检查危漏洞客观存在

从调研情况来看,"慢火车"旅客多用扁担挑、背篓背农产品,加之乘降所停靠时间短、专业安检设备缺、人员不足,沿线停靠点安检查危工作整体弱于其他普铁客运站。怀化、张家界车务段客货科长都提到,"慢火车"安检查危是最为担心的"灰犀牛"。

主要问题:一是安检设备落后。受条件限制,56 个乘降所均无 X 射线过机安检设备,仅配发手持安检仪,只能检测出旅客是否携带金属类危险品,其他类型危险品无法测出。二是安检力量不足。沿线乘降所安检查危工作均由值班站长"跑岗"兼任,由于列车停站时间短、短时客流大,加之旅客多携带筐篓等大件行李,逐一"开包"检查难以做到,安检工作流于形式。特别是渝怀线 8 个乘降所 2021 年启用调度集中系统(CTC)后,值班站长既要负责安检查危,又要负责接发列车,漏检、不检等情况客观存在。三是封闭管理不严。焦柳南、北线 48 个乘降所中,仍有 43 个未实行封闭管理,周边村民可随意进出车站,安检查危形同虚设。

对策建议:一是对具备条件的乘降所,通过增加或调剂安检设备、延长进站安检时间、车上车下协调配合等方式加强安检,筑牢安全防线。二是利用"慢火车"沿途 61 个车站已建立"双站长"制度的实际(聘任地方村镇领导兼任车站地方站长),协调地方政府争取支持,定期安排地方站长协助加强安检查危工作。三是结合更新改造,按照轻重缓急,逐年有序推进乘降所封闭管理,改善外部安全环境。

4. 运输组织需进一步优化

主要体现在:"慢火车"因交会、待避等原因,经常出现晚点、压缩停站时间等现象,旅客在上下车较为集中的车站乘降时间十分紧张。例如,4 月 14 日—16 日"慢火车"中客流最大的铜仁站,7272 次列车分别晚点 28 分钟、12 分钟、28 分钟,停点分别压缩 15 分钟、14 分钟、16 分钟。

对策建议:在不影响其他更高等级列车运输的前提下,研究进一步优化"慢火车"列车运行图,减少交会、待避次数;优化日常调度指挥,在确保安全秩序的前提下,尽量按图运行,把"慢火车"开到老百姓心里去。

关于川北分界口运输组织调研报告

中国国家铁路集团有限公司运输调度指挥中心

龚　帆　程大龙　高　宝　李世飞

受成都局调度所邀请,根据运输调度指挥中心领导安排,我们于 2023 年 8 月 24 日—25 日,赴成都局广元车务段,参加了由成都局组织的,西安局、兰州局调度二班共同参加的川北分界口座谈会。同志们紧紧围绕川北分界口运输组织畅通建言献策,提出许多好的建议;现将有关情况汇报如下:

一、调研背景

宝成线、襄渝线、兰渝线共同构成了铁路运输北部入川通道,其所在的广元西口、达州口、羊木口成为各类入川物资。特别是疆煤、陕煤入川渝的关键分界口。近年来,随着水力发电在四川地区能源占比逐步降低,火力发电占比逐步提高,电煤运输成为保障四川省能源供给的关键,特别是每年 6 月至 9 月迎峰度夏期间电煤入川铁路运输任务异常严峻。但是,面临山区铁路汛期水害频发,客货列车争能等不利因素影响,给持续做好煤炭等重点物资运输造成一定困难,如何进一步保障北部入川通道畅通,提高相关分界口能力利用率,从而为西南地区煤炭供应和能源安全,推进成渝地区双城经济圈建设提供运力支持和保障,成为亟须解决的问题。

二、北部入川通道能力利用情况

成都局兰渝线、宝成线、襄渝线是 2023 年以来,上述三条北部入川通道车流持续较大,广元西口 1 次(6 月 1 日实现 57/59 列,合计交接 116 列记录)、达州口 5 次(7 月 15 日实现 122/116 列,合计交接 238 列纪录）、羊木口 3 次（8 月 6 日实现 62/63 列，交接 125 列纪录）打破历史交接纪录，三个分界口交接列数同比有较大幅度增长（其中广元西口增加 15.3%、达州口增加 4.9%、羊木口增加 12.8%），但同图定相比，尚有一定空间。

三、调研中发现的主要问题

1. 技术站能力紧张

一是兰州北上发场开车能力有限。兰州北上发场为包兰线、陇海线、兰渝线供应车流。目前，兰州北上发场列车开行间隔 10 分钟左右，施工日能够开到 110 列，非施工日能够开到 120 列，基本达到饱和状态。

二是广元南站解编能力不足。广元南站站场布局为一级二场横列式结构，Ⅰ场为到发场，共 9 条到发线（其中正线 3 条），Ⅱ场为调车场，共 15 条调车线（含禁溜线 1 条）。2023 年以来，广元南站日均完成解体 22.1 列，编组 22.2 列，办理辆数达到 16 887 辆（查定能力 14 600 辆），仍不能很好地满足宝成线、兰渝线车流解编需求。

三是达州站接发车能力紧张。达州站为横列式一级三场结构，其中东场（8 股道，接客车和直通货车）、西场（15 股道，接发货车）为到发场，Ⅱ场为编组场（共 17 条编组线）。但是受达州站内列车风压转换时间长、达万线车流减轴等因素影响，达州站到发线运用紧张，成为分界口进一步上量的制约点。

2. 通道能力制约

一是兰渝线基本满图。2023 年三季度，兰渝线图定客车开行多达 19 对，由于运行区间大，货物列车运行调整较为困难，线上能力基本达到饱和状态。

二是兰渝线开行动力分散动车组区间禁会货车影响通道能力。兰渝线成都局管内广元西至重庆间开行 5 对动力分散动车组，区间禁会货车，对本段通过能力影响较大。

3. 分界口车流不均衡

一是分界口第一班交接占比不足。以 2023 年 7 月为例，达州口第一班平均交接 47 对（接 48 列、交 46 列），占全日交接量 102.5 对的 45.9％；广元西口第一班平均交接 13.9 对（接 12.7 列、交 15.1 列），占全日交接量 34.5 对的 40.3％，能力未得到充分利用。

二是 15:00—18:00 时段列车集中交接。以 2023 年 7 月为例，达州口 15:00—18:00 时段，交接 17 对（接 19 列、交 15 列），占全日交接量的 18％；广元西口 14:00—18:00 时段，交接 14 对（接 14 列，交 14 列），占全日交接量（34.5 对）的 40.6％，超过三分之一。集中交接造成分界口过车能力阶段性紧张，车流产生积压，影响线路车流整体输送能力和效率。

4. 列车编组质量有待进一步优化

一是广元西口接入的来自安康方向的成都北以远车流大，但未能成组开行。由于安康东站编组始发的经广元西口列车，仅有广元南及其以远这一个组号，在日常作业组织中，安康东站将广元南及其以远车流与成都北及其以远车流混编，增加广元南站解体作业。据统计，2023 年 1 月至 8 月，广元西口接入的成都北及其以远车流与其他区段车流混编共计达到 996 列，日均达到 8.3 列，增加了广元南站解编压力。

二是广元西口接入重庆、成都地区车流混编问题。2023 年 1 月至 8 月，广元西口日均接入到达重庆、成都地区混编车流 6.1 列。上述车流中，因到达重庆地区车流需在广元南站解体后拉回广元西站，需在广元南、广元西站各产生一次折角，进一步增加了广元南站解编压力。

5. 局间行车设备不统一

一是列车制动主管定压不一致。襄渝线货车在西安局管内风压为 600 kPa，在成都局管内风压为 500 kPa。兰渝线货车在兰州局管内风压为 600 kPa，在成都局管内风压为 500 kPa。造成货车需在达州站、广元西站进行二次充风试验，每列车需多作业 10 分钟左右，影响分界口畅通。

二是列尾查询方式不一致。西安局 CIR 列尾装置使用既有机车综合无线通信设备查询列尾，与无线列调通信设备使用的是同一频点，相互间干扰严重，且 CIR 列尾装置一台机车绑定多个列尾，查询时容易出现串号现象。

6.机车运用问题

一是机车交路问题。广元西口过口机车均为西安局机车（安康机务段、新丰镇机务段），机车交路宝鸡东至广元南、成都北，新丰镇、安康东至广元南、成都北。成都局机车不能出局造成部分列车需在广元西站、广元南站换进行挂作业，影响作业效率。

二是外局机车 LKJ 数据不贯通。兰州、西安局机车未设置成都局成都、重庆枢纽全部 LKJ 基础数据，造成兰州、西安局机车不能在成都、重庆枢纽灵活使用，导致整列枢纽重车不能直通编组站终到卸车站，增加成都局管内机车换挂次数，造成机车机班浪费。

7.入川车流去向集中容易形成卸车点积压堵塞

国铁集团实施货运组织改革，全面简化货运计划审批程序，同时推行"前店后厂"组织模式，加强营销队伍建设，宣传"敞开受理、有请必装"的新理念。实行货票电子化后，各种装车信息更加透明。但是，在减少人为控制后，无序装车逐渐扰乱运输秩序。在治理环境污染、"公转铁"的新背景下，上游港、矿企业为增加销量、降低库存，发货意愿非常强烈，而各铁路局为保证货运收入装车压力较大，从而形成上游企业和居中的铁路运输企业更加积极主动，装车去向的相对集中导致下游钢、电企业严重超出实际卸车能力，进而形成积压，造成机车、车辆的严重浪费，运输效率明显下降。入川车流积压情况较为突出，制约三条线路进一步上量。

四、后续工作建议

1.提高车流和计划编制的准确性

一是组织分界口均衡过车。西安局、兰州局用好编组站能力，分时段针对性开好各方向车流，制定好开车方案，重点组织第一班交车，避免车流集中到第四阶段，特别是 15：00—18：00，造成分界口过车能力浪费。

二是加强局间联系沟通。西安局、成都局调度所日常组织作业过程中紧密联系加强沟通。西安局在制定安康东站襄渝下行线开车计划，以及在途列车放行时，应根据达州站成都、重庆机班分布情况，合理安排，避免单方向车流集中到达造成达州站堵塞，影响后续交接。西安局在制订宝成下行线开车计划时，应合理安排宝鸡东和安康东站开车计划，避免两方向车流不均衡到达，造成回程机车车流不匹配，增加西安局阳平关站换挂次数。

2. 推动局间行车设备统一标准

一是统一列车风压。机辆部于 2023 年 7 月 28 日上报的《关于货物列车统一制动主管定压有关工作的请示》(机辆签〔2023〕57号)中提出，建议从 2024 年 1 月起，将全路货物列车制动主管定压统一为 600 kPa，后续此问题有望得到解决。

二是升级列尾查询装置。建议西安局升级机车列尾查询装置，实现列尾"一对一"查询，避免列尾查询与无线列调通话相互干扰，降低误连接风险，提高车站作业和分界口交接车效率。

三是统一宝成、阳安列尾。建议取消成都北至安康东、成都北至宝鸡东间安康列尾和宝鸡列尾对于机车型号的限制，降低列尾错用的风险。

四是兰渝线成都局管内开行动力集中动车组。后续建议将兰渝线成都局管内广元西至重庆间开行 5 对动力分散动车组车底开成动力集中动车组，彻底释放本区段通过能力，为后续兰渝线持续上量打好基础。

3. 优化跨局列车编组计划

一是建议安康东站增加"成都北及其以远"车流组号。根据车流情况，建议考虑安康东站新增车流组号"成都北及其以远"，单独成列编入直通列车，不与"广元南及其以远"车流混编。

二是西安局减少广元西口重庆、成都地区车流混编情况。西安局宝鸡东站严格按照编组计划"成都北及其以远"，"兴隆场及其以远"编组列车，进一步提高宝成线列车编组质量，降低广元南站解体压力。

三是兰州局羊木口交出达州地区车流进行迂回调整。2023 年

1月至8月,羊木口日均接入到达州地区(广安、万州到重为主)车流4列左右。以万州为例,正经路为兰渝线、达成线、襄渝线、达万线,所经主要节点为兰州北、羊木、南充北、南充西、三汇镇、达州、万州,运距为1 051公里。但是在实际运输生产过程中受南充北、南充西节点能力不足因素制约,成都局会将此部分车流沿着兰渝线直接通到兴隆场,再沿着襄渝线向北运输至达州站,运距达到1 374公里,不但增加了运输距离,还增加了兴隆场站作业负担。如果在兰渝线车流较大,陇海线车流不足的情况下,可将此部分车流经陇海线、西安北环线、西康线、襄渝线迂回运输,运输距离1 405公里,与正常径路相仿,运输效率也较高,可进一步疏解兰渝线车流,促进入川渝车流上量。

4.优化机车运用

一是广元西口成都局HXD1型机车贯通出局。成都局建议允许本局HXD1型机车交路经广元西口延长至安康东站,减少广元南(西)站机车换挂作业,从而实现宝成线、阳安线、襄渝线、达成线"大环线"机车交路互通,为两局间机车、车流快速周转创造有利条件。

二是贯通枢纽LKJ基础数据。成都局建议兰州局、西安局将直通成都局的机车全部换装成都、重庆枢纽LKJ数据,以便成都局灵活使用及整列卸车贯通编组站运输。

5.均衡组织装车

一是煤炭有计划装车。受到站卸车能力不足以及重车到达不均衡,阶段超卸车能力影响,部分煤炭卸车站待卸车存在阶段积压情况,影响运输生产效率,为加快车辆周转,提升运输效率,建议西安局装到成都局管内煤炭卸车能力紧张的站点根据卸车能力均衡组织装车。

二是源头控制装车。成都局建议与管内电厂沟通协调机制,根据电厂卸车能力购买煤炭,避免卸车集中到达,造成积压。

三是整列装车组织。建议西安局对下列车站装到成都局的货物按到站成列组织整列装车:窑村、黄陵、咸阳北、延安北、闫庄则等站装到二郎庙、广汉、公兴、洪安乡、永川、伏牛溪的石油;下峪口、略阳、勉西装到大弯镇、绵阳北、重庆地区、贵阳南的钢材;宣汉、曹家伙场、大保当装到万州、鱼嘴、团结村、城厢的集装箱。

四是 JSQ 车装车组织。宝鸡东、杨陵、新丰镇装到改貌、团结村、新兴镇的汽车按到站成列或成组装车。

五是敞顶箱装运煤炭。因成都局攀西地区敞顶箱装运需求量小且敞车需求量大,使用敞顶箱装到后排空箱需大量占用空车且空距长,同时占用成昆线通过能力。建议西安局使用敞顶箱装到西昌南以远(如攀枝花、巴关河、格里坪)的煤炭尽量使用敞车装运。

关于太原局集团公司"财务共享中心"的调研报告

中国国家铁路集团有限公司财务部
宋一凡　夏怀超

为全面掌握太原局集团公司"财务共享中心"建设实效,进一步做好在全路的推广应用,结合财务共享服务系统技术评审,分析处宋一凡、夏怀超于 2022 年 8 月 22 日至 27 日在太原局集团公司开展"财务共享中心"调研。

一、调研提纲

(一)调研单位

(1)运输单位:太原机务段、太原车务段、太原工务段、太原车辆段、太原供电段、太原通信段。

(2)非运输企业:三晋地方铁路开发集团有限公司。

(3)合资公司:准朔铁路有限责任公司。

(4)铁路建设单位:太原铁路工程建设指挥部。

(5)机关部门:集团公司机务部、工务部、电务部,大秦公司设备部、党群办、财务部。

(6)集团公司财务部(收入部)相关科室。

(7)财务共享中心筹备组。

(二)调研方式

采取现场座谈方式,不事先准备材料,与领导干部、职工面对面座谈交流,了解实施财务共享服务的实际情况,真正把情况摸清楚,把症结分析透,把解决问题、改进工作举措研究好。

（三）调研内容

（1）系统应用方面。财务共享系统应用情况、问题及优化建议，重点是系统稳定性、操作界面是否友好，各模块功能设置是否合理，操作是否便捷，流程是否高效。

（2）发挥作用方面。实施财务共享服务后在提高工作效率、规范财会管理、强化集团管控、提升风险防范等方面带来的变化、取得的成效，存在的问题及进一步建议。

（3）服务质量方面。在报账过程中哪类财务人员给予的帮助较多；报账过程中，遇到问题通过什么方式解决；对财务共享服务中心组织的培训情况、热线服务质量是否满意。

（4）管理方面。财务共享中心（筹备组）内部管理、制度建设、运行保障、信息化建设、网络安全以及与集团公司既有管理要求衔接等方面存在的问题及改进建议。

二、调研情况

1.调研单位情况

一是我们与 11 家单位和机关部门召开了 12 场座谈会，被调研单位参会人员主要有基层单位负责人，业务分管领导及总会计师，财务、业务部门负责人，财务人员，机关、车间、班组业务经办人员，集团公司机关部分部门，财务共享中心筹备组，铁科院相关人员等合计 130 人。为减轻基层单位负担，我们采取不陪会、说完即走模式在站段召开座谈会，鼓励大家结合本职工作提出具体问题和建议，原汁原味地把实际情况说清楚。

二是专门到财务共享服务中心进行跟班作业，了解财务共享中心各岗位的日常运营情况。通过"线下座谈、跟班作业"方式，全方位了解财务共享中心的建设、运营及管理情况。

2.调研结果

从调研结果来看，各单位、部门都反映财务共享中心建设是一个逐步适应的过程，是一个不断探索的过程，建设初期都面临业务人员不理解、操作流程不熟悉、系统不稳定、功能不完善等困扰，尤其对于年龄偏大的老职工操作较为困难。在集团公司领导的大力支持下，在财务部（收入部）的精心指导下，经过三年的建设与磨合，通过财务共享中心多轮次培训、现场实施指导、疑难问题解答、系统流程不断优化、业务和财务人员相互交流，财务共享中心运营逐步稳定，业务报账人员、业务财务人员、各节点审批人员逐渐适应新型业务处理模式，大家从开始的不理解变为目前的离不开，对财务共享中心建设取得的成效也都给予了充分的肯定与支持。

一是从各单位领导反映的情况来看，实施财务共享服务是现代企业发展的必然趋势，也是集团公司推动管理变革的重要举措。财务共享中心实现了业务审批的线上流转，审批时效大幅提升。掌上办公平台 App 的使用，使得领导的审批工作变得方便、快捷、省心，解决了审批人员外出，导致单据无法审批，报销暂缓的难题，报销审批有了"新途径"。完整透明的审批流程有助于基层单位规范财务管理，形成了风险防范的防火墙。

二是从财务负责人反映的情况来看，业务全流程在线集中处理，效率明显提升，将费用报销标准嵌入系统后，减少了超标准报销问题，风险管控有了"新手段"。较以往集团公司先拨付、基层单位后支付资金而言，减少了资金沉淀，便于集团公司统筹规划，提高资金利用率。

三是从业务财务反映的情况来看，财务共享中心上线后，统一了核算标准与会计科目，通过凭证匹配规则自动生成会计凭证，规范了会计核算，提高了工作效率，通过预算前置校验，使得无成本预算和资金计划的业务得到有效控制。业务、财务人员互相理解，工作互相配合，业务人员消除了以往对财务人员报销过程中"管卡"的误解，同时也倒逼业务办理更加规范，业财融合有了"新突破"。

四是从报账人反映的情况来看，业务人员报销不需要在线下来回跑、反复跑去找各级领导签字审批，减少了在领导办公室外等候签字的时间。通过财务共享系统可以随时提交报账单且动态掌握业务办理进度，当日审结的报账单当日支付完毕，资金支付、费用报销更快、更高效,过程也更加简单,报销有了"新体验"。

3.改进建议

虽然财务共享系统已实现正常运转,但各单位、部门结合实际使用情况对进一步优化财务共享中心建设也提出了相关改进建议:

(1)进一步提高工作效率。优化改进系统界面,使界面傻瓜化、智能化,像淘宝一样简洁明了;解决精细化管理与手工录入信息多、工作量大的矛盾;针对各单位实际业务,优化审批流程;增加车间、班组手机 App 的用户数量,实现非工作时间为临时出差的同事代为填报出差计划申请;提高台账录入效率,增加薪酬台账复制功能;增加扫描仪配置数量等。

(2)进一步提升系统在处理多业务数据时的稳定性。当报账单的业务明细区输入信息较大、进入下一页或保存时,会出现系统崩溃的情况。

(3)加强系统间互联互通。建议财务共享系统对接国铁商城、国铁集团物资系统、财会信息系统固定资产、工资子系统等,通过数据共享,减少信息录入工作量。

(4)方便基层单位使用。按单位、部门设计具体的业务流程指导书,明确业务流程所需附件及相应格式、报账单填写要求、具体的付款操作流程等,便于基层单位职工对照操作。

三、存在的主要问题

参照调研内容,我们对各单位、部门提出的问题和建议进行了归纳梳理,剔除与实际描述不符、对业务理解不准确、与内控要求不一致、系统功能不会用等情况后形成了 61 项具体问题。

(1)系统应用方面。系统优化、对接问题 42 条,审批流程优化及待研究 13 条,硬件设备 1 条。

(2)发挥作用方面。无。

(3)服务质量方面。共享中心服务质量问题 2 条,主要是92678 服务热线电话存在长时间占线的情况以及财务共享中心人员不足,决算期间基层单位提报的大量业务单据审核较慢。

（4）管理制度方面。内部管理制度问题 3 条,主要是财务共享服务实施后,电子档案管理等会计基础工作相关管理制度需要进一步完善。

我们在白天完成调研座谈后,晚上组织铁科院项目组与共享中心相关人员对问题建议进行研究分析,对于部分历史基础数据不一致、核算主体数据隔离等能够及时解决的问题立行立改,确保让各单位、部门尽快见到实效。8 月 27 日,我们进一步邀请了铁科院电子所分管领导和总联系人赴太原局集团公司进行专题研讨,对梳理出来的具体问题进一步细化,并逐条进行研究,在确保系统稳定的前提下按照轻重缓急提出解决方案,明确处理时限,争取问题能解决,进度有保证。

四、进一步工作建议

1. 确保财务共享服务系统平稳运行

系统优化过程中,首先要保证系统的稳定,能后台解决的不要放在前台,能共享中心解决的不要放到基层单位,能财务解决的不要放到业务,切实提高工作效率,不给基层单位增加负担。

2. 加强网络安全管理

根据国铁集团有关要求,做好网络安全管理工作,杜绝一机两网、弱口令等现象,提高风险防范意识,对接触财务共享数据的一律签署安全承诺书。

3. 加快推进系统功能优化

研究推进与国铁商城、物资管理系统以及财会信息系统固定资产、工资等子系统互联互通,减少业务前端数据手工录入工作,提升工作效率;加快推进财务报表自动生成相关功能;尽快形成完备的大数据分析能力,为经营和管理决策提供数据支持,实现价值创造。

4. 完善内部管理制度

随着财务共享中心建设逐步稳定,各单位、部门要进一步细化、优化业务、财务人员的职能定位、岗位职责；国铁集团财务部要组织研究会计基础工作规范、资金管理办法等配套财务管理制度的优化完善工作，以适应财务共享模式下的新管理要求。

5.加强过程沟通反馈

一方面业务、财务人员要及时向财务共享中心反馈问题与建议；另一方面，共享中心及铁科院运维人员要走出去，在数据分析的基础上，主动前往退单率较高的单位，现场协助解决问题，进一步提升业务处理效率。

6.建立工作机制

财务部分析处要加大工作指导力度，建立每周视频碰头会工作机制，扎实推进系统优化等相关工作，确保问题建议落实落地。

关于班组减负的调研报告

中国铁路济南局集团有限公司企法部

刘钦义　赵洪林　张　详　刘萌萌　赵亮宇

济南局集团公司济南西机务段　杨敬川

一、调研方案

（一）选题背景

为落实主题教育大兴调查研究工作要求，围绕贯彻落实习近平总书记关于调查研究系列论述，5月至6月份企法部以班组减负为主题，组织对全局运输站段车间班组台账表报设置情况进行了深度调研，全面摸排全局班组台账表报填记情况，听取车间班组意见建议，分析存在问题，制定改进措施。

（二）调研步骤

为确保调研工作实效，统筹设计调研方案，以台账表报填记较多的班组为重点，分系统开展清理规范工作，并按五个步骤组织实施：

一是调查摸底。组织各运输站段以集团公司台账表报管理办法为基础，分别选取3～5个台账表报填记较多的主要生产班组进行摸底调查并据实梳理分析，共摸底调查35个站段的132个班组，反馈存在问题109条，意见建议25条。

二是现场调研。对照各运输站段调查摸底情况，从35个站段中选取台账表报填记较多的10个班组会同相关专业部门通过查阅资料、实地察看、座谈交流等方式，自6月7日至6月26日分别到济南机务段、青岛电务段、济南车务段、济南供电段、济临沂工务段、日照站、日照车辆段、济南房建公寓段、青岛动车段、济西站进

672

行实地调研、解剖麻雀,进一步了解情况,听取建议,深入分析解决问题。

三是开展研讨。现场调研工作结束后,企法部将分系统召开座谈会,对调研发现的问题进行集中研究分析,现场能立行立改的问题立即解决,不能立即整改的定好整改期限,形成解决方案。

四是升级系统。针对调研过程中反馈的班组基础管理信息系统问题,组织信息技术所对照问题逐项落实解决,涉及系统板块问题,经充分研讨后对班组基础管理信息系统全面升级,提升集团公司班组管理信息化水平。

五是规范制度。结合调研实际情况和站段反馈信息,对集团公司班组管理及台账表报相关文件进行重新修订,形成班组管理指导意见,全面提升集团公司班组管理水平。

二、存在问题

在对各运输站段调查摸底、梳理统计基础上,会同相关专业部室、信息技术所有关人员到青岛电务段、济南车务段、济南供电段、济临沂工务段、日照站等 9 个站段进行了实地调研,了解情况,听取建议,组织专业部门查找问题,明确下一步工作重点。通过分析,车间、班组台账表报负担过重的突出问题主要体现在以下几个方面:

（一）共性问题

1.重复填记问题突出

从摸底调查的情况来看,集团公司 35 个运输站段,28 个站段均反馈重复填记、重复报送的问题,占比 80％;从现场调研来看,9个站段的班组均反馈存在重复填记、重复报送的问题。例如,济西站反馈,集团公司班组基础管理系统考勤表与车站电子考勤系统、下行车间三场助理记录仪登记表与三场助理调车记录仪使用登记簿需要重复填记;四等站《车站工作日志》与《班组工作日志》内容雷同需要重复填记。临沂车务段反馈,《国铁集团办公厅关于印发〈车务系统车间(班组)及部分生产岗位台账管理办法〉的通知》(铁办运〔2020〕104号)中规定需要填记《班组管理记录簿》(含业务学习、班工作重点、班后总结),《中国铁路济南局集团有限公司车间班组台账表报管理办法》(济铁企法〔2018〕203号)规定需要填记班组综合管理台账(含班组成员概况、工作日志等9项内容),部分内容存在重复填记的要求。日照车辆段反馈,考勤表每日需手写、录入Excel表格、录入班组综合管理信息系统,月底向车间上交手写的纸质考勤表、并将Excel表上传班组综合管理信息系统。重复性工作太多,班组日常操作过程中,每日填写Excel表格和录入班组综合管理信息系统即可,月底打印并上交汇总表,保证系统每日考勤记录和月底汇总表一一对应,无须手写记录。青岛电务段电务安全生产管理系统中的班组成员概况、工作日志、政治(业务)学习记录、班班清考核记录、班组三次分配、班组民管会记录、班组月度分析会议记录与集团公司班组基础管理信息系统中班组查询填记内容重复。济南房建公寓段反馈,董家镇职工公寓《消防安全每日巡视检查记录簿》与《单身公寓每日巡视检查记录本》为日巡视后重复填记;济南行车公寓班组政治学习记录与班组基础管理信息系统中《政治(业务学习)记录政治学习内容重复》;班组基础管理系统台账(电子版)已有注意事项、安全提醒,纸质公寓管理台账填写内容又有体现,其次监控记录也有重叠填记;济南东高铁房建车间港沟工区文件传达学习台账与班组基础管理系统重复填记,班组系统工作日志班前会已填记文件传达学习情况。

2.过期失效问题普遍存在

通过调研发现,部分站段存在对已过期或废止的文件未及时清理的问题,具体表现在临沂工务段道岔联整台账格式中40-1、2、3中为济铁工〔2019〕70号文内容,已废止,但是目前还未废止该文件;同时设备静态巡检记录台账格式内容不适用现场作业实际情况,格式中仅需填记各类病害数量及公里数、股道、道岔号,无法填写病害具体位置及情况。济南工务机械段反馈,《巡守(防火)交接班簿》《运行揭示签认单》,2个报表已废止,但《工务系统车间班组专业管理台账表报目录》(工线函〔2019〕103号)、《济南工务机

674

械段关于公布车间工队专业管理台账和综合管理台账目录的通知》(济工机办〔2019〕98号)目录未及时更新。青岛电务段反馈,部分记录废止不及时。《公用工具、仪表、材料出入库记录簿》青岛电务段发文件中已取消,但是部分工区仍在使用。淄博工务段反馈,部分台账、报表设立所依据的制度文件没有及时更新,对修订、废止的文件没有及时清理,如探伤管理台账等。

3. 班组管理信息系统权限不足

针对信息系统权限不足的问题,通过摸底调查发现,35个运输站段,其中有14个站段提到了信息系统权限不足无法变更人员信息的问题。例如,济南站反馈,车间、中间站人员调整或退休后,车间、中间站班组管理人员无法删除调出人员、无法新增调入人员。济南客运段反馈,因乘务班组参加较长时间的保障工作(如新线路开行前联调联试保障工作),造成班组完成工作后对录入班组人员趟车考勤时超过系统时效设定不能及时录入职工考勤;班组基础管理系统中工作日志一经录入无法撤回修改。济南机务段反馈,站段级管理员账号没有跨站段调整人员的权限,车间级管理员账号没有跨车间调整人员的权限,如有职工发生跨站段、跨车间岗位调动或退休等情况,站段只能通过删除和新增的方式调整,存在人员信息不共享的问题。济南供电段反馈,班组长遇有人员退休、调出、调入无法对系统内的人员进行调整,需要由段这一层级进行操作,增加额外工作量。

4. 纸质与电子台账并存

目前,仍有部分站段存在纸质台账与电子台账并存的问题。例如,兖州车务段反馈,部分纸质台账是通过电子系统查询填写的,建议使用电子台账后可以取消对应的纸质台账,重复统计登记,增加现场工作量。青岛机务段反馈,青岛整备车间制动组专业管理台账《机车主要部件破损登记簿》《机车超范围修登记簿》,在机车质量管理分析与决策系统中已有电子记录,仍然填写纸质版记录。济南车辆段反馈,青岛整备车间制动组专业管理台账《机车主要部件破损登记簿》《机车超范围修登记簿》,在机车质量管理分析与决策系统中已有电子记录,仍然填写纸质版记录。

5. 台账电子化程度不高

在济南西机务段反馈,济西检修车间电器维修组使用的《扳键开关检修记录》《司控器检修记录》《状态屏检修记录》;济南运用一车间内勤派班室甲班使用的《救援登记簿》《班长交班日志》等依然是以填记纸质台账为主。济南西车辆段反馈,《设备点检、运转记录卡》《货车安全防范系统预报信息确认情况记录簿》《列检班作业计划及实际技术作业图表》《TADS 滚动轴承预报、跟踪、反馈记录簿》《TADS 预警轴承故障诊断分析报告》《THDS 热轴轴承故障诊断分析报告》《TPDS 发现踏面损伤故障记录簿》TFDS 设备检修记录、AEI 设备检修记录、TPDS 设备检修记录均为纸质台账。

济南供电段反馈,台账管理信息化建设不足。由于专业系统、综合部门系统存在接合部的问题,专业部门和综合部门的要求以及侧重点不同,导致同一项工作任务重复去做,给基层增加负担。同时一些台账的电子表格管理较为分散,如接触网专业 1-6C 的缺陷记录统计表,没有纳入系统进行有效整合,仍然存在人为错报、漏报的问题。

6. 系统杂乱,相互之间不统筹

通过调研发现,部分站段为了便于日常管理和数据统计,在站段内部开发了多个系统,而这些系统的开发公司也不尽相同,导致系统杂乱繁多,系统之间无法做到统筹和协调。

临沂工务段的临沂北线路车间临沂北维修工区需要完善安全监督检查、工务安全生产管理信息、汽车、消防、物资等多个系统,均存在重复录入或同时留存纸质版要求,且各级检查人员均按照各自负责范围检查工作的要求,同一科目,检查人员不同要求不一样,造成不统一、项目越来越多。

济南电务段反馈,各信息系统无法互联互通。工区现有安全生产管理系统、安全风险管理系统、铁路安全管理大数据平台等信息系统,职工需要填写各种管理数据。青岛电务段反馈,开发的各类系统间不兼容,同一类数据班组需要多头报送,造成工作烦琐效率不高的问题。

（二）个性问题

1. 自行设置

站段专业科室或综合部门因便于日常工作开展会擅自额外增加台账数量。例如，济南西机务段反馈，段专业科室为了确保工作落实有迹可循，以段内通知、部门发文的形式要求设置了部分统计报表，如东线一队第1指导组使用的《添乘任务完成情况一览表》和济西检修车间电器维修组使用的《蓄电池类设备充电台账》等。

2. 保存期限不明确

例如，青岛动车段反馈，目前各级部门所发通知和文件中存在问题，在设置台账要求填写后，并未明确台账填记后的保存时长，导致现场留存大量的旧台账资料，占用资料留存空间。

3. 台账留存方式不统一

例如，日照站反馈，集团公司办公室印发的《中国铁路济南局集团有限公司车务系统车间（班组）台账管理办法》的通知中要求"班组管理记录簿（业务学习、班工作重点、班后总结等）"为纸质存档，但"集团公司班组管理系统"中仍有部分内容需体现电子化。

4. 烦琐重复的签字过多

日照车辆段动力班组日常设备检修过程中每月都要用的内燃叉车、起重机械、蓄电池叉车阅读检查维修记录表（日照车辆段特种设备安全管理办法（日辆设〔2019〕273号）中的附件5）中，每台特种设备的每个检修项点都需要班组工长进行签字确认，比如段内日照检修车间使用的22台叉车的10个项点都需要工长签字确认。实际情况是班组工长不可能做到完全覆盖进行检查，工长签字确认失去台账资料本身的严谨性，起不到应有的检查效果。

5. 班组管理系统考勤填写时间设置不科学

例如，济南西工务段反馈，目前班组管理系统中考勤填写必须在3日内完成，如果遇到类似国庆节和春节这种长假期，工区就没法对考勤进行填写。

三、原因分析

1. 过度留痕

根据国铁集团及集团公司相关部门要求,为确保发生问题后的可追溯性,真正实现有迹可循,有据可依,要求现场作业均需留影、留声、留资料,尤其是各类培训,班组反馈,要完成某一项工作既需要专门的设备又需要专门的人员,还需要存储相关资料,造成基层作业普遍存在过度留痕的现象。

2. 文件制度修订不及时、宣贯不到位

通过调研发现,部分站段存在应废止的文件没有及时废止,应按新标准执行的仍按旧标准执行,导致文件修订不及时;且部分站段不重视重要制度办法的宣贯学习,车间、班组不知道要按新文件、新标准执行,导致旧标准一直存在于作业现场。

3. 班组基础管理信息系统不优化

班组基础管理信息系统是本次调研过程中,站段、车间和班组反馈较多的问题,尤其是班组管理人员对于班组人员变化情况没有权限调整,导致班组人员信息更新不及时。同时,随着科技的发展,现有的班组基础管理信息系统已经无法满足班组、车间和站段的日常需求,不少站段为了便于管理,纷纷研制了适用于自身的管理系统。

4. 人力资源信息共享问题

在培训教育、政治业务学习、安全管理、考核管理、党群工作等各类记录中均涉及人员花名册,但劳卫部现有劳动用工管理信息系统无法实现共享。建议由劳卫部牵头、信息技术所配合,在现有信息系统基础上,结合各部门需求,不断扩充功能,各部门数据共享。

四、好的做法

1. 率先开展班组减负工作

青岛电务段在全段范围内组织开展了班组减负工作,对需要班组落实的各项工作,全方位研究减负方案,值得学习借鉴。

2.研发大数据平台

电务系统在系统内组织开发了适用于电务系统的大数据平台,将电务作业各项数据录入平台,方便班组、车间、站段、系统的记录、查阅、调取、分析,实现了数据互通互联的共享功能。

3.推广使用钉钉软件

济南供电段在全段推广使用钉钉软件进行日常管理,解决了职工教育、考勤等方面的问题,便于日常管理,提高了工作效率。

4.开发工务安全生产管理信息系统

国铁集团组织工务系统开发了工务安全生产管理信息系统,主要功能是综合利用工务设备台账数据、检测检查数据、修理作业数据、设备监测数据等,实现设备检测检查周期安排和兑现、设备状态分析、生产过程管控、调度指挥应急处置、物资机具、班组日常动态管理和安全风险卡控等实施信息化管理,推进生产全过程标准化、流程化、智能化、精细化控制。

5.研发车间班组管理信息平台

临沂工务段组织开发了车间班组管理信息平台,对台账实行电子化管理,将班组工作日志、"班班清"考核、月度工作任务、交接班、政治业务学习等班组管理内容全部纳入其中,便于网上查阅、统计、分析和考核,既减轻了班组管理负担,又提高了现场工作效率。

6.开发国铁济南局智慧巡检系统

为提高房建设备质量,济南房建公寓段研发了智慧房建巡检系统。该系统利用现代网络数字化手段优化巡检流程,并具有日历式一键派工、可视化巡检作业、一键提交记录等功能,巡检内容及设备病害情况只需一键提交,即可完成上报,缩短了计划、派工、检查、上报、考核、统计等各环节的处理时间,实现各层级同步查看。该系统的运用填补了我局房建系统智能化管理的空白,为房建设备巡检由传统模式向智慧巡检转变提供了有力支撑。

7.开发智慧公寓系统

为简化作业流程,节约出入公寓的时间,给乘务员更加舒适的入住体验,济南房建公寓段着力打造智慧公寓系统。运用人脸识别技术,开启改善出入公寓服务的"加速器"。乘务员完成首次信息注册后,只需"一站、一点、一刷"3秒即可完成出入住登记,入住准确率和后台数据统计精准率达到100%。同时该系统还具备与机务运安系统互联对接,可以根据行车计划及运行图形成自动派班、自动排班、自动叫班的全新的"三自动"叫班模式,在铁路大运输格局中发挥着越来越重要的作用。

五、开展班组减负的对策

1. 组织召开台账清理专题会

由企法部择机分系统组织专业部门、信息技术所、各站段召开台账表报清理专题会议,重点讨论需要集团公司专业部门解决的问题,制定方案,明确时间,进一步推动台账表报精简工作走深走实,确保班组减负工作取得实效。

2. 开展清理精简

除国铁集团规定设置的台账表报保持基本不动外,以集团公司、运输站段设置的台账表报和纸质台账表报为清理重点,根据台账表报设置的实际情况分别通过优化、合并、废止的方式组织进行规范。年底前由各专业部门提出精简规范专业台账表报的方案,并提出综合台账精简规范的建议。企法部组织综合部门对综合类台账进行研究分析,制定精简规范方案。

3. 优化升级信息系统

以集团公司规范后的班组台账目录为基础,由各专业部门提出信息系统优化需求,由信息技术所组织对各信息系统进行优化设计,消除系统壁垒,逐步实现班组"无纸化"办公和系统之间信息数据互联共享,切实减轻班组负担,提高工作效率。

4. 公布台账目录

年底前,企法部牵头组织公布综合管理台账目录,并明确填记标准。各专业管理部门牵头负责公布各自专业管理台账、生产作业记录和业务统计表报目录。

关于对太原局集团公司财务工作调研情况的报告

中国国家铁路集团有限公司财务部

宋雨玲　陈鹏　李　宣　任骁雄

为落实国铁集团机关年轻干部下基层接地气的工作要求,进一步了解基层单位有关财务、业务实际工作情况,指导局集团公司财务部门更好落实国铁集团年度财会重点工作,经批准,由企业处、综合处年轻同志组成调研小组,于 3 月 8 日至 10 日期间,通过现场观摩走访、实地查阅资料、当面座谈交流等方式,对太原局集团公司风险债权及委管费清理、铁路运输分类核算、电子发票报销入账及归档等工作开展情况进行了调研。

一、基本情况及主要做法

1. 风险债权及委管费清理情况

风险债权清理方面,太原局集团公司 2022 年初考核口径存量风险债权 499 笔、5.72 亿元,2022 年共清理 174 笔、1.15 亿元,清理进度为 20%,达到国铁集团考核要求。委管费清理方面,太原局集团公司(大秦公司)2022 年初应收合资公司委管费 52.78 亿元,当年计列 28.45 亿元,年内清理 34.74 亿元,年末剩余 46.49 亿元,较年初余额降低 12%,超额完成国铁集团委管费清欠计划。

太原局集团公司积极推进风险债权及委管费清理工作,取得良好效果。一是优化债权清理方式。组织对 2021 年底的 3 648 笔债权进行逐笔梳理,开展内部债权情况调查,债务单位确实清偿困难的债权由集团公司统筹协调,帮助秦皇岛西工务段、晋太公司等单位清理债权 4 692 万元。二是细化专职清欠措施。印发《中国铁路太原局集团有限公司风险债权专职清欠实施办法(试行)》(太铁财〔2022〕124 号),对风险债权形成过程中负有主要领导责任的领导干部实行在岗履责清欠,业务部门负责人、经办人实行离岗专职清欠。三是强化日常预警管控。运用信息化手段分析研判,2022 年对存在清收风险的债权单位部门下发《新增风险债权预警通知书》63 份、对预计形成风险债权的债务单位下发《债权债务专项清理督办通知书》15 份。

2. 铁路运输分类核算工作推进情况

2021 年 7 月至 12 月共有太原南站、太原局房产管理所、唐港铁路等 70 家单位组织开展运输分类核算。按照国铁集团分工,太原局集团公司负责主要线路 25 条,从线路盈亏情况来看,太原局集团公司盈利最高的线路为大秦线。开展运输分类核算工作期间,集团公司财务部会同统计部门、运输分类核算系统技术人员处理解决 16 个基层单位计算不成功的数据问题。

为顺利推进分类核算工作,太原局集团公司组建了财务、统计、信息技术人员及站段运输分类核算人员共同参与的运输分类核算工作团队,形成前期实操培训、字典实时维护、数据集中处理、汇总差异分析等为一体的运输分类核算工作机制。以问题为导向开展线上线下培训,提高分类核算人员解决实际问题的能力,掌握分类核算方法及系统操作流程。以目标为指引不断提高会计核算质量,强化账务数据的精细化管理,满足分类核算需求。

3. 电子原始凭证报销入账归档及台账整理情况

2022 年太原局集团公司查验发票 145 246 张、168.8 亿元,其中电子发票 23 917 张、3.64 亿元,占比 16%、2.2%。具体调研单位中,太原局集团公司机关(集团公司本级、大秦本级、机关财务科)发票 2 008 张、54 455 万元,其中电子发票 423 张、3 046 万元,占比 21%、5.6%;太原车辆段发票 1 680 张、46 663 万元,其中电子发票 124 张、834 万元,占比 7%、1.8%;太原市京丰铁路电务器材制造有限公司发票 2 296 张、17 049 万元,其中电子发票 263 张、82 万元,占比 11%、0.5%。从调研情况来看,太原局集团公司接收电子发票总体占比较低，集团公司本级及非运输企业电子发票明显高于运输站段。电子发票的业务主要集中在国铁商城采购、水电燃气费、差旅住宿（餐）费、高速公路通行费报销等方面。

太原局集团公司利用财务共享服务信息系统对电子发票进行信息化管理，取得良好成效。一是实现电子发票信息自动采集、查重验真。电子报账系统自动采集单位业务经办人员导入的电子发票信息，通过与国铁集团纳税实务子系统建立接口关系对发票信息进行查重验真，识别敏感字段，对不合规发票进行系统自动拦截，有效降低内控风险。二是实现电子发票台账自动生成、统一管理。经查重验真后的发票进入财务共享服务管理信息系统发票池模块，建立电子发票台账信息。发票池内形成发票代码、发票号码、发票类型、购买方名称以及购买方纳税人识别号、销售方名称以及销售方纳税人识别号、金额、开票日期等信息的归集，实现对发票信息的统一管理。

二、存在的问题

1.风险债权及委管费清理方面。

一是风险债权清收难度逐年加大。自开展风险债权清理工作以来，太原局集团公司 2018 年至 2022 年风险债权压缩比例分别为 51%、28%、25%、21%、20%，呈逐年"下降"趋势，剩下的都是"难啃"的硬骨头，特别是法律胜诉但债务人无可执行财产约占五成。二是经营风险防范意识需进一步提高。太原局集团公司 2022 年新增考核口径风险债权 17 笔、2 878 万元，其中大秦物流公司2笔、1 240 万元的商贸债权清理难度较大，反映出个别单位仍然缺乏防范意识，遏制新增风险债权工作不到位。三是委管费清收力度需进一步加大。截至 2022 年底，太原局集团公司（大秦公司）应收合资铁路公司委管费 46.49 亿元，数额较大，大量占用铁路局集团公司运营资金。

2.铁路运输分类核算工作方面

一是数据源需要进一步明确，存在铁路局集团公司统计部门掌握的营业里程数据与国铁集团下发的营业里程数据源不一致的情形。二是核算结果需加强运用,如何使用核算结果提高经营管理水平没有指导方向和具体措施。三是业务水平需持续提高,运输分类核算系统技术支持人员对分类核算工作中发现的相关数据问题不能有效理解及解释答复,影响分类核算工作效率。四是问题解答需加快更新,财务网站目前无运输分类核算系统的相关问题解答,未及时更新各单位关注的共性问题。

3. 电子原始凭证报销入账归档及台账整理方面

未按规定保存电子原始凭证。《财政部　国家档案局关于规范电子会计凭证报销入账归档的通知》《国铁集团会计基础工作规范实施办法》均明确要求,电子原始凭证以纸质打印件(扫面件)作为报销入账归档依据的,应同时保存打印该纸质件的电子原始凭证。目前太原局集团公司对电子原始凭证采取打印电子原始凭证再通过扫描上传至财务共享电子影像系统的方式进行报销入账归档。电子发票、电子银行回单等电子原始凭证原件均未按规定保存。

三、下一步工作建议

1. 关于风险债权及委管费清理

建议:一是针对存量风险债权,坚持风险债权常态化清理机制,对于法律胜诉但债务人无可执行财产等较难清理的债权,指导所属企业采取按规范程序核销、通过代理公司清收、向金融机构出售等方式进行清理,同时组织所属单位对风险债权管理台账信息进行审核,尤其要对每笔债权结算期确定依据和清收措施制定和执行情况等进行审核,防范错报漏报风险债权。二是针对新增风险债权,指导所属企业进一步强化业务源头管理,通过定期通报典型案例、到基层单位调研检查等方式,揭示业务源头短板导致债权损失等问题,通过强化事前事中管控进一步降低债权风险。三是针对委管费清理,继续按照《国铁集团办公厅关于开展合资铁路公司拖欠国铁企业债务专项清欠工作的通知》(铁办财函〔2022〕

60号)以及国铁集团批复的清欠实施方案,组织铁路局集团公司推进合资铁路公司逾期债务清欠工作并定期通报清欠进度。

2. 关于铁路运输分类核算工作

建议:一是明确工作量数据来源。会同发改部进一步研究明确运输分类核算所用统计工作量的来源,确保统计工作量数据来源唯一且有据可查,适时公布给各运输分类核算单位。二是加强运输分类核算结果运用。组织探索研究运输分类核算结果运用途径,做好与优化完善铁路财务清算体系工作衔接,利用好分类核算结果数据,为经营决策提供参考。三是提高技术支持人员业务能力。加强对运输分类核算系统技术支持人员培训,不仅掌握信息系统故障处理技能,还需熟悉系统内部数据逻辑及与其他信息系统数据间的关系,切实做到首问负责制。四是尽快形成信息系统问题解答。尽快在财务网站系统应用问题解答模块形成一批运输分类核算系统应用过程中各单位关注的共性问题解答,便于分类核算人员了解掌握相关问题处理解决的方法与途径。

3. 关于电子原始凭证报销入账归档及台账整理

建议:一是进一步完善财务共享报账系统功能,实现电子发票保存。完善财务共享业务报账系统的上传附件功能,实现电子发票原件随报账单流转进入电子会计档案系统归档保存,为下一步适应新形势下会计凭证电子化数据化奠定基础。二是进一步完善财务共享与资金结算系统相关功能,实现电子银行回单回传匹配保存。在财务共享与资金结算系统之间开发银行存款收支业务回单流转接口,资金结算系统完成资金收付后,可通过接口自动将收付款业务电子回单回传至财务共享中心电子会计档案系统,同时匹配相关记账凭证并保存。

关于深化站段标准化规范化建设的
调研与思考

中国国家铁路集团有限公司企法部企业管理处　张国柱

全路工作会议明确提出深化站段标准化规范化建设,完善创建指标体系和评价体系,强化安全质量和过程控制考核等具体要求。在对年度考评工作总结分析、组织 45 个站段视频调研等基础上,全面修订完善了考核评价文件,指导各铁路局集团公司制定细化了创建考评办法。为更加全面、深入、系统、客观地掌握情况,我们采取"送下去与找上来"相结合的方式,对创建工作进行了专题调研,在调研过程中做好释疑解惑、专题授课,与大家交流研讨,围绕持续深化创建工作集思广益,提出深化思考建议。

一、调研的基本情况

为充分借鉴吸纳专业院校的先进理论知识,运用好信息技术手段,我们与北京交通大学交通学院专家学者、信息公司专业团队组成专题调研组,分三个阶段,分别到北京局集团公司北京高铁工务段,上海局集团公司虹桥站、上海动车段、上海高铁基础设施段、南翔站、上海工务段、上海机辆段,济南局集团公司曲阜地区,利用召开专题座谈会、现场与干部职工交流、查阅基础资料、随机抽查、专题讲座、培训班授课等多种形式,对三个铁路局集团公司在推进站段标准化规范化创建工作中的好做法、存在的问题和针对性的意见建议进行专题调研。

在调研过程中,充分发挥专家学者和专业团队的作用,对基层站段和业务处室的相关人员进行专题授课,帮助现场从理论层面、政策解读层面、操作层面解决实际难题。北京交通大学交通学院教授围绕安全双重预防机制等内容进行培训交流,重点讲解健全站段安全风险分级管控和隐患排查治理双重预防机制,以全系统、全过程、高时空分辨率安全风险辨识和管控为基础,运用现代风险管理和事故预防理论,全面系统地辨识"灰犀牛""黑天鹅",从人员、设施设备、环境、管理等各方面研判风险因子、风险等级,动态完善防控措施,把各类风险控制在可接受范围内;注重隐患和风险的联动分析,以隐患排查和治理为手段,全面排查风险管控过程中出现的缺失、漏洞和风险控制失效环节,坚决把隐患消灭在事故发生之前,实现站段安全精准治理、精准预防,着力提升本质安全水平。信息公司专业团队围绕如何以站段标准化规范化建设考评为载体,带动站段信息化提升和引领数字化转型进行了专题交流培训。

二、创建过程中需要坚持的好做法

在调研的过程中,看到了各单位坚决贯彻落实党组决策部署,建机制、抓标准、盯落实、提能力、用结果、聚合力,不断深化立标落标达标,与日常管理有效融合,进行了丰富的探索和实践。

1.创建中防止"两张皮"

大家认识到标准化规范化建设不是另起炉灶,是为推进现代企业治理,搭建了更好的平台,形成了更好的载体和抓手。强化组织领导,突出加强创建工作的顶层设计,成立以主要领导为组长,分管领导为副组长,相关业务处室为成员的领导机构,设立创建办公室,配齐配强人员,从机制上对推进创建工作作出制度安排。建立铁路局集团公司、业务处室、站段、车间、班组"五级联创"工作机制,细化相关职责,明确具体任务,从组织形式、职能定位、落实程序上对创建工作的领导机制具体化。加强与日常管理深度融合,建立"周总结、月分析、季评价"运行机制,采取清单式对标检查评价,确保构建统一领导、全面覆盖、运行高效的管理体系。

2.因地制宜细化指标

大家在实践中没有生搬硬套文件标准,而是结合本单位专业、区域、作业、人员、机构等特点，对国铁集团考评标准逐项逐条进行细化。完善各项作业标准，组织修订完善考评标准，按专业认领指标，逐项推进落实。承接运用好共性指标，细化完善个性指标，逐项立标，强化责任到人保证抓实个性指标。业务处室指导基层站段编制以规章制度清单、工作流程清单、干部履职指导书、职工作业指导书和应知应会提示卡为体系的"两单两书一卡"，按照"车间（科室）保站段""班组保车间"的创建思路，把制约和影响标杆站段评定的指标作为主要矛盾，逐个细化，将指标全部分劈到科到岗，形成上下承接、一体贯通、建评结合的建设体系。

3. 全面落实考评指标

大家普遍运用标准化规范化考评标准指导生产实践，从优化岗位作业指导书到规范日常作业管理行为，从日常现场检查到定期考核评价，始终注重引导干部职工在生产实践中主动对标对表。在确保安全上，突出以完善安全生产责任制为保障，以双重预防机制为抓手，完善各项安全管理制度。在确保质量上，对照标准除隐患，落实标准抓维护，把落标对标工作养成抓具体，具体抓工作作风。在提高效益上，对照标准优化兼职并岗，紧盯任务指标，分劈任务计划，落到责任部门，抓到具体责任人。在提升效率上，狠抓技术作业规章制度落实，优化现场作业流程，真正将落标对标变为广大干部职工的实践行动，确保党组的决策部署取得良好的效果。

4. 提升职工业务素质

大家实践中把标准化规范化创建过程作为提升干部职工管理能力和岗位技能的过程，以学习标准促培训，以考评标准抓培训，以培训质量对标标准，不断提升干部职工学标、对标、落标的积极性和主动性。强化人员培训，发挥劳模工作室、实训基地、网络主播教室等培训设施的作用，提升干部职工管理和操作技能。围绕标准化规范化创建各项标准，在培训的内容上不断聚焦，在培训的方式上不断创新，在培训的效果上不断提升，以灵活、多样、创新的方式，强化全员深化创建的能力。

5. 发挥考评激励的作用

大家实践中把创建结果与干部职工的岗位晋升、奖金分配、荣誉评定等关系切身利益的事项相挂钩,树立起争创标准化规范化建设标杆的鲜明导向。强化结果运用,注重发挥考核激励这个指挥棒的作用,坚持正向激励与反向问责相结合,通过修订考核办法、组织星级评定、召开奖励表彰大会等多种方式,引导干部职工争创标杆的能动性和创造性,形成后进赶先进、先进更先进的争先创优良好局面。

6. 形成各级组织的合力

大家实践中普遍形成了党政工团齐抓共管的良好格局,对照创建工作各项指标,从不同的工作角度,共同发力、共同推进,取得了良好的效果。强化合力共建,注重坚持融合发展,发挥党政工团组织的优势,从党建引领、思想教育、氛围营造、环境改善、设备设施标准化定置等方面,牢固树立"一盘棋"思想,从综合的目标出发,强化系统思维、坚持一体推进,对照创建工作各项指标,采取综合的方法,进行综合的工作,从不同的工作角度,齐抓共管、各展所长,共同发力、共同推进,力求达到综合的效果。

三、创建中需要解决的难题和把握的原则

1. 创建中需要解决的难题

在调研过程中,大家普遍反映,站段标准化规范化建设能够取得成效,得益于党组的高度重视,得益于评价指标的体系科学,得益于干部职工的普遍认可。经过对年度考评工作总结分析,结合调研征集到的意见建议,以及机关部门在审核局集团公司评价结果中遇到的问题,年初新修订的考评文件,坚持问题导向,系统优化完善,已经有效解决了许多不合理、不完善的问题。但随着国铁企业生产力布局的调整、技术装备的更新、作业特点的变化、信息技术的发展等客观条件变化,还需要重点解决两个方面的问题。一方面,指标需要动态优化完善。需要每年对基础指标通用部分(包括安全质量效益、综合管理、党的建设)和创优指标进行全面复

核,针对每年评价中暴露出的问题,对部分指标和分值标准进行优化调整,对创优指标进行适度的调整优化,整体提升考核指标的合理性、准确性、科学性。另一方面,考评需要信息化手段来支撑。现在的各项考评都需要大量的人工检查、复验、比对、录入等工作,无法实现日常专业管理、作业管理的自动提取。站段既有信息系统庞大,各专业系统间基础数据无法联通,系统间存在信息孤岛和重复工作的情况,迫切需要以站段标准化规范化建设考评为载体,促进站段数字化转型,通过运用数字化技术,打通各专业系统间信息孤岛,汇聚共享站段原始生产数据,逐步实现站段标准化规范化建设考评数字化。

2. 创建中需要把握的原则

推进站段标准化规范化建设,必须以系统思维、创新思维、法治思维统筹结合起来思考推进的思路、方法、举措,立标、贯标、落标,切实把握好四个方面的原则:一要持之以恒。标准化规范化建设从顶层设计到最终落地,管理链条长、过程环节多,要久久为功,不能松劲,必须紧密结合日常生产过程来展开推进,关键要压实责任,毫不松懈、环环相扣地推动落实落地。二要动态完善。创建本身就是动态的,现场暴露出的问题、设备的变化等都在动态发生,要根据新情况新变化,有针对性地推进标准化规范化建设,用规章制度、技术标准、作业指导书、应急手册等标准化的方法去解决现场遇到的新问题新课题。三要协同推进。立足构建"六个现代化体系"的新要求来通盘思考、持续优化,推动从一个专业的标准化规范化,向各专业相互协同、彼此支撑、整体集合的标准化规范化逐步深化,使之真正发挥"指挥棒"的作用。四要打牢根基。站段标准化规范化必须建立在车间、班组标准化的基础之上。要扎实推进标准化车间、标准化班组、标准化站区的创建选树工作,使这项工作具有更加坚实的管理基础和群众基础。

四、对持续深化创建工作的思考建议

在调研过程中,大家普遍认识到深化的过程是一个艰苦探索的过程。下一步,需要按照强化站段专业化管理、推动数字化转型的工作思路,坚持问题导向、目标导向、结果导向,以创优评价为抓手,通过数字化手段提升考核质量和评价效果,推动数字化站段建设,全面增强站段管控能力和治理水平。

1. 注重强化专业部门管理的针对性

形势在变、任务在变、工作要求也在变。结合现场暴露出的问题、设备的变化等情况,动态完善各项创建指标,不断完善规章制度、技术标准等内容。以强化专业管理为牵引,以标准化规范化的思维推动专业管理,以专业管理的实际要求实现标准化规范化建设的成果。调动铁路局业务部门积极性、创造性,分系统、分站段细化完善基础指标和个性指标,促进站段持续提升管理水平。坚持抓基层、强基础、固基本的工作导向,扎实推进标准化车间、标准化班组、标准化站区的创建选树工作。健全完善考核激励机制,统筹安全生产考核、业绩考核、单项奖励、专项津贴、标杆站段奖励等机制,突出过程管控和实际效果评价,调动基层站段的积极性和主动性。

2. 注重强化考评管理研究的前瞻性

始终把问题导向作为标准化规范化建设起点和重要抓手,精准选择全面推进的突破口,既兼顾当前又着眼长远,做到领域与领域密切关联、局部与整体统筹推进。立足构建"六个现代化体系"的新要求来通盘思考,联合国内高校、专业研究机构等单位,聚焦世界一流企业,突出创新性、差异性、战略性、全局性等特点,围绕站段安全风险分级管控和隐患排查治理双重预防机制、提升经营管理水平等重点,积极推进站段标准化规范化建设课题研究,努力建设遵循市场经济规律和企业发展规律的现代国铁企业基层站段考评体系。

3. 注重强化站段数字化建设的战略性

党的二十大报告指出,加快建设制造强国……网络强国、数字中国。国铁集团印发了《数字铁路规划》,明确数字铁路是促进高质量发展的重要手段、重要引擎。以站段标准化规范化建设考评为载体,促进站段数字化转型,通过运用数字化技术,打通站段各专业系统间的信息孤岛,汇聚共享站段原始生产数据,建立站段多业务系统的全要素、全过程数据集,支撑站段专业管理、综合管理、党的建设等各方面工作融合发展,助力实现安全隐患防范、决策支持辅助、效率效益提升。基于生成式人工智能技术,灵活构建站段标准化规范化考评数据模型组,持续学习和分析站段业务系统原生数据,优化考核评价指标体系,减少人为因素对考评结果的影响,通过数字化手段提升考核质量和评价效果,全面增强站段管控能力和治理水平。

4. 注重强化各部门相互配合的协同性

站段标准化规范化建设是一项系统的复杂的工程,必须紧密结合日常生产过程来展开推进,环环相扣地推动落实落地。落实铁路局集团公司组织实施主体责任,完善企法部门牵头协调,专业部门系统主建,综合部门协同配合的工作机制,增强专业管理系统性、针对性和实效性。将标准化规范化建设考评与既有机制有机融合,防止站段标准化规范化建设与专业管理"两张皮"问题。加强本局标杆站段的示范引领,在国铁集团组织集中宣传、交流互鉴的同时,铁路局集团公司采取有效形式,对本局产生的标杆站段进行宣传,分专业组织交流推广典型做法,发挥好评价结果"导向标"作用。

关于客运职工维权工作的调查和研究

中国铁路北京局集团有限公司法律服务所

谢玉书　宋金海

铁路客运职工在运输工作中发挥着重要作用。他们直接面对广大旅客，一言一行代表着铁路企业形象，既是企业经营的创造者，更是铁路企业文化的传播者。但在工作过程中，客运职工的人身合法权利经常受到侵害，这不仅影响铁路运输生产的安全和秩序，而且对职工个人的身心健康和整个队伍的稳定也带来负面影响。因此客运职工维权是一项刻不容缓的工作。企法部成立调研小组先后到北京客运段、石家庄客运段、北京站、北京西站等单位，就客运职工维权工作情况进行调研。针对调研中发现的问题，经过梳理、分析，提出了相关报告。

一、集团公司客运职工维权的现状

1. 客运职工客观上有维权的需要

第一，客运职工在集团公司广大干部职工中是一个庞大的群体，本次调研的几个单位，一线客运职工均达到几千人。例如，北京西站现有职工 2 190 人，其中一线人员有 1 974 人；北京站共有职工 1 612 人，一线职工 1 534 人；石家庄客运段有职工 3 187 人，一线职工 2 765 人；北京客运段有职工 3 813 人，一线职工 3 396 人。客运一线职工群体数量庞大，存在合法权利受保护的主观需求，尤其是自身权利受到不法侵害后的维权需求。

第二，作为客运职工，侵权事件不可避免，客观上存在维权需要。例如，2022 年度北京西站发送旅客人数为 1 536.7 万人次，北京站为 6 000 万人次；2021 年度石家庄客运段运输旅客人数为

4 097万人次、北京客运段为 5 037.4 万人次；2022 年度石家庄客运段运输旅客人数为 1 965 万人次、北京客运段为 2 790.7 万人次；2023 年度截至 5 月 15 日北京客运段已完成运输旅客 3 424.6 万人次。每名客运职工每天都要面对大量的旅客，虽然绝大多数旅客文明守纪，能够尊重客运职工现场指挥，但不排除个别旅客素质低下、法治观念淡薄，发生侵犯客运职工权益的事件。

第三，日常客运工作中存在侵犯客运职工权益的行为。本次调研走访的几个单位均为运输任务相对较重的单位，普遍反映客运职工经常遭受旅客的不文明语言举止，甚至侵权行为。

北京西站反映，最常遇到的现象是，因许多旅客对铁路相关运输政策不了解而对现场运输疏导工作不予配合。虽在职工引导下，多数能够予以配合，但也会碰到言辞过激、拳打脚踢、脾气暴躁的旅客，如不配合检票，殴打客运员。

北京站称，职工在履职过程中经常发生被旅客推搡、辱骂以及冷暴力、不配合的现象。如一些醉酒、精神异常的旅客或时间紧着急赶车的旅客在进站过程中，因存在无票、携带违禁物品等不符合进站规定情况被拦阻时，即对客运工作人员进行辱骂、推搡、扇耳光、殴打等行为。

石家庄客运段反映，曾经有一名旅客在该段所值乘的高铁某次列车车厢内破口大骂，并扬言要打列车长，后了解该人是产后抑郁症；某次高铁列车，旅客对席位置换不满，有的旅客在车厢内大声喊叫指责铁路不作为，有的旅客收到 12306 短信提醒但因自身原因没有看到，对列车工作人员进行语言攻击和刁难；2023 年 1 月 12 日，K1263 次列车列车长为制止一名旅客殴打其他旅客，造成该列车长的鼻梁红肿瘀血，右上眼皮出血。

北京客运段称，由于处在运输第一线，是直面旅客群体第一现场，所以在具体工作中客运职工会遇到一些旅客不理解、不配合情形，受到旅客的推搡、辱骂时有发生。

以上单位反映的情况说明，客运职工在履行职务过程中，权利受到侵害的事件经常发生，客运职工维权工作十分必要。

2. 相关单位制定有相应措施

对客运职工履行职务过程中遇到的旅客辱骂、推搡、不配合等问题，各单位均有相应的制度措施。石家庄客运段针对客运员在工作中受到旅客刁难或侵权的行为，制定了《发现和防止安全隐患小额快奖实施办法》，规定在第三章奖励内容和标准中第一项服务质量中，因落实作业标准，不被旅客理解，受到辱骂、殴打，做到骂不还口，打不还手的奖励 200 元至 500 元；旅客之间发生矛盾，乘务员劝解受到误伤的奖励 1 000 元至 2 000 元。

其他单位在发生此类事件时，一方面要求客运职工应当遵守职业素养，注意服务态度，同时也要求工作人员要予以灵活处理。双岗作业时，同岗人员应第一时间前往劝阻，如遇到行为激烈、言辞过激的旅客，要及时电话报警，通过公安机关解决等。

3. 客运职工主动维权情况较少

侵害客运职工权益的事件虽然大量存在，但真正进行主动维权的情况较少。调研的几个单位除北京客运段有过维权事例外，其他单位均没有进行主动维权的情形。

2021 年 1 月 14 日，由北京客运段京广高铁车队担当的北京西开往福田的 G71 次列车上，乘务员谢某某遭到一名旅客殴打，北京客运段积极维护乘务员权益。原计划通过诉讼形式维权，后当事旅客经湖北省人民医院法医司法鉴定所鉴定结果为双相情感障碍，案发时伴有精神病性症状躁狂发作，无刑事责任能力。武汉铁路公安局武汉公安处依据《中华人民共和国治安管理处罚法》第十三条规定，对责任人不予处罚。但北京客运段积极与该旅客监护人沟通，要求对乘务员进行了赔礼道歉并赔付了医药费，使谢某某从心理上真正感受到单位对一名职工的关心和爱护。

2023 年 3 月 10 日，一名男性旅客到霸州站售票窗口购票，在付款过程中，有 1 元残币。售票员卢某某要求更换残币并补足余款，该旅客听到售票员的要求后，开始无理取闹，对售票员卢某某进行了长达 6 分钟的持续辱骂和人身威胁，在此过程中售票员卢俊阳严格落实客运提质文明服务要求，做到了骂不还口，冷静处置并及时报警。3月16日霸州站派出所依法对该名旅客进行了传唤,并依据《中华人民共和国治安管理处罚法》给予其罚款500元的行政处罚。

二、客运职工维权弱原因分析

1. 主动维权意识不足

从本次调研的结果来看,客运职工在受到侵害后,主动维权比例小的主要原因有三个方面。一是企业主动帮助职工维权意识不强。侵害职工合法权益的事情发生后,客运单位往往会采取息事宁人的态度,对帮助职工维权的意识不强。二是程序烦琐,职工主动维权的积极性不高。客运职工日常工作较忙,遇到自身合法权益受到侵害的情形发生时,也往往忍气吞声。另外,维权是一种资源、能力、力量的综合博弈,维权成本高、流程麻烦,个人的力量很难把握维权的走向。三是企业、职工不知道怎么维权。在客运职工自身利益受到损害时,单位和职工对权益内容、维权程序认识模糊,甚至不知道怎么维权,从而导致企业和职工主动维权的意识不强。

2. 主动维权制度缺失

客运职工在客运服务过程中遇到旅客对服务不满,受到旅客辱骂、攻击等情况时,国铁集团、集团公司制定有相应的服务规范要求和处理流程,客运职工按照相应的流程处置即可。但对于客运职工自身权益受到侵犯需要主动维权时,目前尚无相应的管理办法和制度规定。

集团公司层面关于主动维权的规定也都散见于集团公司法律事务管理办法、纠纷案件管理办法以及债权债务管理办法等制度中,具体到客运职工主动维权的内容、程序问题,并没有相应的制度予以明确规定。本次调研,各单位也都希望集团公司制定相应的制度指导客运职工的维权工作。

3. 主动维权难度较大

首先,在侵害客运职工情形发生时,有时侵权人的身份信息无

696

法确定。有些侵权行为发生后，旅客即刻就离开现场。如购票人对售票职工辱骂后立即离开；旅客在下车时对乘务人员不满，辱骂或推搡乘务人员后，乘务人员因为需要服务其他旅客无法及时制止或采取措施，导致侵权人已经出站等情况，都会导致侵权主体信息无法取得。其次，是侵权取证工作较难。有些侵权行为当时危害后果并不严重，多未留存有关证据，后期发现侵权后果严重时，则存在证据难以取得的情况。最后，很多维权工作需要公安机关，甚至事发时周围旅客的依法配合，这都给维权工作带来一定难度。

三、加强客运职工维权的相关建议

1. 制定制度管理办法，规范主动维权工作

鉴于客运职工主动维权工作的主要问题是集团公司及各单位均没有建立统一的制度规定，因此集团公司应当出台统一的主动维权管理办法，规范包括客运领域职工主动维权，从而完善主动维权制度、规范主动维权流程、明确主动维权主体和责任等，填补和完善主动维权这一管理制度上的空白。

2. 履行企业主体责任，加大主动维权力度

客运职工在履行职务时受到来自他人的侵害，作为职工所在企业有权支持职工进行维权，是维护职工权益的合法行为主体，企业应发挥组织优势，整合利用企业资源为职工主动维权。一是提供维权物质支持，企业作为维权的合法行为主体，有义务承担维权中产生的诉讼费、交通费等合理费用。二是合理利用单位的群团组织力量，运用好共青团、工会等群团组织的工作职能维护职工合法权益。三是组织单位内具有在维权领域具有丰富实践经验的人员，为职工维权当好参谋和助手，在参加谈判、调解、信访时提供指导和服务。

3. 强化双向沟通反馈，加大法务介入力度

按照集团公司《法律信息双向反馈实施办法》，客运部门与法务部门要加强信息沟通与反馈，发生客运职工侵权事件时，客运部门应当主动沟通法务部门，法务部门应当协助当事人做好证据的

收集梳理、法律文书的起草等工作,并及时提供咨询、指导乃至代理等法律服务,解决客运职工主动维权的后顾之忧,不断推进客运职工主动维权工作的深入发展。

4.加强普法宣传教育,提升主动维权意识

主动维权工作开展或取得的效果,主要取决于广大干部职工自身维权的意识和单位帮助维权的意识有没有、强不强,二者息息相关。因此,要做好客运职工主动维权工作,必须培养客运职工主动维权的意识。集团公司及各单位在各级普法教育活动中,要把客运职工的维权工作作为普法重点,切实增强客运职工法治观念,树立维权意识。

关于铁路局集团公司制度体系建设的调研报告

中国铁路呼和浩特局集团有限公司企法部

王　刚　李　烨　李　鹏

按照国铁集团加快构建现代化铁路治理体系工作要求，先后深入集团公司各运输站段、非运输企业、合资铁路公司，采取现场检查、座谈交流、问卷调查等方式开展现场调研，了解和掌握基层单位制度建设整体情况，重点解决基层单位制度建设过程中存在的问题，形成"系统完备、科学规范、运行高效"的制度体系，为集团公司运输生产、安全管理提供制度保障。

一、调研内容

本次调研重点突出解决基层单位制度体系建设中存在的实际问题。一是了解和掌握所属单位对制度分类分级管理和明确决策主体等制度体系建设关键项点落实情况。二是了解和掌握所属单位制度"立改废"推进落实情况，重点查看制度管理办法、年度制度计划制订实施以及有效制度目录和废止失效制度目录印发公布等情况。三是和基层单位主要领导、相关人员座谈交流，听取基层单位对集团公司制度建设的工作建议，提出需要集团公司指导解决的问题。四是针对发现的问题，研究制订整改方案，主动担当作为，指导所属单位规范制度建设，提高制度管理水平，推动集团公司制度建设工作取得新成效。

二、基本情况

2022年以来，我们组织运输生产站段、非运输企业、各控股合资铁路公司强化制度建设、构建制度体系,有效推动集团公司制度建设各项任务落地落实。

（1）强化顶层设计,构建完善的现代企业管理制度体系。以深入学习贯彻落实习近平法治思想和国铁集团推进构建"六个现代化"治理体系为契机,把强化制度建设同构建现代化治理体系紧密结合,建立以公司治理体系、治理能力现代化和法律事务管理与经营管理深度融合为目标的现代企业管理制度体系,修订完善《集团公司制度管理实施办法》,明确制度层级、类别划分,健全制度的起草、审查、决定、发布、实施、监督检查等工作机制。以公司章程为基础,建立以基本管理制度、具体规章制度、工作规范制度三个层级和法人治理、经营管理、安全管理等十六个类别为基本框架的经营管理制度体系;公布《企业经营管理制度目录》收集现行有效的经营管理制度 488 个,废止、失效经营管理制度 36 个。

（2）夯实基层基础,全面提高运输站段制度管理水平。按照"系统完备、科学规范、运行高效"的原则,通过试点先行、总结经验、全面推广的方式,规范运输站段制度体系建设,建立健全安全管理、运输生产、经营管理、人力资源、财务管理、物资管理、综合管理、党的建设和群团工作 8 类制度,科学划分制度层级,明确决策主体,全局 35 个运输站段建立了制度体系,公布了制度目录。

（3）以制度建设为抓手,推动非运输企业、合资铁路公司规范公司治理。制定实施《关于明确集团公司对运输生产站段和非运输企业管理关系的规定（试行）》,进一步明确集团公司对运输站段、非运输企业的职能定位、权责划分和运行管理。修订《非运输企业公司章程》,把加强党的领导和完善公司治理结合起来,指导非运输企业建立各司其职、各负其责、协调运转、有效制衡的公司治理机制,指导非运输企业、各控股合资铁路公司梳理本单位制度建设情况,组织机关各部门对非运输企业制度建设情况进行审核,列出应建必建制度清单,公布制度目录,强化制度落实,规范制度管理,保证制度的严肃性和执行力。截至目前,10 家非运输企业梳理形成有效制度目录,建立了制度体系,各控股合资铁路公司梳

700

理了制度目录。

二、存在问题及原因分析

（一）从现场调研情况看

集团公司指导运输站段、非运输企业分别建立了八类制度，划分了层级、类别，明确了决策主体，建立了制度体系，公布了制度目录，但部分单位在贯彻执行过程中打了折扣，没有按要求全面推进落实，仍需进一步加强。

（1）制度体系建设仍是基层单位制度建设的薄弱环节。部分单位虽然印发了制度目录，但制度体系建设关键项点存在缺失。例如，包头电务段、包头工务段、呼和工务机械段制度目录缺少制度类别、层级、决策主体。包头货运中心、呼和货运中心、锡林浩特车务段、大板机务段、大板车务段、鄂尔多斯车务段、集宁货运中心制度目录缺少决策主体。

（2）部分单位制度立改废推进不及时，需要进一步加强。例如，锡林浩特综合维修段、锡林浩特车务段、呼和通信段未按要求制定制度管理实施细则。部分非运输企业应建必建制度存在缺失。又如，指导 10 家非运输企业开展制度体系建设工作过程中，集团公司机关各部门审核非运输企业制度目录，提出需要列入制度建设计划进行细化的制度就有 58 项之多。

（3）制度管理办法急需修订。目前，集团公司所属各单位《制度管理办法》均为依据呼铁企法〔2016〕314 号文件制定，已不能满足制度建设需求，特别是在制度体系建设、制度决策与分布等关键环节缺乏规范和指导依据，需要修订完善。

（4）合资铁路公司制度建设有待加强。集团公司《企业经营管理制度目录》公布有效制度 488 项，其中，70 余项制度明确合资铁路公司履行决策程序后执行，通过调研发现大部分单位对政策理解把握不到位，没有履行决策程序，也没有进行细化或转发，制度落实与集团公司要求存在偏差。

（5）部分单位对制度建设重要性认识不到位，工作进度和集团公司工作安排不一致,影响了制度建设整体工作的推进进度和落实效果,缺乏大局意识和主动担当作为的精神。

(二)从问卷调查情况看

本次调研面向基层单位 100 余名职工发放了调查问卷,从调查问卷情况来看,基层单位均对集团公司制度建设整体工作表示肯定和支持,但在具体细节上还有一些问题需要解决。

(1)部分制度操作性不强,需要修订完善。90%的受访者认为大部分制度具有较强的操作性,能够满足日常管理需求;10%的受访者认为部分制度操作性不强,需要重新修订完善。

(2)制度建设的宣贯力度需要加大。35%的受访者认为本单位制度宣贯有所弱化,需要通过培训会、专题学习会等形式加强制度培训学习。10%的受访者对集团公司制度建设相关规定了解不全面,政策掌握不及时。

(3)部分单位未按要求开展制度建设。40%的受访者对制度决策程序不了解,大部分制度由分管领导直接签发。

(4)制度信息系统宣贯工作需要加强。集团公司研发了经营管理制度信息平台,组织机关各部门、运输站段对制度内容进行了录入,并通过召开培训会、在集团公司局域网站首页添加飘窗等方式进行了宣传,但通过问卷调查发现,仍有 30%的受访者没有登录过制度信息系统,对其功能不了解。

三、下一步整改措施

(一)优化制度体系、推动制度落实

(1)全面落实《集团公司制度管理实施办法》,通过召开培训会等方式,加强集团公司制度管理实施办法的宣传,对制度的起草、审查、决定、发布、实施等全过程进行规范,坚持制度内容、规范格式、制定程序并重,提高制度制发质量。

(2)在现行有效制度分类集合的基础上,优化设计制度体系框架,明确制度层级、类别划分原则,形成集团公司新的制度图谱。

(3)指导集团公司所属各单位修订完善本单位制度管理办法,

明确制度类别、层级、决策主体划分依据，优化本单位制度图谱，规范推进制度建设。四是优化集团公司经营管理制度信息系统，实施制度动态管理，为基层单位提供全面、准确、便捷的制度管理信息平台。

（二）加强过程指导，提高制度质量

（1）加强制度宣贯，强化制度落实。充分运用集中学习、业务培训、专项宣讲等方式，加强管理制度的宣传教育，引导干部职工熟悉管理制度、遵守管理规定、抓好制度执行，促进各单位各部门增强制度意识，维护制度权威。

（2）加强制度实施，动态开展制度立改废工作。全面分析现有制度情况，推动制度修订工作，组织集团公司所属各单位开展本单位制度清理工作，巩固制度体系建设成果，确保制度体系高效运行。

（3）组织机关各部门对控股合资铁路公司制度建设情况进行审核，提出指导意见，形成有效制度目录，强化推进落实。

（三）加强过程监督，提高管理水平

（1）坚持把重要文件合法性审查作为从源头规范企业经营管理行为的一项基础工作，建立分类管理和逐级审查模式，严格审查流程，提高审查质量，对基本制度、重要制度由集团公司法律部门实施专项审查，审查意见作为提交集团公司党委会、董事会、总经理办公会的议题材料组成部分。

（2）加强规范性文件备案审查。认真落实国铁集团规范性文件备案审查办法规定，将备案说明先行审核前移至上会决策或领导签批前，规范管理制度的决策程序和发布形式，确保"应备尽备，应备必备"。

（3）把制度建设纳入集团公司经营业绩考核和站段标准化规范化年度考核评价，重点对未按要求制定实施制度管理办法、未建立制度体系或制度图谱、未及时更新制度目录的单位进行减分考核，确保集团公司制度建设各项工作顺利推进。

关于合资铁路公司办公室系统
"三办三服务"工作质效的调研报告

中国铁路南宁局集团有限公司总值班室　　林文彬

合资铁路已成为我国铁路建设的主流模式和国家铁路网的重要组成部分。合资铁路公司作为独立法人,负责合资铁路项目策划、投融资、建设、运营、债务清偿和保值增值等全生命周期过程,高质高效规范的管理,对于合资铁路的可持续发展具有重要意义,尤其是作为合资铁路公司综合办事机构的办公室更要走在前、作表率。为此,2023年4月至6月,利用在广西沿海铁路股份有限公司(以下简称沿海公司)办公室挂职的契机,以沿海公司办公室系统作为调研对象,深入开展现场调研走访和座谈讨论,广泛开展网络问卷调查,了解情况、分析问题,研究提出对策建议,为提升合资铁路公司办公室系统"三办三服务"工作质效提供参考。现将有关调研情况报告如下:

一、沿海公司办公室系统基本情况

沿海公司属于中国铁路南宁局集团有限公司(以下简称南宁局集团公司)控股子公司,成立于2002年6月18日,运营管理2条高铁和6条普铁,里程946.9公里,下设8个运输站段和2个非运输企业,在岗职工5 641人。沿海公司办公室系统主要由公司本级和8个基层站段、2个非运输企业的办公室组成,11个办公室在机构设置、人员编制、承担职责、工作成效等方面各有特点。

1.机构设置方面

人员机构设置主要有三类模式:

一类是行政办公室、党委办公室、董事会办公室"三办合一",

如公司本级和2个非运输企业。一类是行政办公室和党委办公室"两办合一"，如钦州车务段和防城港车站；还有一类是行政办公室和党委办公室"两办分设"，其余6个站段办公室均为此类模式。

2. 人员编制方面

人员编制主要有两个特点：一是站段办公室人员编制与体量相当的国铁站段相比，总体偏紧张。如钦州工务段和百色工务段管辖里程差不多，但前者比后者少3人。二是实行"两办合一"和"三办合一"的办公室，工作聚焦性、协同性进一步提升，人员更加精简高效。如防城港车站"两办合一"后，仅保留了原行政办公室的编制，但承担了原行政办公室全部职责和原党委办公室部分职责。

3. 承担职责方面

每个单位都各有千秋，除了承担办文办会、文稿信息、调研督办、组织宣传、档案信访等办公室基本职责外，根据各单位实际，还相应承担了法律事务、节能环保、零小工程、物资采购、武装保卫、综治维稳、反恐护路、单身宿舍、伙食团、离退休等职责。

4. 工作成效方面

近年来，沿海公司办公室系统各项工作所取得的成绩，虽然在南宁局集团公司办公室系统中总体处于中等偏上水平，但也有些工作可圈可点、走在第一方阵。如党建工作，公司本级和4个单位2022年度党建考评位列南宁局集团公司第一方阵，沿海公司办公室牵头起草的党建文章和牵头研究的党建课题，分别获得广西党建研究会主题征文二等奖和南宁局集团公司2022年度党建研究课题一等奖；保密工作，沿海公司荣获了2021—2022年度南宁局集团公司保密工作先进集体；信息工作，公司本级2022年度在南宁局集团公司排名小组第6、至2023年6月党群信息排名第1，钦州车务段2022年度排名小组第1、至2023年6月排名第2。

二、存在问题及分析

1. 职责定位不够清晰

大部分"两办分设"的基层站段办公室整体职责职能界定不够

清晰,除了承担办公室的基本职能外,还相应承担了许多其他非职责范围内的业务职能,有的站段办公室甚至还承担了修建计划、安全生产费、安质效考核、物资采购、消防、反恐护路、专特运、特种设备管理等职责,有的站段办公室干部现场检查量化和值班安排均比照业务科室管理。承担过多职能需要相应对接上级多个主管部门,上面千条线、下面一根针,一人身兼多职,容易精力旁顾,难以聚焦主责主业,工作干不出太多亮点,造成办公室在领导心中失去地位,在科室、车间面前失去权威。

2. 队伍素质有待提高

办公室人员大多来自各专业领域,水平参差不齐,办公室专业知识和综合协调服务意识普遍不高,缺乏既懂行政又专党建、既会处事又能出文章、既了解地方又擅长铁路的复合型办公室人才。尤其是绝大部分从事文字工作的同志都是"半路出身",边摸索边写,没有接受过系统的培训教育,其知识结构和能力素质往往表现出不适应,有些同志写材料怕吃苦,缺乏精益求精的敬业精神和吃苦耐劳的奉献精神,主动摸索思考较少,跟中心、想大事、站在更高层次思考问题不够,为领导提供前瞻性、全局性的建议方面还有所欠缺。究其原因主要有三:一是人才梯队培养缺乏体系性;二是陷入了"事务主义"漩涡,主动思考自身工作较少,工作停留在表面;三是学习主动性不强,存在"躺平"思想。

3. 业务基础比较薄弱

有的站段领导对办公室工作关心关注不够,再加上部分办公室人员对自身要求也不高,造成一些基础性工作处于低水平徘徊。比如,在决策"三重一大"事项方面,研机析理不够,简单地停留在做记录、补台账等表面工作,没有处理好决策效率和规矩规范之间的关系。在办文办会方面,公文处理规范意识不强,低级问题大量存在,公文流转也存在梗阻;会议保障力度不够,应对突发情况能力不足。在政务值班方面,落实值班工作管理办法有差距,突发事件信息报送不及时、不准确、不全面,有的甚至迟报、漏报、瞒报。在信息工作方面,有的站段办公室把信息工作当成负担,存在应付交差心态。在督办工作方面,不愿督、不敢督、不会督,督办事项不追踪、不考核、不通报。在档案工作方面,有些站段办公室主任思想上不重视、制度上不清晰、流程上不熟悉,对档案工作听之任之。

4. 干部职工认可度不高

从面向基层单位领导班子、科室干部和机关干部开展的网络问卷调查情况来看,干部职工对沿海公司办公室系统的工作认可度还不够高,主要表现在:一是参谋辅政作用发挥不到位,干部职工对督办工作的满意度不到 1/3,对调研工作满意度不到五分之一,各项工作中没有一项工作的满意度过半。二是官僚主义还不同程度存在,在办公室系统存在的突出问题方面,排名靠前的分别是"服务能力还不够强""深入基层帮助基层协调解决困难少",分别占比 41.99%、35.94%。三是工作标准没有全面体现,仅有 1/3的干部认为办公室工作标准高、工作效率高,认为执行力强的不到1/3。四是办公室的存在感偏低,超过 1/3 的干部对办公室工作没有明显感受,接近 1/10 的干部不了解办公室的职能。

三、提升沿海公司办公室系统"三办三服务"工作质效的建议

1. 立足改革创新,提升服务效能

(1)理顺优化站段办公室职责。全面梳理站段办公室工作职责,研究提出优化方案,从公司层面统一明确办公室职能和权责,将部分专业工作交由专业部室负责,如将采购职能交由单位材料管理部门负责。引导站段配齐配强办公室人员,更加突出办公室参谋助手、综合协调、服务保障等作用发挥,更好与上级办公室的业务衔接。分析总结"两办合一"的利弊,研究扩大试点范围的可能性。

(2)优化办公室内部岗位分工。大力推进一人多岗、一岗多能,促进人员互补、岗位互补。比如目前钦州车务段办公室机要员兼档案员效果良好,可研究推广。

(3)研究办公室业务集中管理。借鉴汽车、食堂集中管理经验,利用钦州地区单位集中的优势,研究将一些办公室业务集中管

理。比如利用闲置的钦州站站房建设钦州地区的"档案馆",负责钦州地区各站段的档案管理,既可以解决档案库房不足问题,也可以提升档案管理水平。又比如将后勤管理统一归口房产生活段负责,让办公室从繁重的后勤事务中解脱出来,更加专注于政务服务和辅助参谋职能。

(4)加快推进办公室业务信息化建设。加强与南宁局集团公司办公室沟通对接,解决当前综合办公平台办文不简便、移动端用户范围窄等问题;立足自身开发督办、决策会议、档案管理等系统,全面推进数字化转型,提升整体工作效能。

(5)建立健全考核激励机制。突出问题导向、结果导向和业绩导向,坚持量化考核和定性考核相结合,对能够量化的工作尽可能设计量化指标,对不易量化的工作设计定性评价指标,充分激发内生动力、挖掘工作潜能、调动工作热情,形成人人争先、个个出彩的浓厚氛围。

2.聚焦中心工作,强化参谋辅政

(1)发挥好以文辅政作用。以"优化提升现有人员、接续培养新生力量"为目的,全面摸排有写作才能和写作兴趣的职工,建立写作人才库、资料素材库、经验交流群,最大化共享资料素材库,不定期组织交流讨论,打造一支善于把握领导工作思路和意图、精于文字综合归纳提炼的写作人才队伍。带头大兴调查研究之风,抓住领导的关注点、中心工作的聚焦点和基层突出的疑难点,制订季度调研计划并深入现场调研,为领导科学决策、推动工作提供参考。利用好值班室的"前哨"作用,构建"大信息"工作格局,统筹各类信息资源,丰富信息载体,提高信息价值,发挥好信息参谋辅政作用。

(2)发挥好督促落实作用。完善督查督办管理办法,建立督办管理系统,配齐配强力量,严格落实"有布置必有检查、有检查必有通报、有通报必有考核"要求,营造敢于较真碰硬唱黑脸以及敢负责、敢担当、重执行氛围,解决好"不愿督、不敢督、不会督"问题。善于借领导之"威"、部门之"力"、舆论之"势",形成强大工作合力,

708

比如建立办公室、党工部、纪委、安监室、融媒体中心等部门联合现场督查机制,实现由单一督查向联动督查转变,既解决办公室督办力量不足问题,又能提高督查督办工作实效。

(3)发挥好统筹协调作用。突出把握大局大势,主动加强对上汇报沟通,准确领会上级决策部署,及时了解上级关切,争取上级帮助指导;突出解决基层困难,加强对下互动沟通,紧密保持与基层联系,及时发现和帮助基层解决困难,确保政令畅通、信息畅通;突出营造良好外部环境,加强与兄弟单位、地方政府、合作企业的联系,推进路地、路企会谈事项落实,深化融合发展。发挥好值班室应急综合协调作用,加强办公室系统应急能力建设,优化完善应急处置流程,构建规范高效的应急处置机制,做到应急有备、应对有序。

3.深化精益管理,夯实业务基础

(1)加强制度体系建设。坚持用制度来约束行为、规范工作,组织对办公室系统现行制度进行"立改废",逐步建立健全从政务服务到事务管理、从外部协调到内部运转等办公室工作制度,形成全覆盖、无缝隙的制度体系,避免出现管理真空,使办公室工作做到有章可循、有据可依,并在执行上做到"严"字当头,按章办事,不徇私情。

(2)梳理优化工作流程。按照程序精简、环节顺畅、责任明确、标准细化的基本要求,组织全面梳理办文办会、信息调研、文稿写作、督查督办、值班应急、档案管理、机要保密、信访接待等各项业务具体工作流程,并对照先进查漏补缺甚至实施流程再造,确保流程科学合理,实现工作流程化、规范化,提升工作效能。

(3)提高工作标准。从公文审核把关、会务组织等事务性工作抓起,发生差错严肃考核,逐步引导全体人员牢固树立"办公室无小事""细节决定成败"的意识,养成严谨细致、精益求精的工作习惯,力争做到"文经我手无差错、事经我办请放心"。

4.突出党建引领,狠抓队伍建设。

(1)狠抓政治和业务学习。结合学习贯彻习近平新时代中国特色社会主义思想主题教育,持续深入学习习近平新时代中国特色社会主义思想和系列重要讲话精神，理解掌握新时代党的路线、方针、政策，强化理论武装，保持清醒头脑，提高政治洞察力和敏感性。建立完善业务学习制度，利用好"铁笔匠心"小课堂平台，创新学习形式、丰富学习内容，在加强办公室业务知识、铁路专业知识学习的同时，突出抓好公司治理、法律法规、经营管理、心理学等知识学习。

（2）狠抓干部纪律作风。坚持严格管理，强化纪律监督，突出抓好票证印章、会务接待等重点环节廉政风险防控，加强对领导身边工作人员的教育和管理，防止特权思想、搞特殊化，维护办公室清正廉洁形象。引导干部职工始终以大局为重、以事业为重，培育形成"讲政治、顾大局、敢担当、重落实、守纪律、甘奉献"的工作氛围，展示新时代办公室新面貌、新气象。

（3）狠抓人才梯队建设。坚持把办公室打造为人才培养的"炼钢炉"，建立办公室人才体系化梯队培养机制，在各个办公室内部加大人员轮岗交流力度，在办公室系统中采取助勤、挂职、跟班学习、举办培训班等方式，开阔视野、增长才干，经常出题目、交任务、压担子，促进办公室人员成长成才，打造一支复合型人才队伍，推动沿海公司办公室系统整体工作提档升级。

关于业务外包、劳务派遣的调研报告

中国铁路青藏集团有限公司

王立中

为进一步规范管理业务外包、劳务派遣工作,防范法律风险,组织企法、经开等部门成立专项调研组,重点对西宁客运段、西宁工务段、西宁车务段、西宁房建生活段、青海青藏铁路物流有限公司等单位业务外包、劳务派遣工作进行了调研。

一、基本情况

目前,集团公司业务外包、劳务派遣工作存在于客运、车务、工务、机辆、供电、房建系统以及非运输企业,主要从事餐车经营、客运服务、装卸业务、施工维修、保洁洗涤、安检安保、设备维修等工作。从 2022 年底总体数据来看,集团公司业务外包工作总金额 7.23 亿元,其中运输系统 1.7 亿元、机辆系统 0.99 亿元、工务系统 2.6 亿元、供电系统 0.6 亿元、房建系统 0.6 亿元、其他 0.74 亿元;劳务派遣用工 1 196 人,约占集团公司职工人数的 5%,业务涉及范围广、从业人数多。从对 9 个调研单位的总体情况来看,涉及消防、保洁、食堂、设备维护等工作,签订 143 份合同。从管理模式来看,各单位基本能够按照集团公司《业务外包管理办法》《劳务派遣工使用管理实施办法》规定流程进行审批。但在实际过程中还存在合同倒签、履约困难、管理不规范等问题。

二、存在若干问题

(一)劳务派遣方面

1. 基础管理不规范

(1)劳务派遣人员基本状况掌握不清。多数单位在签订劳务

711

派遣协议后,存在"一签了之"的问题,对劳务派遣人员与用人单位是否签订劳动合同,用人单位是否按照合同约定向派遣员工按期缴纳社保等情况掌握不清。

(2)存在"逆向派遣"的风险。为妥善解决厂办大集体职工有关问题,铁服公司将原集体制职工劳动关系转移至劳务派遣公司后,虽工资待遇及工作地点、时间、岗位等均未发生变化,但可能产生"逆向派遣"的问题,引发劳动关系法律风险。

2.制度执行有差距

(1)劳务派遣管理不规范。西宁客运段部分劳务派遣工派遣周期超过国铁集团、集团公司要求,派遣人员在客运段从事工作已超过4个合同周期,存在签订无固定期限劳动合同的风险。

(2)劳务派遣招投标环节漏洞较多。铁旅公司2022年度劳务派遣用工招标三次流标,劳务派遣项目最终以业务外包招标完成,导致新旧公司过渡期较长,签订合同滞后。

3.合同管理不到位

(1)合同条款未结合实际进行细化。西宁客运段在劳务派遣协议中未结合工作性质,明确用工人员标准及条件,对安置、报酬等条款约定不清。

(2)年度合同签订滞后。部分单位劳务派遣合同签订严重滞后,劳务派遣公司单方面退出后,没有追究违约责任的依据。

(3)劳动合同变更不及时。西宁客运段劳务派遣人员转正为集团公司合同制职工后,未及时变更劳动合同,造成相关人员劳动关系变更和社保费用缴纳滞后的问题。

(二)业务外包方面

1.招投标制度不够完善

(1)相关制度可操作性不强。目前业务外包项目招标按照《青藏集团公司物资采购管理办法》(青藏铁物房)〔2021〕317号文件执行,此办法对业务外包项目特别是劳务外包缺少指引,多数单位建议集团公司物资管理部门对制度进行完善,增强可操作性。

(2)审批流程比较复杂。由于部分外包项目实施技术要求较高,按照《青藏集团公司业务外包企业选择工作实施细则》(青藏铁物房〔2021〕70号)要求,采用综合评估法进行项目招标,调研过程中,各单位普遍反映该流程较为烦琐,建议简化审批流程。

(3)项目招标与实施不连续。由于外包项目于每年1月1日实施,部分单位因不能及时完成审批及招标流程,为确保现场生产需要,在合同签订前沿用上年度单位,在新旧中标单位衔接时容易产生法律风险。

2.劳务外包管理问题突出

(1)工作量核定与实际工作出入较大。多数调研单位反映业务外包项目按照工作量计价存在困难,如西宁车务段伙食团外聘炊事人员以及西宁房建生活段公寓服务、异地锅炉房、给水所值班值守项目均由劳务工负责,无法核定实际作业工作量及作业单价,承包单位为提高收益,通过减少用工人数的方式来获取利润,无法保证工作质量。

(2)外包费用不能满足实际需要。多数调研单位因外包项目审批费用较低,导致部分项目承接困难。如经西宁工务段环湖冻害劳务用工项目工天单价为108元、农灌及防洪地段看守项目工天单价为80元、线路巡防项目工天单价为96元、伙食团炊事员项目工天单价为100元,以上费用相对市场单价较低,无法满足现场实际需求。

(3)劳务外包人员不稳定。如西宁房建生活段按规定格库线应配备287人,因收入待遇、作业环境等因素,现场实际配备123人,现有人员不能及时完成设备巡检,影响设备维护质量。

(4)劳务分包项目全过程监管缺失。如工程公司相关建设工程项目劳务分包后,对劳务分包后续工作缺乏全过程监管,造成承包单位与发包人、分包人产生经济纠纷。

三、原因分析

1.依法管理的意识不强

(1)有关法律法规掌握不清。多数单位对《劳动合同法》《劳务派遣暂行条例》等法律法规相关内容不够熟悉，对劳务派遣及业务外包工作中存在的法律风险预想预防不够，容易引发劳动争议、诉讼纠纷等法律风险。

（2）风险意识淡薄。部分单位对业务外包法律关系认识模糊，如格尔木房建生活段公寓服务外包项目，由路方人员对承包单位雇佣的员工进行了实际管理，容易被认定为事实劳动关系；同时，没有依据合同约定对承包单位进行考核，最终引起法律纠纷给格尔木房建段造成了经济损失。

2. 分类管理的措施不准

（1）不能准确区分劳务派遣和业务外包工作范围。如铁服公司保洁、装卸业务外包事项，虽按照业务外包模式签订，实践中铁服公司职工对外包劳务工进行了直接管理，存在用工法律风险。

（2）以业务外包之名，行劳务派遣之实。为解决大规模临时用工缺口，有的单位在审批劳务派遣手续困难的情况下，通过申请业务外包程序将相关工作项目进行外包，导致集团公司审批为业务外包，实际签订的是劳务派遣合同。

3. 承担后果的认识不足

个别单位为达到工作上的便利，通过变更合同的方式，将既有的劳务派遣工直接变更为外包员工，由业务外包单位接收原有劳务派遣工。例如，西宁工务段因无法办理汽车司机劳务派遣手续，直接以业务外包的形式承担，劳务人员的归属和管理模式发生改变，如发生法律纠纷，发包单位将被认定为用工单位承担连带赔偿责任，反映出相关单位对可能产生的法律后果及潜在风险认识不足、缺少事前研判。

四、下步工作建议

1. 厘清劳务派遣与业务外包管理关系。

（1）准确掌握二者适用范围。业务外包公司"既招人又用工"，路方"既不招人也不用工"；劳务派遣公司"招人但不用工"，路方"只用工不招人"。通过法治培训、法治宣传、走访调研等形式，进一步指导基层单位把握二者的区别,正确适用审批流程,确保做到"应包则包、应派则派",避免因法律关系混淆造成合同签订过程中出现"假外包、真派遣"。

(2)明确归口管理部门。从集团公司层面来看,劳务派遣工作目前由劳卫部归口管理,业务外包工作由企法部制定下发了《青藏集团公司业务外包管理办法》(青藏铁企法〔2021〕68号),文件中虽规定了相关部门的工作职责,但未明确归口管理部门,为强化集团公司对业务外包工作整体统领和日常管理,必须明确归口管理部门。

(3)清晰界定考核管理权限。按照"谁管理、谁负责,谁组织、谁负责,谁实施、谁负责"的原则,严格落实对业务外包单位和劳务派遣公司的管理权能,制定考核评价机制,从质量管理、安全管理、现场管理、工期及费用管理、优质服务风险防范、从业人员效率提升等方面开展项目评估和年度综合评价,注重评价过程及双方签任资料留存,将考核评价结果进行备案,为后期选择单位提供参考依据。

2.健全完善管理制度

(1)绘制工作流程图。为解决基层单位"适用不准"和"不会干"的问题,按照集团公司管理办法规定,由归口管理部门绘制业务外包和劳务派遣审批流程图,明确各部门及申报单位的职责与流程关系,有效避免工作的无序混乱和权责不分问题。

(2)完善相关配套制度。针对本次调研中基层单位反映的业务外包工作量计算难、评标方式转换时间长、外包费用无法确定等问题,集团公司相关部门研究后进一步优化完善配套管理制度,解决基层困难。

(3)畅通运行机制。从招标、审批、合同流转、实际履行、考核评价等环节入手,打通管理过程中的"堵点""卡点",对涉及风险事项必须严格审查并及时纠正,对正常事项必须按期完成审查程序,确保管理流程畅通无阻。

3.进一步规范合同管理

(1)注重合同签订前的尽职调查。投标单位必须是依法成立登记的公司,对投标人的资质和业务能力进行严格审查,同时兼顾考虑投标人近期工作业绩,严防"借壳中标"。

(2)结合实际规范合同文本。原则上必须使用集团公司公布的业务外包和劳务派遣合同范本,可以结合工作实际,对合同范本中的相关条款进行细化或完善。

(3)加强对合同联签及履行的监督。各级合同审查部门要结合各自工作实际严格审查合同条款,同时业务指导部门要定期跟踪合同履约执行情况,避免合同"倒签"或"一签了之"。

4.规范业务管理行为

(1)强化风险意识。无论是业务外包,还是劳务派遣,路方都不能直接对员工进行直接管理,仅对业务完成情况从工作量完成与否、质量高低等方面进行评价,相应核减承包或整体费用,并按约定追究违约责任,特别是不得考核劳务工个人,否则将会导致一定的用工风险。

(2)加强过程监督。在劳务派遣协议履行过程中,督促和监督劳务派遣公司按时、足额支付劳务派遣工的劳动报酬和缴纳各项社会保险费用,各单位应当妥善保管劳务派遣协议、劳务派遣公司与派遣员工的劳动合同、社保缴纳凭证等基础资料,确保劳务派遣用工事实清楚、脉络清晰,避免在劳动者与劳务派遣单位产生纠纷后,因劳务派遣单位支付补偿金和赔偿金时将用工单位牵扯其中。

(3)做好风险预防。在业务外包实施过程中,要防止外包单位为寻求更大的利润空间,转嫁并增加发包单位服务结算成本,或通过降低人员工资或采取其他克扣手段,造成发包单位用工风险。各单位应当认真掌握相关法律法规规定,在制定业务外包方案时将上述问题考虑周全,规避发包单位风险。

(4)健全内部协调机制。各单位要从方案制定、审核批准、选择承包方、签订合同、组织实施、过程管理、工作质量验收、会计控制等方面做好风险预防工作,内设部门根据工作职责进行管理,加强沟通协作,建立健全工作协调机制,对各环节工作做到无缝衔接,避免出现断档。

关于中鼎公司经营情况的调研报告

大秦铁路股份有限公司

丁 一 武文斌

为进一步加强合资公司运营管理,提高合资公司经营质量和管理水平,结合深入贯彻落实《国务院办公厅关于上市公司独立董事制度改革的意见》相关要求,充分高效发挥独立董事的决策、监督、咨询作用,增强对铁路行业、公司业务的感性认识。同时,致力于协助破解中鼎公司等参控股公司经营困境,推动公司"做强做优做大"战略目标实现和高质量发展取得新成效。精心组织公司管理层及独立董事,赴中鼎公司进行现场调研考察,参观了现代化物流展厅、调度中心、铁路港、多式联运港等生产场所,观摩智能化场站无人装卸作业过程。在调研座谈会上,听取了有关中鼎公司经营管理、中欧班列开行等情况汇报,并就下一步中鼎发展思路与公司管理层、中鼎物流园负责人进行座谈交流。就本次调研相关情况和关注事项,整理形成本报告。

一、中鼎公司基本情况

中鼎公司成立于 2013 年 1 月 23 日。业务主要包括多式联运、物流及配套服务,以及中欧班列等特色产品。其投资建设的中鼎物流园是首批 23 个国家级物流枢纽之一,是国铁集团规划建设的一级铁路物流基地,先后被交通运输部、国家发展改革委评为"多式联运示范工程";被国家发改委、国土资源部、住建部联合评为"示范物流园区"。中鼎公司注册资金 20.925 亿元,其中大秦公司出资 17.051 亿元,持股比例 83.64%。

（一）取得的成果

1. 打通国际物流大通道

积极响应"一带一路"倡议，落实山西省委、省政府"打造内陆地区对外开放新高地"战略部署，中鼎物流园已开辟直达 13 个国家 28 座城市的 10 条稳定国际线路。自 2017 年 2 月 15 日以来，累计组织开行中欧班列 700 列以上，实现了中欧班列常态化运行，打开了山西对外开放新格局。

2. 推动多式联运发展

中鼎公司依托枢纽运输、仓储、配套服务及资产资源优势，以现代物流为主体，吸引德邦、极兔、顺丰等知名物流企业进驻，先后与 60 余家企业合作，初步形成覆盖整个华北地区的"公铁海"网络。园区年吞吐量最高达到 1 340 万吨。

3. 推动绿色低碳物流

中鼎公司积极响应国家减排政策，在拓展焦炭公铁联运业务中，采用新能源集卡车完成公路短驳上站环节，是省内首个使用新能源集卡车参与多式联运业务的园区，采用集装箱智能场站自动化无人作业模式，助力自身物流系统与生态环境相互协调发展，被评为"太原市绿色货运配送示范工程"。

4. 经营情况

截至 2023 年 6 月 30 日，中鼎公司资产总额 31.67 亿元，负债总额 21.11 亿元，所有者权益总额 10.56 亿元。利润累计亏损 10.38 亿元。

二、主要存在的问题

作为大秦公司控股子公司，中鼎公司经营情况需依规在定期报告中披露，资本市场及广大投资者对此高度关注。在机构投资者调研、业绩说明会、互动提问中关于"子公司亏损原因、解决方案以及何时扭亏"是频繁问询的重点。经调研了解，中鼎公司盈利不佳主要有以下几方面原因：

1.重资产运作投资回报周期长,资金链紧张

中鼎公司累计投资38亿元,工程贷款18.3亿元,由此产生固定资产折旧、银行利息、土地摊销三项费用较大。项目投资较大、回报期长,呈现典型的"重资产"企业特征。以2022年为例,中鼎公司固定资产折旧、土地摊销合计12 248万元,银行借款利息费用7 296万元,三项固定成本合计19 544亿元,占全年营业总成本的63%。且三项固定成本为刚性支出,压缩空间小,而每年中鼎公司经营性现金净流入仅为2 000万元左右,无法覆盖成本支出,形成"借新款还旧账"的循环。经了解,中鼎公司2022年新增贷款5.06亿元,偿还本金加利息约4.57亿元;2023年预计新增贷款5.66亿元,需偿还本金加利息约2.8亿元。从2022年起,前期工程贷款已进入集中还款期,利息还将持续支出。后续还款压力进一步加大,资金链十分紧张,存在断裂的风险。

2.运输资产投入与产出不相匹配

(1)未能取得货运承运清算。中鼎物流园站(原名北六堡站,隶属于太中银公司)在中鼎物流园开通运营前属于中间站,不具备承揽货物运输的条件和能力。2016年11月北六堡站正式更名为中鼎物流园站,取得国铁集团开办货物运输资格。中鼎公司全权负责该站的货运营销、运营管理及安全责任等,并承担相应费用支出,实际为该站的运营主体。按照《铁路货物运输进款清算办法(试行)》相关规定,由于中鼎物流园站隶属太中银公司,清算收入归太中银公司,中鼎公司一直未能取得相关收入。

(2)受托运营收支不平衡。自中鼎物流园站开办货物运输以来,中鼎公司承担货运承运相关的营销,货运内勤、外勤等职责,承担货运办理职能及人员工资及成本支出。目前太原车务段与中鼎物流园签订的《委托运输管理协议》,每年委托管理费约794万元,扣除从业人员工资及办公支出外,年均差距约1 200万元。

(3)未取得到达相关收入。中鼎物流园站的货物到达作业全部由中鼎公司承担。中鼎公司投入了场地、机具、人力等成本,但一直未取得到达杂费。

3. 现代物流供应链融入深度不够

(1)山西省区域物流发展相对落后,区域内物流集散基地相对分散,没有形成规模和集群效应,虽然物流仓储需求大,但对高标准、高质量的设备依赖性较弱,主要依赖成本低廉、交通便利的简易仓库,导致中鼎物流园出租率不高,尤其是铁路港和商品车场地出租率仅为50%。

(2)园区货源结构抗风险能力弱。中鼎物流园辐射区域内大型企业少,周边简易仓储型物流企业竞争大,缺乏稳定的货源支撑,货源品类不丰富,抗风险能力较弱。

(3)园区只能办理件装货物、集装箱货物运输与公路运输的竞争较为激烈。由于公路运价灵活,而铁路运输环节相对较多,导致园区客户不稳定,只能通过价格竞争来吸引客户。

(4)资产租赁业务未全面盘活。虽然中鼎公司近年来利用部分闲置土地开展了木材市场、集装箱堆场、停车场等租赁业务,但是铁路港部分仓库、商品车场地出租率下降,交易展示中心房屋利用率不高等问题一直未能有效解决。

三、发展形势

2023年,国铁集团印发了《关于加快铁路现代物流体系建设的意见》,物流业的地位越来越凸显。中鼎物流园的建设顺应产业导向,是贯彻落实国铁集团关于推进现代物流转型发展战略部署的具体举措,与山西省区域经济发展形势联系紧密、高度合拍:

1. 服务"一带一路"国家发展战略

随着"一带一路"建设和"京津冀协同发展"上升为国家战略,太原局集团、大秦公司作为我国承东启西、沟通南北的重要运输枢纽,特别是作为"丝绸之路经济带"和"京津冀一体化"的结合点,可有效承担起对山西及周边省区的物流集散枢纽功能。通过建设中鼎物流园,可有效对接山西地区的区域市场和客户,打通"最后一公里",为区域内客户提供门到门、点对点的一体化综合物流服务,占领区域市场的同时,对于服务"一带一路"建设,支持建设"丝绸之路"综合物流服务体系具有十分重要的意义。

2.支持供给侧改革,推动山西经济转型升级

山西作为全国资源大省,拥有全国1/3煤炭储量,集团公司、大秦公司货物运输"一煤独大"。随着我国经济进入新常态,煤炭、钢铁等行业产能过剩已成为经济发展亟待解决的难题。国家着力加强供给侧结构性改革、提高供给体质量和效率、增强经济持续增长动力,推动我国社会生产力水平整体跃升成为新常态的经济条件下实现转型发展的重中之重。由于现代物流对现代制造业、现代商贸流通业、对我国新型城市化、消费升级具有较好的服务和支撑作用,对城市道路、交通、环境保护、城市发展等具有正向拉动,对相关产业具有带动、辐射作用和产生的蝴蝶效应,中鼎物流园可定位于为山西省培育新的经济增长点、成为供给侧改革突破口功能,推动山西经济转型升级。

3.响应国家发展现代物流政策要求

在社会经济转型的背景下,国家层面高度重视物流业发展,2014年,国务院通过了《物流业发展中长期规划》,把多式联运列为我国物流中长期发展规划的重点任务之首,先后出台了20多个100多条支持多式联运发展的支持政策举措,多式联运正式上升为国家发展战略。中鼎物流园依托铁路干线运输优势资源,以发展铁路多式联运为主线,构筑"通道＋枢纽＋网络"现代物流运行体系,不断强化多式联运运输组织效能,大力实施站场智能化升级改造,推进"中鼎物流"品牌建设,在现代物流体系建设方面,储备了人才、锻炼了队伍、积淀了丰富的实战经验。

四、对中鼎下一步发展的思考

中鼎公物流园项目虽然建设标准高、前期投入大,目前经营业绩欠佳,但是随着园区周边整体经营环境的改善和提升,其作为综合物流园的吸附作用和支撑保障功能日渐突出,经过多年市场培育、技术储备、人才锻炼等,目前来看,具备进一步发展的基础和条件。相关建议如下:

1. 建议重新明确中鼎物流园定位

从资产和货物发运业务实质而言,中鼎物流园站发货形成的承运收入,应归属中鼎公司。如将中鼎物流园站发送清算归中鼎公司,按 2022 年度中鼎物流园发到量测算,预计可增加营业收入 1.92 亿元、增加利润约 1 800 万元。建议由太原局集团公司与太中银公司、总公司清算中心进行沟通协调,将中鼎物流园站清算主体由太中银公司改为中鼎公司,中鼎物流园站货运相关收入归入中鼎公司;或将中鼎物流园接轨站变更为榆次站(恢复太中线北六堡站),按货运输入比例分配货运承运清算及杂费相关收入。若能解决中鼎物流园实际铁路运输收入和发送量不匹配的问题,将助力其减亏、扭亏。

2. 建议统筹缓解中鼎公司资金断链风险

中鼎物流园目前经营风险主要是经营资金不足以偿还银行贷款本金、利息资金,只能靠继续借款解决,为缓解资金断链风险,建议研究开展融资租赁或引入战略合作者。

(1)置换部分资产转化。2022 年末,中鼎物流园区铁路港固定资产原值 16.9 亿元、固定资产净值 13.07 亿元,土地使用权原值 6.73 亿元、净值 5.97 亿元。选取部分铁路港固定资产及土地使用权开展融资租赁业务变现,偿还银行借款,解决现金流短缺问题。

(2)注入资本金或股权转让。由大秦公司及其他股东继续向中鼎公司注入资本金,或者吸引省内或国内优质物流企业注资参股,减少中鼎偿债压力。

(3)研究探索引入战略投资者。引入诸如普洛斯、华远陆港等战略投资者,利用世界知名物流企业、大型国有企业在资金、资源及经验等方面的专业优势,共同合作开发园区,尽快形成新的收益点。

3. 加大资产开发力度

切实扭转传统货运观念,加速向现代物流转变,提高园区物流业务质量水平,紧盯园区周边重大产业落地实施进度,发挥国家物流枢纽运营主体作用,综合利用铁路、场地、仓库等资源,开发自主化仓配运一体物流产品,立足自身挖掘利润,推动园区规模和收益成倍递增,尽快实现扭亏为盈。盘活存量资产开发,采取积极营销、业务优惠等措施,尽快有效减少仓库、楼宇等空置率;尽快协调解决楼宇消防问题等重大制约因素,专人盯控对接营销,确保意向知名企业整驻、整租物流展示中心项目落地,实现物流展示中心、创客村出租率80%目标;进一步提升服务质量,保持多式联运仓库出租率95%以上。

4. 探索开发晶科能源物流总包项目

晶科能源56GW光伏项目已经落户山西综改区,项目总投资约560亿元,目前项目处于建设期,预计2024年一季度投产,一期产能2列/日,二期可达8列/日。如中鼎公司承揽晶科能源从中鼎至港口"公铁水"全程物流总包,按一期2列/日装车测算,一年总收益可达1 881万元;为满足装卸需要,需购置1台集装箱专用龙门吊、40英尺板25台,投资费用14 54万元,即预计一年可收回购置设备投资成本。按二期8列/日装车方案测算,一年总收益可达7 524万元;为满足装运需求,中鼎物流园铁路港需进行扩能改造,投资约2.29亿元,主要包括增加两条到发线,龙门吊4台,正面吊4台等,预计3.5年可收回投资成本。据了解,中鼎公司已经与晶科能源进行了持续接洽。建议由中鼎公司就该事项提交可行性报告和整体推进方案,进行专题讨论评估。

5. 大力推进多式联运示范引领

(1)融入国铁、山西及集团物流发展规划,由主管部门明晰、确定园区主要功能和发展战略;协调建立国铁物流园区信息共享互通机制,打造以铁路为主导的多式联运枢纽。

(2)以园区为核心,打造多式联运微循环,主导整合社会资源,做好"前后一公里"组织,构建山西全省及区域货运枢纽,减少倒货作业、增加倒箱作业,形成铁路骨干、公路支线、微循环联动的多式联运体系。

(3)在做好园区服务的基础上,进一步延伸服务链条,引进设立海关、检疫等,增加保险、金融、报关等系列增值服务,构筑铁路物流生态圈。

关于收入分配制度改革的调研报告

中国铁路上海局集团有限公司徐州供电段　成明华

针对收入分配的现状和改革需求,确定了调研方向,旨在总结工作成效,分析近年来段内部分配工作存在的问题,坚持以安全质量、生产任务、职业素养、创新创效等为主要分配要素,探索建立多维度挂钩、精细化考核的岗位分配模式。

一、调研的基本情况

围绕调研课题,制定了调研方案。国庆调研周期间,先后走访了徐州检修车间、新沂供电车间及部分工区,参加人员涵盖了高压电机钳工、接触网工、电力线路工等工种及车间管理人员,具有较好的代表性。调研过程中,采取集中座谈、个别交流、问卷调查、跟班蹲点等形式,力求全面摸清情况、找准问题、提出解决方案。共发出问卷 38 张,在 28 个项点中,认为目前薪酬公平的占 60.53%,认同按劳分配的占 78.95%,对拉开收入差距 1 000 元以上的占 73.68%,认为浮动工资在 10%～20% 的占 57.89%,赞成部分分配办法改革的占 78.95%。同时,收集并梳理意见建议 27 条。归纳起来有以下特点:一是职工对近几年收入增幅总满意度较高,并希望随段发展进一步提高收入;二是对收入分配制度深化改革持广泛认同态度;三是建议进一步提高收入分配的透明度,更明确奖与罚、多与少和本岗位的关联性;四是职工对收入分配如何与风险、苦脏累、工作量等要素挂钩反应强烈;五是"活不干、钱照拿"在少数职工中有一定市场,工长骨干有较强烈意见;六是职工在收入增长时横向对比容易产生不满情绪;七是对机关科室办事效率与服务意识有意见,如材料采购、计划安排、服务质量等。

724

二、存在的问题及原因分析

审视我段现有的收入分配制度,我认为突出表现为"两个不够",即压力传递不够、活力激发不够。通过本次调研和日常思考,分析收入分配方面主要存在以下问题:

(1)从联挂有效业绩上看,对接工种各要素还有差距,不能充分体现"干与不干不一样"。段目前有主要工种 6 个、其他工种 8 个,现有的收入分配制度主要以岗位系数进行分级,较为笼统单一,难以体现同岗位之间、不同车间之间的日常工作量的差异,造成职工横向比较和纵向比较的心理失衡,尤其容易形成"活不干、钱照拿"的惰性心理。

(2)从联动改革变化上看,契合岗位新变化还有差距,不能充分体现"干多干少不一样"。近年来段先后接管郑徐、徐连等新线,接触网达 4 886.5 条公里,设备增加较快。新设备新工艺持续投入,尤其是检修列、工电供融合等新变化,分配导向没有完全与安全风险、苦脏累、工作量等要素挂钩,改革与分配不能完全同步,影响了干部职工的工作积极性。

(3)从联系制度执行上看,落实分配透明度还有差距,不能充分体现"干好干坏不一样"。随着职工收入逐年提高,相应的管理水平和人员素质没能同步快速提升,以岗位职责为对照,工作目标、考核办法和各岗位职责系统细化、量化、变化不到位,分配缺乏明细,存在工资捆绑力度小、干好干坏差距不明显等问题,削弱了分配的激励导向作用。

(4)从联合职业愿景上看,把握多维度因素还有差距,不能充分体现"一时与长远不一样"。没有遵循职工群众追求多样化的新变化,把严管和厚爱有机结合起来,把行政考核作为唯一砝码,思想教育引导和职业生涯规划设计跟进不及时,缺乏辩证思维的认识和引导,形成"谁干多谁吃亏""干得多受考核多"的错误思潮,挫伤了一部分干部职工的工作热情。

三、下一步思路和对策

突出"安全、生产、效益"三个导向，以"目标管理、岗位价值、能力素质"为基础，以固定要素＋弹性分配为主线，以多元激励为补充，进一步优化分配关系，合理拉开主要行车工种与生产辅助工种、关键岗位与一般岗位、高铁岗位与既有线岗位的收入差距，形成收入看贡献的奖励考核机制，充分调动干部职工的积极性、主动性和创造性，为推动我段高质量发展提供保障。

1. 完善考核评价制度体系

（1）全面梳理和修订制度办法。针对薪酬分配激励约束作用和优化革新力度不够，职工收入很大程度存在"大锅饭"等问题，按照"细化任务分解、量化关键指标、加大绩效评估、严格结果考核"的要求，遵循现代企业制度改革和规范管理原则，与"对标找差、创优争先"指标体系、标准化规范化建设等工作连接贯通，综合考量同比增减量、预算计划完成率等，从安全质量、生产任务、经营效益等方面分类完善现有的绩效考核制度。

（2）努力形成主线和配套合一的分配机制。将科室、车间职工收入与集团公司的设备质量排序挂钩，月度获得供电系统第一名时，安全绩效奖上浮 10％，最后一名时下浮 5％，引导干部职工共保安全质量。将职工收入与安全管理结果挂钩，对各类事故、事故苗头和设备故障考核等明码标价，并明确上级通报问题、月度安全检查定量指标、发现问题整改销号等事项的考核标准，促使全员落实安全质量把控责任。

（3）切实保障分配制度的有效落地。从体系融合和配套结合上入手，完善目标管理体系，理顺从属和支撑关系，层层压实责任，突出衡量标准和执行力度，克服"两张皮"问题。定位于"精、准、细、严"，对现有制度在拓展和丰富的基础上，强化制度执行的唯一性和严肃性，严格考核兑现，让"干得好的职工多得"，形成上下贯通的思想行动相统一。

726

2.固化各岗位工种的特性要素

(1)保障岗位工种特性。充分听取和吸收职工群众的意见建议,以供电整体利益和管理目标为标尺,量化安全、经营、设备等各项指标占比,拓宽收入渠道,强化分配权重,以固定分配为基础,适当拉开系统差距,形成内部人员流动及分配导向,激发全员共担共为的整体合力。

(2)体现岗位工作劳效。试行换算公里×复杂系数二次分配形式,结合人员结构和工作量变化,坚持多劳多得、干好多得的原则,把岗位工种特性考核与实际劳动生产率有机结合,鼓励干部职工岗位奉献、兼职并岗。同时,积极引入社会风险项目管理理念,在减员和增效上寻求平衡。

(3)考虑岗位风险系数。把收入分配导向岗位安全风险,坚持风险大收入高、急难险收入高、苦脏累收入高,考虑高铁普铁、设备难易等因素,根据各车间工作性质、管辖线路、人员数量等因素,综合测算出每个车间的风险系数,体现风险、责任、待遇一致的分配原则。

3.体现个性动态评价弹性分配

(1)继续拓宽推行计分制。针对工班长管理水平有差异,存在工资捆绑力度小、干多干少差距不明显等问题,引入宽带薪酬理念,探索建立"以责定岗、一岗多级""以岗定档、一档多标"岗位绩效工资制度,适当拉开同岗位职工差距,体现能力、贡献、业绩。从深化计分制管理入手,优化考评办法,加大捆绑力度,让多干者多得。通过班组职工横向评比考核,同一工种职工之间每月收入差距拉大到 900 元左右。

(2)持续完善岗位星级管理。针对以往岗位能力大小与收入挂钩力度不够问题,进一步优化职工岗位星级管理办法,使收入分配导向技能水平与业务能力,以机制创新让技高者多得。加大星级专业技能硬性要求、评价客观要素和影响升降项点,减少人为干扰,将"一年一评"调整为"一季一评",缩短考评周期,避免"一考定终身"。加大星级奖励力度,采用岗位星级评定等级,"一岗多级"

就是按照岗位星级评定结果,将同一岗位细分为1～5级,区分同一工种职工的收入档位。五星级职工每月奖励500元,四星级职工每月奖励300元,三星级职工每月奖励100元,二星级职工不奖不罚,一星级职工每月扣罚100元。提高奖励标准,每月奖励区分等级兑现,激发职工学技练功内动力。

(3)深入推进标准化规范化建设。明确"五位一体"制衡要素,完善车间、班组标准化规范化建设标准,细化科室考核办法,按照专业科室、综合科室、其他科室进行分类,挂钩相应等级系数,每月动态考核评价,对位奖惩,通过标准化排名、月度安全结果排序、设备故障连责考核等指标,拉开管理人员收入差距。同时,强化履职过程中工作作风、工作效率、工作质量等方面问题管理问责,提升履职能力。将职工收入与标准化车间、班组等级连挂考核,按季度开展评定并排出名次,每个名次对应不同奖励系数,首、末位车间、科室的同类职工月收入可相差700元左右,切实将标准化建设的责任落实到全员肩上,增强干部职工的集体荣誉感和责任感。

4.打通职业生涯上升通道等多元激励

(1)强化正能量持续引领。紧密贴合工作和思想实际,引导干部职工正确看待功过得失,"失之东隅收之桑榆",以文化为纽带,形成企业兴我荣、企业衰我耻的命运共同体。坚持纠错与容错并举,把握好严格管理和思想疏导的结合点和工作尺度,保护"想干事、能干事"职工的工作热情,营造风清气正的良好局面。

(2)深化选拔用人的改革。探索干部选拔任用"责任档案"制度,客观评价"德、能、勤、绩、廉"等要素,坚持"赛马和相马"两手抓,加大新职人员、后备干部和高技能人才的公开选拔和公正评价力度,积极启动和推进轮岗交流、交叉任职,打造选人用人的"晋升台阶"和"阳光赛场"。

(3)固化成长愿景新轨迹。推动技能人才岗位聘任制改革,构建职业生涯管理体系,打通优秀职工上升通道。细化管理人员

"下"的情形、流程、后续管理等配套措施，让不胜任人员下得来、管得好。在定性评价上，探索"广覆盖、多维度、全方位"的360度考评机制，增加考核的全面性与客观性；在定量考核上，精准设计挂钩指标，根据年度生产经营重点及指标计划，在导向多劳多得的同时，体现与企业效益的同向提升。

关于机构设置及管理
（专业技术）人员编制情况的调研报告

中国铁路哈尔滨局集团有限公司劳动和卫生部

潘忠锐　　唐立峰　　赵忠伟　　高祥兰　　张红霞　　谷海涛

根据集团公司党委关于"做精科室、做强车间，补强管理（专业技术）人员队伍"工作的整体部署和要求，劳动和卫生部牵头，并从各业务部和相关单位抽调优秀领导人员和专业人员，共 43 人，组成 4 个专项调研组，自 2022 年 7 月 4 日至 9 月 15 日利用 72 天的时间，共深入 74 个单位、27 个部门，以及 818 个车间（中间站）和科室，先后与各单位、部门正副职、中层干部、一般干部、班组长2 142人进行座谈，下发调查表 455 份、调查问卷 1 194 份，查阅工作量台账、定现员台账、岗位职责分工等资料 2 438 份，对全局机构设置和人员编制进行了一轮彻底的"家底"清查形成的调研报告。

一、当前全局机构设置和管理（专业技术）人员编制存在的主要问题

1. 在职能管理科室层面，存在工作职能交叉、管理属性不强、工作量不饱满等问题

各单位特别是运输站段的职能科室设置上，整体较为科学规范。但各系统仍有个别单位个别科室需要调整理顺。主要问题表现在：个别科室之间业务关联度高、职能交叉重叠，造成接合部多、责任不清、相互扯皮等问题；个别科室专业管理属性不强，工作任务单一，工作量不饱满，造成管理资源浪费；个别科室功能设定不合理，承担职责繁杂，专业管理线条不清晰、专业管理职能弱化；部

730

分非运输企业一级公司职能管理部门集中管理力量弱化,不利于防范经营风险。

2. 在站段车间级机构层面,存在工作量不饱满、管理规模不均衡、管理模式不统一等问题

通过多年来持续推进生产力布局调整,各系统的车间级机构设置基本符合生产实际,满足生产需要,但仍然存在掣肘运输生产效率和管理效能的瓶颈问题,仍有一定的优化调整空间。主要问题表现在:部分车间地处边远,受区域经济影响,工作量萎缩严重,且作业区域分散,造成专业管理失衡、人力资源调剂空间受限;部分车间随着修程修制改革和运输生产组织方式变化,工作量和职工总量日趋下降,造成专业职能不突出、任务不饱和;部分车间业务职责相似,管理职能交叉,接合部问题较多,造成专业不归口、管理力量分散、人力资源浪费;部分车间管理规模过大、职工数量过多,不符合相关管理规定,存在一定的安全管理风险。

3. 在非运输企业经营机构层面,存在设置数量偏多、规模效应不强、业务虚拟和业绩亏损等问题

部分企业的经营机构体量大小不同,有的业务量很小、创效能力不强,甚至连续亏损;有的由于经营业务、客户市场变化的原因,发展空间狭窄,甚至已经没有实质性经营业务;有的在同区域设置经营机构过多,业务同质化,"小、散、弱"问题突出,未形成规模经营效应和高效管理局面。

4. 在管理(专业技术)人员编制设置方面,存在总量不匹配、结构不合理、管理特征不明显、设置数量不均衡等问题

主要问题表现在:一是干部定编与职工总量规划不匹配。按照集团公司"十四五"职工总量规划,预计到 2025 年末全局职工总量将减少 12 000 余人,如果现行干部编制不做精简,到"十四五"期末干部编制占职工总量比重将有一个较大幅度的提升。二是干部职级结构设置不合理。部分系统、单位、车间干部编制职级设置数量不科学,有的正科级和副科级编制多,一般干部编制少,职级结构呈倒"金字塔"形;有的副科级编制多,正科级和一般干部编制

少,职级结构呈"菱形";有的正科级和一般干部编制多,副科级编制少,职级结构呈"哑铃形",均不利于人才培养和后续干部梯队建设。三是部分岗位管理职能不突出、管理特征不明显。一些传统专业技术岗位和后勤辅助岗位的管理职能不突出、管理特征不明显,如计算机维护、食堂管理、指导司机、班组生产专业技术岗位、非运输企业产品营销岗位、文体场馆救援指导岗位等,需要厘清岗位职责,从专业技术岗位中剥离,调整为操作技能岗位编制。四是科室编制设置不均衡。部分单位综合类科室存在岗位职责分工过细、编制设置相对较多的情况,不同程度地具有压缩空间。各系统内部不同单位之间,同类科室在职能基本相同、业务基本一致、工作量基本一样的情况下,所配备的人员编制数量差异较大,少则两三人,多则五六人,与本单位职工总数、生产经营需要脱节。

二、优化调整的思路及建议

1. 坚持保重点保主体的原则

根据集团公司以及各单位、各部门生产工作实际,突出保机关专业处室,保站段主要专业科室,保主要运输生产车间,保边远地区实际工作需要。

2. 坚持有益人才培养的原则

在严格确定各单位(部门)管理人员编制限额总量、科室管理人员编制总量的基础上,科学铺设中层正职、副职、一般工作人员编制,搭建"金字塔"型编制体系,为人才梯次培养提供支撑。同时,为优秀人才培养预备一定编制空间,依据各单位培养需求,机动灵活调整配套编制,重点鼓励优秀人才到艰苦边远地区锻炼成才。

3. 坚持适度整合精干的原则

厘清各系统、各单位机构设置、人员编制界面,分类实施,有序精干。将生产岗位中专业技术人员编制从生产岗位中剥离,将专业技术岗位中管理职能不突出、管理特征不明显的人员编制从专业技术岗位中剥离;对专业技术属性不强、与主要业务科室职能交叉且关联较高、整体工作体量较小、业务单一的科室,管理跨度和工作量相对较小的车间,经营业务量较小、人工成本过大、创效水平不高且发展空间狭窄的非运输企业二级企业,以及承担辅助生产或后勤保障职能等机构,适度整合精简。通过实施管理(专业技术)岗位和操作技能岗位定员编制置换、机构编制结构数量调整,满足实际工作需要。

4.坚持循序稳妥推进的原则

遵循"先重点后一般,先车间(非运输企业二级企业)后科室,先专业科室后综合科室"的脉络,优先解决缺员严重的地区、系统、单位,以及边远地区的机构编制设置问题,进而有序全面铺开,实现期到必成。

三、调整机构编制方案

通过对工作量、经营业务、管理规模等因素进行全面调研和综合研判,全局各单位、部门内设机构可精简77个。其中,职能管理科室总数可精简14个(撤销20个、成立6个)。主要是撤销职能重叠、专业作用不突出的科室。例如,根据实际工作需要和科室间职责分工,可撤销各直属站信息技术科;针对哈尔滨大功率机车检修段职工培训任务量,可将其与安全科整合为安教科;针对高普一体化的工作需要,可撤销哈尔滨电务段高铁技术科,将原工作职责划交信号技术科。车间级机构总数可精简63个(撤销76个、成立13个)。主要是整合地处边远且工作量萎缩的车间,经营乏力、前景无望或同地区同业经营的非运输企业生产经营机构,各系统实训基地等辅助机构,调整优化职能交叉、专业管理不理顺的车间或生产经营机构。例如,整合职工教育资源和管理力量,撤销各系统设置在相关站段的实训基地,其职责并入职教科,与职教科实行一个机构两块牌子;整体现场生产指挥体系,撤销三间房站驼峰车间、峰尾车间,整合成立运转车间;根据既有车间布局和职能分工,撤销哈尔滨机务段、齐齐哈尔机务段、三棵树机务段检测车间,其职责分别划交相关车间;撤销各机务段待乘室,其职责分别划交新成立的后勤车间,等等。

四、调整人员编制方案

结合集团公司"十四五"人力资源规划及管理(专业技术)人员退休情况,本着"做精科室、做强车间、补强专业管理力量"的原则,同时考虑为艰苦边远地区和优秀人才培养预留一定编制空间,可精简管理(专业技术)人员编制 2 398 名,其中党群干部编制减少 81 名,行政干部编制减少 2 317 名。

1. 剥离生产辅助编制

主要通过"双剥离"的方法,对编制设置进行规范和精干。

(1)将生产岗位中专业技术人员编制从生产岗位中剥离。可精简编制 1 329 名,包括工电供系统班组生产人员编制 381 名、四等站站长编制 287 名、指导司机编制 279 名、微机维护人员编制 196 名、高铁班组生产人员编制 34 名,救援列车人员编制 29 名、辅助生产机构列生产人员编制 19 名等。

(2)将专业技术岗位中管理职能不突出、管理特征不明显的人员编制从专业技术岗位中剥离。可精简编制 364 名,包括食堂人员编制 329 名、待乘室人员编制 24 名、文体场馆救生员和指导员编制 11 名。

2. 精简撤销机构的人员编制

可精简人员编制 696 名。其中,运输站段 224 名、非运输企业 426 名、其他所属单位 34 名、建设项目管理机构 1 名、机关及附属机构 11 名。

3. 精简低效机构编制

通过对照岗位职责、工作分工、工作量大小等要素,对各单位、部门内设机构、岗位编制进行精准调研,全面梳理职能交叉、功能相近、分工过细、岗位效能低下的编制,可精简 649 名。其中,车务系统 21 名、客运系统 47 名、机务系统 48 名、车辆系统 41 名、工务系统 49 名、电务系统 11 名、供电系统 3 名、非运输企业 292 名、其他所属单位 88 名、建设项目管理机构 22 名、机关及附属机构 22 名。

五、机构设置及人员编制调整过渡方案

要搭建金字塔形的编制结构,让操作技能岗位人员成长成才有路可走;要从宽设置艰苦地区的行政机构和编制规模,让操作技能岗位人员成长成才朝着艰苦地区的方向走;要根据人才培养的需要,设置一部分机动编制,让编制跟着人才走。可根据机构编制调研结果、超员消化实际以及人才培养需求等多个因素,综合分析论证,分系统、分单位编制 4 个系列的补充、培养或编制保障计划。

1. 管理(专业技术)岗位人员动态补充计划

一方面要做减量,即编制总量要减少,冗余的人员要随着自然减员去平稳过渡消化;一方面要做增量,规模适度地下达选人用人的阶段计划,保证集团公司和各单位发展所需人才实现阶梯储备、后继有人。到"十四五"期末或 3～5 年后,机构设置和人员编制配备数量达到"十四五"规划或者阶段性战略目标的需要。

要组织分系统、分单位制定《管理(专业技术)岗位人员动态补充计划》。基本方法:一是找出节点年份。将各单位干部通过自然减员,干部现员减至查定后编制以内的年份,作为节点年份。二是节点年前持续补充。考虑到人员编制精简幅度较大,可在节点年之前不受干部超员限制,各单位可进行一定数量的动态补充,使操作技能岗位人员培养晋升不断档。即:节点年份当年及次年由于干部自然减员产生的空编,由 2022 年或 2023 年至节点年,按年均动态补充至节点年。三是节点年后正常补充。自节点年后起,根据每年自然减员产生的实际空编,各单位均可进行正常动态补充。既保证节点年份可以自然达到规划目标,实现定现员持平,又保证干部培养不断档、有接续。

2. 中层副职岗位动态补充计划

进一步完善各单位正科、副科、一般干部的编制比例关系,形成"金字塔"形编制体系。在调整编制中,各单位特别是原有编制中层副职过多、一般干部过少的单位,会形成中层副职编制与现员的反差较大,出现多员情况。一方面,要消化多员的中层副职干部;另一

方面,要保持一般干部有序、不间断晋升,保护和促进优秀一般干部的积极性。为此,可比照前述管理(专业技术)岗位人员动态补充的原则和方法,根据各单位中层正职退休(副职可晋升)、中层副职退休减员等实际,有针对性地制定中层副职岗位的动态培养计划。

3.艰苦边远地区管理(专业技术)人员编制补充计划

可按照调研后编制+20%比例(四舍五入)设计(考虑通勤等因素相对减轻管理人员工作强度)。一方面,加强艰苦边远车间的安全管理,提高安全运输保障;另一方面,预留一定比例干部编制,采取定期轮替、定向培养等方式,进一步加大优秀年轻人才在艰苦地区的深化培养。经过筛选确定,涉及艰苦边远地区的车务、机务、车辆、工务、电务系统 42 个车间(中间站),核定增设"援边"补充编制 45 名。

4.优秀人才培养编制保障计划

全局可设置 200 人机动编制用于保障优秀年轻人才培养需求。每年,由人事部(党委组织部)按照集团公司《千名人才培养计划》中管理和专业技术人才培养对象群体数量,根据各单位岗位培养实际需要逐人设计岗位,可通过单位(集团公司职能机构、附属机构)内、跨单位和集团公司职能机构、附属机构与局属单位同职级间交流培养,一般管理、专业技术岗位人员也可在中层副职岗位交流培养。劳卫部负责编制管理,根据集团公司人事部(党委组织部)确定的培养需求,机动下达编制,带编培养结束编制撤销。带编培养对象所续职务岗位有空闲编制时,不再增加编制。

集团公司积极稳妥推进调研成果实践,2023 年 3 月下发《关于各单位提报内设机构设置及管理(专业技术)人员编制优化调整方案的通知》(哈铁劳卫联〔 2023 〕58 号),跟进落实查定成果。目前,运输业单位、集团公司机关及附属机构、其他所属单位、合资公司、建设项目单位和部分非运输企业已经全面落实兑现机构设置和管理(专业技术)人员优化调整方案,少部分非运输企业结合实际,已制定分步实施计划,按季度稳步推进,预计至 2026 年四季度将全部调整到位。